Basketball Coaching Series

USA COACHES CLINICS

USAバスケットボール コーチング クリニック Vol.1

by Murray Bartow and many others

社会評論社

編集部注

本書は、アメリカの大学リーグ（NCAA・NIT・NAIAなど）で好成績を収めたコーチがトーナメント終了後、チームの創り方・戦術・フィロソフィーなどを公開するクリニックを取材し、書き起こしたものです。したがって性質上「話し言葉」や抽象的な表現が多くなっております。部分的には理解しにくい個所もありますが、章ごとに通読し、各コーチが主張する全体的なニュアンスを把握しながらご活用下さい。

また、アメリカのバスケットボール事情や生活習慣に即して制作されています。日本語版制作に当たっては、できる限り原文に忠実に翻訳いたしました。

したがって、日本の実情とは必ずしも合致しない点もありますが、あらかじめご了承ください。

1999 CHAMPIONS

NCAA

MEN'S	WOMEN'S
ディビジョンⅠ	
コネチカット大学	パデュー大学
ジム・カルホーン（34勝2敗）	カロリン・ペック（34勝1敗）
ディビジョンⅡ	
ケンタッキー・ウェスリアン大学	ノースダコタ大学
レイ・ハーパー（35勝2敗）	ジーン・ローバック（31勝1敗）
ディビジョンⅢ	
ウィスコンシン・プラットビル大学	ワシントン大学
ボー・ライアン（30勝2敗）	ナンシー・フェーヘイ（30勝0敗）

NIT

カリフォルニア大学	アーカンソー大学
ベン・ブラウン（22勝11敗）	ゲーリー・ブレアー（20勝14敗）

NAIA

ディビジョンⅠ	
ライフ大学	オクラホマ市立大学
ロジャー・カイザー（29勝10敗）	ケント・スタンリー（28勝7敗）
ディビジョンⅡ	
コーナーストーン・カレッジ	シャーニー州立大学
キム・エルダーズ（37勝3敗）	ロビン・ヘーゲンスミス（31勝2敗）

NJCAA

ディビジョンⅠ	
インディアンヒルズ・コミュニティ・カレッジ	トリニティバレー・カレッジ
マイク・カパッチョ（37勝1敗）	カート・バドキ（36勝0敗）
ディビジョンⅡ	
ブラウンマーキー・カレッジ	イリノイ・セントラル・カレッジ
フランシス・フラックス（28勝9敗）	ロレイン・ラムジー（34勝2敗）
ディビジョンⅢ	
リッチランド・カレッジ	アノカ・ラムジー・コミュニティ・カレッジ
チェスター・ストーリー（27勝5敗）	ポール・フェスラー（21勝5敗）

CONTENTS
目次

CONTENTS
目次

QUICK CLIP BIOS
著者プロフィール

MURRAY BARTOW（ムーリー・バートウ）　アラバマ大学バーミンハム校

バートウは彼の父ジーンが成功したアラバマ大で1996年からヘッドコーチをしている。彼のコーチとしてのキャリアは、1985〜1987年、インディアナ大のボブ・ナイトの下で院生アシスタントとして始まった。その後アラバマ大で7年間、ウィリアム&メリー大で2年間アシスタントコーチ。アラバマ大の現役プレーヤーだった時代にはNCAAトーナメントに4回出場している。

DAVE BLISS（デイブ・ブリス）　ベイラー大学

ブリスは11年間ですべてのスクール記録を塗り替え、勝率70%という偉業を成し遂げたニューメキシコ大を去ってベイラー大に移った。ニューメキシコ大の前はサザンメソジスト大に8年、オクラホマ大に4年。指導してきたチームをこれまで7回、NCAAトーナメントに出場させている。

JIM CREWS（ジム・クルーズ）　エバンスビル大学

クルーズは若いチームを成功させ、1999年のミズーリバレーのコーチオブザイヤーに輝いた。彼は14年間コーチとして働いており、65%以上の勝率を誇る。現役時代はボブ・ナイトのインディアナ大でプレー。その後、8年間そこで働いた。

HOMER DREW（ホーマー・ドルー）　バルパライゾ大学

ドルーはベセル大（インディアナ州）での9年、インディアナ州サウスベンド大での1年を含めトータルで22年間ヘッドコーチをしている。過去2年間、チームをNCAAトーナメントに出場させ、1998年は彼の息子ブライスの活躍でベスト16まで進出した。彼は1972〜1976年デール・ブラウンと一緒に働いている。また、教え子のうち40名以上がコーチか教師の道に進んでいる。

MARK EHLEN（マーク・エレン）　トレド大学女子チーム

たった3年間のうちにエレンはトレド大女子チームを二度の中部カンファレンス優勝、一度のレギュラーシーズン優勝に導いた。さらにこれまでの指導歴の中で、20勝以上のシーズン4回、ポストシーズントーナメントに4回出場。その勝率は82%以上。トレド大の前は9年間ゼイバー大、1年間デイトン大で指導。高校でも5年間指導している。

CLIFF ELLIS（クリフ・エリス）　アーバン大学

エリスがコーチするチームは常に勝率が高い（442勝270敗。勝率.621）。アーバン大は5年間で4回ポストシーズントーナメントに出場している。彼はスポーツイラストレイテッド誌のナショナルコーチオブザイヤーに選出され、SECのコーチオブザイヤーにも2回選ばれている。ポストマンの養成に定評があり、クレムゾン大とサウスアラバマ大では過去最も勝率の高かったコーチとして名を残している。

NANCY FAHEY（ナンシー・フェーヘイ）　ワシントン大学（セントルイス）女子チーム

フェーヘイが率いるワシントン大は、2年続けてNCAAディビジョンⅢのチャンピオンとなった（1997〜1998&1998〜1999）。1998〜1999年シーズン、チームは30勝0敗。ワシントン大での13年間、彼女のチームは83%の勝率で9回カンファレンスを制覇している。負け越したシーズンが一度もなく、11回NCAAのトーナメントに出場。

JOHN GIANNINI（ジョン・ジアニーニ）　メイン大学

ジアニーニはメイン大に来る前、ロワン大で7年間ヘッドコーチを務め、1996年にはNCAAディビジョンⅢで優勝している。また、イリノイ大がファイナル4まで進出した1989年、彼は同チームのスタッフであった。

LOU HENSON（ルー・ヘンソン）　ニューメキシコ州立大学

ヘンソンは35年間のコーチ歴を持ち、彼のチームは700勝以上をあげ現役コーチでは第7位にランクされている。歴代でも17位。高校の指導者としてスタートした彼は3年連続して州のチャンピオンとなり、その手腕を買われハーディン・シモンズ大コーチに就任。そして、イリノイ大（21年間）の後、現在のニューメキシコ州立大へ。

QUICK CLIP BIOS
著者プロフィール

PAUL HEWITT（ポール・ヒューイット）　シエナ大学
たった2年間という短い期間で彼はシエナ大チームをリーグチャンピオンとNCAAトーナメントに導いた。アップテンポなオフェンスと情け容赦のないディフェンスアタックを旨としている。ビラノバ大で5年間アシスタントコーチをしていたが、その間、三度NCAAトーナメントに出場し、一度NITトーナメントで優勝している。

RUDY KEELING（ルーディ・キーリング）　ノースイースタン大学
キーリングは11年間ヘッドコーチをしている（メイン大とノースイースタン大）。彼の周囲の人々は、彼は頂点を極めるためにノースイースタン大に戻ってきたと言う。しっかりしたファンダメンタルと強いディフェンスを主張。マーケット大とブラッドリー大でアシスタントコーチを経験。そしてイリノイ州バーガン高校を1980年クラスA第2位に導いている。

JOHN KRESSE（ジョン・クレス）　チャールストン大学
クレスの勝率.798は現役コーチでは第3位にランクされる。チャールストンで20シーズンコーチを務め、"Attacking Zone Defense"と"The Complete Book of Man-to-Man Offenses"という2冊の本を書いている。1年間高校のコーチをした後、14年間セントジョーンズ大ルー・カネスカの下でアシスタントをし、ニューヨーク・ネッツでも働いた経験を持つ。

MIKE MONTGOMERY（マイク・モンゴメリー）　スタンフォード大学
1997～1998年のシーズン、モンゴメリーのチームはファイナル4に進出した。彼は13年間でNCAAトーナメントに7回、NITトーナメントに4回出場。ヘッドコーチとしての21年の間、負け越したシーズンは一度だけ。彼は国際レベルでのコーチの経験も持ち、NABC（アメリカバスケットボールコーチ協会）のディレクターを務める。

KEVIN O'NEILL（ケビン・オニール）　ノースウェスタン大学
オニールは優れたプログラム作成者である。特にリクルートの手腕がマーケット大（5年間）、テネシー大（3年間）、ノースウェスタン大（2年間）での素晴らしい成果に結びついた。以前アリゾナ大でルート・オーソンのアシスタントとして働いていた。1988年には、周囲の人々は彼をディビジョン I でのトップリクルーターとして認識するようになった。

TOM PENDERS（トム・ペンダーズ）　ジョージワシントン大学
ペンダーズのジョージワシントン大での最初の年は、NCAAトーナメントへの進出など、まさに大成功であった。彼は28年のコーチ人生の中で、一度もアシスタントコーチを経験していない。テキサス大（10年間）では、歴代最も勝利したコーチ。さらにロードアイランド大で2年間、フォードハム大で8年間、コロンビア大で4年間、タフツ大で3年間それぞれヘッドコーチをしていた。その間、指導したチームをNCAAトーナメントに9回、NITトーナメントに6回それぞれ導いている。

DAWSON PIKEY（ドーソン・ピキー）　ミズーリ州クレイトン高校（元コーチ）
ピキーは25年以上もコーチ業をしてきた。対戦相手に比べ身長が低く、素質のない選手を持つことが多かったが、それをセントルイス地域で中級レベルに上がるまでに指導した。チームは頻繁に州のトーナメントに登場した。彼はローバーディフェンスとサイドラインを使ったファストブレイクの知識に秀で、引退前には大学女子チームを1シーズンコーチし、カンファレンス優勝に導いている。

TIM WELSH（ティム・ウェルシュ）　プロビデンス大学
ウェルシュはイオナ大での素晴らしい活躍の後プロビデンス大に移り、そこで彼の父ジェリーの後を継いで3年間指揮を執った。イオナ大では20勝のシーズンを3回続け、NCAAトーナメントに1回、NITトーナメントに2回出場。かつてはジム・ボーハイムのスタッフとして3年間シラキュース大で過ごす。その後フロリダ州立大のパット・ケネディの下でキャリアを積んだ。

RALPH WILLARD（ラルフ・ウィラード）　ホーリークロス大学
ウィラードはピッツバーグ大での5年間コーチを務めた後、母校での指導を始めた。ランニングゲームとプレスディフェンスを得意とする。ウィラードはこれらのノウハウをニューヨーク・ニックスとケンタッキー大においてリック・ピティーノの下で十分に学んだ。4年間ウェスタンケンタッキー大で、さらにシラキュース大でも指導した経歴を持つ。

DIAGRAM LEGEND
図凡例

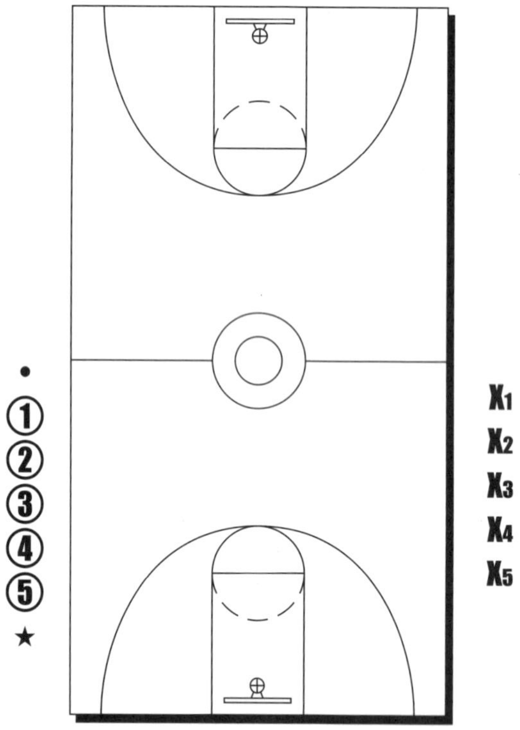

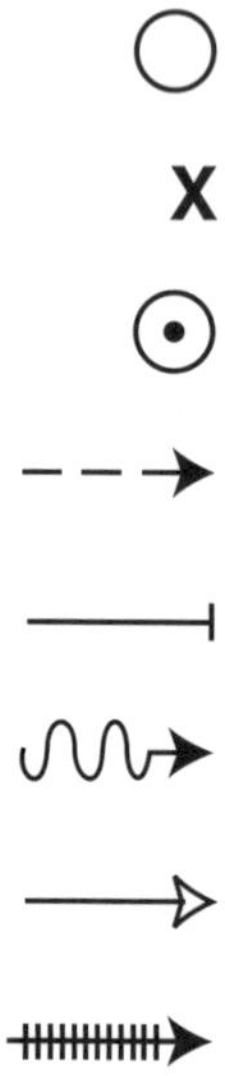

=オフェンス

=ディフェンス

=ボールを持っているプレーヤー

=パス

=スクリーン

=ドリブル

=ボールを持っていないプレーヤーのカット

=シュート

MURRAY BARTOW

ムーリー・バートウ

Developing a Strong Man-to-Man Defense
強力なマンツーマンディフェンスの構築

私のチームで使う主なディフェンスはマンツーマンだ。トラップやギャンブルはあまり用いていない。スティールにも飛び出ないようにしている。手堅く、基礎的にしっかりしたチームでありたいと考えているからだ。やることには明確なポリシーをいつも持ちたいものだ。

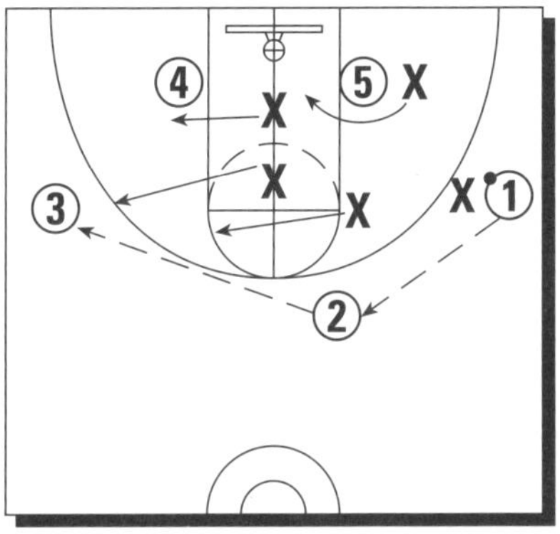

図1

図1　すべてをサイドラインかベースラインのほうに行かせる。味方の全選手がポストマンに対して高い位置にいたい。ボールがポストのプレーヤーと平行になった時のみ、ベースライン側からディフェンスをする。それから下の方へスライドで移動する。#1から#2へのパスの戻しはディナイしない。ウイングからトップに戻るパスよりはペネトレーションを止めることを重要視している。すべてはボールを止めるためにある。#3と#4をガードする場合は、ミドルライン上にいる。もし、ボールがスイングされたらクローズアウトして#4の高い位置に動き、#1と#5はミドルライン上に移動する。

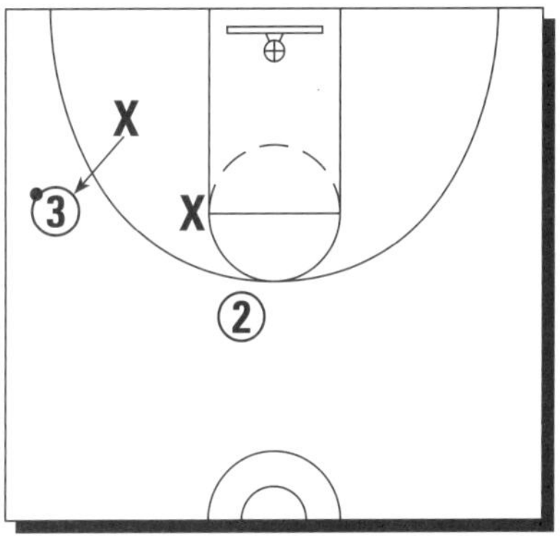

図2

図2　#2をガードしているプレーヤーは#3から#2へのパスよりもペネトレーションされないことを重視する。ボールリバースはされてもいいが、ペイントエリアの外にボールを置いておきたい。

Defense Wins Game
ディフェンスでゲームに勝つ

1. プレッシャーとポジション。最大のプレッシャーをボールにかけ、そして、ボールをガードしていない時は適切なポジションをとりたい。

2. 準備できているスタンスでいること。ビデオを見るとヘルプサイドのディフェンダーが突っ立ったままでいるのが分かる。

3 予測。ヘルプサイドのディフェンダーに、きちんと下がって、いつもプレーの準備ができているように言い聞かせている。

4 （図3）声をかけて助け合え。ただし声をかける内容を明確に伝えなければならない。もし、#4をガードしている選手がミドルライン上で「ヘルプいいぞ！」と言ったとすると、それは彼特有の言葉であることが多い。コーチはただ声をかけろと言うのではなくそれぞれの戦術に基づいた言葉を教えなければいけない。

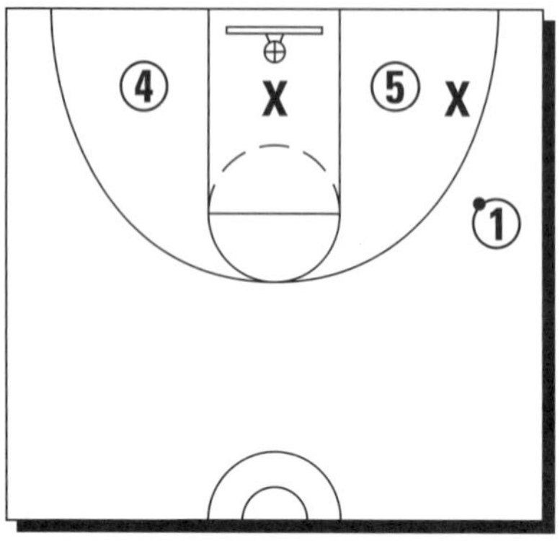

図3

5 ヘルプを確信しながらボールに対して絶え間なくプレッシャーをかけ続ける。私のチームのシステムでは、プレッシャーをかけるよりも破られないことが重要。ボールに最大のプレッシャーをかけるが、ペネトレーションをさせないということ。これはプレーヤー個人のディフェンダーとしての能力による。

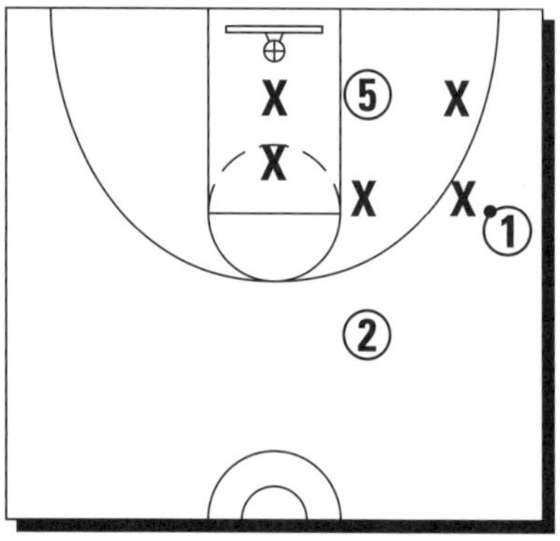

図4

➔ 図4　ヘルプがいることが分かっていれば、よりプレッシャーをかけることができる。#1をガードしているプレーヤーにヘルプがいることを確信させるために、時々練習で笛を吹いて後ろを振り向かせる。彼にヘルプがいることを信用させるためである。

6 基本中の基本─ボール、ポジション、そして自分がマークする選手。いつも決してボールを見失わないようにする。

7 ボールを止めてボールラインまで下がる。いつもボールにいち早く集まり自分の前にボールマンを置いたまま、ボールを止めて割って入ってこれないようにする。

8 ポストマンディフェンスは重要である。最高のポストディフェンスはまずボールにプレッシャーをかけること。ポストへのパッサーに対しては手を高く上げて動かして欲しい。ポストをガードしているプレーヤーも大きく腕を挙げなければならない。

9 ペネトレーションをさせない。制限区域の外にボールを置いておかせることが重要。

10 チームディフェンス。1対1ではないディフェンスを私は強調している。もし、1人のプレーヤーが抜かれたら、誰かがヘルプに入らなければならない。

11 すべてのシュートに対してディフェンンスチャレンジをする。これは私が特にこだわっていることだ。もし、シュートに対してチャレンジするなら、高く真正面から跳んで少しでもシュートを遅らせようとしなければならない。ただ単に出てきてシュートにディフェンスするのではいけない。

Man-to-Man Defense, Ten key Elements
マンツーマンディフェンス＋10のキーポイント

私のチームでは5対5、4対4のシェルドリルを毎日行なっている。特にシーズン始めの頃は分解練習が多い。逆にシーズンの終わり頃には練習を少なくしていく。少しずつ減らし、最後の1ヶ月は1時間半くらいに。これは選手をフレッシュなままプレーさせたいからだ。

■1 精神的な強さ。誰々を絶対守るぞ、という緊張した気持ちが必要だ。そのために各種データや目標などをロッカールームの掲示版に貼り出している。シュートはよく入る日もあるし、そうでない日もある。しかしディフェンスができていて、リバウンドが取れ、いいタイミングでシュートを打てれば常に勝つチャンスがあるのだ。

■2 トランジションディフェンス。これについて、いくつか知っておかなければならないことがある。まず、シュートに対して何人戻れと指示しているだろうか。私のチームではレイアップをされたくはないので、シュートが打たれた時に2人戻らせるようにしている。次に、今戦っている相手は速攻型のチームなのかということ。もしそうでないプリンストン大学やルイビル大学と戦っているならば、別の方法を選択しなければならない。

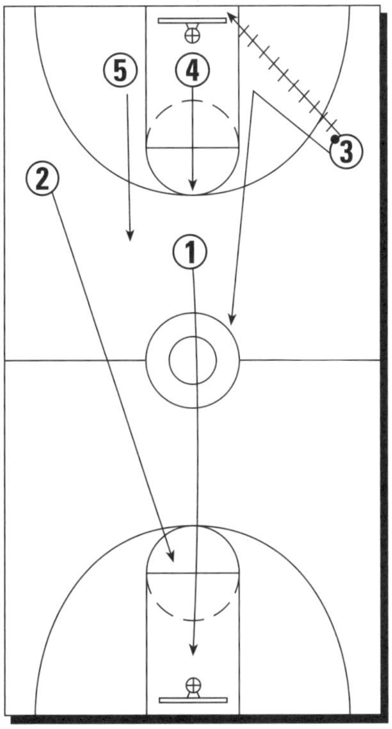

図5

➡図5　#3がシュートを打つ。#1と#2が戻る。1秒か2秒ぐらいの判断なので、白黒はっきりしないプレーヤーが出てくる。その時に、オフェンスリバウンドに行くべきか戻るべきか迷うかもしれない。そこで、初めに戻ったプレーヤーはリングのところまで。2番目のプレーヤーがボールを止める。他の3人はできるだけ早く戻る。ビデオを見るとハーフコートラインあたりでゆっくり走っている選手が分かるのでチェックすること。#1と#2には、誰も彼らの前に行かすなと指示している。我々は3つのルールを設けている。1つ目は、"戻る"。2つ目は、"誰も後ろに行かすな"。3つ目が、"ダッシュ"これは特に#3、#4、#5の選手に。

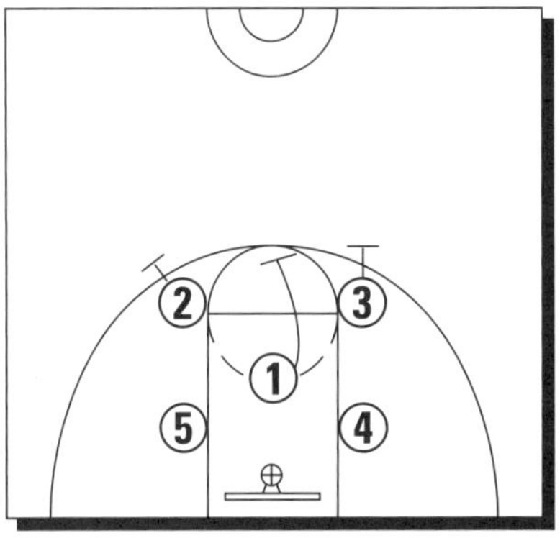

図6

➡図6　初めはペイントエリアの中を守っているが、そこからシュートチェックに出なければいけないこともある。

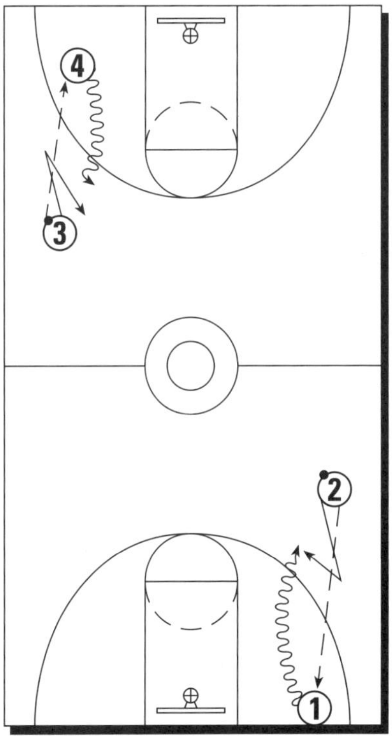

図7

➡図7　精力的なドリル。コートの両方で行なう。#2が#1にボールを転がし、#

1がボールを持った時にオールコートでの1対1が始まる。#3と#4も同様。このドリルはエネルギーをいつも以上に集中してやらなければならない。もし2人以上のコーチがいるならば、1人をオフェンスに、そしてもう1人をディフェンスにつけて指導する。ディフェンスは内側の足を少し前に出して、いつでもプレーできる状態にすること。足を平行にしないで、ドリブラーをできるだけコートの中央に行かせないように。ボールがバスケットの近くにある時は少しだけベースラインに覆い被さるようにする。

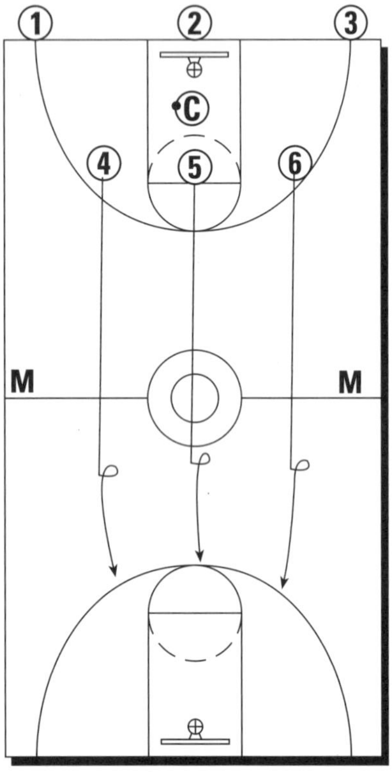

図8

図8　トランジションドリル。3人のチームを4つ作る。このドリルでは得点をつける。まず、2人のマネージャー（M）がハーフコートライン上に位置する。ディフェンダーは#4、#5、#6で、#1、#2、#3はベースラインでいつでも入れるようにしておく。コーチが「ゴー」と言ったら#4、#5、#6はダッシュで戻る。ハーフコートラインを越えたら後ろ向きで走り、フリースローライン上に来たら足を広げてスタッターステップを行なう。戻る時もダッシュする。

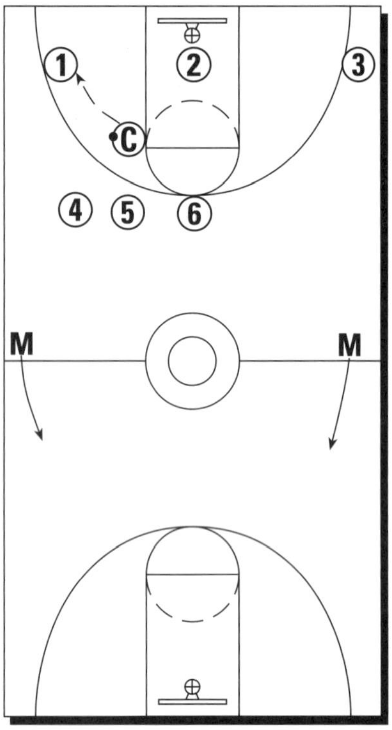

図9

図9　ゴー。これは逆に行く5対3。#1、#2、#3は2人のマネージャー（M）と一緒にオフェンスを行なう。トランジションの練習だ。

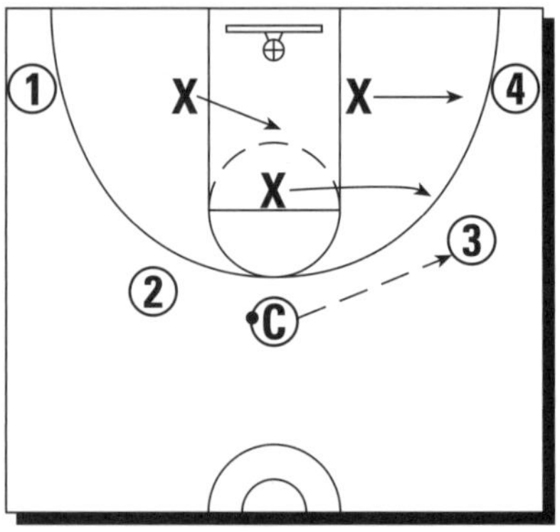

図10

図10　4対3。コーチが誰かにパスをする。ディフェンスはマンツーマンでクローズアウトしなければいけない。ここではオフェンスはドリブルできないので、いつでもシュートが打てる用意をしておく。

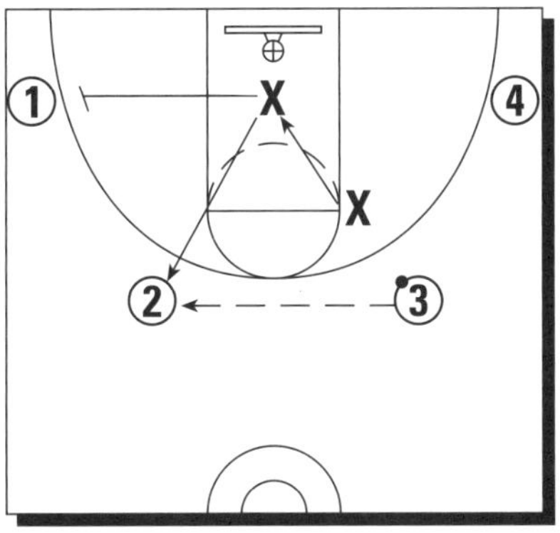

図11

➡図11　＃3が＃2にパスをする。ボールをガードしているプレーヤーは、ボールを追ってパスされた相手に移動してはいけない。つまりディフェンスはローテーションをすること。ペイントエリアの中にいるプレーヤーは、出てきて＃2をガードしなければならない。次に＃4をガードしていたプレーヤーが＃1を守る。これは素晴らしいクローズアウトのドリルであり、良いシュートとパスのための練習でもある。

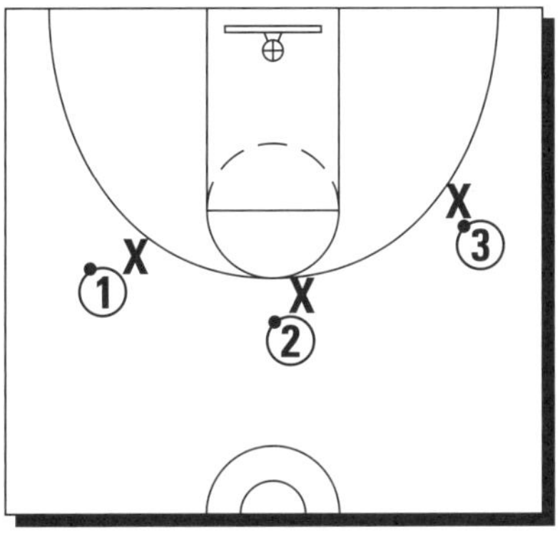

図12

3 ボールに対するプレッシャー（図12）。ボールを激しく追う。2人1組になってコートに散らばり、指示してからドリブルを開始。笛を吹いたらオフェンスはドリブルを止め、ディフェンスはボールの行き場所がなくなるように追い詰める。何という言葉を使ってもいいが、私が指示するのは「ボールを鏡に映すように」ということだ。

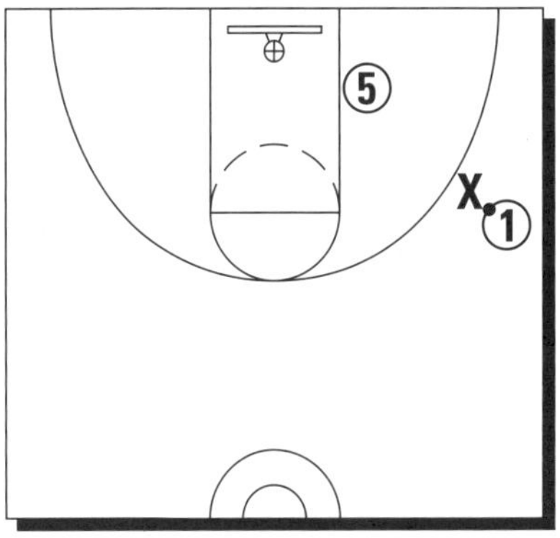

図13

➡図13　もし＃1がドリブルを止めたなら、できる限りプレッシャーをかけて＃1が背中を向けなければならないようにし、＃5へのパスをできなくさせる。その際、低い体勢から行なわなければならない。手はいつも高く挙げておくこと。

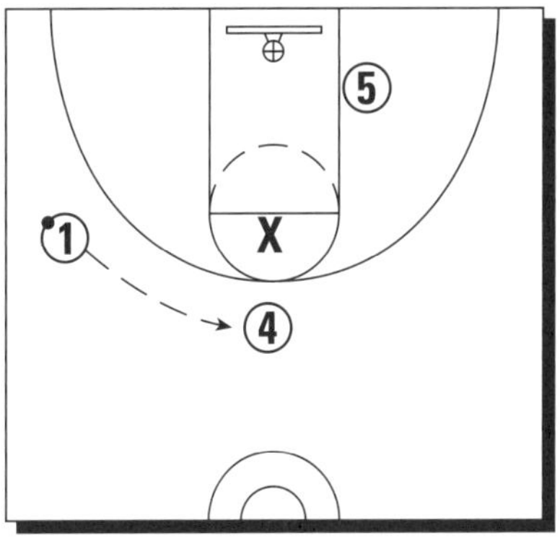

図14

➡図14　＃4から＃5へパスしようとしている時も同じ。

4 自分の前にオフェンスを置いておくこと。

5 ディナイ。シーズン始めにはたくさんの分解練習をする。ハイサイドから大きく腕を挙げてディフェンスする。

➡図15　ディナイのことを考えているが、割って入ってこられることのほうをより気にする。ボールを自分たちの前に置いておくこと。＃3をガードしているプレーヤーは、割って入られないようにすることを考えなければならない。

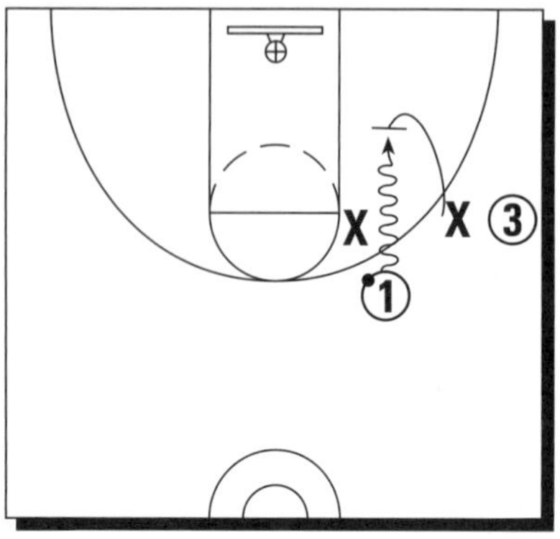

図15

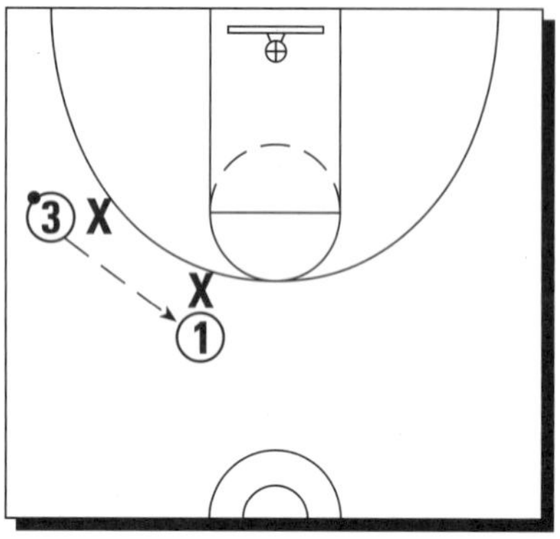

図16

➡図16　ボールがウイングにある時ベースラインの方に覆い被さるようにする。＃3から＃1へのパスは許しても割って入られてはいけない。

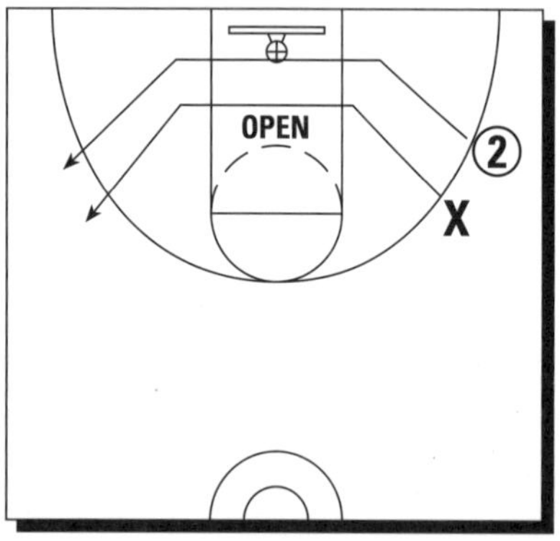

図17

➡図17　ウイングからローポストへ、そして横切って反対側のウイングへ行くプレーヤーをどう守るか？　オフェンスがウイングからローポストへ動く際にはボールに目を向けている。ディフェンスがラインを踏んだらオープンのスタンスで反対側へ行く。そしてオフェンスがウイングへ出たらクローズダウンする（マークマンに体を向ける）。これですべてディナイしていることになる。その他の注意点として、チームの中でディフェンスのとてもうまいプレーヤーいれば、彼のやりたいようにディフェンスさせること。そういう選手には過度にコーチングしてはいけない。

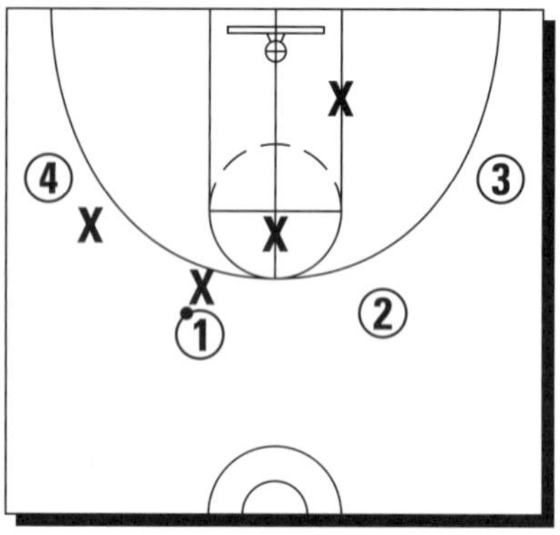

図18

6 ディフェンスポジションの重要性。4対4のシェル（図18）。＃1から＃2へのパスはディナイしない。中間の位置でディフェンスする。ウィングをディナイする時、オフェンスに近づき過ぎてはならない。ハイサイドでオフェンスから離れる。ディフェンスのポジションを確認するためにただボールを逆サイドに回すこともある。他の4人のコーチ（マネージャー）にオフェンスをしてもらう。

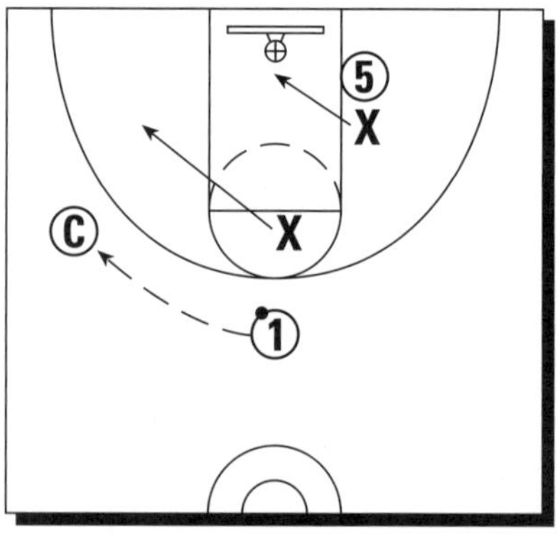

図19

7 2対2のヘルプからのリカバリー（図19）。ボールがトップにある時、ポストマンをガードしている人はハイサイドから腕を挙げておく。＃1がコーチにパスをし、2人のディフェンスは両方ともボールの方向へ動かなければならない。

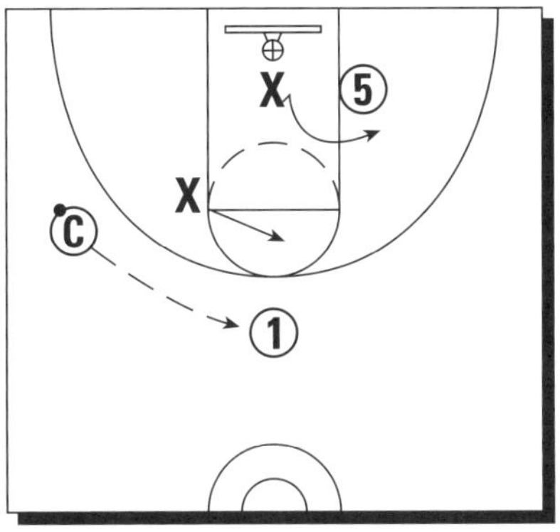

図20

図20　ボールが＃1に戻った時、＃5のディフェンスはハイサイドに再び戻らなければならない。

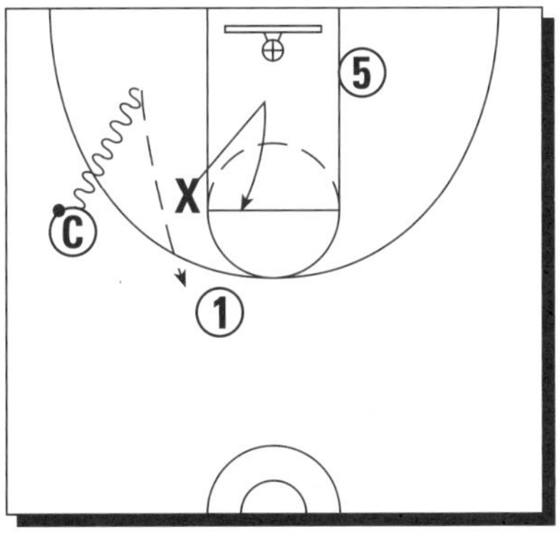

図21

図21　このドリルはコーチがドライブインした時にライブになる。ポストのディフェンスはペイントの外でボールを止めなければならない。ボールを攻撃するようにさせる。ガードはローテーションしてポストをカバーすること。そしてガードはボールの勢いを止め、コーチが＃1にパスした時にクローズアウトしなければならない。

8 ポストディフェンス（図22）。ボールがポストより高い位置にある時にはいつでもディフェンスはハイサイドにいる。我々は前には出ない。ボールがコーナーへパスされた時はオフェンスの前を通ってローサイドへ動く。まず、内側の足で横切り、それからもう一方の足を引く。フィジカルの強い相手とレスリングのようなことは避けたいものだ。接触を避けてそっと下がることによりオフェンスはディフェンスがどこにいるか分からない。

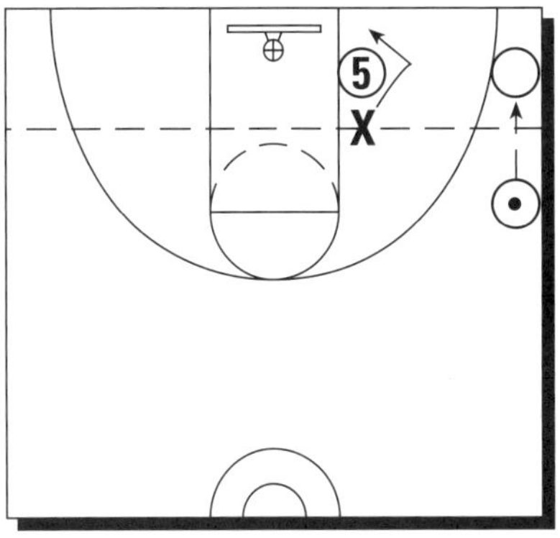

図22

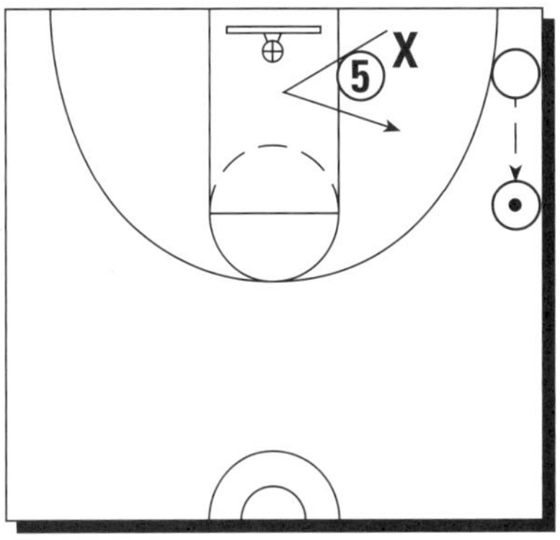

図23

図23　ボールがコーナーから出てきたらポストの後ろを通る。

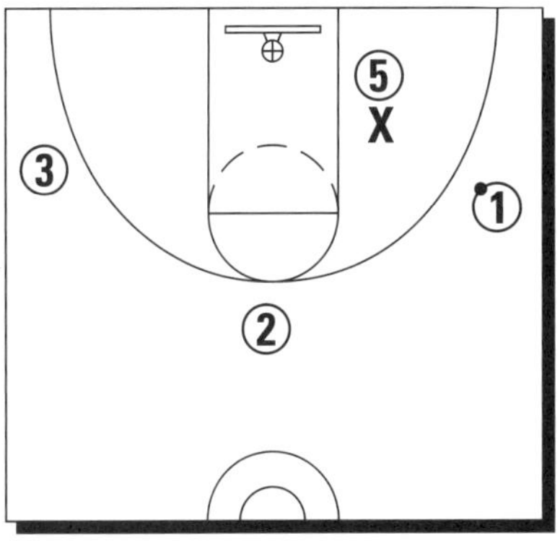

図24

図24　3人のパッサーを加えての1対1。最初は5人とも同じ位置でプレーさせる。＃1、＃2、＃3にドライブさせてディフェンスにペネトレーションを止めさせることもある。

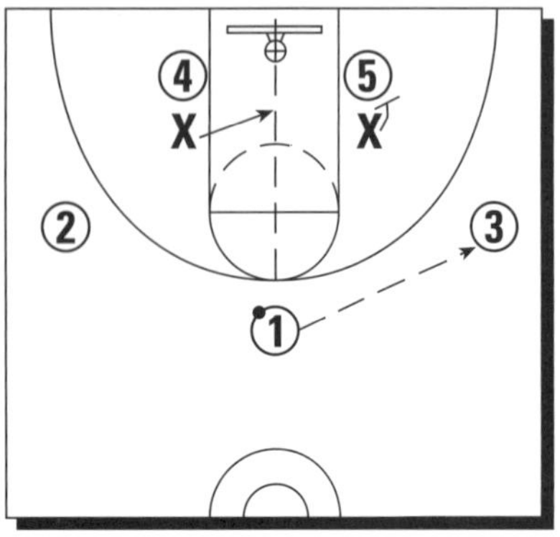

図25

図25 ポストの2対2（ディグドリル）。3人のパッサーがいる。ボールがトップにある時はハイサイドで腕を挙げる。ボールがウイングへ行った時は、ボールはまだ高い位置にあるのでボールサイドのディフェンスもまだハイサイドのままだ。しかし、他のディフェンスはヘルプライン上で相手を牽制する動き（ディグディフェンス）をしなければならない。同時に「ヘルプいいぞ」と声をかけるように。もし、ボールがポストよりも下に来たらローサイドに動く。

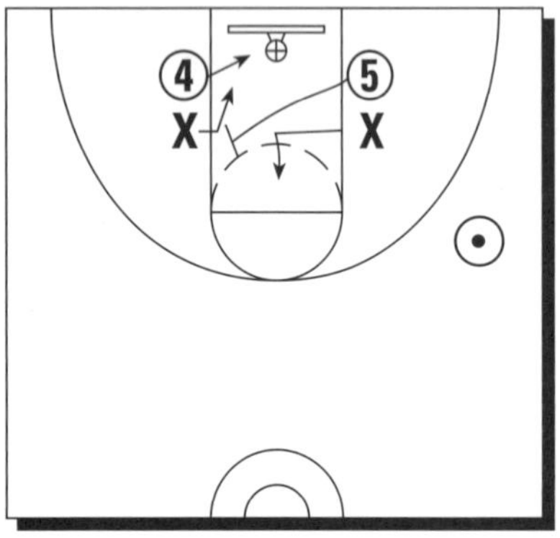

図26

図26 クロススクリーン。どうやってクロススクリーンをディフェンスするか？ スイッチはあまり行なわない。スクリーンのユーザーがローポストへ切れる時、ディフェンスはジャンプして止め、ハイポストへ上がる時はスイッチする。もし＃5が＃4のためにスクリーンに来たら、＃4のディフェンダーは間に入ってスクリーンの下にすばやく動く。もし＃4が高い方へ行ったらスイッチする。下の方へ行ったらそのまままつく。デューク大学はこれと反対のことをするが。

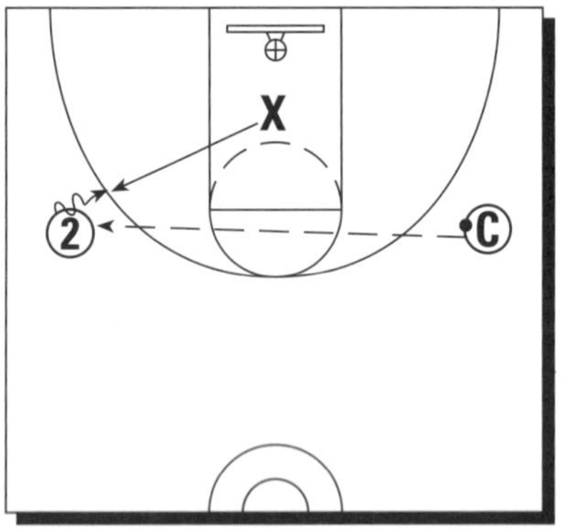

図27

9 すべてのシュートに対してディフェンスチャレンジをする。まず、クローズアウトを教えなければならない（図27）。コーチがボールを＃2にスキップさせたら、ミドルライン上にいるディフェンスはクローズアウトすること。2/3くらいまで全速力で行き、そこからスピードを落とし、ボールが動いたら一緒に動かなければならない。高く腕を挙げて動かし続けるように。スカウティングレポート次第でクローズアウトを変えていく。もし＃2が素晴らしいシューターならば、アグレッシブにクローズアウトする。もし、ロングシュートがうまくないなら、ディフェンスはドライブの予測をする。

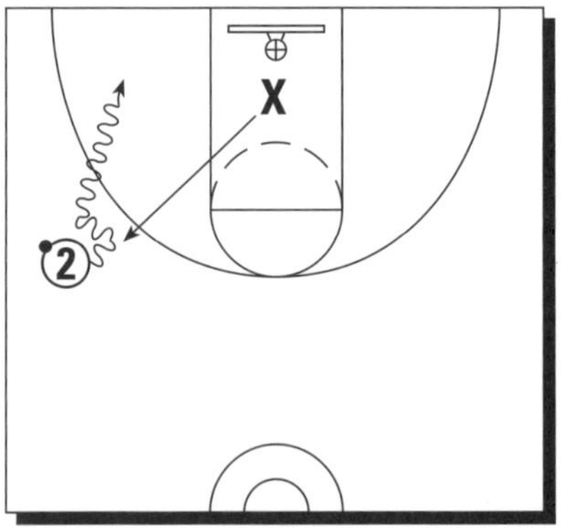

図28

図28 ベースラインの方へ行かせるような角度で守る。ミドルラインへ行かれてはならない。オフェンスにやらせてもよいことは、ベースラインへのドリブルだけだ。

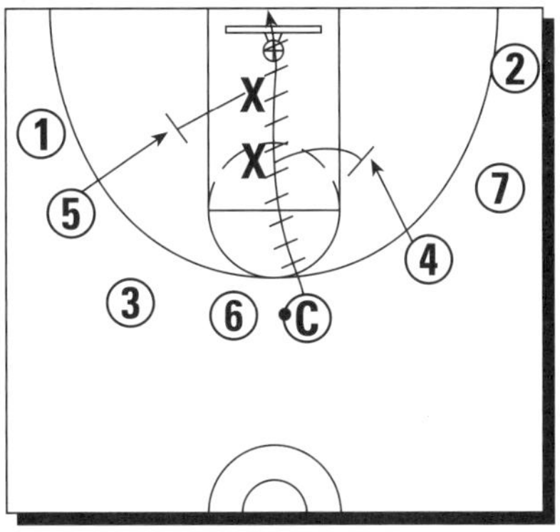

図29

10 リバウンド。側面のブロックアウトドリル（図29）。2人のディフェンスをミドルライン上に配置し、コーチはシュートを打ちながら2人のナンバーを言う。指示された2人はリバウンドに行く。ディフェンスはそれに対応してブロックアウトしなければいけない。オフェンスは番号順に並んでいないこと。ペイントエリアの外でつかまえるようにする。

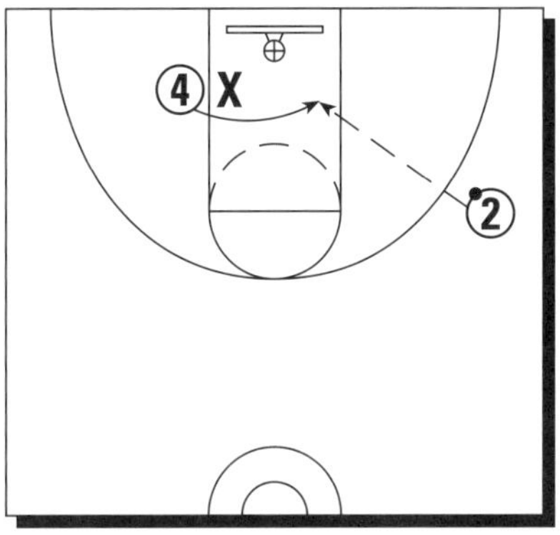

図30

➔図30 リングの下に押されてしまうこともある。シュートが逆のサイドから打たれたら、ディフェンスはリングに近づく。#4がリングの方に彼を押す。これらすべてのドリルは4対4、そして5対5へとつながり、5対5をやる時は、その都度プレーを止めて間違いを正すべきだ。毎日特定のポイントを見て、注意すべきである。

Perimeter Play
ペリメータープレー

ペリメーターのプレーヤーを育成する時に重要だと思うのは、どうプレーしたらいいのかを教えること、それを一緒に練習すること、ビデオを見せて1対1で指導することである。もしガードならば、ボールを上手に扱わなければならないので、ドリブルやボールハンドリングの練習を多くする。また、2つのボールを使ったりビッグボールを使ったりもする。

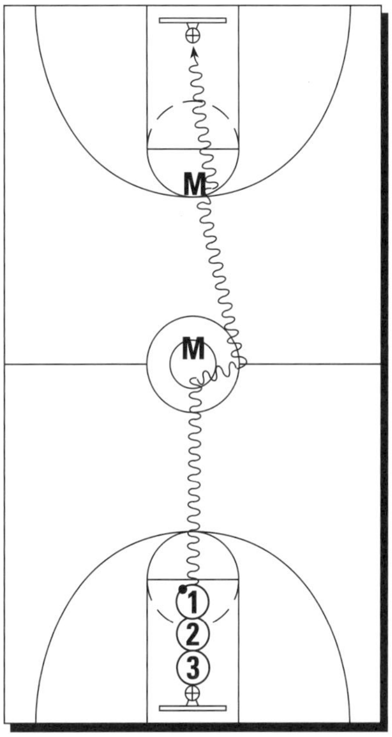

図1

➔図1 ガードがディフェンスの所に来た時にディフェンスが動けないようにしたい。マネージャー（M）の所に強く出て来て後ろに下がらせる。いろいろなドリブルのテクニックを練習すること。

➔図2 次にジャンプシュートを打ってリバウンドをとり、ドリブルで椅子の後ろを回って列の後ろにつく。いろいろなボールハンドリングに変えながら行なってほしい。

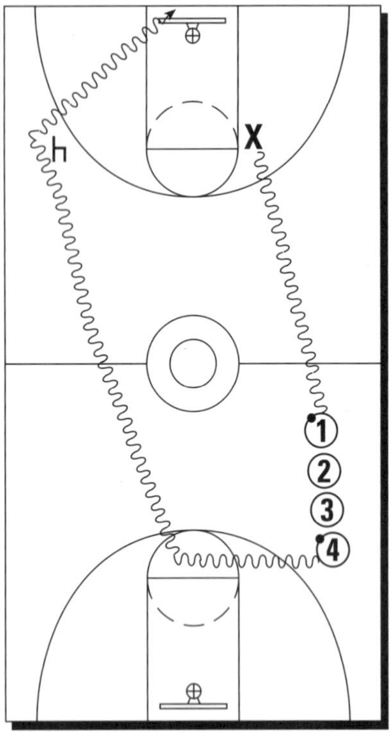

図2

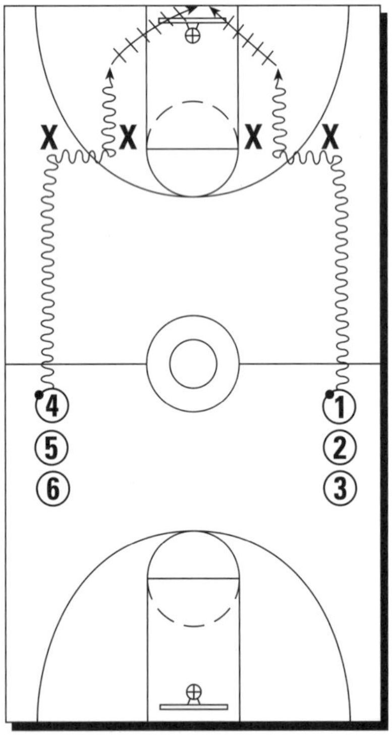

図3

図3　コーナードリル。ディフェンスの方にドライブして、クロスオーバー、ビハインドザバック、もっと別の指示があったらそれを行なう。そしてバックボードを使ってシュートする。顔と目を上げていなければならない。クロスオーバーの時は素早く、低く。ハーフコートでのリバースドリブルはよくない。視野を広くしておきたいからだ。リバースドリブルをする代わりにプールバック（後ろに引くドリブル）してコート全体を見る方がよい。なぜドリブルしているのかを問い正してみることが必要だ。ボールをフロントコートに進める時、リングに向かって攻める時、そしてパスの角度を良くする時にドリブルを使って欲しい。ただ突っ立ったままドリブルする選手もいるが、そんなプレーはコーチをいらだたせるだけだ。誰もボールをもらえないしオープンにならないから。

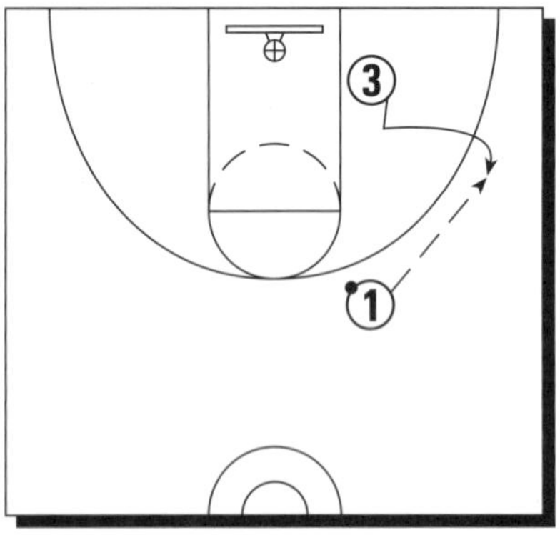

図4

図4　パスの技術。ガードとしてボールをパスできてキャッチできなければいけない。すべてのパスを両手で、またキャッチも両手で行なうことを強調している。常にディフェンスから離れた所にパスする。トップからウイングにパスする時は外側の手にパスする。そしてウイングの選手はいつもターゲットハンドを出さなければならない。＃3は外側の手を出す必要がある。チームでは常にパーフェクトなパスを強調している。多くの場合シュートが打てるか打てないかの違いはパーフェクトなパスがされたかどうかによるのだ。

図5　周りのパス練習。2つのボールを同時に使う。すべてのパスは＃1に向けられる。パスは胸のあたりを狙うように。

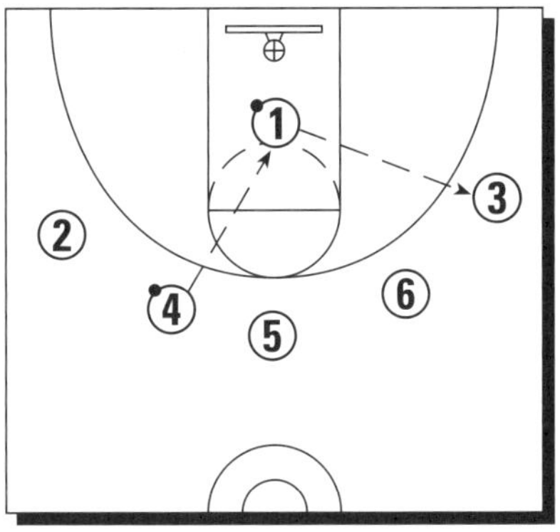

図5

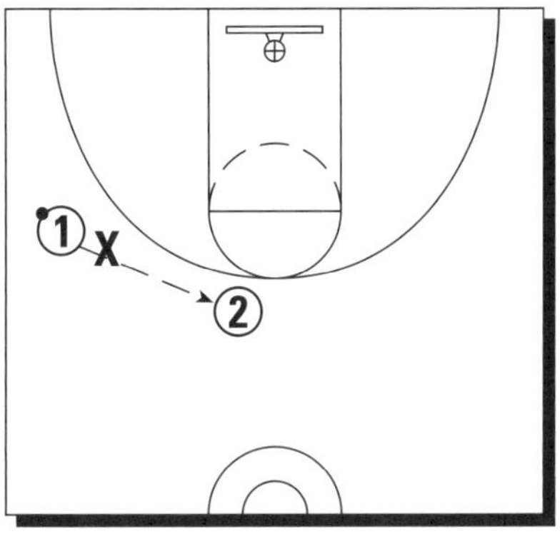

図6

図6　キープアウェイドリル。2対1。オフェンスのプレーヤーは約4.5m離れる。ディフェンスはボールをトレースする。これはまた、ポストマンにボールを入れるドリルでもある。山なりのパスはダメ。ディフェンスがボールに触ったら交代する。

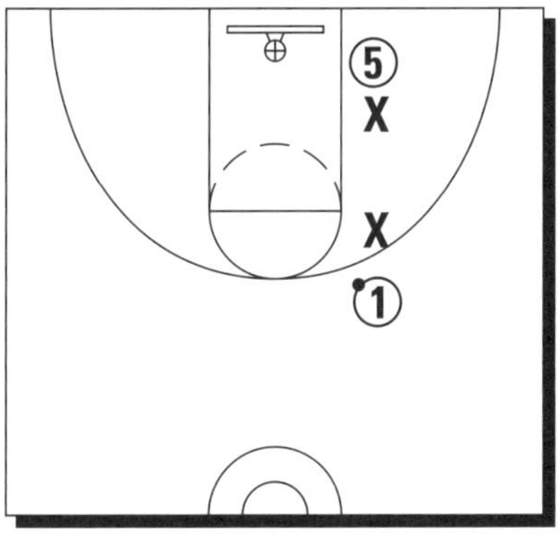

図7

図7　ポストへのパス。まず始めにポストはシールしなければならない。バウンズパスを使うのか、それともレギュラーパスを使ってパスを入れるのか決めて指示すること。私はバウンズパスがよいと思う。もし、長身のプレーヤーが腕を挙げているならばロブパスによってリングの方へ行かせるのも良いが、一般的にはバウンズパスがよい。なぜならパスを止められることが少ないからだ。

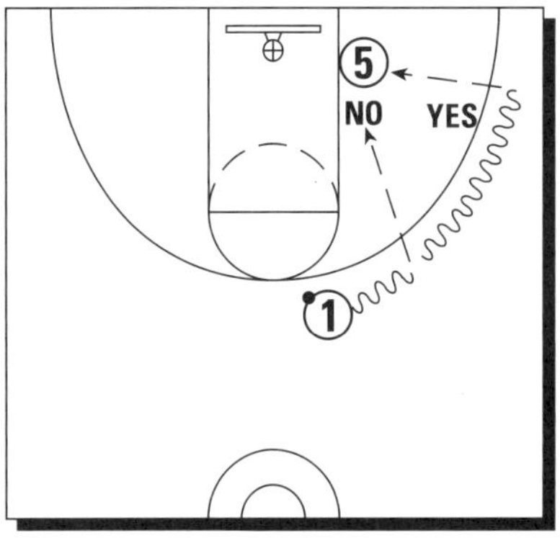

図8

図8　ポストに入れるための適切な角度がない時は、コーナーの方にボールを動かす。ここではハイローのことではなく、アウトサイドからポストへのパスのことを言っている。

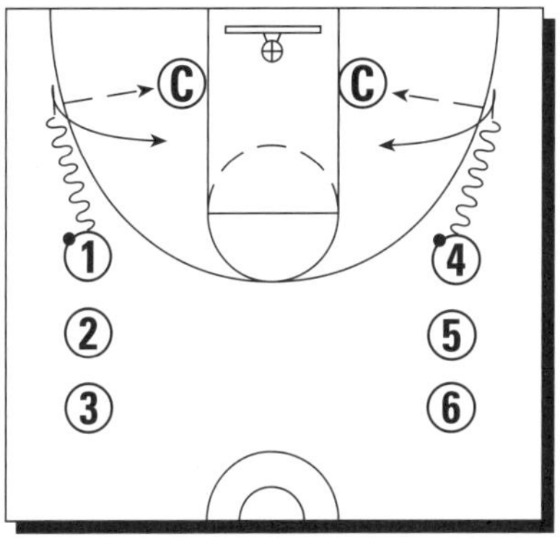

図9

図9　ドリル。コーナーに向かってドリブルし、パスを入れたらバスケットに向かってカットする。また、戻ってくることもできる。パスした後に突っ立っていないこと。

図10　4人のパスドリル。コーチが＃1にパスし、＃1はドリブルしてポストに入れる。＃4は＃2にパス。そして＃3にパスしてシュート。

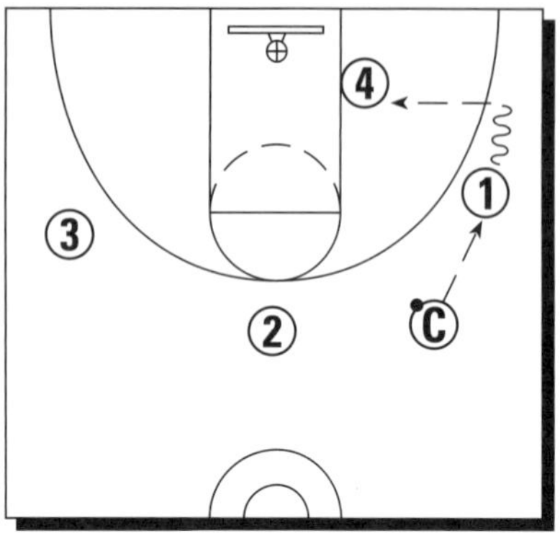

図10

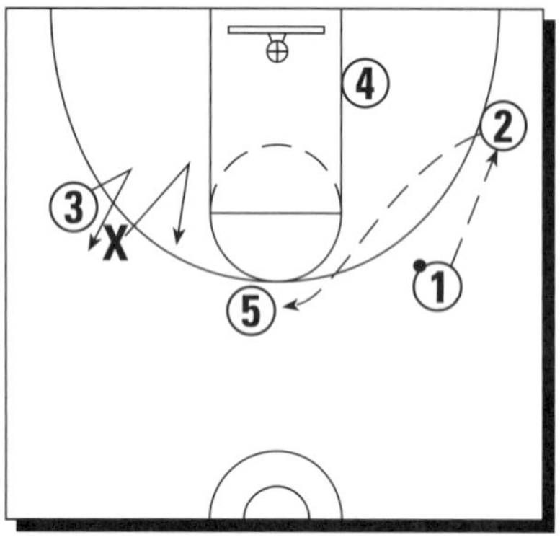

図11

図11　オープンになる。これは簡単に見落とされがちなペリメーターのプレーだ。ブレイクは次のように終わる。#1が前の#2へパス。#2はトレーラーの#5にリターンパス。そして#3はオープンにならなければいけない。

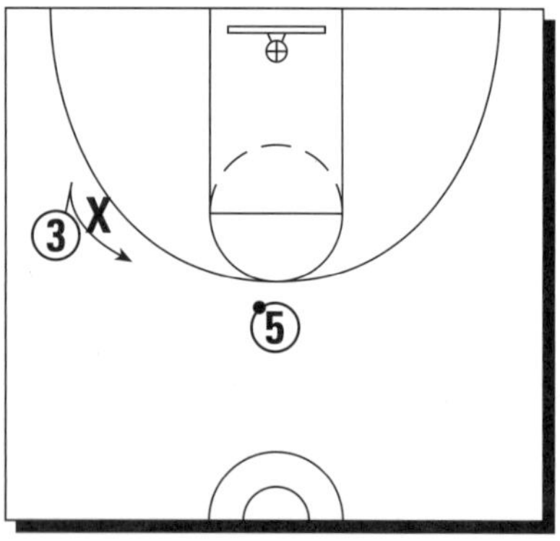

図12

図12　Vカットを永遠に続けるわけにはいかない。#3にできることの一つはディフェンスの方に真っ直ぐに行くことだ。そして#3は足を1歩ディフェンスの前に出してポップアウトする。

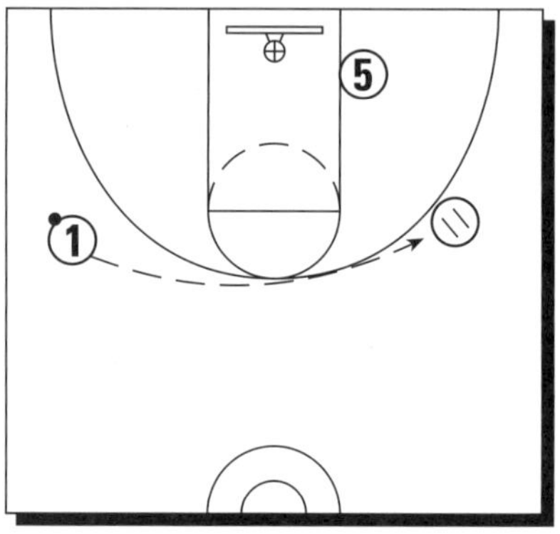

図13

図13　シュートする用意ができていなければならない。#1がボールを持っていて逆サイドのウイングのプレーヤーにスキップパスをするとする。そのプレーヤーは左足を前に、右足を後ろに引いた状態でボールをキャッチすべきだ。ボールをキャッチした時にステップでシュートに行くことができるからだ。良いシュートは良いパスから始まる。いつもパーフェクトなパスをさせるように強調すべきだ。ターゲットにパスすることによってシューターは膝が曲がった状態でボールをキャッチでき、すぐにシュートが打てる。「誰でもゲームの中で同じ数のシュートを打てるだろうか」。答えはノー。しかし、シューターがいるならばシュートを自由に打たせなければならない。3本続けてミスしたからといって交代させてはいけない。

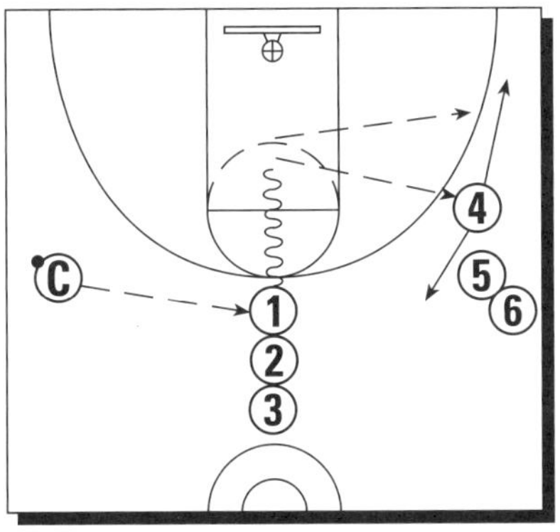

図14

図14　ドリル。コーチが＃1にパス。＃1はペネトレートしてジャンプストップ。＃1は上か下に位置を変えたアウトサイドの＃4にパス。コントロールしたスピードでペネトレートさせる。

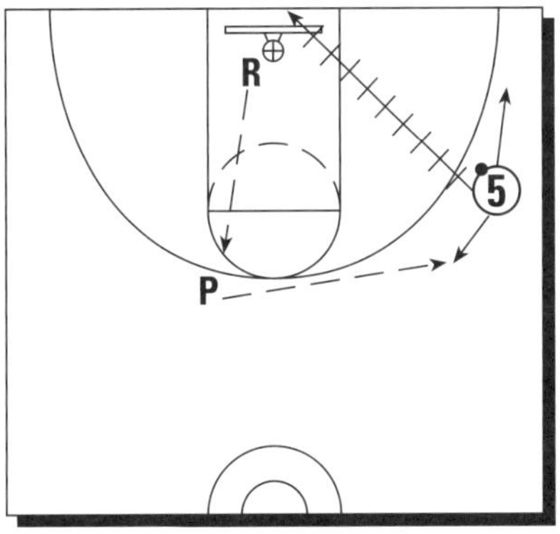

図15

図15　2ボールドリル。リバウンダー、パッサー、それにシューター。シュートした後、位置を変えてすぐにパスをもらう。リバウンダーはパッサーにボールを送る。1人30秒。サイドを変えながらシュートする。次にトップからシュートする。3人すべてのプレーヤーが3つのポジションでシュートするのに4分半かかる。

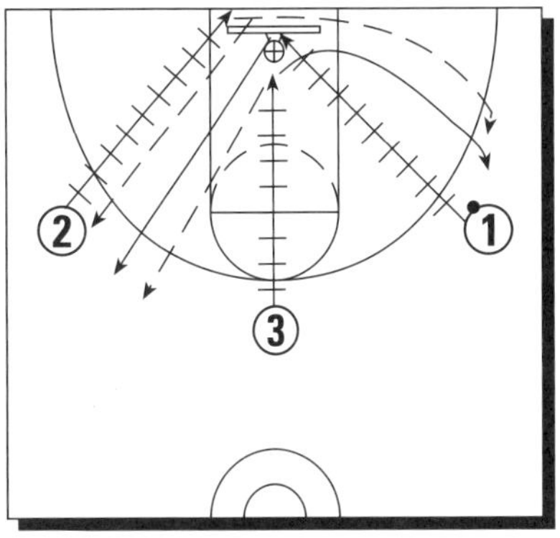

図16

図16　3人のプレーヤーで2ボール使う。フットワークを強調。＃1がシュートして自分でリバウンドに行く。そして＃2にパスしてペリメーターに出る。＃1がリバウンドを取った後、＃3がシュートして自分でリバウンドして＃1にパス。＃3はペリメーターに出てシュートを打った後の＃2からパスを受ける。ハッスルしてシュートが打てる状態にならなければならない。いつもボールを持ったアウトサイドのプレーヤーにディフェンスと向き合っていることを確認させる必要がある。キャッチしてリップイットスルー（ボールをトリプルスレットの状態でキャッチして素早く、強く下におろしボールの位置を変える）してディフェンスを攻撃する。

私のスタッフの中でシュートをコーチするのは1人だけである。多くの人が教えようとしてシューターが迷ってしまうからだ。私たちは練習中25本のフリースローを打つ。フリースロー以外には決してシュートさせない。集中させなければならないからだ。1&1を打って、もし最初にミスしたら1往復させる。フリースローを打つ時は決まった動作で打たなければならない。いつも同じようにシュートすることを心掛ける。私は左足を少し前に出してラインに合わせるようにしている。また、短い動作でのシュートがよいと考える。重要なことはフォロースルーである。

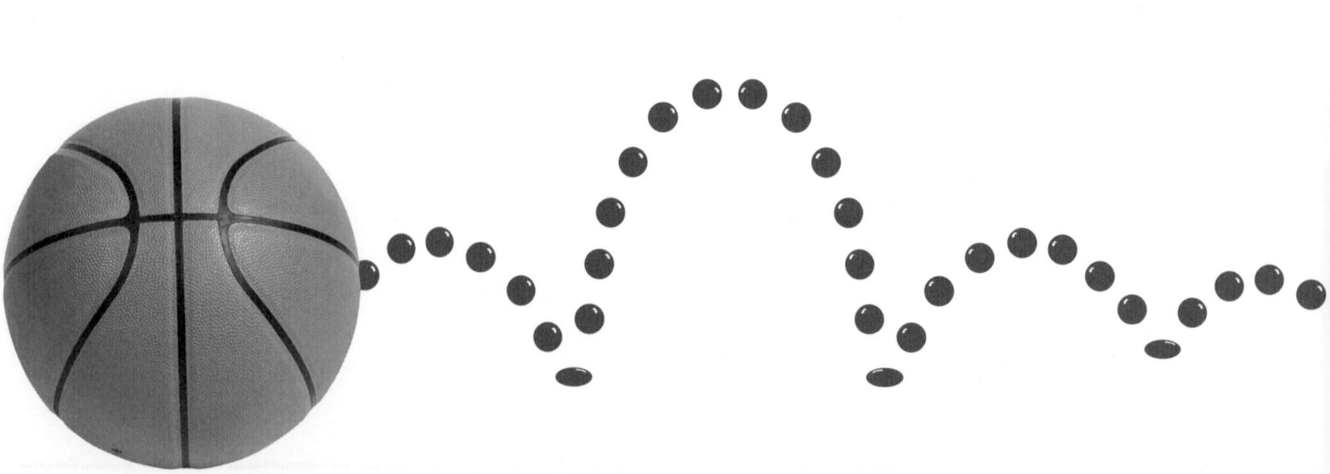

DAVE BLISS

デイブ・ブリス

Game Management
ゲームマネジメント

より優れたコーチになるためにもクリニックへの参加は大事である。私がクリニックで講演する際には早めに会場に行き、他の演者の話を聞くようにしている。クリニックに参加することにより、新しいアイデアを知り、仲間をつくることができるばかりか、コーチとしての見地を広げることができる。

我々は自分を極端に変えることはできないが、コーチとしての考えの変更も同様に難しい。長い時間をかけて築いたコーチ哲学は深く染みこんでいるだけでなく、新しく学んだことよりもうまく教えることができる。しかしクリニックで異なったコーチング法を知ることにより、これまでの哲学にアレンジを加えることができ、より良いコーチになることができるのかもしれない。

ゲームマネジメントはあなたのコーチ哲学と密接に関係しており、試合中どのような指導をするかはこれによる。クリニックに参加して他のコーチの話を聞いていると、10～15分もしないうちに彼らのコーチ哲学の影響を受けているように感じる。

私は何年もにわたり数多くのアイデアを蓄積してきた。コーチの多くがボブ・ナイトのクリニックの受講を希望すると思うが、私は実際に彼に教わったことがある。彼と一緒にコーチをしたことが、私のバスケットボール人生を根底から変えたと言っていいだろう。

ボブと私はウエストポイントで2年、インディアナ大で4年、共にコーチをした。それは私のバスケットボール人生の中で素晴らしい時期であった。

コーチは、ファースト（最初）、ベスト（一番）、ディファレント（他と違う）のいずれかであるべきであると私は考える。もし他のコーチと同じであるのならば、簡単にコーチ哲学に反したことをしてしまうだろう。そこで私はこれからファースト、ベスト、ディファレントになるためのアイデアを紹介しようと思う。

Building a Snowman
雪だるま作り

コーチ哲学の築き方は雪だるまを作るのと似ている。すでに作った雪玉に新たな雪を足していくという作業である。

1 自分自身について知る

a.バックグラウンド――性格

b.ヒーロー――手本、モデル

c.観察――何が効果的か

d.その他

積極的な性格のコーチは積極的に指導するだろう。また、コーチは積極的な性格の選手と関わることにより積極的な教え方を学ぶかもしれない。人の性格は生まれつきのものに加え､バックグラウンド､ヒーロー像に基づくものである。尊敬する人物に注目し、その人物の何が魅力的であるのかを考える。しかし、まったくの物真似は禁物である。

2 汚れた雪を使わない

a.自分以外の人にならない

b.悪い特徴を真似ない

c.どうでもいいことを真似ない

自分の性格のセールスポイントを見つける。年をとっていても、若くてもコーチに年齢は関係ない。悪い特徴を真似ない。

❸ セールスポイントは何か

a.性格では？

b.コーチスタイルでは？

c.感情の隠し方では？

d.改善すべきことは？

何があなたのセールスポイントかを知ると同時に、改善すべき点を理解しておくことも必要である。コーチであるあなた自身が変わることで、今シーズンあなたのチームがよい結果を出すことが可能になる。我々は選手に「良い選手になりたければ、良い人になれ」と言うが、それは私たちコーチにも当てはまることである。

❹ コーチが知っておくべきこと

a.どのレベルの選手か

b.急ぎ過ぎない

c.選手全員がディーン・スミスやリック・ピティーノではない

Next Year I'm Going to it Differently
今シーズンこそは…

我々のプログラムを例に挙げよう。効果的に分析し、昨シーズンの敗因、すなわち十分な準備のできていなかった部分を改善する。

A.今シーズンに向けてのスターティングポイント

1.昨シーズン最終的に負けてしまった理由

2.改善したい部分

3.自分自身のコーチ哲学を完全に理解しているか？

4.どうすれば今シーズンをより素晴らしいシーズンにできるか？

コーチ哲学により、選手への接し方は異なる。それは、あなたが頭の中で描くどのような人になりたいか、どうしたいのかではなく、実際にあなたが選手にとってどのような人なのか、どうするのかである。

B.成功をつかむために

1.義務感――切迫した感覚、最優先事項

2.計画――時間をかけない

3.興奮――エネルギーのレベル、健康状態、信念

4.創造性――他の選手のプレーを見る

5.自分自身、自分のチームについて知る――強みと弱み

6.失敗を恐れない

コーチは選手に対して義務感のようなものを持たなくてはならない。コーチには時間がないため、しっかりと計画を立て、時間を効率的に使わなくてはならない。また、ほどよい熱心さやエネルギーレベルを維持しておくことは大事である。体のコンディションは常にいい状態にしておく。加えて、信念を持つことによりプレッシャーをはねのけることができる。また、コーチは自分自身のプレッシャーが若い選手に伝わらないようにしなくてはならない。

優先事項を察知する感覚は大事である。また、創造性も同様に大切である。私は今シーズン、新たなプログラムを作ろうと考えている。コーチの基本的な仕事というのは選手に希望を持たせることであると思う。変化を与えるなど、何か選手をワクワクさせるような環境を作り出すことが大切である。変化は人生につきものである。変化への期待感は私たちに希望を与えてくれる。

失敗を恐れないことは大事なことである。試合に

負けたときは勝ったときよりもコミュニケーションをはかることを忘れないようにする。試合に負けた後、選手は私たちコーチの話をよく聞く。勝った後は皆、満足してしまうのである。

C.今からオフ明け初練習までの間にすべきこと

1.ワクワクさせるような環境づくり——個人ミーティング、ゴール設定、アイデアをまとめた小冊子づくり

2.コミュニケーション——リーダーを決める、短時間のミーティング

3.コーチの自信——どうしたいのかを知る、同じことを繰り返し行なう

4.クリティークパフォーマンス——大目に見ることはチームの成功につながる

5.探求を続ける——賞金稼ぎのように

6.成功の循環——あなたは成功に値するか？

私たちコーチは選手がワクワクするような環境を作る必要がある。チームが負けてしまった場合、消沈した選手を少しは奮い立たせることができる。「人はあなたの思いやりを知るまで、あなたの知識に興味を持たない」という言葉がある。選手のために時間を割き、選手のために働き、選手の才能を伸ばしてあげること。これがコーチが選手に示すことのできる思いやりである。そうすることで選手があなたの考えを受け入れてくれる。興奮（enthusiasm）という単語の最後の4文字、I.A.S.Mは“I am Sell Myself(自分自身を売ること)”であると私は考える。

後に詳しく話すが、ここでポイントガードについて簡単に説明しよう。ポイントガードを育成することが勝敗を分けると言っても過言ではない。そのため、コーチは自分の望んでいることをきちんとポイントガードに伝えておくべきである。また、コーチにとって自信を持つことは大切である。コーチは自分の考えに自信を持ち、次々に考えを変更しない。その結果が悪かった場合には、その考えや方法がうまくいかなかったことを忘れないようにするだけでなく、なぜ失敗したのか（時間が短か過ぎたのか？手法そのものがよくないのか？）についても自分の中で明らかにしておく。

「大目にみてあげることがチームを成長させる」とボブ・ナイトは言う。ある日、選手の１人が試合で悪いシュートをし、私が思わず「彼があんなシュートするなんて信じられない」と言ったことがあった。そのときアシスタントコーチの１人が「今後１週間、彼にこの練習をさせます」と言った。このようなシュートを二度と試合で見ないためには、練習中に解決しておく必要がある。

成功の循環とはアメリカ人の仕事に対する倫理である。自信が成功を呼ぶが、もし努力をしていなければ自信は生まれないのである。多くのコーチが選手と友達のように接しており、コーチとして選手に十分に認められていないように思う。コーチはチームに対して民主的、フェア、礼儀正しくなくてはならないが、彼らを厳しくコーチすることを恐れてはいけないと思う。最近では、もっと厳しく子どもたちをコーチすべきだと言う人はいない。しかし、もし選手に愛想よくするだけで教えるべきことを教えていないとしたら、それはコーチとしての仕事を放棄していると言えるのではないか？　そのことは皆理解できると思う。

D.選手に対しての義務

1.オーバーアチーバー（超達成者）になるための手助けをする

2.チーム全体の中で選手の才能開花の手助けをする

3.各選手の成長を促がすような雰囲気を作る

4.十分な準備をする

5.選手に自信を持たせる

選手をオーバーアチーバーにさせることは非常に大切なことである。人が期待する以上のことを成し遂げたという達成感は、選手に大きな自信を与える。

E.チームに対しての各選手の義務

1.バカにしない——チームメイトに対し敬意をはらう

2.最善の努力をする——身体面、精神面の両方

3.チームのために犠牲を払う

選手はチームをバカにしてはならない。各選手がチームとしての目標を共有し、それに対して敬意をはらうように。私はそれをチェックするために選手の目を見る。私は人の目を読むことが得意であり、目を見ればその相手のおおよその性格を知ることができる。そうなるためにも、選手が望んでいることをコーチに話せるような環境づくりが大切になる。

Qualities of Creative Coaches
クリエイティブなコーチの資質

1.長時間、精力的に働ける

2.活発な反面、ナイーブである

3.アメとムチが使い分けられる

4.創造性に優れている反面、現実的なセンスも備わっている

5.外交的である反面、内向的でもある

6.謙遜家である反面、自信家である

7.進歩的である反面、保守的である

8.仕事に対して情熱的である反面、客観的である

9.落ち込みやすい反面、立ち直りが早い

コーチは創造性に富んでなければならない。また、活発である反面繊細でなくてはならない。他のコーチより特別に精力的である必要はないが、他とまったく同じではいけない。そして謙遜家でありつつも自信家でなくてはならない。私が常に心に留めていることに、試合に負けているときには顔を上げ、勝っているときには頭を下げるということがある。もし試合に負けているときに下を向いてしまうと持っている実力を発揮することができなくなってしまう。また、退場させられるほど挑戦的ではいけないが、対戦相手になめられるほど保守的でもいけない。そして、落ち込みやすいが立ち直りが早いということも大事なことである。都合のいいことに、通常選手は試合に負けてもコーチほどは悪く考えないものである。

Considerations for 1999-2000
1999-2000シーズンの指針

A.バスケットボールの敵（3F）

1.疲れ（Fatigue）——正しい呼吸を失う

2.ファウル（Fouls）——選手を失う

3.フラストレーション（Frustration）——平常心を失う

試合が進むにつれどの選手も疲れるが、自分たちよりも相手選手を余計に疲れさせるようなプレーをする。一番よいのは、相手チームの選手が一生懸命プレーせざるを得ない状況に追いこむようなプレーのスタイルを確立することである。何かやろうとして壁に突き当たった場合には積極的になることが大切である。コーチとして積極的な姿勢を見せることは選手に積極的にプレーさせるうえで大切になる。

次にファウルについて。誰も相手の一番うまい選手と対戦したくはないものである。だからこそ、ファウルに関してはペネトレーションとポストが重要なのである。境界線でのファウルトラブルを取るため、そしてポスト下にいる選手を試合に参加させないためにポストの中にボールを投げ入れる。

試合が進むに連れてフラストレーションという問題が浮上してくる。バスケットボールをプレーするうえでテンポが大事であるが、全力を出さなくてはいけない瞬間には全力を出し、そうでないときには力を弱めるというタイミングを知ることが大切である。ハーフコートでオフェンスしているときは最低でも3回はバックスクリーンを掛け合いたい。そうできれば良いシュートを打つことができる。

B.勝利チームの傾向

1.素直な心——態度の悪いのは無能な人だけ
2.タフ

3.それぞれが自分の役割を理解する

4.オーナーシップ――責任のないときもそれを受け入れる

5.謙遜――成功に対してのハングリー精神

6.層の厚さ――ベンチが充実しているチームは勝つ

もし選手が素直な心を持っていない場合、コーチは厳格な態度で接するべきである。チームづくりの最初のステップは素直な心を持つことである。

次にタフになること。自分たちのチームを説明する形容詞が何であったら嬉しいか選手に聞いたところ、タフという答えが返ってきた。また、自分の役割を受け入れることも大事である。ナンバー3の選手はナンバー2の選手を、ナンバー2の選手はナンバー1の選手をというように人は他人を羨む傾向にあるがそれではいけない。

オーナーシップも大事である。もし試合中に１人の選手が悪い状況下にあったら、他のチームメンバー全員でサポートする。そうしなければ、ベンチの控え選手たちが「自分たちがプレーしたら勝てた」と言うことだろう。

C.練習をシンプルにする――いろいろなことをやるよりも、同じことを繰り返しやることの方が重要である

1.ディフェンススイッチ1－2－3、 4－5

2.アウトオブバウンズでのゾーンディフェンス

3.ノーポイントガード――＃1か＃2がそれをやることができる

4.必要なオフェンス

a.あらゆるディフェンスに対抗するもの

d.5ガードで行なうもの

c.ハーフコートオフェンスでエントリーが簡単なもの

d.チームの最も優秀なディフェンスをも、てこずらせることができる

5.ベースラインでのアウトオブバウンズプレーを少なくする――ポジションをチェンジする

ディフェンスの場合、私は3つの境界線スポットをスイッチするようにしている。我々のチームではオフェンスに関する方針は、その年にどのような選手がいるかによって異なるが、ディフェンスについての方針はほとんど変わらない。しかし、＃１、＃２、＃３をスイッチし、＃４、＃５をチェンジするディフェンススタイルにすることで、我々のチームはディフェンスの良いチームになることができた。アウトオブバウンズプレーでのゾーンディフェンスは非常に効果的であったように思う。そのスタイルにより、我々のチームは相手チームとのプレーにそれほどの時間をかけずにすむ。我々のチームは試合中にいくつかのゾーンをプレーせざるを得ない。ポイントガードなしでである。それはディーン・スミスの考えである。ディーン・スミスは、コーチは対相手チームのコーチではなく、対相手チームのポイントガードの指導をすべきと言う。相手チームのコーチはその場でプレーしているわけではないため、ディーン・スミスはチームのディフェンスをチェンジすることができるのであれば、対ポイントガードのコーチを行なうべきと言う。オフェンスには相手チームのディフェンスと戦うということをしっかり伝える。

チームがリードしているときにはフロアに広がり、5人のガードとしてプレーする。それは難しいことであるが、試合状況が悪くなりかけているときにはぜひそうして欲しい。ゾーンをプレーしているとき以外にはミスマッチが起こり得る。ハーフコートに入り込むのが簡単になる。

オフェンスの形を作る場合、最初の2回のパスが楽にできることをまず考える。最初のパスが良いパスならば、次のパスはより良いパスになるが、もし最初のパスが悪いパスであれば、次のパスはより悪いパスとなる。味方オフェンスへの最初の2パスは、ターンオーバーの少ないものにすべきである。まずドリブルで切りこむか、ボールスクリーンから始めたいと考えるだろう。そうすることで相手チームにとって対戦しにくいチームになることができる。

相手チームに引っ掻き回されるチームではなく、相手チームを引っ掻き回すようなチームにすべきだ。

Coach's Checklist
コーチのチェックリスト

1.一生懸命やること以上の方法はない

2.負けを避けることを第一に考える——勝つか負けるかのパーセンテージをはじき出すこともコーチの仕事である

3.どのコーチも教えている以上の知識を持っている

4.激励と熱中——希望を持たせる

5.選手はコーチであるあなたが信じているようになる——ジョー・パテルノ

6.怒りは解決策ではない——フラストレーションは敵である

7.コントロールできることもあれば、そうでないこともある。それを見極め、違った教え方をする

8.選手はあなたほど試合のことを大切に思っていないが、それは悪いことではない

9.何かを決める際には誠実さと、知識、そしてチームを第一に考える。決して他の考えは持たない

10.コーチが選手に教えることで最も大切なのは、最後まで絶対に諦めないということである。最近ではこのことを教えるのは非常に難しい

一生懸命やるということ以上の方法はない。これは最も大切なことである。あなたが選手にとって知性的でありすぎると、彼らはどうでもいいことについてまで悩んでしまうため悪影響である。

私はあまりに多くのプレーを知っていた。ハーフコートオフェンスに時間をかけすぎて個人のディフェンスやシューティングにあまり時間をかけなかった。これを変えた。今はシューティングに多くの時間をかけている。

チームに希望を持たせるようにする。負け試合の後であっても、さらに良くなるための練習をする理由を彼らに示す。これは練習前のミーティング時間に行なう。

コーチをする際、フラストレーションが指導の妨げにならないようにすることが大事であるが、年齢を重ねるごとにそれは身についてくる。コーチの仕事は選手の生産性を高めることであり、怒りは練習時間を無駄にするだけで何も産むことはない。

ジョー・パテルノのオフィスには「あなたの選手はあなたが信じているようになる」と書かれた紙が貼られている。私たちコーチは選手とどのようにコミュニケーションをはかればいいのか？　私たちは選手に何を要求すべきか？　チームメイトの前で選手を辱めてはいないか？　チームメイトの前で誉めているか？　チームメイトの前でプライドを傷つけないことが大切であるが、特にポイントガードと接する場合にはこのことに気をつける。

何かを決定する際に他の考えを持たないことは大切である。コーチは通常、ある程度は自分の決定したことに自信を持っており、また、チーム内でそのことを唯一知る者である。

チームに最後まで諦めさせないことが大事である。絶体絶命と思って勝つこともあれば、勝利を確信しながらも負けることもある。

いくつかのドリルを紹介しよう。

➔図1　コートを2 つに分けるのではなく3 つに分ける。これらの3 つのエリアではボックスディフェンスを作る。オフェンスはフロントコートに入ったら毎回良いシュートをしようとし、ディフェンスはオフェンスに無駄なボール保持をさせようとする。打つべきでないプレーヤーにシュートを打たすか、打つべきプレーヤーに対しても無駄なシュートを打たせたい。オフェンスでは、打つべきプレーヤーに打たせたい。ディフェンスでは時間を使わせてシュートを長引かせる。オフェンスの原則を狂わせて無駄なボール保持をさせたい。

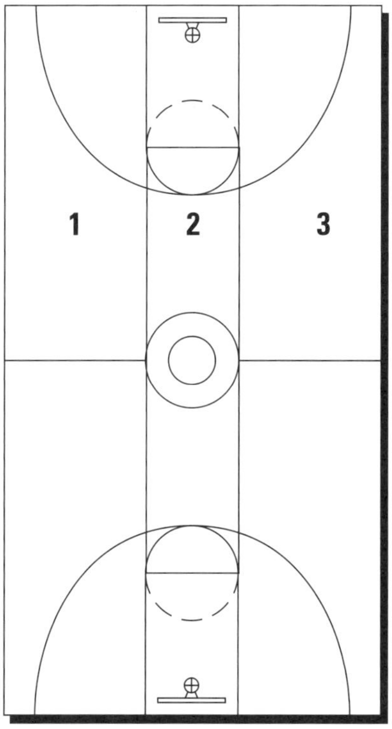

図1

➔図2　例えば、ボールがインバウンズされたらプレスをかける。フリースローラインの延長よりもボールが上にある場合、ボールとゴールの間で守る。ボールが片方のサイド（図1の1か3のエリア）にある場合、逆サイドのエリアにはいないようにすべきである。ミドルレーンにはボールが行かないようにする。どちらか片サイドだけにボールを封じ、オーバーディフェンスをしてその状態を維持する。インバウンダーについていたプレーヤーはボールが入ると同時にボールラインまで下がってディフェンスする。初めのディフェンスのセットはこうして行なう。

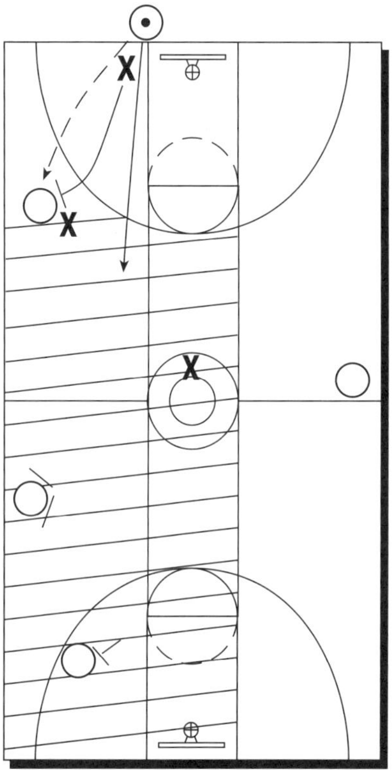

図2

➔図3　ボールが運ばれてきて最初のパスがウイングへ行く。それに対応してボールラインまで下がる。もし、ハイポストにボールが入ったりしても慌てることはない。ディフェンスは小さめにセットしている。ディフェンスにおいてさまざまなことを試みるが、それらはすべてディフェンスが広がらないように保つためである。ディフェンスが5人全員ボックス内にいることが望ましい。このことはマンツーマン、ゾーンどちらにおいても言えることである。また、ディフェンスは手を挙げて行なうように教えている。ハンズアップをしてオフェンスにプレッシャーを与えたい。もし、ベースライン側を抜かれたときにもボックスは小さく保つ。

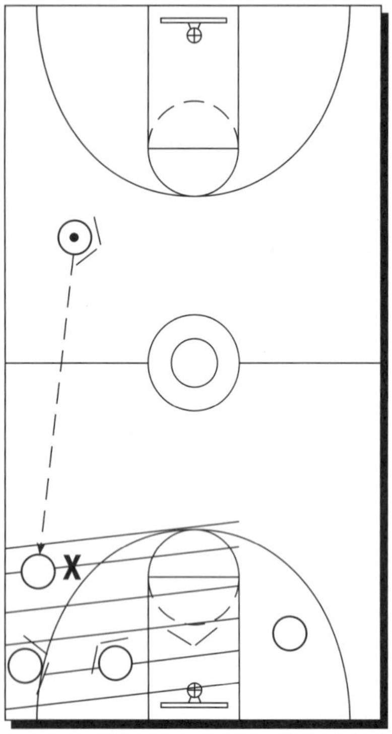

図3

Game Management
ゲームマネージメント

「オフェンスができるのに、どうしてディフェンスはできないのか（ジミー・ジョンソン）」ゴルフで言われている言葉である。しかしディフェンスや、その他のことを改善するためには実際なかなか良い言葉であり、他の競技では（アメリカンフットボールの選手交代の場面などで）すでに活用されている。

——では、バスケットボールではいつ用いればよいのか？　試合中、あなたのチームがアドバンテージを見出すために十分な時間がとれるときはいつもである。時には試合展開が思うようにいかないまま重要な局面を迎えることもあるだろうが、あらかじめそれに備えることでそういう状況もコントロールすることができる。

——これによってディフェンスがうまくいくことがあるだろう。しかし、オフェンスにも良い影響を与える。なぜなら相手のディフェンスがしてくることに対応できるからである。

——ディフェンスにおいて我々の目標は、相手に良いシュートを打たせないこと。そして、オフェンスにおいては逆に良いシュートを決めることである。これを忘れてはいけない。

——そこに何があるのか。“自分のチームのベストプレーヤーがボックスワンでマークされた時にどのようにプレーするか”。

——コーチ対相手のポイントガード。

——タイムアウトの時には、コーチとして相手のベストプレーヤーを抑えるためにディフェンスでの指示を何か与えるべきだ。多くのプレーヤーは、私たちの主なライバルのプレーがどういうものかを知っている。だからゲームマネージメントとは、ゲーム中にチームができるよりよい選択を導き出すことなのである。これは教えすぎではない。我々はそれをチームにとってわかりやすくしているのである。

Autopsy of Utah Game
ユタ大とのゲーム分析

以下は、我々ニューメキシコ大学が敵にボールを渡してしまったプレーのリストである。これらの中には速攻に対するディフェンスによってカバーできるものも含まれている。従って速攻に対しては最も良いディフェンスをするべきである。

ニューメキシコ大学（以下UNMで表す）が	
落としたシュート	32
UNM が落としたフリースロー	3
ユタ大のスティール	6
計	41

——UNM は21本のシュートを決めた－ディフェンスをセットする機会が21回あった
——UNM は12本のフリースローを決めた－ディフェンスをセットする機会が12回あった
——デッドボール－ユタ大がアウトオブバウンズからスローインすることは23回あった。その場所は
バックコートの後方——10
バックコート前方——1
フロントコートのサイドライン——5
フロントコートのベースライン——7

——チームリバウンドを含めた、リバウンドからのディフェンスの機会は56回あった。しかし、この

場合は我々もディフェンスをコントロールすることができる。

──あなたに何ができるか、あなたは何をしたいのか。

ゲーム中、あなたのチームが何回ボールを保持するか知っているだろうか。あなたのチームを分析しよう。今まで最もタフだった10試合を選び出し、その試合で何回のボール保持があったか調べてみよう。シーズンオフにこれらのことをしておこう。ここにユタ大とのゲームがある。その中で我々は32回シュートを落とし、そのたびに32回ディフェンスのためにコートを駆け戻らなければいけなかった。我々は3回フリースローを落とし、それらのリバウンドは全てユタ大によってとられた。そしてまた、ユタ大に6回スティールをされた。我々は41回速攻をディフェンスしなければいけなかった。速攻に対しては最も良いディフェンスをするべきである。

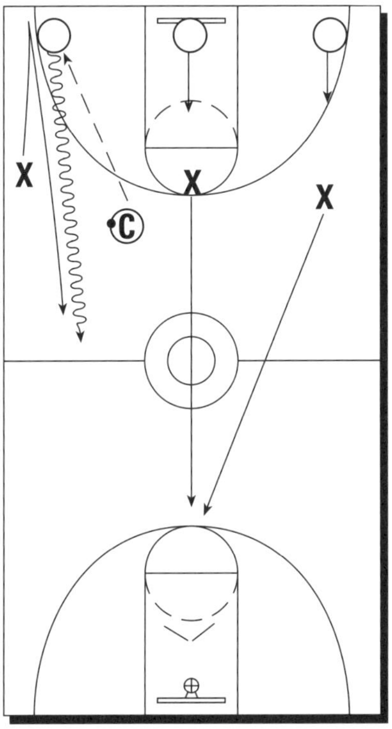

図4

図4　ハンプイットドリル、これは速攻に対するディフェンスの練習である。初めにディフェンスはトップに向けて走り、それから広がる。コーチはベースライン上にいるオフェンスの誰かにパスをする。パスを受けた人の正面にいる人は、いったんベースラインを触ってからディフェンスに戻る。ディフェンスは戻る時にボールの位置を把握すること。これが重要である。

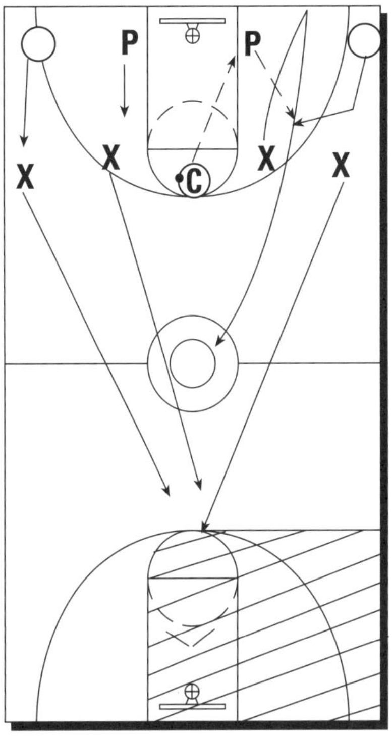

図5

図5　4 対4 、これは一番良い練習方法である。コーチはポストマンの1 人にパスをし、次にパスを受けたポストマンはガードにパスをする。そしてディフェンスは全員トップの位置まで戻る。原則としてレーンを走るのだが、3ポイントシューターがいる場合はこの限りではない。4 人でのディフェンス方法について考えてみよう。ボールがないサイドにはディフェンスがいる必要はない。トレーラーにディフェンスを分断されてはならない。速攻に対するディフェンスは私たちの一番重要なディフェンスである。21本のシュートと12本のフリースローを決めた。それによってデッドボールを除いてディフェンスの機会を33回得た。デッドボールを含めると56回になる。我々の狙いは何だろうか。それは、エンプティポゼションを創り出すことにある。

Create Empty Possessions
エンプティポゼションを創り出す

1. これら56回のディフェンスの中で、ディフェンスをコントロールするために何ができるか。
2. 我々の目標は相手について学んだことを生かしてエンプティポゼションを創り出すことである。
3. 多くの場合、適切なタイミングでディフェンスを変えることによってエンプティポゼションを創り出すことができる。それは必ずしもミスショットのみを意味することではない。
4. エンプティポゼションとは何か？ それは我々のディフェンスによって相手のオフェンスが崩された状態と定義される。
5. 相手の良くないプレーヤーがシュートをして、パスをし、またはボールを扱うことを意味する。
6. アウトオブバウンズを相手に引き起こさせ、我々がディフェンスをセットすることができる。これが相手に偏ったオフェンスをさせようとする我々の意図である。
7. この知識は、大事なゲームに向けてのゲームプランとなる。我々は何もせずにただベンチに座わっていたくないし、流れに任せたくもない。ゲームに影響を与えたいのである。

これは、チームとコミュニケーションをとるためのものである。自分たちがプレスをかければ、相手にとって打ってほしくないプレーヤーにシュートを打たせることができる。または、相手にとって打たせたいプレーヤーにシュートセレクションを誤らせることができる。私たちは、状況に応じて様々なディフェンスを使うので、チームとしてのプランを立てる。これは、次の“自身に質問すること”につながってくる。

Questions to Ask Ourselves
自身に質問すること

1. タイムアウトを請求するとき、なぜそれをコールしたのか。ある特定のシュートを打ちたいのか、特定のプレーヤーにボールを持たせたいのか、またはボールを保持するためか。
2. なぜすべてのクォーターの最後で相手にラストシュートのためにボールをキープされたのか、またそれはどのくらいの時間であったか。
3. （図6）ベースライン上のアウトオブバウンズにおいて、どのくらいのパーセンテージで斜線部分にボールを入れているか。

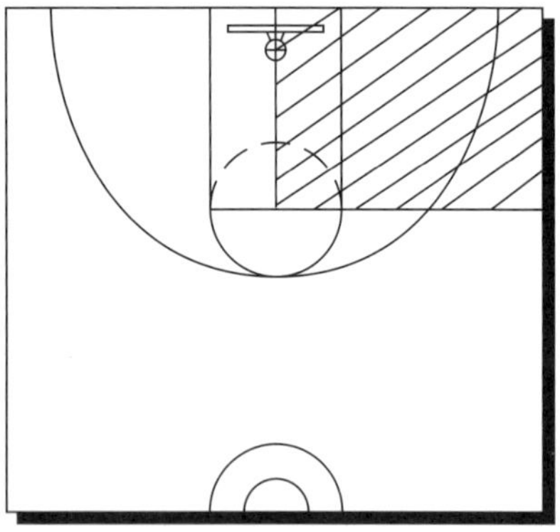

図6

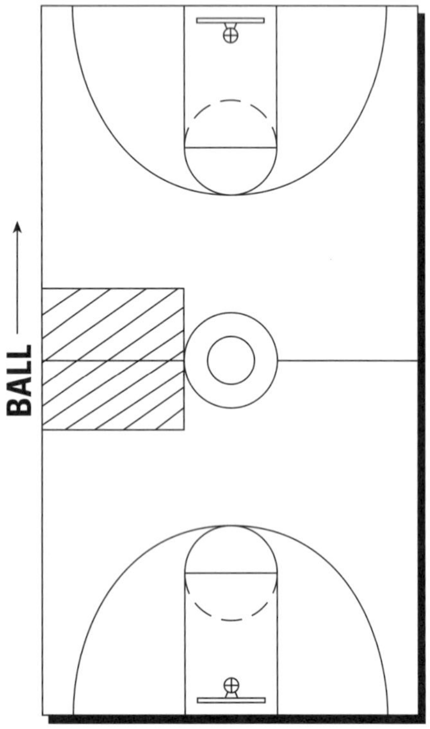

図7

4. （図7）サイドライン上のアウトオブバウンズにおいて、どのくらいのパーセンテージで斜線部分にボールを入れているか。
5. どこで、なぜあなたの選手はタイムアウトを要求するのか、新たにとられたタイムアウトにどれだけ準備がされているか。

なぜタイムアウトを要求するのか、ほとんどの場合、特定のプレーヤーに特定のシュートを打たせるためである。相手が良いプレーヤーであるならば、そこでそのプレーヤーにやられてはいけない。相手のベストプレーヤーに少しでもボールを持たせないディフェンスをせよ。相手がインバウンズのとき特定のエリア内に90%の確率で入れてくる、そこでディフェンスを準備しておく。なぜドリブルでフロントコートに運んでからタイムアウトをとるのか。

3/4コートでタイムアウトをコールする。ハーフからのインバウンズだと、自分たちが攻めた後に、相手に攻める機会を与えてしまったりするからである。

Our Defensive Scheme
我々のディフェンス計画

1 ゴールを入れてから始める－それから組み立てる
2 ほとんど完全にマンツーマンを行い、責任を持ってボールマンをマークする
3 プレーヤーを中心とする
4 リーグの中で独自性のあるディフェンスをする
5 異なった形態を見せる
6 準備のために練習で時間をかける
7 オフェンスではボールはミドルへ、ディフェンスではボールはサイドに追いやるようにする
8 タフさの概念－私たちは相手を止めようとする

覚えておくこと：プレーヤーはコーチが何を許して何を許さないかを理解している。リーグ中は違ったチームの形を見せろ。相手の練習時間を自分たちの対策の時間に使わせろ。相手にはボールをサイドで持たせたい。だからウイングへのパスはふさがなくてよい。だが、一度ウイングに持たせたらそこから出させないようにしなければいけない。ここで一番大事なことは相手を実際に止めなければならないということだ。

ディフェンスのメニュー
覚えておくこと：最も重要なディフェンスは速攻のディフェンスである。

ハーフコートディフェンス
1 マンツーマン（目的：基本、速攻のディフェンス）
2 ワンポイントでのゾーン（目的：ベースラインからのアウトオブバウンズ）
3 ポイントガードをミドルでトラップする（目的：シュートクロック）
4 相手を惑わせるためのボックスワン、トライアングルツー（目的：タイムアウトのあとに使う）

3/4 コート
1 2-2-1 、戻ってマンツーマン（目的：ゴールを決めた時）
2 マンツーマン、ポイントガードをすぐにつかまえる（目的：ゴールを決めた時）
3 フェイスガード（目的：アウトオブバウンズへボールが出た時）

フルコート
1 マンツーマン（目的：アウトオブバウンズでボールが出た時）
2 1-2-1-1 （目的：フリースローのあと）

ハーフコートマンツーマンでは、親指を上向きまたは下向きにサインを出すことが、ドリブラーまたはパッサーにトラップをしかける合図である。試合中の特定のポイントで行うゾーンは2-3 マッチアップゾーンである。相手チームが1-4をしてくるとき、私たちは自動的に2-3をし、ガードにトラップをかける。相手を惑わせるために使うボックスワンの精度はどれくらいでなければいけないかというと、自分たちのボックスワンオフェンスよりもよくなくてはならない。これは、どのディフェンスについても同じである。ボックスワンを長い時間使う必要はない。ただ、必要な時に使うことができればよい。シュートクロックが15秒以下の場合は、ハーフコートでトラップをする。その時間内に良いオフェンスができるとは思えない。州の中では高校のレベルからシュートクロックを導入しているところもある。3/4コートの2-2-1プレスは時間稼ぎになる。これを使えば相手のオフェンスのオプションをつぶすことができる。

Ten Areas to Discuss
話さなければいけない10の事柄

1 一生懸命vs.愚かな努力
2 ベンチを利用する－両方のチームを使い果たす
3 ミドルでボールを持たせない
4 速攻のディフェンスは最も重要なディフェンスであり、それはオフェンスの開始から始まる
5 エルボーへのドライブまたはパスは阻止する
6 すべてのクローズアウトはシュートに手をかざし、パスを止め、ドライブも止める
7 ファウルのしかた
8 ディフェンスがどんなシュートを打たせていい

かを知る

9 ディフェンスリバウンドの方がオフェンスリバウンドよりも重要である

10 君の一番よいリズムは何か？

私たちはチーム分析に多くの時間をかける。それは相手チームのスカウティングをすることや、自分のチームのできることを知るためである。チームにもっと刺激を与えなければいけない。そのために私たちはエンプティポゼションをつくってやる。試合中にこのような変化をつけることはほんの数回しかできないが、その時のために準備ができていなければならない。試合中コーチはチームを助けてやれなければいけない。両チームとも疲れさせるプレースタイルを持て。相手チームにいつもとは違うプレーヤーとプレーさせるのだ。

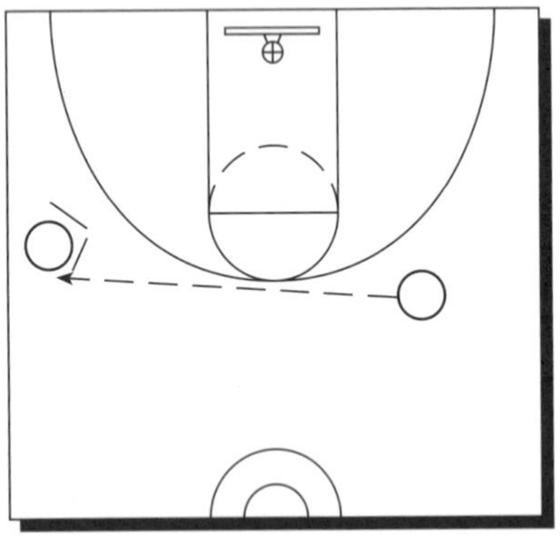

図8

→図8　私がいらいらすることの１つは、エルボーにドライブを許すことである。ハーフコートディフェンスで選手たちに教えるのは、ボールの方向を常にアウトサイドに向かせること。相手は常に展開をしてディフェンスを揺さぶり、オフェンスに有利な展開を進めようとする。私たちのセカンダリーブレイクでは、その理由でボールを展開することを望んでいる。だから右サイドにボールを入れたら、左サイドに展開する。そうすると、ディフェンスを動かすことができる。

→図9　クローズアウトは必要な要素である。内側の足を前にする。手は挙げておく。エルボーにはドライブされたくないので、内側の足は前に出しておくのである。私たちはベースラインへ方向付けをし、そこでポストマンとトラップをする。このドリルを“ワイド”と呼ぶ。3ポイントシュートは打たせない。そして、パスを、ドリブルを止める。ハンズアップしたままにする。試合のデータをつけるときにチームファウルのうちのいくつが手を使ったファウルかを数えておく。手は相手の体から離して挙げておく。オフェンスでは相手に向かって力強くドリブルをしていき、一端退いて様子を見てまたドリブルをする。ディフェンスではスタンスを保ち、相手に一発で抜かれないように教える。

レフェリーは手を使ったファウルを見ている。ファウルをしたいと思う人はいない。ファウルはコーチングに影響を与える。ディフェンスではどんなシュートを与えていいかを認識しなければいけない。相手にグッドシュートを与えるかもしれないが、相手にとってよくないプレーヤーが打つことになるかもしれない。相手がシュートを楽に打っているように見えるからと言って、相手にとって嫌なディフェンスをすぐ変えるような愚かなことはしてはいけない。ダンクはさせない。ダンクをされた場合、その前には４つのターンオーバーがあったかもしれない。リバウンドへいって２、３人を下げる。シュートがあったらポイントガードを常にフリースローラインに行かせる。これは、ポイントガードのディフェンスがセーフティーとして戻るためである。背の高いプレーヤーは高いリバウンドを、クイックネスのあるプレーヤーは能力を使ったリバウンドをとる。相手に応じてどういうリバウンドのしかたが一番よいかを知るべきである。

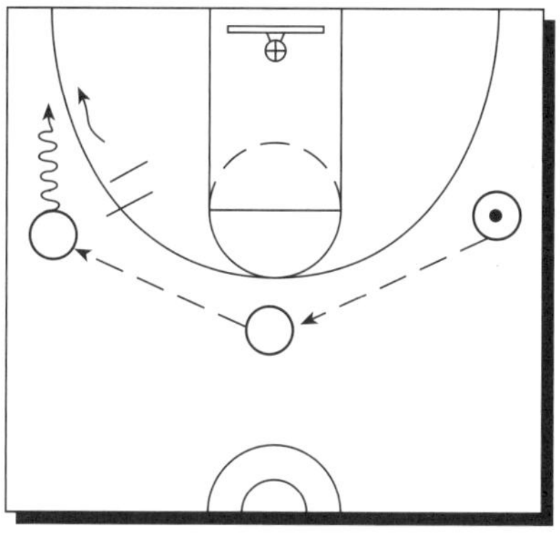

図9

Opportunities to Change Offense
オフェンスを変える機会

時間または相手のプレッシャーを考慮する。

1 セカンダリーブレイクは直ちに基本的なコンティニュイティーへと移る
2 基本的なコンティニュイティーとは、パスで入ること、ドリブルで入ること、またプレッシャーを拡散させることである
3 プレーは基本的なコンティニュイティー性を使う
4 すべてのプレーヤーはすべてのスポーツでコンティニュイティーがあることを知っている
5 プレーは次の要求を満たさなければいけない
　a.どのプレーヤーもポストアップする
　b.ファウルを得るためのドライブイン
　c.3ポイントシュート
　d.クイックプレー
6 フリースロープレー：#1、#4、#5で素早く攻める
　a.どのプレーヤーがシュートを打っても良い
　b.3ポイントシュート
　c.ドライブ（ファウルをもらう）
　d.クイックプレー
7 3/4コートでのプレー：#1、#2、#3で素早く攻める
　a.どのプレーヤーが打っても良い
　b.3ポイントシュート
　c.ドライブ（ファウルをもらう）
　d.クイックプレー
8 ハーフコートプレー
　a.バックコートでトラップを回避する。それからオフェンスへと移る
　b.クイックプレー
9 ベースラインプレー
　a.インバウンドプレッシャー
　b.クイックプレー
10 最後に、試合で追い上げている時に、最もディフェンシブなプレーヤーが得意とするコンティニュイティーを持つことが大切である

私たちの仕事は、正しいプレーヤーがグッドシュートを打てるようにすることである。確実に得点できるようにしたい。1on1、2on1、3on1、3on2またはディフェンスが3人以下のときは常に速攻を出す。相手のディフェンスが4人以上になった瞬間にセカンダリーブレイクに変更する。セカンダリーでは、ガードは広がりサイドでボールを持つ。ガードがミドルにいて狭くならないようにしたい。そうしないとポストにプレーヤーを走らせて逆サイドに切れさせたときにディフェンスを広がらせることができないからである。ディフェンスが5人戻っている時はブレイクを出さずそのまますぐにオフェンスをする。セットし直してオフェンスをコールするのは古いやり方である。セカンダリーブレイクは基礎的なコンティニュイティーへと直接つながっていく。セカンダリーはパスまたはドライブによる崩し方と相手のプレッシャーを拡散させることができる。どちらを使うかは自分たちで決めなければいけない。プレーヤーはコンティニュイティー性を様々なスポーツから学ばなければいけない。そうすることによってセットし直さずに攻めることができるからである。そのために、高校レベルにおいてどのプレーヤーもポストアップできるようにしておくのが大事である。試合で得点差が開いて勝っているとき、あとしなければいけないのはフリースローを決めることである。そこで、ドライブをしてファウルをもらう。そういうプレーも必要である。たいていはベストプレーヤーに基本的なプレーをやらせる。ポストプレーヤーに3ポイントを打たせる。これがチームをよくする方法である。チームのすべてのポストプレーヤーが3ポイントを打つと、スペースができる。

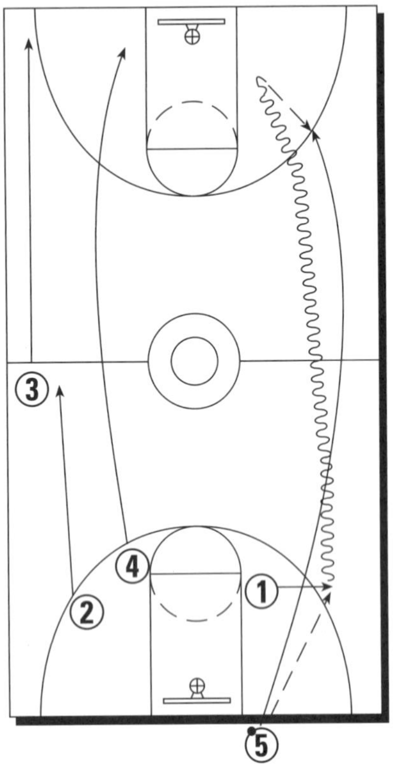

図10

→図10　“ガードブラスト”。アウトレットのボールをガードに入れる。＃1は強く持っていく。タイムアウトはコールしない。＃1がダブルチームされることが考えられるので＃2は＃1からパスを受けられるようにしておく。＃3はボールと逆サイドのコーナーに行き、＃4はボールと逆サイドのブロックに行く。3ポイントが必要でない場合は＃1がゴールまで一気に行く。＃1が止められた場合、＃3はコーナーに行き＃5は＃1の後ろにくる。このプレーを5秒以内に行う。3ポイントシュートを打つ必要がある場合はまず＃3に打たせることを考える。彼はワイドオープンになっているはずだ。3ポイントを打ったときには、＃4は必ずリバウンドに入る。無論、2点のときにも入らなくてはいけないが。3ポイントを打つときに＃5を見逃してはいけない。ディフェンスは全員ペイント内を守っているので＃3と＃5は常にオープンになっているのである。

スクリナー・ザ・スクリナーは試す価値のある、優れたプレーの1つである。このプレーはさまざまな場面で使うことができるし、ディフェンスするのが非常に難しい。

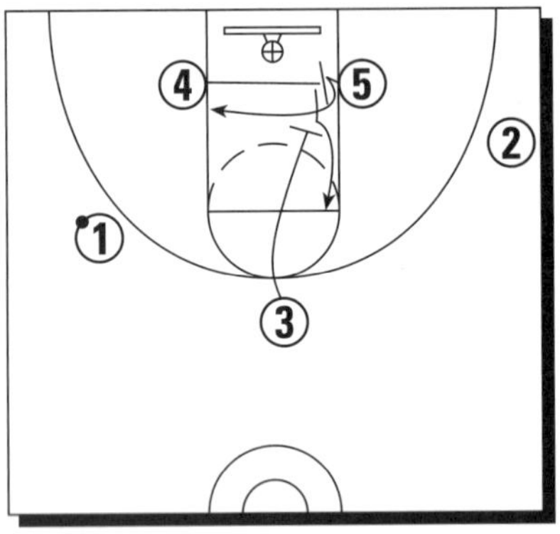

図11

→図11　＃1がウイングでボールを持っている。＃4が＃5にクロススクリーンをかけ、その後＃3が＃4にダウンスクリーンをかける。

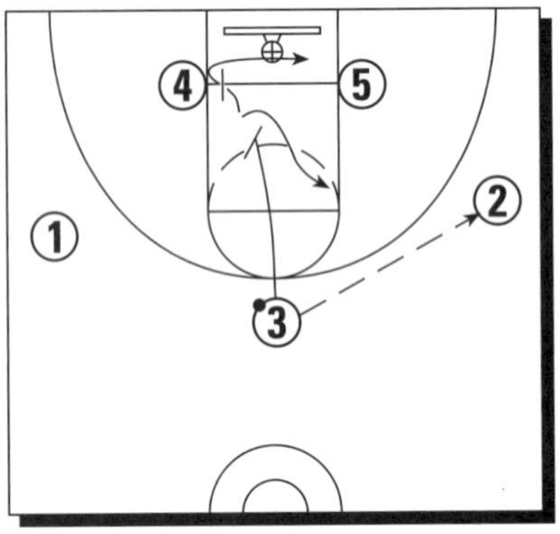

図12

→図12　3アウト2インのセットのときはいつでもこのプレーができる。クロススクリーンとダウンスクリーンをくりかえす。

→図13　4人でのフレックスも可能である。よりよいオフェンスができるようになったなら、ディフェンスをうまくはずす方法を考えよう。コーナーに引きつけてしまえばよいのである。＃1は＃2にパスすると同時にコーナーへ切れる。＃4はクロススクリーンの後、もしくはそのままハイポストにフラッシュする。

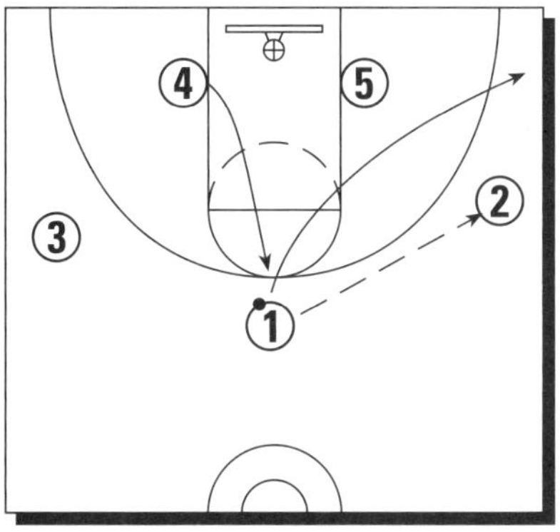

図13

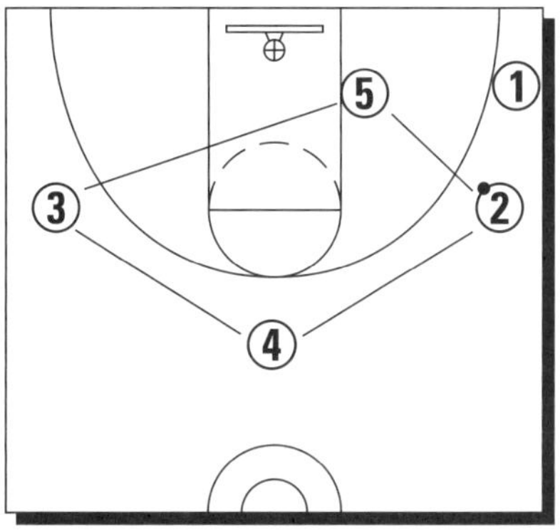

図14

図14　これは「ダイアモンド」と呼ばれているプレーである。4対4の状況になっているのがわかる。

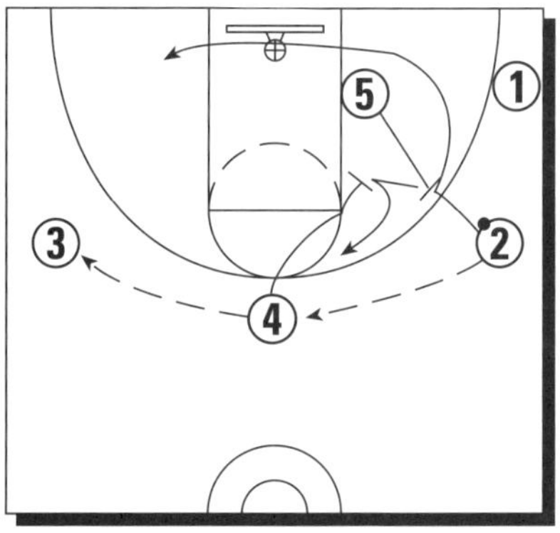

図15

図15　＃2が＃4にボールをリバースし、さらに＃3にまわす。＃5が＃2にバックスクリーンをセットし、＃4は＃5にダウンスクリーンをかける。これがスクリーン・ザ・スクリナーである。

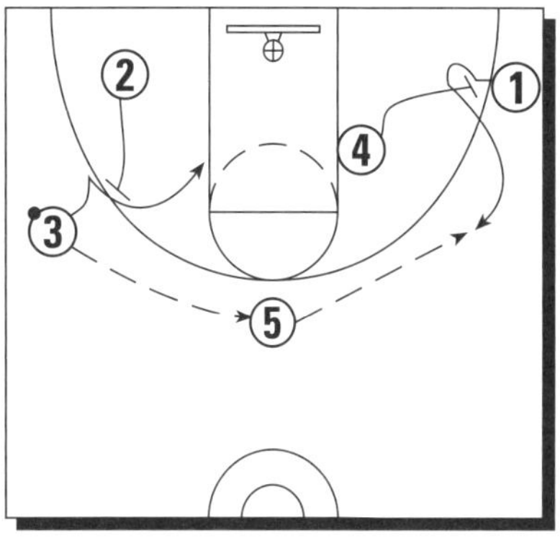

図16

図16　コーナーにいるプレーヤーにスクリーンをかけるときは、いつでもベースラインに向けてスクリーンをセットしなければいけない。＃4が＃1にスクリーンをかけ、＃4はコーナーに行く。＃5はダウンスクリーンをかけた後、外に出てボールを受け、＃1にパスする。

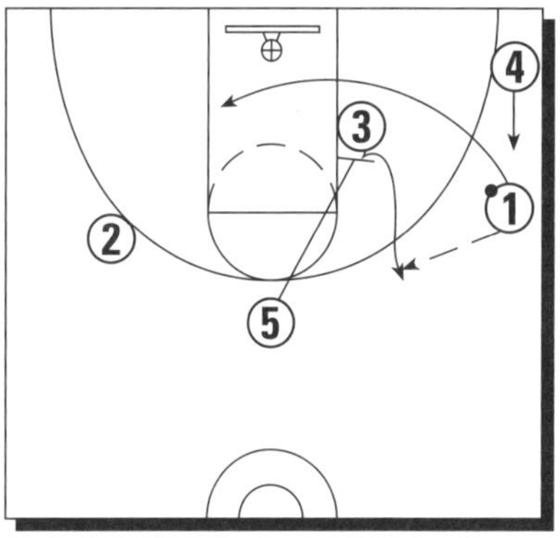

図17

図17　＃5は＃1にパスした後、＃3にダウンスクリーンをかける。＃1は＃3にパスした後、切れて＃4がその後を埋める。＃5にポストアップさせる場合は＃4にボールを戻せばよい。

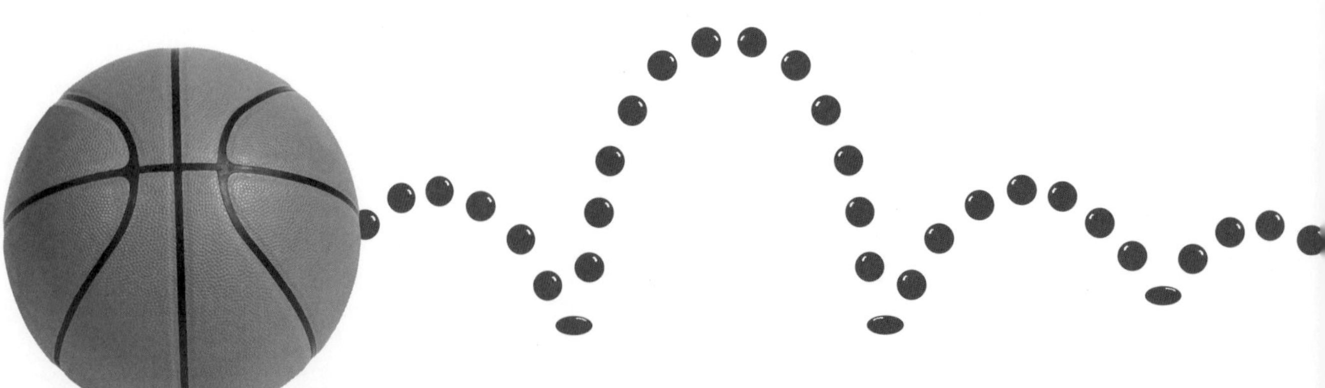

JIM CREWS

ジム・クルーズ

Press Breaker
プレスブレイカー

日本語には、アメリカの辞書に載っていない言葉がある。それは「KAIZEN（改善）」という言葉であり、自己が進歩し続けることを意味する。私たちがバスケットボールをするにあたって、コート上だけでなく、それ以外でも実現したい言葉だ。これはコーチにも言える。今年は、昨年よりも良い成績を残したいと思うだろう。コーチとして、プレーヤーが成功するために必要なことを計画に組み込むことができる。すべてをやろうとする必要はない。自分が必要だと思うものを、たくさんあるシステムの中から一部分を引き出せばよいのだ。

私のチームでは毎日プレスに対するいくつかのオフェンスの形を練習している。こうすることで、プレーヤーにとってプラスに進んだことがたくさんある。一つはプレーッシャーのかかった中でプレーすることができるようになったこと、積極的にプレーすることができる。プレーヤーは素早く判断を下さなければならない。そして、このブレイクで確実にシュートを決める必要性も学ぶ。練習することによって、大きな自信を得ることができるのだ。
チームではプレスに対するオフェンスで重要なことを「スプリント、フラッシュ、フライ（素早く遠ざかる）」と言い続けている。5人のプレーヤーすべてが役割を持つ。ゴールからボールを素早く出してすぐ攻撃に移りたい。

プレスに対するオフェンスは、基礎を思い出す刺激となるものである。プレスに対して得点を上げたい。プレスを破り、それからセットしてディフェンスにも準備をさせているチームをいくつか見たことがある。ディフェンスは燃え尽きることなく、更にプレスをかけてプレッシャーを増していく。5対5の状況は2対1の状況ほど楽ではないので、積極的にプレーする必要がある。プレッシャーをかけられればかけられるほど良い。そうなれば、フルコートのオフェンスをすることができ、プレスを破るためのスペースを多く作り出すことができる。

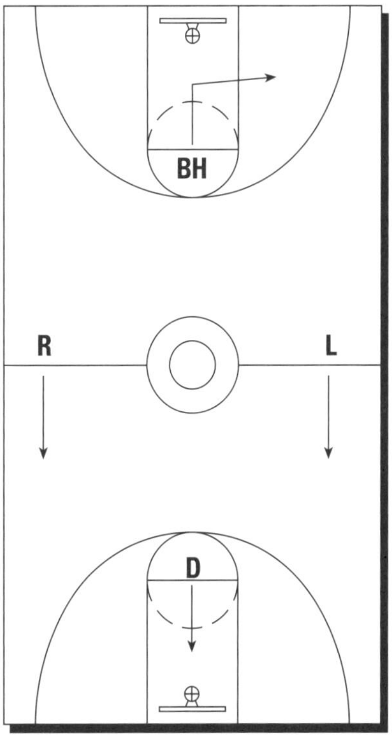

図1

図1　ボールをコートにインバウンズするプレーヤーは知的で、きっかけを作れるプレーヤーでなければならない。ゴール近くのプレーヤーがインバウンズすることになるから、リバウンダーであろう。シュートを決められた後、ボールが地面に落ちないようにしたい。普通この役目は、3番か4番か5番のプ

レーヤーが担う。ある程度パスとドリブルができなければならないが、リバウンダーなのだ。コート全体を見つつ、コートの外に出る必要がある。そのときコートの右側に行かせる。左側のサイドにはボールハンドリングのうまいプレーヤーを置く。95%の人が右側から始めるので私たちのチームでは左から始める。右レーンと左レーンと奥にそれぞれプレーヤーを置く。右レーンには2番目にボールハンドリングのうまいプレーヤーを行かせる。左レーンには3番目にボールハンドリングのうまいプレーヤーを行かせる。奥には背の高いプレーヤーを行かせる。この練習は毎日10分間くらい行なう。何日か空けて30分やるよりもこの方がよっぽど効果的だ。

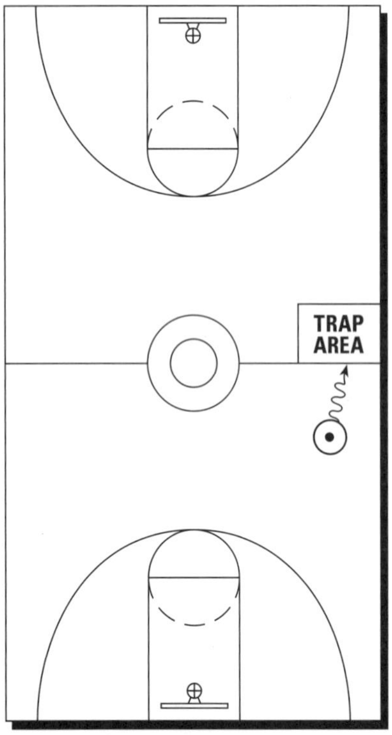

図2

図2　ディフェンス2人の接近。ボールを運んでいくとき、ディフェンス2人が近づいてきて欲しい。しかし、トラップをかけられたくはない。ディフェンスが2人近づくことによって4対3の有利な状況ができる。保守的になってはいけない。ディフェンスがいるところにボールを持って行こう。ボールを持っているときは、ボールフェイクをいれる。ドリブルもパスもしていないときも、ボーッと立っていてはいけない。最低3mは進めない限りセンターラインを超えてはいけない。3m進めないようだったら、ボールを後ろに展開しなければならない。

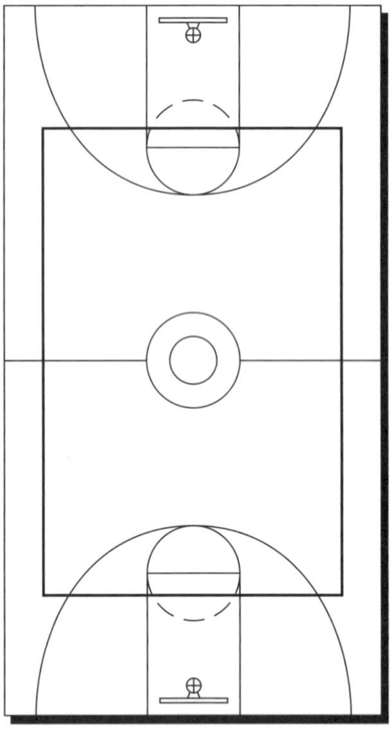

図3

図3　多くのコートにはバレーボール用のラインがあるはずである。ドリブラーは、誰かを抜こうとするとき以外はこのバレーボールのラインから出ないようにする。このラインの内側にいればどちらにも行けるからである。プレスではサイドラインをもう1人のディフェンダーとして利用することを頭に入れさせておきたい。

図4　スプリントでボールから走り去りながら見るときは、内側の肩越しから見るようにする。

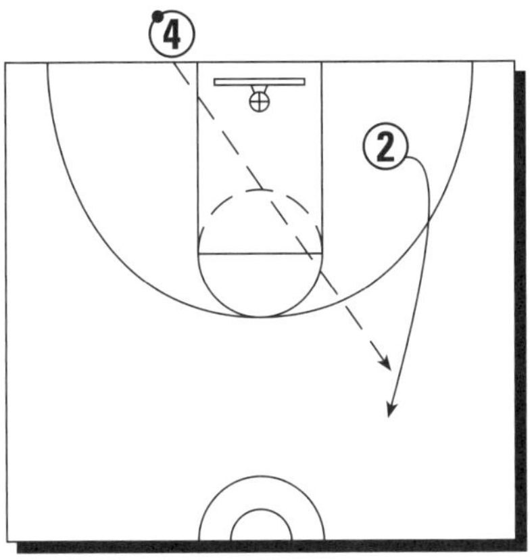

図4

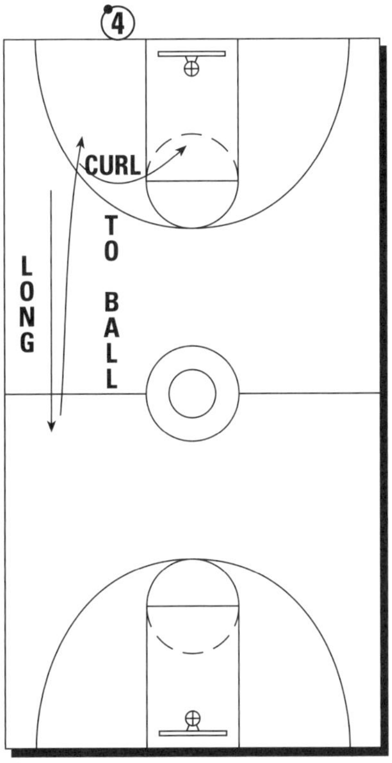

図5

図5　ボールを受けるには、3通りのカットの仕方がある。ここでの考え方とやるべきことはボールがパスされるまでカットをやめないことだ。#4がコートの外でボールをもらっている。まず、#2は#4から遠ざかるように長いカットをし、次にボールにステップバックするカットを行なう。そして、3回目のカットでカールをしてボールを受ける。プレスブレイクに必要なことは、ボールを受けるまでカットし続けることである。チームメイトをほったらかしにせず、助けに行かなければいけない。もしトラップにこられたら、トラップ越しに前を見る。つまりトラップは見ない。ゲームの流れを見てトラップを見抜き、そしてディフェンスが2人近づいてきたら、トラップのどちらが最も背が高くてのろいのかを見極めよ。その相手に1対1で挑む。

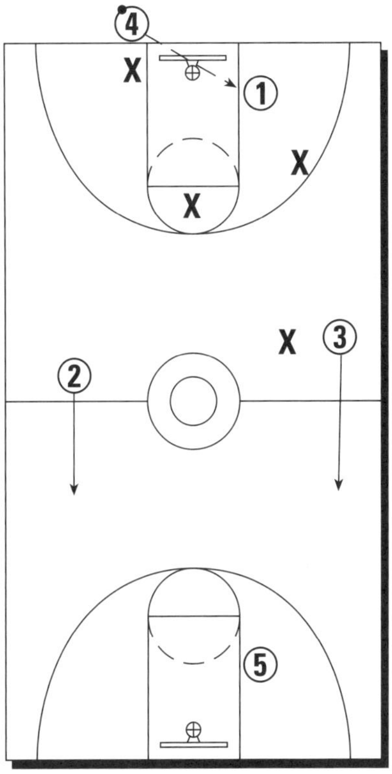

図6

図6　スプリント、フラッシュ、フライ。ここではセットアップする。#4がボールを出し#1にパス。#1はコート全体を見渡し、#2と#3は、サイドラインに抜け出しハーフラインより3mくらいディフェンスの前に出る。#5は深くポジションを取る。スペーシングを保ちながら、プレスに対してアタックしたい。

図7　ボールをリターンしなければならないのなら、少し後ろの位置で受ける。#1は#4にパスして素早くバレーボールのサイドラインあたりにフライする。逆サイドにいる#3はミドルにフラッシュする。いつもフラッシュとフライによってプレスブレイクする。

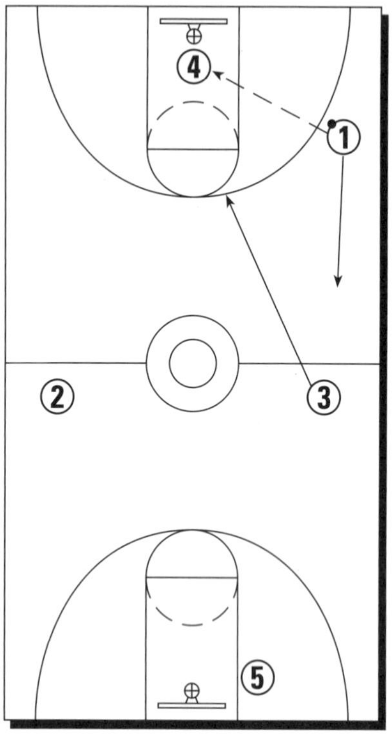

図7

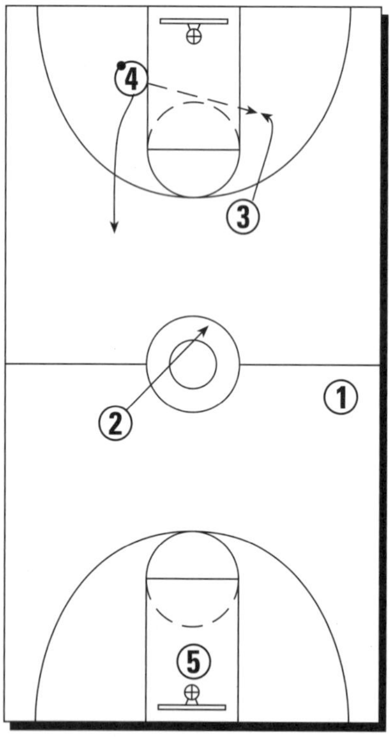

図8

図8　もし＃4が、フラッシュした＃3にパスできなかったら、＃3は戻って＃4からパスをもらう。そして＃2がフラッシュし、＃4がフライする。

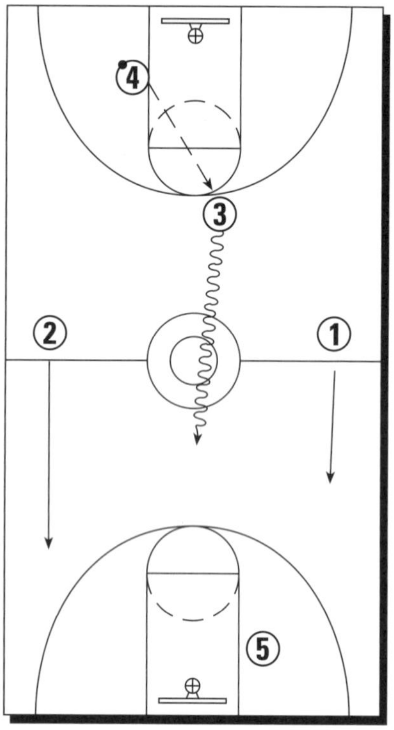

図9

図9　＃4が＃3にミドルでパスできたら、＃3は振り返ってコートの前方を見る。誰もオープンではなかったらドリブルに行く。ディフェンスがセットをする前にボールを前線に持っていきたい。

図10　ガードスルー。ボールの展開がディナイされて、＃1が＃4にパスし返すことができなかったら、＃4はミドルにカットしていき、＃3は遠ざかるようにカットしてからボールに戻る。

図11　＃1が＃3にリバースし、＃4が右側にいる。＃2がミドルにフラッシュし、＃1はフライする。これもフラッシュ＆フライである。

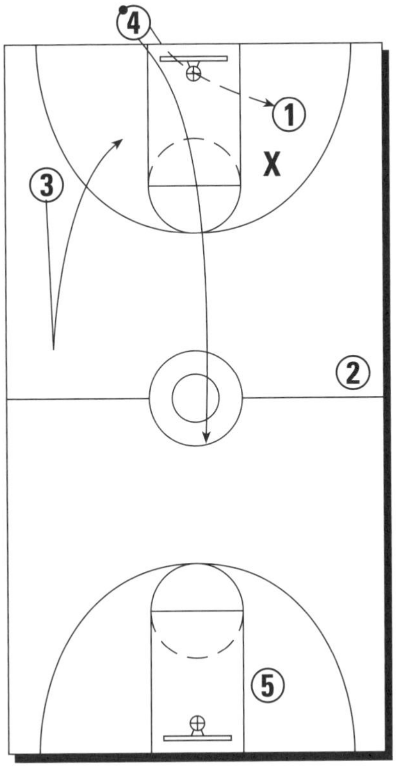

図10

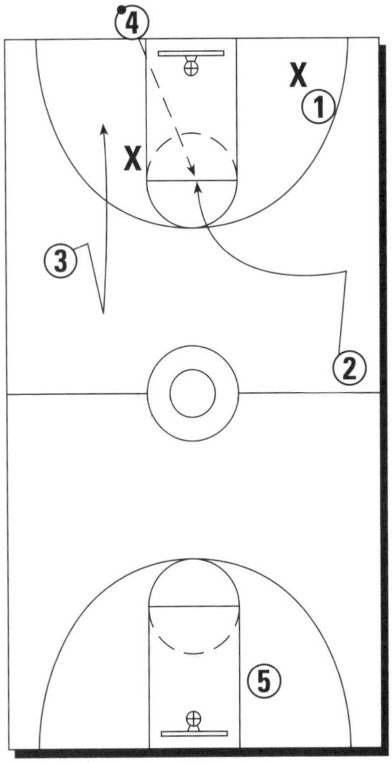

図12

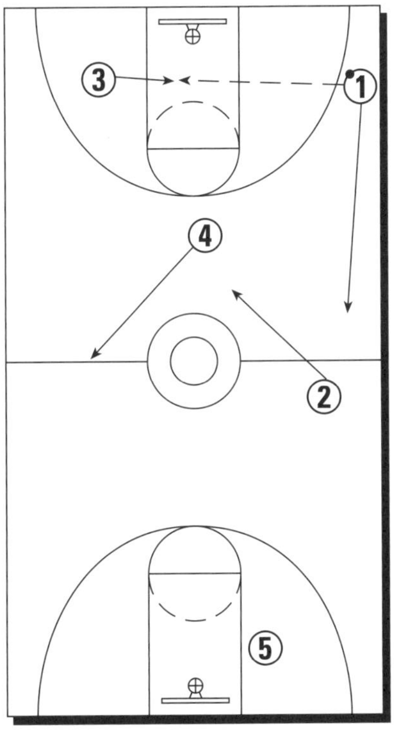

図11

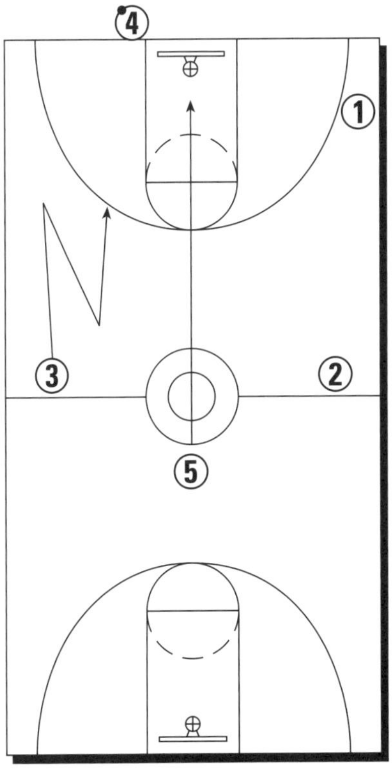

図13

図12 #1と#3が阻まれていたら、このときミドルはオープンになるので、#2がミドルにフラッシュして#4からパスをもらう。

図13 ディフェンスがとてもよかったら、#5をミドルまで戻させる。しかし私たちはこの5年間このプレーをしたことがない。

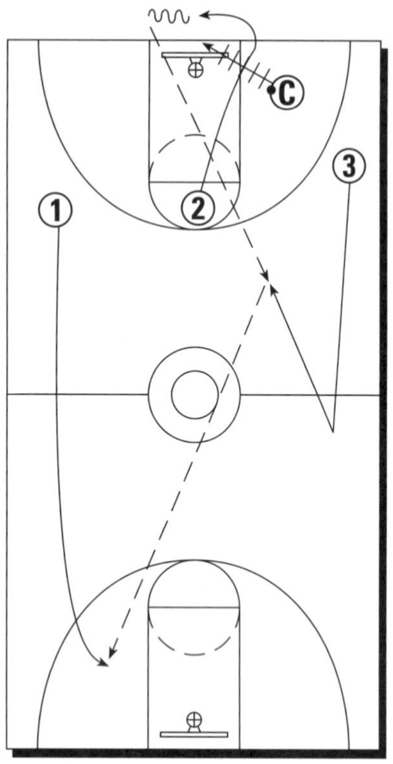

図14

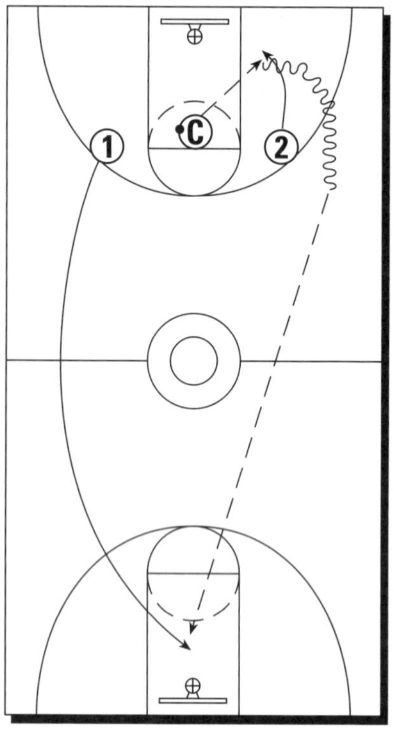

図15

図14　3対0のドリル。まずコーチがシュートをする。＃2がリバウンドをし、ボールをゲットする。＃3は遠ざかるようにカット、そしてミドルにフラッシュする。＃1は前に走り、ボールは＃2から＃3、そして＃1へと渡りレイアップをする。

図15　＃1と＃2がエルボーの近くからスタート。コーチがボールをフロアに出し、＃2がそれを取る。そしてターンしてドリブルし、前にいる＃1にパスしてレイアップ。＃1は＃2がボールを取りに行くのを見たらすぐさま走る。＃2が＃1の4～5m先へパスしてターンオーバーとなっても何の問題もない。しかしボールを＃1の手前にパスすることはしたくない。ドリブルをしているときはどんなときもチェストパスをすべきであり、止まっているならオーバーヘッドパスを使う。ドリブルしながらオーバーヘッドパスをしようとすると、パスミスの危険性とトラベリングをする傾向がある。

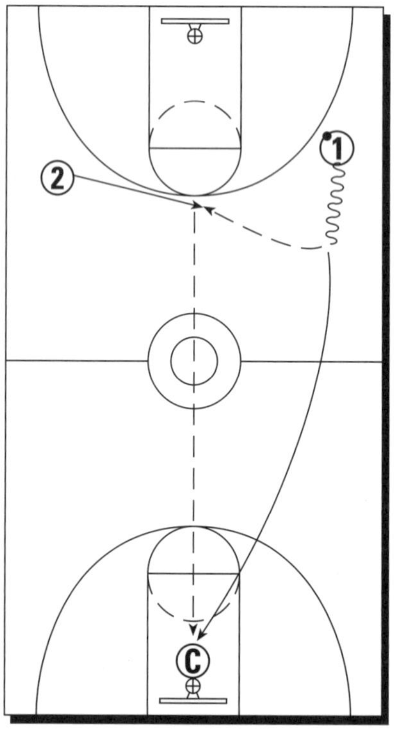

図16

図16　もう一つのドリル。＃1がドリブルをして、ミドルへフラッシュした＃2へ展開する。＃1はフライし、そして＃2は＃1へレイアップのためのパスをする。コーチはレーンの近くでダミー

を持ってシューターの邪魔をする。

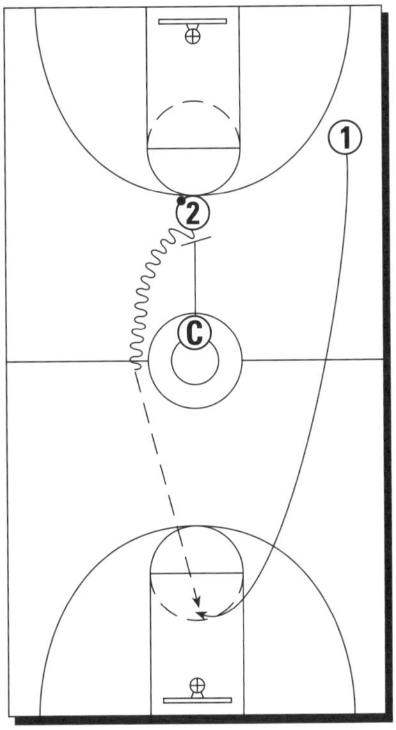

図17

図17　さらにコーチが＃2のパスの邪魔をするために入る。

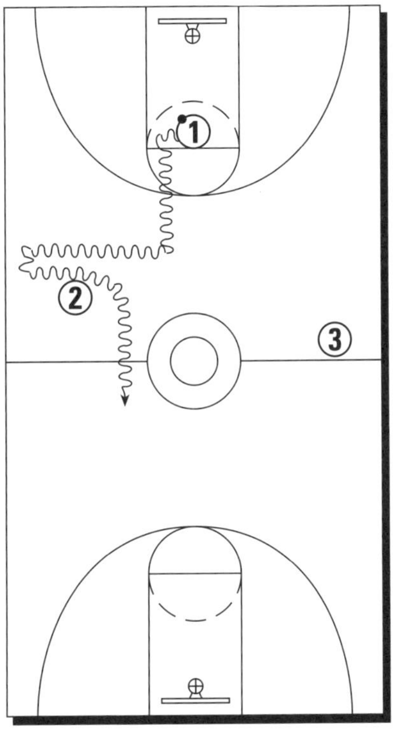

図18

図18　1対2のボールハンドリングドリル。フロアの3/4を使う。ヘジテーションドリブルはとても重要。我々は「ビハインド・ザ・バックドリブル」を使う。方向転換をするのは、誰かをかわしに行くときである。そして「プルバック」も使う。2人のディフェンスに近づいたときにプルバックし、ボールを足の間に通してディフェンスの1人をかわすために方向を変える。常にフロアを見ていてほしいのでスピンドリブルは使うべきではない。クロスオーバードリブルもいらない。

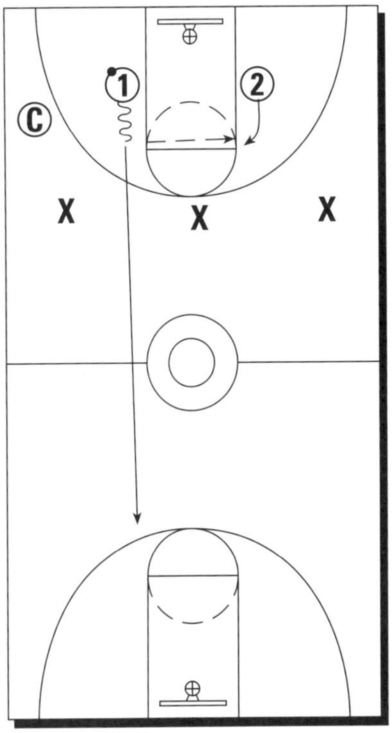

図19

図19　2対3のボールハンドリングドリル。我々はギブ&ゴーをよく使う。

図20　ワンガード・フロント。＃1が2人を引き付けてから、＃4にリバースする。＃2はミドルにフラッシュし、＃1はフライする。他はすべて同じ。

図21　ツーガードフロント。何も変えない。ガードスルーを行なう。＃4はミドルへカットして、右サイドラインへ移る。＃3は戻る。

図22　＃2がミドルへフラッシュし、＃1はフライする。

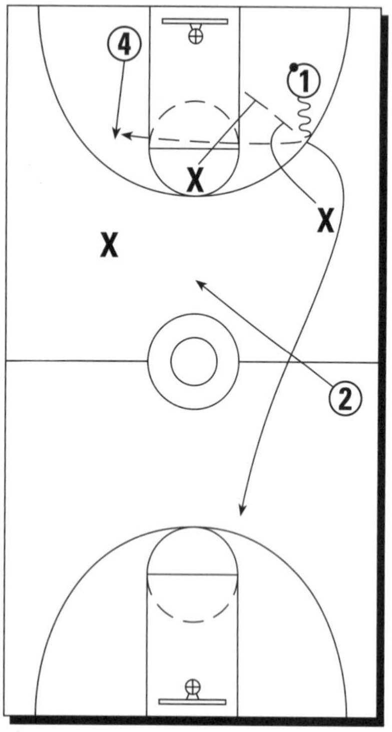

図20

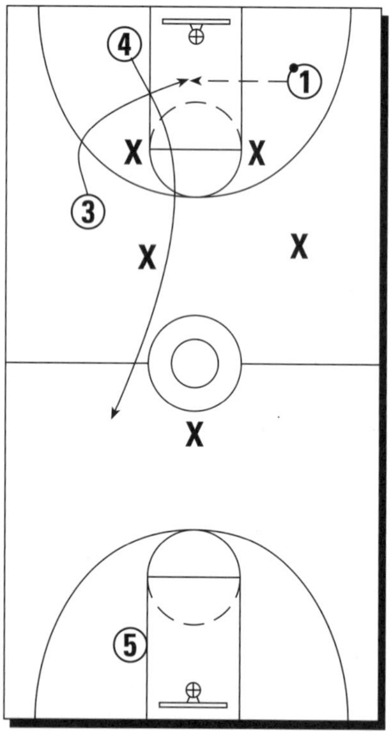

図21

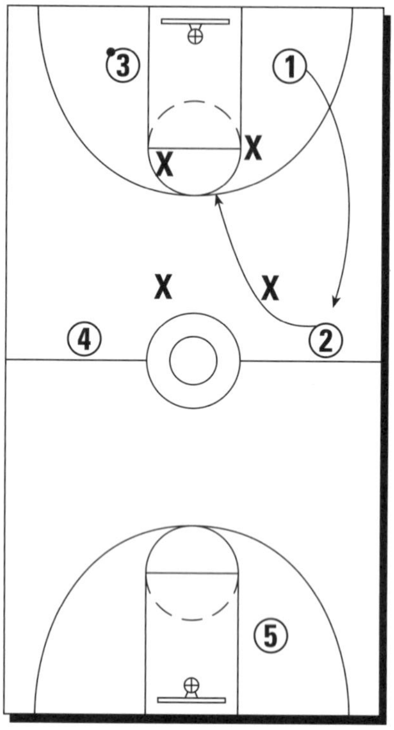

図22

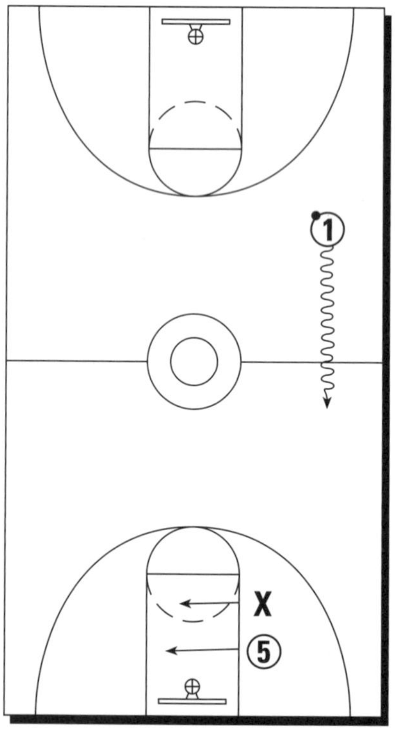

図23

➔図23 **Question**：#5はどうするか？
Answer：ほとんどの場合#5に反対側へ行ってほしい。しかし常にではない。#5にはディフェンスとやりあっていてほしいのだ。

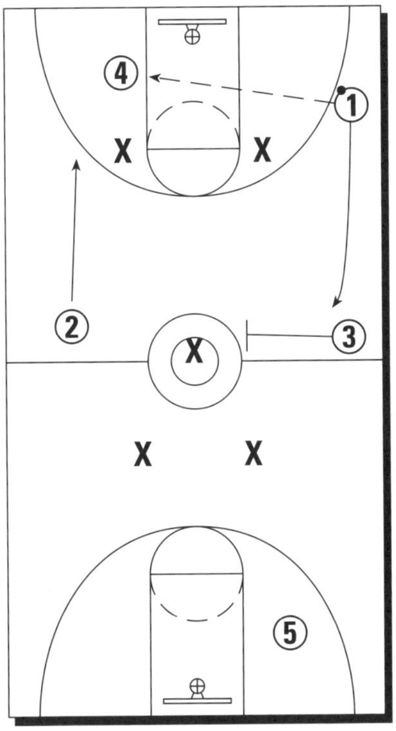

図24

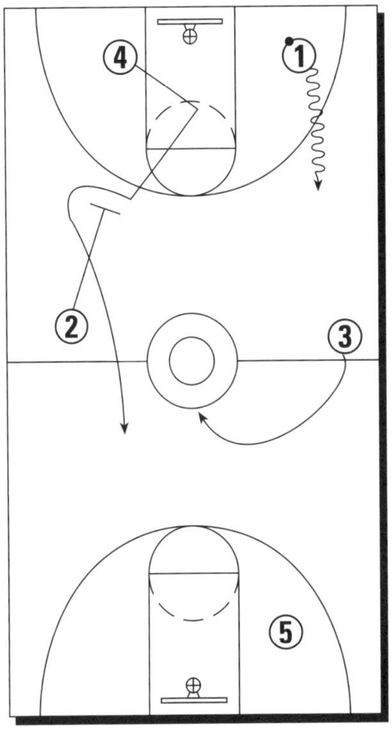

図25

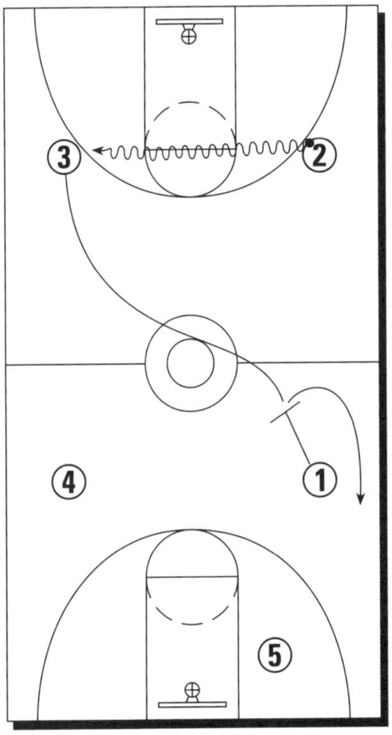

図26

図24　2-1-2に対して。＃1は＃4にパスし、＃3はゾーンプレスの中央のプレーヤーにスクリーンをかける。＃1はフライし、オープンとなる。もし＃4がボールを取ることなしにガードスルーしたら、＃2は戻ってくる。

図25　ディフェンスがマンツーマンだった場合。＃2は＃4のためにバックスクリーンをする。もしボールがドリブルされていて、＃3が同じサイドにいたら、＃3はミドルにカール、つまりハーフシャローカットをしなければならない。

図26　＃2がボールを持ちドリブルをして動いているとする。＃3はそのサイドから出て行き、＃1は＃3のためにバックスクリーンをかける。

図27　デッドボールの場合。＃1のためにダブルスクリーンをセットする。

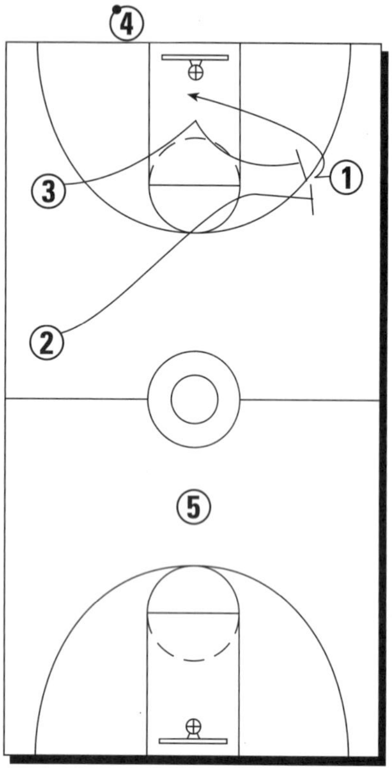

図27

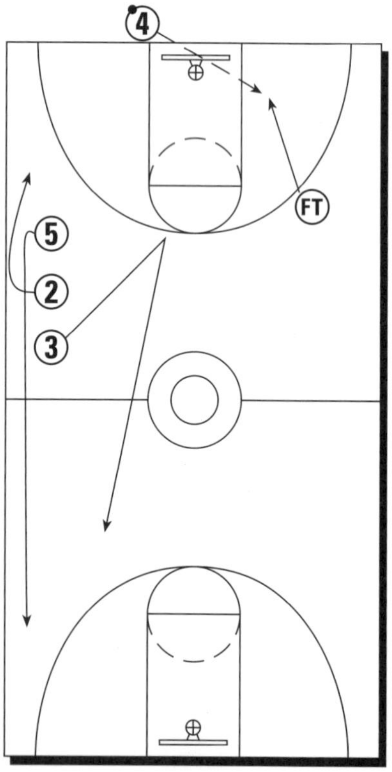

図28

図28　片側に3人。ゲームの終盤では、最もうまいフリースローシューターにボールを渡したい。フロアの反対側に3人を置き、そのシューターにインバウンドする。

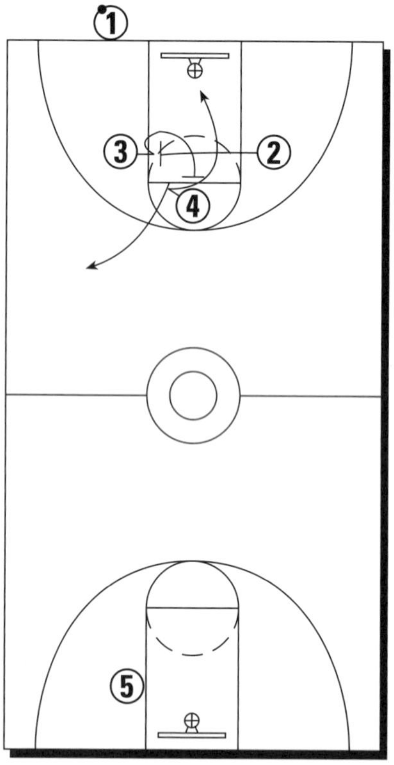

図29

図29　私たちはこれもする。つまり、スクリーンをかけるプレーヤーをスクリーンするのである。もし＃4がフェイスガードされていたら、ゴール下へ行く。そしてトップへパスをする。

図30　ホームラン。＃2は＃3のためにスクリーンをし、＃4は＃3にスクリーンをする。そして、スクリナーはゴール下へカットする。

図31　フリースローからプレスブレイク。＃4がボールを取り、＃2はシューターのためにボックスアウトして反対のレーンへ行く。＃5はフロントコートに走り去る。＃3は＃1のためにスクリーンをし、＃1は逆サイドに行き＃4からインバウンドパスを受け取る。

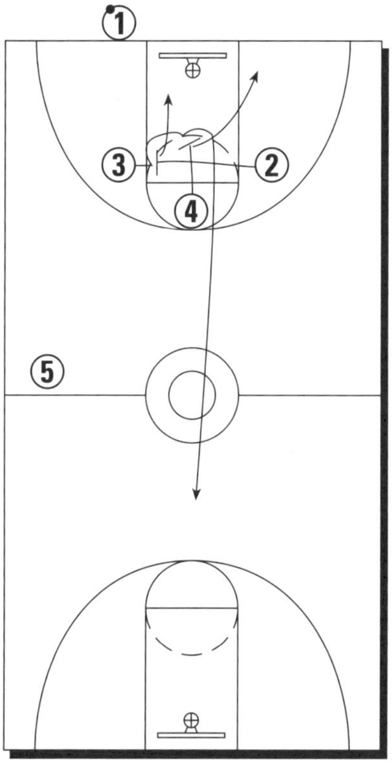

図30

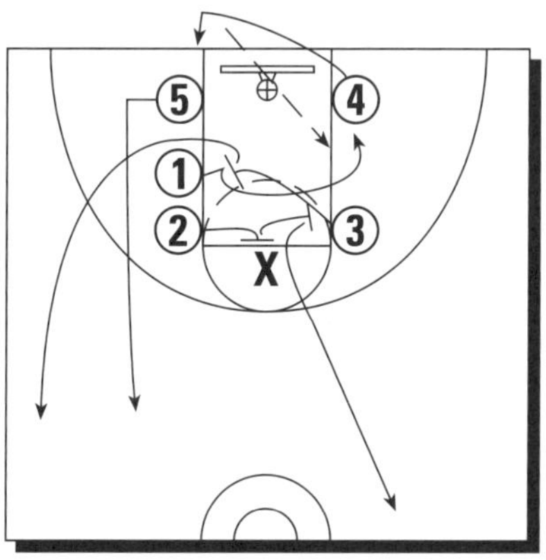

図31

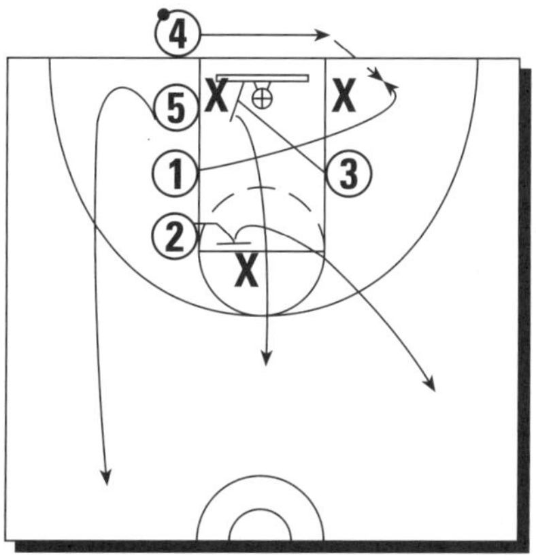

図32

図32　もしディフェンスが＃4をガードしたら、＃3はベースライン上でスクリーンをする。＃1と＃2はスタックする。そこで＃1はボールを受け取るために抜け出す。＃5は遠くへ行く。＃3はスクリーンをした後、レーンに位置し、＃2は反対側のレーンに行く。

どんなディフェンスに対しても同じことをするという方針は、我々に自信を与えてくれる。

Triangle Offense
トライアングルオフェンス

トライアングルオフェンスとは、1人のインサイドプレーヤーと2人のアウトサイドプレーヤーによって行なわれるオフェンスである。ボールをインサイドに入れ、スクリーンによるミスマッチを作りながら攻めていく。このオフェンスを長時間続けることは難しいだろう。そこで、私たちはこのプレーをいくつかの方法で行なう。インサイドプレーヤーを3人で行なうタイトトライアングルにすることもできるし、ワイドトライアングルと呼ばれる、サイドラインからサイドラインに渡る大きなトライアングルを作ることもできる。プレーヤーの役割は、ポストアップとスクリーンそしてカットである。パス展開において、それぞれがパスし合う役割を持つ。この三角形の核となるプレーヤーたちの仕事は、インサイドにボールを運び、スペーシングを守り、シュートのために移動し、そしてグレイエリアにボールを持ち込むことである。

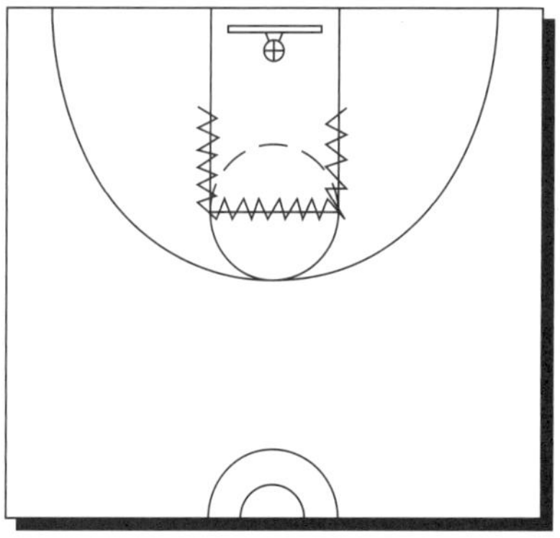

図1

図1　これがグレイエリアである。

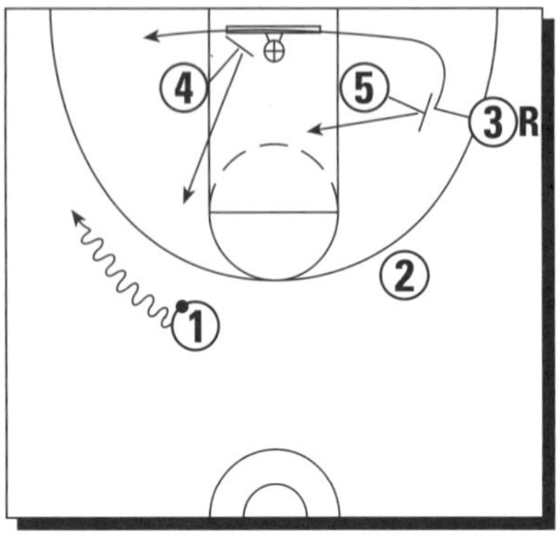

図2

➔図2　パワー。トライアングルの中のベスト得点者を「＃3R」とし、ランナーと呼ぶ。＃1はRから離れるようにドリブルする。Rは＃5、そして＃4のスクリーンを使う。＃4は上がり、＃4は中に入る。これは＃4の最初のオプションである。

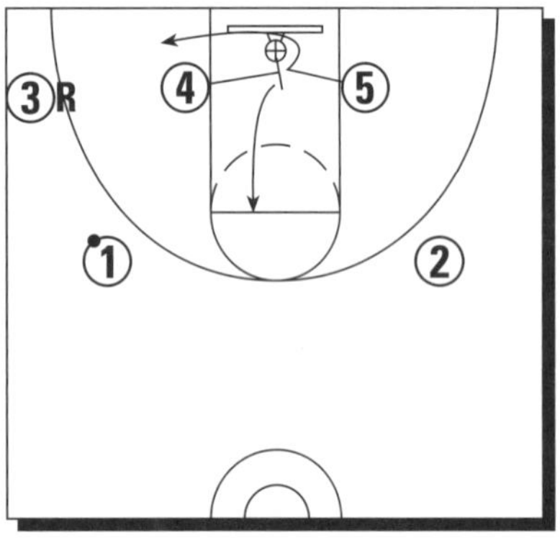

図3

➔図3　＃4と＃5はRが抜けた後に、ツーメンゲームをする。＃4は＃5のためにクロススクリーンをし、レーンを上がっていく。＃5の2番目のオプションである。

➔図4　＃4の3番目の選択は、Rのためにクロススクリーンをし、ポストに移ることだ。＃5はすぐ上がる。＃5がボールをキャッチしたら、しっかりとしたシュート体制になければいけない。

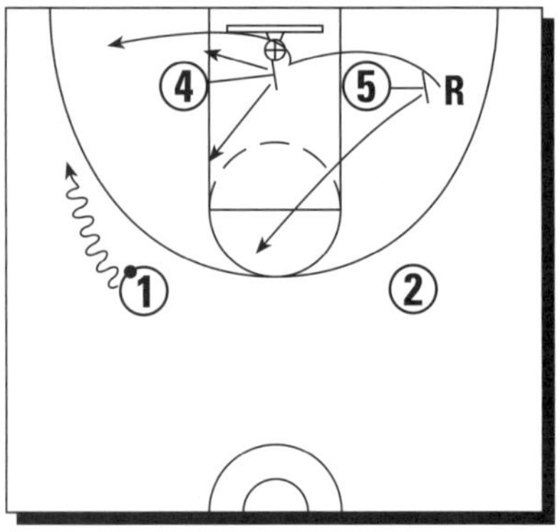

図4

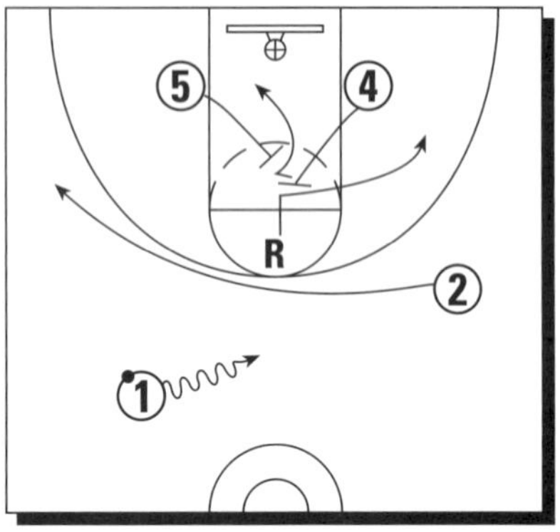

図5

➔図5　ランナーはハイポストからスタートする。＃4はローポストの位置に行く。どちらのサイドにも可能だし、もしくは＃4が上がってRのためにバックスクリーンをすることもできる。＃5はスクリーンをするプレーヤーのためにスクリーンをする。Rはコーナーへ移る。

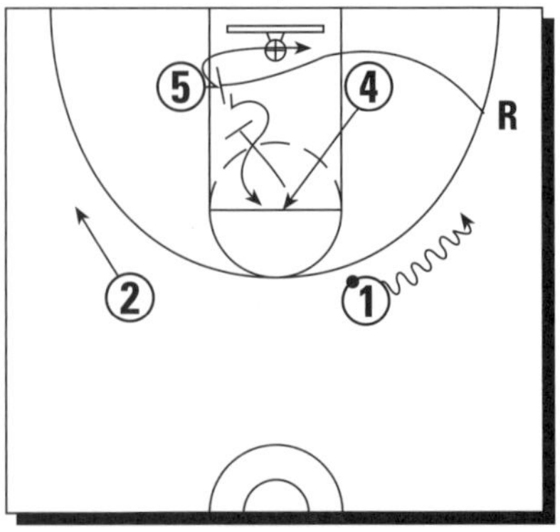

図6

➔図6　もしRがボールを受け取らなかったら、3つのことができる。＃4が上がり、Rは＃5のためにスクリーンをする。そして#4は、Rが上がれるようにダウンスクリーンをし、#2はコーナーへ移る。

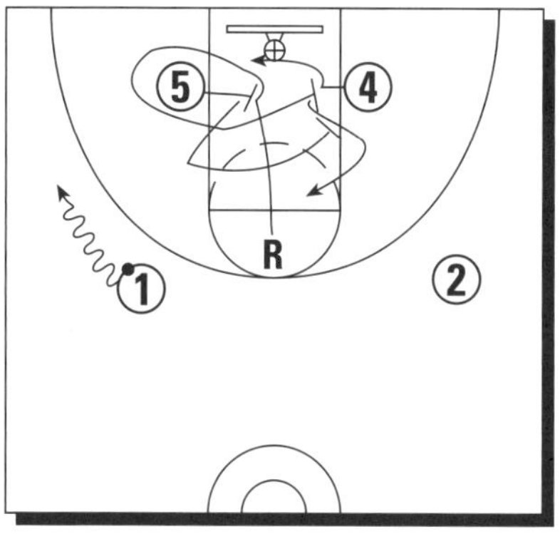

図7

図7 2番目は、Rがレーンを下がり#5のスクリーンの周りをカールして、#4のためにスクリーンをかける。ボールは#4の反対側からスタートする。#5はすぐに上がる。#4はRのスクリーンに近づき、#5が上がってきたRのためにダウンスクリーンをする。これは8の字に見えるので「エイト」と呼ぶ。

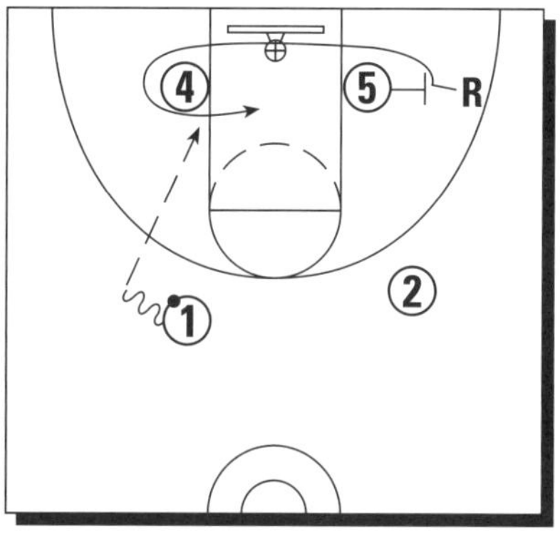

図8

図8 ロブ。#1はRの反対側でボールを受け取る。#5はRのためにバックスクリーンをし、Rはそのスクリーンを使って#4のスクリーンの周りをカールする。#5は中に入り、#4はポストへ移る。

図9 ダブル。#4と#5は、ベースラインへ入ってくるRのためにダブルスクリーンをし、#5は上がってくる#4へスクリーンする。

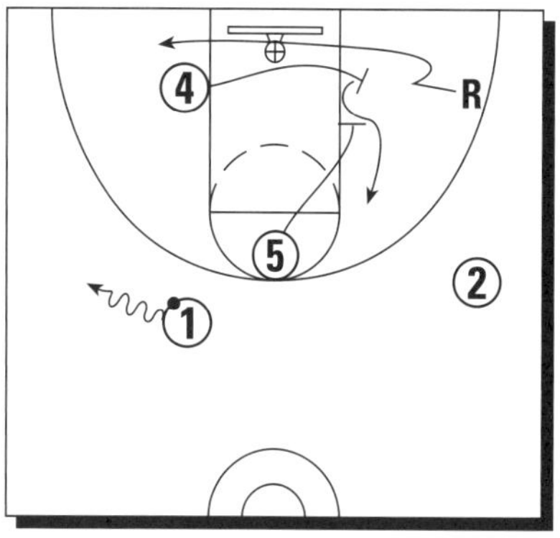

図9

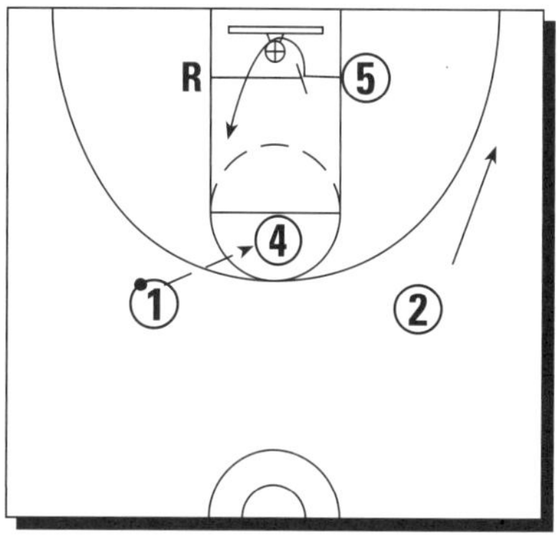

図10

図10 ボールがRと同じサイドにある場合。Rは、#1がハイポストにいる#4にパスしたときに、#5のためにスクリーンをし、#2が空いている場所に移る。

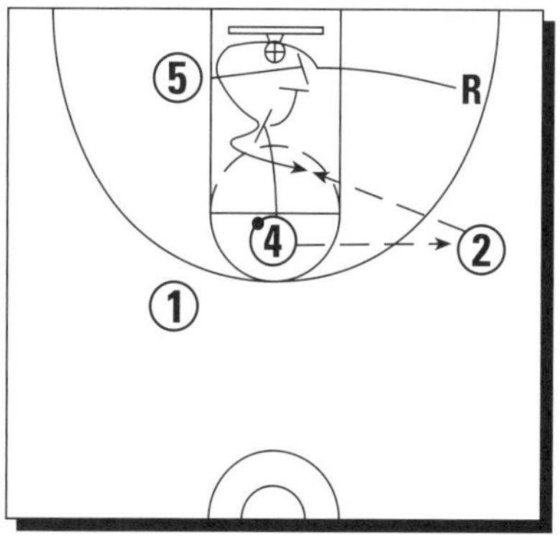

図11

図11 #5は、カールするRのためにターンしてからスクリーンをする。#4は#2へパスし、そしてRと#5にダウンスクリーンする。

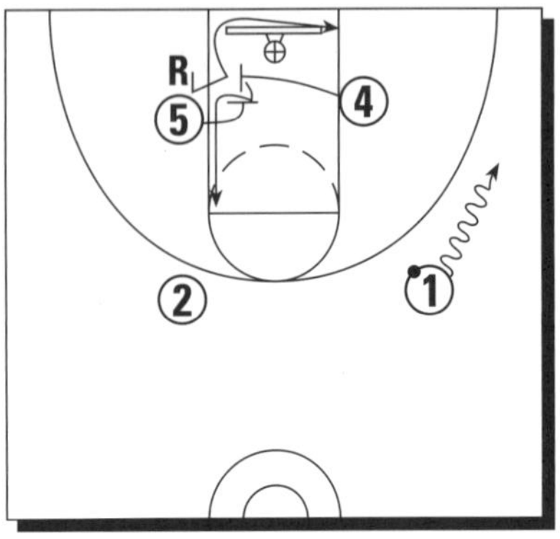

図12

図12　Rがディフェンスに阻まれていたらVカットで抜け出し、すぐ下がっていく。＃1はスタックのサイドから離れるようにドリブルし、＃4はRのためにクロススクリーンをする。＃5は上がってくる＃4のためにスクリーン。

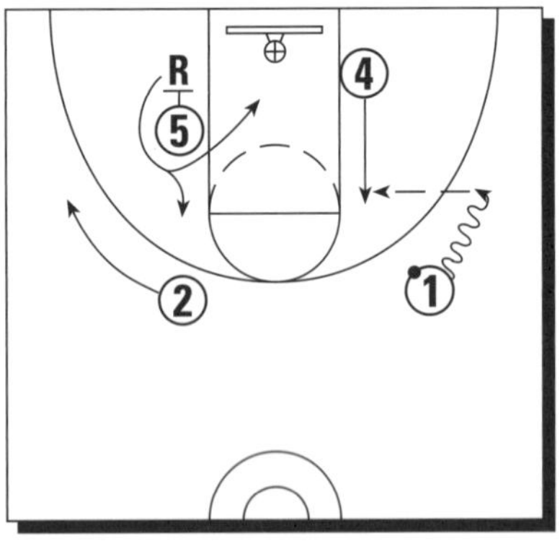

図13

図13　Rは＃5のスクリーンの周りをカールする。＃4は上がる。

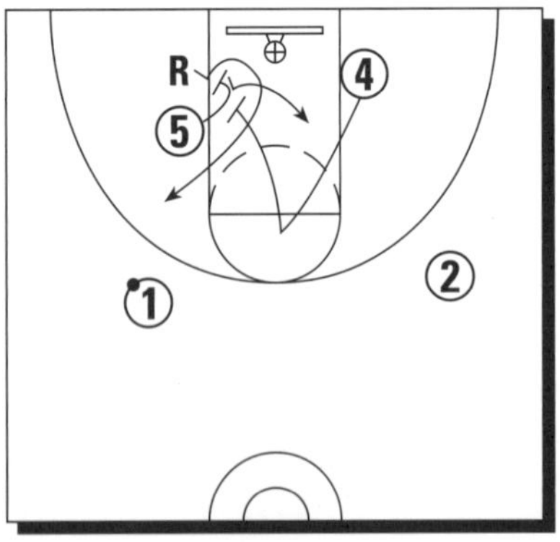

図14

図14　＃1はスタックと同じサイド。＃4はハイポストへ上がり、＃5はRのためにスクリーン。誰かがフラッシュしてもボールを受けることができなかった場合は、そのプレーヤーはターンしてスタックしているプレーヤーにスクリーンをかけ、ボトムにいるプレーヤーがフラッシュして上がる。

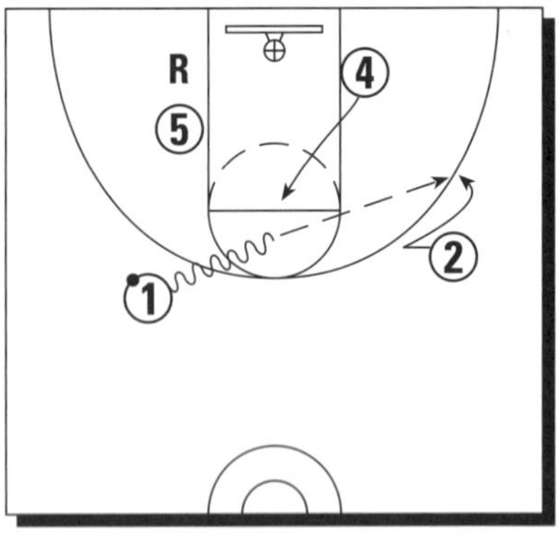

図15

図15　＃4はハイポストへフラッシュし、＃1は3ポイントシュートのために＃2にパスするか、スクリーン＆ロールのために＃4のスクリーンを使う。

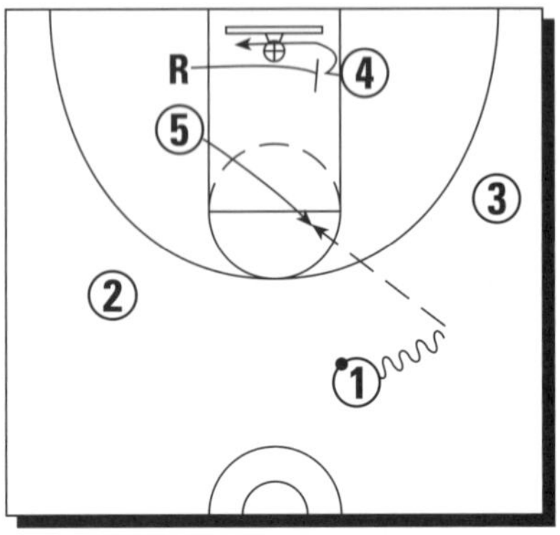

図16

図16　＃5はフラッシュして、＃1からボールを受けRがクロススクリーンをした後の＃4を狙う。

HOMER DREW

ホーマー・ドルー

What I Have Learned about Coaching
コーチとして私が学んだこと

私は小学校、高校、大学とあらゆる場所でコーチをしてきた。コーチという職業は素晴らしい職業であるが、同時にマスコミや管理者側とも関わらなくてはならない難しい仕事である。クリニックに行くことは、ただ他の人も自分と同じような経験をしていることを知るだけでも意味のあることである。それにより、どの部分に力を入れて教えたらよいかなどを確認することができる。コーチングというゲームの素晴らしい点は、勝つためのアイデアやスタイルが1つではなくいろいろあるというところにある。それらの様々な方法は魔法ではなく現実なのである。

コーチという仕事を得たとき、あなたはどのようにその仕事を守ろう、維持しようとするのだろうか？　コーチは一般的にアグレッシブであり、自分のやり方ですべてをやろうとする傾向にある。

27年間のコーチ人生から学んだことの一つに、自分の上司にあたる人と仕事をするときには、少しは自分を犠牲にしなくてはならないということである。コーチ経験の中で私は上司を味方につける術を学んだが、最も効果的なのはコミュニケーションである。私は上司に良いことも悪いことも、一見必要ないと思われることさえも話している。何か問題が起こりそうなときには、そのことを上司に話し相談する。そうすることで、選手の両親から電話を受けたときや問題が起きたときなどにスムーズな対応が可能になり、両親の信頼を得ることもできる。

昔は選手の両親というのはコーチの味方であったが、今は違う。高校で教えていたとき、私たちは定期的に「両親との夕べ」という会を開催していた。「両親の夕べ」では、まず両親に子どもたちの練習風景を見てもらい、その後、私たちコーチの考えや、選手の家族に期待することについての説明をした上で練習スケジュール表を渡す。それにより練習について理解してもらった。

子どもたちの両親を教育する場合には、自分のやり方を少々曲げなくてはならないだろう。大学で指導に当たっていた際の最大の問題は選手の両親であった。選手の両親らは皆、子どもたちにもっと練習をさせることを求めていた。私はときには子どもたちを殴ることもあったし、練習で子どもたちがうまくできないときには両親を呼び、どうすればよいプレーができるようになるかについて話すこともあった。

悲しいことに最近では、スカラシップを受けている学生の両親が私たちコーチを相手取り、子どもの才能を潰したとして弁護士を呼び法に訴えた場合に備えて、自分自身を守るためにあらゆることを文書にしておかなくてはならないという現状があることである。

その対策として私はマスコミの力を借りることにしている。マスコミを練習に招待し、何か特別なことをやる際には記録してもらうために彼らの前で行なう。彼らに見せることで、悪いことばかりではなく良いことも見てもらえると考えたからである。ライターというのは、少しはセンセーショナルなことを求める傾向にある。

最後に選手との関わり方であるが、常にフェアで正直であることが大切である。選手にとっていいことばかりを話すのではなく、あなたの考えを正直に話すことが大事である。

私がコーチを始めた頃とは違い、現在ではコーチの仕事は非常に難しい仕事になっている。何か問題が起こり選手の両親と話し合いをする際には、必ず証人となる人を呼んでおかなくてはならない。コーチ側の意見と両親の意見は大きく食い違う可能性が高いので、自分の身は自分で守らなくてはならない。

1 いつも自分らしくあれ。他の人をそっくりそのまま真似てはならない。コーチになったばかりの頃、私はジョン・ウッデンのやり方をそっくりそのまま真似た。彼の本を手に入れ、オフェンスもディフェンスも真似て彼のように成功したいと思ったのである。しかし、当然そうはいかなかった。私は私であり、私独自のやり方がある。自分自身の考えをまとめ、そこに自身のパーソナリティを注ぐことで独自のコーチ法というのが生まれるのである。若いコーチにとって、それは大変難しいことである。若い頃は、私も自分の考えや信念を自分自身で理解しておらず、他人の真似をし、見事に失敗を重ねたのである。勝つためのコーチ法は１つではない。大切なのは自分自身のシステムを作り上げることである。皆わかっていると思うが、誰もすべての人を喜ばすことはできない。スポーツの世界でも反対意見を押し切って決断をしなくてはならないときがある。もし様々な意見が渦巻く中、難しい決断をしなくてはならないときには次の話を思い出して欲しい。

あるところに老人と少年、そしてロバが1頭いた。彼らは町へ行くことになり、少年がロバに乗ることになった。道中出会った人は、少年がロバに乗り老人が歩いていることに対して非難した。少年と老人はそうかもしれないと思い老人がロバに乗り少年が歩くことにした。しばらくするとまた別の人に出会ったが、今度は老人がロバに乗って少年が歩いていることに対して非難した。老人と少年はそうかもしれないと考え、少年がロバに乗り老人が歩くことにした。すると次に出会った人は、ロバがいるのに老人が歩いているのはおかしいと言った。少年と老人はそうかもしれないと思い、2人ともがロバに乗ることにした。しばらくしてまた別の人とすれ違ったが、その人はロバの上に2人も乗るなんてロバがかわいそうだと非難した。少年と老人はそうかもしれないと思い2人でロバを担ぐことにした。しばらくして橋を渡ろうとしたとき、ロバを担いでいた手が離れてしまいロバは川へと落ちて溺れてしまった。この話から、全員の意見を聞くと結局は失敗してしまうということを学ぶことができる。

2 私がこれまで耳にした言葉で最も素晴らしいと思ったのは、ボストン・セルティックスの伝説的コーチであるレッド・アワーバックの言葉である。「勝つためには、最も良い5人の選手ではなく、最も相性の良い5人を使うべきである。皆と同じように接するべきだという人もいるが、人は皆同じではないので必ずしもそうとは言えない。私はあまり細かいルールは決めず、いくつかの重要なことだけを選手に言ってきた」。彼の言葉の中には3つの素晴らしいポイントが示されているが、1つ目は、勝つためには5人の最も相性のいい選手を組み合わせることが必要であるということである。チームのベストメンバーではなく、一緒に戦ったときに最も力を発揮することのできる5人を試合に出すことで勝つことが大切である。

マネージャーの1人が試合でのコンビネーションチャートを記録しているが、それを見ながら、あらゆる組み合わせの中でどの組み合わせがプラスファイブ（プラスの相乗効果が期待できる5人）なのか、一緒にプレーするときに相性がいいのかを知っておく。2番目は、皆に同じように接する必要はないということである。コーチはコートでは皆に同じように接するが、各選手はそれぞれ異なった性格、興味、家族背景を持っているため、オフコートではそれぞれにあった接し方をするべきである。

成績が2平均の選手であれば、その選手がきちんと授業に出ているのか、家庭教師をつけているのかを確認し、もしその選手が授業に出ていないようであれば6時に起きてジョギングさせるなどの罰を与える。そうすることによって選手が授業に出ないというようなことは大抵なくなる。このように、私は各選手にあった接し方をするが、あらかじめそのことを選手に告げておくことが大事である。

もう一つ重要なことは、ルールを最小限にするということである。高校でコーチをしていた頃、私は常にオフェンスやディフェンス、そして10ページにもわたる規則について記したノートを持ち歩いていた。ある日、私は自分がコーチではなく警察官のようであることに気づき、ノートを捨てることにした。

今、私が学生選手に課しているルールはただ１つ、「自分自身、自分のチームメイト、自分の学校を辱めることはしない」というものだけである。このルールは何も意味していないようであってすべてを意味するルールである。彼らが何か悪いことをしたときのペナルティを与える権限を私たちコーチは持っている。ルールはできるだけシンプルにするべきである。選手にバスケットボールだけでなく、人生について教えることもコーチの仕事であると私は考える。

3 一貫性がチームを良いチームにするのか普通のチームで終わるのかを分けると言える。一貫性のある選手やチームが理想的である。一貫性のあるディフェンスというのは、心の持ちようでコントロールすることが可能である。シュートのコントロールとは異なり、ディフェンスをコントロールすることは可能である。

4 私の好きなことに、倒すべき相手を倒すということがある。試合中でモチベーションが最も高まるのは、チームの勝利を確信した瞬間である。倒すべきチームをきちんと倒し、相手チームをイライラさせるようなプレーができるシーズンには、チームは必ず良い結果を残すことができる。コーチは選手に気持ちを翻弄されることなく、選手の気持ちをコントロールするような才覚を持ち合わせていなくてはならない。我々のチームではモチベーションを高めるためにビデオ等を用いているため、チームとしての気持ちが弱まることはない。たとえ相手チームが素晴らしいチームであったとしても、我々のチームの選手は自分自身でモチベーションを高めることができるため、我々コーチは選手にモチベーションを高めるための言葉をかける必要はない。

5 ジョー・パテルノ「ひたむきであり続けることが良い結果をもたらす」。私はタイムアウトを何度も取り、このことを選手に強調している。努力や熱心さは必ず報われる。努力家で熱心にプレーをする選手は、素晴らしい才能があっても100%の力を出さない選手に勝る。

6 チーム全体で決定する。これまで2年間にわたり指導し、深く信頼しているような高校3年生に指導する際は、彼らにより大きな責任を課すことが望ましい。そして、あなたがチームについてよく知らないような場合にはキャプテンたちに決めてもらうことが大切である。時にはキャプテンたちに練習内容を決めさせるような場合もある。私はキャプテンたちに2つの選択肢を与えて選んでもらうときもある。どちらの選択肢も良いものであり、キャプテンたちがどちらの選択肢を選んだとしても構わない。彼らが決定し、チームの他の選手に伝える。現在、我々のチームではあらゆることを選手に決めさせているが、このことにより選手自身が非常に努力するようになる。それは彼らが決めたことであるからである。ここで注目していただきたいのは、私が彼らに2つの選択肢を与え、その両方が私自身納得のできるものであるという点である。選手に選択肢を与える場合には、決してあなた自身が納得できないようなものは加えない。自分自身も納得するもので、なおかつ選手自身の考えがプログラムに反映されるようにすることが大切である。

遠征の際、我々のチームではキャプテンたちに「いつ」「どこで」食事を摂りたいかを聞くようにしている。そのことは彼らにリーダーシップについて教える上で役立つ。彼らに自分たちがチームを動かしているのだという気にさせたいのである。

7 運動量。相手チームに連続して得点を奪われたような場合には、パスの回数を増やすことで相手チームにディフェンスにつく時間を長くさせるようにする。タイムアウトを取りたくないような場合、我々のチームでは「15！」と叫ぶようにしているが、これは十分な体制ができているとき以外は、残り時間が15秒になるまでショットを打たないことを意味する。相手チームに得点チャンスを与えないため、ゆっくりとしたテンポで行なう。

8 モチベーション。我々のチームではモチベーションを高めるためにあらゆるアイデアを用いている。「多様性に富むことがカギとなる」。他とは違ったことをする必要がある。我々のチームでは選手に自分のチームのプレーを１分間に編集したビデオや、マイケル・ジョーダンのプレーのビデオを見せることもある。また、遠征のときにはバスの中でモチベーションを高めるような特別な映画を見せることもある。ゲストスピーカーを招くこともある。また、シーズンの早い段階に大学の体育局長を迎え、いくつかの言葉をいただくようにしている。

我々は目標達成に力を入れている。シーズン初め、我々はチームとして達成したい目標について皆で話すようにしている。私は大きな目標をいくつかの小さな目標に分ける。勝ち目がないようなチームを指導するような場合にも、選手に勝つための理由を示していくことが大切である。

9 数年前にクリニックに参加した際、私はあるコーチに、コーチングで何が最も大切なことかを尋ねたことがある。そのコーチの答えは「選手について知ることである」と答えた。私はそのことを理解するのに数年間かかった。コーチは各選手について知り、それぞれのモチベーションの高め方を知っておかなければならない。私は指導の際にはそのことを心掛けている。誉められると伸びる選手と接する場合には誉め、厳しくさせることで伸びる選手を相手にする場合には厳しい言葉を掛けることも大切である。

試合中、最後の数分間にどのように選手のモチベーションを高めるのかは必ず知っておかなくてはならない。選手が練習に来た瞬間に、彼らの調子がいいのか悪いのかわかるようでなくてはならない。私はポジティブな方法でそれを可能にしているが、それは授業前、放課後、昼食時間など、選手と長い時間を一緒に過ごすことにより培われる。選手が成功を手にできるよう努力するためのモチベーションを高めることは、選手を知ることで可能になる。

10 絶対に難しいショットをファウルしないようにする。特に3ポイントシューターに対しては、このことが当てはまる。3ポイントシューターへのファウルは私をひどくイライラさせる。

11 スチールをするのではなくミスを恐れないことを前面に押し出していくことを考えるべきである。失敗を恐れない精神性を選手が持てるようにする。

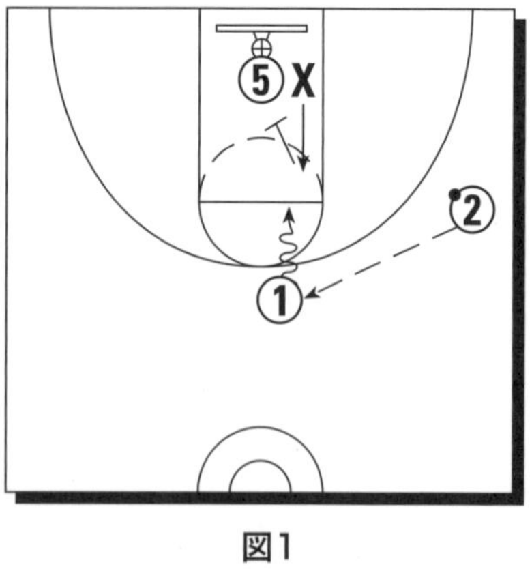

図1

12 ヘルプアクロス（図１）。相手チームにダンクはされたくないものである。背の大きいセンターがヘルプサイドの位置に立っているとする。＃2がペネトレートする＃１に対してパスを出す。センターは前に出て、そのペネトレーションを止めようとするが、＃１はダンクを狙う＃5にパスを出す。私はこれまでの経験から、シュートのできるペネトレーターの必要性を痛感している。

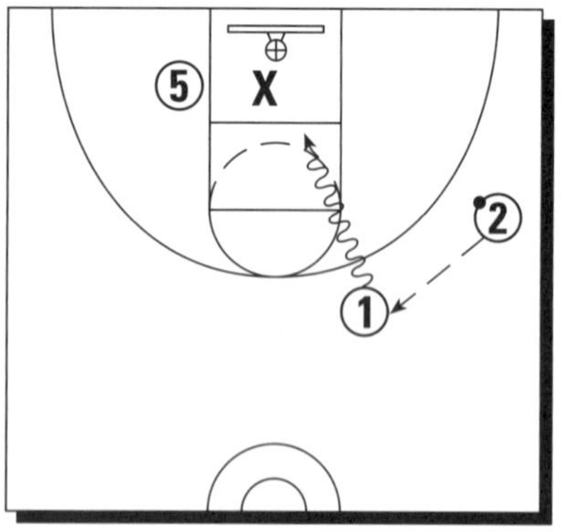

図2

ヘルプアクロス（図2）することにより、ディフェンスの選手は自分が直接にマークしている選手とパラレルになる位置にポジション取りする。レーンへと踏み出すことは好ましくない。ゴール下にいる選手と比べ、ドリブルをしている選手がシュートを決める可能性は低い。

13 得意なシュートを知っておく。各選手が自分の得意シュートを知っておくことが大切であり、試合でそのシュートを打てるようにする。私はシュートセレクションに力を入れている。

14 オープンになる方法を教える。私たちはビームーブやステップスルー、そしてリバースピボットをプレーヤーに教える。また、ディフェンスの視野からどのように消えるかも教える。ディフェンスがターンしてプレーヤーを見ようとしたとき、反対方向に向かう。ステップスルーとは内側の足をディフェンスの向こうに踏み出すことである。あなたはこれらのことをプレーヤーに教えなければならない。

私がコーチを始めた頃、最初の3年間は負け越すことがなかった。その後負け越しのシーズンを経験したが、そこで分かったのは、勝ち越したときよりも学ぶものが多いということだった。その時に、より良いコーチになれたと確信した。私はフットワークやポジショニングを教えなければならないし、彼らにわかりやすいように細かくかみ砕かねばならなかった。そうして前よりも成長する手助けをしたのだ。本当に一生懸命教えなければいけなかったのである。

⑮ 心にとめていることが3つある。ばかにされたのが一度なら相手が悪い。二度ばかにされたら自分が悪い。三度ばかにされたらそいつは消えてしまえ。

⑯ 役割を明確にする。プレーヤーたちが受け入れたらそのチームはうまくいくだろう。しかしこれは簡単なことではない。あるプレーヤーがメインシューターになりたいと思っているのに、コーチは思わないこともあるからだ。

⑰ 代表者となる。代表者であることは重要である。私にはよく働くアシスタントコーチたちがいる。私の最も重要な仕事は、アシスタントコーチたちに私が何をやりたいのか理解してもらうことだ。そして私たちには6人のマネージャーがいる。彼らはドリルの際に働いている。そのすべてを私がいっぺんにはできないのだ。

図3

➔図3 ペイサープレー。これはNCAAの試合で、ロードアイランド大学を倒したときにうまく成功させたプレーである。まず自分のプレーヤーを相手のプレーヤーにマッチアップさせる。チームの力がどうであっても、オフェンスの中で実行する。バスケットボールの中で最も面白いプレーは3ポイントシュートだと思う。コーチたちにとっては悩みのタネだが、ファンにとってはこたえられない醍醐味だ。しかしコーチは決してゲームからは逃げられない。#2はチームの最もうまいパスをするプレーヤー、#3はベストジャンパーで、#5は最も背の高いプレーヤー。そして#1がベストシューターで、チームには3人のガードがいる。残り2.7秒。このビデオテープをいくら見ても飽きることはない。そのときはタイムアウトも残っていなかった。

コーチとして、チームのプレーヤーがペイサーをコールしたことは、コーチ冥利に尽きるといったところだ。彼らはこの日を私にとって素晴らしいものにしてくれたのだ。教える者としていい気分であった。彼らは何をすべきか知っていたのである。

#3がまずフェイクとしてスクリーンをかけ、3ポイントラインへ走る。そこでボールは#3ではないが、ちょうどその辺りへ投げる。#1が取る振りをしてから奥へ走り、実際は#3がボールを取る。しかし取った瞬間に#1へタッチパスをする。ボールは魔術のようであった。#1には2点か3ポイントかの選択肢があり、彼は3ポイントを狙った。一年間の練習、試合の中でベストのプレーだった。すべてが完璧でなければならなかったのである。常にチームとしてどのように動くかイメージしておくのだ。誰にシュートを打って欲しいか、誰にドリブルして欲しいのか。

➔図4 ヒューストンプレー。これは残り数秒の時に使われるもう一つのプレーである。#2が深くパスを狙う。#1と#3と#5はコートの中央辺りにいる。#4が最もパスのうまいプレーヤー。#3がベストシューターである。#1がポイントガードで#5が背の高いプレーヤー。まず#3が長めにフェイクし、#2と#5がスクリーンをかける。#3はシュートをするために2回か3回ドリブルをする。1回のドリブルに1秒かかるとすれば、残り3秒なら2

回はドリブルが可能。そしてシュートを打つのである。コーチとしては常に準備をしていなければならない。試合の最後の瞬間での切り札を持っているのだ。ボールがフルコートでもハーフコートでもまたはバスケットの真下にあってもそうである。もしその切り札をゲーム中に見せてしまったら？　そのときはただタイムが減っていくのを見ているだけである。

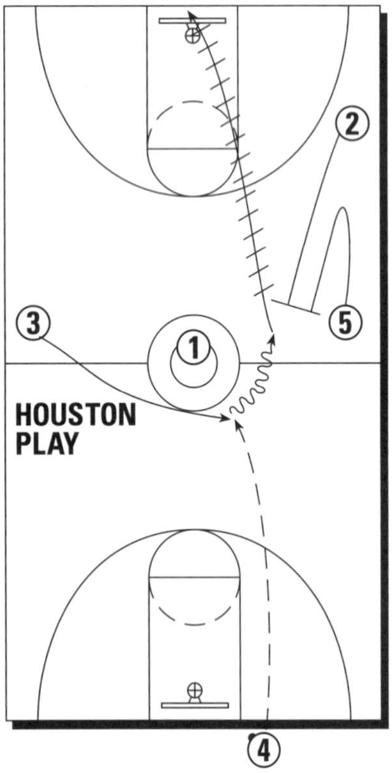

図4

Perfecting the “3”
3ポイントシュートを完璧にする

❶テクニック

a.足の位置。シュートするときゴールから離れれば離れるほど、より良いバランスが必要になってくる。距離が広がれば、広めのスタンスが必要になる。

b.膝の位置はとても重要。

c.肩がリングに正対していることは必須。

d.「U」。ボールを持っている手首の下で肘をUの字にすることを教える。

e.視線。たくさんの視線についての研究がある。かつてはシュートしたボールを眼で追うことはタブーだった。しかしリバウンドの行方を追うために私はすべきだと思う。

ある人はリングの先端を見ろと言う。それについてはあまり賛成できない。なぜならリングの先端に当たったら、ポイントをすることができないからだ。むしろリングの後ろ側を見るほうがよいと思う。しかし、もしあなたの背が低かったら、先端を見てもシュートを決めることができるかもしれない。ある人は真中を見るようにと言う。とにかく何が正しくとも、自分のプレーヤーが毎回同じやり方をすることを確認することである。それが最も重要なこと。そしてそれを継続することが大切なのだ。

❷3ポイントシュートまでの道のり

a.ドリブルで上がる。すべてのプレーヤーはペリメーターの外からドリブルを始めシュートを打つ。プレーヤーには3ポイントシュートラインまでドリブルで上がってジャンプシュートを打って欲しい。もしシュートミスをしたら、ボールを追いかけもう一度シュートする。プレーヤーにボールがどこへ行くか判断する力を養って欲しい.

b.サイドドリブル。ドリブルをしながらポンプフェイクをする。ボールを取り、シュートフェイク。このときボールは頭の上。ボールはマジックのように。ボールがどこへ行こうと手と視線も一緒に動かす。なかには相手が反応できないほどすばやいフェイクをするプレーヤーもいる。サイドドリブルで重要なのは、とにかくどこかへ動くことだ。長めにドリブルをし、サイドの外へボールを持っていく。そしてディフェンスとの距離を保ち、どちら側にも行けるようにする。

c.バックドリブル。これは一番難しい。というのも、体は後ろへ流れているので、シュートが短くなりがちだからである。高校レベルでは教えるべきではないかもしれない。まずフェイクから始め、ドリブルを一つついて前進し、そして後ろへジャンプしてシュートする。肩は必ず後ろに下がるようにする。

d.ドリブルからのステップバック。ドリブルを続け、ディフェンスに向かって行き、そして後ろに下がってシュートを打つ。これは3mの場所からもでき、ポストムーブとしても使える。左足を前に出してしっかり体を支え、右足で下がってからシュートする。肩が正面を向いていることに注意する

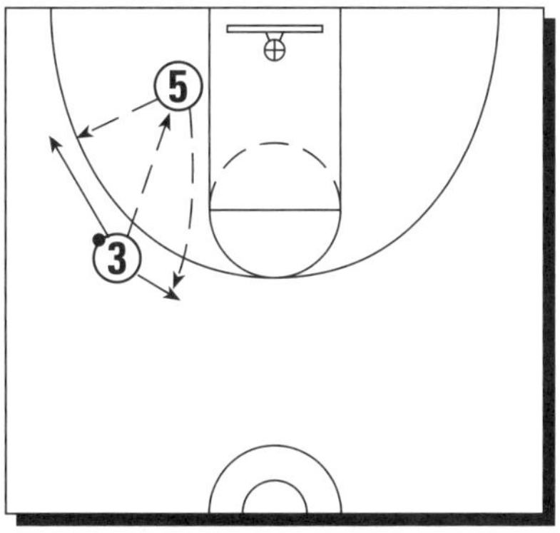

図1

e.インサイドアウト（図1）。ポストにパスをし、横にスライドしてポストからパスを返してもらう。重要なコーチングポイントは、リリースをすばやくすること。これは手のスピードを増すことではなく、準備することで得られる。ボールを取ったときすでにシュートの準備ができていれば、すばやくボールをリリースできる。ボールを取った瞬間にシュートするという感覚でいつもボールをキャッチしよう。ボールをキャッチして、構えて、シュートを打つ、という段取りでは、構えの体勢に入るときにシュートチャンスが奪われている。

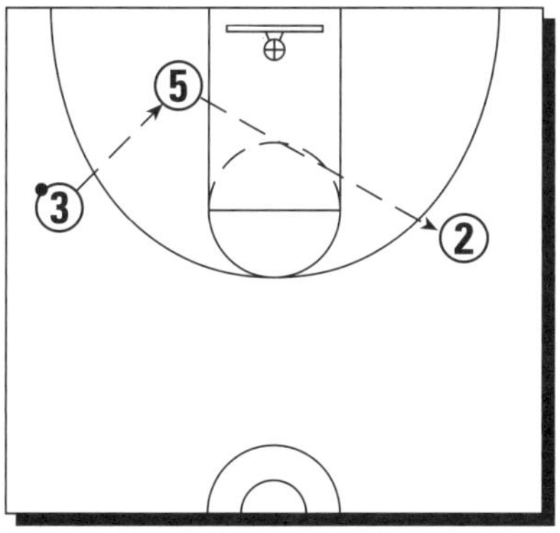

図2

f.インサイドアウトースキップパス（図2）。背の高いプレーヤーにパスをすることを教える。スキップパスは効果的である

g.ダブルスクリーン。椅子かコーンなどを使ってカットの練習をする。

h.スクリーンとフレアー。スクリーンに向かってくるチームメイトにセットする。プレーヤーが切れたらフレアーする。インサイドピボットを使ってシュートのために外へ開く。スペーシングのため、ドリブラーには2回ドリブルしてほしい。

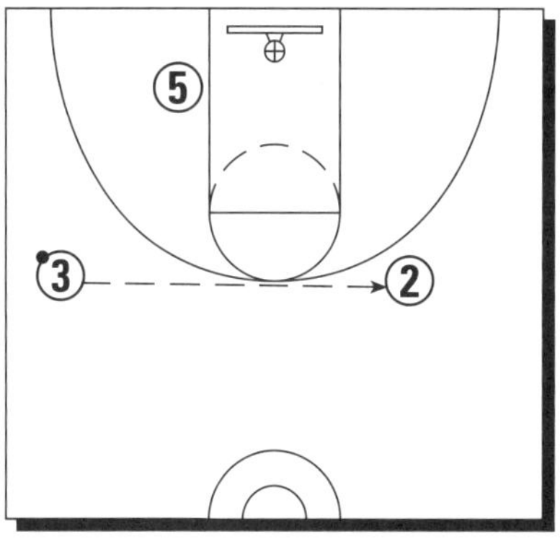

図3

i. スキップパス（図3）。私たちは10分間のシュート練習から始める。そして10分間の3ポイントシュート練習もする。いつ、どこで3ポイントシュートを打つかは自分のパートナーにかかっている。自分のパートナーをよく知らなければならない。100本の3ポイントシュートを入れるのにどのくらい時間がかかるか知っているだろうか？　だいたい平均して8分から11分くらいだ。チームの最短記録は6分19秒である。それは一つのボールを使って、1人のマネージャーがリバウンドをしての結果だ。とてもいいドリルになる。私は速攻で3ポイントを打つのが有効的だと考える。記録によると、53%はミスであった。トランジションの時3ポイントを打ちたいのだが、特定のプレーヤーだけに打たせる。1年間の3ポイントシュートの種類を記録したところ、最も成功率が高いのがインサイドアウトからであった。3ポイントシュートを打つ1番良い方法は、オフェンスリバウンドを取ったときである。そのときディフェンスは反対側に行くことを期待している。我々はオフェンスリバウンドからの3ポイントシュートの62%を決めている。何歳から3ポイントシュートを教えるべきだろうか？　それはプレーヤーの筋力と背の高さによる。小さい子には小さいボールと低めのバスケットが良いと思う。彼らが正しいフォームを身に付けていることを確認することだ。重要なのは、肩が下がったままシュートをさせないこと。

3 ドリル

a.パートナーシューティング（図4）

b.2マンペネトレーション（図5、6）

c.3マンポスト（図7、8）

d.21ドリル

e.ピッグ

f.ビートザプロ

g.ノックアウト

h.2マン、ワンボール、1分

i.3マン、2ボール

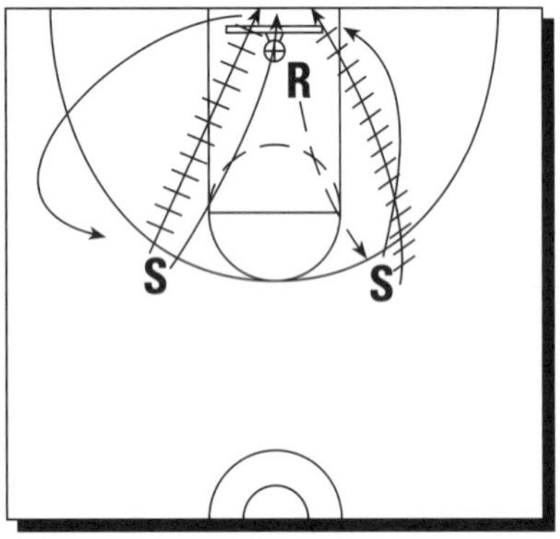

図4

➔図4　パートナーシューティング。2人のプレーヤー、1個のボールで1分間。そして3人に2個のボールのドリルも試してほしい。シュートしたときにボールを追い、ボールをリバウンドしてボールを持ってない仲間にパスする。シューティングフォームを教えるとき以外は、これらのドリルはタイムを計る。2マンシューティングの他の方法として、顔に手を上げたディフェンスを置いてシューティングし、ポンプフェイクを加えるドリブルをしてもよい。もしシュートを外したら自分で取って入れ直す。

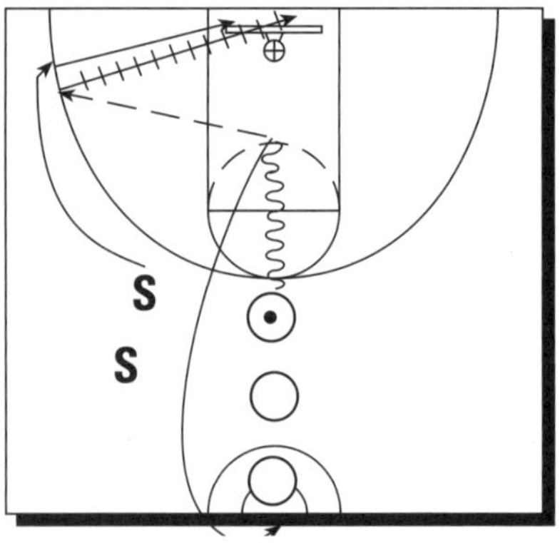

図5

➔図5　ポイントガードがペネトレートして、ウイングがシュートするようにパスをする。シューターはミスをしたらボールを追う。その間に、すばやく進むように次のポイントガードはペネトレートし始めている。ペネトレートしてから3ポイントを狙うことは重要だ。ペネトレートして自分でシュートするよりも、オープンのプレーヤーにパスをして打たせせたほうが、成功率が高いのである。

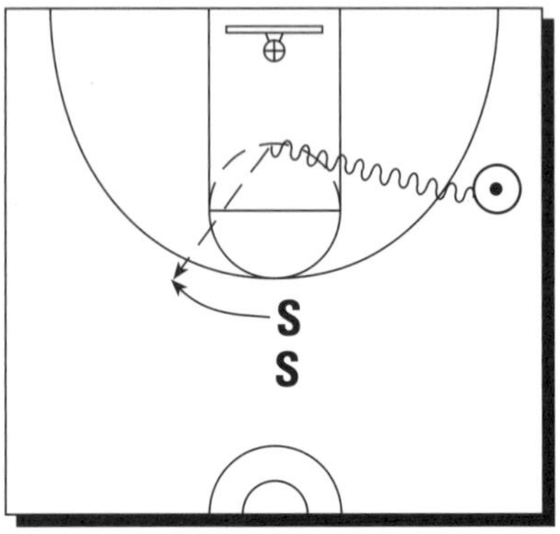

図6

➔図6　違った角度からやってみる。中にいるプレーヤーが動いているようにすること。

➔図7　3マンポストドリル。シャープなパスを心がける。ポストにパスをし、スライドしてパスを受け取ってシュート。シュートが入らなかったらポストが入れ直す。

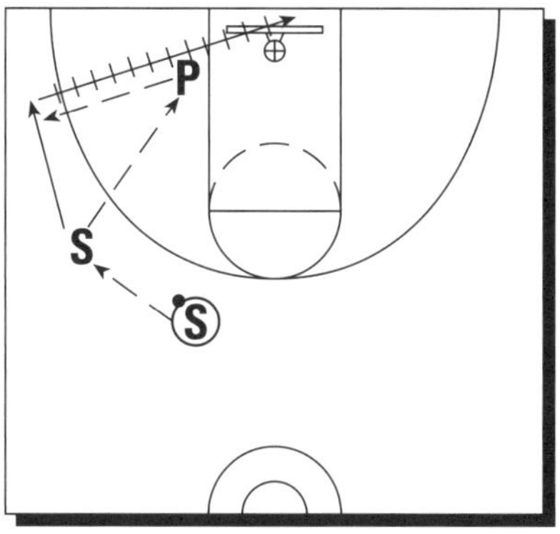

図7

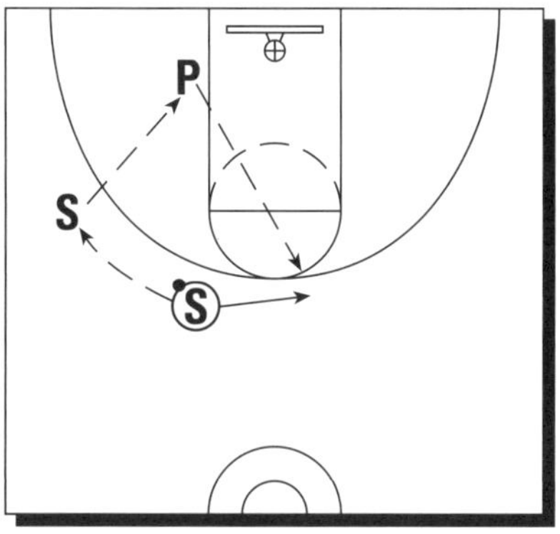

図8

図8　別の方法。ポストがトップにパス。そして3回目にポストがシュート。

21ドリル。3ポイントシュートを入れたら2点得点とし、入れ直したら1点とする。実践的なドリルである。

ビートザプロドリル。まず好きなプロプレーヤーを設定し、自分が入れたら自分の得点、ミスしたらそのプロプレーヤーに点が入る。どちらかに10点入るまで行なう。

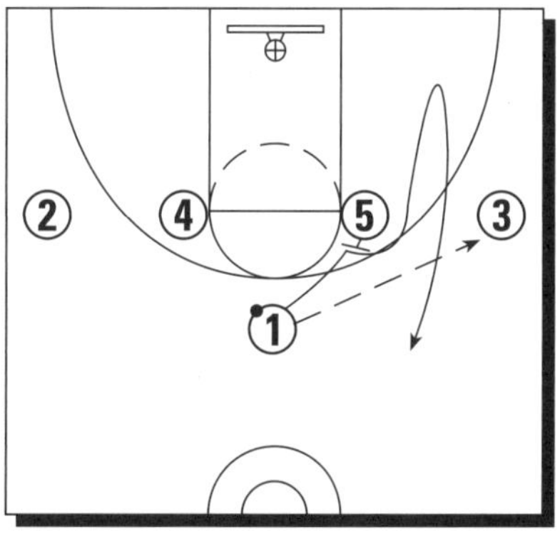

図9

図9　ポイントガードシュート。シュートをさせたいポイントガードがいたら、1－4を使う。＃1が＃3にパス。そして＃5が＃1のためにスクリーン。トップの後ろか前を回ってポストに上がる。＃5が下がって3ポイントシュート。

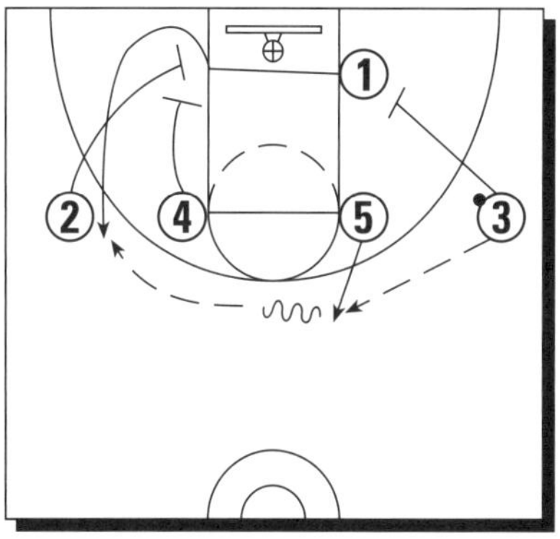

図10

図10　もしオープンでなかったら、＃2が来てスクリーンをし、＃1と＃4もスクリーンをかける。ボールは＃3から＃5、そしてスクリーンを使った＃1へとまわり、＃5はドリブルしてよい位置に回る。＃3が＃5にパスした後、＃3はダウンスクリーンをし、＃1はどちらにも行くことができる。

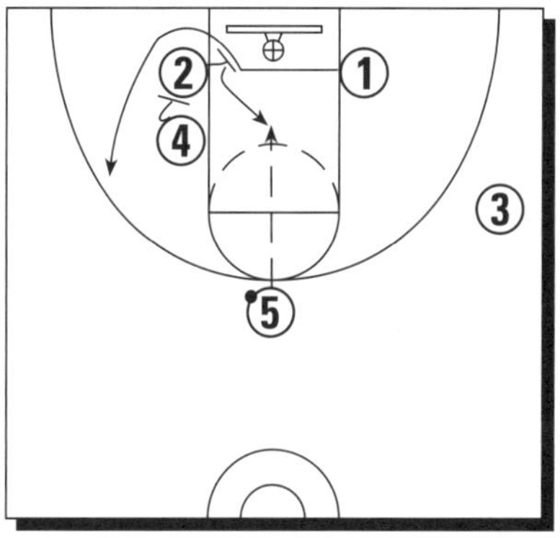

図11

図11　カウンター。＃2はスクリーンから抜け出して＃5からパスをもらうこともできる。

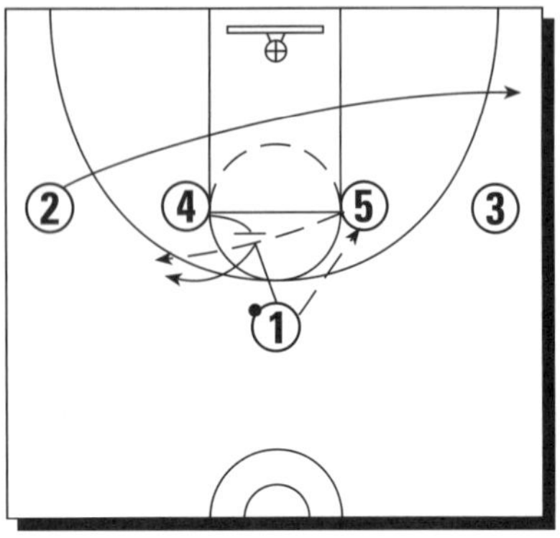

図12

図12　フレア。#1から#5へパスし、#2はまっすぐコーナーへ向かう。#4は#1にスクリーンしてからレーンを回ってくる。#1がサイドにフレアをし、ボールは#5から#4、または#5から#1へ回る。

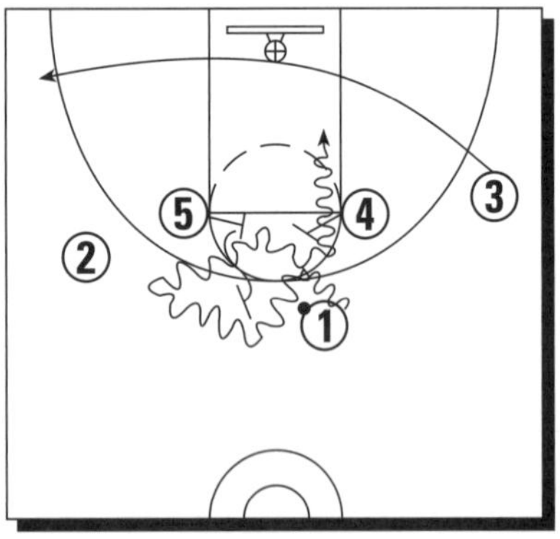

図13

図13　#1がドリブルをしながらいったん離れ、そして戻って来る。#5は#1にスクリーンをし、#1がリバースしたときにまた#5はスクリーンをする。#3はコーナーに移っていく。#4も#1にスクリーンし、スタガースクリーンとなる。#5はレーンを下がってきて、#1は右手側すべてのサイドを使える。

図14　シュートを打つ#2のためにボックスセットをする。#1はウイングへドリブル。#2は#5へバックスクリーン。そして#5はポストに向かう。#1は#5にパスをし、#4が#2へスクリーンをし、#2がポップアウトしてシュートを打つ。

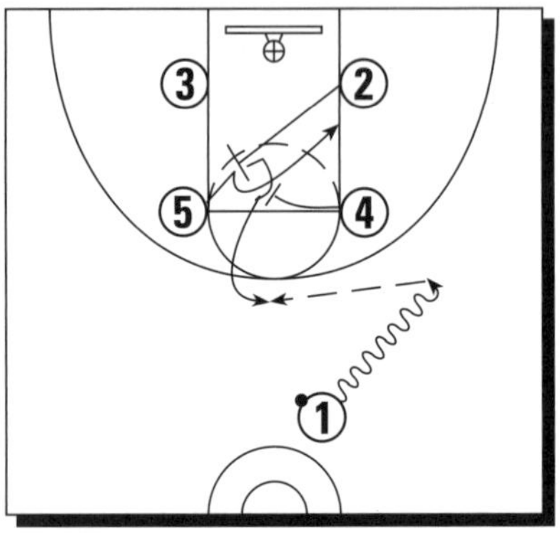

図14

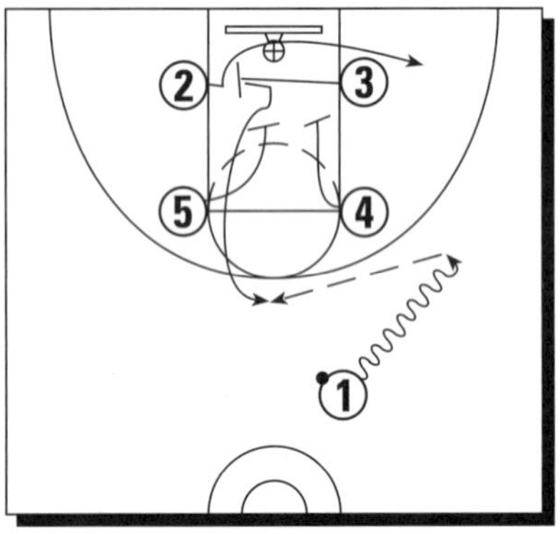

図15

図15　もう一つのプレー。#3が#2へスクリーン、そして#2がポップアウト。#4と#5が#3へダブルスクリーン。そして#3がシュート。#1から#2または#1から#3。

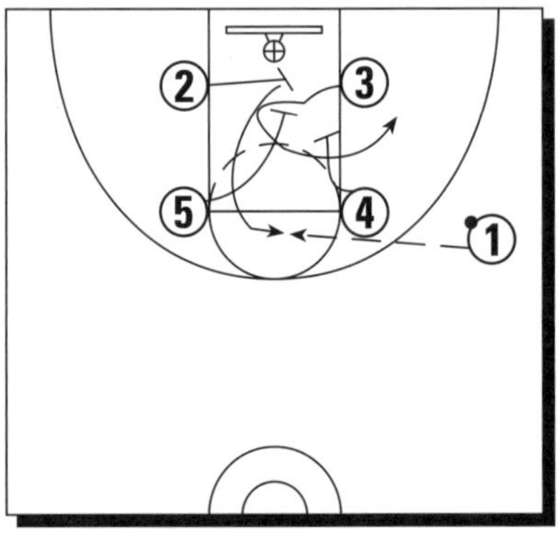

図16

図16　カウンター。#2が#3へスクリーン。#5と#4がダブルスクリーン。#3が回ってそのまま進み、#2がそれに続く。

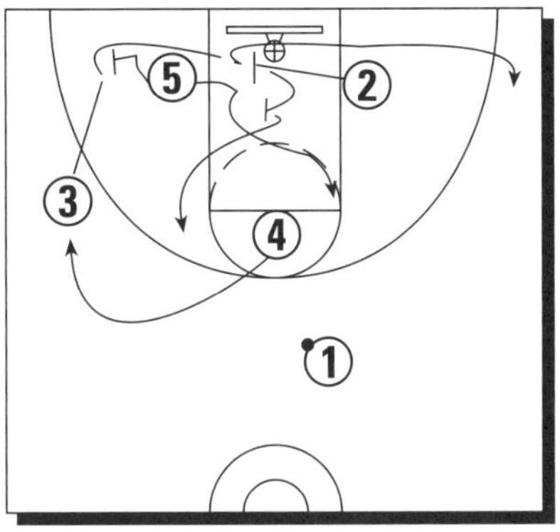

図17

図17　ミスディレクション。＃1がサイドへドリブル。＃3が＃5と＃2のスタガースクリーンを使う。もし＃3がオープンでなかったら、＃2が＃5へスクリーンをし、＃2が逆サイドへ移る。

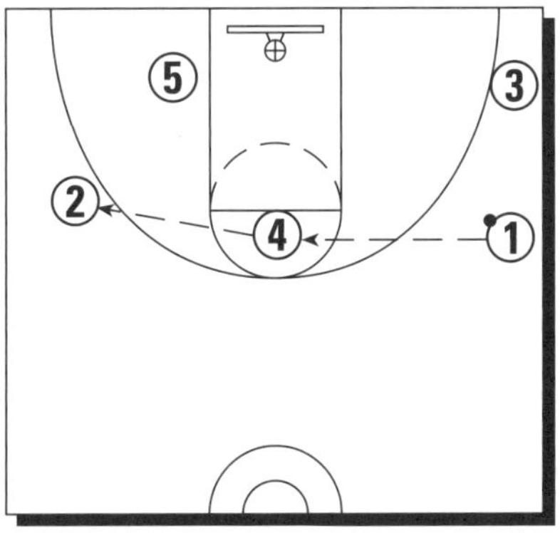

図18

図18　ボールが＃1－＃4－＃2と回る。

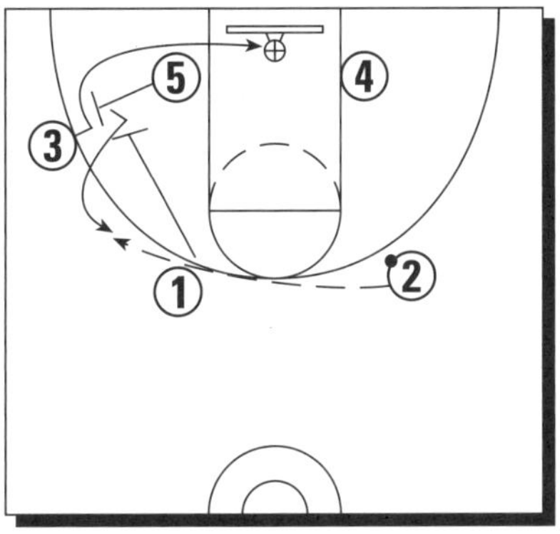

図19

図19　フレックスカットを使って＃5をオープンにする。＃2がボールを持っている。＃5がベースラインに回ってくる＃3のためにスクリーン。＃1が＃5へダウンスクリーンして、＃5がシュートを打つ。

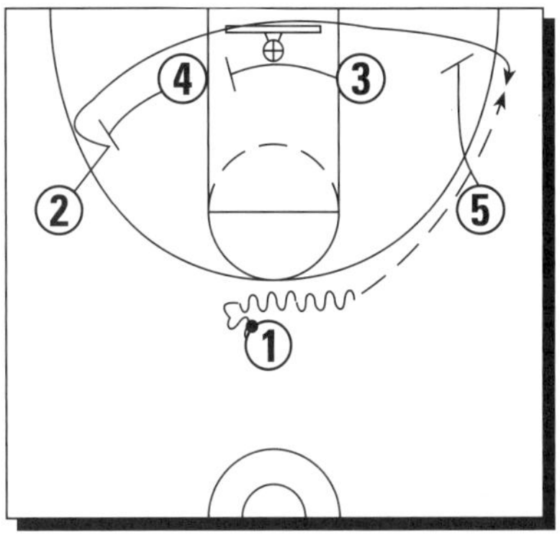

図20

図20　トリプルスクリーン。＃1が左にドリブルし、そしてリバース、つぎにトップへ戻ってくる。＃2が＃4と＃3と＃5のスタガースクリーンを回ってくる。

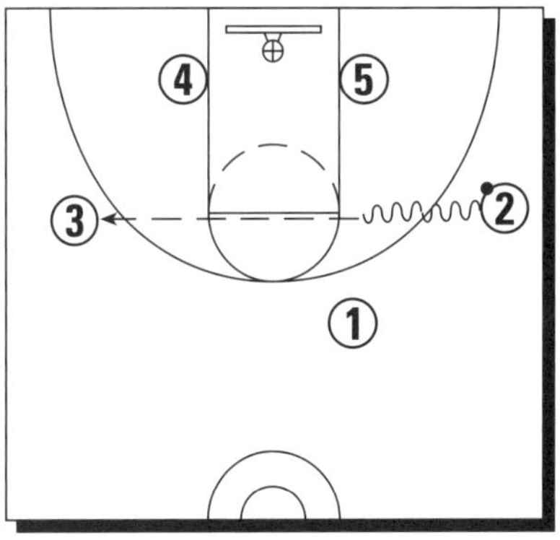

図21

図21　もし＃2がシュートを打てなかったら、＃2はペネトレートして＃3にパスし、＃3がシュート。私たちはバランスの取れたオフェンスに対して、これらのクイックヒッターを入れることから始める。

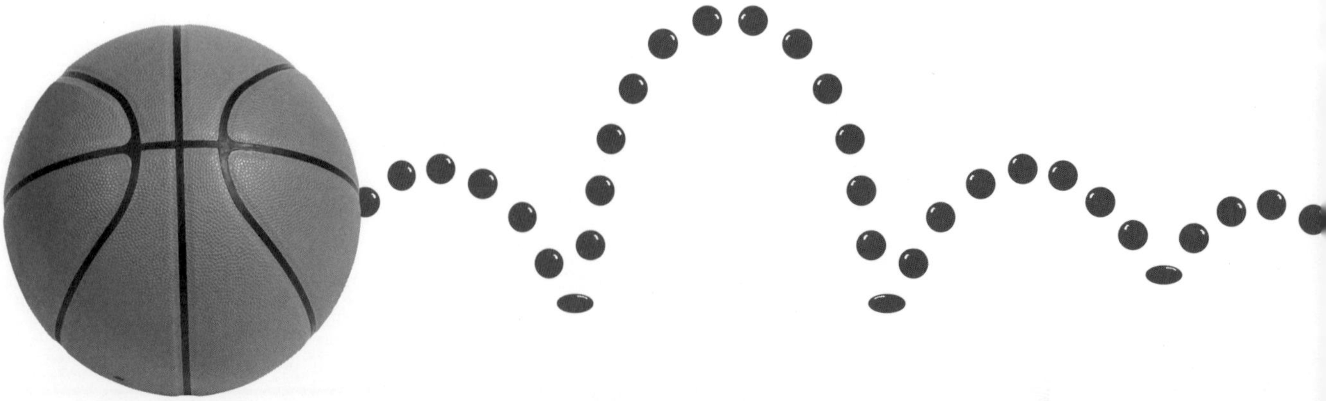

MARK EHLEN
マーク・エレン

Transition Basketball
トランジション バスケットボール

コーチにとってすでにいいチームとそうでないチームを引き継ぐのでは、どちらがやりやすいのだろうか？　もちろん、才能のある選手のたくさんいるチームを引き継ぐほうが簡単である。私がトレドでコーチの仕事を得たとき、その女子チームはすでにいい結果を残しており、来シーズンへの期待も高かった。私のコーチ就任の際に記者会見が行われたが、そのときインタビューされた女子選手も「彼は良さそうなコーチだし、私たちはいいチームだから何の問題もないと思う」と答えてくれていたので、私は自信に満ち溢れていた。しかし、私のやり方は今までのチームコーチとは全く違っていたようである。

新しいチームを引き継いだときには、まず皆でどのようなチームにしていきたいかをクリアにしなくてはならないが、それは選手がどう思っているかが大事である。あまり走ることが得意でないチームをランニングチーム（足で勝つチーム）にすることはできず、また、高校レベルでは選手を引きぬくこともできない。大学選手の場合は両親がコーチの仕事に口出しをすることはあまりないが、高校レベルではそうはいかない。そこで新しいチームコーチに就任後、まず自分のビジョンを明らかにし、そのビジョンの優れた点を選手に説明し納得してもらう必要がある。選手に理解、納得してもらうことによって、そのビジョンを達成することが可能になるのである。

我々のチームはランニングチームである。ロッカールームに目標を書き出したゴールボードを設置し、たくさんの得点をすることを目標とした。トレドでの4年間、1試合あたりのチームの平均得点は80点であり、これは私たちがあらかじめ設定した目標に近い数字となった。目標にした数字はリーグ優勝するための数字を過去のリーグ記録を見て設定した。

1. 77点を目標とする。過去の記録を見ると77点あれば勝てていることから、これを目標とした。

2. 対戦相手を70点以下に抑える。

3. 相手に取られるリバウンド数を4以下に抑える。ただし、シュート力のあるチームであればリバウンドを取られる機会があまりないため、リバウンドの数にあまりこだわる必要はない。

4. フィールドゴール決定率48%。

5. 3ポイントシュート決定率35%。

6. フリースローラインからのシュート決定率74%。フリースローの決定率はフィジカル面よりもメンタル面によるところが大きい。

7. 1試合のターンオーバー数は17以下にする。これはかなりの数であるが、私たちのチームは走りのチームであったことからこの数字にした。

8. 相手チームのフィールドゴールの決定率を39%以下に抑える。

9. 相手チームの3ポイントシュート決定率を33%以下に抑える。

10 相手チームより多くのフリースローを獲得することは最も大切である。過去4年間の私たちの1試合あたりのフリースロー獲得数は19、相手チームは17であった。

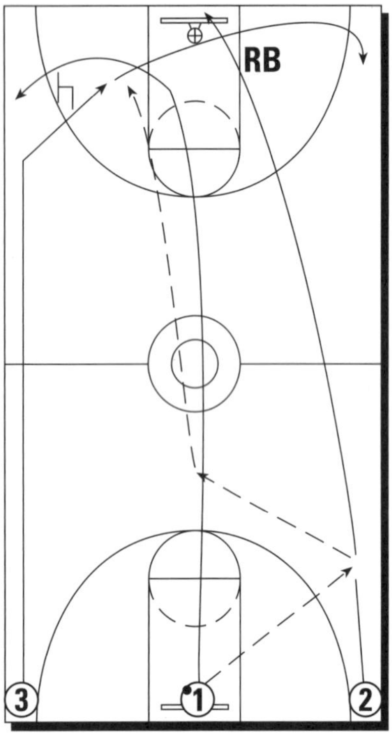

図1

図1　我々は常にトランジションの要素を練習に取り入れる。これは「LA」というもので3分間に35本が目標。コートに1つ椅子を置く。＃1－＃2－＃1とつないで＃3がレイアップ。トラベリングを避けること以外にはドリブルしない。＃1は全力で椅子を回り別のコースへ移る。＃2がリバウンドし、最後のコースに＃3が入る。

図2　そして次は＃2、＃3、＃2とつなぎ、＃1がレイアップ。

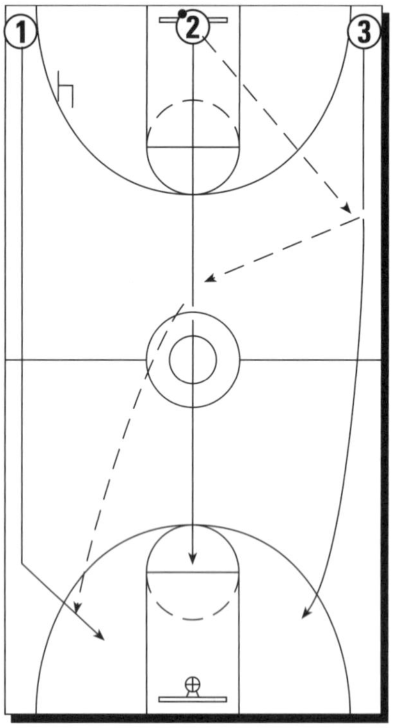

図2

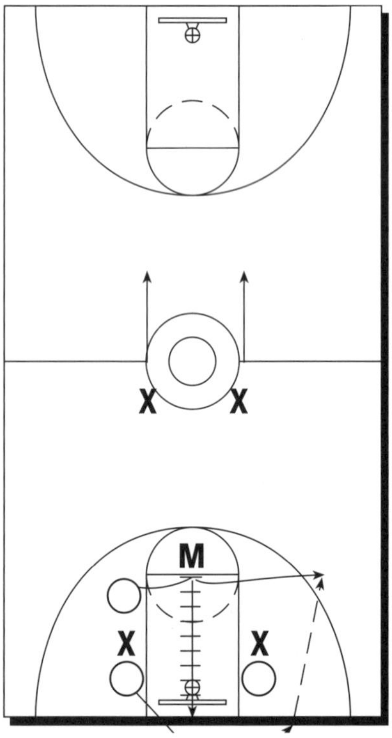

図3

図3　3対2。これはフリースローラインから行う。マネージャー（M）がシュートをし、それに対してボックスアウトをする。リバウンドボールからもしくはシュート成功後のパスを、ガードがフリースローの延長線上で受ける。2

人のディフェンスがセンターサークル近くにいるので3対2になる。ところが、ここにイライラがある。フリースローのリバウンドに対してレーンの中にプレーヤーが入るわけだが、そこをドライブしていくのは愚かである。私たちは足よりも前方に頭があるはずがないと教えている。そうなると、バランスが取れないからだ。

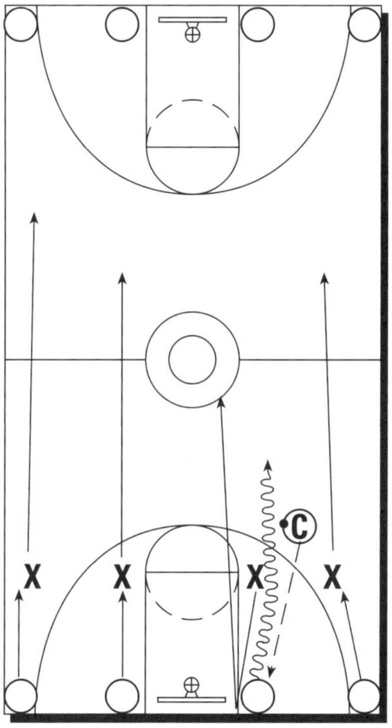

図4

図4　4対4ラッシュ。コートに4人ずつ3チームを配置。コーチはベースライン上4人のオフェンスのうち1人にパスをする。4人の選手はコートいっぱいに動く。ボールをキャッチした選手をガードする人はディフェンスする前に一度ベースラインに戻りタッチしなければならない。その選手が戻ってくるまでが4対3で、それから4対4になる。この練習のよい点は、ピックアップする選手が決まっていないことである。声をかけ合ってボールを止めなければならない。

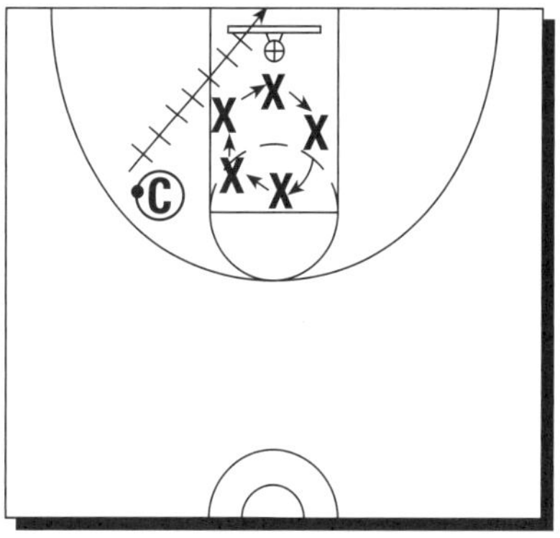

図5

図5　5対0。レーンの中でリバウンドをとりそこから走り出す。ディフェンスをつけずに3回行うが、ポイントガードはそれぞれ違ったコールをすること。1つのコートで5対0をした後に、別のコートへ戻るために素早く走らなければいけない。ゆえにこれはよいウォームアップになる。ウィーブや2メンでレイアップまで行くよりも、これはゲームライクである。フリースローやセットプレーからこれを始めてもよい。あなたのチームが走れるチームであるなら、多くの説明を加えてもよい。ときには、口を出し過ぎぐらいになってもかまわない。

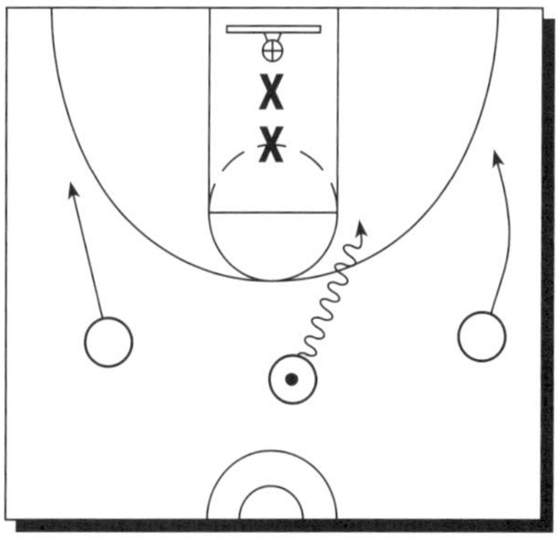

図6

図6　アーリーブレイク。アーリーブレイクとは3対2や2対1の場面のことで、スティールやターンオーバーから発生することが多い。3対2というのはゲーム中に多くあるものだろうか。このことに対して常に準備をしていないかもしれないが、我々はこのことを強く意

識している。速攻では3ポイントシュートが打てるかもしれない。しかし、オーバーパスだけはしてもらいたくない。速い展開でのオーバーパスはとても危険であると考えている。1人2人とパスをつないでそれからシュートをすること。できるだけレイアップに向かってほしい。

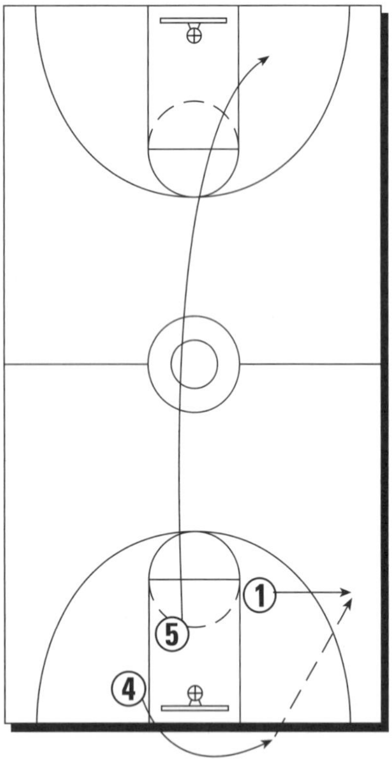

図7

図7 セカンダリーブレイク。バックコートでは急いで走り、フロントコートで落ち着くこと。いつもポイントガードがボールを受けるようにする。#4がパスアウトをする。その時に、ボードの下からスローインをしてはいけない。また、ボールは両手で受けるべきである。ガードはフリースローラインより高い位置でボールを受けるようにする。#1はボールを受けたらコート全体を見る。理想的には#1にはサイドライン寄りでボールを運んでもらいたい。#1はできるだけ速くボールを運び、できたら前にパスをする。ドリブルをすることによってサイドを変えてもかまわないが、フロントコートに入ってからはやってはいけない。これは#5がボールサイド側に行くためである。クロスコートにパスもできる。私の嫌いなパスは、ポイントガードがコートをドリブルで運んでいるときに走っているポストプレーヤーにパスをすること。この角度のパスは難しい。#2と#3がほかのレーンを埋めるように走る。

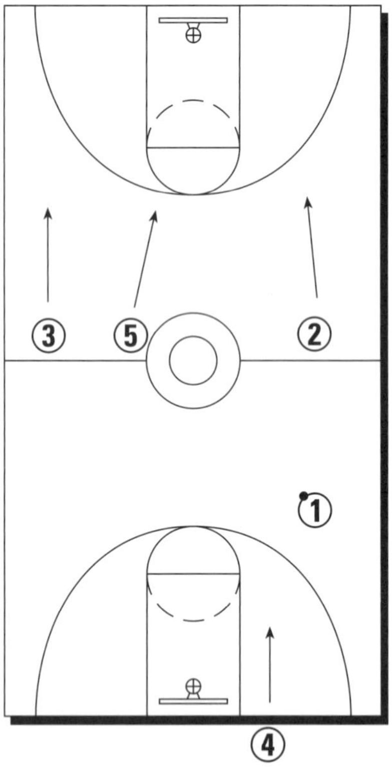

図8

図8 シュートをはずしたときは、1人目のポストマンがローポストエリアに戻り、2人目もそれを追う。

図9 プレスに対応。#5を戻らせて、#1にパスをつながせる。このときにもしも可能であるなら#3にパスをつながせたほうが効果的と言える。ただ、これはあくまでもセカンドオプションであり、#1に直接ボールを入れれば、それに越したことはない。#1がボールを受けに戻ったとき、ディフェンスがハードにディナイしてきたら#1は前に走って、長いオーバーヘッドパスを受ける。それでも#1がボールを受けられない場合、初めて#4はベースライン沿いを動き#3へのパスを狙う。

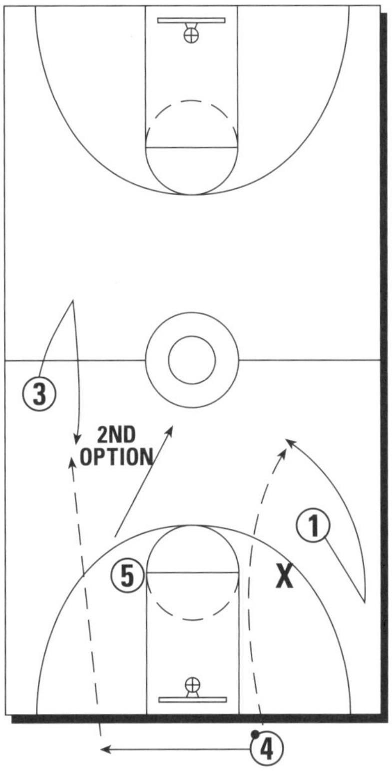

図9

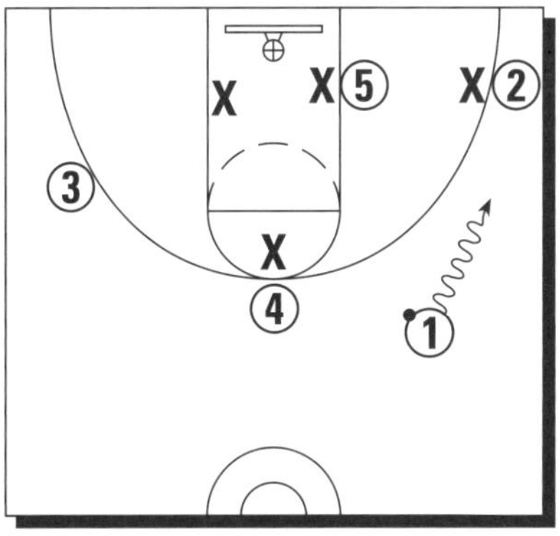

図10

図10　片方のサイドへ寄っているとき、#2は#3よりベースラインに近づいてたほうがよい。こうすることでディフェンスを平らにすることができる。#1や#2は最初にインサイドの#5を見ること。

図11　#1が#2にパスした場合、#1にリターンパスするのは望ましくない。#2から#3あるいは#4へのスキップパスがベター。

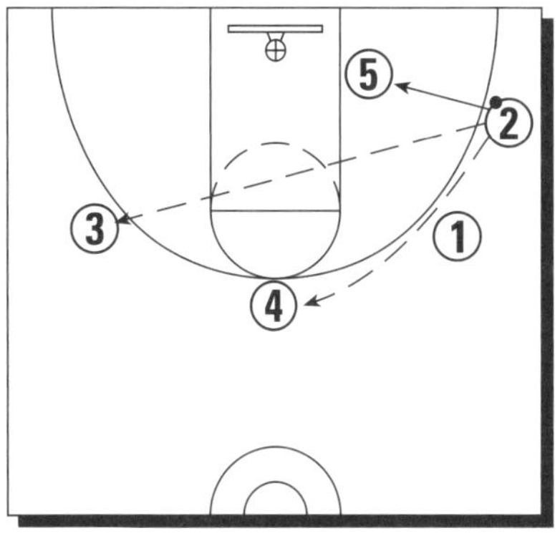

図11

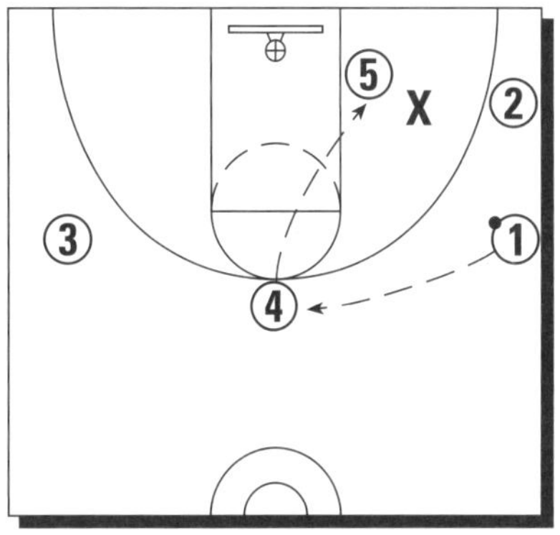

図12

図12　#5がディナイされているなら、#5はシールしハイローパスを行なう。

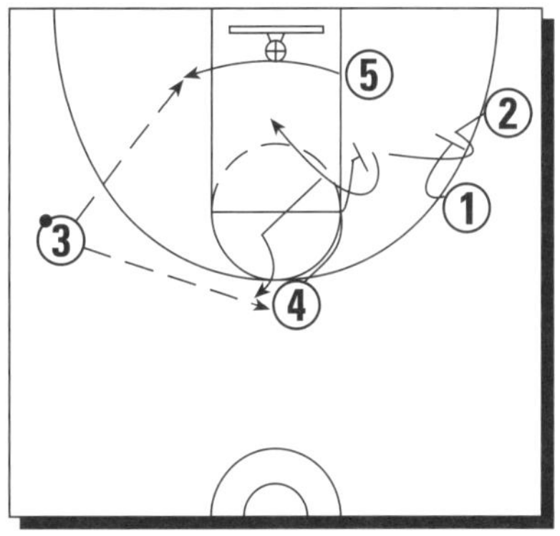

図13

図13　ダブル。これは我々の代表的なセカンダリーブレイクである。ボールが#3にパスされたなら#5はボールにフラッシュする。#2はまだコーナーに残る。#1と#4はスタガースクリーンをセットし、#2はスクリーンをうまく使う。あるいは#2はペイントエリアへカールカットすることもできる。

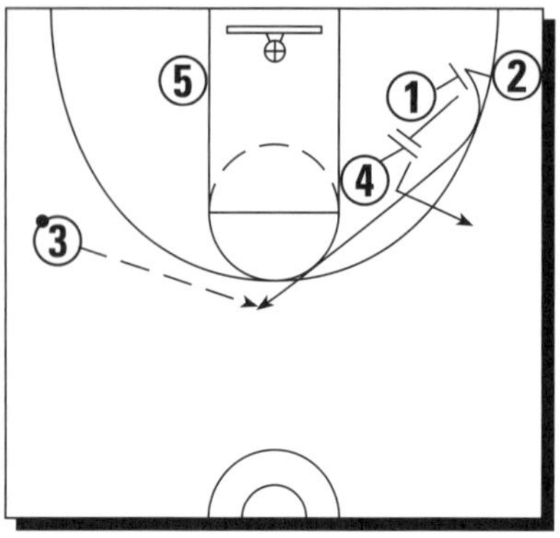

図14

図14　＃2がトップでパスを受けたら、＃1は＃2に対してのスクリーンの後、＃4にバックスクリーンをかける。＃4は3ポイントシュートをねらう。

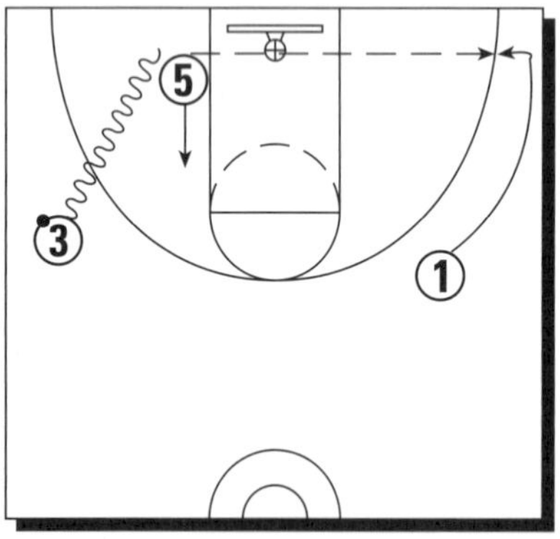

図15

図15　＃3はベースラインにドリブルし、＃5はハイポストへ上がる。そして＃1は、＃3からのパスを受けるためにコーナーへいく。

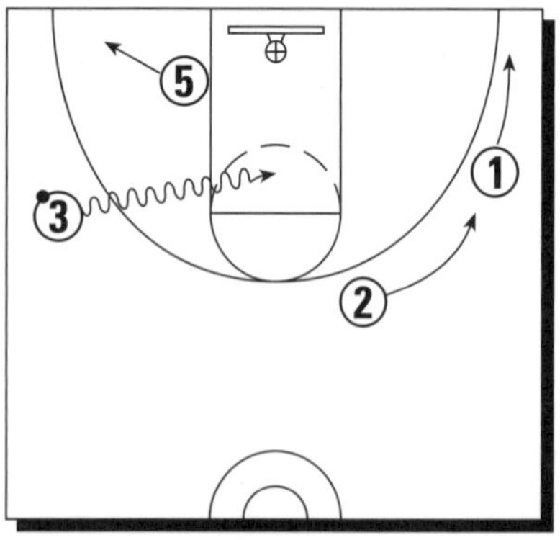

図16

図16　＃3がミドルラインへドリブルするならば、＃5はショートコーナーへ行き、＃2と＃1は移動する。

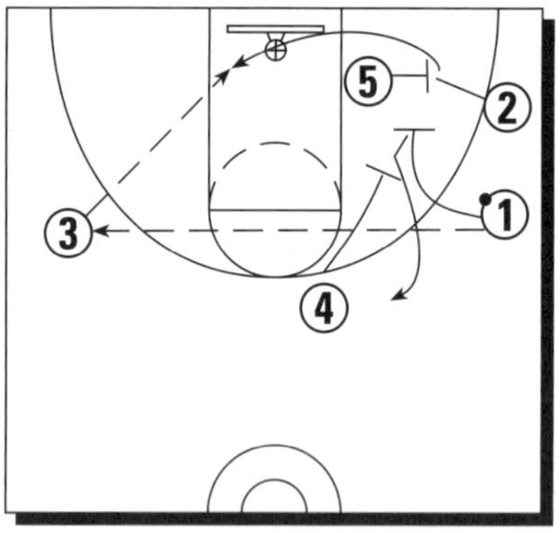

図17

図17　トリプル。我々はフリースローシュチュエーションの後、このコールをする。＃1が＃3にパスをするということを除いては同じセカンダリーブレイクから入る。＃1と＃4はスタガースクリーンをかけ、＃5は単独でスクリーンをセットする。＃2が＃5のスクリーンを利用したら、＃4は＃1にダウンスクリーンをかける。そして＃1はトップへ上がる。

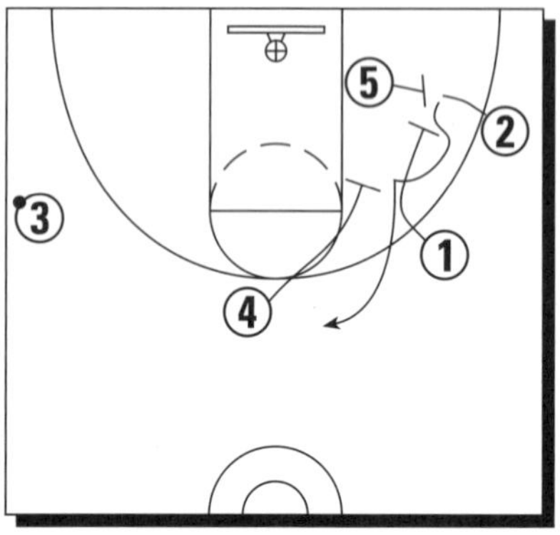

図18

図18　＃2がスタガースクリーンを使うなら、その時＃5は＃1に対してスクリーンをかける。

図19　シングル。同じブレイクで入る。＃1がドリブルして＃2にハンドオフパスをする。＃2は＃4のスクリーンからドリブルで離れて＃5か＃3のどちらかにパスをする。

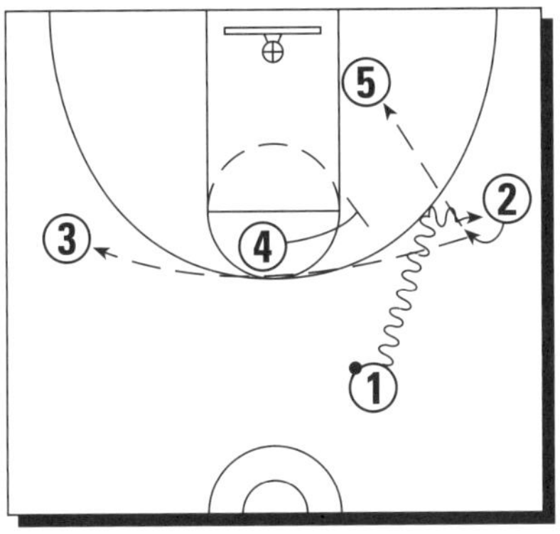

図19

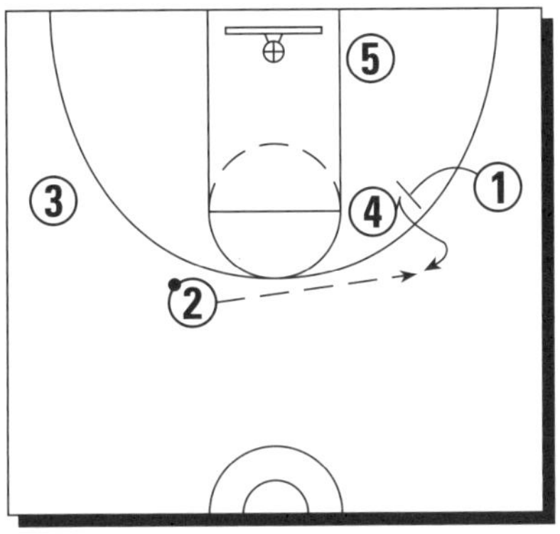

図20

図20　#5か#3のどちらも空いていないのなら、#1は#4にフレアスクリーンする。#4は#2からのパスを受ける。

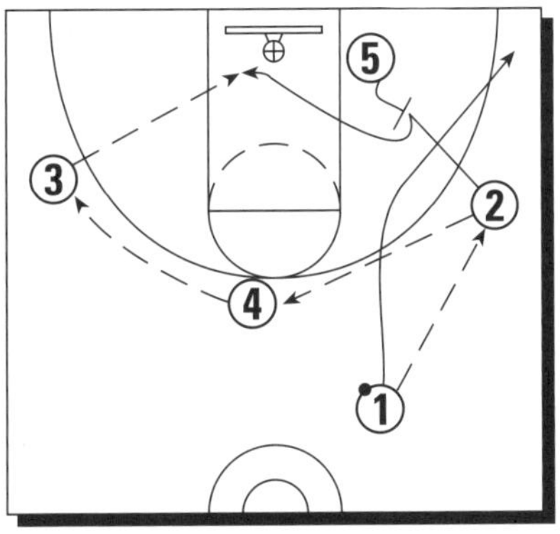

図21

図21　ラム。#1は#2にパスし、コーナーに切れる。#2は#4にパスをし、#4は#3にパス。#2は#5のスクリーンを使ってカットする。ボールは#1、#2、#4、#3、#2とつながる。

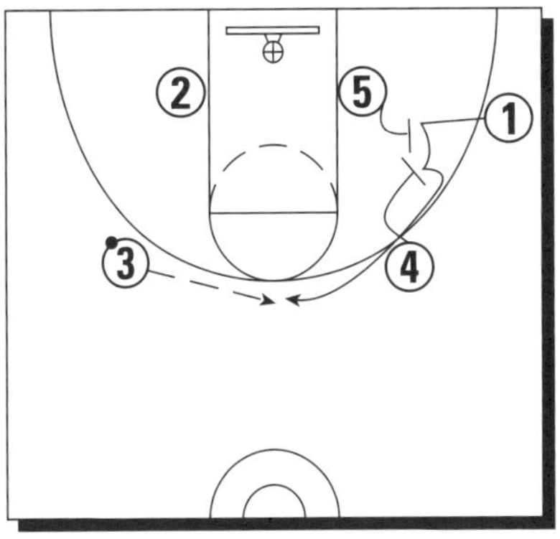

図22

図22　#2はパスをもらえないなら、#5と#4は#1にスクリーンをかける。#1は#3からパスをもらうためにトップへ上がる。ポイントガードにはここでシュートをしてほしくはない。

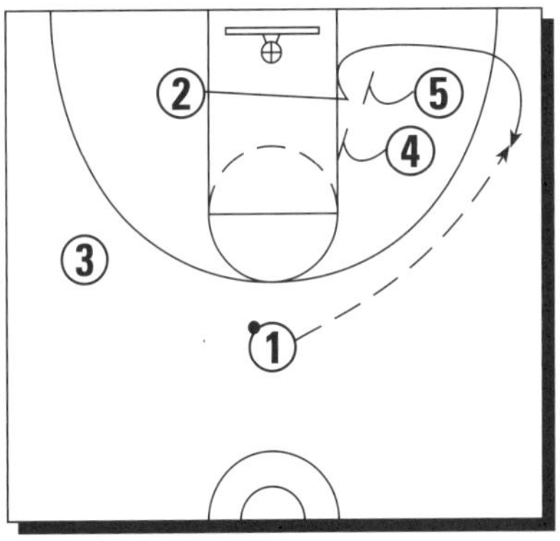

図23

図23　#4と#5はターンし、#2にダブルスクリーンをかける。#2は#1からパスを受ける。フリースローの後、これらの動きになる。練習をすれば、ポイントガードはすぐコールできるようになる。ラム、シングル、ダブル、トリプル。何もコールしないのならダブルをやる。

図24　一つのバリエーションとして、#4がボールマンにスクリーンすることもある。#2がディナイされているときはこれをする。それから#2は#4にスクリーンをかける。#4は3ポイントシュートの位置に動く。

図24

Zone Offense
ゾーンオフェンス

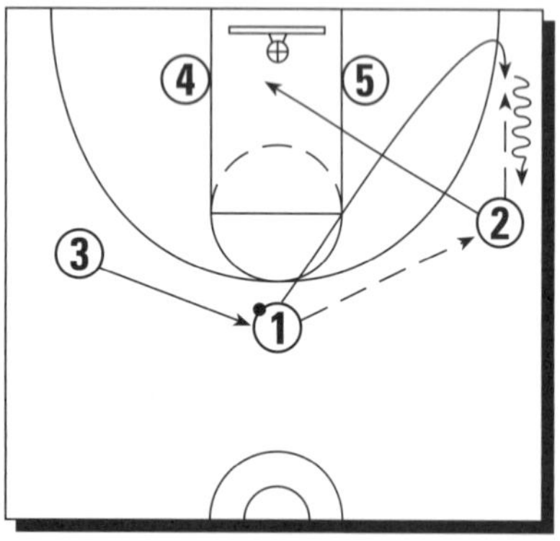

図1

図1　インサイド。＃1は＃2にパスしコーナーに切れる。＃3はトップへ移動する。＃2はコーナーの＃1にパスしペイントエリア内に切れる。＃1はドリブルで上がる。このときディフェンスが＃1と一緒についてきてほしい。

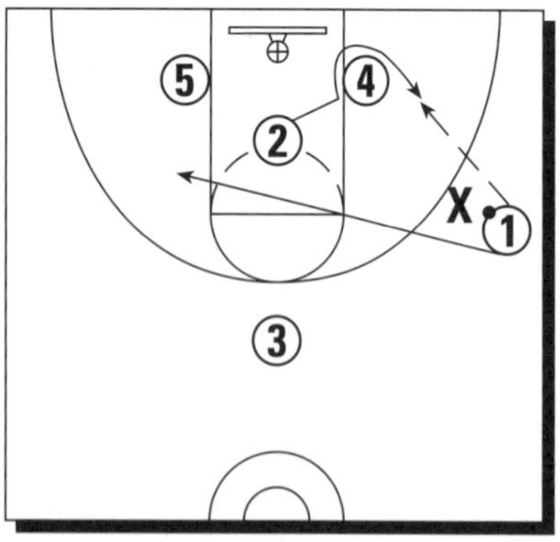

図2

図2　それから＃2は＃1からのパスを受けるため＃4のまわりをカールする。パスしたら＃1がカットする。

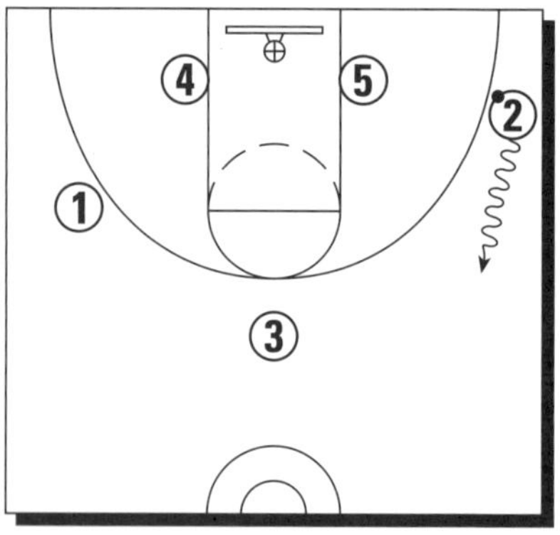

図3

図3　ボールがベースライン近くにあるときはいつもベースラインから離れるようにドリブルする。＃4はミドルラインへフラッシュし＃5はローポストへフラッシュ。

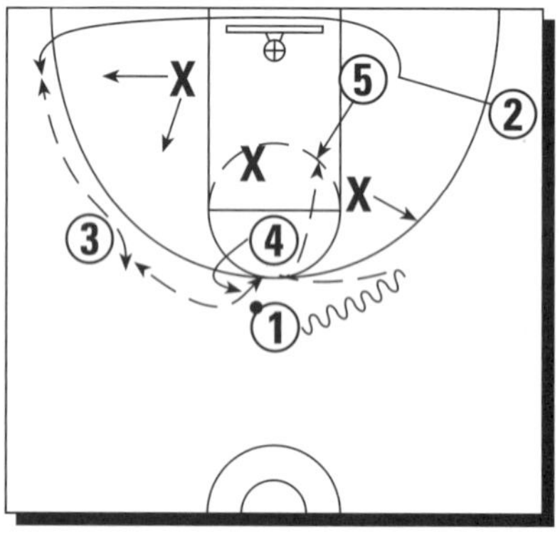

図4

図4　オーバー。＃4はハイポスト。＃1は＃2の方向へドリブルし＃2は逆サイドに切れてスペースを空ける。＃4はポップアウト。＃1は相手のディフェンスを得意とするプレーヤーを引きつけて、ドリブルをする。＃4にもう1人のガードを引きつけて欲しい。だが＃4がフリーの状況であれば＃4は自由に3ポイントシュートが打てる。＃5はディフェンスのギャップをつく。最もよいシューター＃2と＃3を同じサイドに立たせることでディフェンスは、1人のディフェンダーでこの2人を同時に守らなければならなくなる。つまり必ずどちらかがワイドオープン

になるはずである。

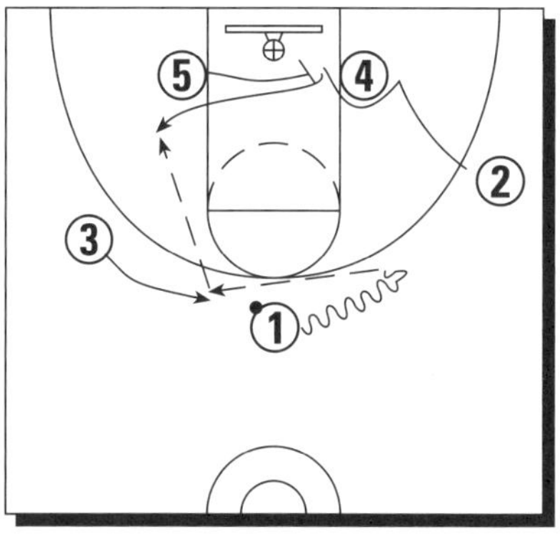

図5

図5　プッシュ。#5が#4へゾーンの真ん中でスクリーンをかけるので#1は#2の方向へドリブルする。#3は#1のいた位置へ移動し、#2は逆サイドにきれる。ボールは#1、#3、#2とまわる。#2は#4へのパスを狙い#5はハイポストに上がる。

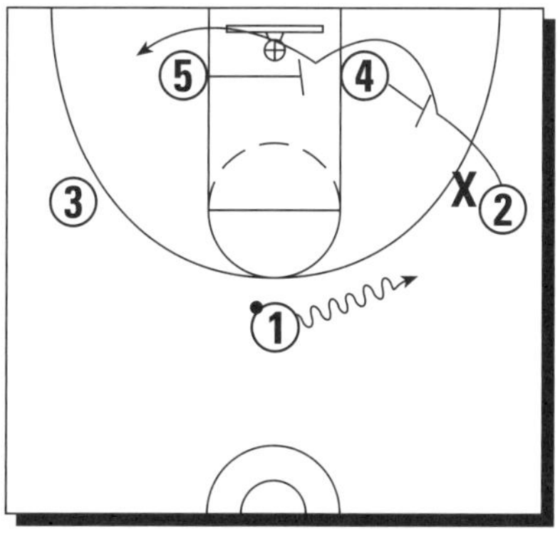

図6

図6　ボックスワン対策。我々には今年非常に優れたプレーヤーがいたので、このディフェンスを多く受けた。#2がエースプレーヤーである。ボックスワンについて2つのことが言える。1）ボックスを攻撃し、インサイドでボールを受けねばならない。そして、シンプルに攻めること。2）他のチームは価値あるディフェンスとして本当に納得していない。#1は#2の方向へドリブルし、#2はフリーになるために#4と#5のスクリーンを使う。

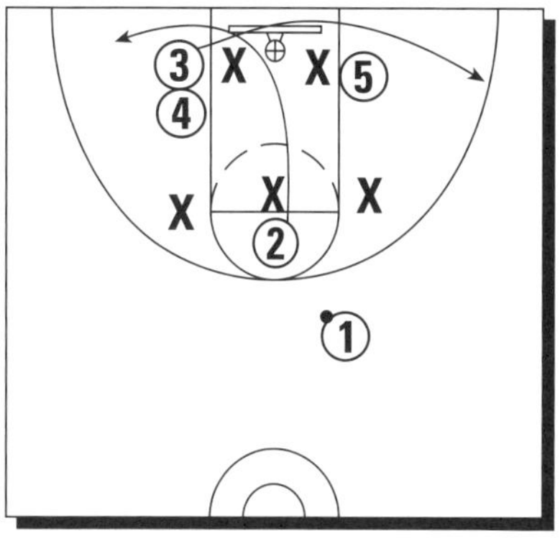

図7

図7　#2はハイポストからスタートする。#3と#4はスタック。#2はペイントエリアを通り抜け、#3と#4のダブルスクリーンか、#5のシングルスクリーンかのどちらかを使う。

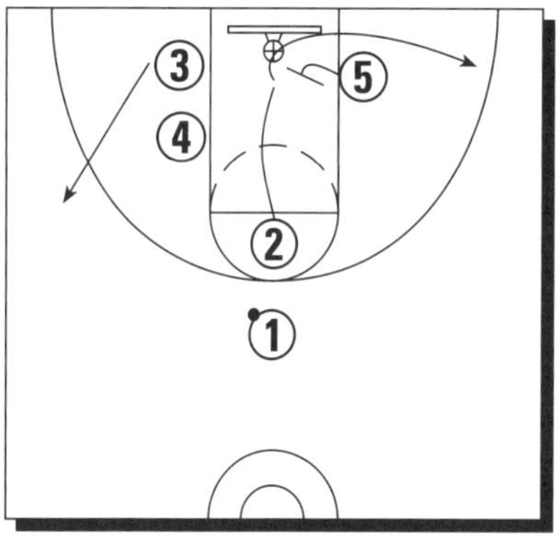

図8

図8　#2が#5のシングルを使ったら、逆サイドの#3が飛び出す。

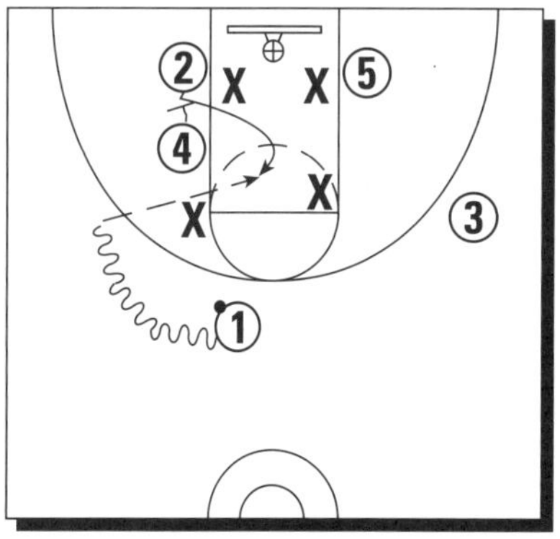

図9

図9　最も優れた#2と#4をあえてスタックに使うことにより、単純なことが最高のものになることがある。

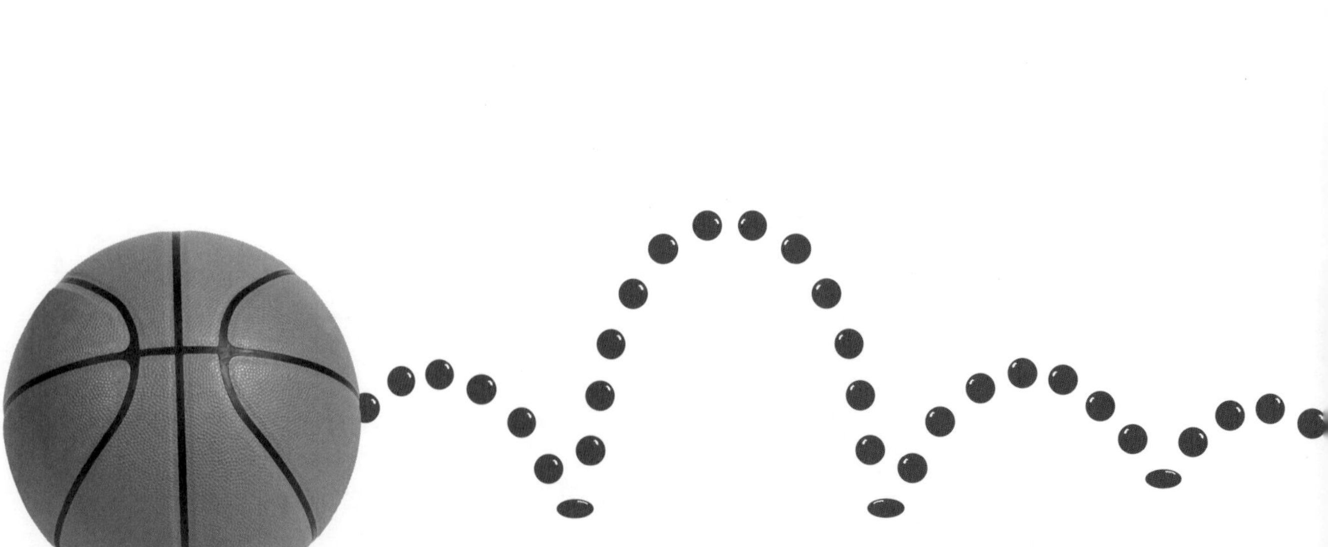

CLIFF ELLIS

クリフ・エリス

Developing the Post Men
ポストプレーヤーの育成

まずはじめに言っておきたいことは、十分なストレングストレーニングプログラムが必要だということである。これに関して私は細かいことを言うつもりはないが、大事なことが2つある。それは「一流のコンディショニング」と「十分なストレングストレーニングプログラム」である。ここで重要なことは、大きなインサイドのプレーヤーは小さいガードプレーヤーに比べて走ることが好きではないということである。我々のチームではプレシーズン中とオフシーズン中にウエイトトレーニングやランニングをする時間を設けている。インサイドのプレーヤーも、アウトサイドのプレーヤーも走らせる。スタミナをつけさせたいからである。これは毎年行なっている。9月の中旬から始めて、シーズンインの日まで行なう。このようなコンディショニングやストレングスのプログラムを週4回行なうことにしている。10月15日になっても、週4回は続ける。11月の中旬になったら、このプログラムを週3回とする。12月の中旬になれば週2回。そして、1月中旬には維持するためのプログラムとして、週1回となる。

私たちのチームではシーズンが終わったら、1ヶ月間をオフとして、それから6月中旬に学校が休みとなるまでは週4回のウエイトトレーニングをやることにしている。夏の間は、自分自身で調整してトレーニングをするというのが、私たちのチームの約束である。そのレベルまで達したら、プレーヤーがまず理解すべきことは、両手、両足を均等に強化しなければならないことだ。たしかに、誰もが得意とする腕とピボットフットを持っているが、両方の腕と足を使えなければならない。リングから少し離れた所からダンクを決めるためには、両手と両足が重要であるということを覚えておいて欲しい。

我々は30秒間ビルドアップドリルと呼ばれるものをいくつか持っている。質の高い練習を行なうために、何年もかけて築き上げてきたドリルである。すべて30秒単位で行なう練習である。

図1

図1　ジョージ・マイカン・ドリル。チームを活性化させるドリルである。まず、ゴール下でボールを持つ。左手でシュートする時は、左足でステップしベビーフックの形になる。手は高く上げること。それから右手に移し、右足でステップしてシュート。この練習では常にリングに正対すること。これらがドリルのポイントである。ポストプレーヤーはボールを下に下ろしてはならない。30秒間連続して行なう。

図2　ティップドリル。リングの右側からは右手を使い、ボードを使って逆サイドと30秒間連続してタップを行なう。左側からは左手となる。利き手でない

ほうの動作は、コーディネーションや筋力が問題となる。

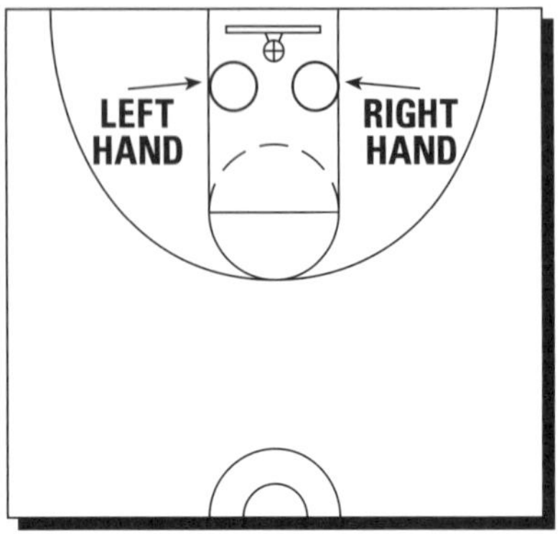

図2

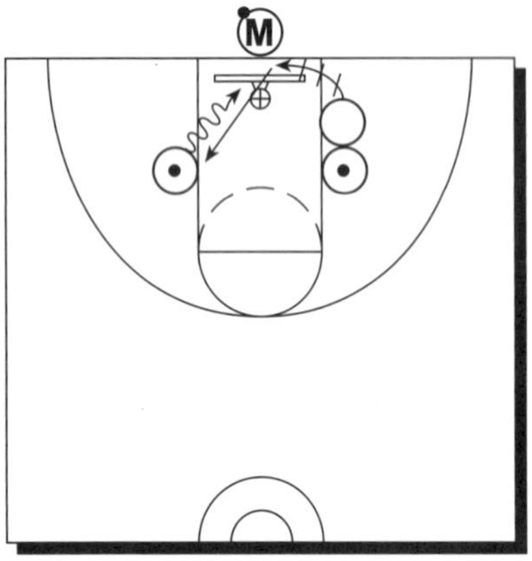

図3

図3　スーパーマンドリル。マネージャー（M）がゴール下でボールを持つ。それぞれの位置に1個ずつボールを置く。ポストマンはボールを拾ったら、ドロップステップし、右サイドなら右手でボールを持つ。そして、左サイドに移ってもう1つのボールを拾う。左側から左手でパワーショットを打つ。マネージャーはボールを元の位置に置く。そしてまた右から左へと行なう。30秒間である。ポストマンがボールを持ったら力強くボールをキープしてもらいたい。我々のチームにはダンクを打てる選手がいるが、ほとんどの選手には無理である。しかし、パワーショットなら全員打てる。それは、ボールをしっかりとキープし、とてもブロックされにくいシュートである。ディフェンスを蹴散らすことができる。このエリアでボールを持った時はあきらめないでほしい。

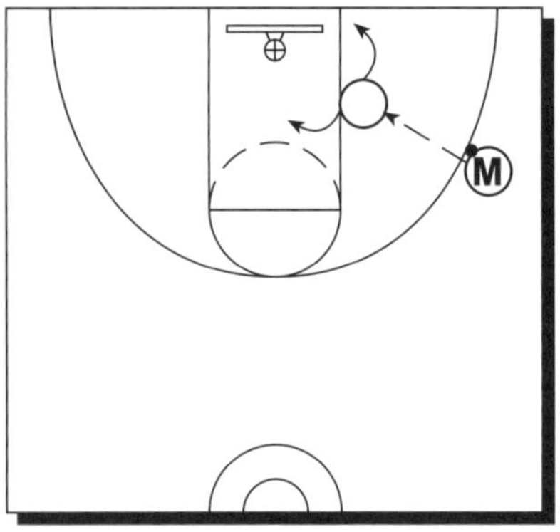

図4

図4　シューティングドリル。ローポストからのシュートがうまくなってほしい。始めに、スーパーマンドリルのように、ベースライン側へ動く。次に、ローポストからミドルレーン側へ動きを加える。重要なことは、ポストでターンしドロップステップを踏んだら、ボールを強くキープして踏み込むことである。しっかり踏ん張って力強くボールを上げること。ミドル側へ動く時は、ステップしてリングに向かわなければならない。前の足をできる限りゴールに近づけること。遠ざかってはいけない。相手選手を打ち負かすのだ。外へステップしてのフックシュートでディフェンスに追いつかせてはいけない。ボールを保護するため、肘よりも上の部分ならば使うことが許されている。しかし、肘を振り回してはならない。腕はシールする場合のみ使ってもよいのだ。私はフックシュートを教える時は、右手も左手も教えている。両方のサイドからである。それぞれの動きを30秒間続ける。

図5　カウンタームーブ。もしポストマンがミドルでフックシュートを打てなかった場合、アップ＆アンダーをする。ポストマンが右サイドのローポストにいるのであれば、右足が軸足になるはずである。軸足を決め、もう片方の足でステップを踏むこと。この時、右足を動かさずに左足でアップ＆アンダーのステップをする。基本的に、ディフェ

ンスがブロックできるほど背が高かったら、彼は本来のポジションから外れているのでアンダーができる。我々は3通りのインサイドのシュートを持つことになる。ベースラインへドロップステップ、ミドルへドロップステップ、ミドルへドロップステップしてからアップ＆アンダー、の3つである。

図5

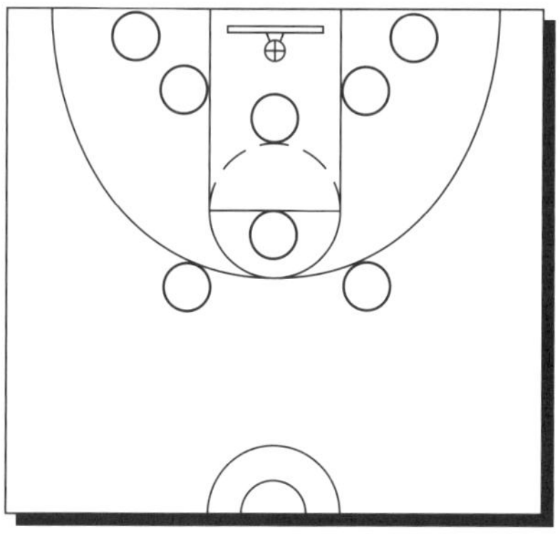

図6

図6　ミドルポストやハイポストのあたりからターンしてシュートができるようになってもらいたい。それから、ショートコーナーからも打ってもらいたい。これはこれらの場所からシュートを打つ練習である。30秒間続ける。

図7　ポストエリアとは、ショートコーナーからもう一つのショートコーナーまでのことである。この底辺での動きを30秒間ドリルで鍛えることによってポストプレーに磨きがかかるのだ。

図7

メディシンボールドリル。プレーヤーの中にはボールをキャッチすることが苦手な者もいる。我々はメディシンボールやウェイトボールを使い、パートナーとのパス練習をしている。パスは相手の鼻めがけて投げる。そうすれば集中することだろう。これも30秒間である。

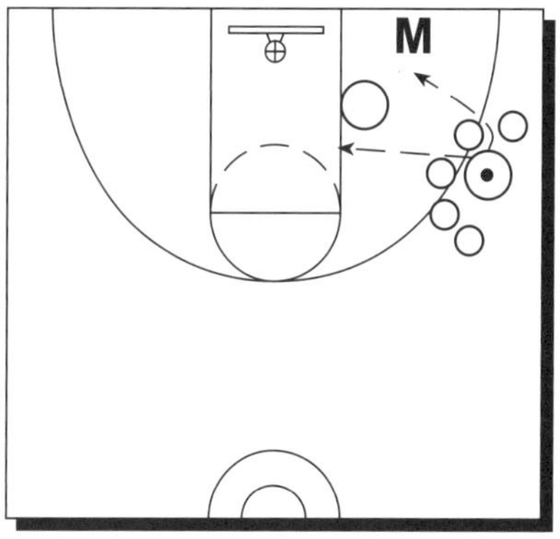

図8

図8　バッドパスドリル。マネージャー（M）が1人ベースラインに立つ。パッサーはたくさんのボールを用意しておく。そしてポストマンに悪いパスを出す。ポストマンはボールをキャッチし、ボールをマネージャーに渡す。マネージャーはそれをパッサーに返す。パスのすべてがよいものとは限らないので、我々はよくこの練習をする。それから、ファーストキャッチドリルというものもやっている。ポストマンがステップし、パッサーは速くてきついパスを出す。これによって手と目のコーディネーションが鍛えられる。

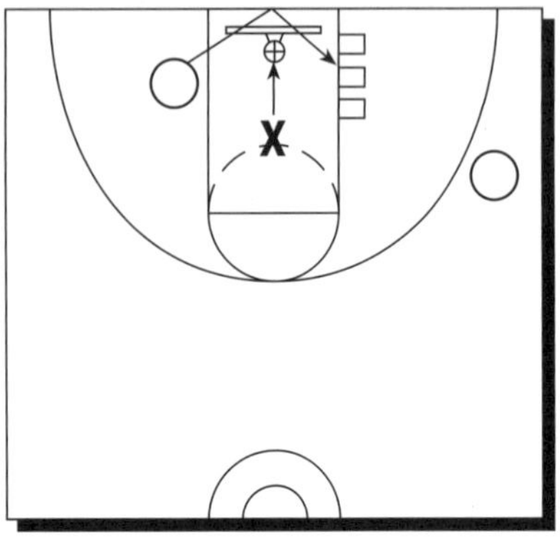

図9

図9　我々はどうしたらオープンになれるかを教えている。ポストマンがオープンになるためには2通りのやり方がある。ボールを持たずに、スクリーンを使わずに自分自身が動いてオープンになるか、それともスクリーンを利用してオープンになるか、である。ポストの位置にいれば、ディフェンスはレーンの中にいる。そしてボールはウイングにある。全員がVカットを理解している。もしディフェンスが高い位置にいたら、高い位置へVカットをしてディフェンスの位置を低くする。逆も同じ。ディフェンスの反対へステップする。

ディフェンスを読むこと。我々の目標はブロックから2番目のハッシュマークまででオープンになることである。このことを「我々の地域（Our Area）」と呼んでいる。重要なことは、Vカットをしてディフェンスを揺さぶることである。できる限り素早く動くこと。ディフェンスに対してやりたいことは2つある。1つはボールに背中を向けさせること。もう1つはボールから遠ざける方向に首を振らせること。我々はこのことを「ディフェンスの視野を奪う（Blinding the Defender）」と呼んでいる。ディフェンスにはボールが見えないはずである。ポストマンはオープンになるためにあらゆる動きが可能なのだ。このことはディフェンスがポストマンの背中にいるときも同じことが言える。ポストマンはディフェンスに対してステップアクロス、ステップスルーをすることができる。もしVカットによりディフェンスの視野を奪うことができたら、それはシュートチャンスである。

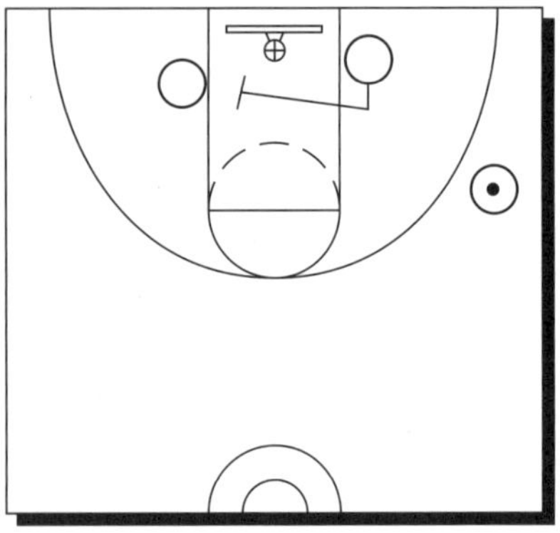

図10

図10　クロススクリーン。ポストマンにとってスクリーンを理解することは重要である。よいスクリーンをかけることができないのなら、彼は良いポストマンだとは言えない。スクリーンはオープンになるためにとても有効である。スクリーンをかけるときは素早くセットし、使うときはゆっくりと使う。スクリーンを読むこと。ディフェンスが低い位置にいれば、高い位置に移動させたい。その逆も同じである。スクリーンを使って遠ざかる時は、手を出しておくこと。なぜならパスをもらうためである。できる限りスクリーンから近い位置でボールをもらいたい。スクリーンを使い終わってから初めて手を出すのでは遅いのだ。また、相手がスイッチしてくるかこないかも理解すべきである。

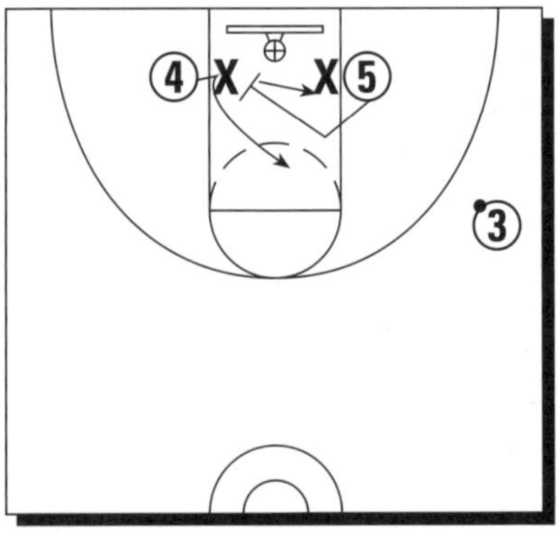

図11

図11　もしスイッチをしてきたら、必ず#4は上に上がり、ディフェンスの位置を高くしてもらいたい。そうすれば#5は

ディフェンスを背中で押さえ、＃3からボールがもらえる。

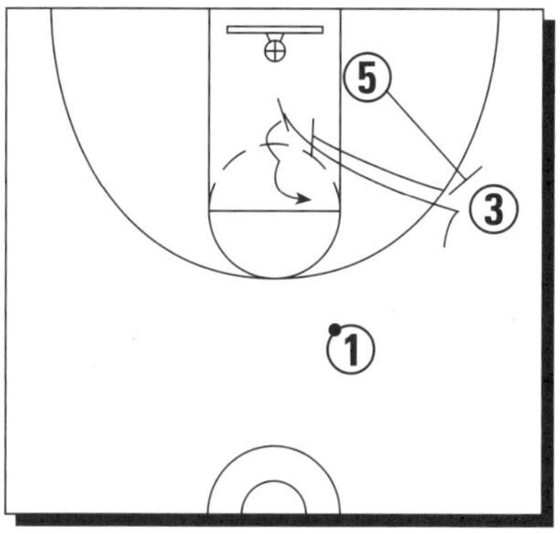

図12

図12　バックスクリーン、リスクリーン。スクリーナーは最もオープンになりやすいのである。＃5は＃3にバックスクリーンをし、＃3とゴールの間に位置する。＃3がゴールに向かってカットする。もし＃3がノーマークにならなかったら、＃5は＃3にダウンスクリーンをすればよい。

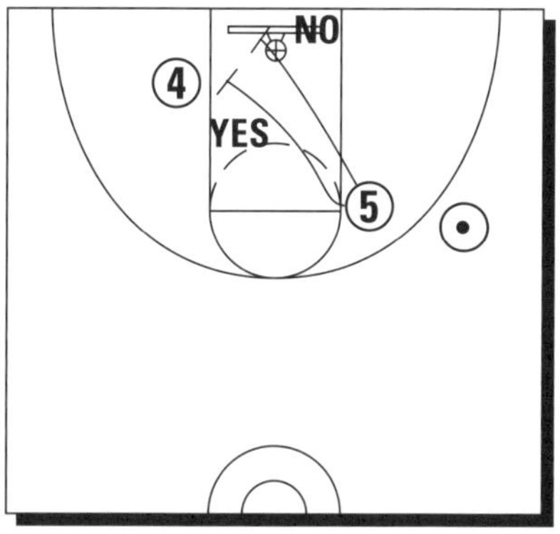

図13

図13　ダウンスクリーン。スクリナーの背中がボールに対してしっかりと見えていなければならない。そうであれば、＃4はスクリーンを使ってカットできる。

図14　ボールスクリーン。ポストマンは皆、外へ出てボールスクリーンをかける。もしスイッチされたら、ポストマンはスリップしてゴールへ向かえばよい。もしディフェンスがついてきたら、スクリーンを続けてゴールに向かってロールする。きっとあなた自身がオープンになるだろう。私はボールマンがスクリーンから離れた後のことはあまり多くを言わないが、ボールを受けるために手は準備しておくこと。

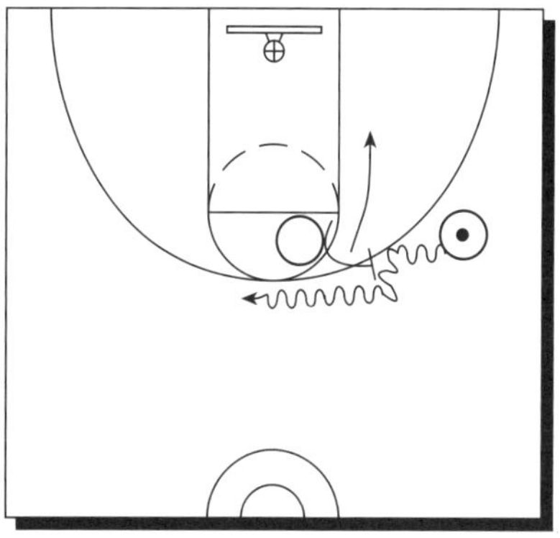

図14

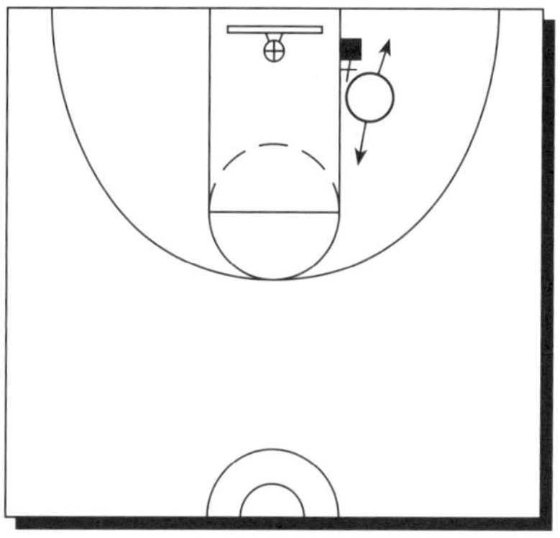

図15

図15　ブロックにいるときは、ポストマンがディフェンスをコントロールする。もしディフェンスが背中にいるならば、そこにい続ける。我々はこれを「ワーキングU（Working the U)」と呼んでいる。ディフェンスを背中に維持することを30秒間続ける。しかし、いつもディフェンスを背中に維持することができるとは限らない。ディフェンスは4つのポジション、すなわちビハインド、フロント、左右どちらかのサイドのうち一つのポジションにしかいれないのである。トップサイドからディフェンスしたときは、動けないように押し込む。

重要な要素はどちらがリードフットを出せるかである。ディフェンスがリードフットを出そうとするなら、相手の胸に肘を押しつける。これは反則ではない。腕を振ってはならない。これはディフェンスを少しでも押し出そうとしている。地に足をつけ、肘で胸を押さえ相手にプレッシャーをかける。手を挙げる。リードフットが次の問題である。これをウェッジと呼んでいる。ドロップステップをし、背後に内側へピボットする。もしディフェンスが背後にいるなら、「U」を用いる。ディフェンスがフロントにいるなら、ウェッジをしてリードフットを出す。相手が2、3歩ステップを踏んでブロックから離そうとすることによってリードフットを出そうとしても闘わない。ここではまだボールをもらってほしくない。オフェンスは1歩引いて押し込み、足を前に持ってくる。もしディフェンスが前に出てきたら、シールして押さえ、両手を見せて、パッサーはボードの角をめがけてロブパスを出す。ボールが空中にあるときに取りに行く。オフェンスファウルをしてはならない。ボールが自分の頭の上を通過するまでは動かない。通過してから取りに行く。

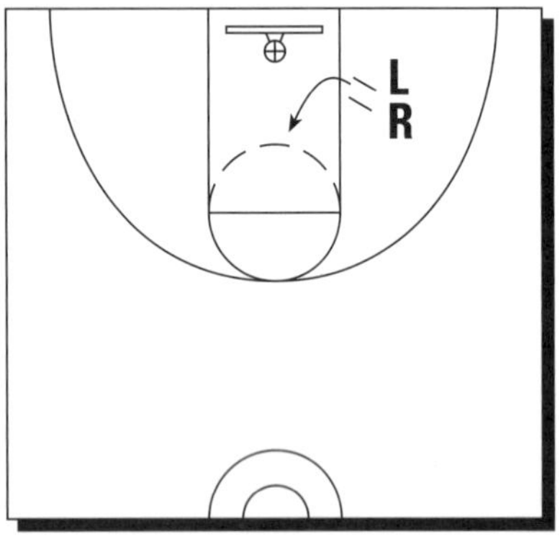

図16

図16　フェイスアップムーブ。もしも後ろにもう1人いるのならば、ゴールには向かわせずに、インサイドピボットを使うようにする。ボールをキャッチしたらインサイドピボットを踏む。こうすることで、より広いスペースができるのだ。インサイドピボットが決まれば、もう片方はアウトサイドピボットとなる。バックボードを使ってシュートをすること。この図の場合、ボードに描かれている四角形の右上の角を狙うことになる。

図17　ハイポスト。ハイポストにフラッシュし、ボールを受けたならば、どちらの足でもピボットできるようにジャンプストップで両足同時に着地することが大切だ、ということを忘れてはならない。シュートの動作から、1回ドリブルをしてほしい。しかし、2回以上のドリブルはしてはならない。そんなに時間がないからである。

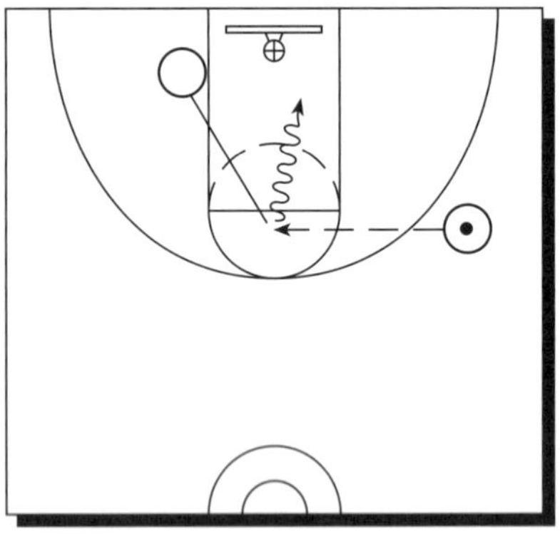

図17

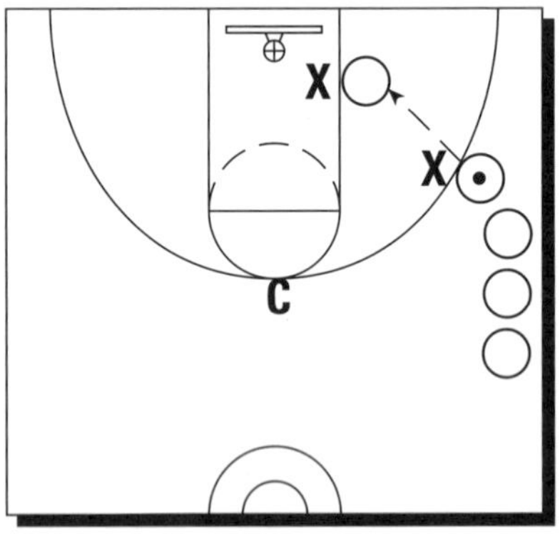

図18

図18　この練習では、ペリメーターとポストマンが一緒になって行う。パスとキャッチが1つの動きである。一緒にやることに意義がある。

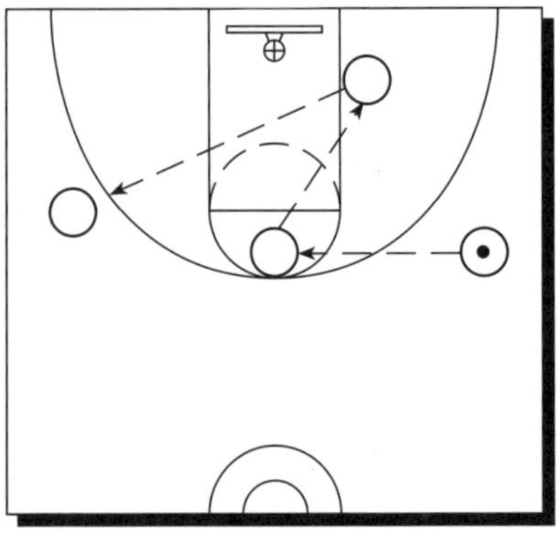

図19

図19　ハイローパスとインサイドアウトパス

の練習。もし真っ直ぐパスをするのならば、そのパスは素早くしなければいけない。ハイポストのパッサーは強くて早いパスを出す。バウンドパスであれば、少しゆっくりしたパスにする。

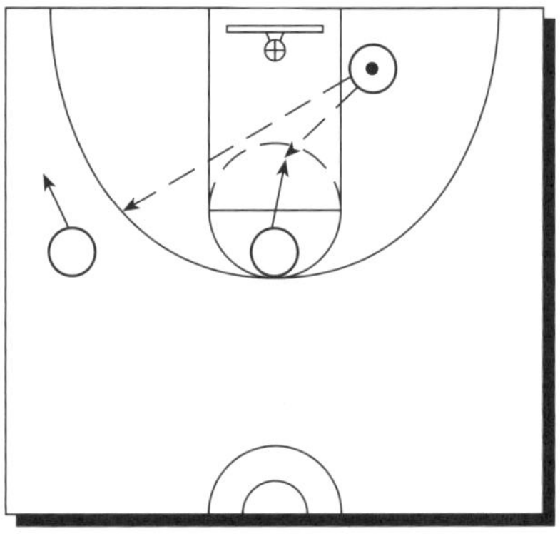

図20

図20　ウィークサイドやハイポストへのキックアウトパスの練習。このパスは特に相手がゾーンのときに役に立つ。

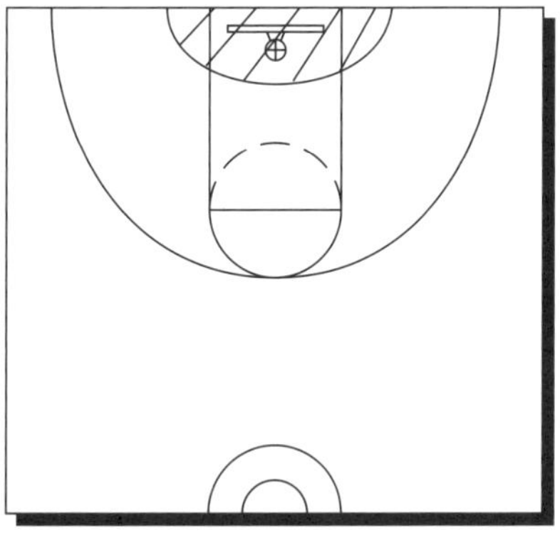

図21

図21　リバウンド。これは重要な要素である。オフェンスリバウンドを取るための要素は直感とボールを追うことである。しかし、リバウンドボールから相手を遠ざけなければならないという意識が根本的に必要だ。では、私たちはノーマルボックスアウトのポジションを教える。相手と競り合い、そこから押し出せ。

図22　そのエリア（図21参照）の外では、私たちはサイドボックスアウトを用いる。ポストマンはヘルプポジションにおり、マークマンから離れている。シュートが打たれる。マークマンに対して走り寄ることはできない。マークマンがリバウンドに入ってくるのに対して歩み寄り、腕を張って押さえその後で相手から離れ、リバウンドを取りにバスケットに向かう。

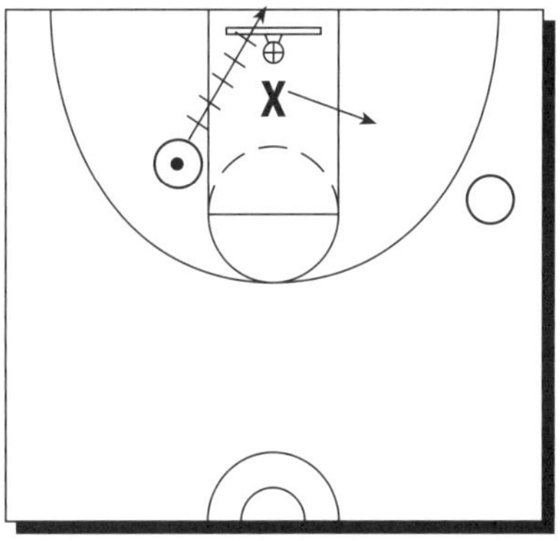

図22

Defense Wins Games
ディフェンスが勝利をもたらす

選手もファンもプレスディフェンスを好む。今日ではボールハンドリングの改善によりプレスディフェンスはより激しくなっている。プレスディフェンスにより相手チームを自分たちのテンポでプレーさせることができる。

私たちは多くのプレスを用いるが、ここでは2-2-1プレスについて話をしよう。私たちはこれをオフェンス次第で変化させることができる。

図1　選手の役割について。X1は素早く手を動かすことができ、すばしっこい相手を捕まえるのに十分に素早い、できれば背の高いプレーヤーでなくてはならない。X2は賢くなくてはならない。しかし、このポジションはあまり素早くないプレーヤーを入れるにはもってこいである。X3はトラップができ、良い判断力を持ったプレーヤーでなくてはならない。大抵このポジションの人間は最も背が高く、最も素早いフォワードである。X4は先回りできるプレーヤーでなくてはならない。彼の役目はインターセプトである。X5は司

令塔である。彼はプレスの後方の動きを指揮し、前方のプレーヤーともコミュニケーションを取らなければならない。

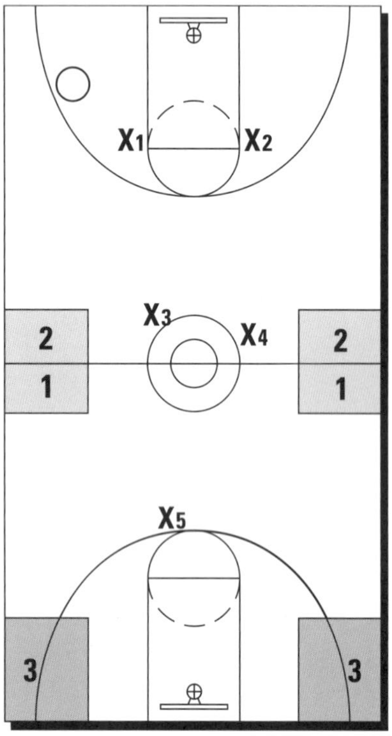

図1

次はプレーヤーの責任についてである。X1はハンズアップをし、ボールの1歩半手前でプレーをしなければならない。また、サイドラインにボールを追い込まなければならない。X1はX3とトラップし、X3はトラップするとともに、相手をおどしに出たり引いたりできなくてはならない。トラップエリアは1、2、3とする。1は最も良い場所である。なぜなら、センターラインを越えているからである。2は次に良い。そして3は3番目である。今、X1とX3がトラップしようとしている。ボールマンがエリア2でボールを止めれば私たちはそれをトラップする。しかし、エリア1でそうしたほうがなお良い。

➔図2　ボールがエリア1に入って来た時X1とX3はトラップをかける。X2はボールに対して戻り、ギャップエリアでプレーする。X4は戻ってゴールを守る、X5はサイドラインとベースラインのパスをさせない。さらにミドルへのパスをさせないことが重要である。X2はギャップエリアを通してのパスをさせない。しかし、それと同時にX1の頭越しの横パスも見ておく。おそらくX2はそのパスを獲ることができる。X2はトラップされているボールマンを見なければならないし、そのパスも予測しなくてはならない。予測はインターセプションの鍵である。

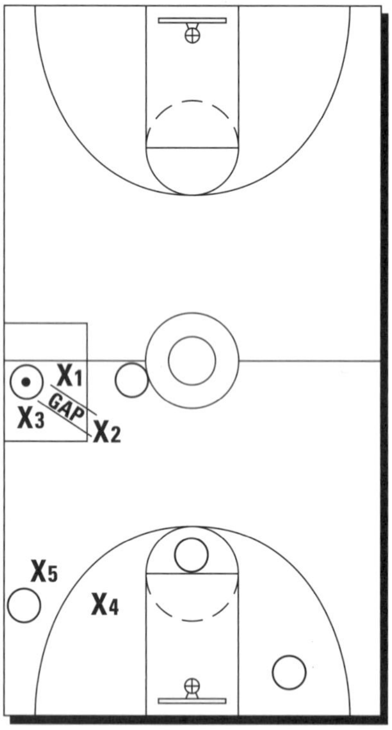

図2

➔図3　仮にボールマンがセンターライン手前でボールを止めた場合も、ディフェンスの位置関係は変わらない。それぞれ少し位置が上がるだけである。ボールマンをトラップした時、用語 "Corral-but Don't Foul"（囲え。しかしファウルはするな）を用いる。ファウルをすることによって彼らを釣り針から逃したくはない。プレスを考える上で3つの一般的考えがある。1）ボールが運ばれたらボールラインまで戻れ。2）捕まえろ。しかしファウルはしない。3）ボールをミドルに行かせない。

➔図4　2-2-1のバリエーションがある。これは「ツーストレート」と呼ばれる。X1はボールに接近し、サイドラインに追い込む。敵が上がってきたらX3はトラップをしようとする。もし、X1とX3がトラップしたら、X2とX4

はインターセプターになる。X5は戻る。このセットにおいてX2とX4はもっと自由に動く。

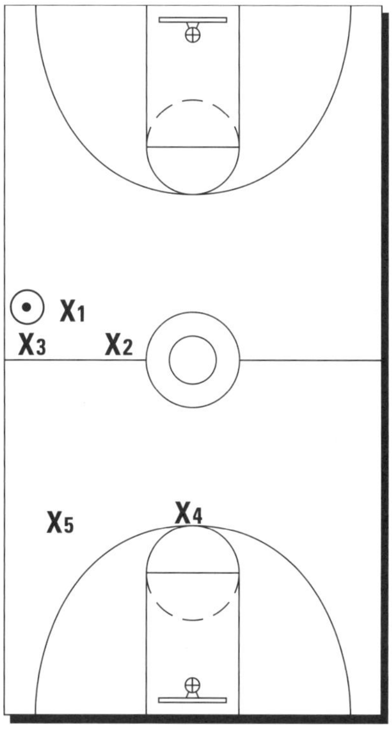

図3

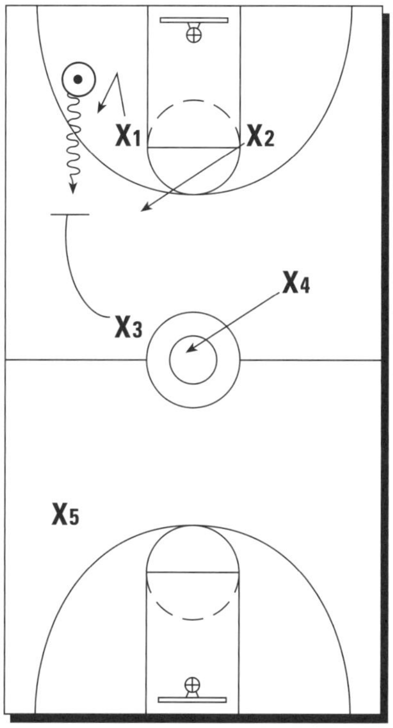

図4

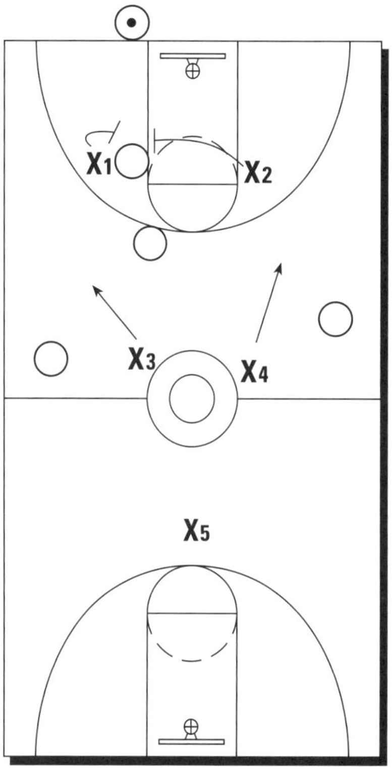

図5

図5　ツーディナイ。X1はインバウンズパスをディナイする。X2、X3、X4もまたディナイする。もしもオフェンスがタンデムにセットしてきたら、X2はX1とともにディナイする。X5は戻る。どんなスクリーンに対してもスイッチする。

図6　オフェンスが3人でスタックをしてきたらX3はX1とX2とともに上がってくる。彼らはスクリーンに対してスイッチする。X4はミドルを守り、X5は深く下がる。もしボールがインバウンズされ、我々が走ることができ、ボールより前に出ることができるならばそうする。アウトオブバウンズからの時にしかやれない。シュートイン等の後にはこれをする時間はない。

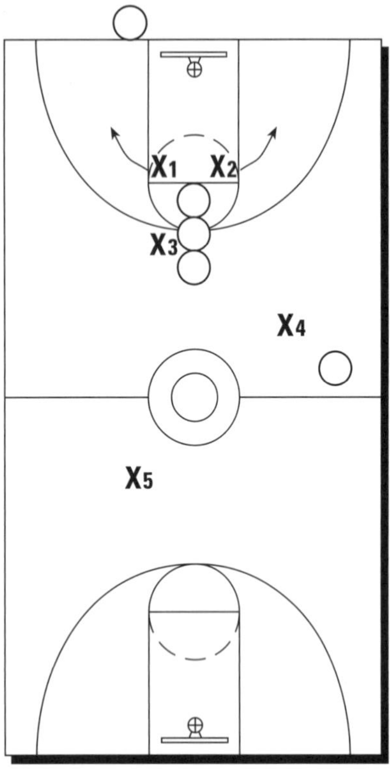

図6

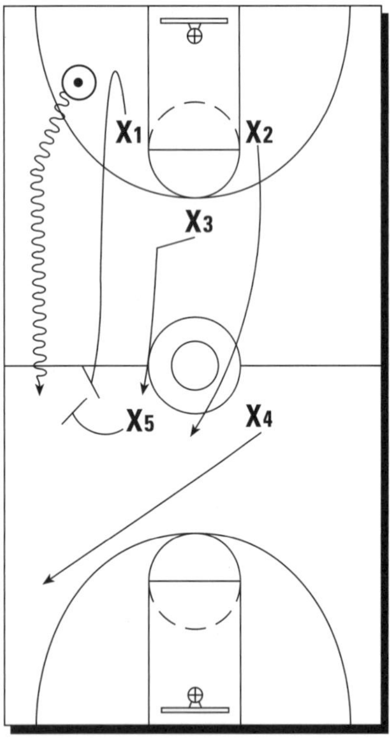

図7

➔図7　2-1-2。私たちは同様のことをこのバリエーションですることもできる。X3をミドルに置き、X4とX5は下がる。ボールをミドルに行かせず、X1とX5がトラップをし、X4は深く下がる。

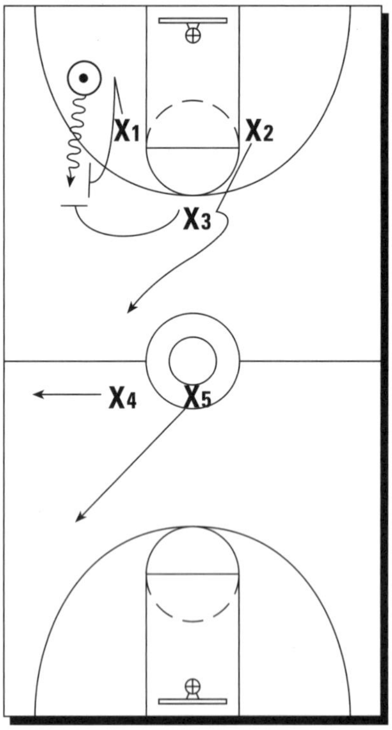

図8

➔図8　同様のことを2-1-2のディナイディフェンスと見せかけて行なうこともできる。X3はX1とトラップし、X2はボールをミドルに行かせない。ボールをミドルに行かせない作戦に問題が生じたら通常の2-1-2になる。

➔図9　ハーフラインでボールがトラップを抜け出し、コーナーに行ったらX3はボールを追い、X5とトラップをかける。X4はローポストに対しフロントでつき、X2はハイポストの位置につく。X1はギャップを守るために下がる。敵のできるパスといえば反対のウイングへのスキップパスぐらいのものである。スキップパスはディフェンスがスティールできるのに十分距離がある。これは2-2-1プレス、2-1-2プレスのどちらでも用いることができる動きである。

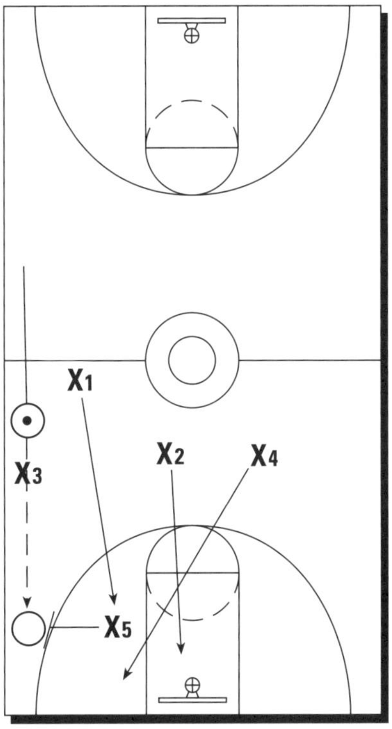

図9

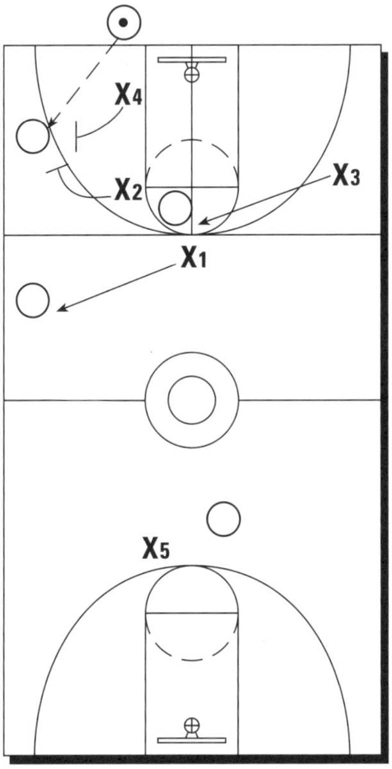

図10

図10　私たちはこれらのプレスをフルコートでも用いる。X4は最も遅いプレーヤーである。彼はインバウンズをしたプレーヤーを守る。X5は最も速いビッグマンである。X1は最も速いガード。

X4は誰がインバウンズするのであろうとそれを守り、5秒オーバータイムになるよう5秒をできるだけ速く数えプレッシャーをかける。基本的にX2、X3はどちらもそれぞれのディフェンスエリアを持つ。X2は自分のエリアに入ってきた最初の敵につき、X3も自分のエリアに入ってきた最初の敵につく。ボールをスティールしに行ってはいけない。このプレスの場合、私たちはボールをトラップエリアに追い込むようにする。しかしX2とX4は早めにトラップする。逆サイドでX3とX4が最初にトラップをかけてもよい。トラップからの抜け出す重要な2人のレシーバーがいるだろう。X1とX3はそれぞれ、自分に近いレシーバーにつく。X5は戻る。頭越しにボールをパスされたら戻る。ボールより前方に戻る。

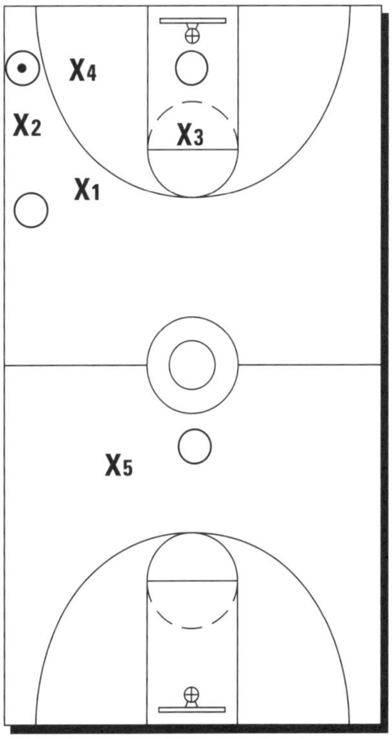

図11

図11　2人のトラッパー、2人のインターセプター、1人のセイフティーがいる。2人のプレーヤーで3人を守る。ボールはミドルに行かせない。X1はサイドラインでディナイポジションをとらない。X1はトラップと向き合い、オープンポジションで待つ。ボールマンと

の距離を十分に取り、パスをカットする。パッサーの目を見る。X3も同じことをする。しかし、彼はボールをミドルに行かせないようにしなくてはならない。

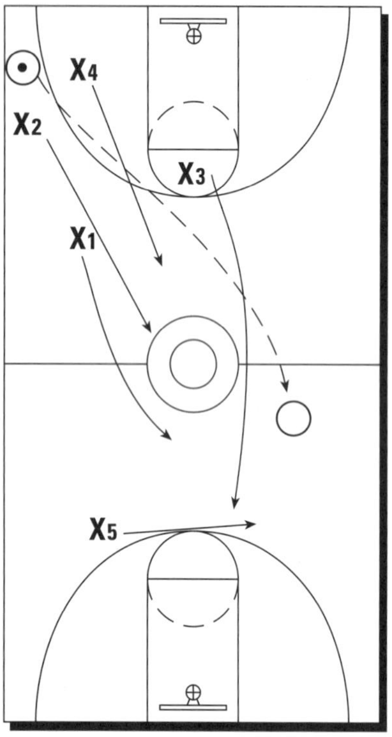

図12

図12 ボールが頭を越えたりドリブルで抜かれたりした場合はボールより先に行き、戻る。ドリブルによってトラップが破られた時にはいつでもトラッパーは走り、ドリブラーのサイドに寄る。敵は後ろからボールをチップしようとするので、このパターンを練習しておかなければならない。トラップの場合、何回かボールカットに出ようとする。しかし、インターセプトよりもリカバリーのほうをしたい。自分のチームより能力のあるチームとプレーする場合、4回か5回相手より保持回数を多くするやり方が必要となる。

私はプレスによってそれができると考えている。ボールが頭を越されたらペイントエリアまで戻り、それからマンツーマンディフェンスをしなければならないことを思い出せ。リカバーとして戻らなくてはならない。トラップした相手から長く正確なパスアウトがされた場合、トラップをかけたプレーヤーはしっかりとした仕事をしたことにはならない。ロブパスを投げさせねばならない。高いパスなら、ハッスルすればボールラインまで戻ることができる。

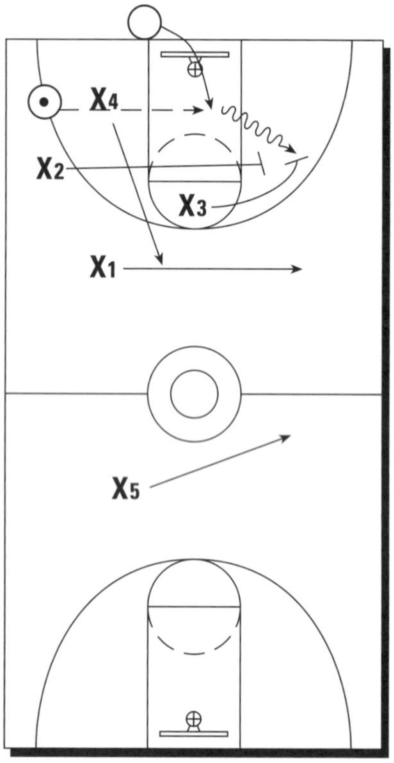

図13

図13 ボールがリバースされたら、我々はリカバーし再度トラップをかけることができるか、もしくは戻ることができる。ボールが前に出されれば、戻ったほうがよい。ボールが後ろに戻された時には私たちはトラップを続けることができる。X4はコートをクロスし再度トラップをかけることができない。速いプレーヤーを使い、トラップをX2とX3でセットすべきである。X1はまたインターセプターでもあり、ボールが動けば彼も動く。X5はボールサイドへ動く。

図14 ここに示されたエリアはそれぞれのプレスディフェンスでトラップする場所である。私たちがチームプレーをする場合、フルコート、ハーフコート、3/4コートのプレスディフェンスの準備に時間を費やさねばならない。あなたはプレーヤーにあなたが思い描く試合運びをさせなければならない。そし

て、シーズンが進むにつれプレスディフェンスは良くならなくてはならない。

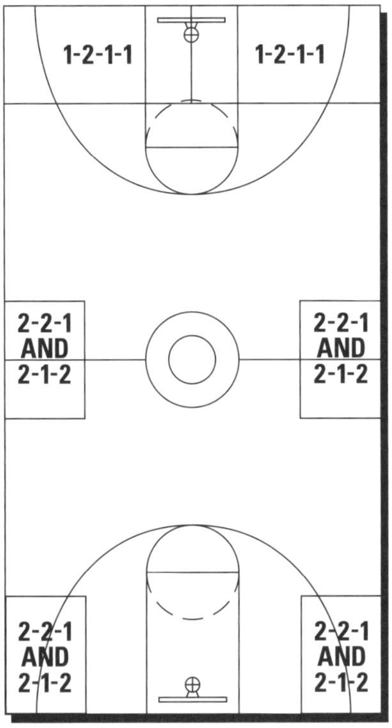

図14

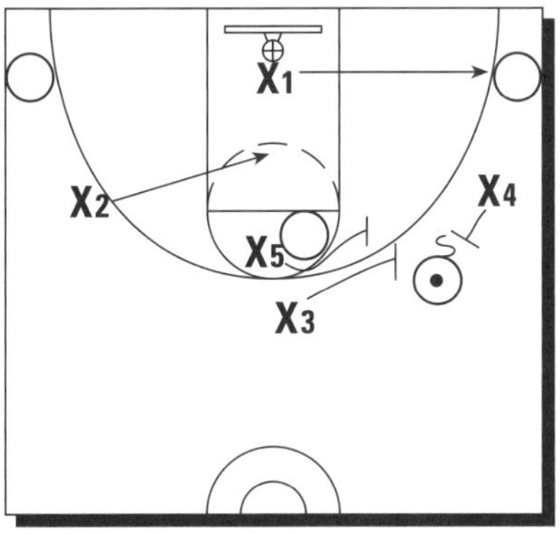

図15

図15 1-3-1ハーフコートトラップ。オフェンスは2-1-2。X3は大きいほうがよく、X1はベースライン際を素早く動けるとよい。X5はミドルを守るビッグマン、X2とX4はウイングを素早く動く。X3はガードとガードのパスライン上に立つ。X4はコーナーへのパスライン上に立つ。X2は対角を守る。私たちは3ポイントラインの2歩外からプレスを始める。X3とX4はトラップを仕掛ける。X5はハイポストに、X1はコーナーに立つ。X2がスティールすることもあるが狙う必要はない。

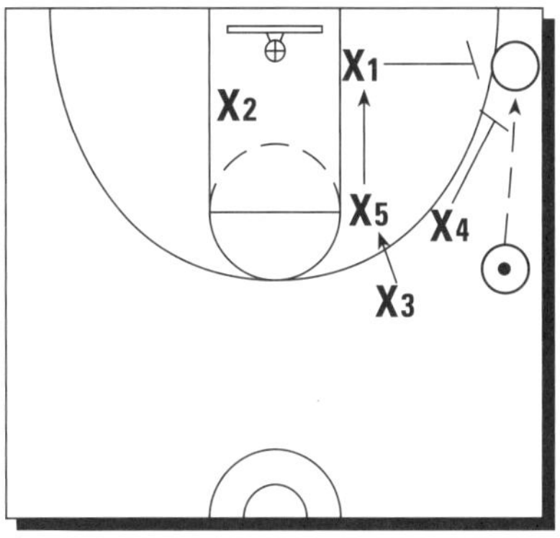

図16

図16 ボールがトラップから抜け出てコーナーに飛んだら、X4は振り向いて追いかけ、X1とトラップをかける。X5はローポストにスライドし、X3はハイポスト付近に立つ。X2は後ろ側を守る。

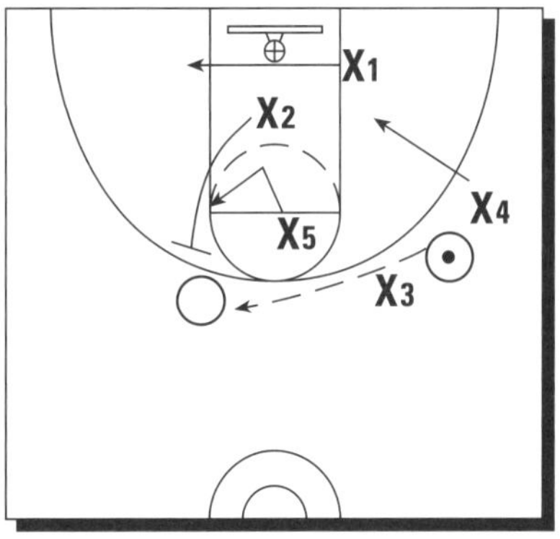

図17

図17 X3とX4がガードをトラップし、ボールがガードからガードへパスされたら、X2はX3とトラップに行く。X5はスライドでペイントエリア内を移動しハイポストを守る。X4は後ろ側を守る。X1はベースラインを移動する。

図18 最初のトラップがコーナーで行なわれた場合、X1とX4がトラップする。X5はローにスライドし、X3はハイポスト付近を守る。X2は後ろ側を守る。このディフェンスの良いところは、多くトラップでき、そしてパスコースで守れるという点である。

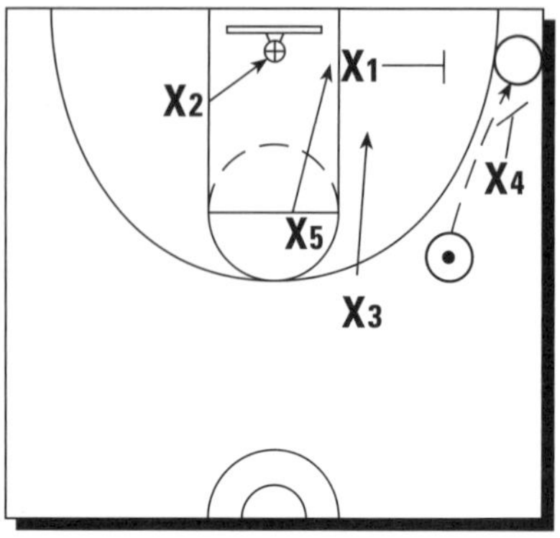

図18

練習のとき、素早くプレスするようにしている。ハーフコートオフェンスをして、ボールがネットを通過した瞬間にプレスを仕掛ける。私たちはプレスの効果を信じているし、信念を持ってやっている。たとえうまくいかなくても、続けることが大切である。試合の終盤で、マンツーマンプレスのオールスイッチをやることがある。もしすぐにファウルすることが必要であれば、マンツーマンプレスがいいと思う。シュートが落ちたら、プレスをせずに戻ってマンツーマンにする。練習ではオフェンスすることがディフェンスにつながるのである。というのは、シュートを決めればプレスを仕掛けられるからである。私たちのチームでは、練習の60%をディフェンスに費やしている。

NANCY FAHEY

ナンシー・フェーヘイ

Defense: Breakdown Drill
ディフェンスの分解練習

子供たちを相手にコーチをする場合、ディフェンスとリバウンドに特に力を入れて教えるべきである。子どもたちは何度もディフェンスやリバウンドについて質問するだろうが、しっかりと答え、彼らにそれを覚えさせなくてはならない。強いディフェンスがいるという安心感によりオフェンスも自信を持ってプレーすることができるため、強いディフェンスづくりの姿勢は大切である。

オフェンスは出入りが激しく、またチームナンバーワンのシューターが試合に出られない場合もある。このようなときにもディフェンスがいいチームであれば心理的にもタフでいられ、チームはそれほど大きく崩れることもない。そのため、オフェンスの練習をしない日はあってもディフェンスは毎日続けることの大切さを選手に教えこまなければならない。ディフェンスの重要性を理解したうえで、ディフェンスに力を入れたチームは必ず強くなれる。ディフェンスに力を入れるうえで必ずやらなくてはいけないことは、ディフェンスで活躍した人をきちんと評価することである。

ディフェンスで活躍した選手を必ずチームメイトの前で評価するべきである。試合が終わったあとにロッカールームに行き、素晴らしいプレーで相手チームの攻撃を食い止めたストッパーをいかに誇りに思っているかを選手たちに伝える。チームに入った頃には17ポイント取られていた選手が7ポイントに押さえられるようになったことなどは覚えておき､そのことを他の選手の前で評価するようにする。また、選手が好プレーしたときには新聞やその他のメディア上で評価したり、選手の両親に、いかに彼らの息子や娘が素晴らしいプレーをしたのかを伝えるようにする。選手がいいプレーをしたときには必ず、なるべく多くの人の前で評価をして欲しい。

オフェンスについて教える場合には、全体的なことから教えた後に、部分的なことを教える。ディフェンスの場合にはオフェンスの場合とはまったく逆で、部分的なことを教えた後に、全体的なことを教える。最も大事なのことの一つは、選手が常にボールの位置を知っておくことである。シェルドリルをやっていて、バックサイドでの守りは完璧なのにオウンサイドの守りができない選手は結構多い。そのような場面を見かけたらホイッスルを吹き、その選手に彼女がマークすべき相手選手につくように指示をする。

「でも、彼女はボールを持っていないですよ」と選手は言うかもしれないが、ボールのある場所だけで守っていてはいけない。練習を見ていてバックサイドにばかりいる選手がいるようであれば、そこでドリルを中断したほうがよい。そして教えてやる。バックサイドのディフェンスはペイント内でポジションをとるのだと。

得点はボールのある場所から生まれる。決してボールから目を離さないことが最も重要なことである。

ディフェンスにもコミュニケーションをとることが大切であるが、コミュニケーションのための特別なドリルがある。

「足が先、手が後」と私は選手に説明しているように、まず足でボールに追いつくことで、始めて手で相手ボールをスチールすることができるのである。また、私は選手にバックドアカットの練習をさせている。あらかじめ決めておいた位置に行くのではなく、状況に合わせて違った位置に行き守ることで、相手チームのオフェンス力を弱めることができる。進んでコートの中央に入る、ボールのあるところに飛び込んでいく、チャージを恐れないようなプレーが大事である。

私はこれまでに一度マスドリルを試したことがある。まず、選手はフロアに散らばる。私がボールをフロアに落とすと同時に、選手たちは「ボール」と叫びながらフロアにダイブし、すぐに立ち上がり元の位置に戻ることを繰り返し行なう。チャージについても同様、私が「チャージ」と叫ぶと同時に選手はフロアに倒れるということを繰り返させた。この練習は女子選手には特に必要な練習である。この練習をすることで、試合中に突き飛ばされたときに審判員にアピールすることができる。

また、私たちのチームではカバーに入った選手をカバーするという練習に力を入れている。1人の選手が抜かれたときには他の選手がカバーに入るが、その際に必ずカバーに入った選手をカバーするようなシステムを作っておくことが大切である。そして、私たちが最も力を入れているのはリバウンドである。

以下、私たちのチームで行っているドリルについて紹介する。ドリルのうちのいくつかはシーズン開始後すぐ、いくつかはシーズン後半に行なうものである。

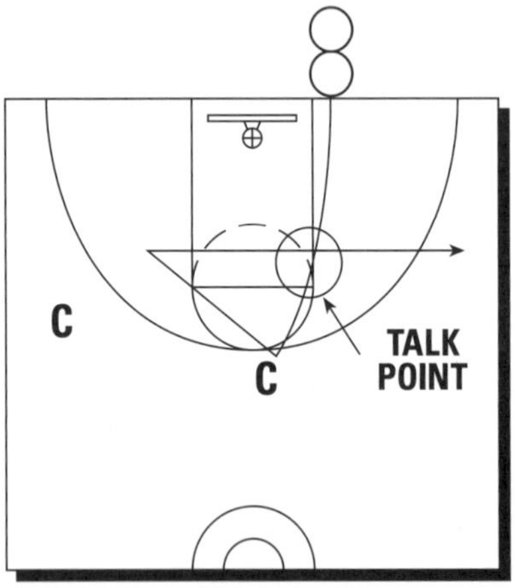

図1

図1　「ディポール」。ボールは使わない。コミュニケーションだけのドリル。ベースラインからトップにいるコーチのところまで走る。ヘルプサイドのとき指先は上げておく。私はティッピングディフェンス（ハンズアップしてボールを引っ掛けるディフェンス）がしたいのである。ボールに近づくにつれ、手を下げていく。ボールがドリブルされたらいつでも指先を落とす。だからプレーヤーがコーチに近づくにつれその手は下げ始め、足はハーキーステップする。それからドロップステップし、スライドバックでもう1人のコーチのほうへ向かい、さらにスライドステップでミドルへ向かう。次のプレーヤーがすでにスタートしているのでミドルで衝突しないようにコミュニケーションが必要になる。このドリルを行っている時、ゴール下で順番を待っているプレーヤーに精神的にドリルに集中させておかなければならない。どんなドリルでも実際にドリルを行なっているプレーヤーに指示を叫び続けることによって、順番を待っているプレーヤーも参加していることが重要である。もしシュートが打たれたら、「シュート」と叫ぶなど。チーム全体を練習に参加させていなければいけない。常にテンションを高く維持させておく必要がある。

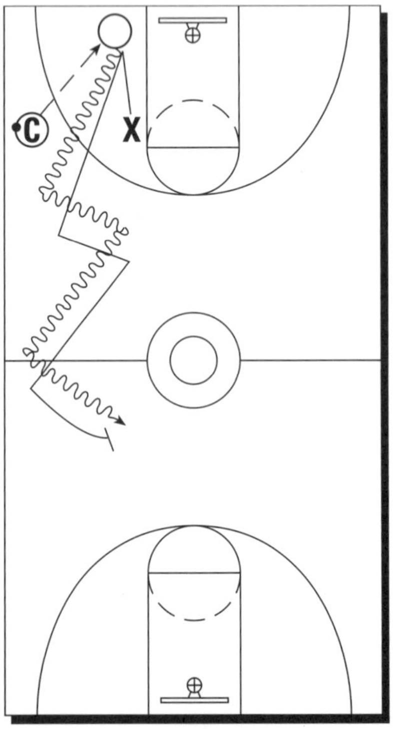

図2

図2　ジグザグドリル。この練習にはクローズアウトも含まれている。細かいステ

ップを刻んでオフェンスをコントロールしたい。これは1対1のドリルである。オフェンスに向かってロブボールを入れるところから始める。これによってディフェンスはオフェンスの側まで行ってクローズアウトする。これは何通りかの方法で行なう。ときどきパンツの裾をつかんで足の動きを強調するといったディフェンスを見かける。しかしこのドリルは最初の1週間までである。

ゲーム中にオフェンスがコートをジグザグに攻めあがっていくのを見たことがあるだろうか。めったに起こらないのである。ただオフェンスにハーフコートまでに2回方向を変えさせるディフェンスをしたい。そしてそれから1対1を行なう。バリエーションとしては笛を用いるものがあるだろう。笛を吹いたらオフェンスはボールを拾い上げ、ピボットをしてボールをキープする。ディフェンスは「デッド」と声を出しながらボールに対して当たる。次の笛でドリルを続ける。

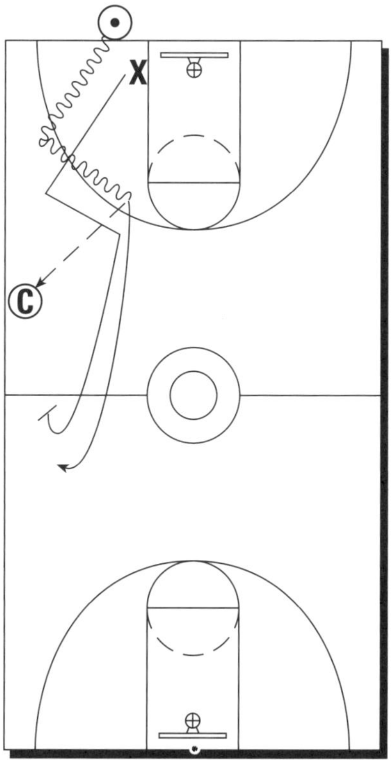

図3

図3　もう一つのバリエーション。コーチはハーフコートに立ち、オフェンスはそこにパスを出す。ディフェンスはヘッドスナップ（顔をボールに向ける）をしてボールを見つけ、ジャンプトゥーザ・ボールし、オフェンスにディナイしながら進む。オフェンスはボールを取りに戻ってきて、そこから1対1を始める。

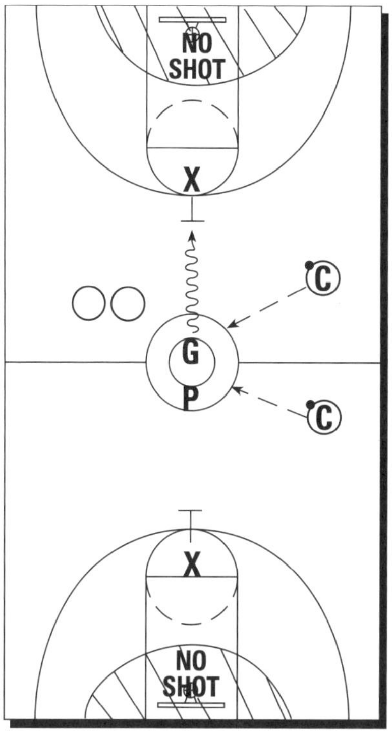

図4

図4　次にインサイドプレーヤーを片側のエンドライン、ガードをもう片側のエンドラインに分けて1対1を行なう。レイアップシュートはさせたくない。コーチがパスをするところから始める。図で示されたエリアでのシュートはさせてはいけない。

図5　ボールをサイドライン側に押し寄せていくディフェンスをしたい。そしてサイドラインに着いたらオフェンスとディフェンスを入れ替える。

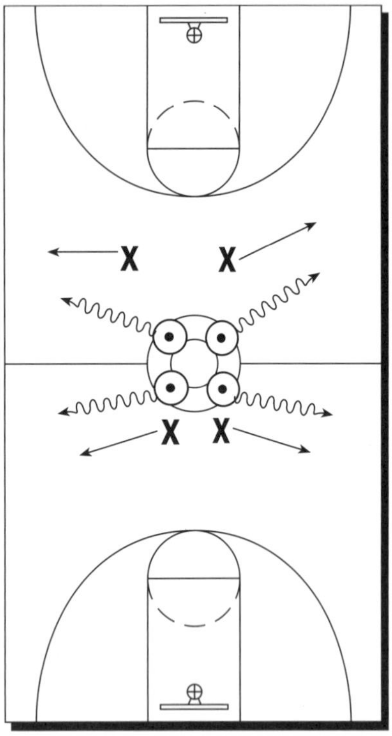

図5

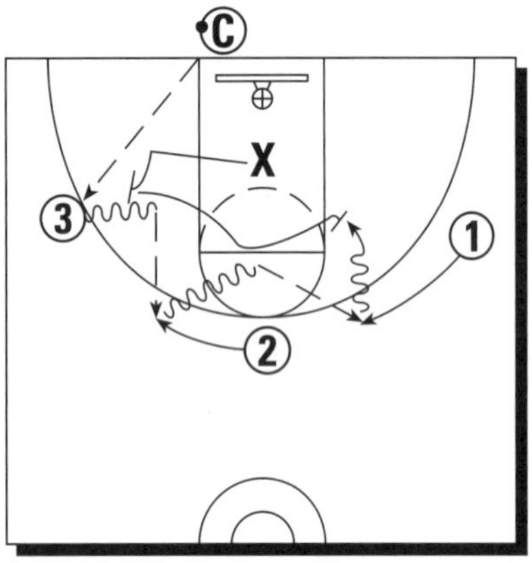

図6

図6　クローズアウトドリル。ディフェンスはペイントエリアの中心で、ゴール下の指先を立てているコーチに背を向けて立つ。コーチは3ポイントライン上のプレーヤーに誰でもいいのでパスを出す。ディフェンスはクローズアウトする。クローズアウトされた＃3は強くゴールへ向かってドライブする。ディフェンスはそれを止め、＃2は後ろからカールして＃3からのパスを受ける。ディフェンスは今度は＃2についてリカバーして、クローズアウトする。同じようにドライブした後、＃2は＃1にパスを出す。ディフェンスはディフェンスポジションを調節して＃1にクローズアウトする。3回目はそこから1対1を行なう。

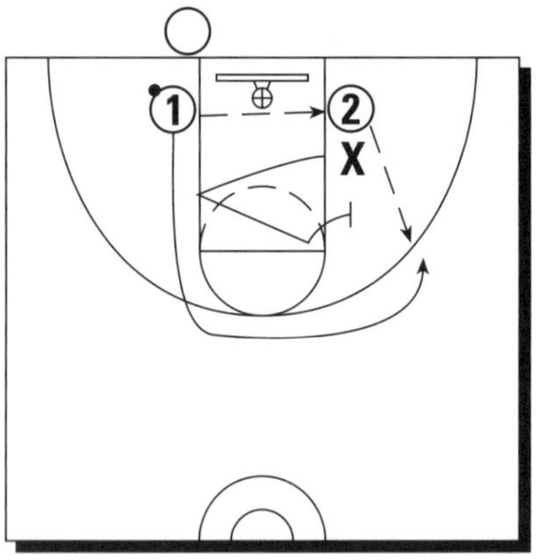

図7

図7　クローズアウトドリルをもう一つ。＃1が＃2にパスを出し、＃1はペリメーターに沿ってカールする。＃2はパスを＃1に戻す。ディフェンスはレーンを横切り、タッチをして＃1にクローズアウトする。

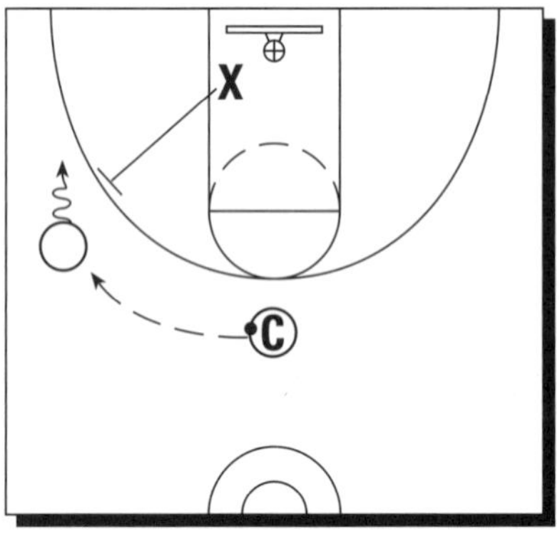

図8

図8　私たちのチームの誰が鈍く、攻撃的でないかを相手に知られていないことがある。だからプレーヤーを常に攻撃的にするドリルをしたい。コーチがオフェンスにパスを出す。このプレーヤーはどちらの方向でもよいが3、4回しか3ポイントラインの外でドリブルすることができない。ドライブはなし。ディフェンスは「ボール」という声を出す。この時ディフェンスはドライブされないことを知っている。笛を鳴らすと、オフェンスはボールを止め、ディフェンスは「デッド」と声を出す。

次の笛で、ボールをコーチに戻す。ディフェンスは「パス」と声を出さなくてはならない。しかしボールが投げられたら、パスは空中にあることをチームメイトに明確に知らせねばならない。

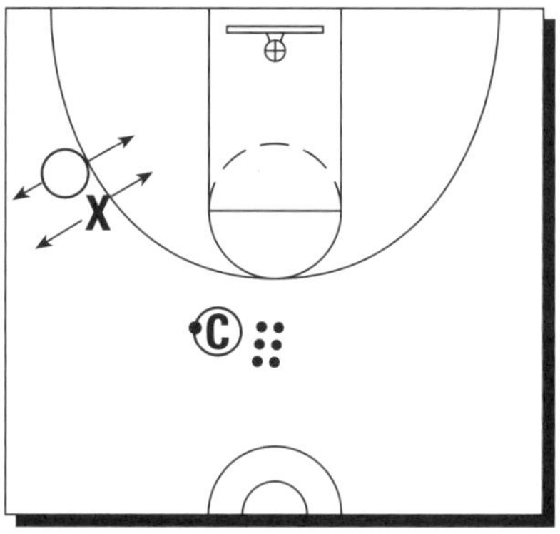

図9

図9　ウイングのディナイ。ウイングのディナイをする。教える時には高いほうの足を先に動かすように教える。オフェンスが動いた時、先に動くのは高いほうの足である。バックドアの時も同じことが言える。ディフェンスは後ろ足を先に動かすのである。もし反対の足を動かせば、それは何にもならない。ディフェンスが突っ込んでボールを取れるとは考えていない。ボールを叩き付けることを望んでいる。それがこのドリルで行なうことのすべてである。コーチはボールを2つ以上使ってどんどんパスを出す。ディフェンスがボールを叩き付けるとすぐに次のパスを出す。オフェンスは外へ出たり、中へ入ったりを繰り返す。

図10　2対2ドリル。これはフルコートのヘルプとリカバーのドリルである。コーチは＃1へパスを出す。X1はクローズアウトしミドルへドライブさせる。X2はヘルプサイドで、ミドルで守る。ルールとしてはもう1人のオフェンスはボールマンよりも後ろにいて、＃1が止まった時に前線へパスが出ないようにすることである。パスを後ろへ出させるようにしなくてはならない。

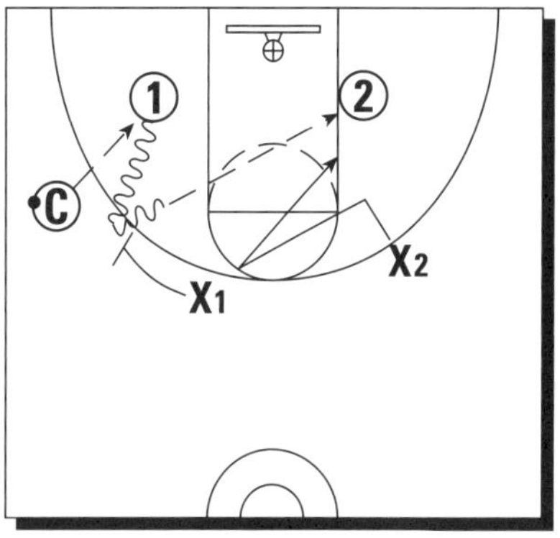

図10

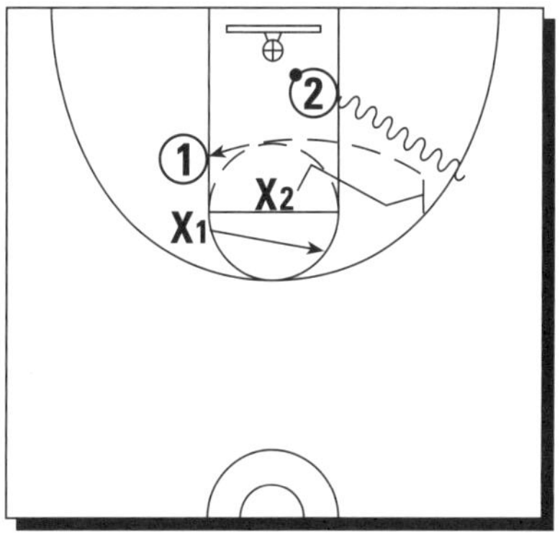

図11

図11　#2はもう一度切り抜けようとするが、X2に止められ戻らされる。2は1へバックパスを戻す。フルコートでこれを続ける。

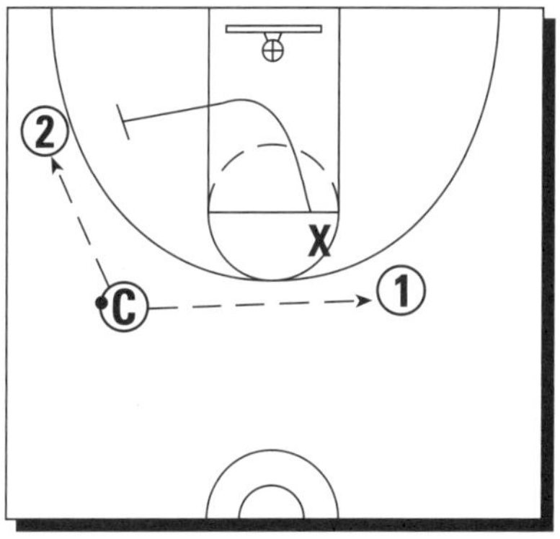

図12

図12　コンビネーションドリル。コーチはボールを2つ持っておく。そしてオフェンスは2人、ディフェンスは1人である。＃1へのパスの時パスを叩き落とす。そしてコーナーへのパスが出されるので、ディフェンスはすぐに頑張って#2のディフェンスをする。

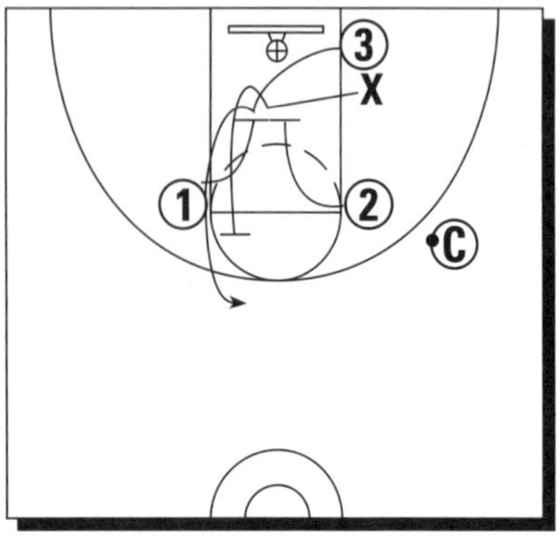

図13

図13　3対3。我々は多くのダブルスクリーンやスタガースクリーンを見かける。このディフェンスの方法を「カボーシング」と呼ぶのだが、これは電車のようなものである。ディフェンスはスクリーンを使うオフェンスの後ろにぴったりとついていく。オフェンスを「カボース」する（後ろをついていく）。コーチがボールを持つ。＃1と＃2が＃3のためにダブルスクリーンへ行く。＃3がスクリーンを使う時、ディフェンスはすぐ後ろにくっついて行く。そうすればスクリーンにかかることはない。

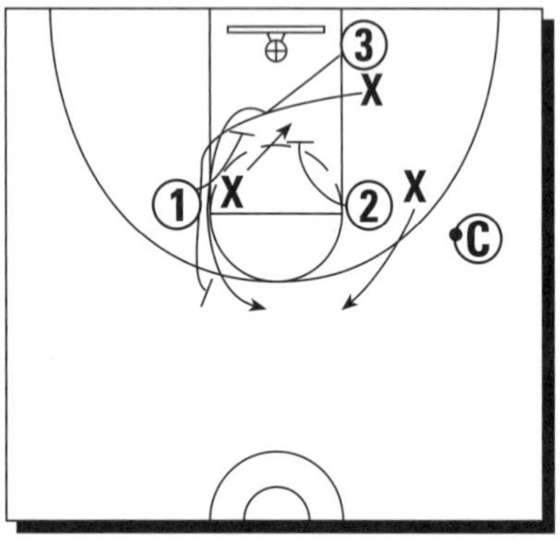

図14

図14　またヘルプも必要である。＃3が出てくる時、ボールに近いほうのポストマンがヘジテーションする。＃1のディフェンダーはポジションを落として＃2がバックドアに行くのをカバーする。

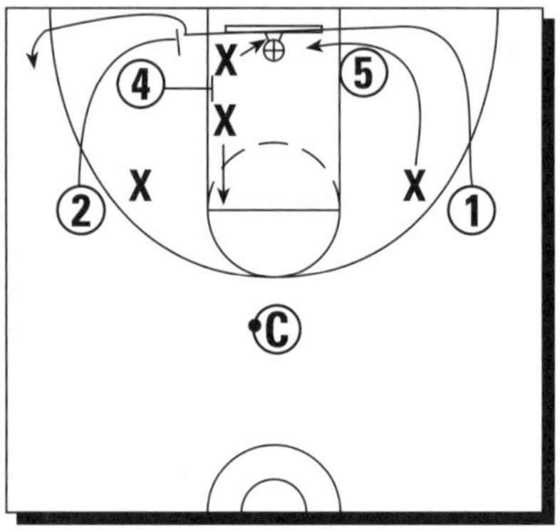

図15

図15　＃1と＃2はガード、＃4と＃5はポストマンである。コーチはトップでボールを持つ。＃2は下りてきて＃4とダブルスクリーンをかける。＃1は＃5と＃2、＃4のスクリーンを使う。＃1のディフェンダーはカボースする。＃2のディフェンダーは＃1の通り道に一歩出て邪魔をし＃1をスローダウンさせる。＃4のディフェンダーはハイポストに向かって上がってフラッシュカットされないようにする。

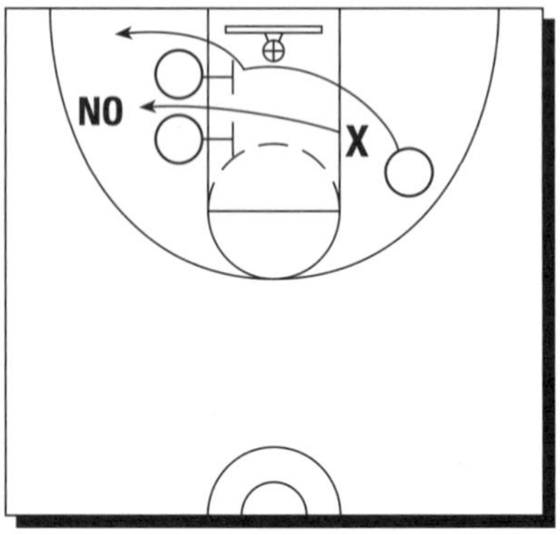

図16

図16　ダブルスクリーンの間を割ることはできない。

図17　シェル4対3。ディフェンスのいないオフェンスにボールを出す。ディフェンスはゾーンをしているわけではない。マンツーマンの3対3であるから、ディフェンスされていない人がドライブすれば、ローテーションしてそれを止め、ヘルプした人をヘルプしなくてはならない。全員がローテーションする

ことになる。ドライブする前に30秒パスを回すとよいだろう。

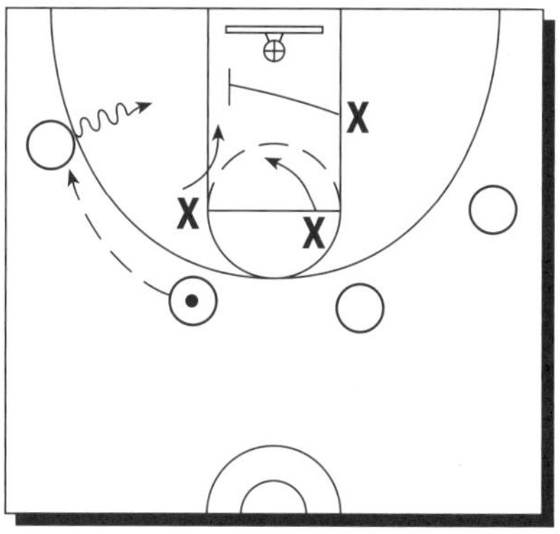

図17

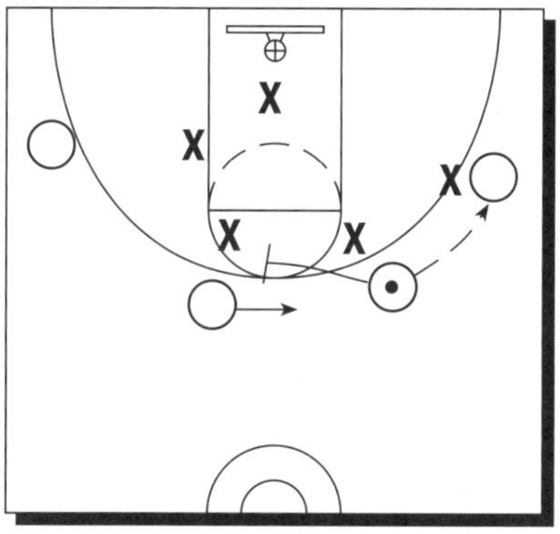

図18

➔図18　シェル4対4。パスをしたら必ず逆サイドヘスクリーンに行く。

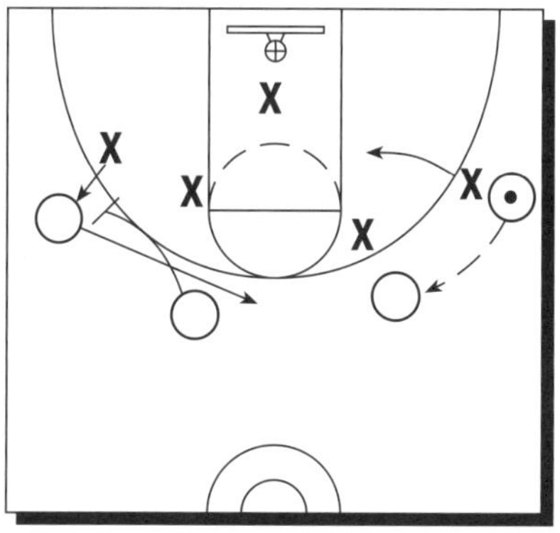

図19

➔図19　4対4シェル。パスを戻したら、ウイークサイドでスクリーンをする。いつ裏をつく動きがあるのか、いつディフェンスが裏をつかれたのかを見ていなければならない。変化のないシェルドリルをしないこと。ヘルプサイドにいる時は指先を上げてペイント内まで下がることを常に頭に入れておかねばならない。

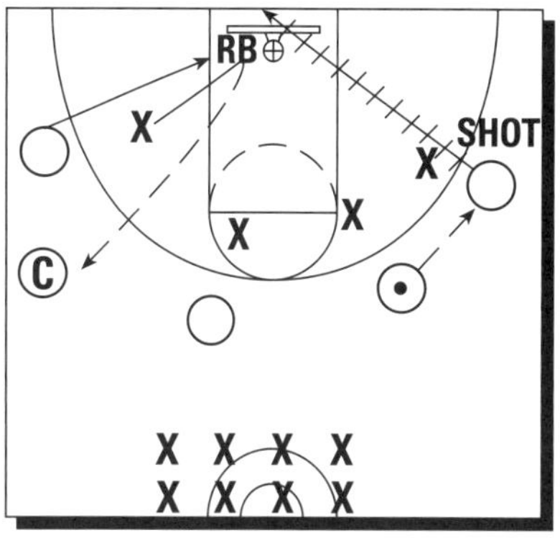

図20

➔図20　4人の組を4つつくる。このドリルはグループ入れ替えドリルであり、入れ替えの時、中断しないようにする。順番を待つプレーヤーは待っている間にそれをまず考え、用意しなくてはならない。ウイングにボールをパスし、シュートする。リバウンドをしてコーチにパスアウトする。そしてディフェンスは交代し、オフェンスがディフェンスに入り、次の組がオフェンスに入る。プレーヤーはすぐに次への切替えができなければならない。プレーヤーはコミュニケーションを取らなくてはならない。シーズンの最初にこのドリルを始める時、私はわざわざ練習を止めて新人に説明することはしない。彼らにはただ上級生の後について行なうようにというだけである。練習を止めることはしたくない。並んで待っている時、プレーヤーは常にお互いで話し合い、コミュニケーションを取り、分からない者には説明をしてやらねばならない。互いに助け合うことが重要なのである。

➔図21　スイッチとチェンジ。指示が「スイッチ」であるならそれはハーフコートドリル、「チェンジ」であるならオールコートドリルである。このコールがされた時、オフェンスはディフェンスに、またディフェンスはオフェンスになる。ただし、自分を守っていた人間を守ってはならない。すべてのマッチアップが変わるようにしなくてはならない。コールはボールがゴール下にない時にするか、もしくはオフェンスがボールを拾い上げ、シュートをしようとする時にすればよい。プレーヤーは本当にコミュニケーションを取らなくてはならない。次にチャージをコールする。新たなオフェンスの組を一度ペイント内に入らせてから、オールコートへと動くことができるようにする。再度強調しておくと、レイアップシュートはされてはいけない。

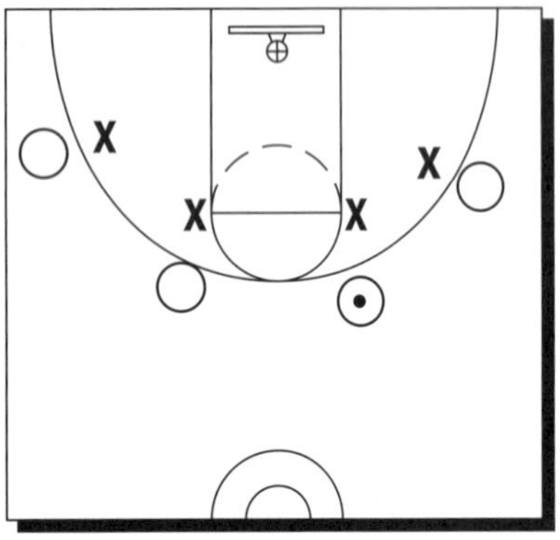

図21

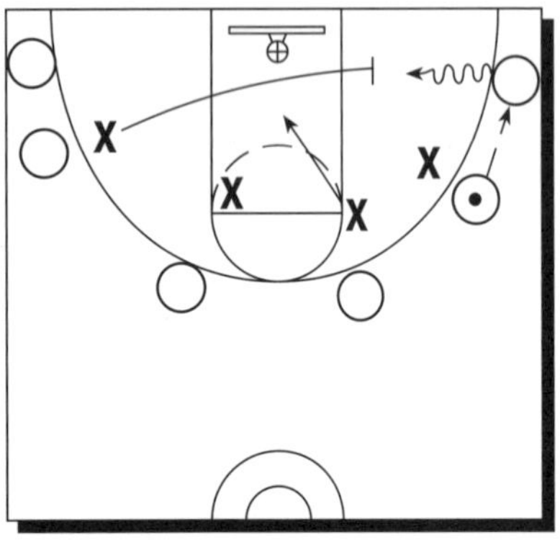

図22

図22　6対4シェルディフェンス。コーナーのオフェンスは守らない。ボールがコーナーへ入った時は逆サイドのプレーヤーがそれにつく。

図23　4対4、ヘルパーのヘルプ。ドリブラーについているプレーヤーが抜かれてしまったとき、ボールはその隣のプレーヤーではなく、ヘルプサイドのプレーヤーが止めなくてはならない。そしてもう1人のヘルプサイドのプレーヤーがさらにそのヘルプを行なう。抜かれたプレーヤーは「ヘルプ」と声を出す。

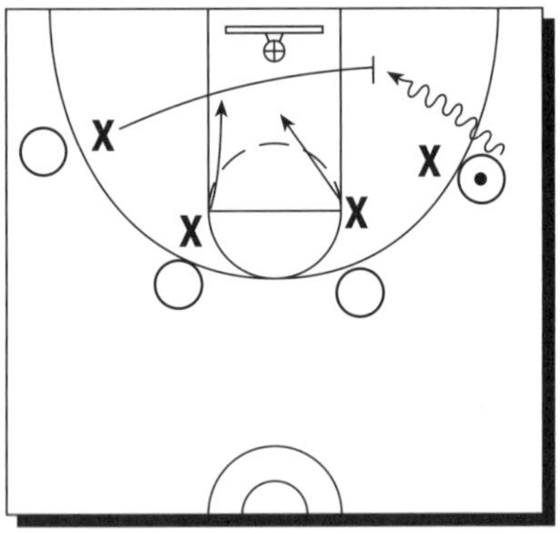

図23

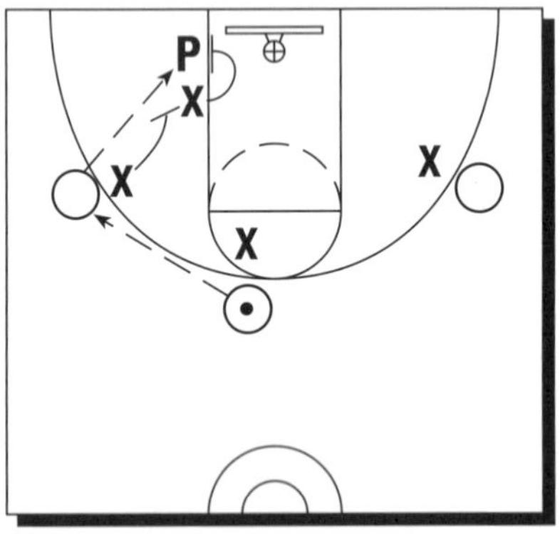

図24

図24　ポストを加える。インサイドはどのようにヘルプすればよいだろう。誰がヘルプをすればいいのか。ボールがインサイドに入ったら、ウイングのディフェンスがターンして下がってヘルプをする。

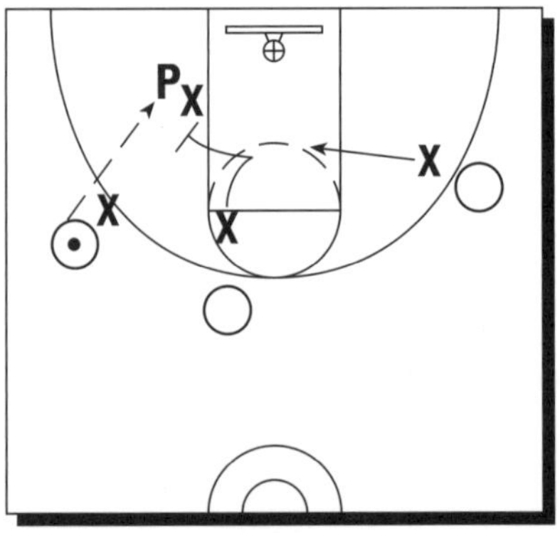

図25

図25　もしウイングのプレーヤーがよいシューターである場合には、インサイドへ

のヘルプにトップのディフェンダーが行くようにすればよい。

次はリバウンドである。最初のコンタクトは前腕部分で行なう。シュートが放たれたらまず前腕部分を相手に当てる。すぐにボールに向かってターンをしない。そしてボールを取りに動き始める。このとき相手をブロックしており、両手を上に上げた状態である。ペリメーターで守っている時には、オフェンスを押さえるのであってターンはしない。3ポイントシューターをブロックして、もし彼らが倒れるようなことがあれば、ファウルを宣告される恐れがあるからである。前腕で動きをチェックするだけでよい。

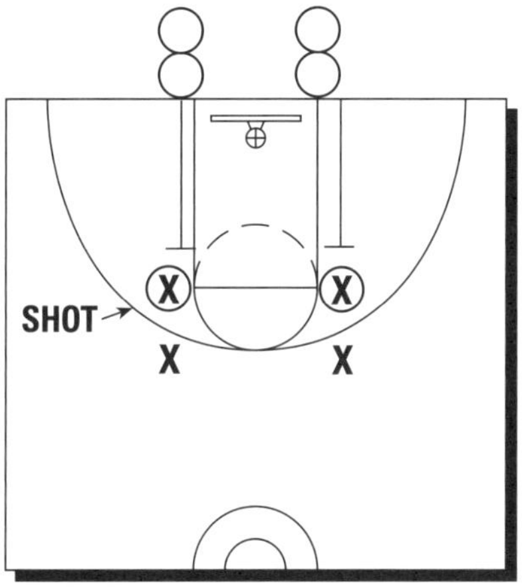

図26

図26　ボールをパスし、シュートする。どんなことが起こってもそれはミスとみなす。ボックスアウト2対2である。誰もがボールを持てばシュートをする。シュートが入ればオフェンスのラインの後ろにつき、シュートが落ちればディフェンスのラインの後ろにつく。オフェンスの好きなプレーヤーはオフェンスをしたいものだ。

Transition and Quick Hitters
トランジションとクイックヒッター

トランジションバスケットボールができるようになれば、大きな違いが生まれてくる。走っていれば、コーチはエースプレーヤーを止めることはできない。相手チームが5対5できたらシューターを抑えられてしまうが、走れれば、そのディフェンスの能力は制限される。私はチームが走るのを好むが、少しコントロールしたかった。少々コントロールされたランニングバスケットが我々のスタイルである。それは案外簡単なことで、＃2は片側を、＃3はその逆サイド。こうすると混乱がない。さらに慣れてくると柔軟性が出てくる。そのレベルアップは早い時もあるし、ゆっくりの時もあるだろう。

私は常に「まず走れ」とプレーヤーに話す。練習の始めには走ることを強調したドリルをまず組み入れる。走ってパスを受けてシュートを打ちたいのであれば、これを練習したほうがよい。そして私はこれを競争の形式で行なう。練習はこれらのトランジションドリルから常に入る。

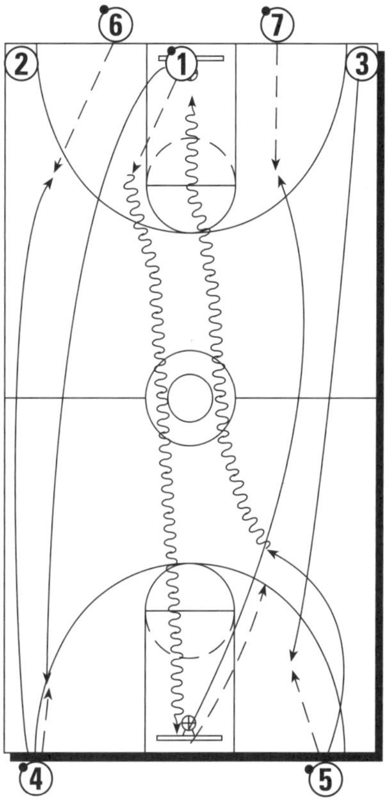

図1

図1　＃1、＃4、＃5、＃6、＃7がボールを持っている。＃1はボールを＃2にパスし、＃2の後ろ側をまわる。＃2はそのまま走ってレイアップ。＃1は右側、＃3は左側を走り、それぞれ＃4、＃5からパスを受ける。これで＃1、＃2、＃3がシュートを打つことになる。次に＃2は自分でリバウンドをして別の方向にいる＃4、＃5とともにバックする。レイアップは1点、

3ポイントシュートは2点、ミドルシュートは1点とする。私のチームでは3分間に75点を目標にしている。プレーヤーは自分のスコアを声に出さねばならない。

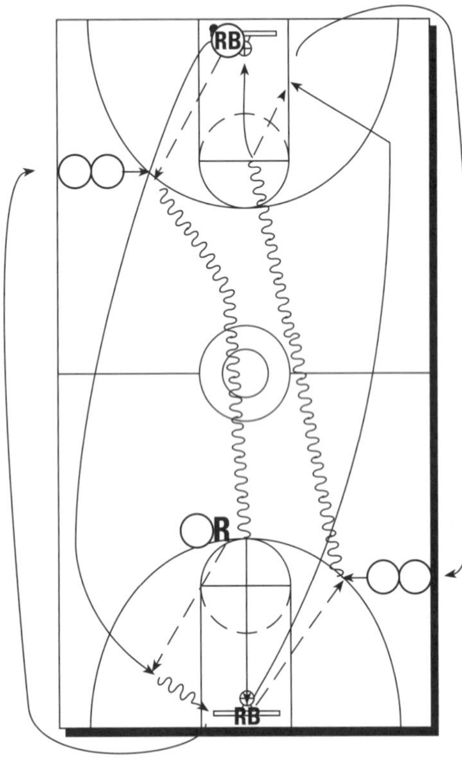

図2

図2　2分32本イン。リバウンドをして、アウトレットパスを出す。ミドル方向へドライブしてボールを運び、リバウンドをしたプレーヤーはまわって走る。何かボールケースのようなものを床において、充分に広く走らせるようにすればよい。ドリブラーはリバウンダーにレイアップのパスをする。そしてドリブラーがリバウンドをとり、アウトレットパスを出し、逆方向へ走る。シューターはターンし走って戻ってスタートしたコートのサイドラインに待っている列の一番後ろにつく。2分間に32本のレイアップを決めたい。ボールは同時に2個使う。またこのドリルをジャンプシュートのドリルとしてもよい。しかしその時シュートへいく人間には、ペイント内に戻らせてから別方向へスタートさせなければならない。

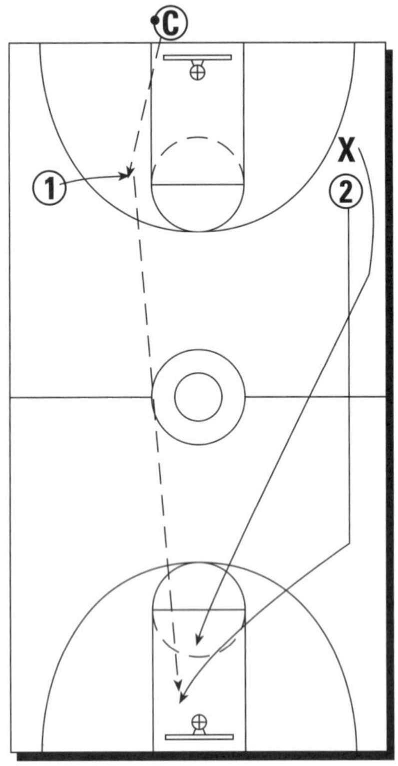

図3

図3　チェイスレイアップドリル。コーチがポイントガードにパスを出す。ディフェンス、オフェンス1組が逆サイドで待っている。ポイントガードはカールしてボールをもらう。ポイントガードはサイドラインに背を向けてスタートし、そのパスが入るやいなや、逆サイドの両方のプレーヤーもスタートする。＃1はミドルへドリブルしてボールを運び、ディフェンスに追われている＃2へパスを出す。そのタイミングは＃2がレイアップへ行くことができるくらいである。そしてすぐに次の組をスタートさせる。

図4　次にもう1人加える。＃2、＃3は両方ともオフェンスで、＃2は走りきってしまい、＃3はその後をついていく形になる。初めのカットがディフェンスに止められたら、＃3がフリーでレイアップにいくことができる。＃1は＃2、＃3どちらにパスを出してもよい。

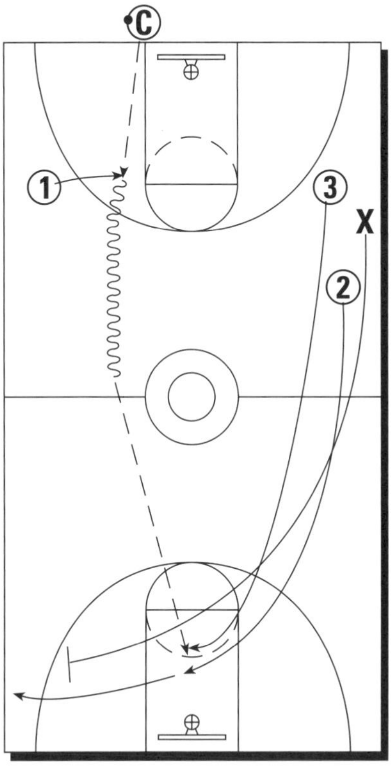

図4

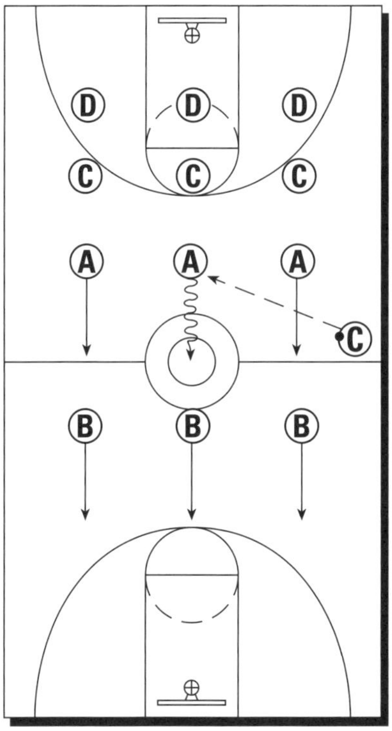

図5

図5　できる限りゲームライクな練習をしたいので、私は3対2や2対1という練習は多く行なわない。これを「3対3タッチ」と呼ぶ。コーチはAの誰かにパスを出す。Bはディフェンス。これは3対3である。シュートを決めるか、ミスをするかしたらBは交代し、Aがディフェンスする。

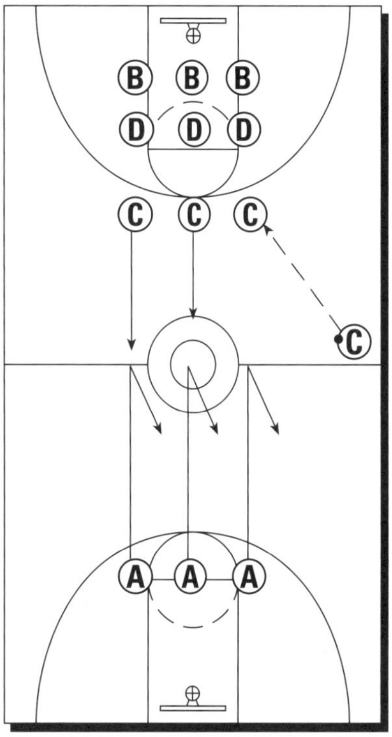

図6

図6　Aはセンターラインに触ってからディフェンスしなくてはならない。コーチはCの誰かにパスを出す。コーチはパスを次の組に出すタイミングによってドリルの意図を調整することができる。ディフェンスのプレーヤーは自分のつくプレーヤーの名前を3度言わなくてはならない。

図7　トランジションはアウトレットから始まる。#4が素早くボール出しをする。その時#4はエンドラインに近すぎるところからスローインしない。#1はフリースローラインくらいまでカールしてボールをもらう。それよりエンドライン近くには来てはいけない。#2は3ポイントシューターである。#2は右側のサイドラインを上がる、その時肩越しにコートの中を見ておく。なぜならもし#1が近くのプレーヤーにパスできれば、#2に直接パスが行くからだ。それがなくても、#2はスポットアップしてボールを呼ぶ。#3、

＃5はもう片方のラインを上がる。先にスタートした方が先に行けばよい。

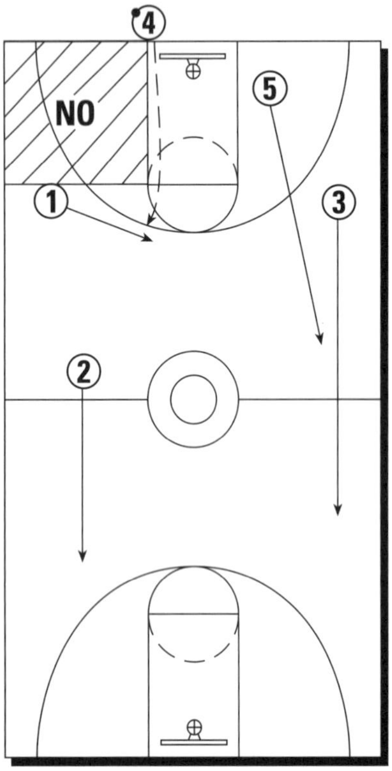

図7

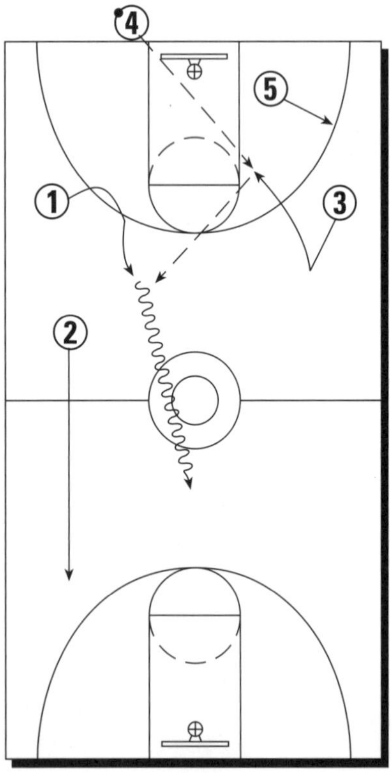

図8

図8　＃3はディフェンスが＃1のカールについて来て、ボールが入るのを妨げた時のために、ボールを見ておき帰ってくる準備をしておくことが望ましい。その場合＃4は＃3へパスを出し、さらに＃3はミドルにいる＃1へボールを渡す。

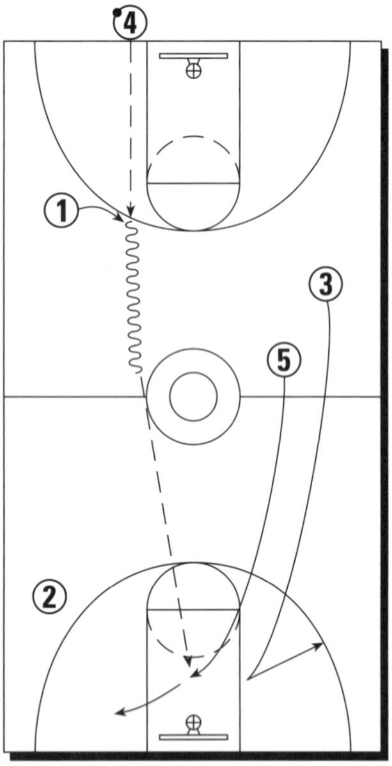

図9

図9　＃1はパスをもらったら、ミドルへボールを運ぶ。＃5が一番先にいるプレーヤーのとき、＃1はタイミングを計って＃5にパスを出し、＃5がレイアップに行くことができるようにする。＃5へはペリメーターの中でパスを出すようにする。＃3と＃5の間にはスペースがあるはずである。＃3はストップしてウイングへ帰ってくる。＃5はパスがもらえなかったら走りきってしまう。

図10　＃5がパスをもらえなかった時、＃3がシュートパスを受ける。特に＃3が充分なシュートエリアを持っていない場合は、＃2がそれを行なう。＃2にはいつでもシュートを打ってよいという指示を与えておく。

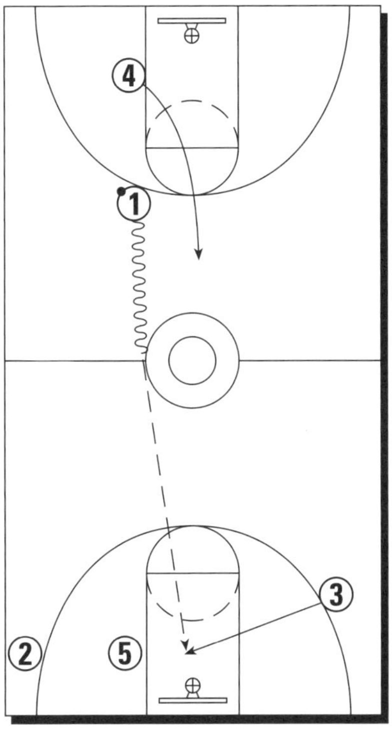

図10

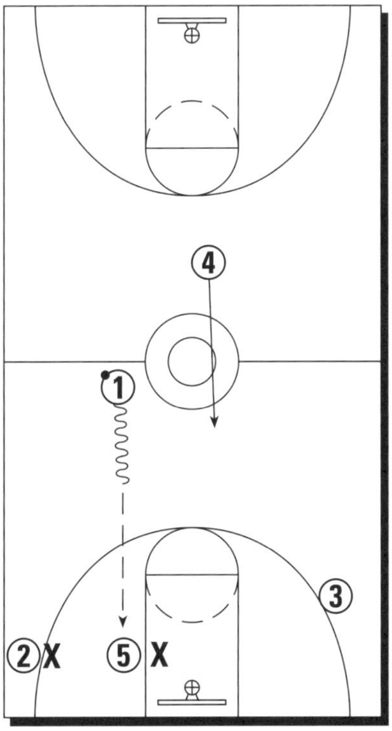

図11

図11　#2のシュートが何度か決まれば、#2はマークされるであろう。そうすれば#5が隔離されインサイドでの1対1ができる。

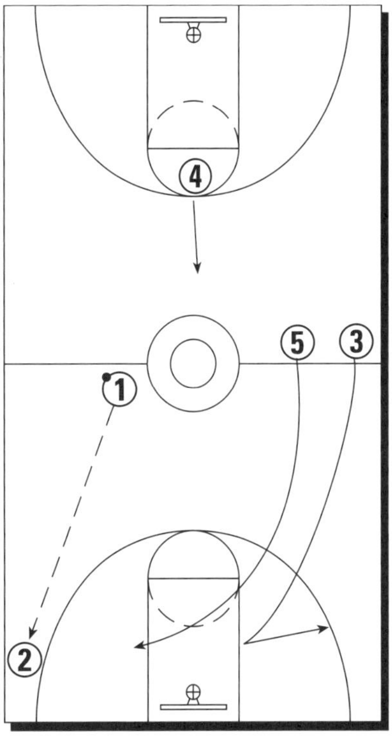

図12

図12　#1が前線の#2へパスを出した時、#5はボールサイドのローポストにポジションをとる。そして#3はフレアしてペリメーターで待つ。これはそのプレーヤーの特徴によって調整できる。

このトランジションで何もできなかったとしよう。#2がボールを持っていて、#4が#1のスクリーンを使うと、4アウト、1インの状態にある。#5が前を押さえられたとすると、ハイポストの#4にボールを戻して、#5の裏にボールを入れたい。#2から#4を経由して#5である。ディフェンスがミドルに多くいるようであれば、#4は#3へパスできるであろう。

図13　#2がオーバープレーされた場合、#2はミドルカットをして、#1はウイングへドリブルする。#4が#2のバックスクリーンを使い、#5は外へ開く。

図14　#1は#2へパスを戻す。そのとき#4は#5のバックスクリーンをかけにコーナーへ行く。ボールの動きは#1から#2、そして#4。

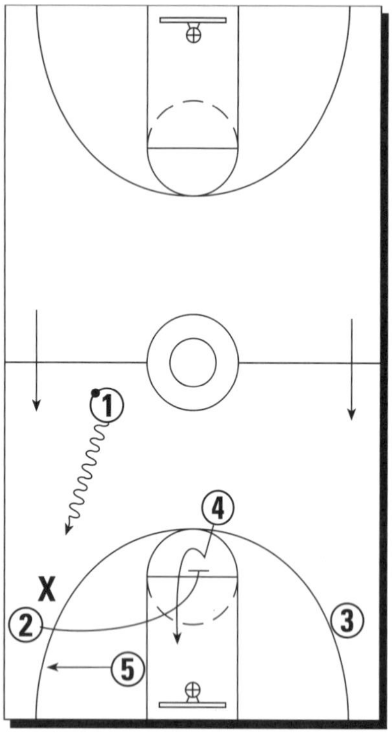

図13

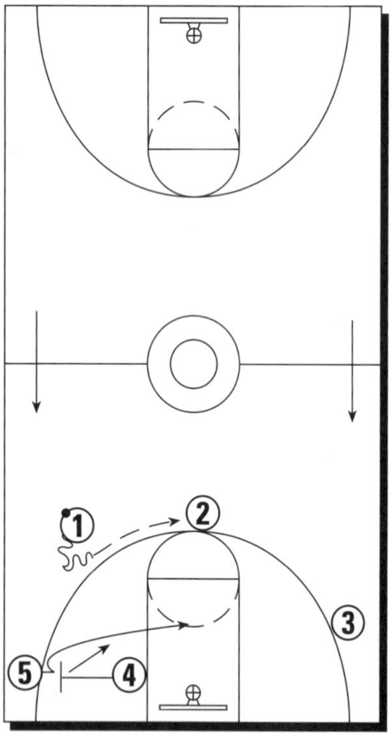

図14

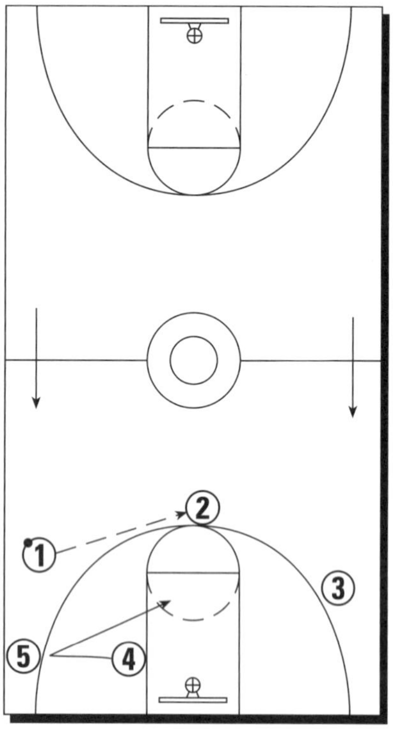

図15

図15　プッシュ。これはカウンターである。＃4がステップアウトして＃5へスクリーンに行くと見せかけ、ロールしてミドルにポジションをとる。

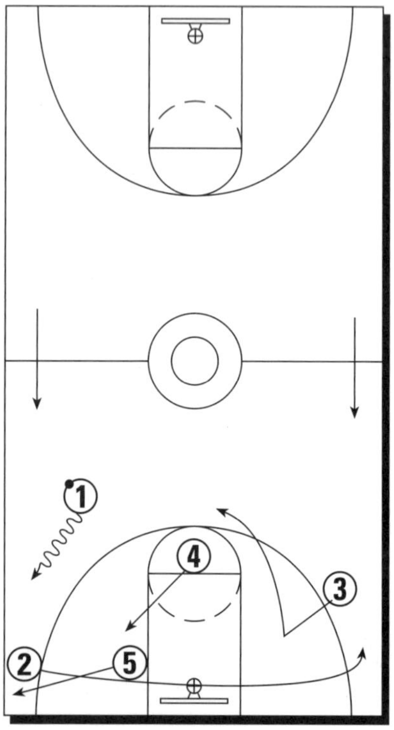

図16

図16　コーナー。これは＃2を逆サイドのコーナーへ送るためのもう1つの方法であ

る。#3がリプレイスして、#4がローポストでポジションをとる。

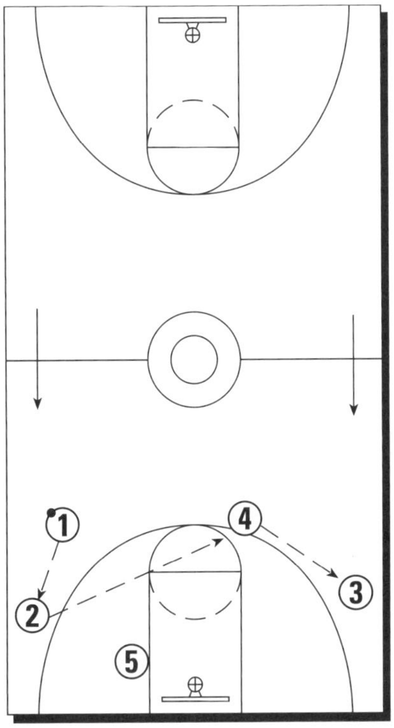

図17

図17 相手がゾーンの場合、同じセットから素早いボールの展開をする。そこからゾーンオフェンスに入る。

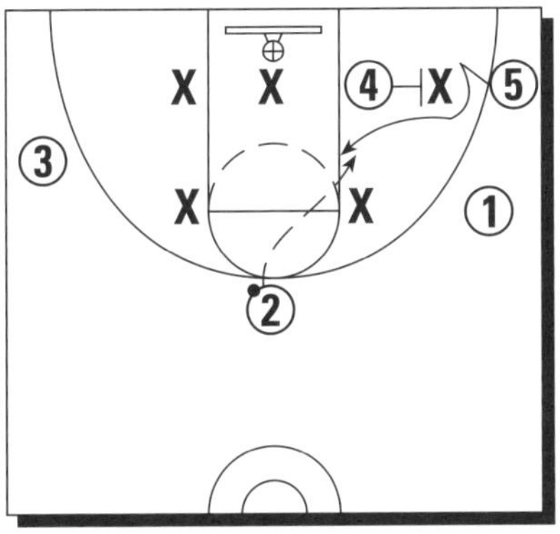

図18

図18 ゾーンオフェンスということを除けばこれは図13と同じである。#2がボールを持ってトップに立ち、#4がアウトサイドのディフェンスにスクリーンに行き、#5がミドルに入る。

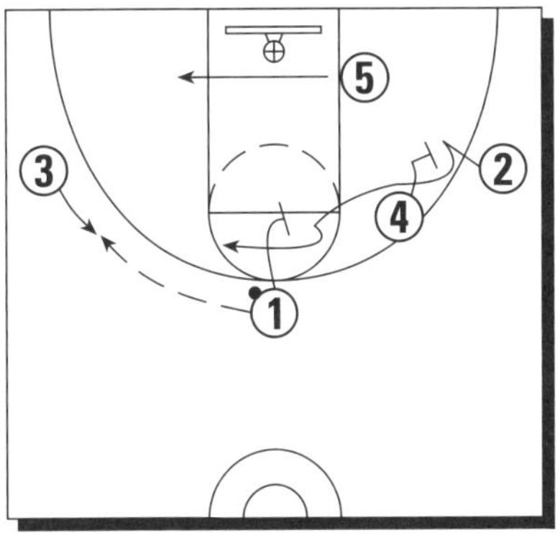

図19

図19 左サイドに行った場合は、#5が逆サイドのポストに行き、#4と#1でスタガースクリーンをセットし、#2のシューターをフリーにする。しかし#5がよいプレーヤーである。もしポストプレーヤーが強い場合、逆サイドの#1、#2、#4をそのままにし、#5がポストアップする。

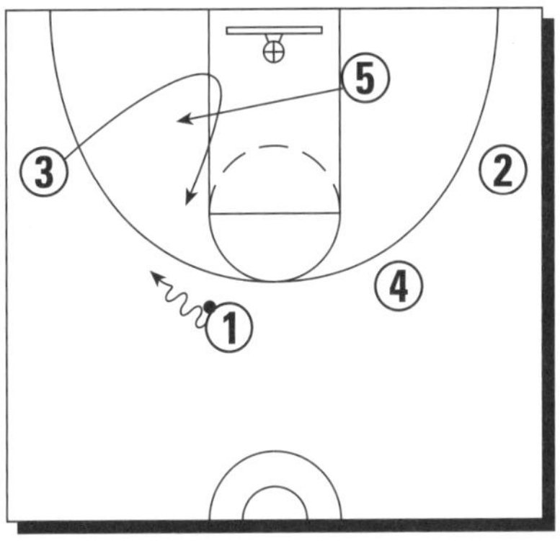

図20

図20 #1が#3へ向かってドリブルする。#3はオーバープレーされているのでバックドアカットをする。#5が逆ポストへクロスし、#3はポストへ上がる。

図21 #1は#4へボールをリバースし、#5のスクリーンを使う。#1はゴール下に行くことができる。その後#3と#4はスタガースクリーンをセットし、#5がそれを使う。#4は#2へパスを戻し、#5がスクリーンから出てきてシュートを放つ。

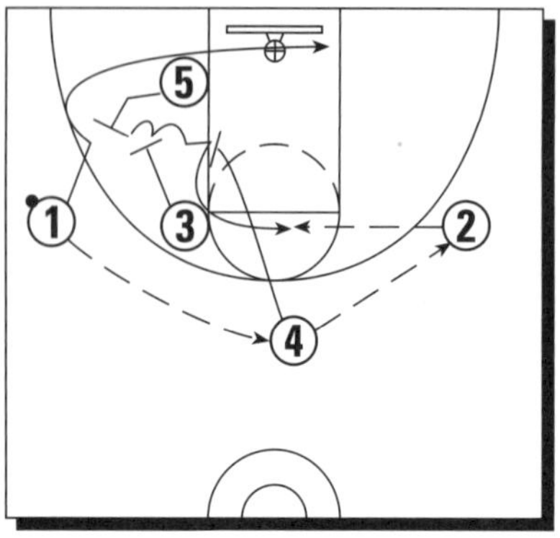

図21

図22

図22　＃1が＃5のスクリーンを使ってゴール下に行かなかったとする。ボールは同じように＃1から＃4、そして＃2へ戻す。＃5が逆ローポストへ行き、＃3と＃4が＃1のためにスタガースクリーンをセットする。

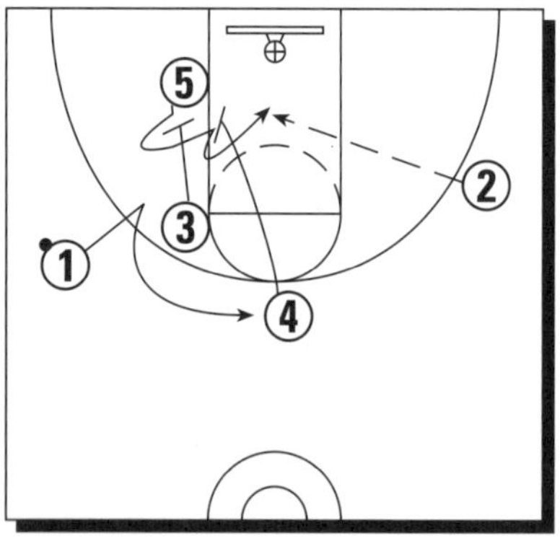

図23

図23　ボールをリバースする時、今度は＃1が＃3を使って高いポジションへ上がる。＃3と＃4は＃5のためにダブルスクリーンをセットする。そして＃5はペイント内へカールして＃2からのパスを受ける。

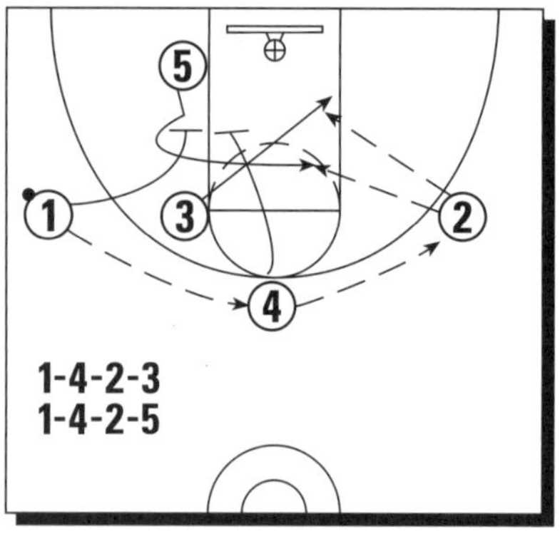

図24

図24　もう1つのオプション。＃1が＃3を逆ローポストに押し出し、＃1と＃4はスタガースクリーンを＃5のためにセットし＃5はハイポストへ上がる。＃3がローポスト。

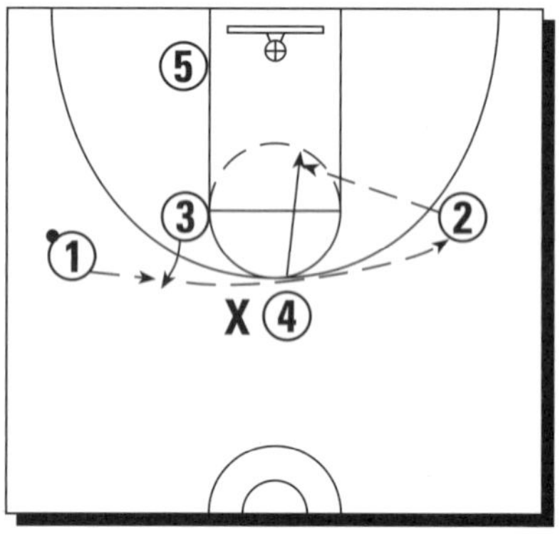

図25

図25　ダイブ。＃4がオーバープレーされてディナイされたら＃3が外へ出てつないで＃1－＃3－＃2とボールを渡す。＃4はボールサイドカットをして＃2からのパスをもらう。＃2へできるだけ早くボールを渡すことが重要である。

JOHN GIANNINI

ジョン・ジアニーニ

Defending the Three-Point Shot
3ポイントシュートに対するディフェンス

私は以前、優秀なディフェンスコーチであるヘンソン氏のアシスタントコーチをしていたことがある。私たちはそこで選手に基礎をしっかりやらせたが、私たちのチームはディフェンスのワーストチームとしてリーグのワースト記録を樹立してしまった。その後、ヘンソン氏と私はイリノイのチームで教えることになったが、私たちはそこでも以前と同じように選手に基礎を徹底的にやらせた。ところが結果は以前とはまったく逆になった。私たちのチームは国内ナンバーワンになり、ファイナル4にも進出した。若かった私はそのときに初めて選手のポテンシャルの重要性を認識した。

オフェンスの才能は見抜きやすいがディフェンスの才能は見抜きにくい。オフェンスの才能のある選手が、必ずしもディフェンスの才能のある選手であるとは限らない。ディフェンスの才能は、横の動き、タフさ、体の大きさによると言える。速い動きができ高くジャンプをすることもできる選手が、なぜ横の動きも同様にできないかは今だに私の中の謎である。チーム内に体がオフェンスの選手より大きく、なおかつ横の動きができる選手がいるならば、その選手はディフェンス向きの選手であると言える。

メーン州で教えていたとき、我々のチームの体の大きな選手が、突破やディナイができないことに気づいた。また、私がヘルプラインにいるときに、彼らは下がってディフェンスすることが難しいようであった。私たちのチームではディフェンスについてさまざまなことを試した。私やあなたがかつて教えられたような昔ながらのディフェンスまで試してみたがうまくいかなかった。そこで私たちはその昔ながらのディフェンスに少し変更を加え、以前のものとは全く違うディフェンスにした。その結果、今年からその効果が見えはじめている。もしあなたのチームにディフェンスを率先してやろうとするタフな選手がいる場合、彼にやらせることは他の選手の見本になるのでいいことである。

私たちのチームではペリメーターのディフェンダーとポストディフェンダーが守るべきルールは異なる。まずペリメーターのルールについて説明する。

1. ワンパスアウェイではディナイをする。これは昔からのやり方である。そしてプレーヤーにバックドアカットをさせる。試合に勝てるほど何度もバックドアで攻めてくるチームがどれほどいただろうか？　そして簡単にボールキャッチをさせない。
2. パスアウェイでは、昔ならレーンの真ん中にあるヘルプラインまで寄ったが、私たちはそうはしない。ローテーションのために飛びつくのである。私たちはただレーンラインへ行くだけである。これを「ジャンプトゥーローテイト」と呼んでいる。常にクローズドスタンスを取る。体はボールに近づく。そしてボールと相手を同時に見ることができる。クローズドスタンスを取るのは、フラッシュを止めるためにすばやくローテーションし、スクリーンを破り、そしてまたローテーションするためである。これらの3つの理由により、プレーヤーたちはボールのないところへ動く。ヘルプするためではないのである。

ペリメーターのプレーヤーは決してヘルプしな

い。相手がフラッシュしたら邪魔をして、そこから進めないようにする。誰かがスクリーンをかけたら、そのスクリーンへ向かう。すばやく飛び込んでいくのは、基本的にはそのポイントを相手より先に支配するためである。しかし、そんなに遠くへ行ってオープンを作り、3ポイントを打たせるようなこともしない。

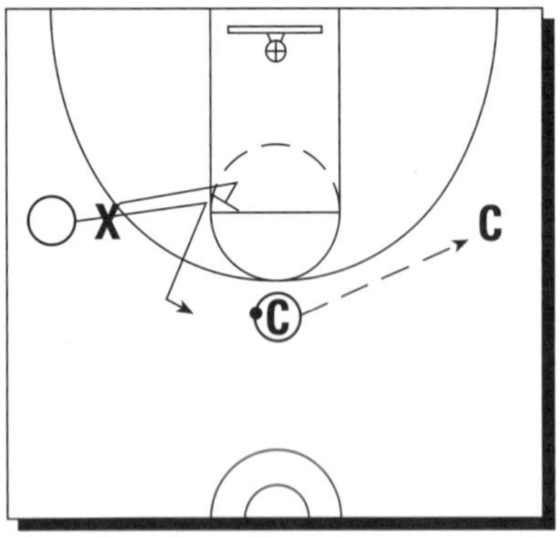

図1

図1　2人のコーチが入り、ボールはサークルのトップにある。パスをすると、ディフェンスはレーンラインへ飛び込む。コーチが「フラッシュ」と叫んだら、ディフェンダーは腕を広げてオフェンスを止めなければならない。

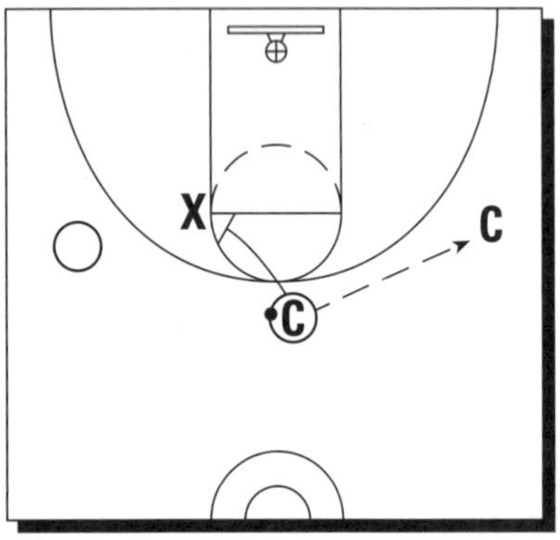

図2

図2　「スクリーン」では、必ずスクリーンの間を通っていく。

図3　「リスクリーン」では、相手がワンパスアウェイのときはディナイをし、そのプレーヤーがスクリーンにいったら、ディフェンダーは2パスアウェイの位置、つまり、レーンラインへと動く。スクリナーにはついていかない。ディナイからジャンプオフ、そしてフラッシュを止めて、スクリーンの間を通り、その後ローテーションをする、という流れを作りたい。

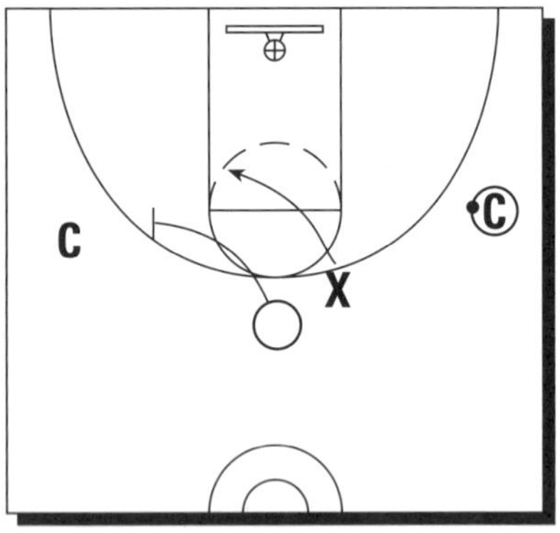

図3

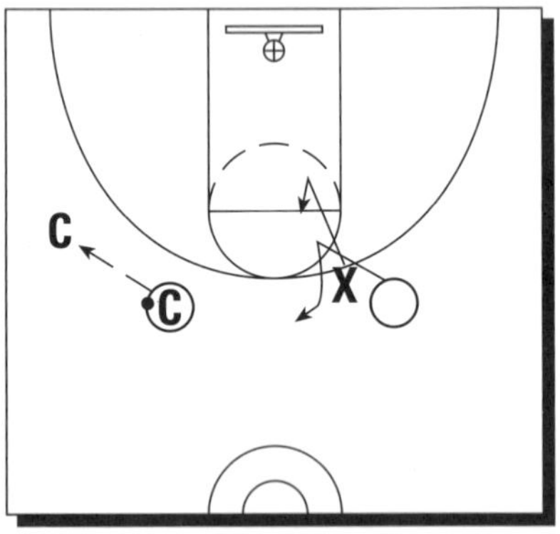

図4

図4　2ガードフロントでも行なう。パスをしたら、ディフェンスはレーンラインまでジャンプオフする。「フラッシュ」では、ディフェンダーは腕を広げてレーンの中に入ってくるオフェンス選手を止め、体で当たっていき、そして外に戻させる。

図5　そしてスクリーンに対し邪魔をする。ディフェンダーはジャンプオフして、スクリーンの周りにつく。ガードとペリメーターのプレーという意味では、たった2種類のオフェンスの体系しかない。1ガードフロントか2ガードフロントである。ディナイからジャンプオフ、ローテーションをして、フラッシュを止め、ペリメーターのスクリーンに取り付き、元のローテーションのポジションへと戻る。ただこういった

ことを混ぜ合わせていくだけである。大きな違いは、ヘルプラインのところまで行ってしまわないことである。

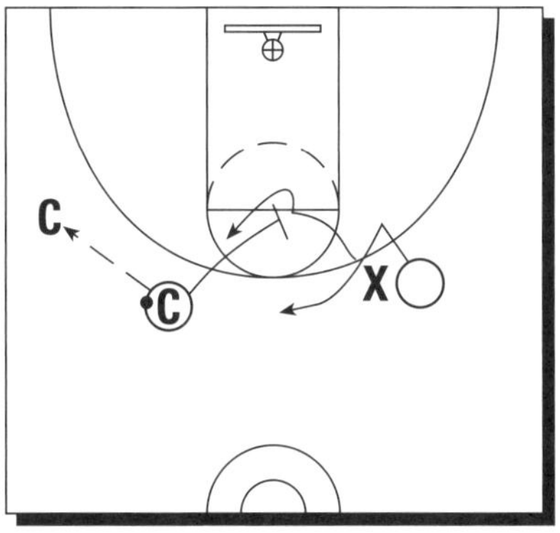

図5

3 ポストトラップローテーションとペネトレーションローテーション。注意すべきことは、ペリメーターのプレーヤーは決してヘルプをせず、ただローテーションをするだけである。誰かが必ずローテーションして最も強い形にするのであるが、大きなプレーヤーがやるべきではない。大きいプレーヤーにはほかにやってもらいたいことがあるのである。

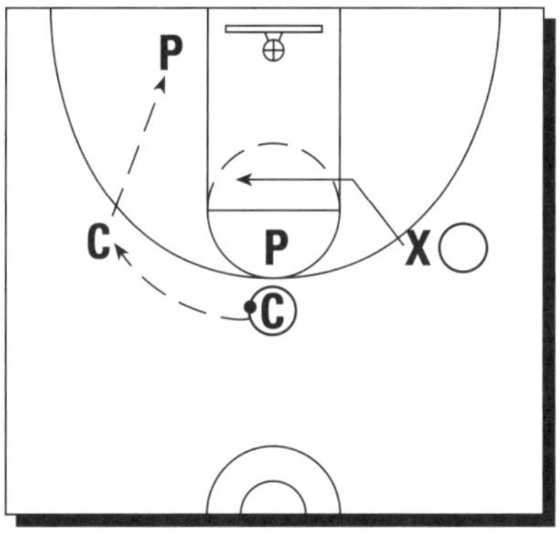

図6

図6　ここから2ガードフロントのドリルに進む。2人のポストプレーヤーを加える。ウイングへパスをしたら、ディフェンスはレーンラインへローテーションするためにジャンプオフをする。ローポストへパスされたら、他のポストプレーヤーの方へローテーションしなければならない。体で止めてカットさせないようにし、シュートが放たれたらボックスアウトする。積極的に当たっていく。

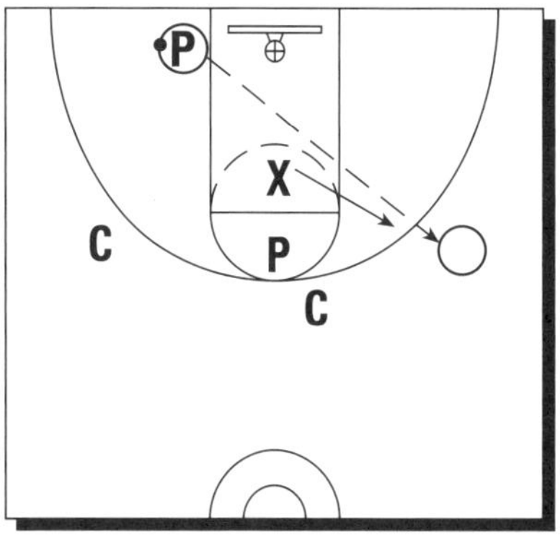

図7

図7　リカバリー。このシチュエーションの中で、うまいポストプレーヤーは何をするのか？　それはターンをして逆サイドへパスするのである。ここで私たちはクローズアウトの練習をする。

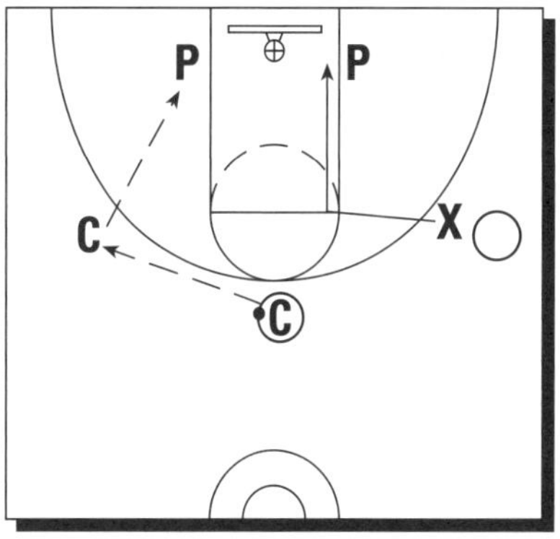

図8

図8　ダブルローポスト。ウイングへのパスが出たら、ディフェンスプレーヤーはジャンプオフしローテーションする。ローポストへパスされたら、ディフェンスは最も近いポストの前に出るようにローテーションする。従ってポストがボールを持ったときに、一番近いポストへローテーションする練習をしなければならない。

図9　「ナッシングミドル」の練習。ミドルを抜かれてはならない。ボールがレーンラインの外側にあるとき、かつて私たちは背中を反対のサイドラインへ向けてサイドラインと平行にスタンスをとれ、と教えた。しかしプレーヤーが素早くなかったら、足を前後にずらして

もよいことにした。ベースラインを抜かれてもそれは問題にならない。そこにはヘルプがいるのである。

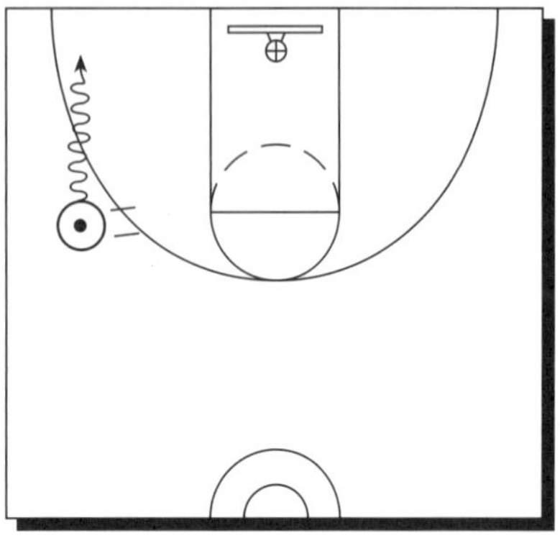

図9

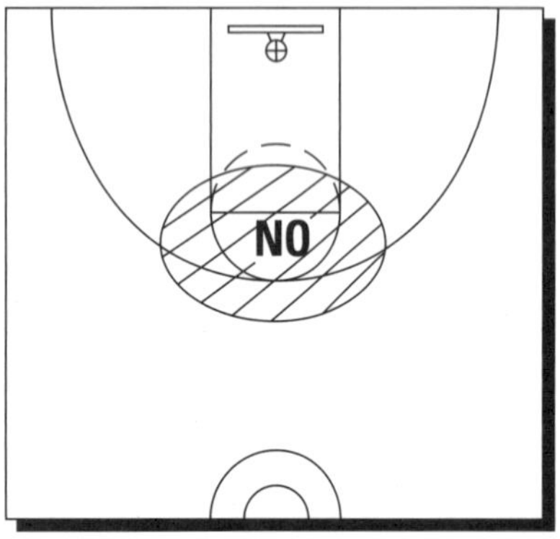

図10

図10　何をしてもかまわない。ただこのエリアに誰も入れてはならない。

4 カバーリングスクリーン。ペリメータースクリーンにて、ボールから離れ、ギャップをふさぐ。

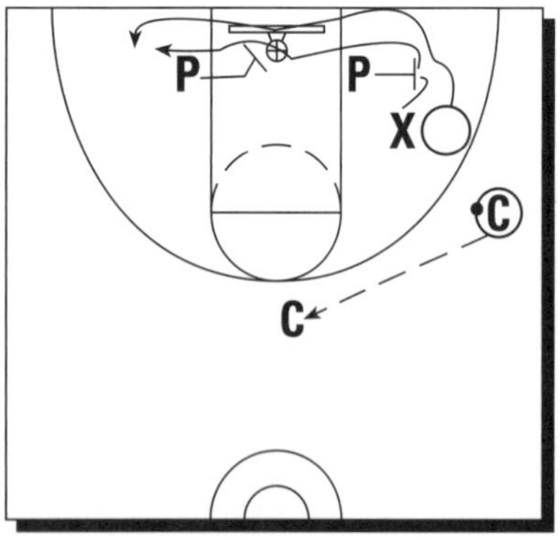

図11

図11　ペイントの中では、どんなスクリーンでも私たちは追う。腰にくっついていき、かみそりのように鋭く動く。上がっては行かない。行ったらオフェンスにフレアーされてしまう。腰にぴったりついて鋭くついていけば、スクリーンをかけられることはない。最悪なのは、相手のオフェンスがボールをキャッチすることだが、ぴったりとそばにくっついているので、彼にできることはカールするだけである。それはバックドアの動きに似ている。紙の上では素晴らしい動きだが、今年何人がカールを使って得点をしたか？　私のチームでは今年は1回しかされていない。大きいプレーヤーはペイントの中にいることを思い出して欲しい。彼らはそこを決して離れない。

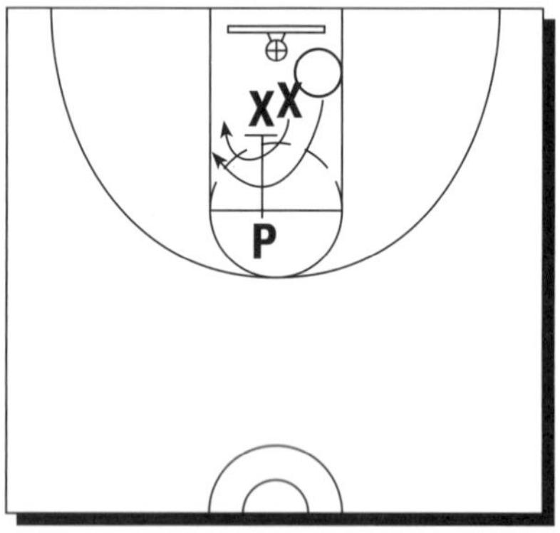

図12

図12　ハイポストからドリルを始める。オフェンスプレーヤーをカールさせる。そしてディフェンスのポストがそこにいる。マークしている選手から離れるのは、ボールがペイントの中に入ったときだけである。ウィークサイドにいたら、次のポストのプレーヤーに向かう。

図13　プレビュー。ボールはウイングが持っている。ワンパスアウェイでディナイする。逆サイドのペリメーターは、ジャンプオフしてローテーションする。ポストへパスが回る。ワンパスアウェイにいるディフェンスはそこから下がらないでとどまる。ボールがポスト近辺へ行ったときは、助け合ってローテーションする。しかし誰を助けるか？　それは大きいプレーヤーたちである。誰がローテーションをするか？　レー

ンラインまで下がったガードである。誰が唯一オープンとなるか？　それはウィークサイドの一番遠いプレーヤーである。従ってそのパスに対し必ずクローズアウトをしなければならない。打ち負かされることもある。しかしミドルでは負けない。

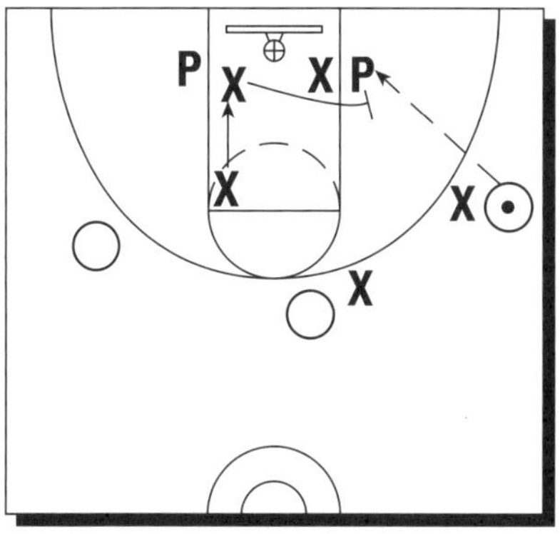

図13

5 ボックスアウト。すべてのドリルでボックスアウトして終了する。

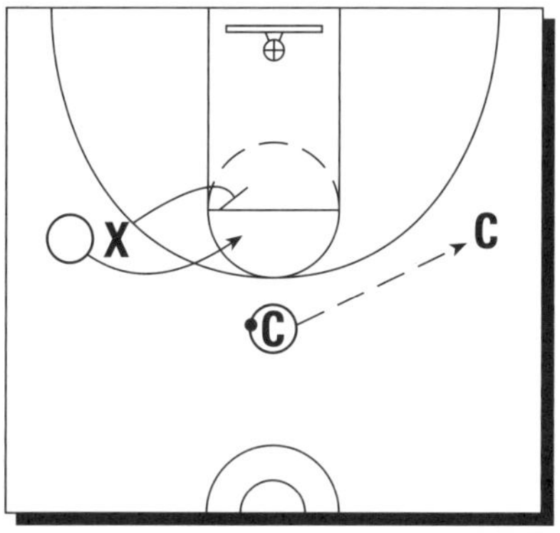

図14

図14　2ガードフロント。ウイングへパスし、ローテーションし、フラッシュするプレーヤーへ体当たりしていく。シュートのとき、自分のマークしているプレーヤーをボックスアウトする。どのポジションでもボックスアウトをする。ペリメーターへのディフェンスで大事なことは、ボールをペイントの中に入れないことである。

3ポイントシュートへのディフェンスについて考えよう。まず、いつ相手が3ポイントシュートを打てるのか。ポストからウィークサイドへのスキップパスは有効である。私たちは腰にぴったりとついているので、ポストからスクリーンを使って3ポイントシュートを打つことはできない。いくつ彼らがスクリーンをかけても、そのスクリーンから3点シュートを狙うことはできない。ポストをトラップして、一番近いポストへローテーションするとき以外は、決してマークしているプレーヤーから数10cm以上離れない。

Post Defense
ポストディフェンス

1 フリースローラインのポジション。

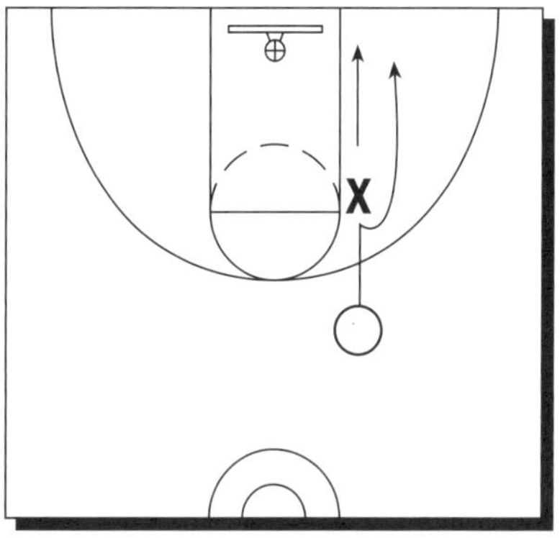

図15

図15　フリースローラインポジションを取りたい。これはとても重要である。マークマンがローポストへカットする。自分の相手がフリースローラインへ近づいたら、彼はポストポジションへ行くことができない。ディフェンスの効果的なポジションにいることで、相手をブロックから引き離すことができる。ブロック上でポジション争いをしてはいけない。フリースローラインのところから争いを始めるべきだ。相手にはブロックにいかせたくない。

2 オフザボールの原則。私たちは常にペントの中にいて、クローズドスタンスを取っている。誰が私たちを助けてくれるか？　それは大きいプレーヤーである。ボールのそばにつくのではなく、ボールから離れていることを覚えておきたい。

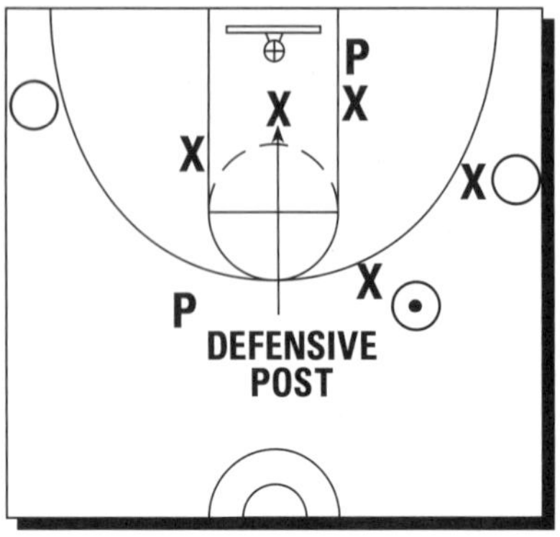

図16

➔図16　最も難しいのが、ペリメーターで大きいプレーヤーのガードをすることである。ボールがトップにあって、4人がアウトサイド、1人がインサイドの状況を考えてみる。ポストのディフェンスはペイントの内側。そして彼はスタンスを広げて、ボールと相手の両方が見えるようにしている。

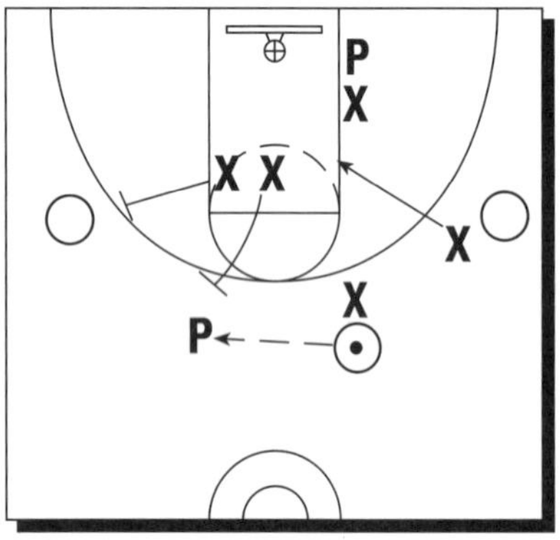

図17

➔図17　もしボールがポストへパスされたら、ポストのディフェンスは初めてここでボールに寄る。

3 ポストがボールを持ったらプレッシャーをかける。

➔図18　ハイポストへパスが回ったら、大きいプレーヤーを使ってプレッシャーをかける。ドリブルのうまい大きいプレーヤーはあまり多くない。これは相手にプレッシャーをかける絶好の機会である。相手のしたくないことをさせる。つまり相手にドリブルをして欲しいのである。通常、大きいプレーヤーはペイントの中にいる。しかし相手がペイントの外にいて、ボールをキャッチしたら、ハンズアップをして素早く外へ出て行く。そして相手にドリブルをさせたい。味方の大きいプレーヤーにはペイントの中のヘルプポジションにいて欲しい。外に出るのは彼の相手がボールをキャッチしたときだけである。その場合は彼のところへラッシュし、大きなプレッシャーを与える。

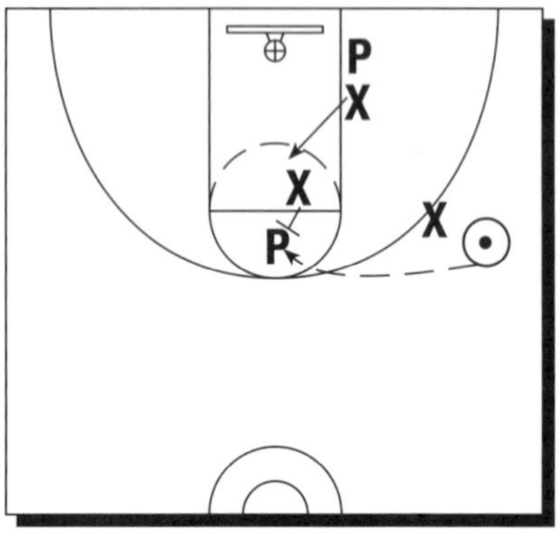

図18

4 ナッシングインザペント。私たちのリーグの中ではたくさんのハイローセットがあるので、この練習をしている。

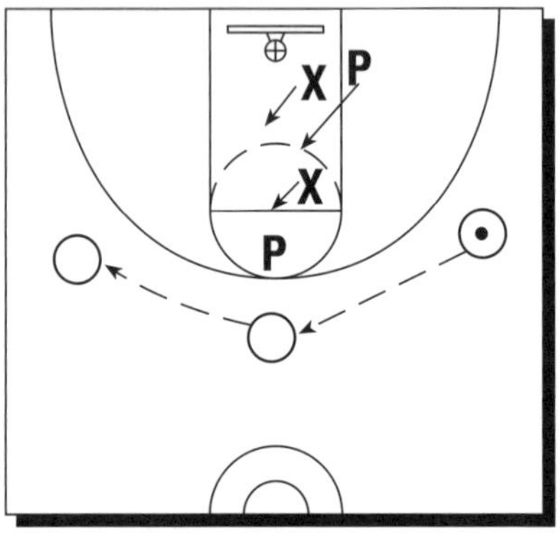

図19

➔図19　スカウテリングレポートによって避けられないとわかったとき以外は、ローポストの正面に立ってはいけない。リバースされたら、ローポストをガードしているプレーヤーは、敵がレーンを動いていかないようにする。彼はブロックから1m近くまで来るだろうが、レーンの中には入れさせない。腕を広げて敵をくい止める。そこには身体的コンタクトが必ず存在する。3ポイントシュートを与えないことを心にとめて欲しい。そしてペイントからのどんなシュートも打たせない。理論上ではそれは素晴らしいディフェンスである。またドリブルからのペネトレーションやスクリーンからの突入もさせない。何を許すことができるのか？　いくつかのベースラインでのペネトレーション、ブロックから離れた場所でポストがボールを受けること、そしてローポストからウィークサイドへのパスは許される。さらに大きい相手であったら、いくつかのペネトレーションをされてしまうかもしれない。

5 トラップ：楽しいプレーである。

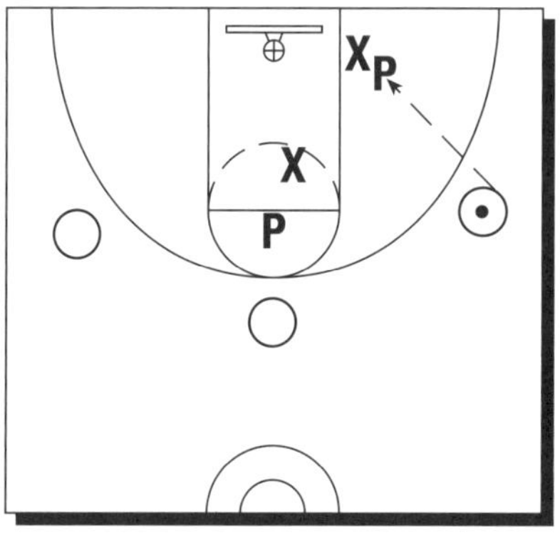

図20

図20　ボールがローポストへ行ったら、自動的にビッグフォービッグトラップをする。これはダブルチームではなく、トラップである。ディフェンスのポストプレーヤーは、ボールをはじくまでドリルから抜けない。ポストからポストへのパスは禁止、というのが唯一のルールである。なぜならこのドリルの中にはペリメーターがいないからである。大きなプレーヤーはターンオーバーを引き起こしやすい。大きいプレーヤーがボールを持ったら、私たちはターンオーバーの可能性があるとみなす。そしてトラップを仕掛け、ボールを取りに行く。

6 リカバリー。

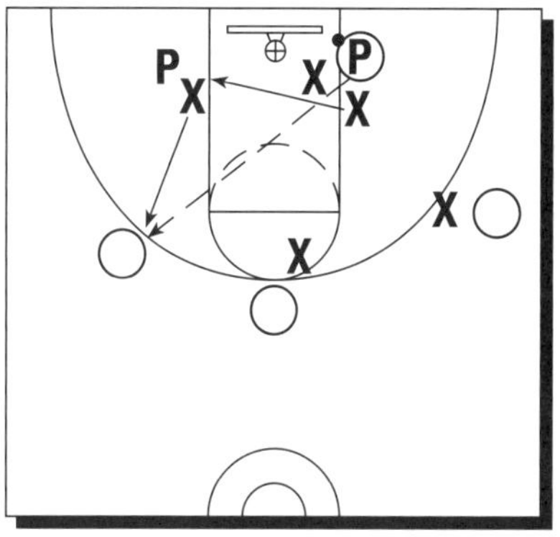

図21

図21　ボールはローポストにあり、ウィークサイドへパスが回る。実際には激しいディナイの中で、彼はこのパスができないはずである。しかし彼がしたとして、一番近いポストのプレーヤーをマークするためにローテーションをしたペリメーターのプレーヤーはクローズアウトをする。そしてトラップをしにきた大きなプレーヤーはすばやく戻って自分の相手をマークする。

7 ボールスクリーン。大きいプレーヤーは飛び出して、ボールスクリーンに対してヘッジする。もしボールスクリーンがセットされたら、彼らはペントの中に入るだろう。このときも大きいプレーヤーはペントの外に出る。そしてスクリーンにヘッジし、リカバリーさせる。そんなに難しいことではないが、練習はしなければならない。

Scouting Reports
スカウティングレポート

トラップとローテーションでない限り、ペリメータープレーヤーは自分の相手から離れないので、彼らはあまりすることがない。しかし大きなプレーヤーのために彼らが必要となる。もし相手に、後ろで動けるうまいプレーヤーがいたら、フルフロントで「モンスター」を実行する。フルフロントにしてもロブパスをされることはない。なぜなら大きなプレーヤーが常にペイントの中にいるからである。

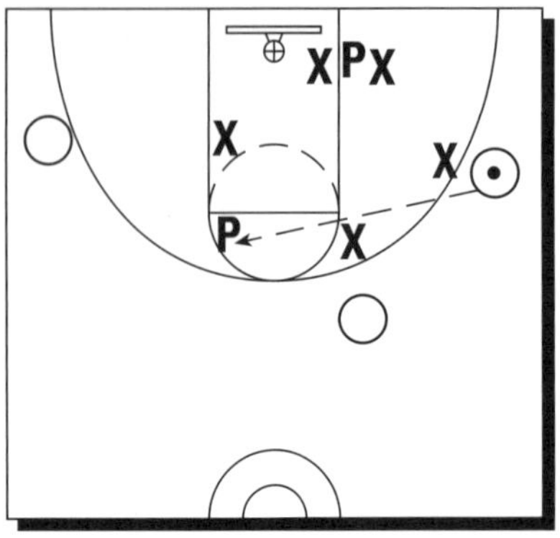

図22

図22　もう1人の大きいプレーヤーがシュートをできなかったら、「モンスター＆ワン」を実行する。常に1人が正面を向き、もう1人は後ろにいる。他のポストプレーヤーへはペリメーター上では決してガードしない。彼がブロックにきたときのみガードをする。

スカウティングレポートから、私たちが調節すべきもう1つのことは、ダブルチームをしないことである。昨シーズンを思い出してみれば、たとえうまくなくても、ポストにトラップをかけることが今年はよく実行できた。それではこれらすべてを5対5の状況に当てはめてみる。

基本的に次の3つのオフェンスセットがある。ハイロー、ダブルロー、そして4アウト／1インである。ポストがいなくても私たちを心配させることはない。なぜならポストなしでいくチームは、広く動いてバックドアへ行くなどをする。私たちは常にヘルプがレーンにいる。次に挙げるのが私たちのドリルである。

図23　ハイロー。「パス＆ムーブ」とも呼ぶ。ボールがトップからウイングへ行く。ヘルプラインへ行かない以外、基本のシフトを作る。レーンラインのところで止まる。ディナイポジションを取るが、このドリルではパスをすることが許される。ボールをできるだけ速く回す。オフェンスプレーヤーは動かない。ペリメーターのプレーヤーが、ディナイからジャンプしてローテーションするように練習する。

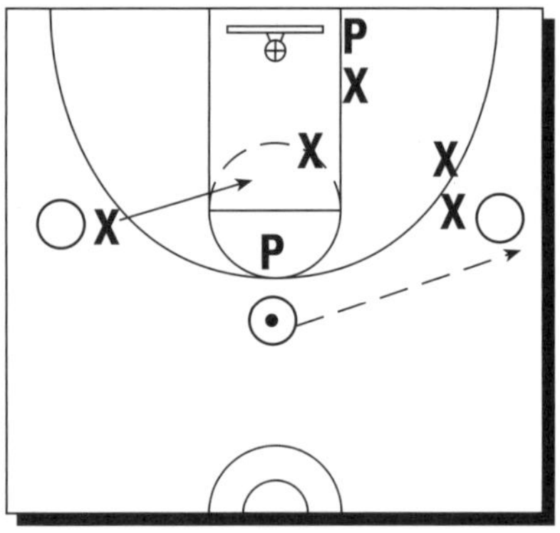

図23

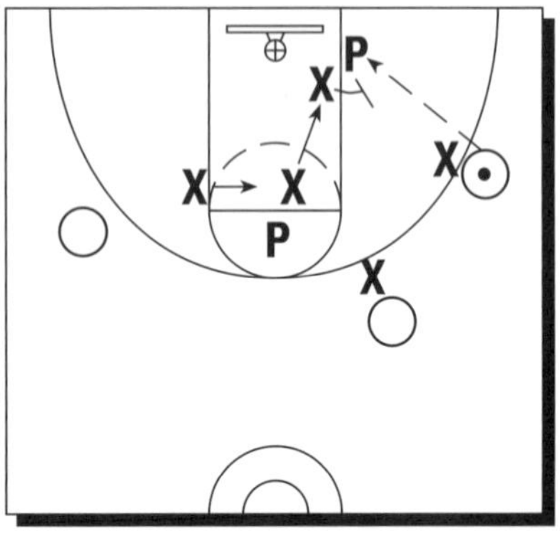

図24

図24　トラップザポスト。次にポストへパスを入れる。ここでもオフェンスは動かない。ハイポストをガードしているプレーヤーが、ローポストにトラップする。

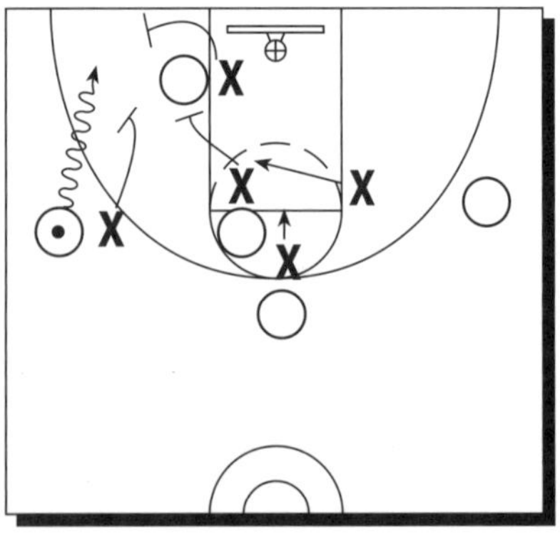

図25

図25　ペネトレーション。このドリルでは、ボールを持ったらドライブをしかける。ベースラインを抜かれたら何が起こるかを練習する。他のポストのディフェンダーはローポストをカバーするために下がってきて、レーンライン近

くでガードしていたペリメーターが一番近いポストへ付く。ボールをペイントの中に入れないで、ウィークサイドのペリメーターのみがオープンとなっている。ローテーションが、激しく、素早すぎてタイミングが早すぎると、問題が出てくる。

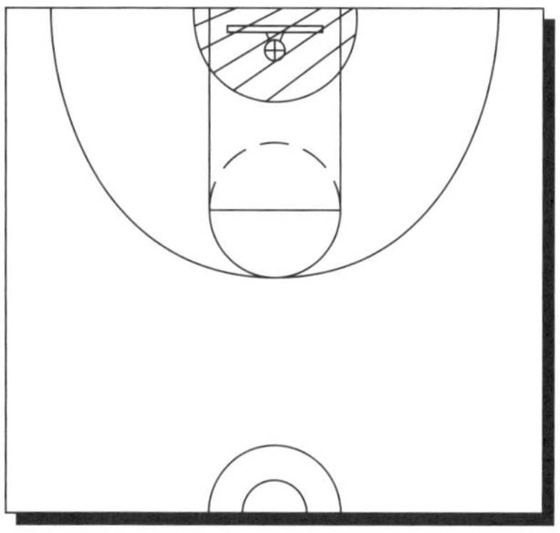

図26

➡図26　従って、大きいプレーヤーに速く動きすぎないように教える。斜線の部分に何も入れさせないようにする。レイアップをさせない。

次にディナイの練習に移る。ディナイから動きが始まる。6つのパスをディナイする。大きいプレーヤーへのパスは考慮しない。大きなプレーヤーにはボールを持って欲しい。ポストがブロックから離れていれば、彼へのパスを許すが、レーンの中には入れさせない。そしてシュートとボックスアウトの状況となる。ここで得点をつける。オフェンスは、ボールがポストへ入ったとき、ペント内に入ったとき、オフェンスリバウンドを取ったとき、そしてシュートを決めたときに得点する。ディフェンスが得点できるのはオフェンスを止めたときだけである。明らかに、かなりオフェンスに有利になっている。もしディフェンスで勝ったら驚くべきことである。次の日にダブルローセットを行なう。

➡図27　次の日、4アウト／1インセットを行なう。ペリメーター上にて、ポストの1人が実施する。ウイングがボールを持ち、ポストへパスされたときにトラップをかける。他のポストがトラップをして、一番近いプレーヤーがハイポストをカバーしにローテーションする。

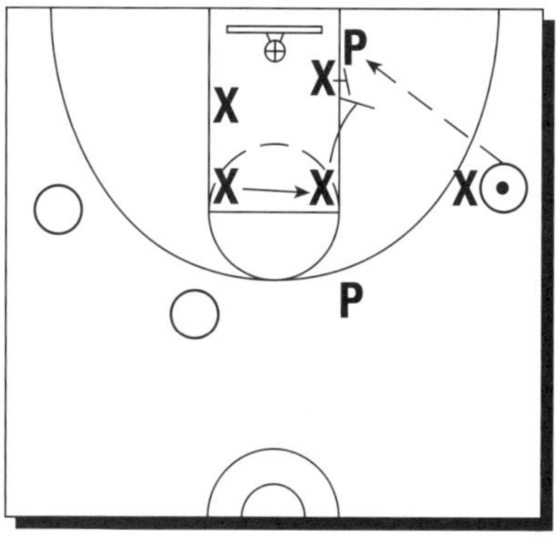

図27

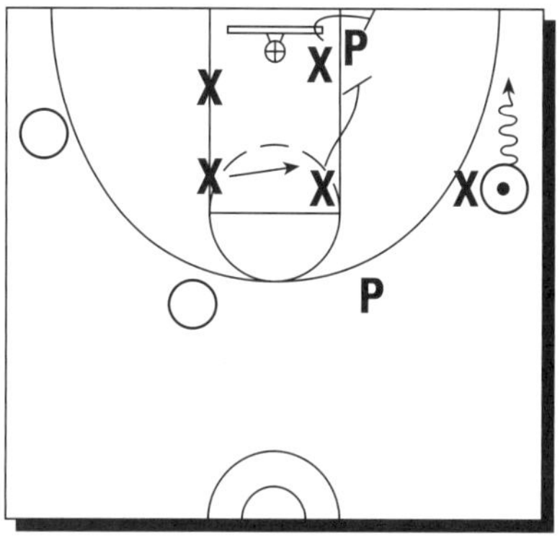

図28

➡図28　ドリブルでのペネトレーションがあったら、ポストがヘルプに行くのを早すぎないように確かめる。

Question：ガードがハイポストにいて、ポストがペリメーターにいたらあなたはどうする？

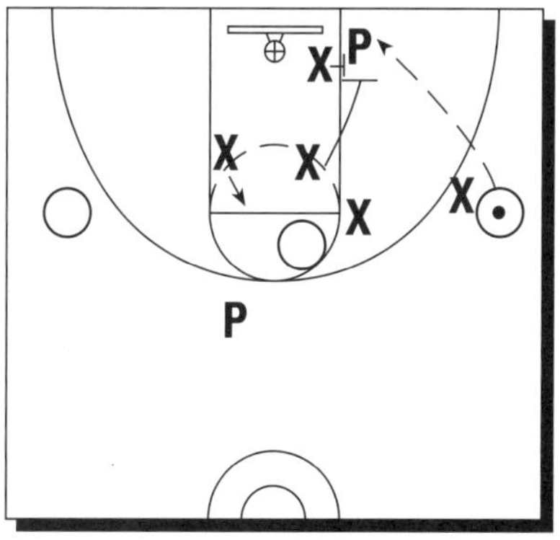

図29

➡図29　**Answer**：アウトサイドのプレーヤーは自分の相手につき、ディフェンスのポストがペントの中に留まる。

Question：1-4セットの場合は？

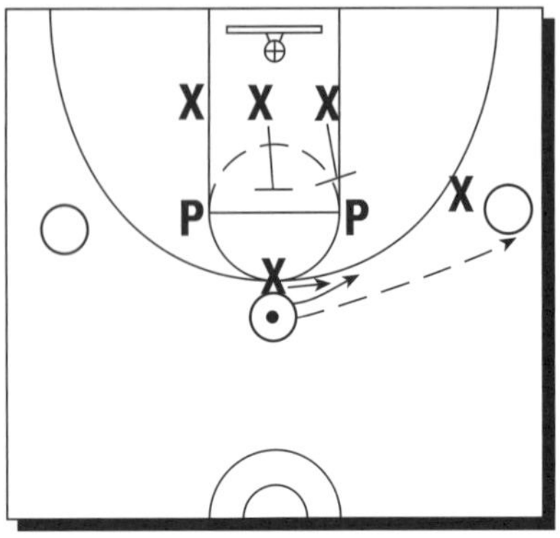

図30

➔図30　**Answer**：ウイングへパスされる。ポストへパスが戻るまで、ディフェンスのポスト2人はペイントの中にいる。ポストへボールが回ったら、彼にプレッシャーをかけてドリブルをさせる。

変化をつけるためのゾーンディフェンスがあることを知っているだろう。あるコーチはタイムアウトの後にゾーンディフェンスを仕掛け、そのまま相手が得点するまでゾーンをする。ここで見せたものは、動きが鈍くて、ペリメーターでのガードができない大きいプレーヤーがいる場合のものである。大きいプレーヤーがただ素早くないだけである。

A Multi-phase Approach to Offensive Possessions
オフェンシブポゼションへの多様なアプローチ

オフェンスには4つの段階がある。

1 プライマリーブレイク。私たちはナンバードブレイクを使う。プレーヤーには正確にどこへ行くか知って欲しいし、できるだけ速くそこへ行って欲しい。難しいことは、ディフェンスリバウンドを取るまでは走り始めないことである。失敗しても成功しても走る。ここは簡単に得点できるチャンスだとみなす。

2 セカンダリーブレイク。レイアップできなかったらプライマリーブレイクは終了する。レイアップができないとわかったら、すぐセカンダリーブレイクへ移る。

3 継続とセット。

4 シュートクロックの終了。

これらが起こる事柄の順序である。よってプレーヤーたちは次に何をするのか知っている。複雑さで言えば、プライマリーブレイクはとてもシンプルである。これは身体的及び精神的コンディショニングが基礎となっている。私たちがボールを持ったのを確認してから、レーンを通ってそれぞれのスポットへ走っていくという、精神的な規律を持たねばならない。たとえ走ること一つをとっても、私たちにはルールがある。止められるまでバスケットに向かっていくのである。その時点でレイアップができない限り、ジャンプストップをしなければならない。どのくらい速く走っても、どこのレーンを走っても、ボールハンドリングの規律を守らねばならない。

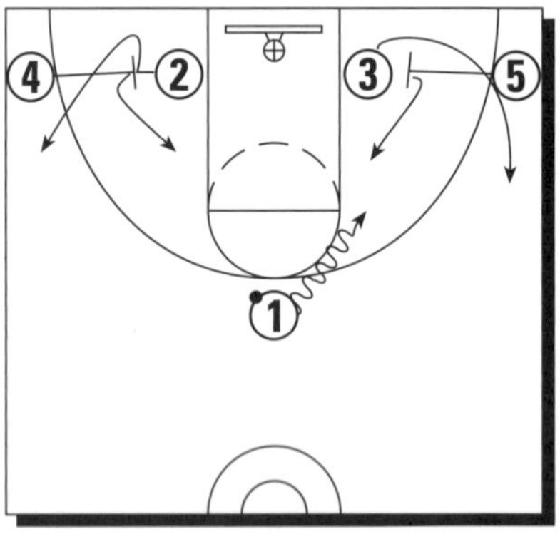

図1

➔図1　シュートクロックの終わりに、フラット1-4では通常一番うまい選手が孤立している。ガードが1対1に持ち込もうとする。彼がレーンエリアに入ると、#4と#5は#2と#3へダウンスクリーンをする。私たちはこれを10～12秒前になったら始める。

➔図2　クリアー。これはシュートクロックの終わりにする、サイドのピックアンドロールである。

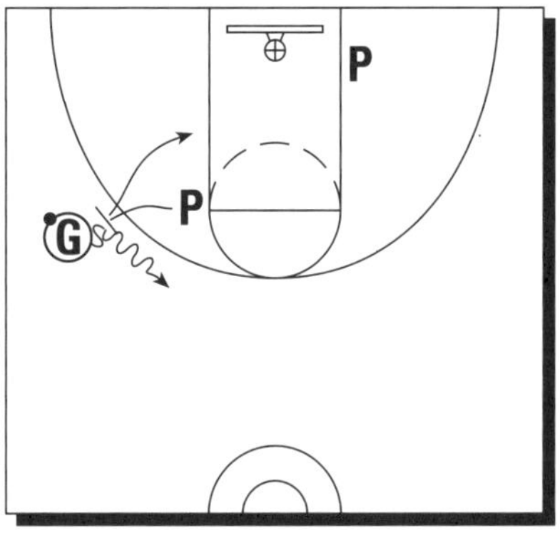

図2

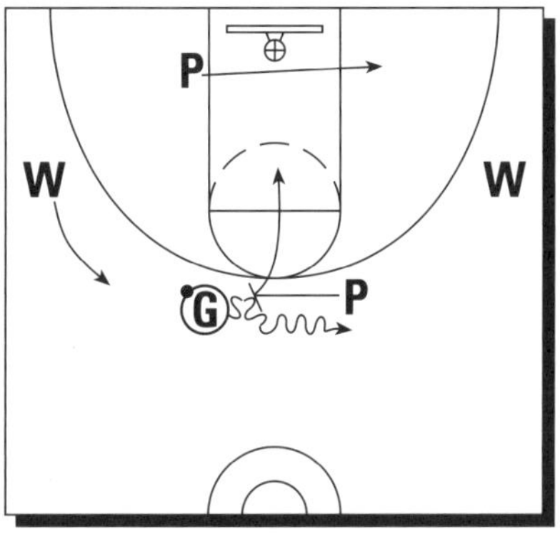

図3

図3　ピック。同様であるが、シュートクロック終わりにトップで行なう。

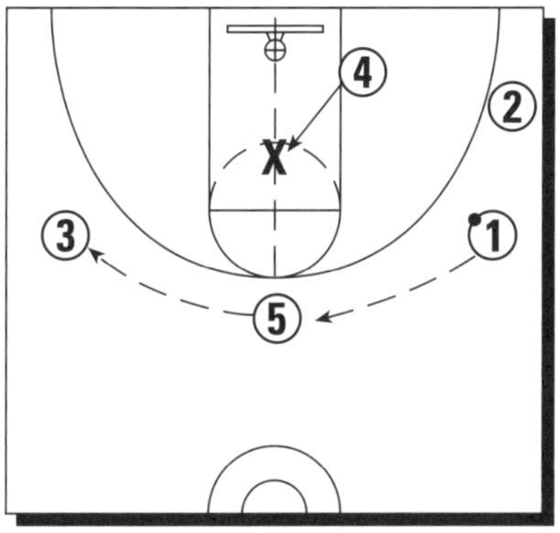

図4

図4　シンプルなセカンダリーブレイクである。#2か#3へパスをしたら、そのプレーヤーはバスケットへ向かう。スペーシングを守る。ポイントガードがボールを持っていたら、フリースローラインの延長上へ持っていく。リバースしてハイローをする。しかし通常、#3のディフェンスはヘルプラインにいて、#3はオープンで3ポイントシュートを打てるだろう。#4はレーンを進み、#3はまた#5へパスを戻すこともできる。#5と#4はハイローをする。

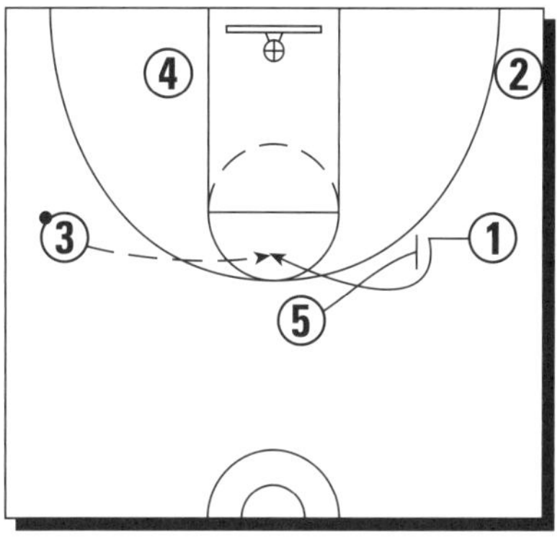

図5

図5　もしそれができなかったら、#3がボールを持って、#4がレーンをクロスする。#5が#1へスクリーンをする。

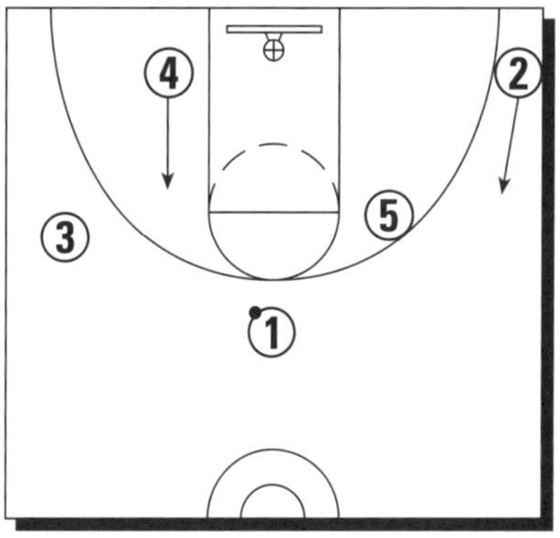

図6

図6　#4は上がってきて、1-4セットの状態になる。ボールがリバースされると、セカンダリーブレイクの終了である。

図7　ここでコールをしないでブレイクを始める。これらは次のパスやドリブルによって変わってくる。もし、#1がトップからドリブルをし、#2へパスをしたら、#5は#1へスクリーンをして、#1はバスケットへ切り込む。この間に#4は下がっていく。

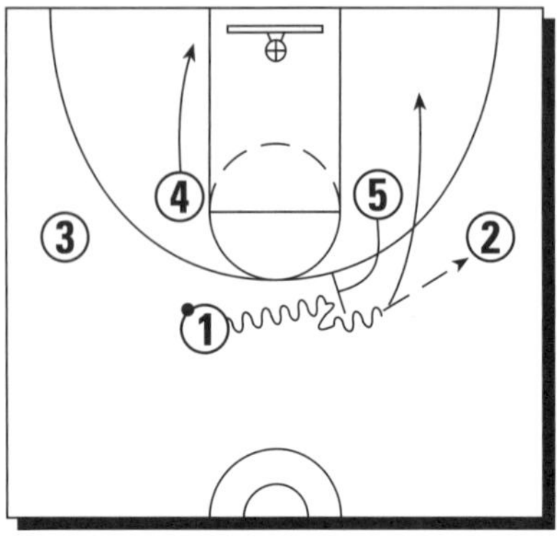

図7

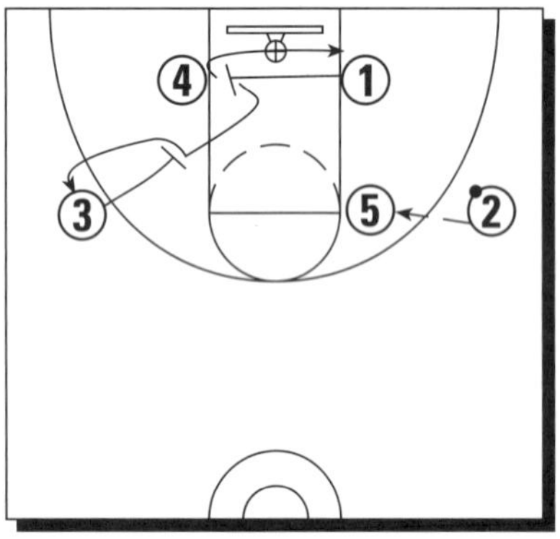

図8

図8　＃1がレーンを通ってスクリーンをし、＃4がカットするときに、＃2は＃5へパスをする。＃1は少しボールへハーフターンをし、ポストへカットすることもある。もしできなかったら、＃3が＃1へスクリーンをして、ここでスクリーンザスクリーナーとなる。＃3はレーンの外側でスクリーンをかけ、＃1がカットするときに邪魔にならないようにする。

図9　＃5は＃1へパス。＃3はターンしてシールし、＃1は＃3へパスをする。または＃3が＃5へバックスクリーンをする。

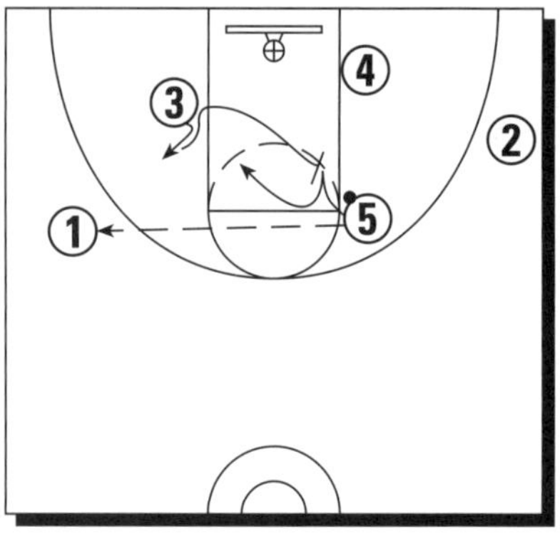

図9

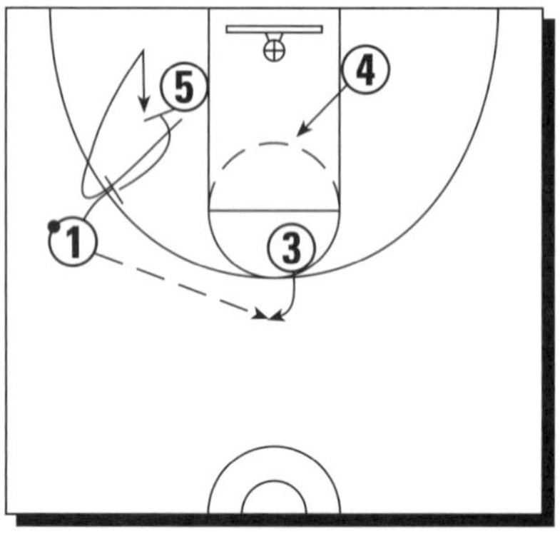

図10

図10　もし＃5へパスができなかったら、＃3が出て＃1からのパスをもらう。＃5は＃1へバックスクリーンをする。＃4がダックイン。そして＃5がバスケットへロールし、＃1へリスクリーンをし、＃1がポップアウトする。

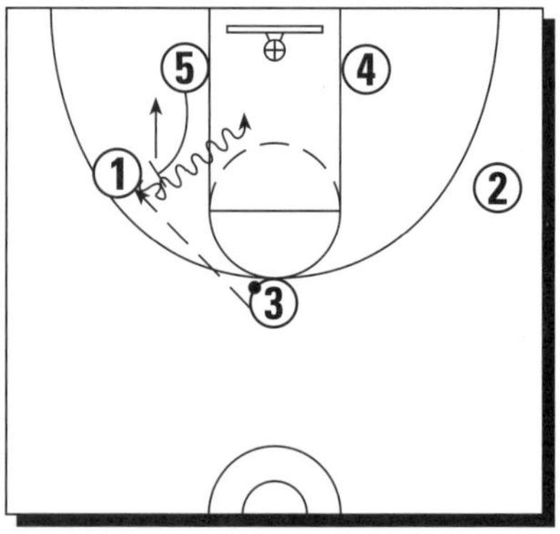

図11

図11　何もできなかったら、シュートクロックもなくなるので、サイドのピックアンドロールのために自分のスポットにつく。

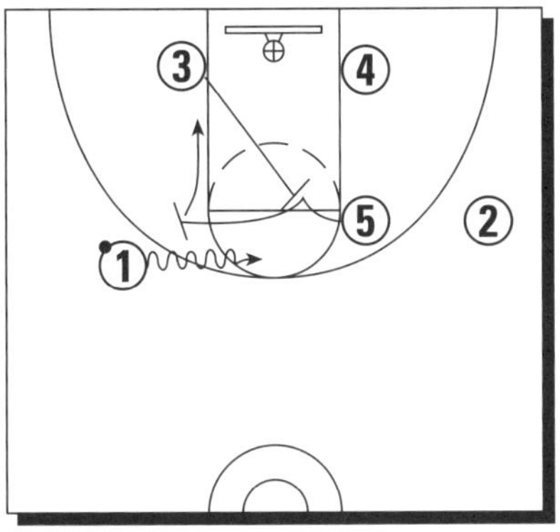

図12

➔図12　もう1つのオプションは、#5が#3のスクリーンを使う。しかし途中で止まり、#5はターンし、#1のためにボールスクリーンをセットする。

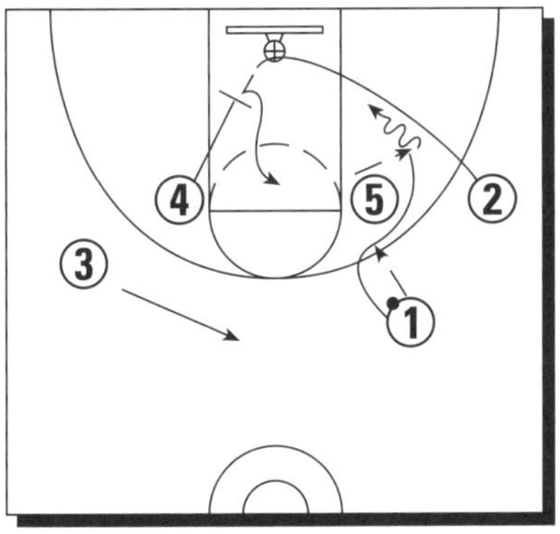

図13

➔図13　#1が#2へパスしてスタートする代わりに、#1が#5へパスをする。#2はバックドアカットをして、#1は#5のそばを抜けてハンドオフパスを受け、#5はバスケットへ向かう。#4は#2へダウンスクリーンをし、#2はレーンをカットする。オープンにならなかったら、サイドスクリーン&ロールをする。

私たちがどのように1つのオフェンスから次へ進み､シュートクロックの終了まで行くのかを見せた。プライマリーブレイクはシンプルに、シュートクロック終了間際もシンプルに、そしてその間をどう複雑にしていくかはあなた次第である。

LOU HENSON

ルー・ヘンソン

SELECTING AN OFFENSE
オフェンスの選択

何をすべきか分からなくて試合に敗れたのであれば、それは、非常によくないことだ。コーチは何をさせればよいか、何をしなくてはいけないか知っていなければならない。また、判断が悪くてうまくいかない場合、コーチングクリニック等に参加して学ぶことができる。ここでわたしがオフェンスについて数年にわたって培ったものの中から、いくつか紹介したいと思う。

セットプレーだけで勝つことはありえない。オフェンスの助けにはなるが、それ以上の戦術を持っていなくてはならない。オフェンスでは相手より多くの、そして良いシュートを打てるようにすることが肝要である。

1 ファストブレイク。速攻を出すことによって以下のようなことが確実に起こる。まず、簡単にレイアップに行くことができる。次に4～5mのジャンプシュートが打てる。そして、3ポイントシュートが打ちやすくなる。さらに、相手が止めることができずにファウルをし、それによって#3ポイントプレーをもらうこと。常に速攻を出すことを頭においておかねばならない。またもう1点挙げるとすれば、速攻の練習をすることによって、それをどのように守るかというディフェンスの練習にもなる。速攻は、必要な時にはいつでも出せるように練習しなくてはならない。

2 速攻の時は、ポストにボールを入れたい。なぜならその場所でのシュートは簡単で、またファウルをもらいやすいからである。またパスを戻して3ポイントシュートも狙えるが、その確率は高くないのだ。またコンスタントにそれを狙いすぎると、速攻を止めてしまい、ポストにボールが入らず、フリースローももらえないし簡単なシュートを打つこともできない。

3 最も重要なことはペネトレーションである。選手に強く訴えなくてはいけないのは、ゴールまでドリブルで持っていくことが速攻では一番重要であるということ。レイアップはファウルをもらいやすい、そうすればフリースローが打てるし、相手選手がファウルアウトしてくれるかもしれない。このようにドリブルでシュートまで持ち込むことで、オフェンスにとって多くの利点がある。従ってこの練習には重点を置かなくてはならない。私のチームでは毎日インサイドとアウトサイドの2ヶ所で1対1を行う。これができる選手がいないと勝つことは非常に難しいだろう。そしてガードにはハイポストでのシュートを打たせる必要がある。

ポジションにこだわらずに選手を使う。個人個人の技術の向上を目的としているから、大きな選手に大きな選手をつける必要はない。これはゲームの基本である。もしパスできず、シュートも打てず、床にボールを置いておけば間違いなく試合には負けてしまう。だから基礎を練習しなくてはならないし、1対1を練習しなければならない。これを毎日練習すれば、より良いシュートが打てるようになり、またよりよいプレーメイクもできるようになるだろう。とにかくゴールまでボールを持っていくことが大事なのではあるが、別の選択肢として、フェイクをしたり、左右にドリブルを1つついてシュートしたりと柔軟なプレーも選手には望まれる。また、もしシューターがいれば速攻はその選手に良いシュートを打たせるチャンスにもなる。ディフェンスの良いチームは多くのパスをインターセプトしてくる。従ってオフェンス側もいくつかの良いプレーの選択肢と、それを遂行できる選手を作っていかねばならない。

4 スクリーンをセットして、カールかフレアによって15、6秒くらいでシュートへいきたい。そこで2対2ができる。

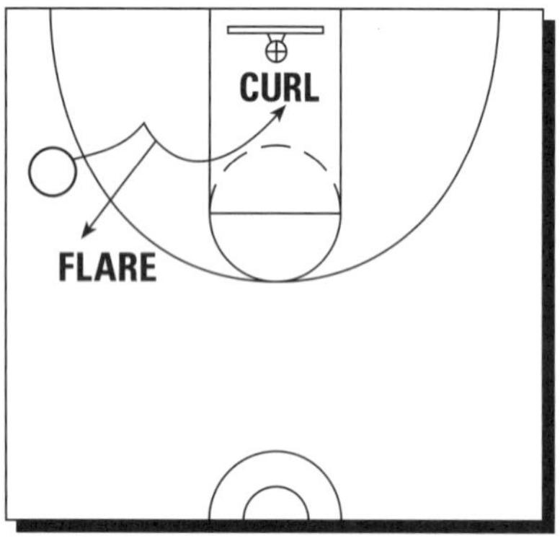

図1

➔図1　Vカットの中でカールかフレアのカットをする。ディフェンスの動きを考えて行うことが重要である。

この話の前に、バスケットへのカット、アウェイスクリーン、ポストプレー、またいくつかの種類の基本的な動きを選手ができるようになっておく必要がある。

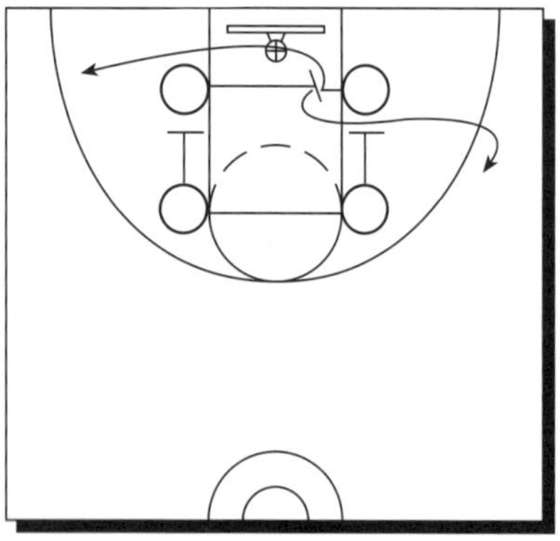

図2

➔図2　ポストプレー。ダウンスクリーンのスタックから始める。またラテラルスクリーンもセットし、我々が呼ぶいわゆる「No.1 ゲーム」または「ポストアタック」を展開する。

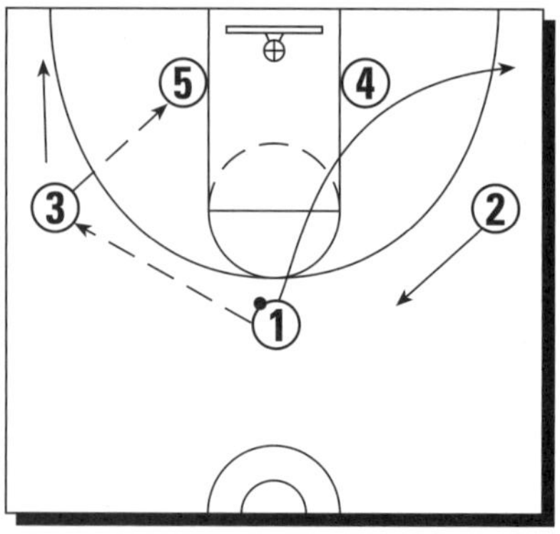

図3

➔図3　ダウンスクリーンの後、図のようなポジションになる。ポストがノーマークならばそこにボールを入れる。ポストにボールがあればオフェンスとしては攻めやすいからだ。＃1は＃3へパスし、逆サイドにきれてフロアバランスを整える。＃2はトップへリプレイス。＃3はインサイドの＃5へパスを入れる。そこで1対1であれば、＃5は迷わずゴールへ攻める。＃3は＃5へパスした後、コーナーへ下がるか、ゴールへカットする。同じ場所に留まっていてはならない。

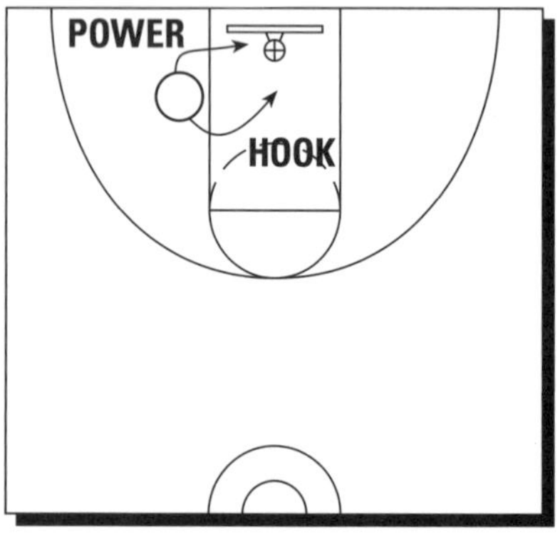

図4

➔図4　4種類の動きを教える。ベビーフック、エンドラインに沿ったパワープレー、ポストでのターンシュート、そしてもう一つはステップスルーである。ポストでボールを持ちターンしてリングに正対し、ディフェンスが来たところで片方にフェイク。逆方向へステップインしてジャンプシュートを打つ。インサイドがディフェンダーで固められていたら、それは相手がポストを警戒しているということである。そうすると別の選手がオープンでシュートできるはずである。

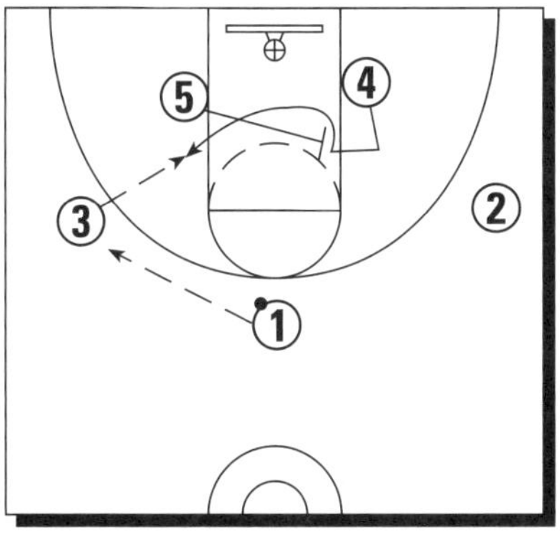

図5

図5　ダブルポスト。#1は#3へパスを出す。#5がフロントポジションをとられていたら、そのまま#4のスクリーンへいく。#4はレーンを上がってスクリーンをセットすると見せかけて#5のスクリーンを使い、相手を背にしてロールターンをしてボールを受ける。

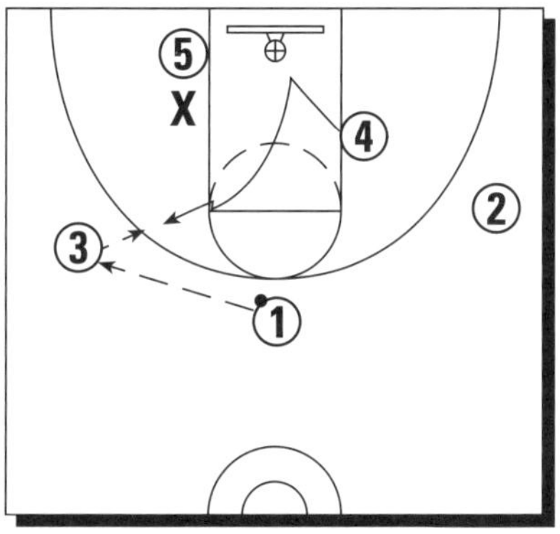

図6

図6　#5のディフェンスがフロントをとっていたら、#3がボールを受け、#1はパスの後コーナーへ切れる。そして#4がハイポストに上がり#3からパスを受ける。

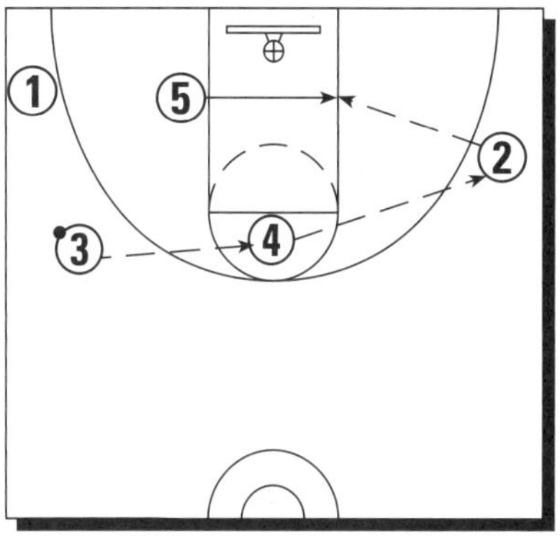

図7

図7　#3から#4、そして#2へとパスし、#5はフロントをとっていた相手を抑えておき、#2からパスをもらうべくボールサイドへ向かう。

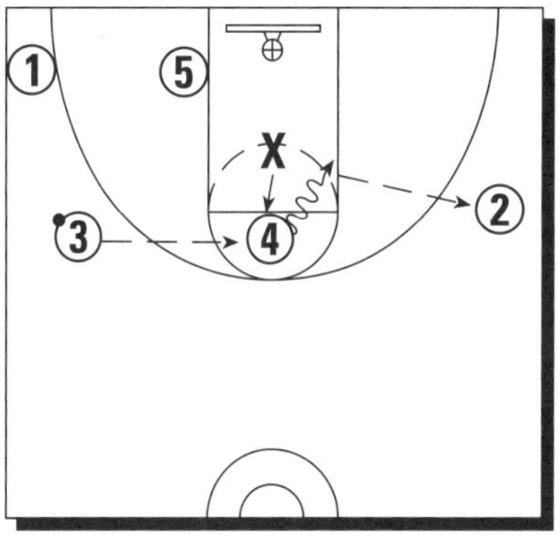

図8

図8　ハイポストへは多くのプレッシャーがかかるため、簡単には#5の裏へのパスは出せない。そのときは#4がドライブする。そして#2へパスを出し、スリーポイントを狙うことができる。#3と#1はウィークサイドでポジションチェンジをする。しかし最初の目的は#5へボールを入れることである。

図9　また#3がドライブしてもよい。そのときは#5が#4のバックスクリーンへ行く。

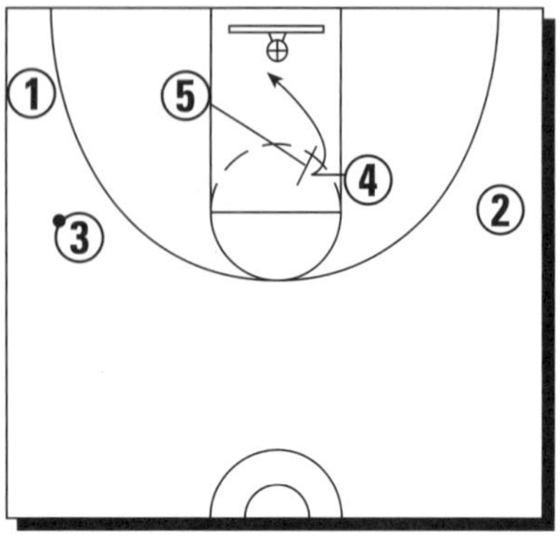

図9

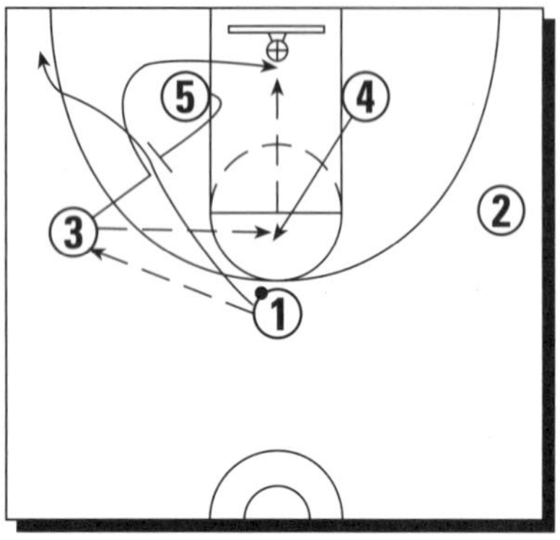

図10

図10　#4をハイポストへ呼んで、#1は#3へパスし、コーナーへカットする。#3はハイポストの#4へパスし、#5のバックスクリーンを使ってローポストへ切れる。#4は直接カットした#3へパスしてもいいし、#2を経由して入れてもよい。

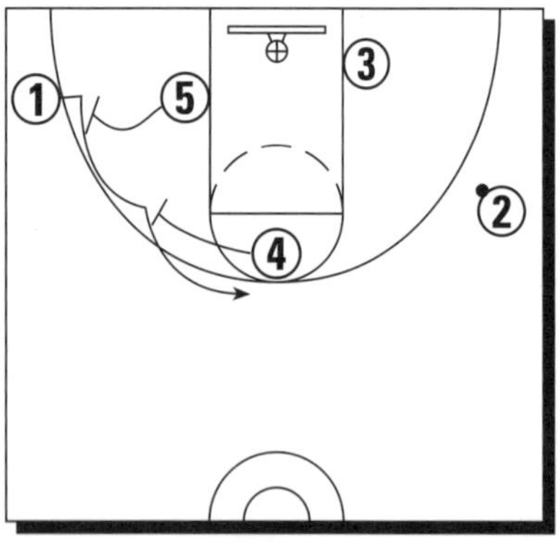

図11

図11　#3に入らなければ、#4、#5はスタガースクリーンをセットし、#1はそれを使って#2からのパスを受ける。

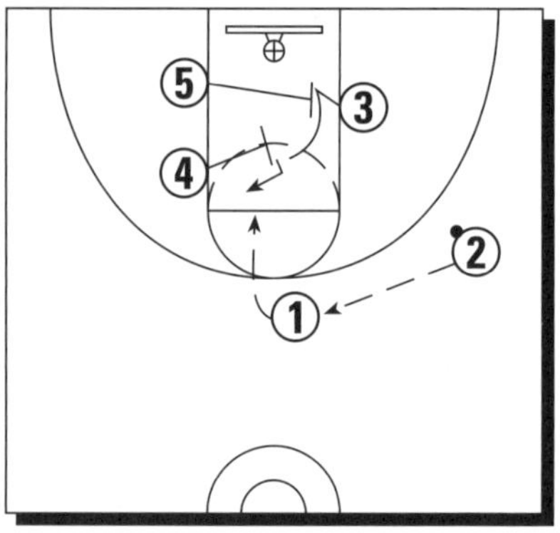

図12

図12　#1がパスは受けることができたが、シュートまで行けなかった時は、#4、#5が再度スタガースクリーンをし、#3が今度はそれを使って#1からのパスを受ける。

アウトサイドプレーヤー同士のスクリーンは、スイッチディフェンスをするチームにはあまり効かないため、行なわないようにしている。できるなら大きな選手は小さな選手へ、またその逆を行なうことが望ましい。その時スクリーナーは相手のスイッチにいつも気をつけておいて、ミスマッチなどのアドバンテージを利用できるようにせねばならない。ボールに向かってロールすることを忘れないようにすること。

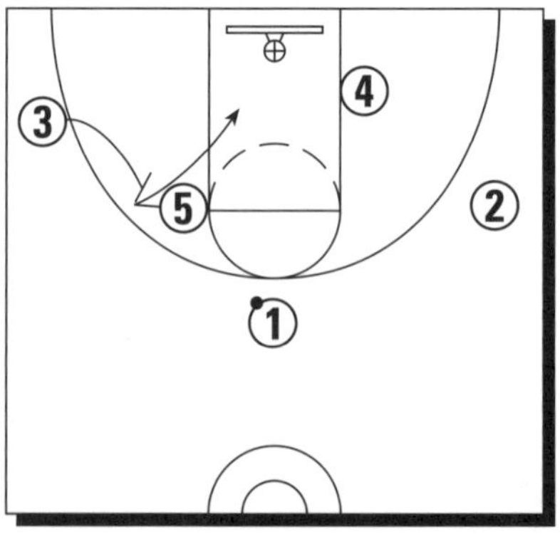

図13

図13　ときどきハイポストにいる#5に#3がバックスクリーンをするところから始める時もある。大事なことは、セットプレーをする時には、ディフェンスにアドバンテージをとるためにいくつかのオプションを持っていなくてはいけないということだ。ディフェンスのい

いチームはその選択肢をどんどん潰してくるだろう。

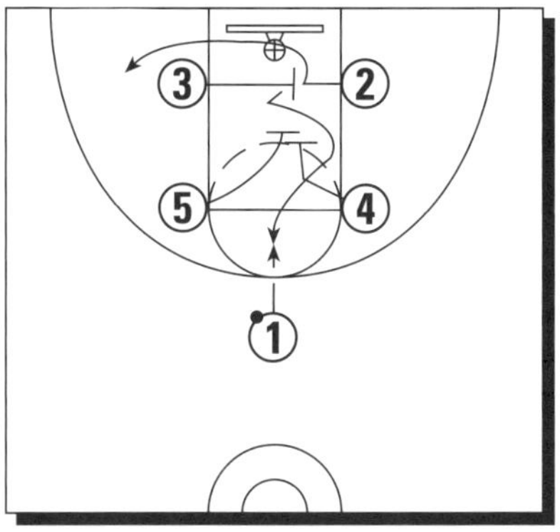

図14

図14　アメリカズプレー。全員が動く。＃3は＃2へクロススクリーン、そして＃4、＃5はダウンスクリーンをして、それを使った＃3が＃1からのパスを受ける。

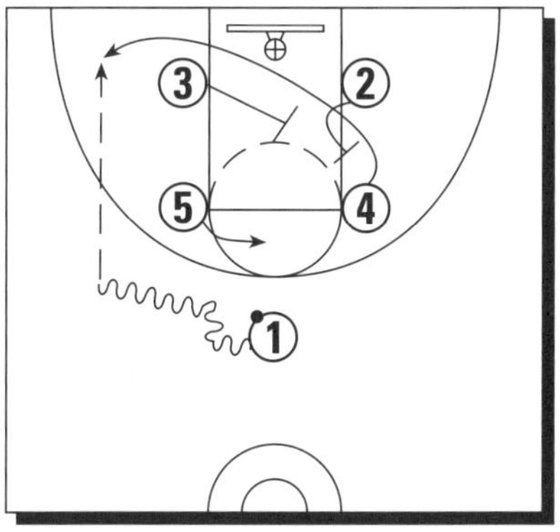

図15

図15　アメリカズプレーNo.2。＃1はウイングまでドリブルし、＃2、＃3は＃4にスタガースクリーン。＃5はハイポストに移動してスペースを空ける。

図16　最初にスクリーンした＃2は、ウイングへ出て、次にスクリーンをした＃3は＃5のダウンスクリーンを使ってトップへ出る。

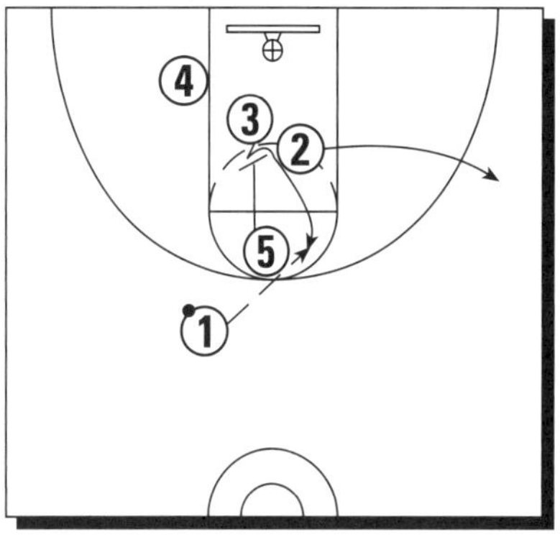

図16

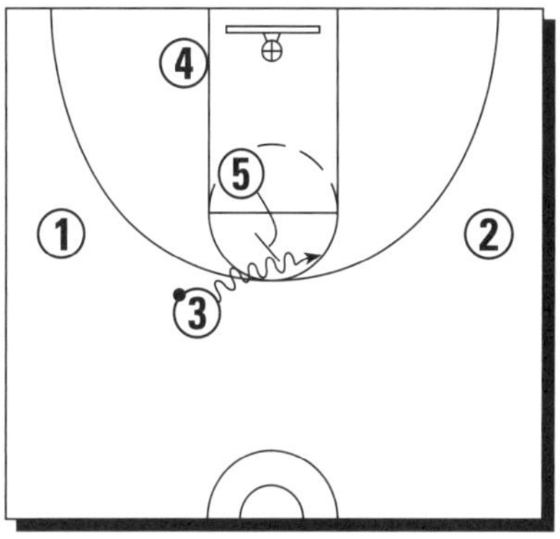

図17

図17　＃3がシュートできなかった時、＃5はターンして＃3へ再度スクリーン。そして＃3と＃5がピックアンドロール。ボールマンへのスクリーンは素早く行なわねばならない。

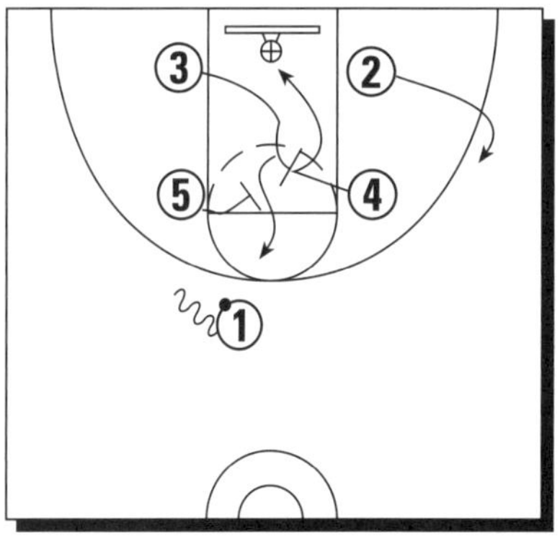

図18

図18　これはオプションだが、＃2はウイングへ、＃3は＃4へ、そして＃4は＃3へスクリーンして、＃3がトップへ出てくる。

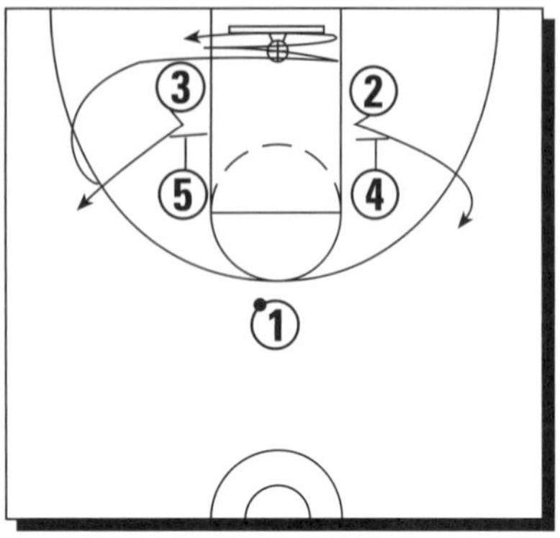

図19

図19　トライアングルツー対策。これに対しては、マンツーマンのパターンで使うオフェンスを行う。マンツーマンで疲れていない選手をベースラインに沿って行ったり来たり走らせる。そしてハイポストからそれら2人に対してスクリーンをセットする。トライアングルツーをされると選手はとまどい、どんなディフェンスなのか判明した時には精神的に混乱していしまい、困難な状況になるのである。

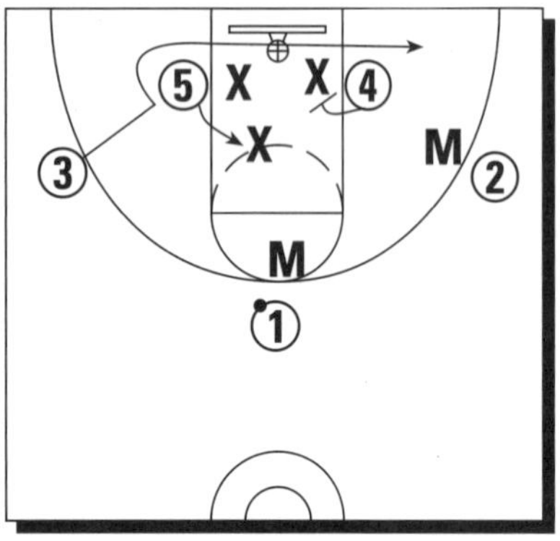

図20

図20　#3がベースラインに沿ってカットする。#5は#3へスクリーンをしてインサイドでダックイン。#3はカール、フレアをして#4のスクリーンを使う。マンツーマンのようにこれを攻める。

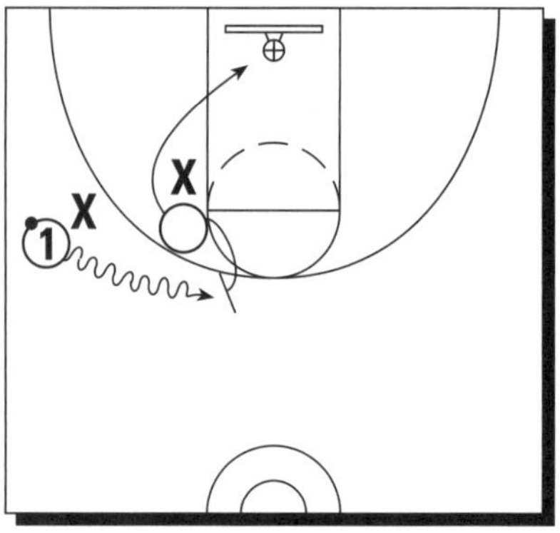

図21

図21　これは特に言っておきたいのだが、ピックアンドロールの時ディフェンスがヘルプに飛び出てきたら、常にリングに向かってロールする。スクリーンに対する飛び出しの際には、常にそのアドバンテージをとらなくてはならない。

コーチングの際、相手チームのことも見据えているだろう。われわれはリーグの選手全員を見て、そのオフェンスに対するディフェンスを練習せねばならない。

次に準備しておかなくてはならないことが2つある。ゾーンディフェンスとプレッシャーディフェンスの対策である。

Zone Offense
ゾーンオフェンス

ゾーン対策は毎日行なっている。選手にはゾーン対策を楽しんでやってもらいたい。我々はゾーンが苦手ではない。ゾーンを怖がらないこと、それがすでにゾーンを攻める一つの鍵なのである。怖がったらそこで負けである。

2−3ゾーンの対策から始めよう。まず適切な人選をすること。身長だけが要素ではない。ジャック・ハートマンはカンザス州立大の前コーチであるが、アシスタントコーチにこう言った。「シュートが打てない選手はスカウトするな」と。これは適切な言葉だ。時折身長に惑わされ、手間取ることがある。より大きな選手をと考えすぎてミスキャストすることがある。

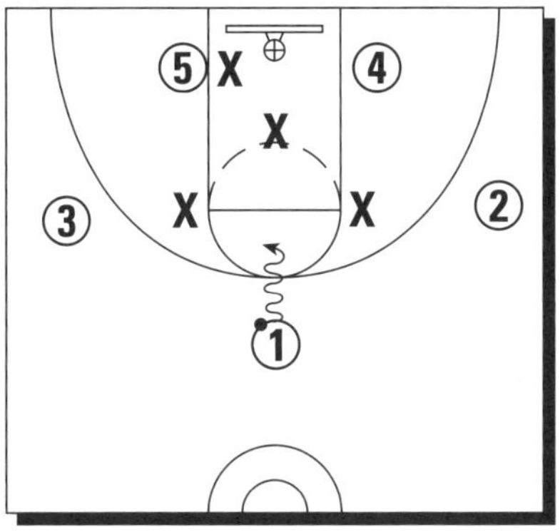

図1

図1　#4、#5はベースライン付近にいるようにして、どちらかがハイポストでのシュートを打てるように準備しておく。もし打てなかったら、スクリナーとして次に使われる。できれば少し大きめの選手を#1のポジションに使いたい。そして#2、#3はシューターである。大きな選手にはゾーン全体を見渡せるポジションにいてもらいたい。#1はドライブのうまい選手であることが望まれる。

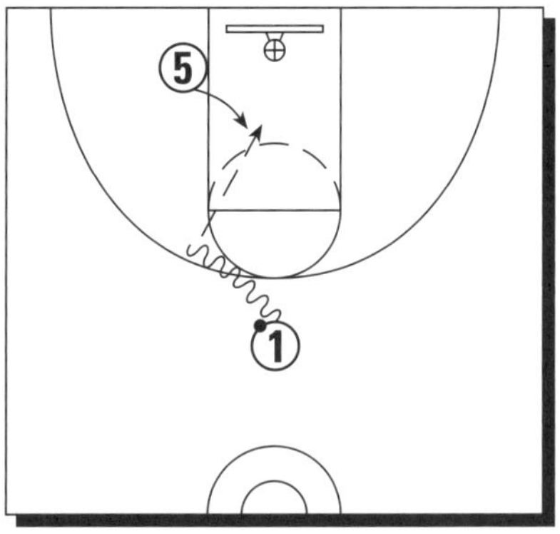

図2

図2　ゾーンを分断したい。#1がまず仕掛ける。#1がディフェンス2人を引き出すことができれば、ゾーンは非常に攻めやすくなる。

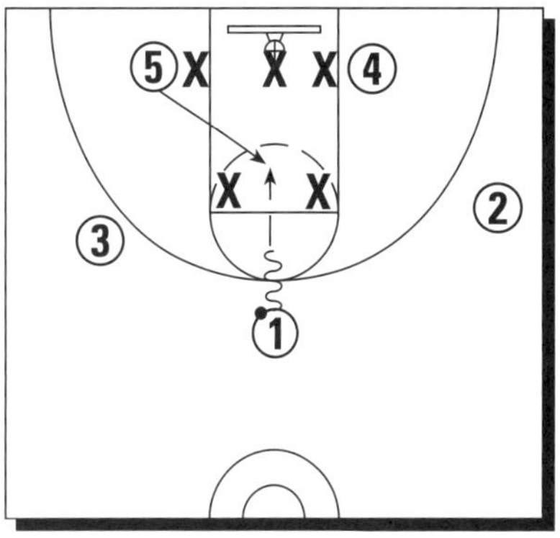

図3

図3　2-3ゾーンの時、#1はドライブして#5へバウンズパスするか、#2か#3へパスアウトする。ボールをインサイドへ入れることによってゾーンを壊すのである。#1が#5へパスを出したら#4は#5の裏へカットする。#1から#5、そして#4である。

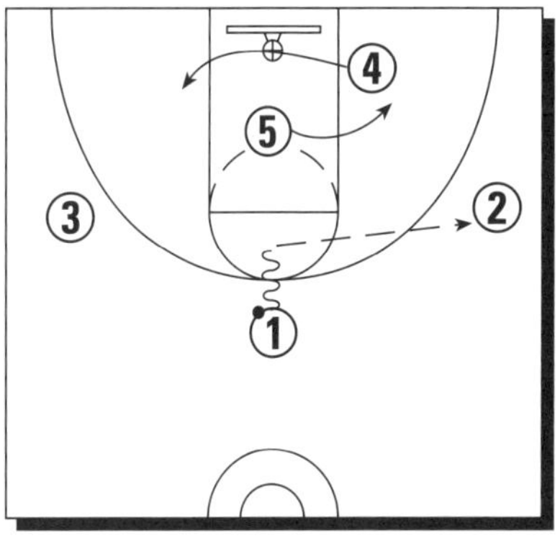

図4

図4　#1が#2へパスを出したら#2は3ポイントを狙う。#5はボールを追って動く。

図5　より良いシューターがいるのとは逆サイドへパスすることからオフェンスは常に始めなければならない。ゾーンをシフトさせ、元に戻す。そういった動きをさせたいのである。#2がシュートを打てなかった時は、パスを#1へそして#3へ戻す。#4はインサイドで#5へスクリーン。

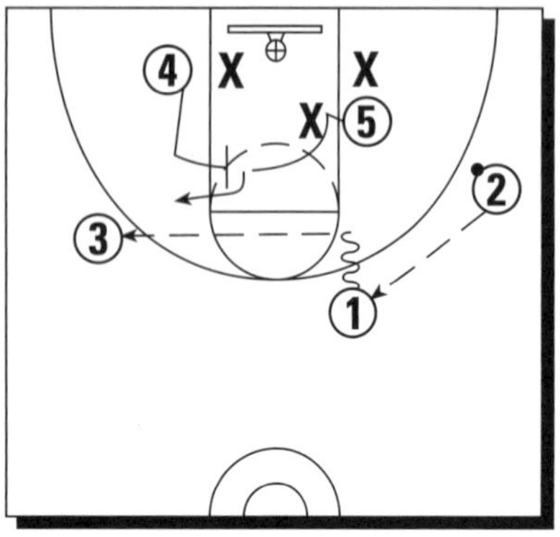

図5

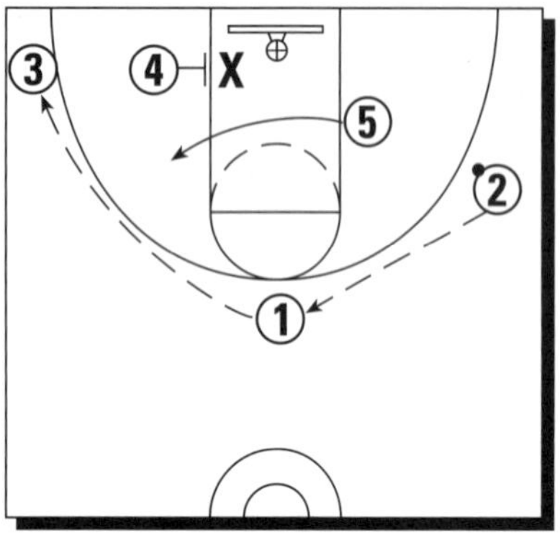

図6

図6　＃3がコーナーにいる時、＃4はゾーンの下の端を守っている選手にスクリーンをかける。＃5はボールサイドへ。

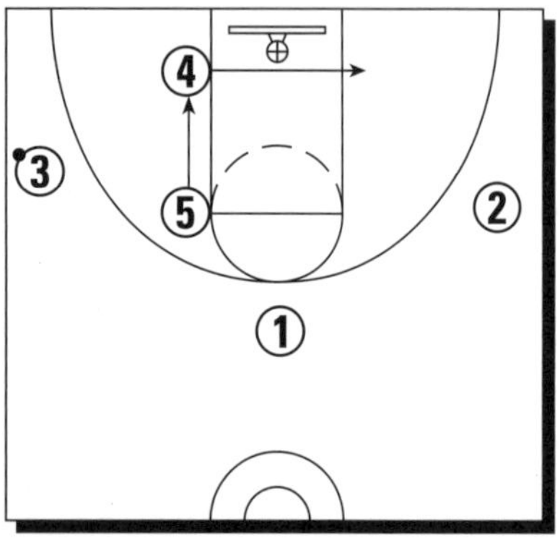

図7

図7　＃3がボールを持って、＃4は逆サイドへスクリーン、＃5はローポストへ。＃1はポジションを替えないこと。＃1は一番ボールハンドリングのいい選手でなくてはならないし、そういったポイントガードを育てなければならない。

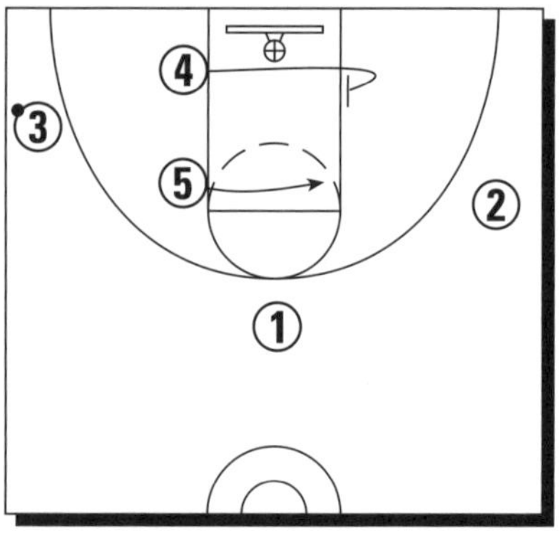

図8

図8　ボールがリバースされたら、＃4は逆サイドへ切れる。＃5はボールを追う。

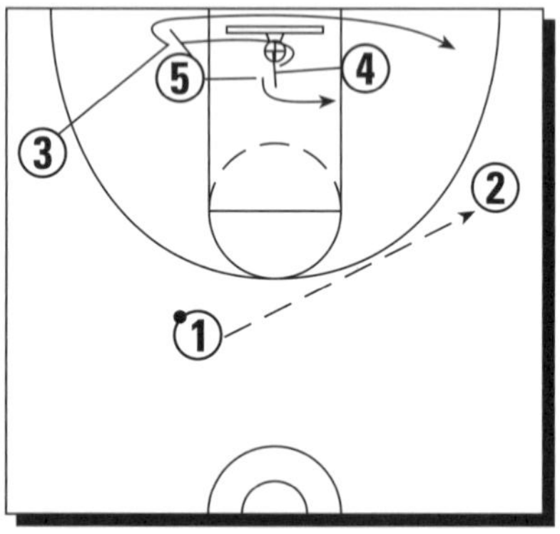

図9

図9　＃2へボールが返される時に＃4と＃5はインサイドプレーを狙うことができる。＃4はスクリナーで＃5はインサイドシュートのうまい選手である。＃3はインサイドを走り抜け逆サイドのコーナーへ出る。アウトサイドの選手はいつでもゾーンに切り込んでいくようにする。ポストはそういった動きに合わせてスクリーンを準備する。

図10　これはマッチアップゾーンである。直面しているすべてのゾーンはマッチアップゾーンであることを覚えておくとよい。エリアを守っているのではない。人についているのだ。だから常に何かしらの動きを絶やさない必要がある。

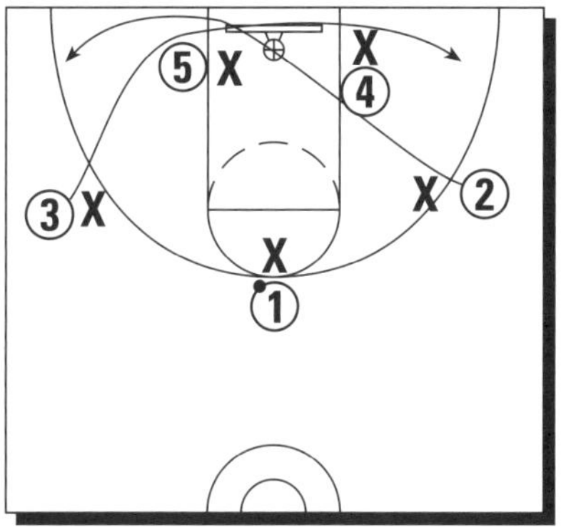

図10

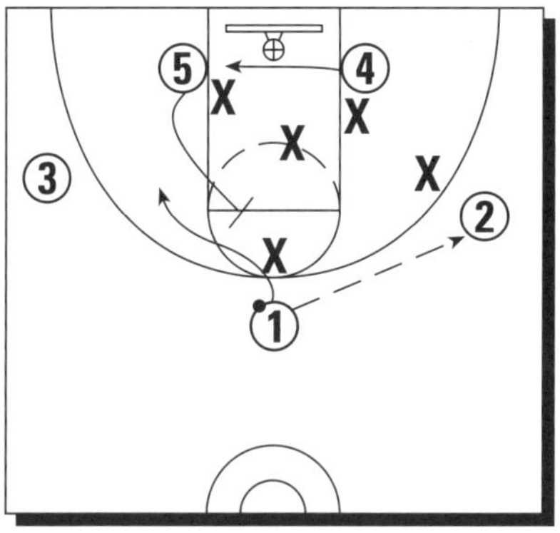

図11

図11　＃1が＃2へパスする。＃5はハイポストへ上がって＃1へバックスクリーン。誰が＃1につけるだろう？　ゾーンの後ろから出てこない限り＃1は完全にフリーになっているはずである。もし出てくるようなことがあれば、＃4が逆サイドへきれれば、またフリーになる。＃1が＃3へパスしてもよい。

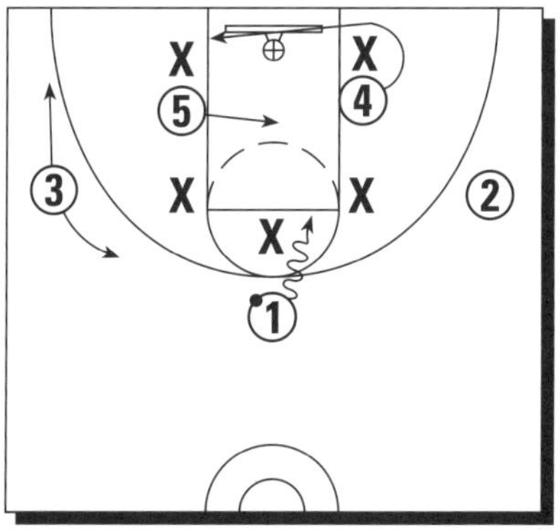

図12

図12　対3-2ゾーン。ほぼ2-3と同じである。ゾーンのつなぎ目を寸断するように動く。＃1がドライブし、＃5がペイントに入ってインサイドで合わせる、もしくは＃2か＃3へパスアウトする。

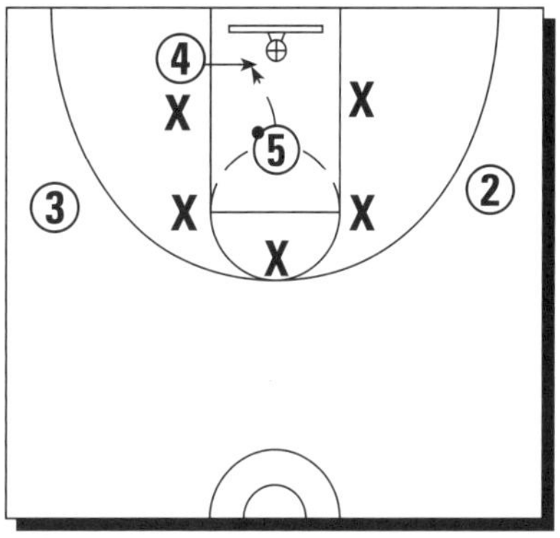

図13

図13　もし＃5がパスを受けることができたら、＃5は＃4へ、また＃2か＃3へパスアウトしてもよい。

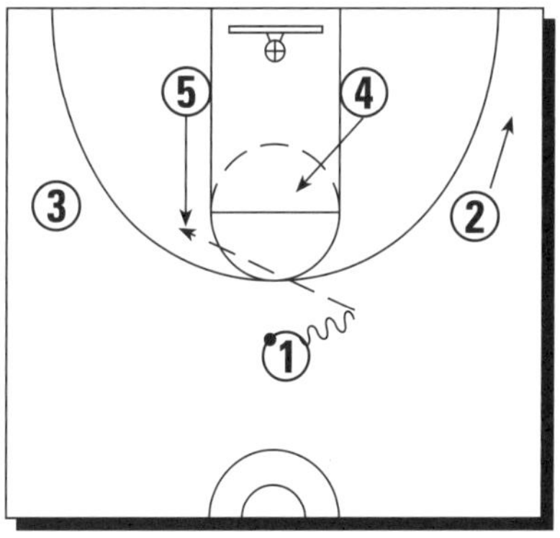

図14

図14　我々が「エルボー」と呼ぶこれは1－3－1、3－2などの一線目を奇数の人数で守るゾーンに対して使う。＃5がウイングに出て、＃4はダックインするか、逆サイドのローポストへ切れる。＃4が逆サイドへ行った場合、そのサイドをクリアすることになり、＃2は＃1からロブパスを受けダンクへ行くこともできる。これはセットプレーの一つである。

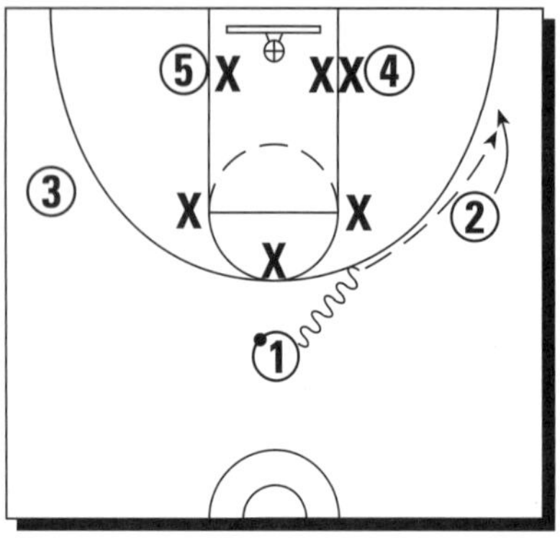

図15

図15 これは「ジャンプ」と呼んでいる。これもセットプレーの一つで、シューターの＃2にジャンプシュートをさせるものである。＃1がドライブインして、＃2へキックアウトする。そのとき＃4はゾーンの下側のディフェンダーにスクリーン。

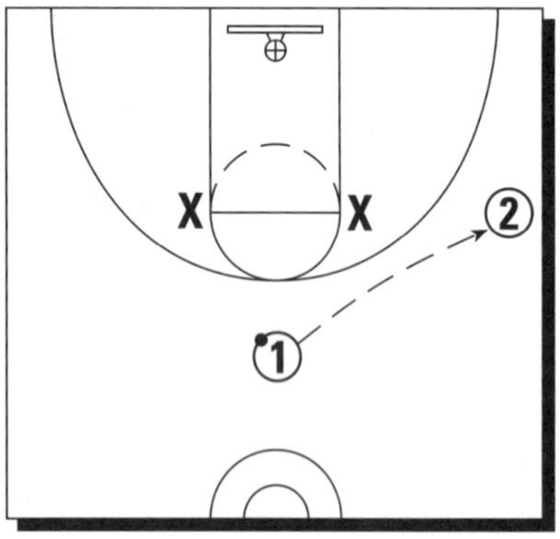

図16

図16 対2-3ゾーン。＃1は常に真ん中にいるようにする。

図17 対3-2ゾーン。＃1は後ろへ下がっておく。＃1は＃2へパスを出して、そのまま後ろへ下がっておく。ゾーンはパスに合わせてダウンするから、ディフェンスは＃1のマークにすぐに戻ることはできない。＃2は＃1へパスを戻すと、ペイントの中で＃4がパスを合わせることができる。

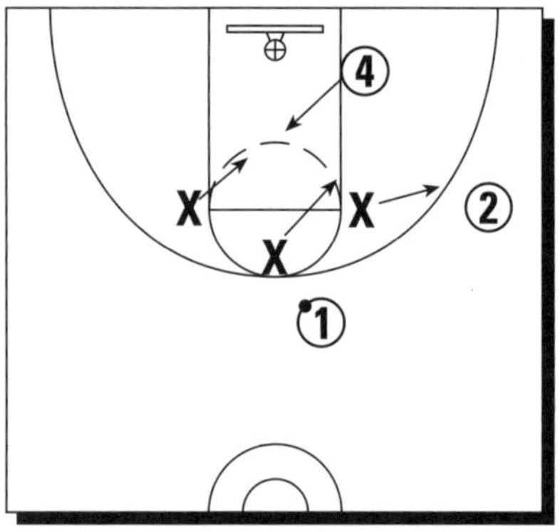

図17

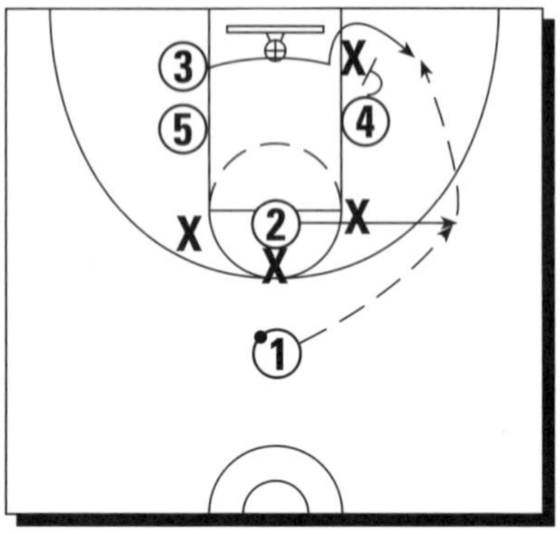

図18

図18 対3-2ゾーン用のセットプレーをもう一つ。シューターの＃3は＃5の後ろで止まっておく。＃2はハイポスト中央から外へ飛び出て、＃1のドライブインからのパスを受ける。＃4がゾーンの下のディフェンダーにスクリーンをかけ、＃3がそれを使って＃2からのパスを受ける。

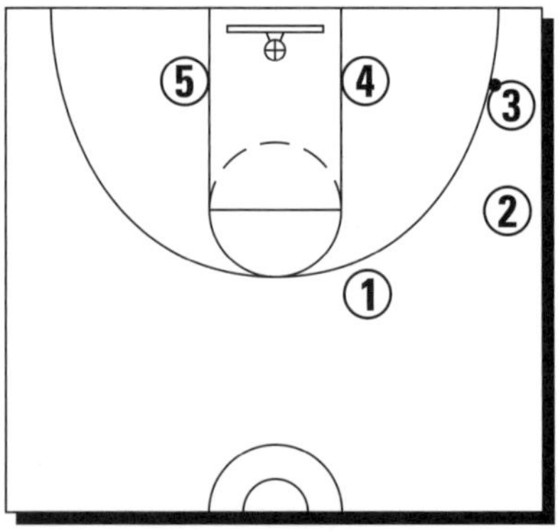

図19

図19 ＃3がシュートを打たなかった時は＃4がボールに向かってポジションを取る。

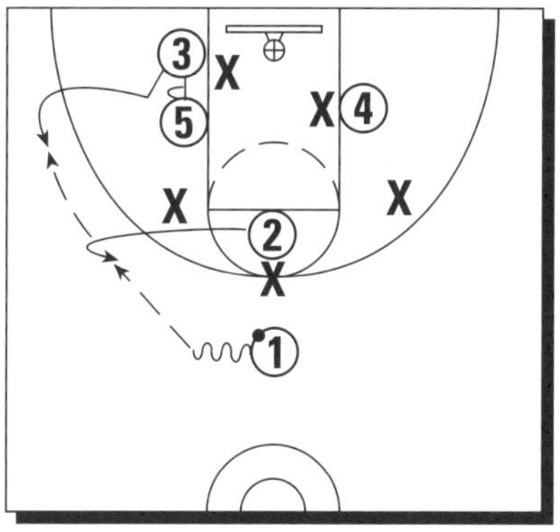

図20

図20　#2が#3と#5のスタックのほうへ飛び出た場合は、#3は同サイドのコーナーへ出て、#5は二線目のディフェンダーへスクリーンをする。ボールの動きは#1から#2、そして#3である。#5のスクリーンがファイトオーバーしてきたら、#3はインサイドの#5へパスすればよい。

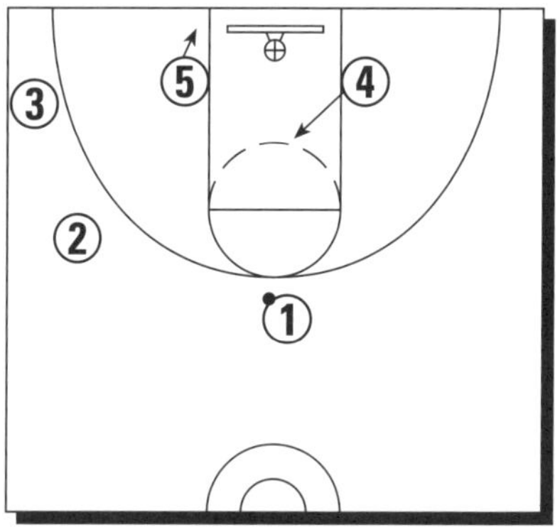

図21

図21　#2がポイントガードへパスを戻したら、#4はダックイン、あるいは#5とスクリーンをして、#3が逆サイドまで切れる。

図22　1-3-1対策。#4、#5が同時にハイポストへ上がる。そして、#2、#3はコーナーへ下がる。これもセットプレーの一つである。

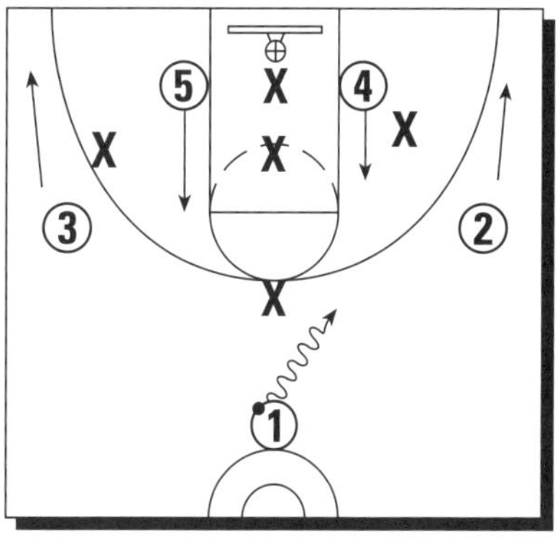

図22

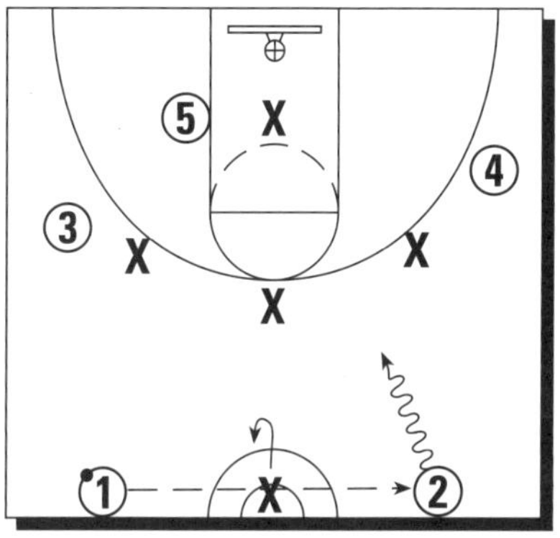

図23

図23　1-3-1ハーフコートトラップディフェンスへの対応。逆サイドへボールを振ってからペネトレートすればよい。ドリブルがうまい選手がいれば問題はない。

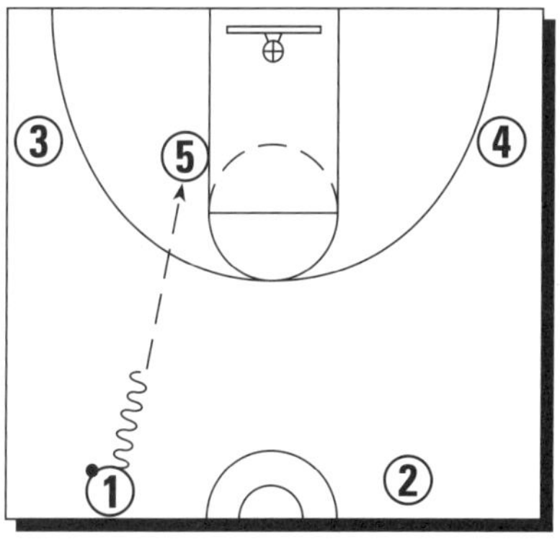

図24

図24　もしくは#5がオープンスペースへ飛び込んで、#1から直接パスを受ける。

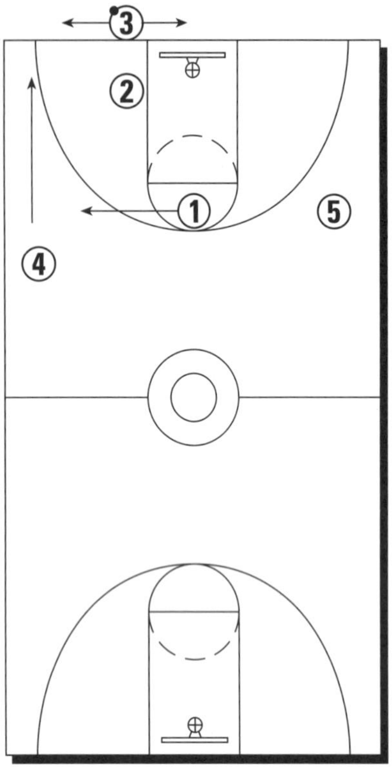

図25

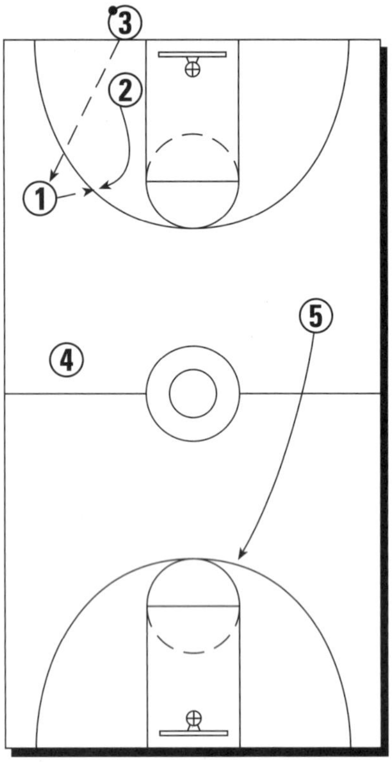

図26

図25　これはプレスディフェンスに対するもの。＃1はポイントガードで、＃5はハンドリングの最も弱い選手である。正確にインバウンズできる選手を使いたい。＃4は前を押さえられたら、深くフロントコートのコーナーへ行く。プレスされている時は、コーナーではなく、フリースローラインの延長線上でボールを受けたいので、＃4がコーナーへ行って、そのあとを＃1が埋める。

図26　＃3は＃1へボールを入れ、＃2はミドルラインへ切れておいて、また＃1からパスを受ける。＃5はゴールへ向かう。

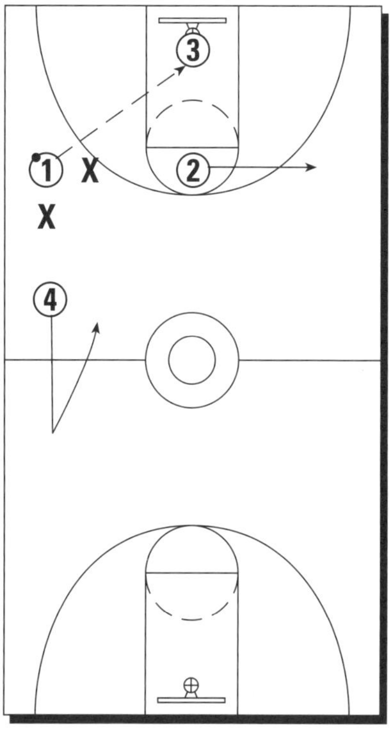

図27

図27　#1がトラップにかかった場合、#1は#3へパスを戻す。#2は逆サイドへ切れる。#4は走り切ってから戻る。

スローインの場所が固定されていない時、インバウンズする選手はボールを正確に扱える選手が望まれる。プレッシャーがあったとしても、片方へジャブステップをして、逆方向へ行き、スローインの際にトラブルのないようにしたい。

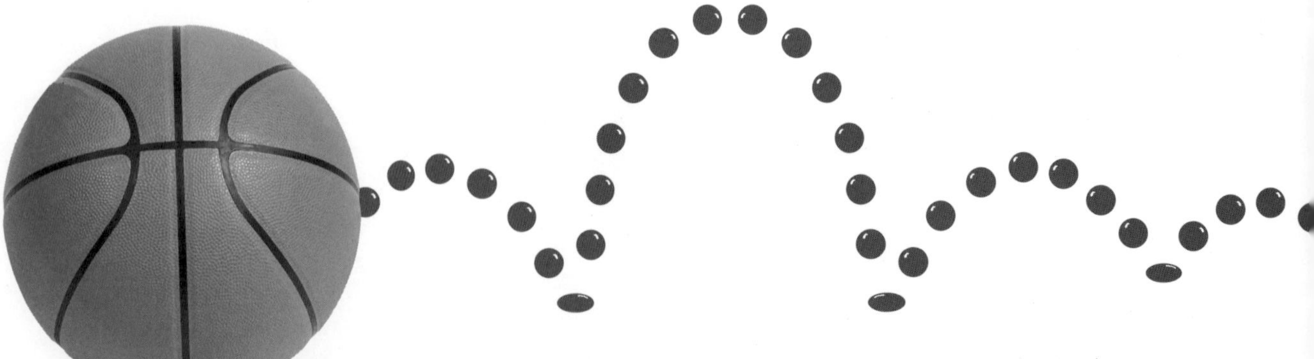

PAUL HEWITT

ポール・ヒューイット

Individual Instruction
個別指導

我々のチームは自分たちの記録とその達成までにかかった時間の短さに自信を持っている。このように短い期間で成功を収めることのできた理由を1つ挙げるとすれば、それは我々の作ったシステムの中で選手が著しく成長したことにある。個別指導や選手の頑張りなしには、このような速さで成功を遂げることは無理であったように思う。私がチームのコーチとして就任する前年のチームの記録は8勝19敗であった。就任した年にチームは17勝12敗、2年目には25勝6敗といういい記録を出すことができた。私たちの行った個別指導に関する8つのことを紹介しよう。

Value of Individual Instructions
個別指導の価値

1 コンディショニング。よりコンディションのいいチームが勝つ可能性が高い

2 全選手のボールハンドリング能力のアップ
- A. キャッチ
- B. ドリブル
- C. パス
- D. さまざまなシュート

3 オープンシュートを打つためのカット練習
- A. ポップ、カール、フェイド
- B. スクリーンとボールへのステップ
- C. ポストポジションのためのインサイドでのカット

4 得点につなげるためのドリブル
- A. ハーフコート
- B. 1/4コートでの動き
- C. ドリブルからのポストムーブ

5 ドリブルスキル
- A. 全選手がドリブルできるようにする
- B. オープンコート
- C. ハーフコート

6 ボディバランス
- A. パスのためのピボット
- B. ドリブルのためのピボット
- C. シュートのためのピボット

7 競争心の浸透
- A. シュート競争
- B. ボールハンドリング競争

8 フリースロー。全選手が1日50本のフリースロー練習を行なう

コンディショニングは私たちのプログラムで最も力を入れている部分であり、私たちのチームは他のどのチームよりも常にいいコンディションであることを自負している。選手に教えることのできるのは週に2時間だけであるが、テクニックについては最初と最後に少しやる程度で、多くの時間をゲームスピードのための練習に使っている。ゲームスピードとは試合を想定した速い動きや全力を出し切る動きのことである。私たちは週1回、40分のセッションを3本行なっているが、この練習が終わった後にはどの選手もとても疲れている。

ボールハンドリングは決してドリブルのことだけ

を指しているのではない。私はコーチを始めたばかりの頃から、キャッチ、パス、ドリブル能力の重要性を認識していたが、長いコーチ人生の中でキャッチの能力が最も大切だと思うようになった。キャッチができなければプレーはできない。私たちのチームの個別指導では、選手のキャッチ、パス、ドリブルの能力を高めるような数々のドリルを行なっている。ただ単にボールキャッチをするのではなく、パスの要素も取り入れている。パスを受けた選手が速いスピードでシュートを決めたとする。この場合、シュートを決めた選手が素晴らしいのはもちろんだが、この選手にパスを出した選手もシュートをした選手と同じぐらいのスピードでプレーしていたということを覚えておいて欲しい。キャッチ、ドリブル、パス、シュートの4つの練習は力を入れてやらなければならない。

その他に我々がやっているのは、ボールを持っていないときの動きである。これは、スクリーンになっていた選手が飛び出し、ボールをキャッチして違うアングルからカールやフェイドをするという練習である。この練習をするときに留意しなければならないのは、スクリーンを作っていた選手がどうフリーになりボールを受け取りシュートを決めることができるかである。

我々のチームでは＃4、＃5の選手だけでなく、全員がインサイドカットの練習を行なう。選手全員がコートのあらゆる場所からシュートをする練習をするが、これは選手にどうやってインサイドをオープンにするかを知ってもらいたいからである。

ドリブルについて話す。ハーフコートや1/4コートからのドリブルとドリブル後の動きの練習をする。チームにポストアップできるアウトサイドプレーヤーがいるのであれば、シュートを狙うべきである。選手全員のドリブルスキルを高めることは大切なことである。我々のチームでは1対1や1対2のフルコートドリルを頻繁に行なっているが、それにより選手の誰もがボールに触れるチャンスを得ると同時に、コンディショニングにも役立つ。

ボディバランスについて説明する。速いペースでプレーしているときには、シュートなどのときにバランスやコントロールを失いやすい。守備範囲内でボールをしっかりキャッチすればバランスを崩さず、より正確にプレーすることが可能になる。私たちのチームではピボットして方向を定めてからパスを出す練習を、体の大きな選手に頻繁にさせている。ポストがボールをキャッチしウィークサイドにボールを出したとき、そこにいる選手がピボットしてパスを出す方向に向いてからパスを出すことが好ましい。また、我々のチームではドリブルに入る前のピボットの練習もしている。私たちはモーションオフェンスを用いているため、＃4、＃5の選手がバスケットから4～5m離れたところにいることもある。このような場合に、選手はピボットをせずに上半身だけを動かしてドリブルを始めようとするため、バランスを崩してしまう。ピボットをしてからドリブルをすることが大事である。ボディバランスはパスやシュートの質にも影響を与えるということを理解しておいて欲しい。

競争心を選手に植え付けることも大切なことである。これは一度に2、3人にしか指導することができない。私たちのチームでは一度に2人ずつ指導している。これは繰り返し行なうことが大切である。

そして最後になるが、我々のチームではフリースローにも力を入れている。我々は常に、必要のない動きをまったくしないようにしている。最も優れたシューターというのは、同じシューティングフォームや動作を何度もまったく同じように行なうことのできる人である。フリースローを打つ前には無駄な動きをせずに、いつもと同じシュートフォーム、動作を再現する。チーム内にフリースローのうまい選手がいたとしても、私たちのチームでは選手を交代することはない。これはチーム全員のシュート成功率が80%のレベルであるからである。シューターが右利きの場合、右足をリムの真ん中へそろえるようにさせる。そしてボールをバウンドさせる数を2～3回に制限している。それ以外は各選手のやりやすいようにやらせているが、この場合にも選手が自分で決めたことを毎回きちんとさせる。週6日、1日に50本のシュート練習をさせている。

Individual Drills for Player Development
個人スキル向上のためのドリル（1～3人での練習）

1 ボードタップ。効果的なウォームアップのドリルである。ボードに向けてボールを投げ、右手で10回タップする。反対側のボードへ行き、今度は左手で行なう。また繰り返し。今度は5回づつ行なう。これはボールコントロールと、肩・手の筋力向上に役立つとともに、そのままリバウンドにも役立つ。

2 スーパーマンドリル。ブロックからスタートする。ボードへボールを投げ、反対側のレーンへ飛び込んでリバウンドを取る。ボールを頭の上にキープする。このことを強調する。

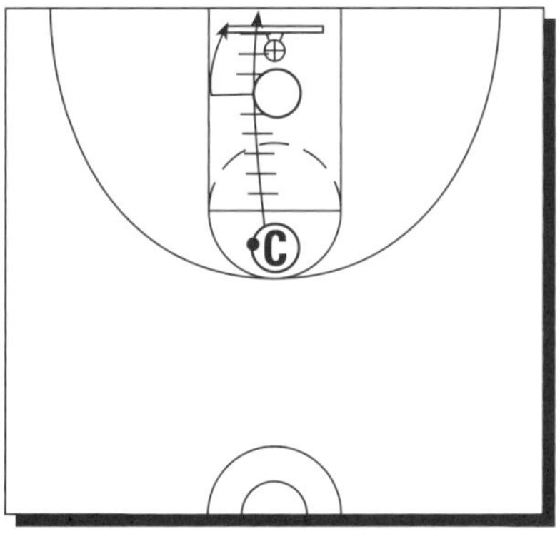

図1

3 （図1）コマンドリバウンドドリル。コーチがボールを持つ。選手はコーチと向き合う。コーチはバックボードへボールを投げる。ボールが右肩の方へ行ったら右足でピボットをし、ボールを取りに行って戻す。ボールを取り、コーチへパスを戻すのである。これを10回繰り返す。ピボットし、ボードへ向かってボールを取ってパスする習慣をつける。このドリルを使い始めるとたくさんの選手がリバウンドのスタートの際に効果的なピボットを使っていないことに驚くだろう。しかし両方の足を使えるようになるまで時間がかかる。

4 マイカンドリル。

5 キルザグラス。サークルの中に選手を入れ、基本的にその中であらゆる種類のドリブルの練習をさせる。特に練習する3つの動きは、インサイドアウト、クロスオーバー。そしてビトゥイーンザレッグである。私はビハインドザバックドリブルに関してはあまりうるさくはない。なぜならこの動きをするときに、彼らはかかとに重心がかかって後退するから。動きのポリシーは常に攻撃することである。

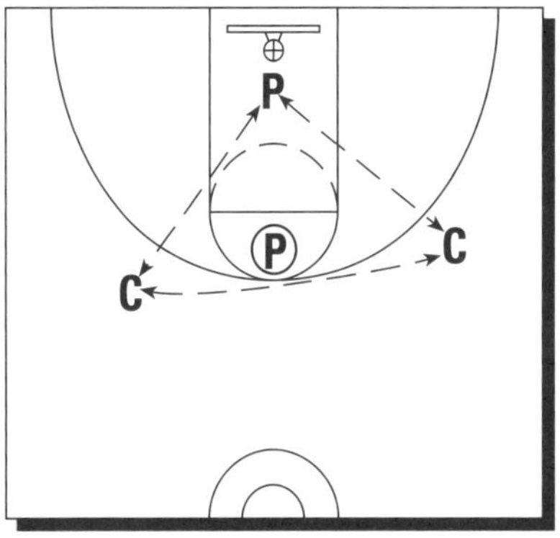

図2

6 （図2）キルザグラス&パス。1人のコーチともう1人の選手を加える以外は同じドリルである。ボールハンドリングの練習をする選手は真ん中にいる。他の選手たちはもう一つのボールを使ってパスをしているが、ドリブルをしている選手はそのボールがどこにあるか分かっていなければならない。真ん中の選手は名前を呼ばれたらドリブルを止め、ボールを見つけ、そのボールを持った選手にパスをする。それと同時にもう一つのボールを見つけ、そのボールを受ける。ドリブルの練習をしているが、同時に顔を上げ続けなければならない。

7 ハーフコートドライブvs.椅子。右ウイングのハーフコートからスタートする。選手はインサイドアウト、クロスオーバー、ビトゥイーンザレッグの3つの動きを使って、椅子を攻撃する。レイアップをして、左へ移動する。

8 （図3）ハーフコートドライブvs.椅子&コーチ。コーチが右か左にジャンプをし、ドリブラーはもう一つの動きをしなければいけない以外は上記と同じドリルである。注意すべき点は、ゲームスピードで実行することだ。

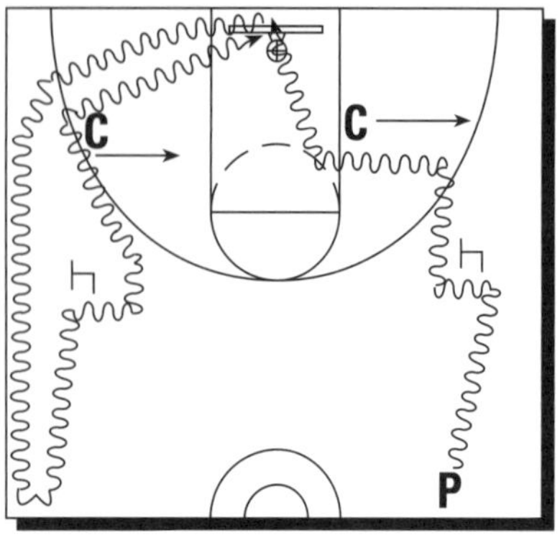

図3

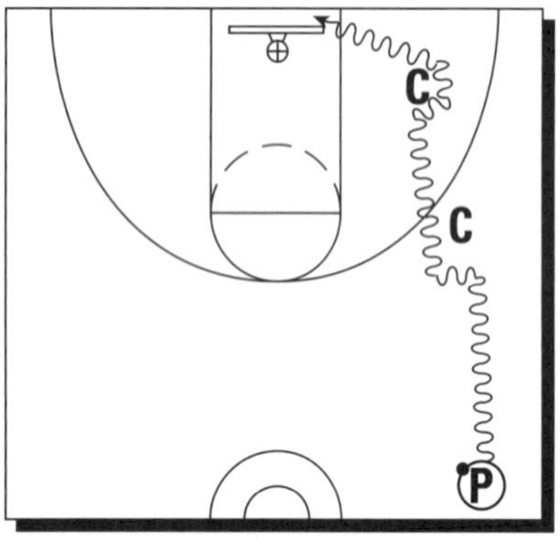

図4

9 （図4）ハーフコートドライブvs2人のコーチ。同様である。ゲームの動きに近いようにする。ゲームスピードで行なわせる。

10 クォーターコートリップ＆ゴー。いろいろな角度でスクリーンを使うことについて触れた。そしてポップアウト、カール、フェイドについても言及した。自分をオープンにしてボールをキャッチし、相手にとってオフェンスが脅威となるようにする。我々はたくさんのシュートをする。200～300本のシュートを打つ。レイアップやジャンプシュートなど。ボールをキャッチしたら力強くバスケットを狙う習慣を選手につけて欲しい。

図5　両側にスクリーンをおいた状態で、選手はレーンからスタートする。コーチがボールを持つ。選手はVカット、キャッチ、リップ、ピボットをし、そしてバスケットを狙う。レイアップをして逆サイドに行き、同じことを繰り返す。フットワークを使う。ボールをキャッチして戻すときに、リップをしてから大きなステップでゴールへ向かうようにさせる。これはいろいろな場所で行なう。

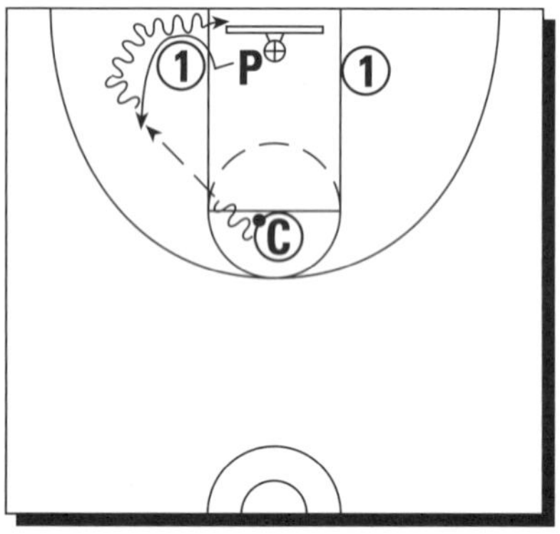

図5

図6　フェイドの練習もまた行なう。このドリルの最中は途中で止めることはない。フットワークを使い続けさせるのだ。もし正しいピボットとしっかりしたボディバランスがあれば、いかに多くのエリアをカバーできるかを理解してもらいたい。

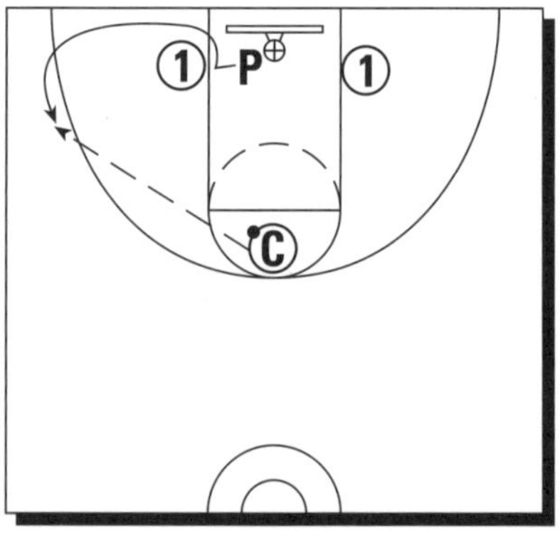

図6

11 クォーターコートシュートフェイク＆ゴー。45秒間（バスケットとプルアップまで）選手をレーンに入らせ、ボールに弧を描かせることに集中させる。

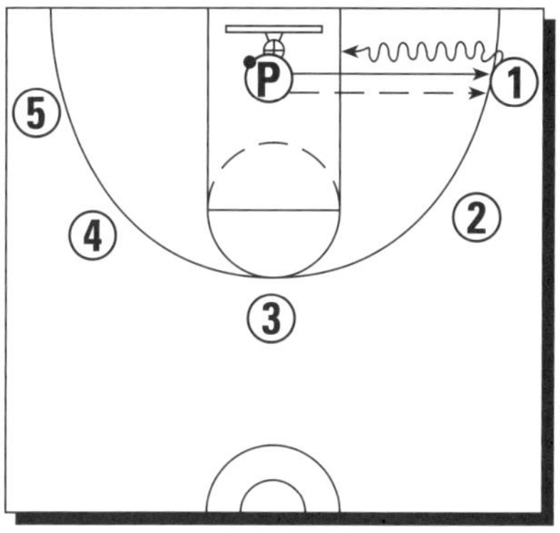

図7

12 （図7）スポットドリブル＆ドライブ。5スポット。ゴール下の選手が各スポットにいる選手にパスをする。パスした選手がドリブルをしてバスケットを狙う間、ゴール下の選手が1秒待ってからドリブラーに向かっていく。ボールを持った選手は向かってきた選手をかわしてレイアップをしなければならない。各選手はそれぞれ3回ずつドライブをする。速いペースでこれらのドリルを行なうことが非常に重要である。

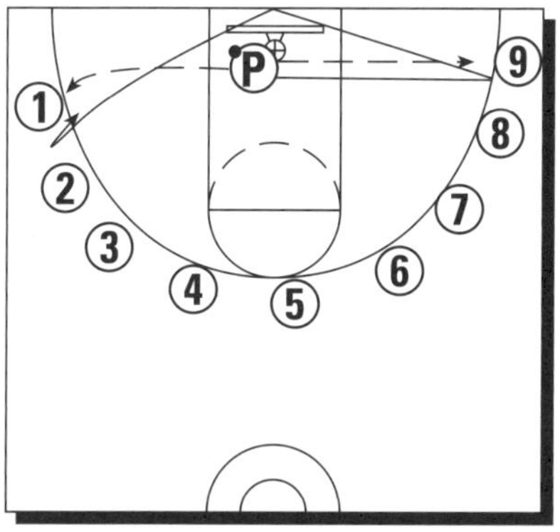

図8

13 （図8）スリー＆ツー。2分間で9スポットから（45点）。選手はボールを持ってバスケットの下から始める。まず、バックスピンをかけてボールを前に投げ、それを追いかける。キャッチし、ピボットして、3ポイントシュートを打つ。自分でリバウンドを取り他のスポットへパスを投げ、9と1、8と2、7と3・・・・の順で各スポットへパスをする。3ポイントを打った後、キャッチ、ピボット、シュートフェイク、プルアップ、そして22点シュートをしてこのドリルを繰り返す。完璧にできたら最高45点獲得できる。

14 トゥーズ＆レイアップ。2分間で9スポットから（27点）。これは同じドリルだが、違うシュートで行なう。疲れたときにシュートを打たせるので効果的なドリルである。ゲームではオープンになったらシュートを打って欲しい。

15 ポップ、カール、フェイドをいろいろな角度から。通常2本ずつシュートをする。

16 6スポット、6シュート。となりのスポットへ移る前に6回シュートを打つ。これを1分間行なう。ペアで移動し、うち1人はパサーでもう1人はシューターである。

17 9スポット、6シュート。同じドリル。時間を計るか、お互い競い合わせるなどして競争する。

18 3ポイントシュートと6スポットからの動き。3ポイントラインの外からのドリル。我々のプログラムの最高記録は1分15秒である。もし1分以内に終わらなかったら、ラインドリルをしなければならない。

19 プラス8、マイナス4。これはボールを持つ前の動き、フットワーク、そしてコンディショニングにおける効果的なドリルだ。シュートを打つたびに1点が加えられ、はずすと1点マイナス。得点がマイナス4になる前にプラス8点取らなければならない。これを2分間行なう。

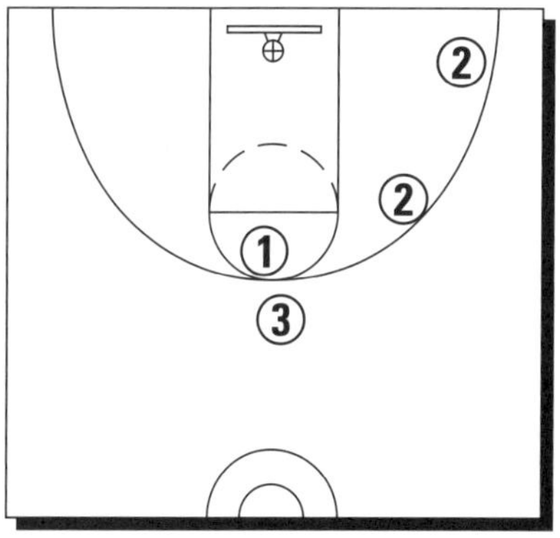

図9

20 （図9）ユニオンシューティング。これは全体練習と個人練習の両方で行なう。最初のシュートはファウルラインからのジャンプシュートで1点が加えられる。4.5m離れたコーナーからのジャンプシュートは2点。4.5m離れたウイングからのジャンプシュートも21点。そして3ポイントシュートでドリルを終える。2人の選手が行なう。それぞれ45秒以内。もし選手が3人の場合は、それぞれ30秒になる。1人がシュートを打ち、他の選手がリバウンドをしてパスをする。ボールは2つ用意する。コートの両側で行なう。

21 ピボット＆ドライブ

22 ピボット＆シュート

23 ポストムーブシリーズ（パスのためのピボット）。我々のポストムーブシリーズは、すべてピボット、コーチへのパス、そしてシュートをしに動くことからなる。ウィークサイドへパスをする前に必ずピボットをして体をターゲットへ向けるよう強調する。

a．ジャンプフック。これが一番良い動きで、すべてのポスト選手ができるようにすべきだと思う。このシュートをブロックすることは難しいが教えるのは簡単である。ターンアラウンドジャンプシュートは難しく、相手の後ろについてフィジカルにプレーすることによってターンアラウンドジャンプシュートを打とうとする選手の邪魔をすることができる。ジャンプフックは、動きを的確に遂行すれば、肘でディフェンスを後ろに追いやり、スペースをつくることができる。ボールを高く持ってターンし、シュートする。

b．インサイドピボットジャンパー。時にはジャック・シクマ・ムーブとも呼ばれる。インサイドピボットをして、そのままジャンプシュートをする。もしディフェンスがすばやく反応してきたら、シュートフェイクをして脇をすり抜ける。このジャンプフックとインサイドピボットをしっかりと練習する。

c．アップ＆アンダー

d．バックトゥーバスケット。ボールフェイクを入れてみる。

e．ターンアラウンドジャンパー

f．違う角度でのレイアップ

フィニッシングドリブルも行なう。選手はファウルラインから始め、コーチはゴール下にいる。選手はレーンを進んで行き、コーチが彼へパスをする。しっかりとしたキャッチをさせ、しっかりと終わらせる。右と左の両方の手でレイアップとリバースレイアップをさせる。45秒か1分間行なう。

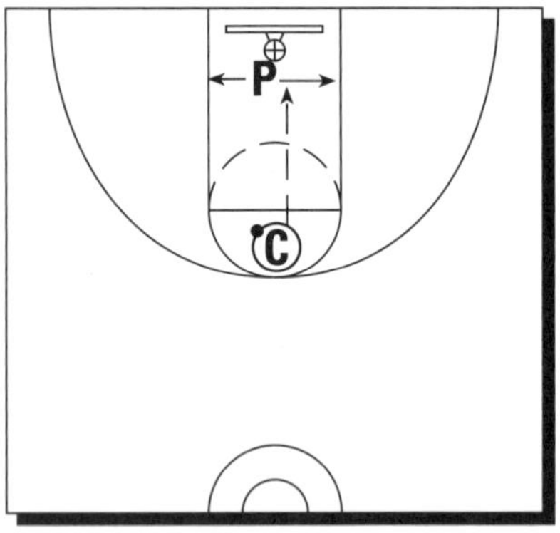

図10

24 （図10）ボールを持ってレーンスライド（コーチに向かって）。足の動きと反応時間を早めるためのドリル。選手はレーンの間を行ったり来たりして、1回1回必ずレーンのラインにタッチする。コーチがボールを持ち、選手にパスをしたとき、選手はしっかりキャッチして、ピボットし、バスケットへ向かってシュートを打つ。もしバスケットの左側にいたら、左足でピボットし、シュートし、ボールをコーチに戻して、スライドを終了する。

25 ボールを持ってレーンスライド（コーチに背中を向ける）。上記と同様のドリルだが名前を呼ばれたらピボットをし、ボールをキャッチしてシュートで終わらせる。

コンディショニング、ボールキャッチ、シュート、パス、ドリブルの練習。これらはこういったドリルの40分間の中で強調されることである。これだけでもコンディションがかなり高まる。なぜなら我々はゲームスピードで行なっているからである。最後に、どの試合の前にも選手たちに言う事は、試合の中でコンディショニングを重視しろということだ。最初の10分から15分間ではそれほど重要ではないが試合の終盤にもなると重要な要素となってくるのである。

Zone Offense
ゾーンオフェンス

ある人はゾーンに対し走ったほうが良いと言う。しかし私はそれに同意しない。オフェンスの選手にはシュートされたボールがどういう経路でゴールまでたどり着くのかを知って欲しい。また、ディフェンスの判断を予測して欲しい。

A．大事なポイント
ゾーンディフェンスに立ち向かうには、いくつかの原則を学ばなくてはならない。それを身につければゾーンを破ることができる。

1 ドリルを何回もこなしてシュートへの自信をつける。何も選手に対して制約をしない。私の言う通りに練習し時間をかければ、必ず自信を持てる。ただそれだけのことである。

2 速攻をする能力とトランジションで得点することは重要である。私にとって、試合で最も気分のよい3ポイントシュートはトランジションからのものである。4番と5番の選手がコートをしっかり走ればそれを成功させることができる。もしトランジションでオープンとなって3ポイントを打てる機会を得るということは、つまりそこで我々は数的有利な状況にあり、シュートを打つべきである。そしてリバウンドにも有利である。

3 3ポイントシュートを武器として使う。ゾーンを広げさせるのである。しかし、しっかり練習していなければならない。ただ試合で使うだけではいけない。

4 さまざまなスクリーンのテクニックを使う（ゾーンやボールに対するスクリーン）。我々はゾーンに対しバックスクリーンを多用する。そしてたくさんのボールスクリーンもかける。

5 ドリブルでペネトレートして、グレイエリアへパスをする。グレイエリアはゾーンのギャップである。ディフェンダーにドリブルで突っ込んでいかず、そのギャップに向かっていく。1人の選手を引きつければシュートを打つチャンスも広がってくる。

6 オープンエリアへフラッシュしてポストへ行く。ポストの選手の中にはボックスの中やハイポストに留まりがちな者もいる。ベースラインからゾーンのオープンエリアへフラッシュする。シュートするためにステップ、または3ポイントシュートラインまで1歩下がる。

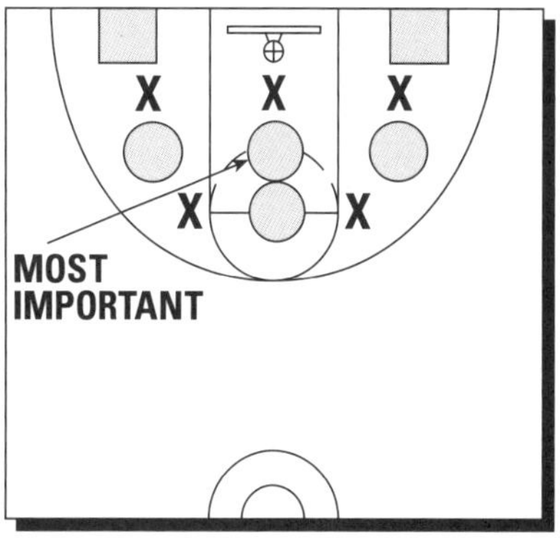

図1

➔図1　典型的な2-3ゾーン。ポストの選手にシュートを打って欲しい場所である。このエリアからシュートを多く打つほどゾーンはもっと狭まってくる。

7 ゾーンを広げるためにボールをリバースする（スキップパス）。我慢強く。ボールを多くリバースするほど、ゾーンをもっと広げることができる。何度もボールをリバースされれば、ディフェンスの選手の移動距離が短くなってくる。

8 ボールサイドのベースライン上におけるパワーフォワードの動きが鍵となる。

9 ディフェンスを動かすために頭を使う。ボールフェイクを多用する。とにかくゾーンを動かす。

10 リバウンドに4人の選手を送る。ゾーンの中では、リバウンドの責任がはっきりとしなくなる。ポイントガードが戻る。

B．さまざまなオフェンス方法を作り出してきた。我々は3つのオフェンス方法で始めたが、年がたつにつれそのうちの1つか1つのみを使うようになった。的確な判断をしなければならないスクリーンの状況を作る。ゾーンディフェンスは、創造性を奪う力がある。だからいくつかのパターンを私は良く使う。しかし、このセットパターンの中ではさまざまな判断力が必要とされる。スクリーンがセットされ、ボールはサイドからサイドまでリバースされる。

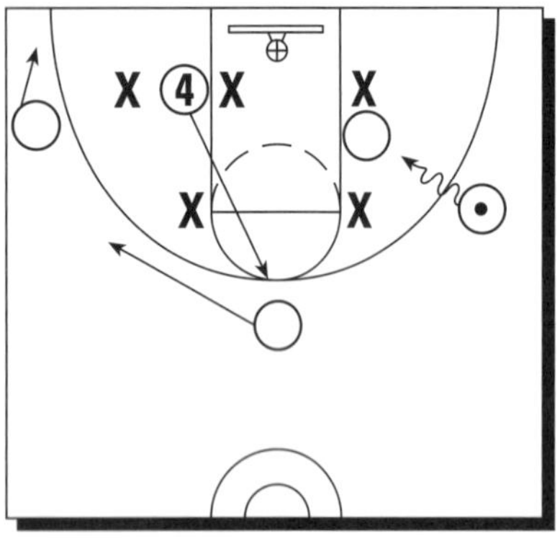

図2

図2　ウイングからエルボーへのドリブルペネトレーションで、他のアウトサイドの選手はドリブラー（パッサー）の視界の中へ移動する。そして＃4がポストへ移動する。ローポストの選手はブロック上で下のディフェンダーの動きを止める。

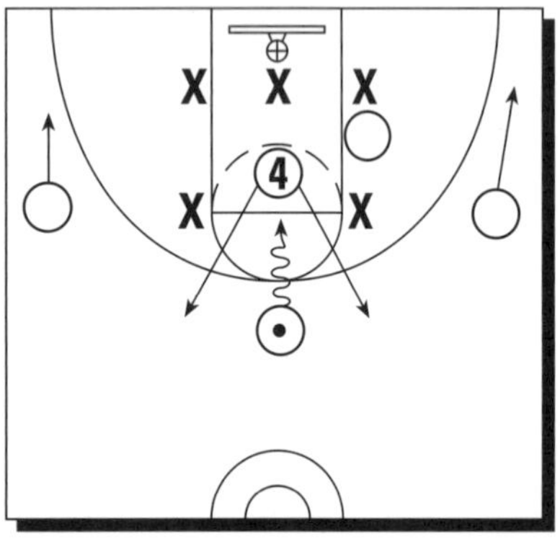

図3

図3　ボールがトップからギャップの中へドライブしたら、同じことを起こす。他のアウトサイドの選手はパッサーの視界に入るように動く。そして＃4が上がる。ローポストの選手はディフェンダーの動きを止める。

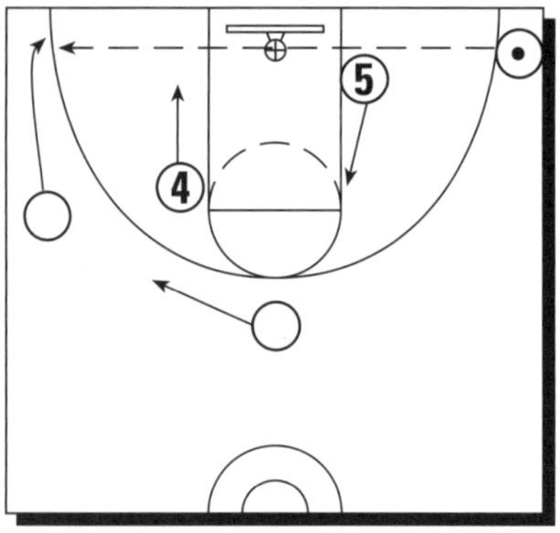

図4

図4　ベースラインへのドリブルペネトレーションで、ローポストの選手はピボットをして、ディフェンダーをベースラインから移動させる。そしてハイポストの選手はゴールの方へ飛び込んでいく。他のアウトサイドの選手はドリブラーの視界に入るように動く。とても効果的なパスは反対コーナーへのパスである。

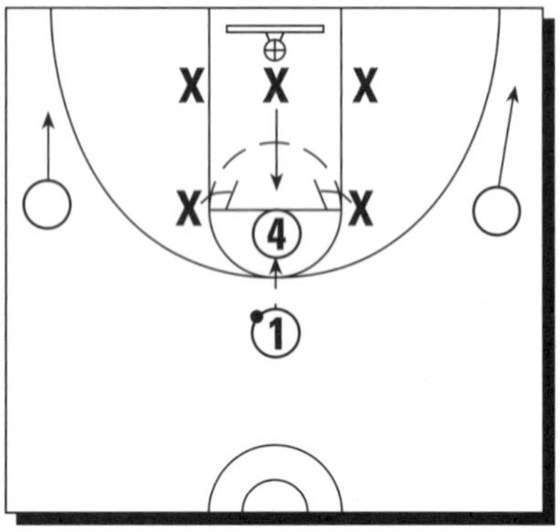

図5

図5　ハイポストでボールを受けたら、選手はピボットをしてゴールへ体を向けなければならない。アウトサイドの選手はハイポストの視界に入るように動く。ゴールに向かないでパスを回すことはしない。それはターンをすればディフェンスはその選手に向かわなければならなくなるからである。

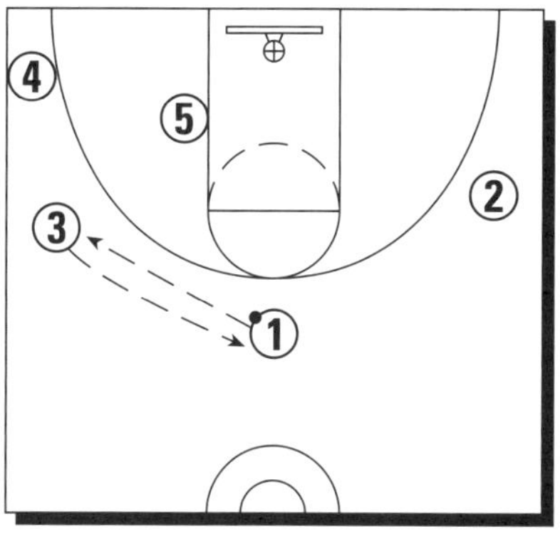

図6

図6　ボールがウイングからトップへリターンされたとき、ボールフェイクをしたとき以外は同じサイドにパスを返してはいけない。ディフェンスをとにかく動かすのである。

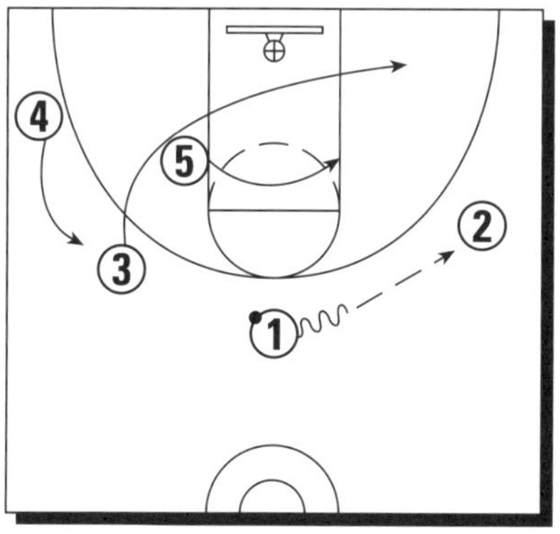

図7

図7　最初のセットはオーバーロードで攻撃する。4人がアウトサイドで1人がインサイド。これは2-3、3-2または1-2-2に対して使える。＃1は＃2へパス、そして＃3はコーナーへ切り込む。＃5はローポストからボールサイドに行く。

図8　＃2は＃5かコーナーの＃3を見る。そうでなければ、＃2は＃1へパスしてから切り込む。＃3は＃2のいた場所へリプレイスし、＃5はレーンの反対側へ行く。

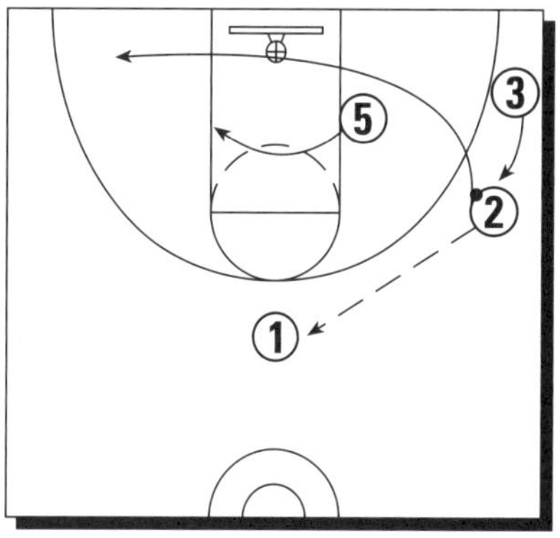

図8

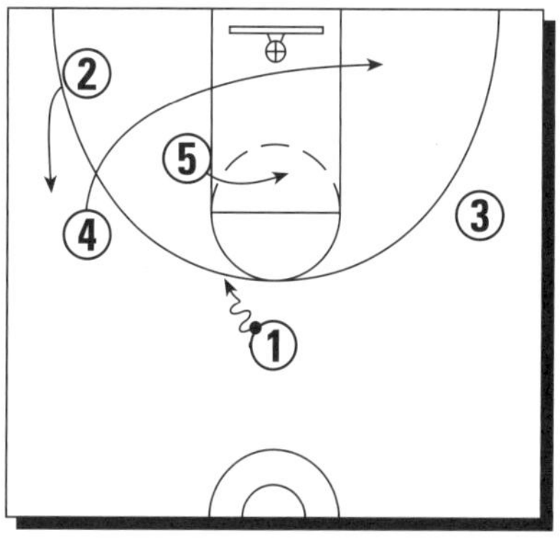

図9

図9　＃1はトップからドリブルして行き、＃4が切り込んだときにボールを＃3へリバースし、＃2は＃4がいた場所へリプレイス。＃3はシュートを打っても良いし、コーナーに切り込んでくる＃4か＃5を見る。＃5は基本的にミドルポストからミドルポストへと動く。

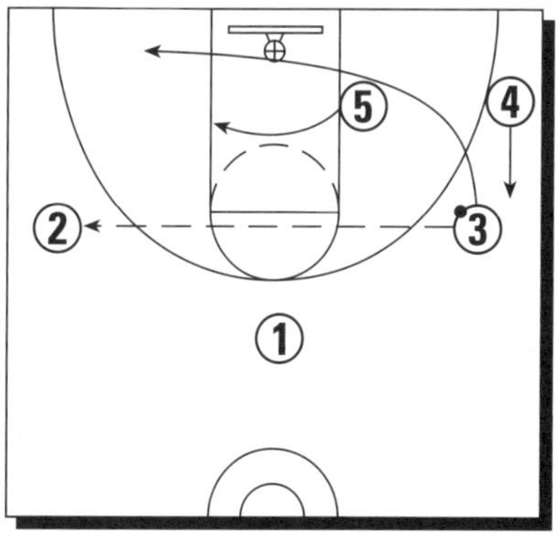

図10

図10　スキップパスをして、＃3はレーンの中へ鋭くカットする。我々は、スキップパスをしようが、そのままのパスをしようが、カットするのである。

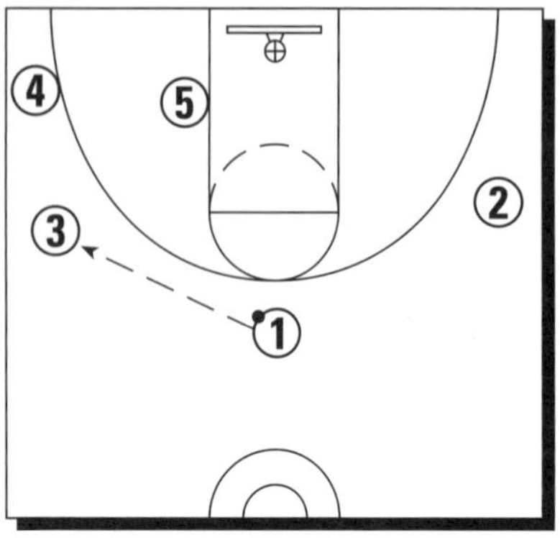

図11

図11 「コーナー」。これは「オーバーロード」と同じセットで、2-3、3-2、または1-2-2に対して使える。＃1はコーナーにいる選手の隣へパス。

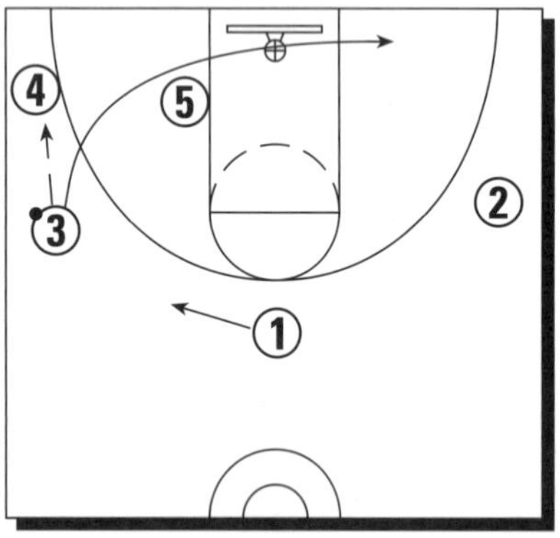

図12

図12 ＃3は次にコーナーにいる＃4にパスし、ローポストエリアへ切り込む。＃4は＃3と＃5を探す。

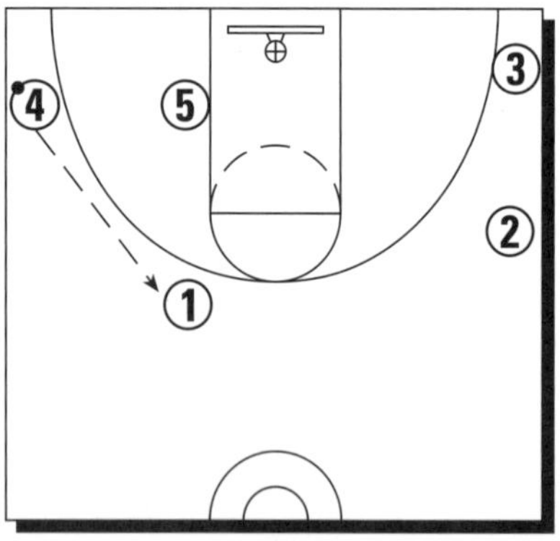

図13

図13 ＃4は＃1へリバースする。

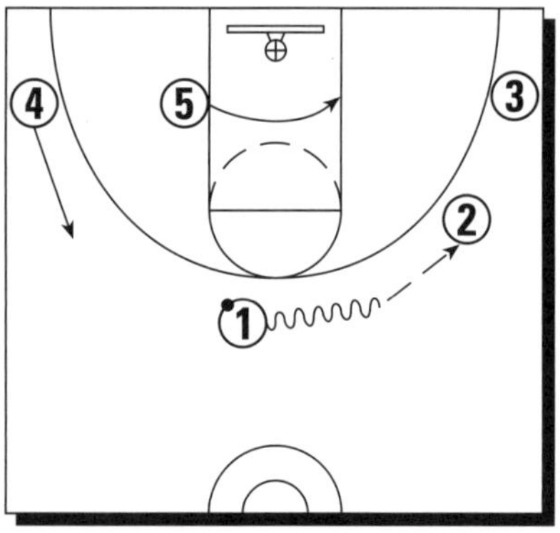

図14

図14 ＃1はトップでドリブルし、＃2へボールをリバースする。＃5はボールサイドのオープンエリアへフラッシュする。＃4はウイングの位置へ上がる。

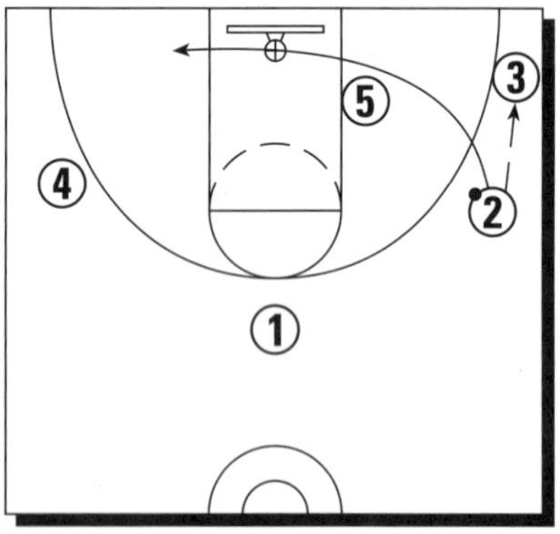

図15

図15 ＃2はコーナーの＃3へパスし、これまでと同じように継続させる。ウイングはコーナーへのパス、スキップパス、またはリターンパスをしようと切り込んでいく。今までこのような効果的にカッターへパスすることがあっただろうか。特に最初に＃5へのパスが。

図16 「3-2 オフェンス」。これは対2-3のゾーン。＃4と＃5が外へ出てボールスクリーンをセットする。＃1は＃2へパスをし、その間に＃3は反対のコーナーへカットしていく。

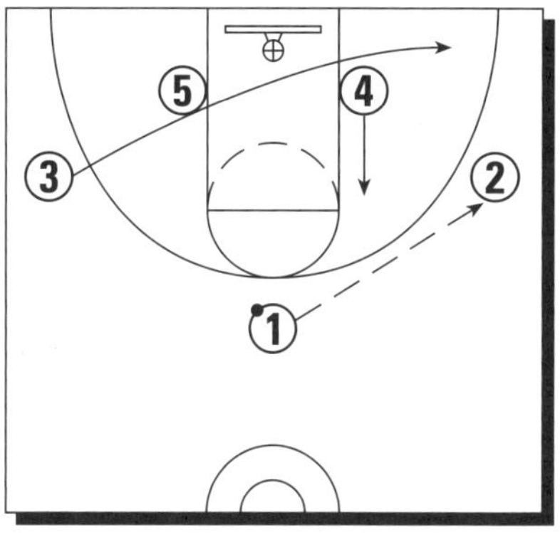

図16

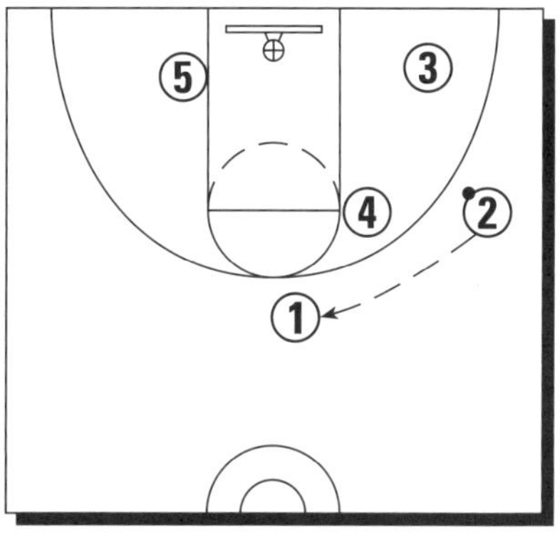

図17

図17　#2は#1へボールをリバースする。

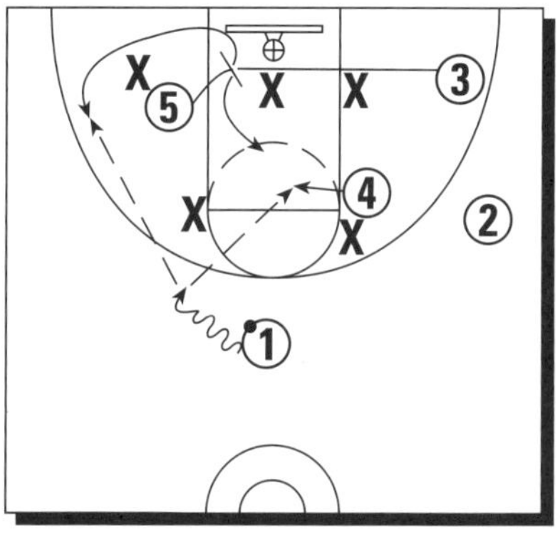

図18

図18　#1はディフェンダーに向かってドリブルする。#5はベースラインを走ってくる#3へスクリーンする。#4はオープンエリアへ出てくる。#1はこれで#3、#4または#5へパスできる。ゾーンの後ろの選手は#3がスクリーンから出てきたら誰をガードするのか判断しなければならなくなる。

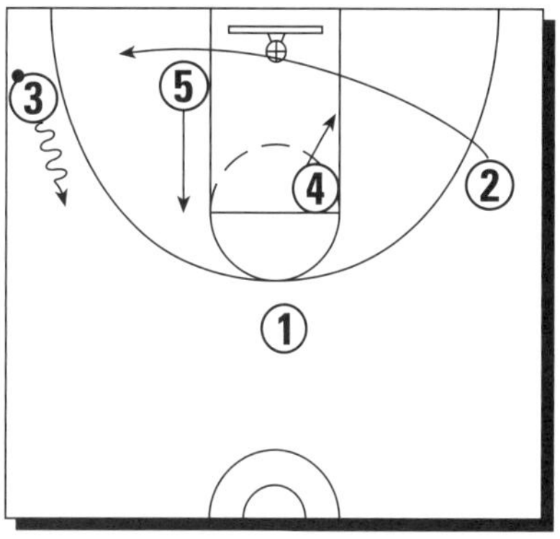

図19

図19　もし#1がコーナーの#3へパスしたら、#3はドリブルで出て、#2がそのコーナーへ切り込む。#5はハイポストへフラッシュし、#4はローポストへ行く。

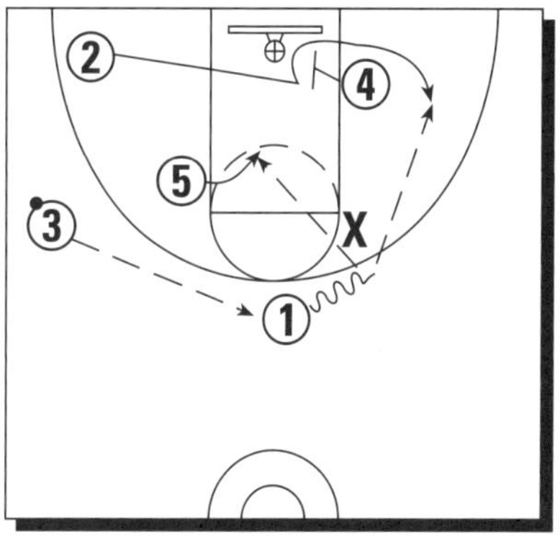

図20

図20　#3は#1へパスし、#1はトップのディフェンダーへ向かってドリブルしていく。#4はベースラインからコーナーへ来る#2のためにスクリーンをかけて、このサイクルを続ける。シュートできる時はいつでもシュートする。無理やりのシュート、コントロールを失ったシュート、または練習したことのないシュートは打たない。

図21　いくつかのセットプレーがある。これは「グリーン」と呼んでいるもの。#1は抜け出ていく#2へ向かってドリブルする。#4はミドルポストへ上がり#5はショートコーナーへ飛び出していく。

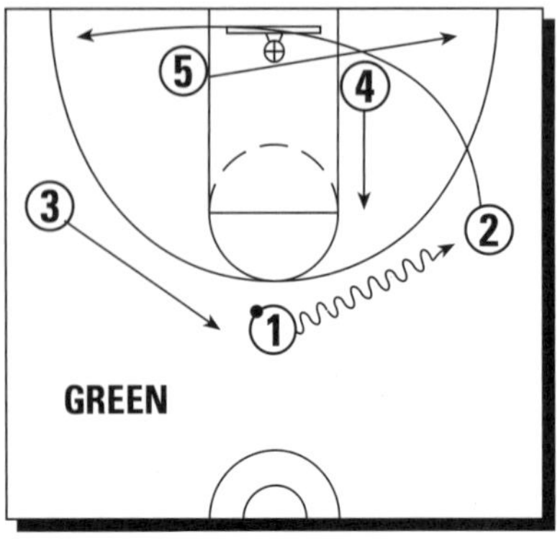

図21

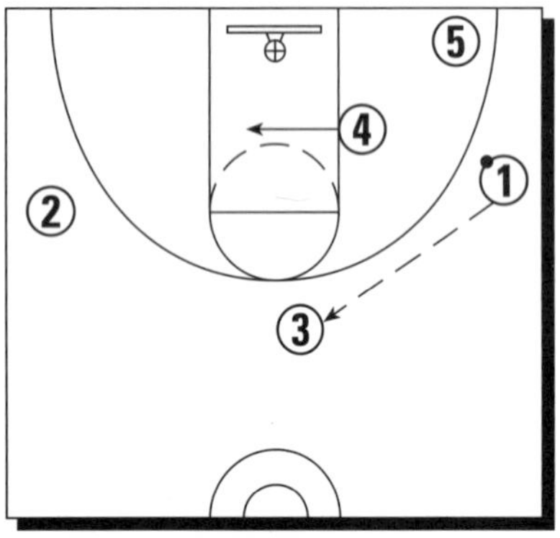

図22

図22 ＃1はサークルのトップにいる＃3へボールをリバースする。＃4はオープンエリアへフラッシュし、ボールを追いかける。

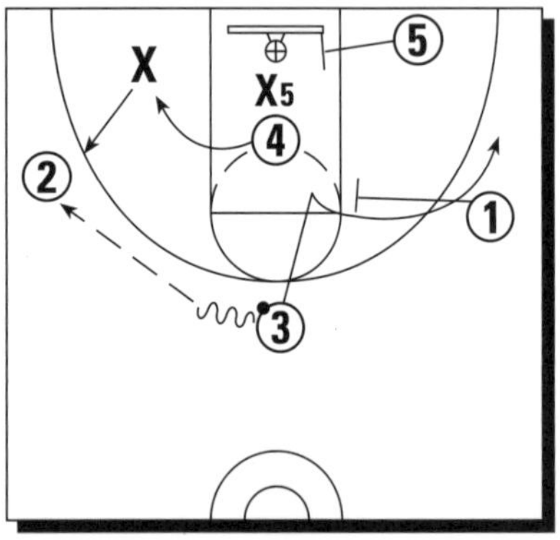

図23

図23 ＃3は＃2へリバース。＃5と＃1は、＃3のためにゾーンの背後でスクリーンをかける。このプレーでは＃4がオープンになりやすい。

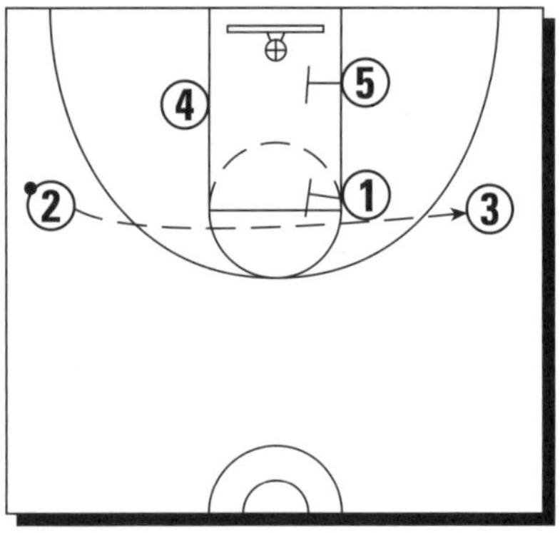

図24

図24 ＃2は＃3へスキップパスをして、＃3がシュートする。

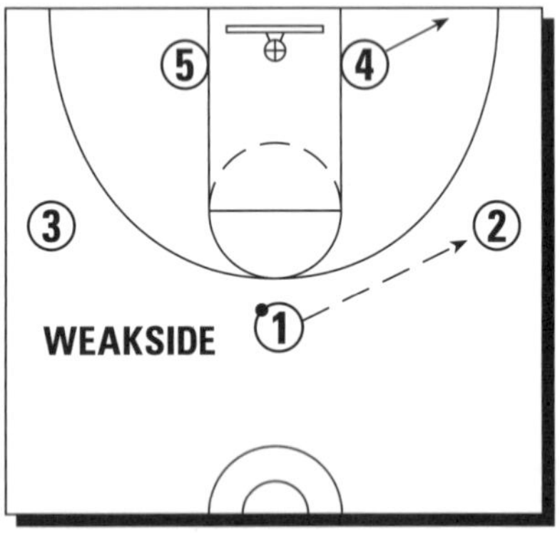

図25

図25 もう一つのセットプレー、「ウィークサイド」。＃1は＃2へパスし、＃4はショートコーナーへ出る。

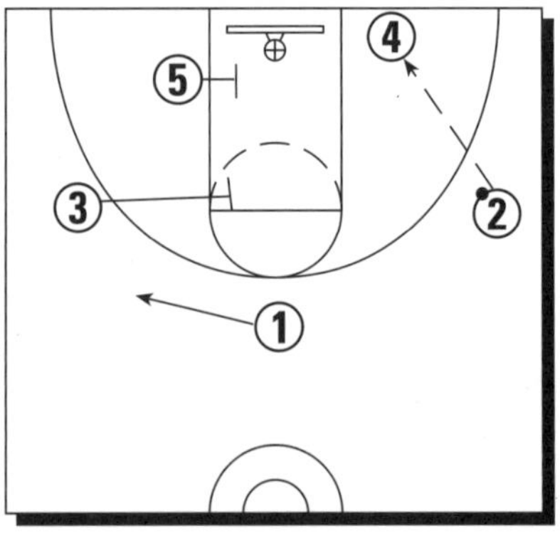

図26

図26 ＃2は＃4へパス。＃1はウイングへアウェイし、＃3と＃5はゾーンの背後でスクリーンをかける。

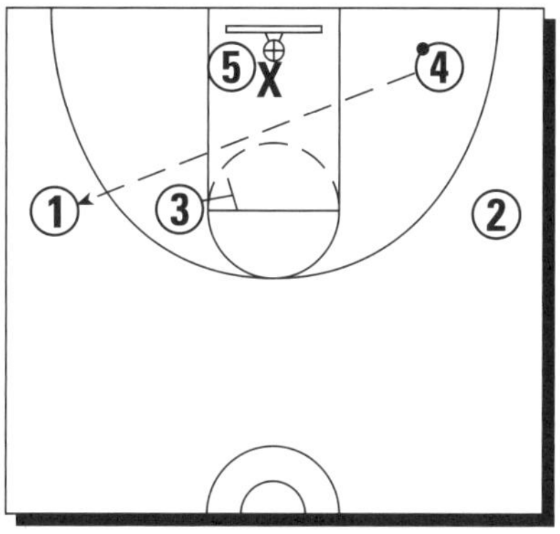

図27

図27　＃4はシュートする＃1へスキップパス。我々はよくセットプレーでスタートし、我々のパターンに持ち込む。

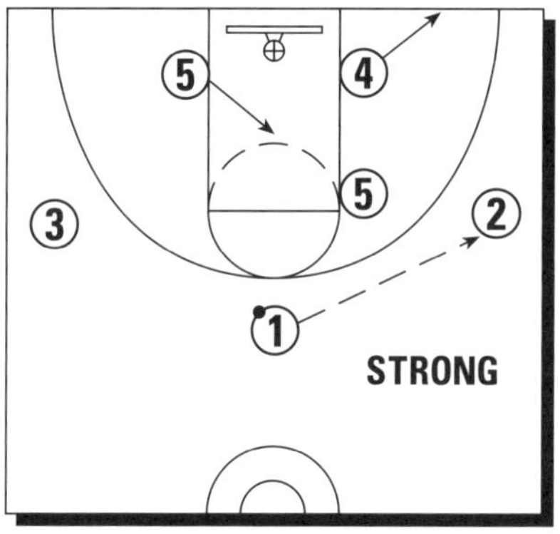

図28

図28　「ストロング」。＃1は＃2へパス。＃4はショートコーナーへ出て、＃5はハイポストへフラッシュ。

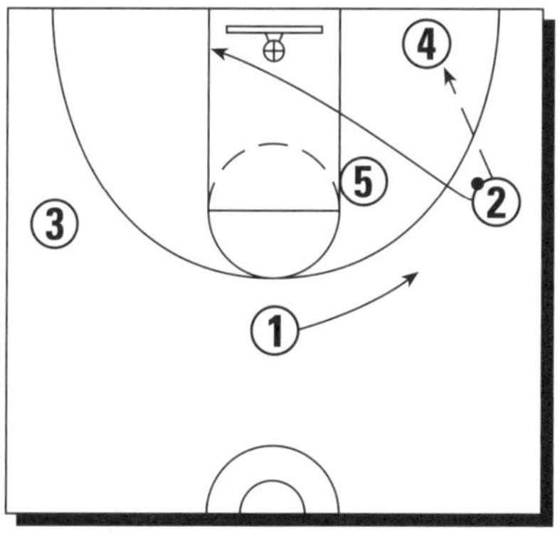

図29

図29　＃2は＃4へパスし、＃4はバスケットへ鋭くカットしていく。＃1は＃2のいた場所へリプレイス。

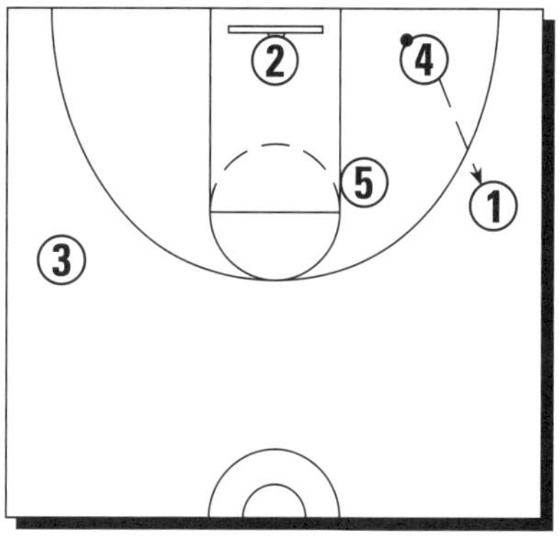

図30

図30　＃4は＃1へパスする。

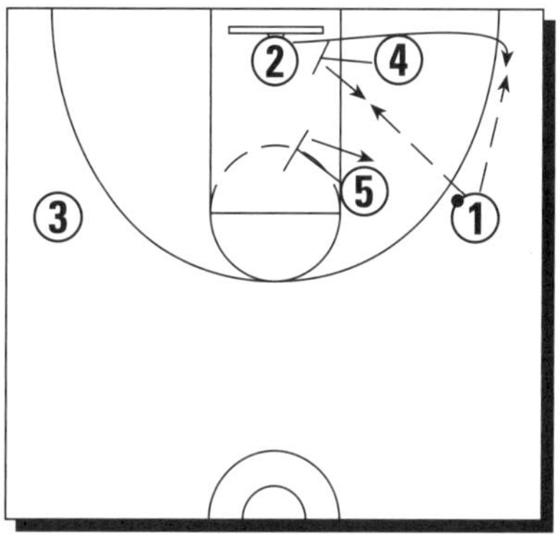

図31

図31　＃1はリバースのボールフェイクをする。シュートする＃2がコーナーへ来るときに＃4と＃5はゾーンへスクリーンをかける。＃1は＃2、＃4、または＃5へパスできる。

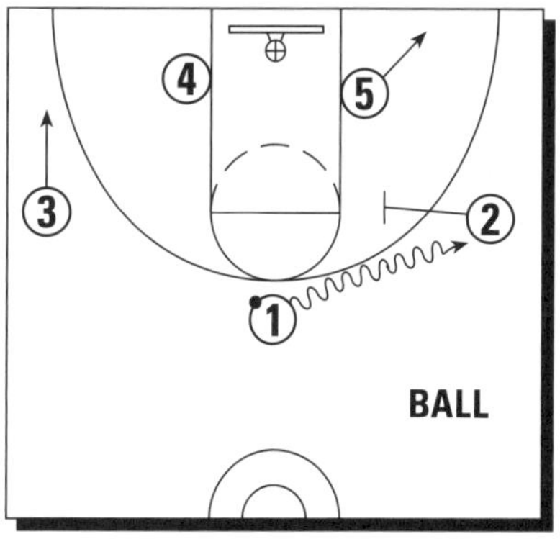

図32

図32　「ボール」。＃2は＃1へボールスクリーンをする。ゾーンに対してのボールスクリーンは通常行なわないので、相手はそれに対する練習に多くの時間を

割かないだろう。＃1は＃2のスクリーンでドリブルしてウイングに、＃2はトップにポップアウトする。＃3はコーナーへ移動する。

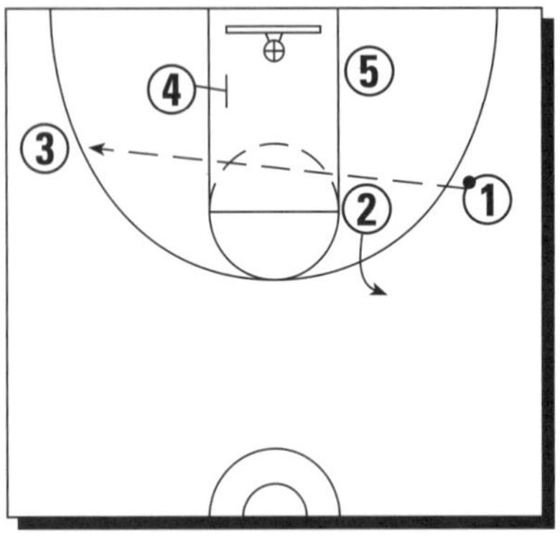

図33

図33　＃4は＃3へベースラインスクリーンをし、＃1はコーナーにいる＃3へスキップパスをする。＃4はスクリーンのあと、オープンになることが多い。

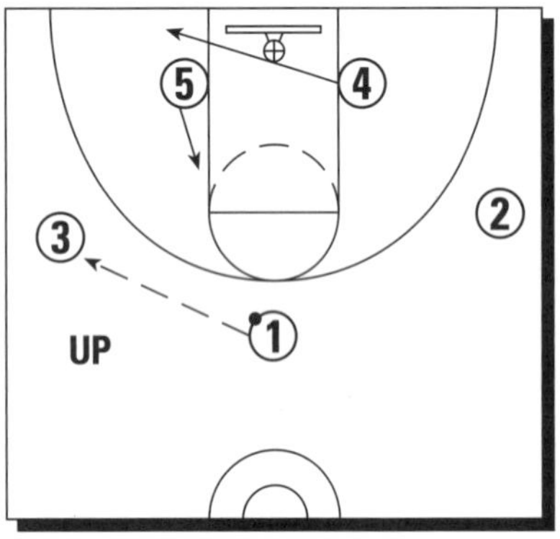

図34

図34　「アップ」。＃1は＃3へパスし、＃5はミドルポストへ進み、＃4はショートコーナーへ飛び込む。

図35　＃3はベースラインへ1回ドリブルをつき、＃1へリターンパスをする。＃1はトップでドリブルし、＃2へリバースパスの効果的なボールフェイクをする。

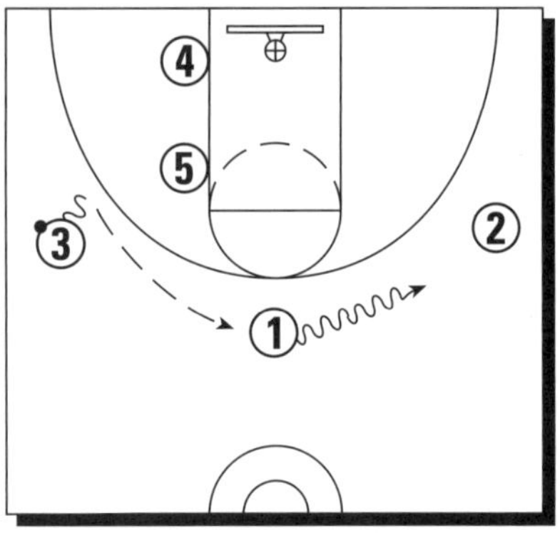

図35

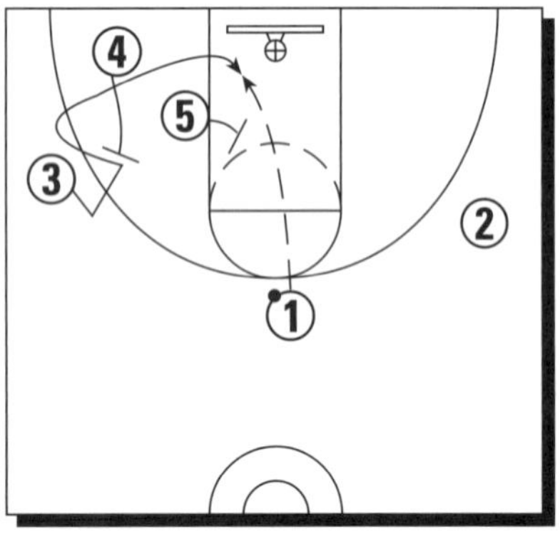

図36

図36　＃4は＃3のためにゾーンにバックスクリーンをかける。＃3はバックドアカットをし、＃1からのロングパスを受ける。

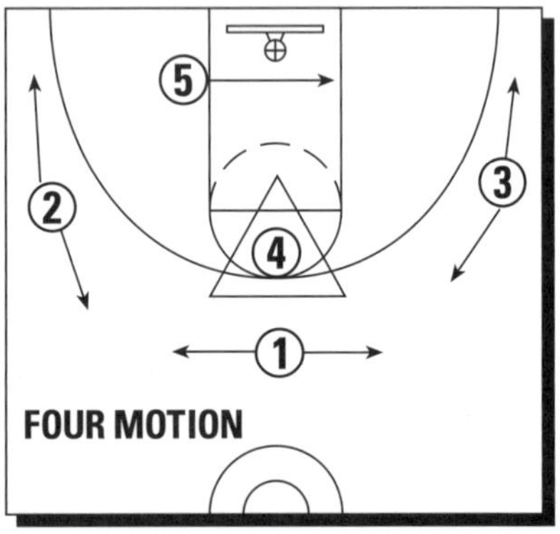

図37

図37　「4モーション」。＃4は比較的動かない。それぞれの選手にそのエリアを設定する。＃1は＃4の外側にいる。＃4がこのプレーで重要な選手。＃4はトライアングルの中にいる。いったん＃4がスタートしたら、決してファウルラインには近づかせない。＃4はそ

のトライアングルからシュートをするように動く。

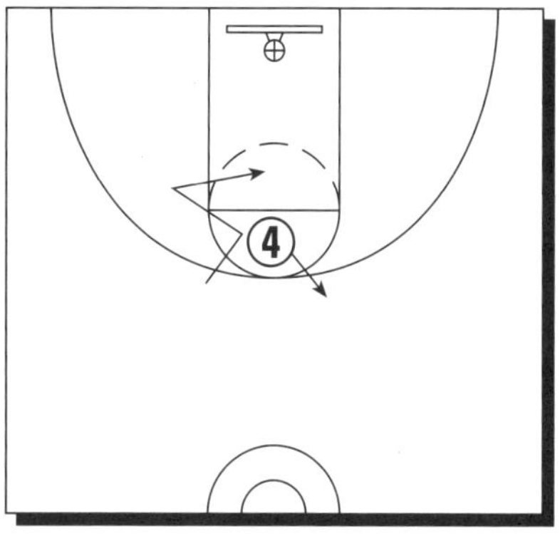

図38

図38　＃4はボールスクリーン、ポップアウト、そして自分の場所に戻ることができる。＃4は1秒以上ボールを持たない。ボールを動かし続ける。

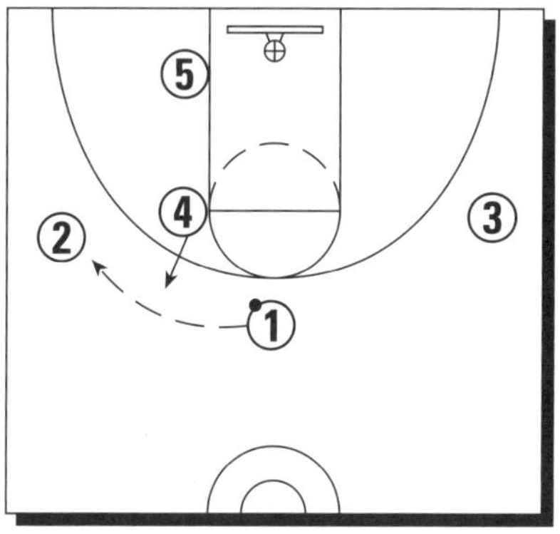

図39

図39　＃1が＃2へパスをするとする。＃4はステップアウトし、＃5はストロングサイドへ。

図40　＃2から＃4、＃1、＃3へリバースする。＃4は自分のエリアへ入っていき、＃5はボールサイドへ移動。

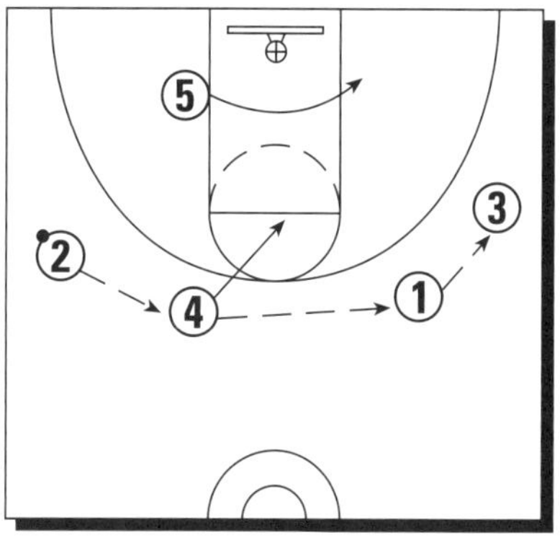

図40

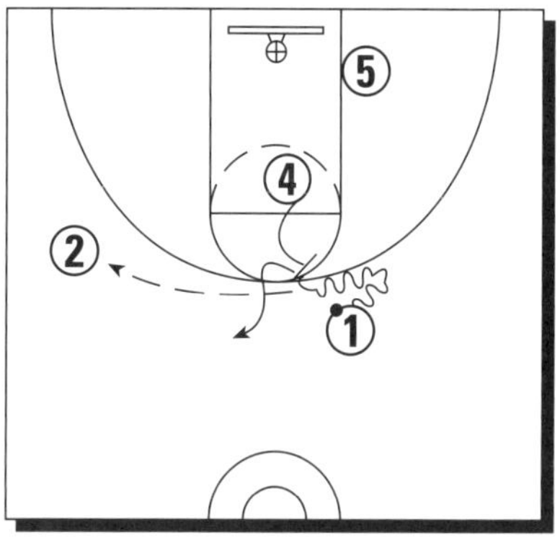

図41

図41　もし＃3がシュートを打たず、＃5がオープンでなかったら、＃3は＃1へリバースする。＃4は＃1へボールスクリーンしてから外へ出る。＃1はスクリーンから＃2へパスを回す。全員がシュートできる体制になる。注意すべきことは選手の動きはいくらか制限されていることである。動き回るのはボールである。ボールを素早く動かさねばならない。ボールを速く回せば回すほど、真ん中の＃4がいるエリアはさらにオープンになる。選手たちはもっと積極的になっていつでもシュートできるようになる。＃4はこのオフェンスで多くのシュートが打てる。＃2と＃3はうまい3ポイントシューターであるべきだ。もしペネトレーションをするなら、逆サイドへ行く。

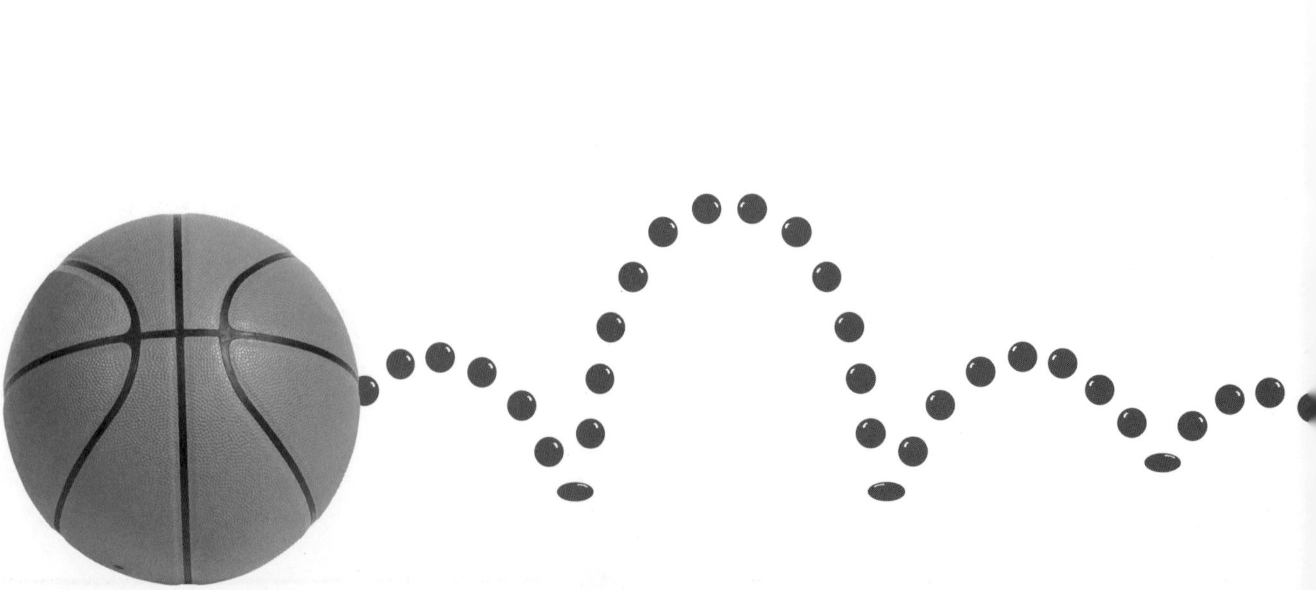

RUDY KEELING

ルディ・キーリング

Quick Hitters and Early Offense
クイックヒッターとアーリーオフェンス

年齢を重ねるごとにクリニックから学ぶことは少なくなり、その学び方のようなものも少し変化してくる。年配のコーチになると新しいことを学ぶためよりも、自分の指導方法を強化するためにクリニックに行く場合が多い。

まだコーチを始めたばかりの頃、私は他のコーチがクリニックで話すすべてのことを実践してみたが、私のチームにはクリニックで話したコ－チのチームような選手がいなかったために、その試みは見事に失敗した。その経験から、私はクリニックで話すときには細かいことではなく、他のコーチが自分のチームに応用できそうな大きなアイデアだけを紹介している。そうすることによって聞き手が自分自身で自分に必要なこととそうでないことを決めることができる。

私は選手に指導するときにコンセプトを非常に大事にする。選手を集めてただ闇雲に何かをやらせるのではなく、どのようにやるかを説明している。私は選手にどうプレーするのかを理解したうえでプレーして欲しいと思う。

試合中に選手がこれまで教えてきたことを活かしたクリエイティブなプレーをするように促すと同時に、教えていないことはやらないように言っている。

ハーフコートオフェンスで最も大切なことは距離の取り方、ボールリバース、インサイド／アウトサイドアクション、ドリブルペネトレーションである。各選手には3.5～4.5mのスペーシングを保つよう要求する。プレー中にはそれぞれの選手のポジションは変わるが、常にこの距離を頭に入れておく。距離の取り方がうまくボールリバースがうまければ、相手ディフェンスにとって脅威となるようなボールリバースとなる。

ローポストの前に相手チームの選手がいる場合、あなたがボールリバースをすることにより相手チームがローポストを守ることはできなくなる。また、相手チームがパッシングレーンを外して守っているようなとき、ボールリバースできれば、相手はジャンプしてボールを奪い取ったりボールサイドに到達したりすることが難しくなる。

私たちのチームには強いインサイドプレーヤーがいないが、ボールインサイドは絶対に取らなくてはならない。たとえボールが来たときにシュートできるような体の大きな選手がいないような場合にも、ボールをインサイドに送ることを選手に徹底させる。

また、相手選手を疲労させることも大事である。それによりボールがアウトサイドに戻ってきたときにドリブルペネトレーションを仕掛けることができるからである。コンセプトを理解することにより、プレーをより正確に行なうことができるようになる。そのため私は選手にプレーの土台となるコンセプトを教えているのである。

もしコーチがいないときにはどのように練習するかについて選手に質問すると、決まってファストブレイク、マンツーマン、プレス、シュートというように、どうプレーをするかではなく何を練習するのか答える。私は選手がいいシュートをしたときに「グッドショット」と言うが、選手にこのグッドショットが何を意味するのかを質問し、選手から様々な回答を得た。その後、今度は彼らに、何がグッドショットなのかを誰が決めるのかを質問した。この点が私たちのチームが他と違っているところである。私のチームで何がグッドショットか決めるのは私であるが、3人でプレーしていたときのグッドシュートは4人でプレーするときには必ずしもグッドシュートであるとは限らない。私は選手にできるシュートとできないシュートを認識させるようにしている。選手にオフェンスの距離の取り方、ボールリバース、ポストへのスロー、ドリブルペネトレーション、そしてグッドショットを意識させるようにしている。

以上のことができるようになったら、次はアーリーオフェンスの練習である。コーチを始めた頃、私は自分たちのチームで行なっていたパターン、ファストブレイクが気に入っていた。しかしその時には得点をするところまではやっていなかった。今、私たちが行なっているアーリーオフェンスでは、すべてのパス、すべてのカットから得点するところまで行なっている。

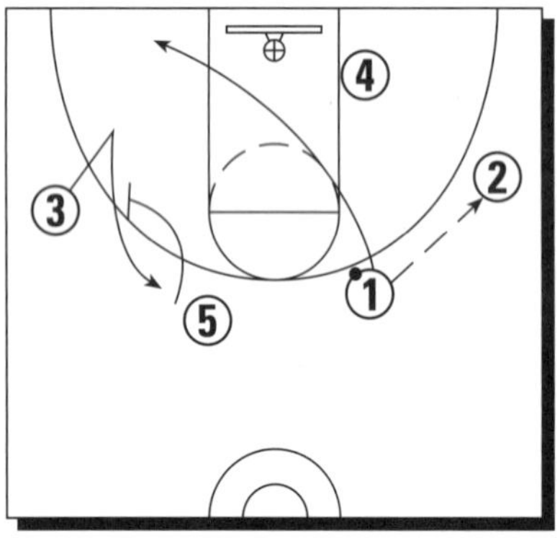

図1

図1　アーリーオフェンスで我々は最終的にこれらのポジションについた。それが普通であるが、それから私たちがすることはほとんどのチームと少々異なるかもしれない。ポイントガードが指示を与え、ポイントガードがすることを大切にする。全部のパスをスコアにつなげるようにする。もし＃1が＃2にパスしたら、彼はカットしなければいけない。＃2と＃4をアイソレートさせる。＃2はジャンプシュート、ドリブルペネトレートあるいは＃4にパスすることもできる。＃1は逆サイドのショートコーナーへ行く。＃5は＃3のためにスクリーンする。

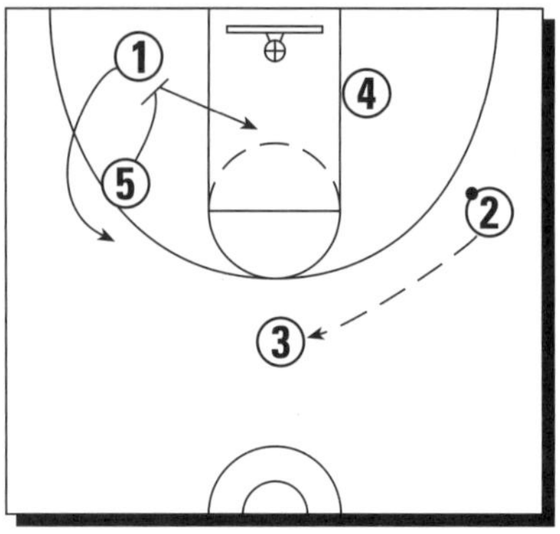

図2

図2　もし＃2がシュートかポストにパスを入れられない場合は素早くサイドチェンジする。＃5はそのまま＃1にダウンスクリーンをかけポストアップする。

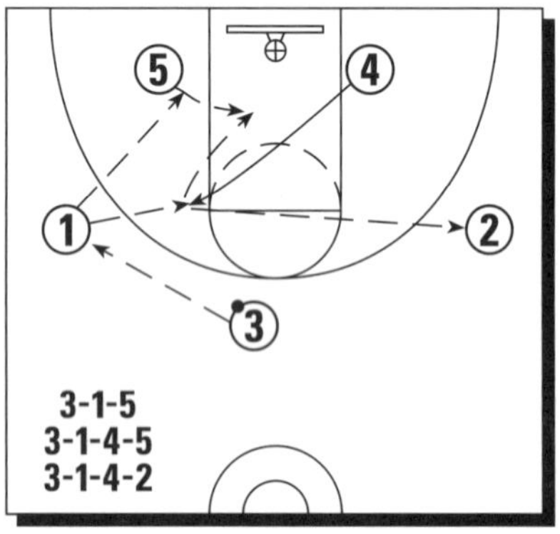

図3

図3　ここでスペーシング、サイドチェンジ、ポストに入れるということを実行する。ポストに入れられない場合、＃4がハイポストに上がる。まずハイローを見て、それから逆サイドを見る。＃3-＃1-＃5、＃3-＃1-＃4-＃5、または＃3-＃1-＃4-＃2のようにボールを回す。ここまでが＃1から＃2へパスされた場合の動きである。

図4　＃2へパスができない場合には2つのオプションがある。＃1は＃2にシャローカットをさせる。＃4はポストでポジションをとり、＃2は＃4の後ろを回り、トップへ上がる。そのとき＃5は＃2のディフェンスにしっかりとスクリーンをかけ、＃2は上がったらシュートまたはサイドチェンジをする。

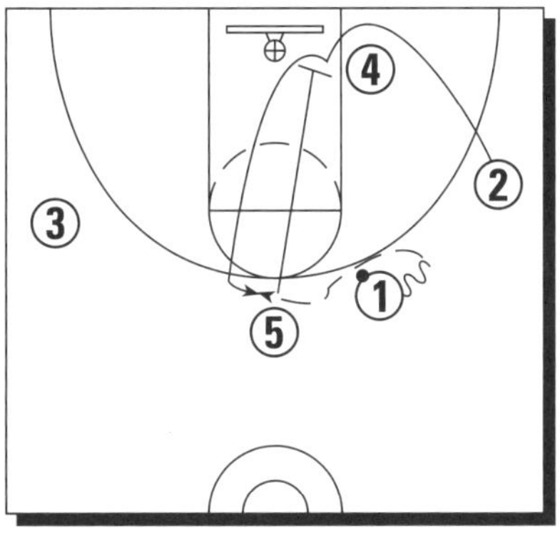

図4

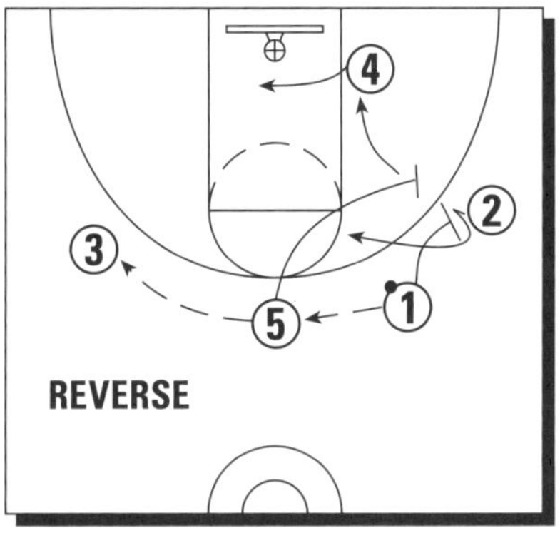

図5

図5　もう一つのオプションはリバース。＃1から＃2にパスが通らない。そこで＃1-＃5-＃3とサイドチェンジする。＃1と＃5はスタガースクリーンを＃2にかけ、＃5はポストアップする。

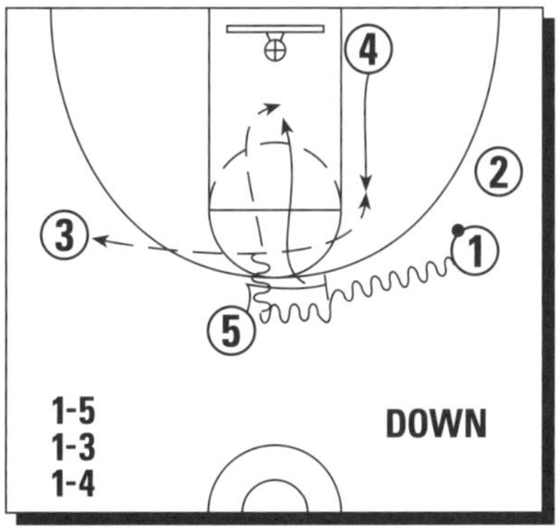

図6

図6　「ダウン」。＃5がスクリーンをセットして＃1とピックアンドロールする。＃4がハイポストをとる。＃1は＃5、＃3、＃4の誰かにパスを出せる。＃4はシュートを打たなければならない。＃4が打てない場合、＃2と＃4が入れ替わり、＃2がポスト、＃4がウイングへそれぞれ行く。＃1はピックアンドロールからシュートを狙わなければならない。＃1は＃5へパスを入れる。もし＃1が＃3のディフェンスに止められたら＃3へパスをする。

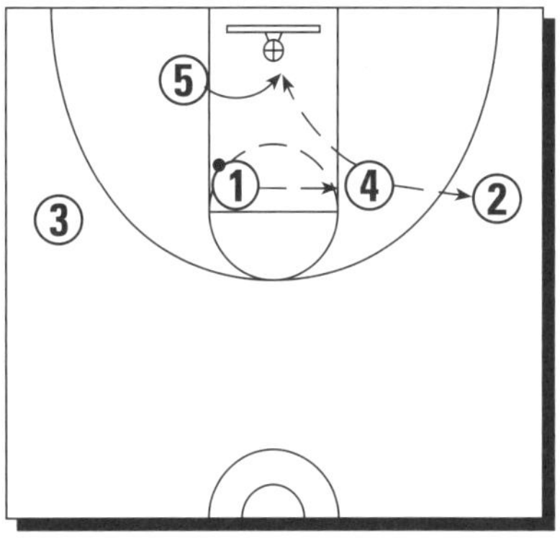

図7

図7　ほとんどの場合は、＃1が＃4へパスを出し、＃4が＃5か＃2にパスを入れるという状況を作れる。ゾーンを相手にする時は　アウトサイド-インサイドのコンビネーションを使って攻める。＃2と＃3、＃4と＃5はそれぞれ逆でもよい。アーリーオフェンスをした後は、時間に余裕がなく一つか二つのことしかできない。そのときはモーションかクイックヒッティングをやる。アーリーの後はモーションのほうが望ましい。クイックヒッティングはゆっくりした展開（アウトオブバウンズやゆっくり運んできた時）に使う。

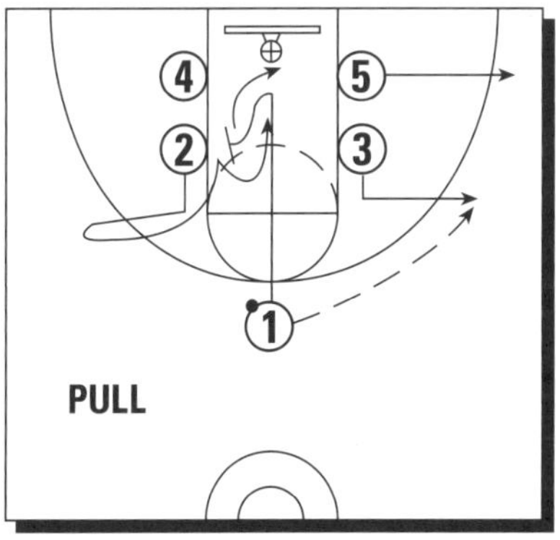

図8

図8　クイックヒッティング。ボックスセットでスタックした状態から入る。「プ

ル」。これはオプションが多いので効果的なプレーである。＃2と＃3がウイングへ出る。＃1は＃3へパスをする。＃5は2秒間ポストアップしてコーナーへ出る。＃1は＃3へパスした後に＃2へ斜めにスクリーンをかける。＃2はローポストに行く。

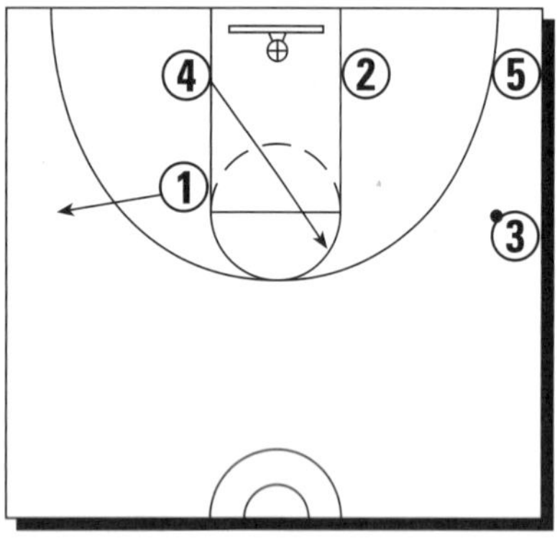

図9

図9　ボールは＃3。＃1は外へ。＃2が通り過ぎたら＃4はハイポストへ上がる。

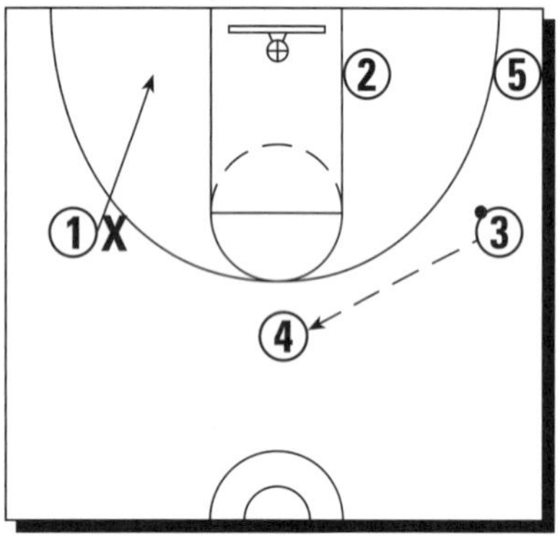

図10

図10　＃3は＃4へパスを。＃1がオーバーディフェンスされていて＃4から入らないときはバックドアをする。

図11　＃1がオーバーディフェンスされていなければ、＃4から＃1へボールを回す。その間に＃2は＃5にスクリーンをかける。そしてスクリーンザスクリナーで＃4は＃2へダウンスクリーンをする。＃1は＃5か＃2にパスができる。シュートクロックが終わるまで何度でもこの動きを繰り返す。

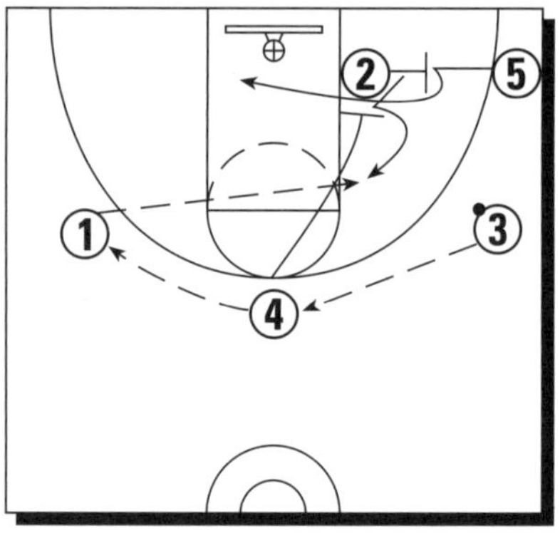

図11

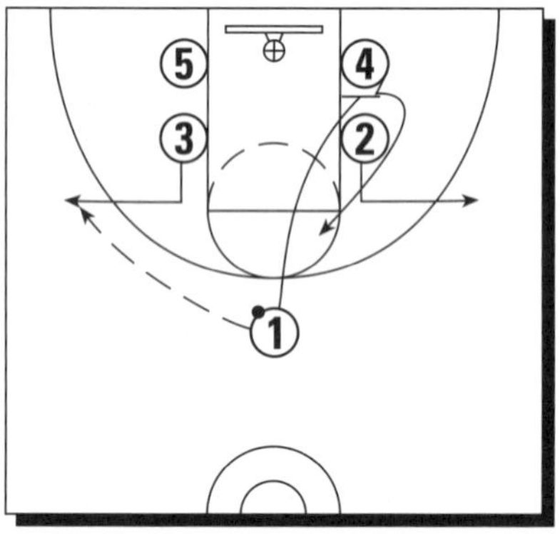

図12

図12　「コッピン」。＃2と＃3がウイングに出る。そのとき＃2と＃3はただ出るのではなくツープレーンカット（ボールに向かって直角に動いてディフェンスを振り切る動き）をして出なければならない。＃1は＃3にパスをする。＃1はパスとは逆サイドのローポストプレーヤーへスクリーンをかける。つまり＃1は＃4へスクリーンをかけて、＃4はハイポストに上がる。

図13　＃3は＃4へボールをリバースし、＃2は＃1にダウンスクリーンをかけて、＃1は出る。＃1は＃4からボールを受ける。＃2は＃5にクロススクリーンをかける。

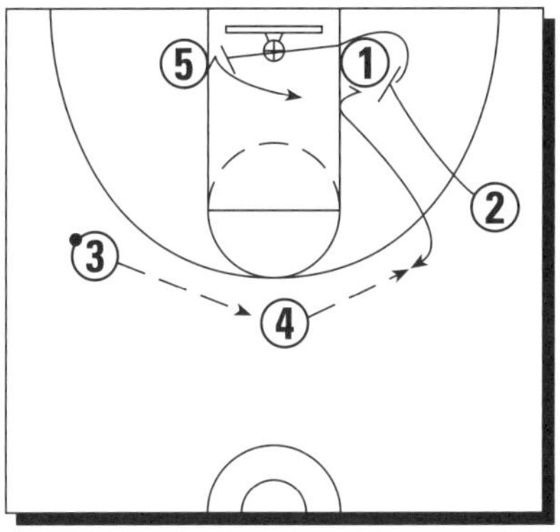

図13

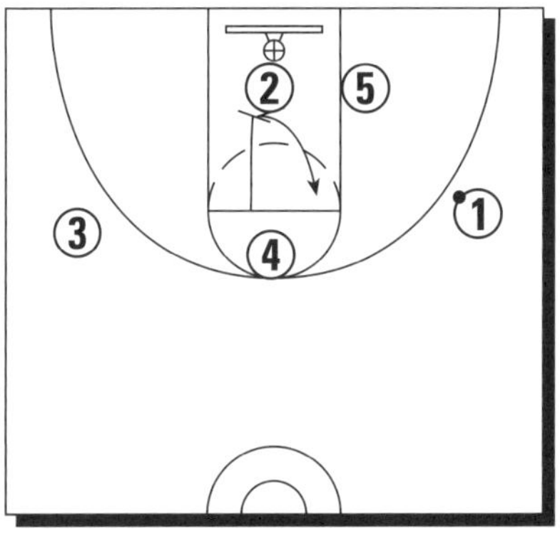

図14

図14　#4は#2にダウンスクリーンをかける。

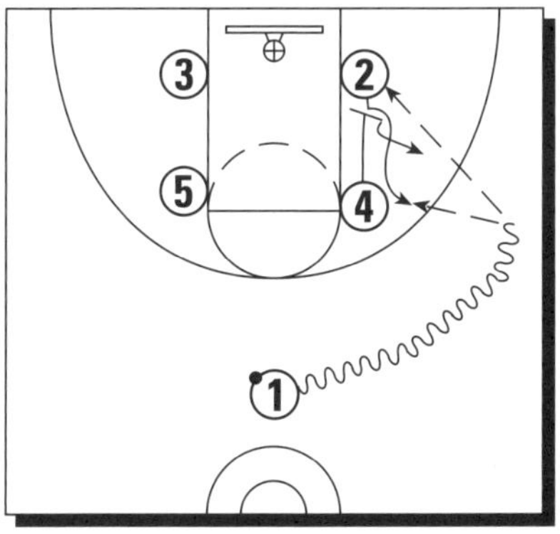

図15

図15　「ワンダウン」。ボックスセットから始めるプレーである。試合に勝てない時でも、その中からいいオフェンスを見つけることができる。そのオフェンスはチームまたは個人に適したものである。その後はそのオフェンスを使っていけばいい。#1がドリブルでサイドへ行く。#2は#4のダウンスクリーンを使ってボールを受け、シュートを狙う。#2へのパスが無理な場合、インサイドの#4へのパスを狙う。

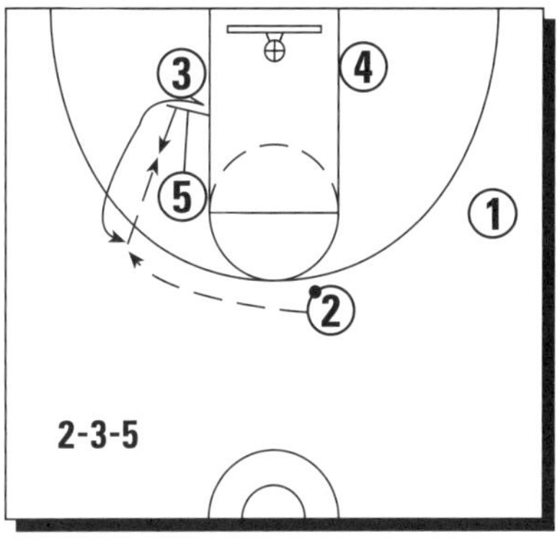

図16

図16　ボールを#2へ回すが#2は打たない。#5は#3にダウンスクリーンをかけ、#3はウイングに出る。#3はシュートまたは#5へのパスを狙う。#3が#5へパスできない場合、#4へパスを入れてハイローを狙う。

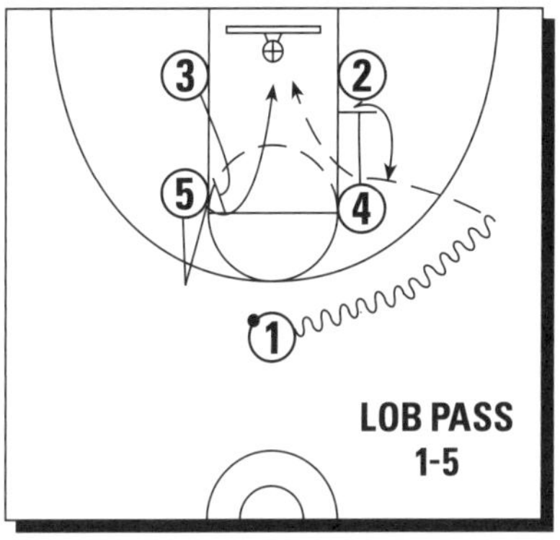

図17

図17　「ワンアップ」。#1はウイングにドリブルする。#5がステップアウトして、トップの近くでパスを受けようとする。#3が#5にバックスクリーンをかけ、#5はロブパスを狙ってゴール下に切れる。#4は#2にダウンスクリーンをかけ#2はハイポストに上がる。ロブパスが入らないときは#3のディフェンスがヘルプをするからである。

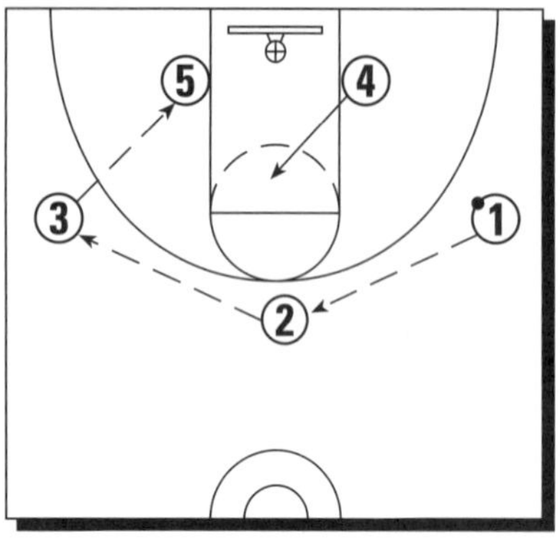

図18

図18　＃3が＃2からパスを受けるために出る。＃3は＃5にパスを入れることができる。「ワンアップ」は「ワンダウン」があってこそ効果的である。

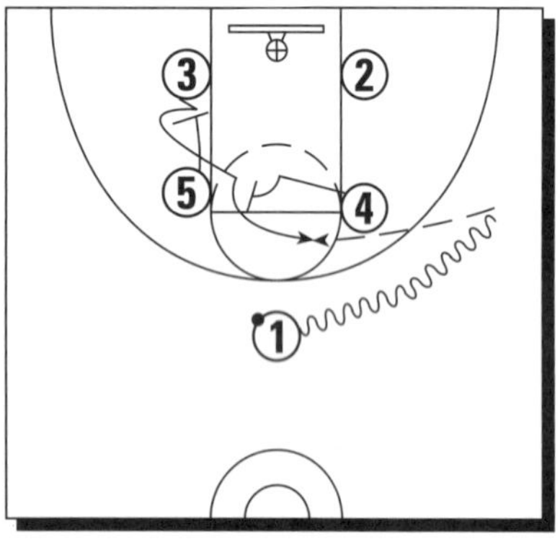

図19

図19　「リボルブ」。＃1がサイドにドリブルする。＃5が＃3にダウンスクリーンをかける。＃3は逆にフェイクして＃5と＃4のスクリーンを使って上がる(スタガースクリーン)。

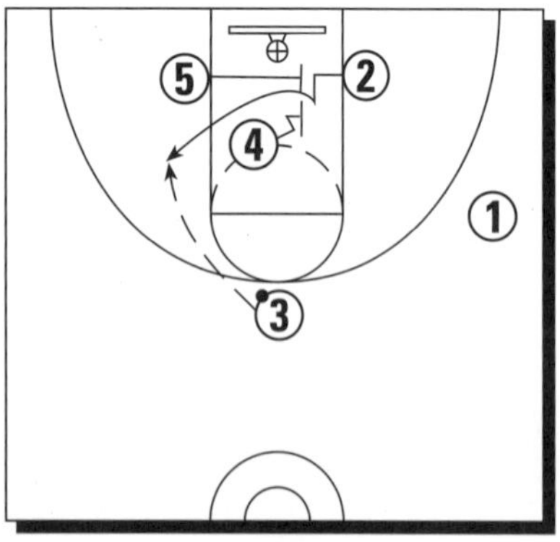

図20

図20　＃3は＃1からパスを受ける。＃5は続けて＃2にスクリーンをかける。＃4もそのまま＃2にスクリーンをかける。＃3は＃2にパスをする。＃2はシュートを打つ。打てない場合は中を見てハイローを狙う。

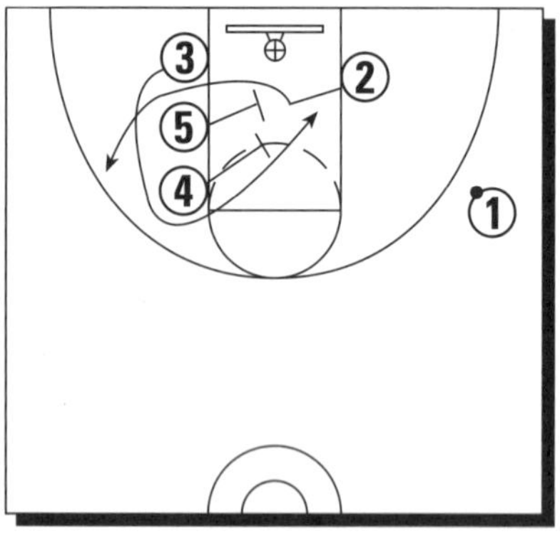

図21

図21　スタガースクリーンを使ってもパスが＃1から＃3へ行かない時は、＃3にリボルブさせて、＃2の所へ行かせる。＃5と＃4は＃2へダブルスクリーンをかけ、＃2へパスが入ったら、そのまま＃3にもスタガースクリーンをかける。

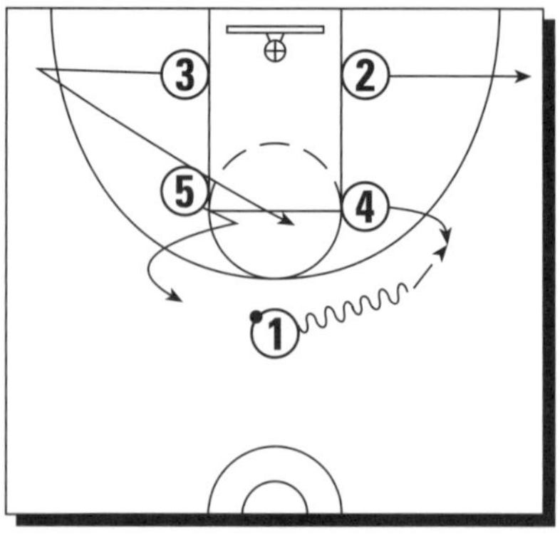

図22

図22　「ベーシック」。＃4がウイングへ出て＃1からパスを受ける。＃2と＃3は基本的にコーナーへそれぞれ出るだけだが、たまにクロスをする。どちらにしても3ポイントラインの外まで出る。最初のパス（＃4か＃5へ）で逆サイドのウイングがハイポストに来てボールをもらう。

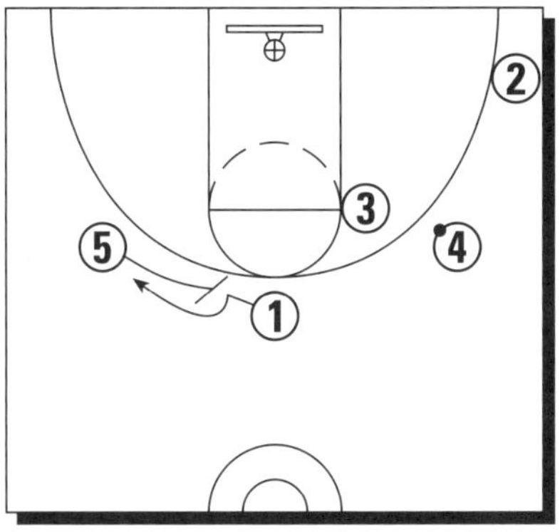

図23

図23　＃5が外へ出たら、＃5は＃1にバックスクリーンをかけてボールをリバースする。

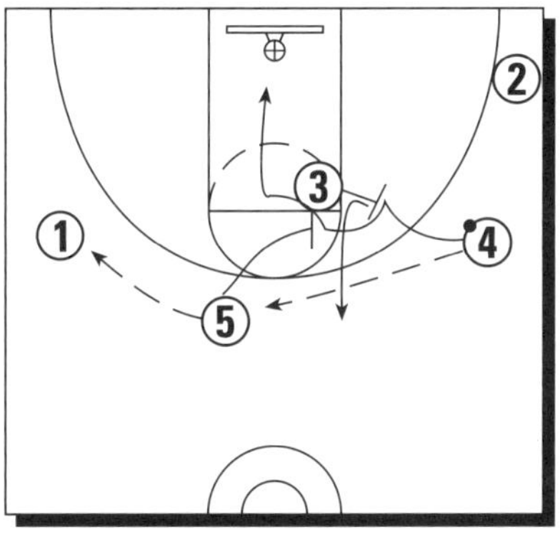

図24

図24　ボールは＃4-＃5-＃1と動く。＃3は＃4にスクリーンをかけ、＃4はゴールへ向かう。ただし＃4は＃1がボールを持つまでスクリーンを使わない。＃5は＃3にスクリーンをかけ、＃3は外へ出る。ボールは＃4-＃5-＃1-＃4または＃4-＃5-＃1-＃3のように回せる。＃1がボールをもらえない場合は一度上がってからバックドアを狙う。

図25　オプション：＃1がボールを持っている。＃3が＃4にスクリーンをかけ、＃3と＃5が＃2にスタガースクリーンをかける。

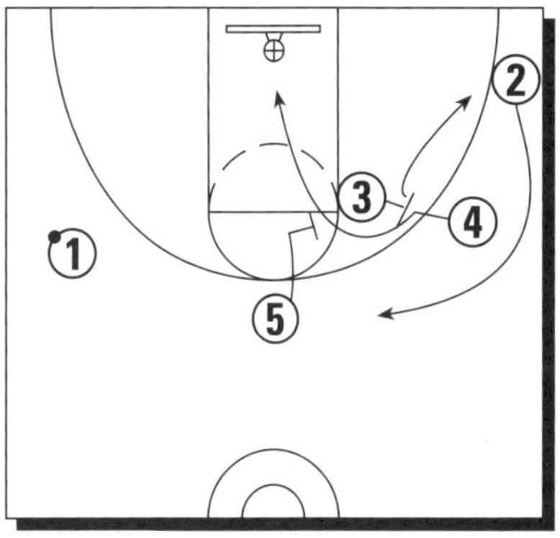

図25

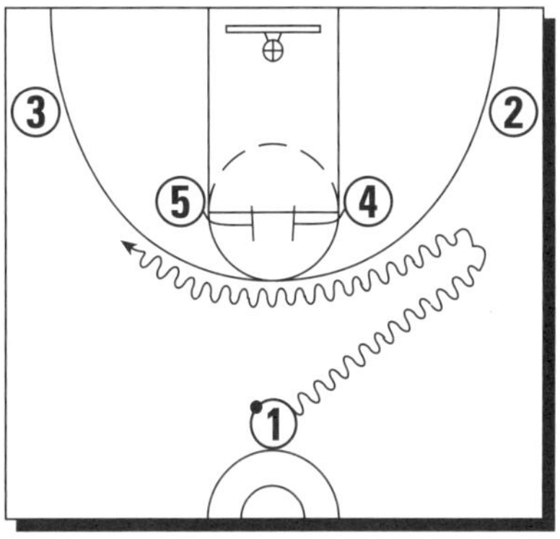

図26

図26　「ハイ」。これは「ベーシック」とほぼ同じである。ボールスクリーンの基礎となっている。＃2と＃3はコーナーへ出る。＃4と＃5がボールスクリーンをセットして、＃1がどちらに進むかを選ぶ。そのときに行く方向と逆の方向に行くふりをする。もしも左に行きたいのであれば、まず右に踏み出してから左に行く。

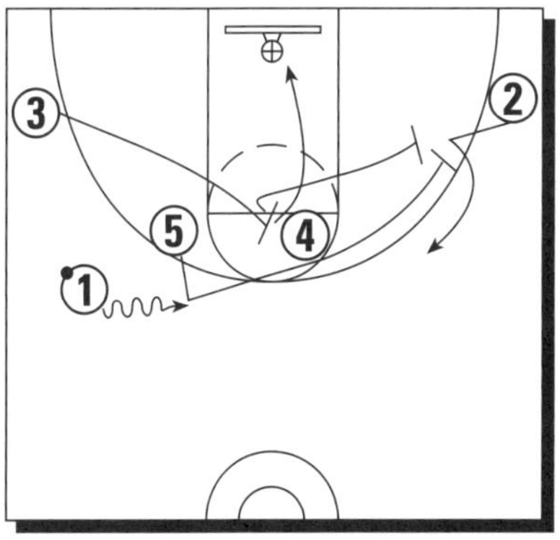

図27

図27　＃1がボールを持っている。＃1が＃4のほうにドリブルをしたら＃3は＃4

にスクリーンをかける。#4はシュートを狙う。#5は上がってボールをリバースする。#5がリバースできなかった時は、#2にスクリーンをかけに行く。この時#3も#2にスクリーンをかけ、#2は#3、#5のダブルスクリーンを使う。

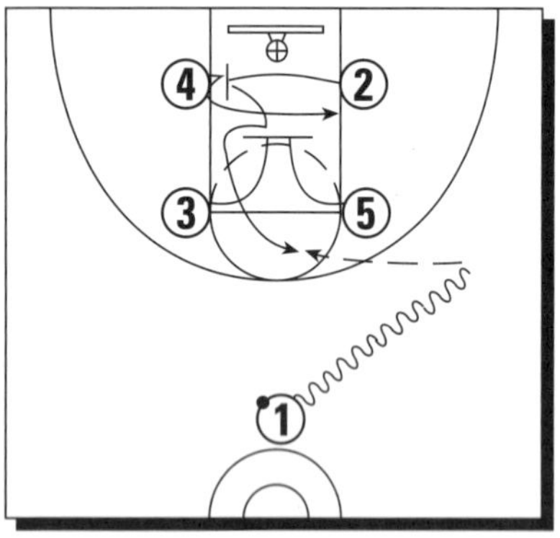

図28

図28 「ダブル」。#1はサイドへドリブルする。#2は#4にクロススクリーンをかける。#3と#5は#2にダブルスクリーンをかける。#2はハイポストに上がり、#3は逆のウイングに出る。

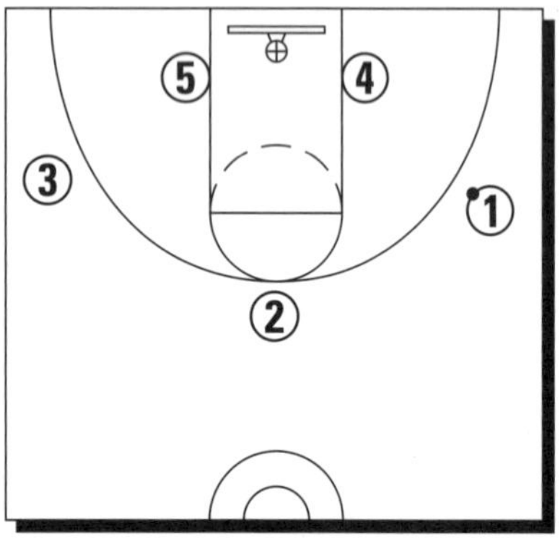

図29

図29 アーリーオフェンスの形になったところである。

図30 「ポスト」。#1がウイングの位置までドリブルする。ローポストを使いたい側と逆のウイングへエントリーする。#4を使いたい場合は#4と逆のウイングへ行き、#2が#4にスクリーンをかけ、#3が#4にスクリーンをかける。#4はローポストに行く。

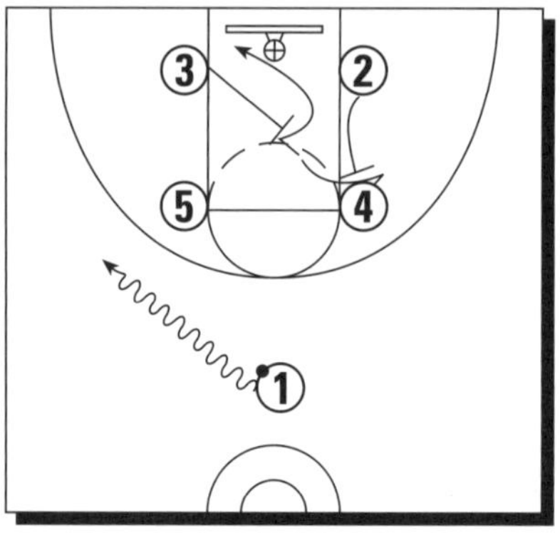

図30

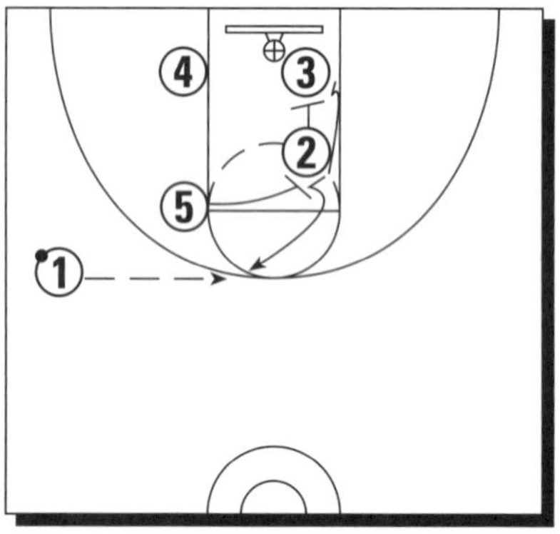

図31

図31 #2はそのまま#3へスクリーンをかける。#5も#3へスクリーンをかける(スタガースクリーン)。#3はハイに上がりシュートを狙う。これはディフェンスしづらいプレーである。#1から#4にパスが出る。#4のディフェンスがディナイをしてくるなら、反対側のサイドでボールをもらえる。

大事なのはボールリバーサルとスペーシングである。そして常にポストにボールを入れることを狙い、ドリブルでペネトレートすることを忘れてはならない。すべてのプレーはこの考えのもとに成り立っているのである。プレーヤーは常に自分の持つ才能の限界でプレーするように努めなければならない。

Match-Up Zone
マッチアップゾーン

マッチアップゾーンに翻弄される人は多い。マッチアップゾーンを相手にするとプレーヤーは混乱してしまうことがある。マッチアップゾーンをする、または教えるのにあたって一つ大事なことは、じっくりと時間をかけて練習することである。マッチアップゾーンを教えるときに、他に要となるディフェンスがある場合はあまりいいものには仕上らない。もしマッチアップゾーンを使うなら、教える時間と試合中に使う時間を多く取らなければならない。その場合は、効果のある短い時間しか使ってはいけない。このディフェンスを理解して長い間練習すれば、やりやすいディフェンスになるはずである。このディフェンスの約束事はさほど難しいものではない。コミュニケーション・スライド・動き方を知ること。そして、このディフェンスに自信を持たせることである。このディフェンスはとても強固なものである。

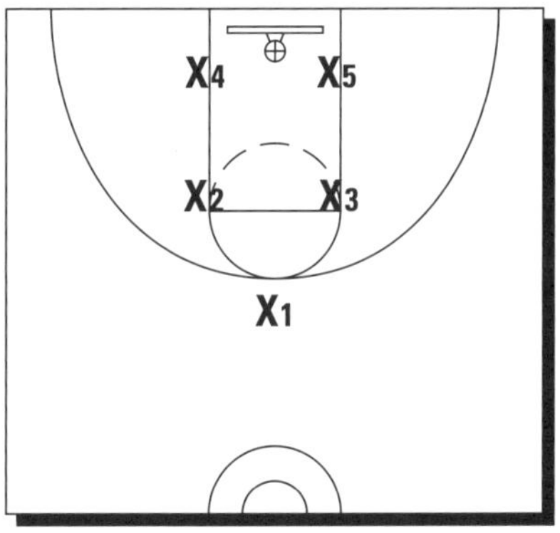

図1

図1　1-2-2ゾーンの形で始める。一番大事なのはコミュニケートすることである。自分がボールを守る時は「mine」とコールし、他の人がボールを守るべき時は恐れずに「yours」とコールしよう。相手がゾーンにカットインをしてきたら「through」などチームメイトに知らせる。ローポストエリアに入ってきたら「low」と言う。カッターがどこへ行くか声を出す。コーナーへ行ったら「corner」。マッチアップゾーンにおいては次に自分が誰を守るかということが最も重要である。

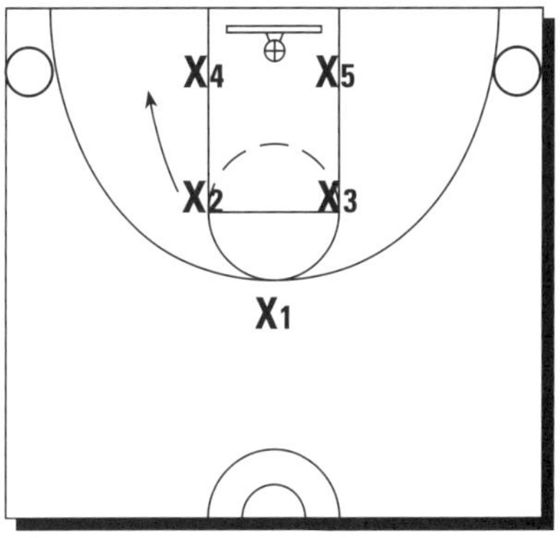

図2

図2　X2とX3に自分の守っている相手の位置(高さ)に合わせるように言い、X4、X5には誰かがコーナーにいてもパスが出るまではブロックにとどまるように言う。パスがコーナーに届く前にジャンプする。これはゴール下を守るためである。ハイポストにフラッシュしてきたプレーヤーは、みんなで守らなければならないので「ハイポスト」とコールしなければならない。選手にはピックアップは3ポイントラインの少し外でするようにと教える。そうせずに、3ポイントラインでピックアップしようとすると、ピックアップがラインの内側になってしまうのである。それだとリングに近すぎてしまう。

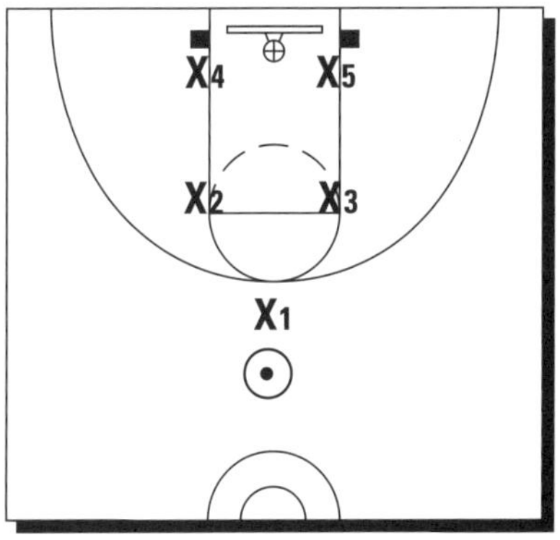

図3

図3　ポイントガードがボールを守っている場合、残りのプレーヤーは片足をペイントに入れる。そのときインサイドのプレーヤーは手を上げる。つまり、ペイントに入っている足と同じ側の腕を上げる。X4とX5は内側の手を上げる。

全員がそうすればインサイドにボールが入らないようにすることができる。絶対にボールをインサイドに入れられてはいけない。

ボールについているときにやられてはいけないことは次の3つである。ドリブルペネトレーション、インサイドへのパス、シュートチェックなしでシュートを打たれること。ゾーンを教えるとき、次のうちどちらかが起こる。第一に、ゾーンをしている時に相手にアウトサイドシュートを入れられてしまうのは仕方がないと考えてしまうこと。確かにアウトサイドシュートを打たせようとはするが、決められないようにしなければならない。第二に、相手にシュートを入れられたときにゾーンが失敗したと思ってしまうこと。そういう時は、我々は相手をシャットアウトしようとしているのではないと伝えてあげよう。すべてのシュートを難しくしてやればよいのである。マンツーマンでディナイをハードにするとスイッチをするのが難しくなる。そこでペイントに近い位置に常にいることを心がけ、3ポイントシュートはケアしつつ、ディナイはせず、ボールリバーサルは許して、ドリブルペネトレーションを絶対に止めるようにするのだ。

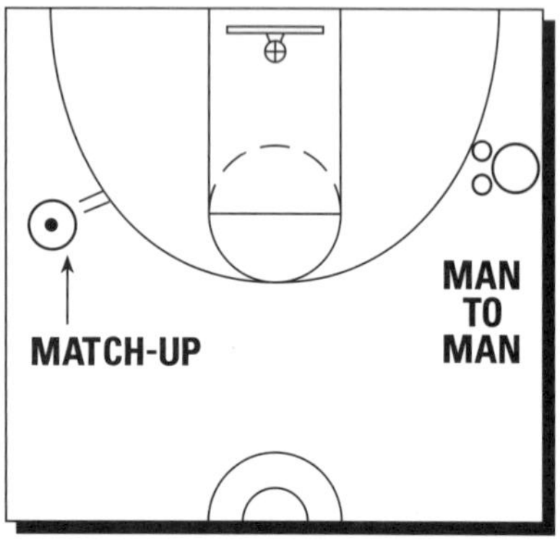

図4

➔図4　マンツーマンでウイングについている場合、足をサイドラインと平行にしてつく。マッチアップゾーンの場合、コートの中央に行かせないようにつく、つまりサイドに方向づけをする。マッチアップゾーンを教えるときはプレーヤーにマークマンとリングを結ぶ線上につくように教える。プレーヤーは支配するという意識を持たなければならない。そうしなければマッチアップゾーンが弱いものになってしまうし、またトラブルにも陥りやすくなる。アグレッシブなディフェンスをするとしばしばボールマンに2人行ってしまうことがあるが、これはそれほど問題ではない。

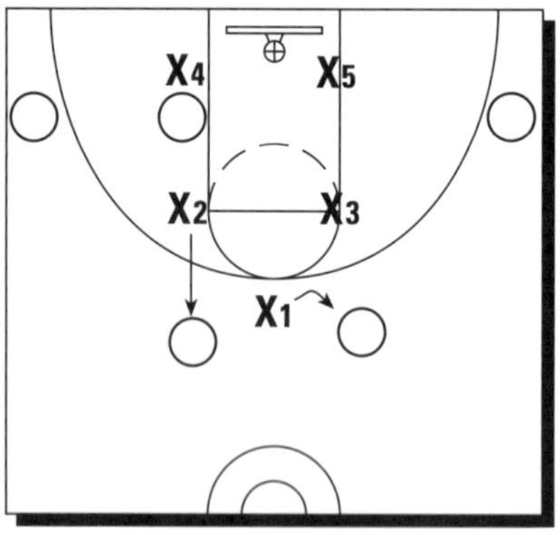

図5

➔図5　この形で始めるが、どこに相手がいるかに応じて形を変えていく。相手がワンガードの場合、X1がボールをマークする。相手がツーガードの場合は自分の左側のプレーヤーをマークする。これはX5をできるだけ中に残したいからである。X2はX1の右側の1人目をピックアップする。

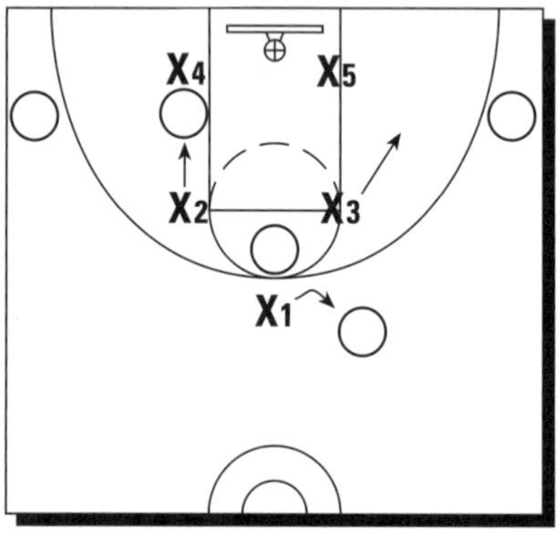

図6

➔図6　相手が違う形で来たとしよう。約束事はそのままである。X2はX1の右側のパス1つ離れた相手をマークするために下がる。X3がX1の左側の1人目をマークする。

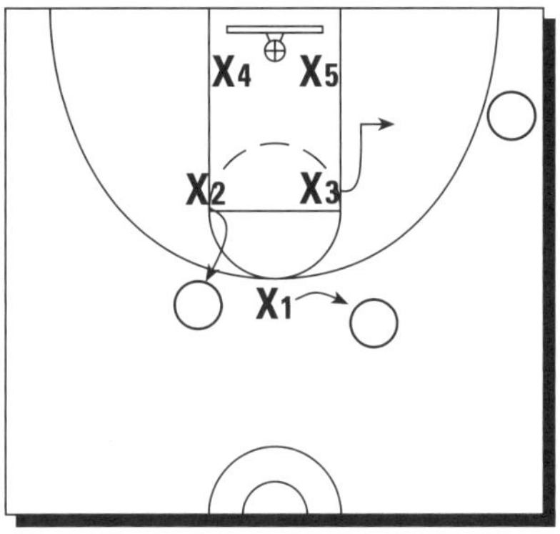

図7

図7　また違う形を考えよう。約束事は常に同じである。全員が対応しなければならない。X2が右側の最初のプレーヤーを、X3が左側をマークする。X4はX2の右側のプレーヤーをマークする。X2の右側に誰もいない場合、ローポストをマークする。

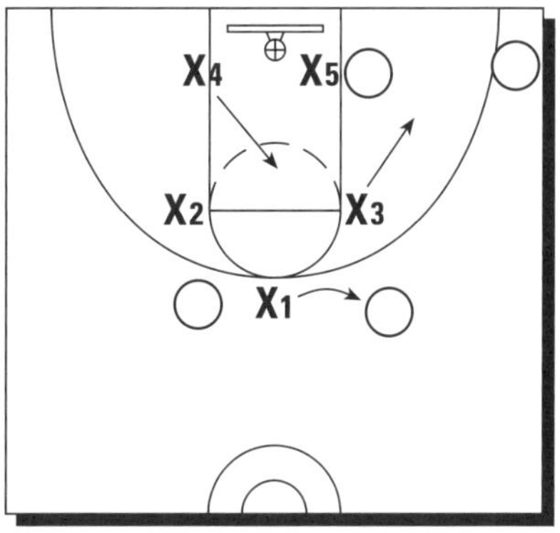

図8

図8　ローポストに誰もいない場合、X4はハイポストへとローテーションする。複雑に見えるが、我慢してほしい。X5もX4と同じ動きをX3の左側でする。

図9　X1が左側の一番近いプレーヤーをマークする。X2がX1の右側でX1から一番近いプレーヤーをマークする。X4のマークはコーナーにいるがボールがコーナーへパスされるまでガードしに行ってはいけない。X3はX1の左側の一番近いプレーヤーをマークする。X5はハイポストをマーク。よく見るとオフェンスは2-1-2、ディフェンスも2-1-2になっている。

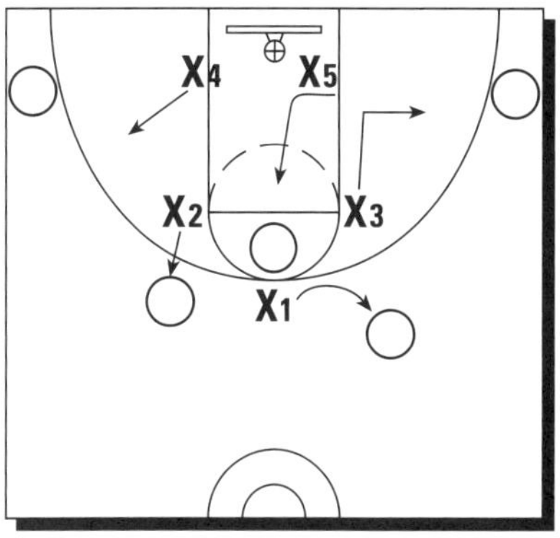

図9

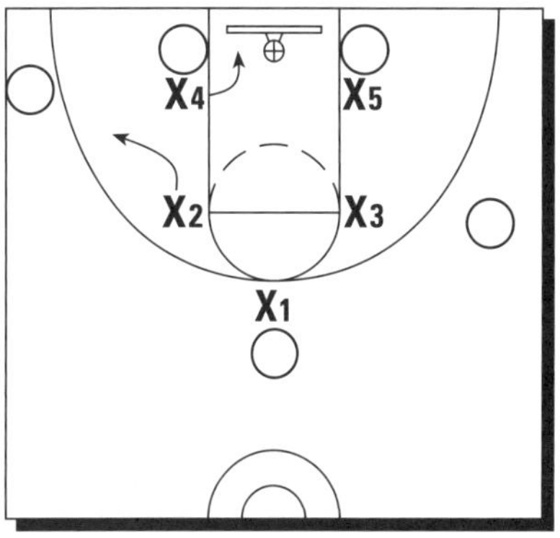

図10

図10　オフェンスがこのように並んだとき、X2は下がってX4のすぐ上に立つ。相手がスクリーンをかけようとしたら、スクリーンの上側か下側に立って動かない。上側に行くか下側に行くかはスクリーンの高さに応じて判断する。X2はコーナーのプレーヤーを、X4とX5はローポストのプレーヤーをそれぞれマークする。

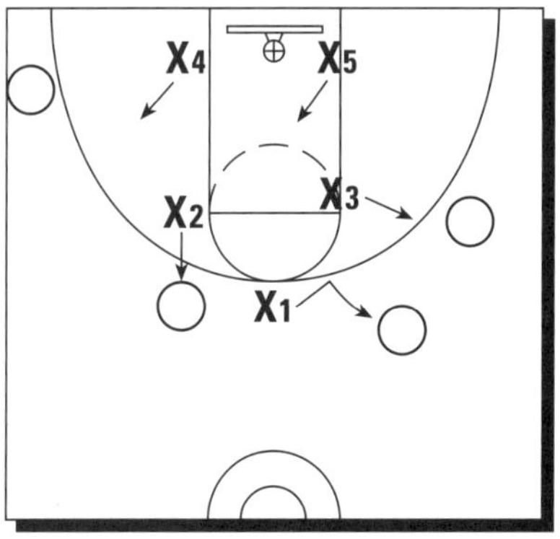

図11

図11　同じ約束事に基づいてディフェンスする。X5がハイポストを守る。X5のサ

イドに下まで下がっているオフェンスがいる場合、X4がハイポストに入る。X4とX5がコーナーについている場合、マンツーマンのように出すぎてはいけない。ボールがコーナーのプレーヤーに出るまでペイント付近にいるのが大事である。X1はどこからピックアップしてもよいが、少なくとも3ポイントより1歩上の位置まででピックアップしなければならない。

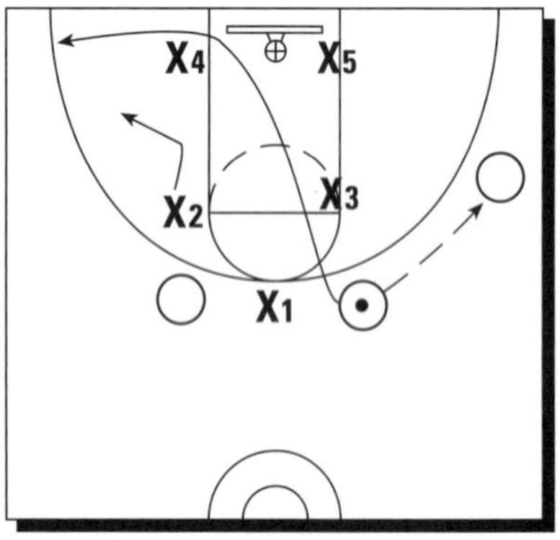

図12

図12 「カッター」。ガードがウイングにパスを出して、サイドのコーナーに切れる。どこへ出るかは重要ではない。ここでの約束事はX2が下がってチェックしないといけない。つまり、自分のマークマンではなく、一つずつずれていかなければならない。X2が下がったら、X4がカッターをチェックする。X2が下がらなかったら、X5がカッターをマークしなければならなくなるが、それはしてはならないのでX2が下がるしかない。切れたプレーヤーが逆サイドに出たら、X2が下がり、X5がベースラインでそれを押さえる。

図13 X2のマークマンがボールを持って、もう1人のガードにパスし切れる。X2は誰もガードする者がいなくなる。約束事ではX1の右側のプレーヤーをマークするとなっているからである。ここで「チェックダウン」を使う。

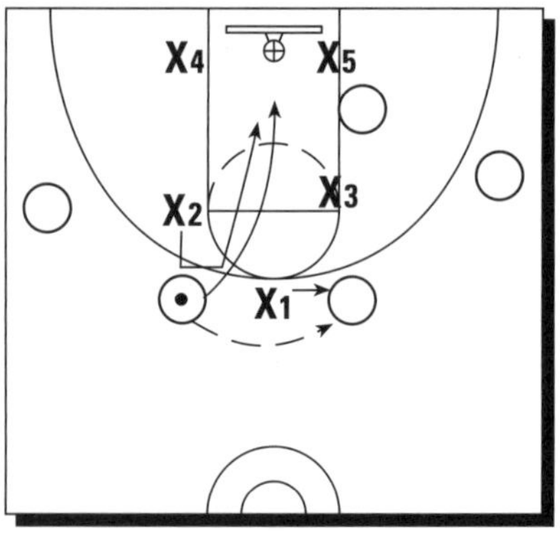

図13

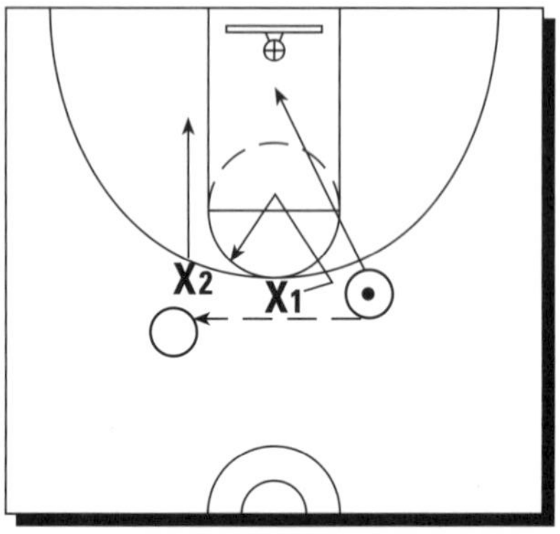

図14

図14 X1のマークが切れた後、X1はマークする相手がいない。X2がチェックダウンすれば(下がれば)、X1は約束事通りにマークできるようになる。X2は、サイドは関係なしに、すべてのカットインに対して、チェックダウンをする。カッターにゾーンの中に入らせるが、逆サイドに出るように仕向ける。X2はX1が来るまではボールをマークしておく（待つ)。

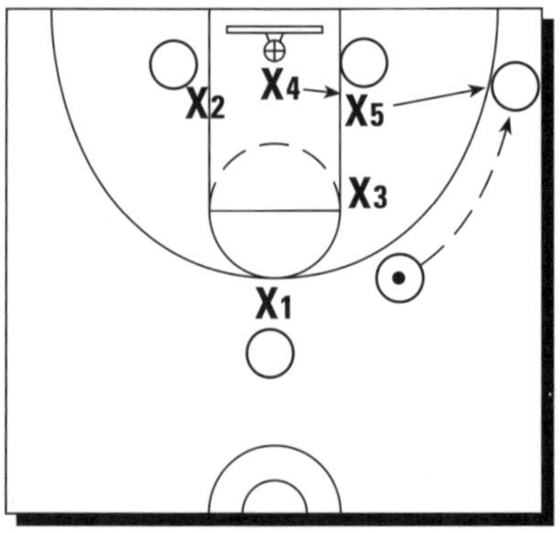

図15

図15 ポストマンのもう一つのルール。X4と

X5はどっちがどっちでもよい。X5がコーナーへ出る場合X4はX5のポジションを埋め、相手にフロントしてつく。X2とX3がつく相手がいなければ、ポストを守る。ここではX2がポストに入る。

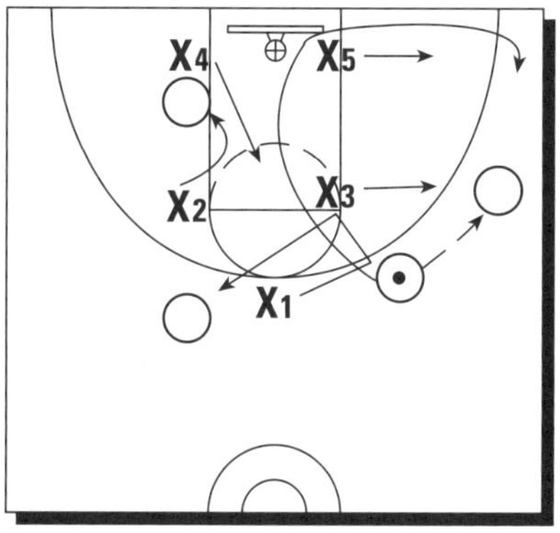

図16

図16　この並び方に注目して欲しい。ボールはウイングに出る。カッターが切れてボールサイドに出てくる。X1がチェックダウンしてもう1人のガードを守る。X3がウイング。X5がカッター。ハイポストをX4が守る。X2が自分のサイドのローポスト。このときX1の右側には誰もいないからX2はローポストを、X4はX5がコーナーに出たのでX5のポジションに入るが、誰もいないのでハイポストへ上がる。X4はローポストからハイポストを見なければならない。

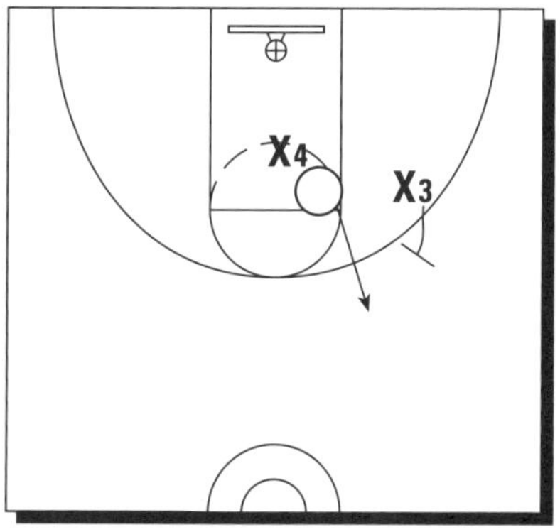

図17

図17　ハイポストのプレーヤーが外に出たら、X4は動かない。シューターの場合はX3が上がってつくしかないが、X4はX3が来るまでマークする。

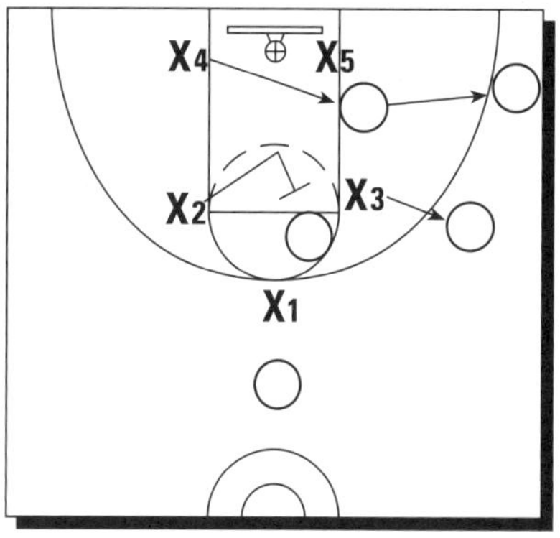

図18

図18　「オーバーロード」。マッチアップゾーンで守るには一番難しいオフェンスである。X1がボールをマーク。X2はX1の右側1人目のプレーヤー。しかし、誰もいないのでポストを見る。しかし、誰もいない。そこでX2が逆サイドのハイポストに入る。X3は左側のプレーヤーを、X4はX5の側のポストに入る。

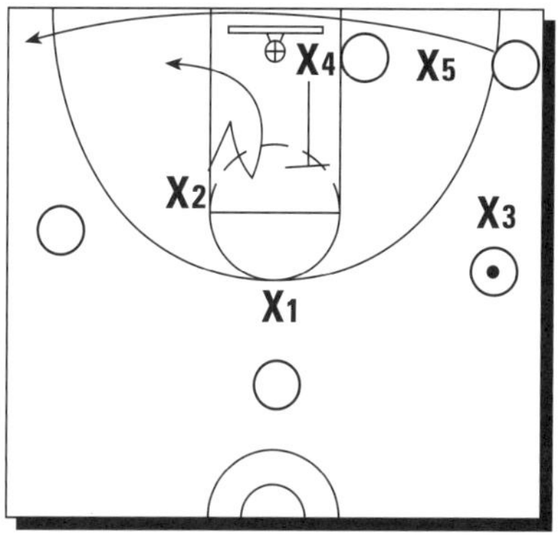

図19

図19　ボールがウイングにある。コーナーのプレーヤーがベースラインを切れる。X5はローポストに戻り、X2がベースラインのプレーヤーをマークする。X4はハイポストへ上がる。オフェンスが完全なオーバーロードをしてきた場合、ゾーンはマンツーマンになってしまう。

ゾーンをしている時、リバウンドがどうしても難しくなってくる。ローポストにフロントするため、余計に難しい。プレーヤーは必ず誰かをブロックアウトすることをさせる。積極的にボールを取りに行かなければならない。相手がゾーンかマンツーマンかを見極めるためにリセットしてくるが、そのときはディフェンスもリセットする。1-2-2に入ると、誰をガードするかが分かりやすいので、要となるディフェンスとしては使わない。

これを教えるときはマンツーマンと同じように教えるがディナイをするのではなく、マークマンとリングの間に入るようにする。マッチアップゾーンを教えるのは難しく、また教えるときは時間をかけなければいけない。一番大きな問題はリバウンドにある。力強いリバウンディングが必要である。

Question：マッチアップゾーンを攻める時は、ゾーンとして攻めるのか。マンツーマンとして攻めるか？

Answer：オーバーロードの形で攻める。そうすればポストにボールが入る。X1は次のパスを、X2は両サイドでウイングのシューターになる。X3はベースラインを、X5はショートコーナー、ローポスト、ハイポストを、X4は好きなところをプレーする。X4はフラッシュを多くしないといけない。X4の動きに合わせて周りは攻める。

Question：ポイントガードがウイングにドリブルした場合、ついていくか？

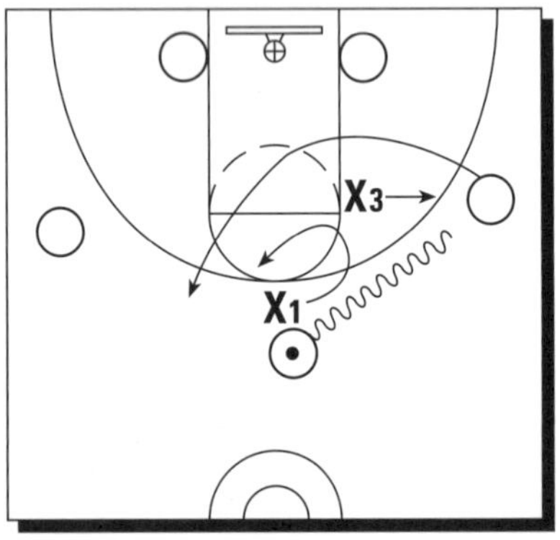

図20

Answer：（図20）X1はX3にまかせる。X1はハイポストにスライドし､X1とX3でスイッチする。

JOHN KRESSE

ジョン・クレス

Special Situation That Win Game
勝利のシチュエーション

コーチであるからにはチームに試合に勝って欲しいと思うのは当然のことである。コーチにとって悪夢とも言えるのが、自分がチームを勝てる状態にして試合に臨ませることができずチームが負けてしまったようなときである。やるべき時に、やるべき選手がボールを持てるように練習しなかった責任はコーチにあるとも言える。いくつかの考えるべきシチュエーションについて紹介してみたいと思う。

Late-Game Situations
試合終了間際のシチュエーション

1 最も重要かつ油断しがちなシチュエーション。

2 多くのチームは8点差（3、4ゴール差）以下で試合を落としている。

3 繰り返し行なうことにより、ディフェンス、オフェンス、シュートは身につく。ゲームと同じシチュエーションを作って（毎日）練習する。

4 ベンチから声を掛ける、タイムアウトを取る、メンバーチェンジをするなど、試合のときと同じようにコーチする。練習で1分間のミニゲームを行なうことで、選手が短い時間でも何かできるようする。この練習は10回やっても10分間で終わる練習であるが、とてもクオリティの高い練習であることは間違いない。このような試合のシチュエーションを網羅するミニゲーム形式の練習は、試合前日の土曜日にやるとよい。

5 各選手が時間、スコア、シチュエーション、ファウルの数など、自分のチームだけでなく相手チームのことも常に知っておかなくてはならない。これは非常に大切なことであるため、選手に確実にやらせるようにする。相手チームに有利になるようなファウルは避けなければならず、また相手チームのどの選手がファウルできないような状況にあるのかを知っておくことは、自分たちのペースで試合を運ぶうえで大切である。

6 すべての可能性を想定した練習をする：大差でリード、僅差でリード、同点、大差でビハインド、僅差でビハインド、違った時間帯、違ったファウル数、違ったメンバー。

7 試合前にすでにやったプレーであれば、試合中にどのようなプレーが必要であるかの判断ができる。

8 （試合を想定した練習で）わざと悪いジャッジをし、それに対する選手のリアクションが悪いときには反則をとる。

9 時間を稼ぐために選手を入れかえる。もしリードしていて相手チームにフリースローを取られたときには、ディフェンス中心のチームでいくとよい。守らなくてはいけないときにはディフェンスの強いチーム、攻撃したいときにはオフェンスの強いチームであることが理想であるため、選手交代は重要である。

10 自分のチームの一番いい選手、一番いいディフェンスが誰かを知る。

11 哲学を持つ。選手全員があなたのコーチとしての哲学を知り、理解するようにする。

⑫ 自分がしたいことをきちんと理解しておく半面、偶発的なプランも持っておく。

⑬ 試合中に選手がこれまでに直面したことのないようなことがないように準備する。

Questions to Ask about Late-Game Situations
試合終了間際のシチュエーションに関する質問

1 もし自分のチームが負けているときファウルを取るかスチールを仕掛けるか、あなたならどうするだろうか？
自分のチームが相手チームに2点ビハインドで残り時間が35秒だったとしよう。このような場合私だったらまずスチールを試みるだろう。私の考えはフルコートプレッシャーで行くことであるが、それにより相手チームに何らかの混乱の状況を作り出したいのである。ファウルを仕掛けることも決して間違いではないが、ファウルを仕掛ける前に1、2度スチールのシチュエーション（トラップ）を仕掛けてみる価値があると思う。もしそれでハーフコート上でボールを奪うことができれば、そこでファウルをすればいいのではないか？　ファウルをする場合にはどの選手に対してファウルをするのか、相手チームで一番フリースローが下手な選手は誰かを知っておかなければならない。
残り時間が10秒以下のときに相手チームの選手がボールを持っておりアウトオブバウンズになったときは、相手チームの出した最初のパスをスチールし、すぐにファウルする。私たちのチームでは前に進み、スチールを試み、相手チームのフリースローの得意な選手にボールが渡らないようにする。

2 もし自分のチームが3点リードしていたとき、相手チームが3ポイントシュートを決めて同点にしないようにファウルをするか？
このような場合、私ならばファウルをして時計を止めるという相手に有利になることはしない。相手チームはきっと最初のフリースローを決め、2本目をわざと外して次のプレーにつなげるだろう。ファウルをするよりも、しっかり守り相手チームに3ポイントシュートを打たせないほうがいい。

3 1、2点差で負けか同点の状況で、もし自分たちのチームがボールを持っているとき、最後のシュート打つか打ち控えるか？
それは相手チーム次第であると私は考える。もし対戦相手がデューク大学であれば、私ならシュートは打たない。シュートを打つタイミングが一瞬でも早かった場合、デューク大学ならば急いで戻り逆転することも可能である。オーバータイムはできるだけ、特に敵地での試合の場合には避けたい。

4 1点差で負けていて、リバウンド、ターンオーバー、もしくはフィールドゴールを得たとき、すぐにタイムアウトを取るか、それともボールを前に出してからタイムアウトを取るか、それともタイムアウトをまったく取らないか？

5 残り時間が45～50秒でシュートクロックぎりぎりまで待つか、速攻をしかけて2回シュートをして2点を狙うか、それともゆっくりゆっくりボールを運び終了間際に1回シュートして2点を狙うか？

6 残り時間を考えた上で、どの場所からでも展開できるプレーを持っているか？
我々のチームでは試合中のプレーを説明するために作戦盤を用いているが、これを練習中でも使用している。そうすることで、試合前の段階ですでに試合終了間際までのプレーを図表で表わしたデータファイルを用意できる。図表は分かりやすいほどよい。我々のチームではすでにできあがっているそれを取り出し、クリップボードに貼りつけるだけでよい。
タイムアウト状況、ファウル状況など両チームの記録を誰かにつけさせることを忘れてはならない。不思議なことに、これらのことができる素晴らしい選手のいるチームを率いるコーチは、素晴らしく見える。

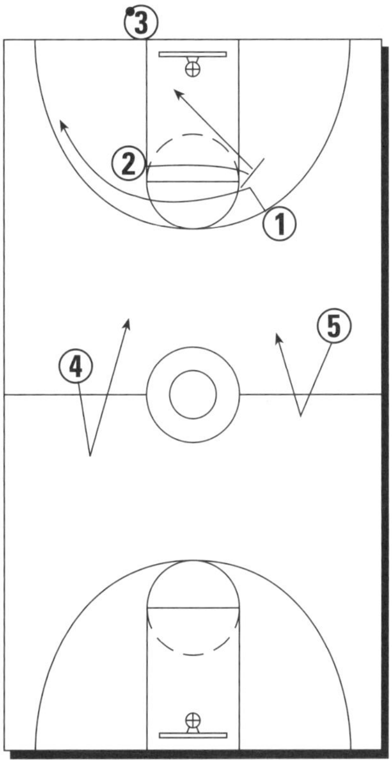

図1

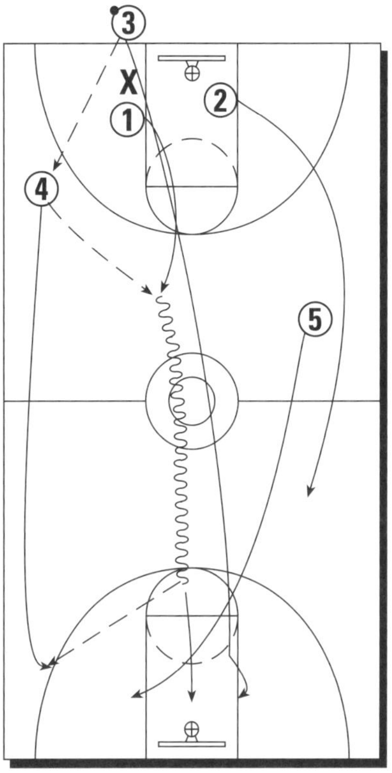

図2

➔図1　残り6～9秒でベースラインから攻めなければいけない。＃3がボールを入れ＃1と＃2がボールを受けに行く。これは相手のディフェンスがマンツーマンでもゾーンでも使える。＃2が＃1にスクリーンをかけ、＃2はそこでポストアップする。＃1はスクリーンを使い、＃2は＃1が行ったのとは逆に出る。

➔図2　もう一つの策は＃4にボールを入れる。そのとき＃1は真ん中に上がって＃4からパスをもらう。＃5はボールサイドで＃1・＃2・＃4の誰かにボールが入れば、6秒以内でレイアップを打つことが可能である。プレーヤーが思っているより時間はある。＃1が持ったら台形の中までペネトレートしてシュートか外へパスを狙う。ボールを入れるプレーヤーは必ず、ウィークサイドのリバウンドから点を取れるプレーヤーでなければならない。

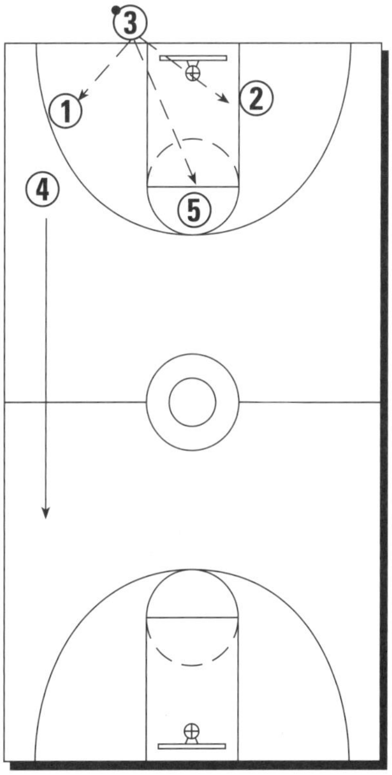

図3

➔図3　誰かを走らせてロングを狙うこともできる。ロングパスが出ない場合、他のプレーヤーはすぐに運べるようにボールを受けに行く。

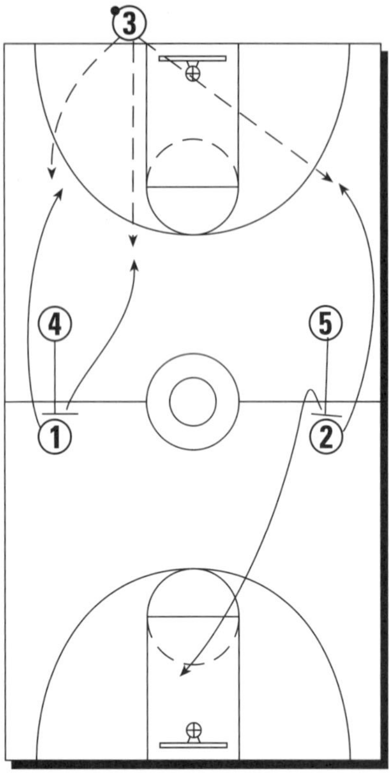

図4

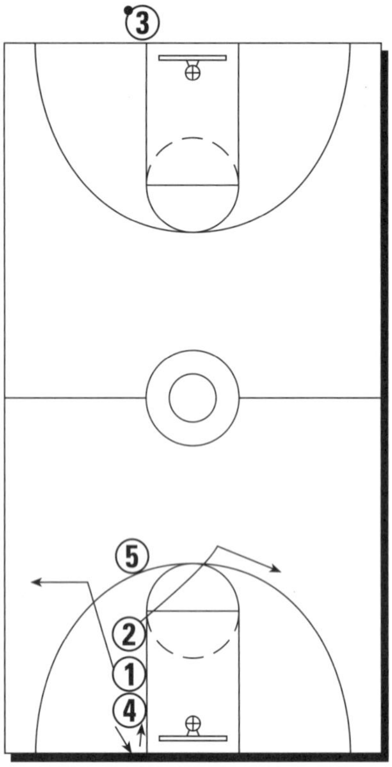

図5

図4　すべてのアウトオブバウンズプレーはボールを叩いてから攻める。＃4が＃1にスクリーンをかけ、＃5が＃2にスクリーンをかける。＃1がサイドラインのほうへ行ったら＃4はスピンしてボールをもらいに行く。＃5はロングパスをもらいに走る。これは＃3からのベースボールパスであり、練習しておくべきである。

図5　残り1〜3秒のとき、プレーヤーを一列に並べる。＃5が一番上。＃4が一番能力のあるプレーヤーである。＃4の後ろにディフェンスがいる場合、ここに入れるのは難しい。＃1と＃2はともに上がって開く。＃4にパスを入れたい。＃4はポストアップしてディフェンスを押し出す。＃4はそのままターンしてスコアすべきである。＃1、＃2、＃5は＃4に入らないときのためにパスをもらいやすくする。残り1秒でもキャッチしたらシュートはできる。残り2秒ならドリブルをつける。3〜4秒あればドリブルからクイックパスも可能である。

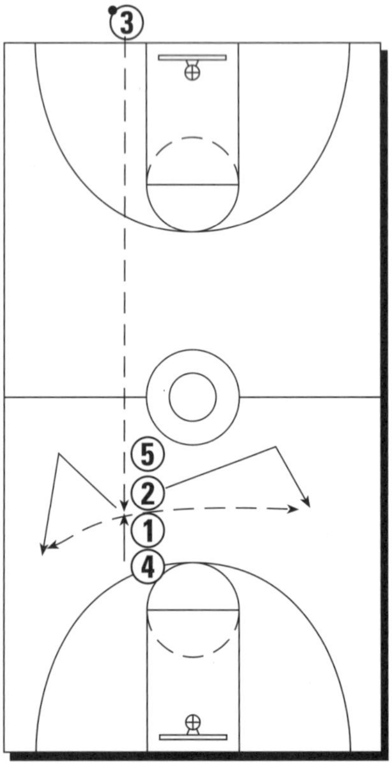

図6

図6　1〜3秒で3ポイントシュートが必要な時、全体を少し上げる。＃4が3ポイントシューター。＃1と＃2は＃4からのパスを想定して動く。#5はおとり。

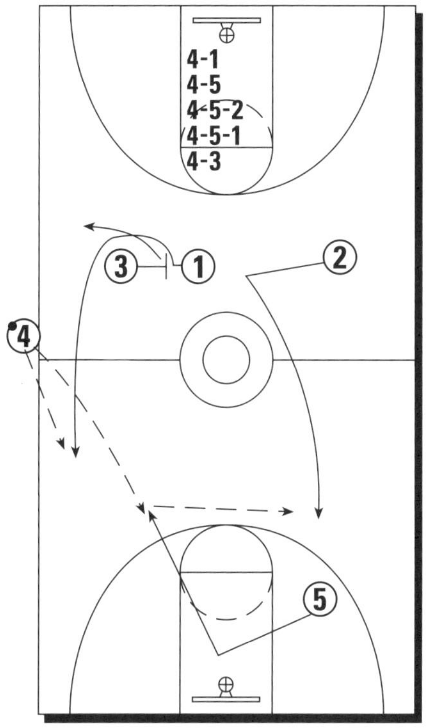

図7

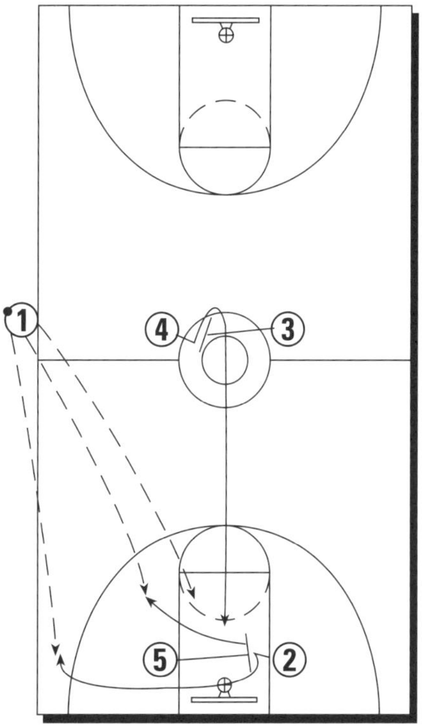

図8

図7　サイドで3～5秒残っている場合。＃3が＃1にスクリーンしてボールへ向かう。＃1はカールしてサイドを上がる。4秒あればレイアップを狙える。3秒ならばジャンプシュートを打つ。＃2は＃3のほうへフェイクして、サイドを上がる。＃5はいったん沈んでトップへ上がる。この時＃5はディフェンスを背中にしていなければいけない。＃4は＃5へパスをしたら＃5は＃1か＃2のどちらにもパスできる。このプレーのオプションは＃4-＃1、＃4-＃5、＃4-＃5-＃2、＃4-＃5-＃1である。このどれも空いていなければ＃3に入れて＃3が早く持っていかなければならない。3ポイントシュートが必要な時にも使えるプレーである。

図8　「セルティックス」。＃3が＃4にバックスクリーンをかける。＃4はカールしてバスケットへ走る。＃5が＃2にクロススクリーンをかけ、＃5はミドルまで戻る。＃1はまず＃2のコーナーでの3ポイントを狙う。＃1は＃2・＃5・＃4を狙える。プレーヤーは残り時間を正確に覚えていなければならない。

図9　これが通常のアウトオブバウンズプレーである。残り3～5秒の時でも使えるプレー。＃1は＃4と＃5のスクリーンを使って出る。＃5がボールへ向かう。＃1はゴールへ向かってドリブルをする。＃2がウィークサイドでバックドアを狙う。＃3が＃5に入れたとき、＃3はフリーになっていることが多い。

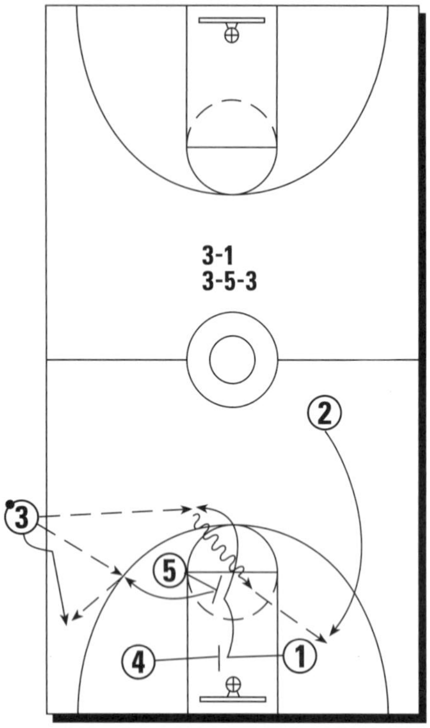

図9

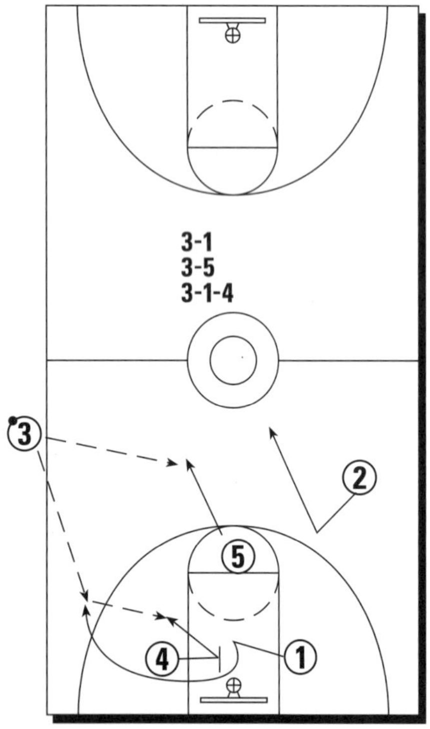

図10

➔図10　＃1のディフェンスがかぶっている時、＃1はベースラインからスタートする。＃5がボールへ向かう。＃4は＃1にスクリーンをかけてコーナーへ行く。＃3から＃1へがパスを出せたら、＃4へ入れることができる。

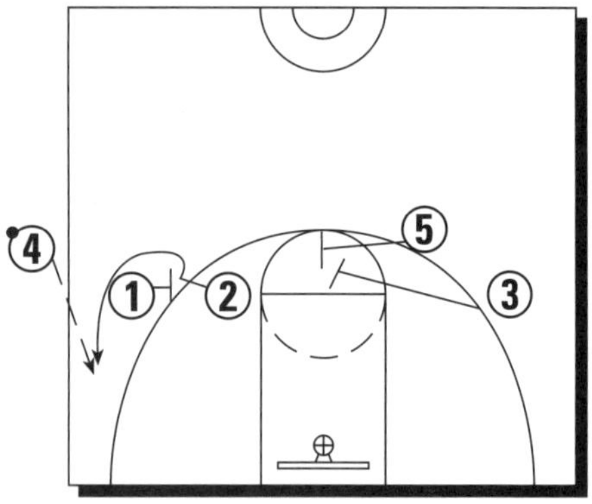

図11

➔図11　3ポイントプレー。3点負けていて、残り2〜4秒あるとき。シューターは＃1、＃2、＃3。＃1は＃2にスクリーンをかける。＃2はボールをもらいに行く。＃2がシュートできるかもしれない。

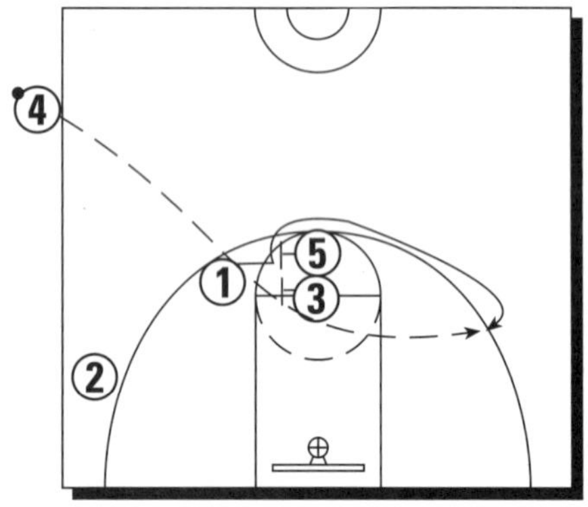

図12

➔図12　このとき、＃3と＃5で＃1にダブルスクリーンをかける。これが2番目のオプションである。＃1はダブルスクリーンを使って＃4からパスを狙う。パスは上へ出さなければいけない。

➔図13　3番目のオプションは＃3が＃5のスクリーンから出る。＃5は絶対に＃3のディフェンスを止める。

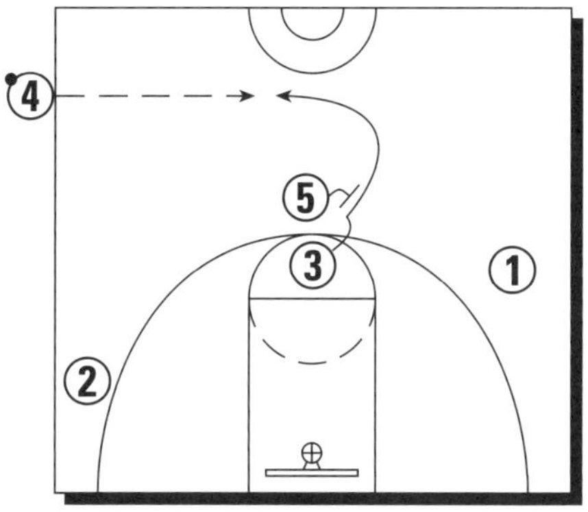

図13

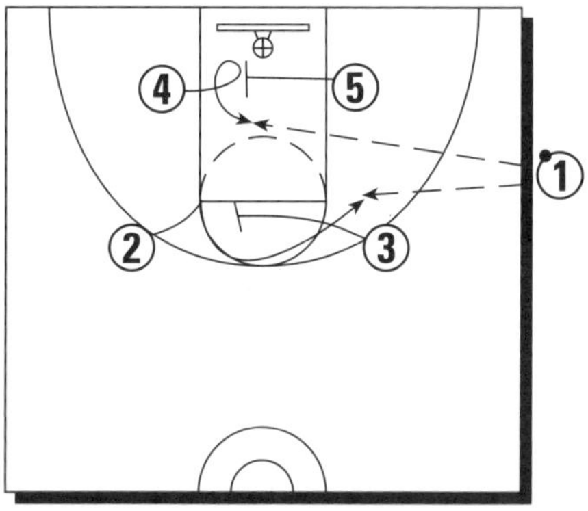

図14

図14　これは＃4をアイソレートするプレーである。＃4はウィークサイドのブロックから始める。＃3は＃2にスクリーンをする。＃2はボールに向かう。＃5は＃4にクロススクリーンをかける。＃4は＃5のスクリーンを使ってボールをもらうかのように演技する。そして、下がってウィークサイドでボールを受けてシュートを打つ。

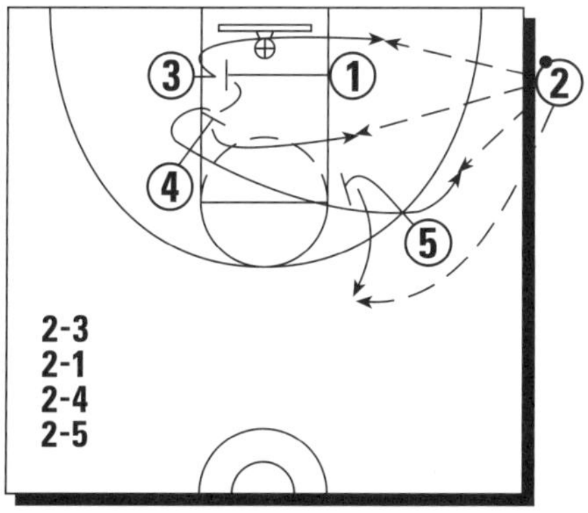

図15

図15　ボールが低い位置にある。＃2がボールを出す。＃1が＃3にアウェイスクリーンをかける。＃3はボールをもらいに行く。＃4と＃5はスタガースクリーンを＃1にかける。＃1はカールして＃2からパスを受ける。＃4はスクリーンをかけた後ボールサイドのミドルポストへ行く。＃5はフレアする。＃2からのパスは＃3、＃1、＃4、＃5の順に狙う。＃1はフリーであることが多い。

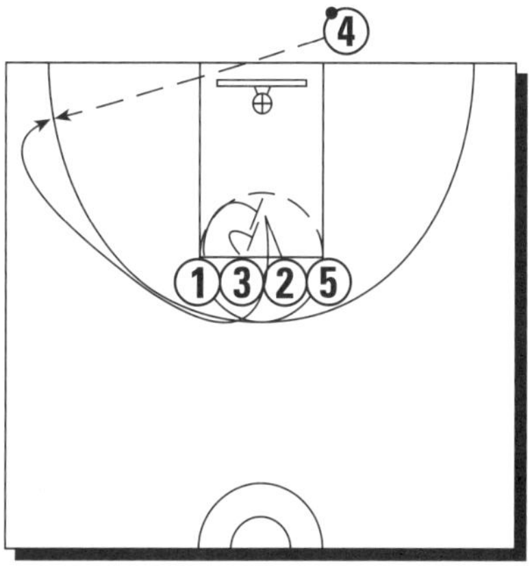

図16

図16　残り1〜3秒で3ポイントが必要な時。全員がバスケットの方向を向く。＃2、＃1、＃3が3ポイントシューター。＃1と＃3は＃2のディフェンスを探し、スクリーンをかける。＃2は逆サイドのコーナーへ出る。＃4は下がればバックボードに当たることはない。

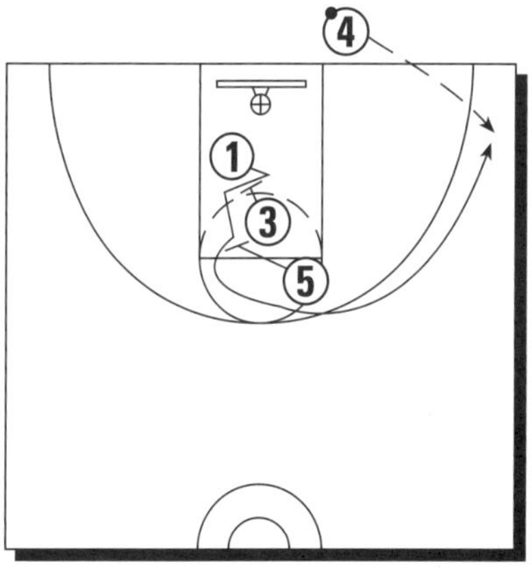

図17

図17　2番目のオプション。＃3と＃5が＃1へスクリーン。＃1はボールサイドのコーナーへ。

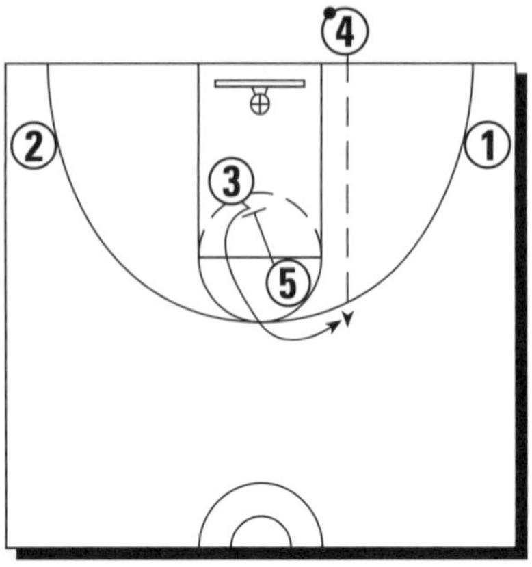

図18

図18　3番目のオプション。#5が#3へスクリーン。#3はフレアする。

残り3分で10点負けている場合、どうすればいいのだろうか?

私は、すさまじいフルコートプレーッシャーディフェンスをし、ハーフコートに入ったら強いディナイをするようにする。相手にドリブルを5秒させる。そして、パスに対してオーバープレーする。パッシングレーンに入る。2列目はオーバープレーをせずヘルプポジションをとる。ここのディナイでは、アウェイスクリーンはスイッチする。すべてスイッチする。

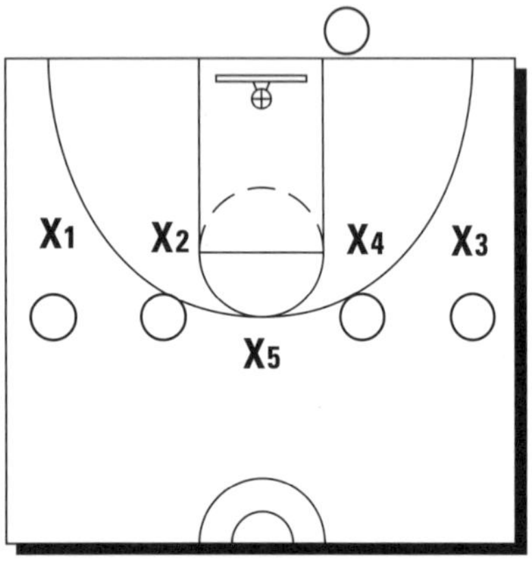

図19

図19　ボールを出す人にディフェンスをつけないセンターフィルダーもアイディアとして用いる。オフェンスのプレーヤーのフロントに立ち完全なディナイをする。センターフィルダーは上を通るすべてパスを止める(X5)。試合の終わり際であればすべてスイッチし、そしてすぐファウルする。(必ずボールに対してファウルをする。)その際、体を寄せる。

The Two-Two-One Press
2-2-1プレス

私のプレスは、UCLAのジョン・ウッデン・コーチとジャック・ラムジーがカレッジとプロで使っていたもの、そしてコネチカット大のコーチ、ジム・カルホーンのコンビネーションである。これは、3クォーターのプレスである。まず、どこにパスをインバウンズさせるかを最初に教え、次に最初のパスをどう止めるかを教える。そのとき次の複雑な原則が大事である。

1 頑張り。まず、アグレッシブなプレーヤーが必要である。プレーヤーがアグレッシブでクイックネスを持ち運動能力豊かであれば、このプレスを楽しむことができる。練習でも楽しめる。#5は、そんなにクイックネスを必要とはしないが、2人か3人はクイックネスがあり運動能力の高い選手が必要である。

2 このディフェンスは、相手がアタックするように仕向ける。

3 相手にハーフコートオフェンスを考えさせない。

4 相手にミスするのではと考えさせ、実際ミスするように仕向ける。

5 早い段階でミスを誘い込みやすい。早く得点を取っていかなければ行けないシチュエーションでフルコートもしくはクォーターディフェンス以上のディフェンスはない。オフェンスのリズムを狂わせゲームの流れを早くすることができる。

6 このディフェンスは次の時に用いる。
a.ゴールを決めた後もしくはフリースローを決めた時
b.バックコートでのアウトオブバウンズ
c.フリースローをミスした後(これは相手を驚かせることができる)

7 キーポイント
a.(図1)絶対にボールマンにプレッシャーをかける。ガードをフロントラインに置くプレスである。X3、X4がプレスの2線目をやる。X5はセンターでプレスの“ゴールキーパー”と呼んでいる。すぐにX1は、ボールマンにプレッシャーをかける。X1は、ボールにトレース(ボールに両手をかざす)し、コートの中央へのパスと斜めのクロスコートパスをさせない。考え方としては、彼はサイドラインに向く。X2は、AからBへパスされた瞬間にミドルをふさぐ。X3はボールサイドへ。X4はコートの中央の深い位置を守る。X5もボールサイドに動く。X3とX4はマッチアップする。

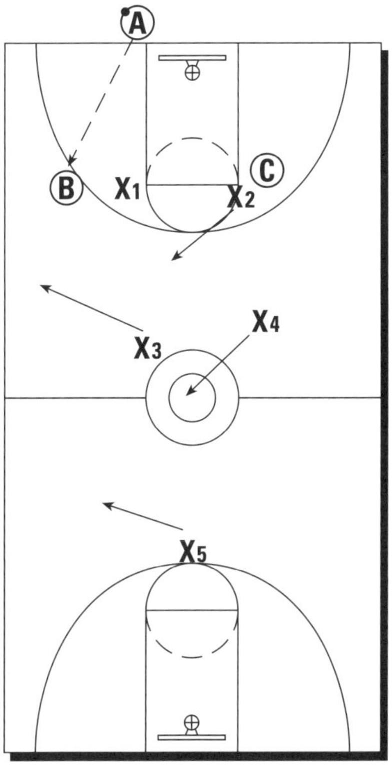

図1

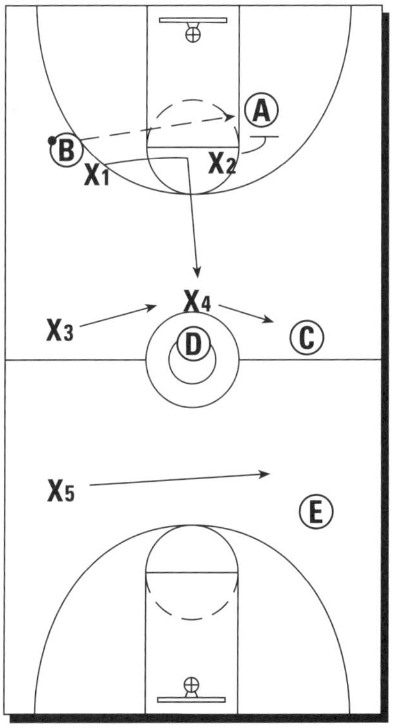

図2

b.（図2）横へのパスの対処。ボールがBからAへ行った場合、X2はミドルに行くのをやめX1がX2の相手を守れる位置に来てからAにつく。X1は、ボールがBの手を離れた瞬間に動く。X2はボールプレッシャー。X4はボールサイド、X3は中央の深い位置へ、X5はボールサイドにそれぞれ動く。

c.サイドラインに方向づけする。

d.コンテイン（常に自分の前にボールマンを置いておくこと）。

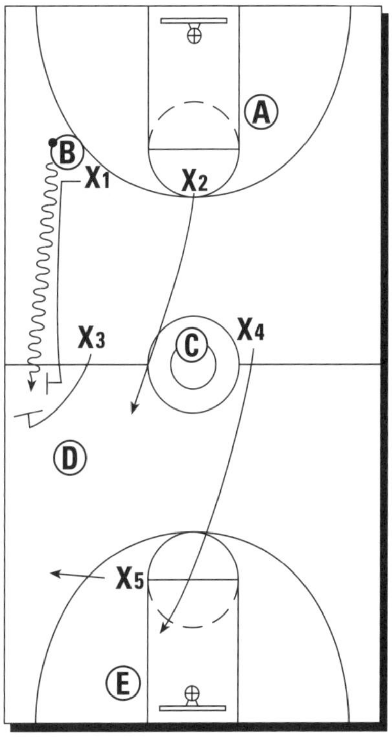

図3

e.トラップ（図3）。X1はBをサイドへ行かせ、トラップをする。トラップはサイドのミドルラインを越えた位置でかける。X3は、X1からDまでの距離の間でX1から2／3のところでパッシングレーンに入る。X3は常にはずむように動いておく。X3は背中をコートの中央に向ける。高いロブパス以外は、X3はパスを通してはいけない。Bがサイドをドリブルしているとき、ハーフラインを越えてからトラップする。Bの頭が下がったらトラップに行く。Bがコントロールを失っていると判断したらトラップする。X3は抜かれないようにし、X1とX3は足を重ねてボールにトレースする。ボールを取りに行くのではなくてミスをさせる。また、ファウルをして相手に楽をさせてしまったら意味がない。X2は戻って中央に行く。X5はボールサイドへ行く。また、サイドラインに行けば、スティールのチャンスがある。X4はゴール近くへローテーションをする。

f.ローテーション。

g.シュートチェックをする。

h.リバウンド。

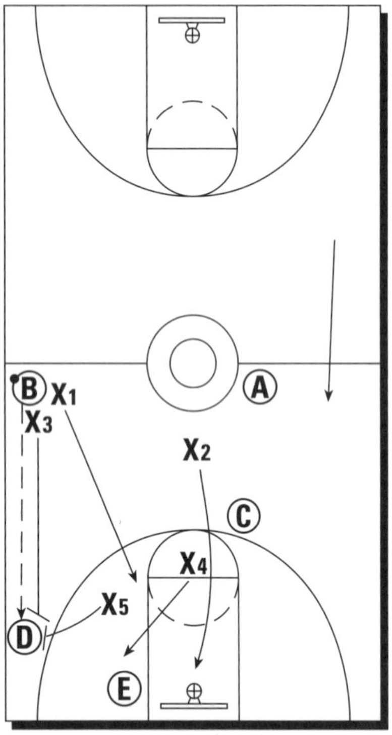

図4

図4　X1とX3のトラップからDにパスが出た場合、X3はボールを追いかける。X3とX5でトラップをかける。X1はハイポストの位置へ下がる。X4はストロングサイドにいるEをカバー。X2はウィークサイドをカバーするためにスプリントバック。

図5　ほとんどの場合、戻ってゾーンディフェンスにする。なぜなら、プレーヤーがゾーンのポジションにいるからである。これは、DからBへパスが戻された時にする。ハーフコートまでにトラップが二つぐらいうまくいけば、それはシュートクロックが迫ってきているような時である。

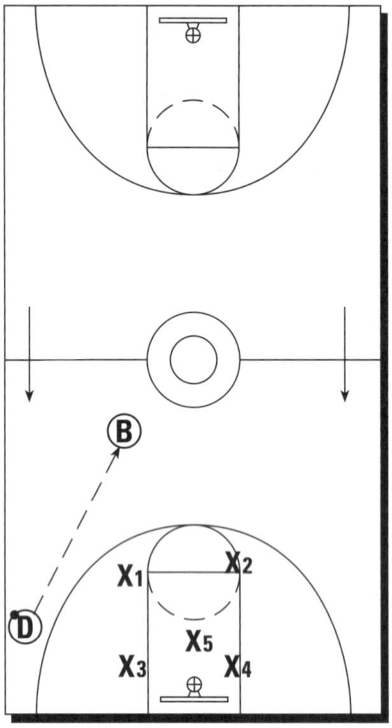

図5

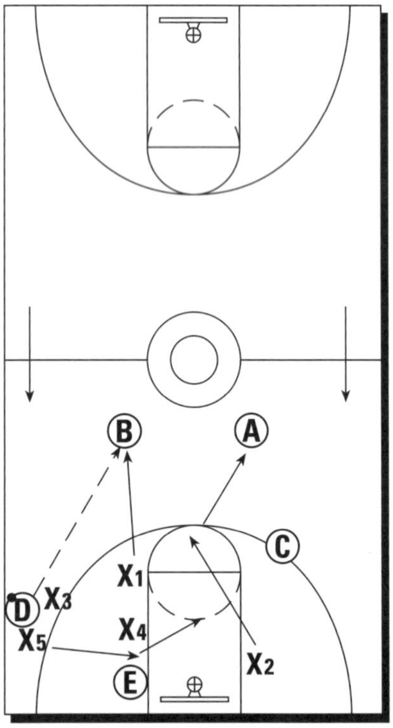

図6

図6　マンツーマンに戻るやり方。X3とX5がトラップをかけたら、X1はそこからパスの出た相手につく。X3はそのままトラップした相手につく。X5は、一番近いビッグプレーヤーにつく。ウィークサイドのX2はもう1人のガー

ドを探してつく。X4はたいてい逆サイドにいるフォワードを探す。

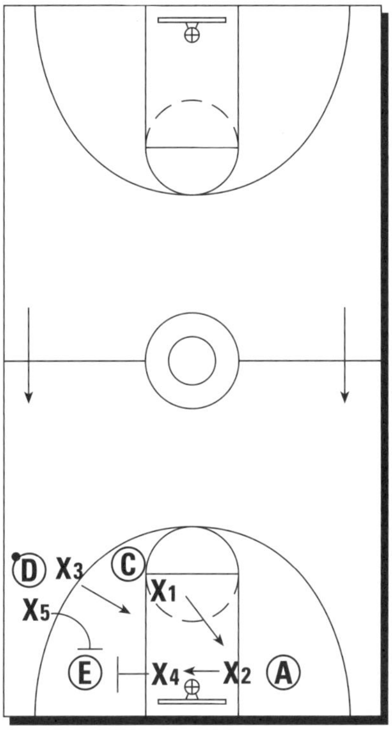

図7

図7　ショートコーナー・トラップ。もう一つトラップがある。X3とX5がトラップをしていてショートコーナーにボールがいったらX4とX5でEをトラップする。X2はローポストをカバー。X3はポストへ、X1は近くのエルボーへ。トラップすると同時にゴールを守る。

図8　ボールがリバースされた場合。X2はボールプレッシャーをし、X1はスライドして中央をとる。X3は中央の深い位置へ。X5はボールサイドへ。中央のプレーヤーはコミュニケートしなければいけない。X4がハーフラインを越える前にトラップをかけにいったが、それもOKである。X5はEがいるため上がらない。

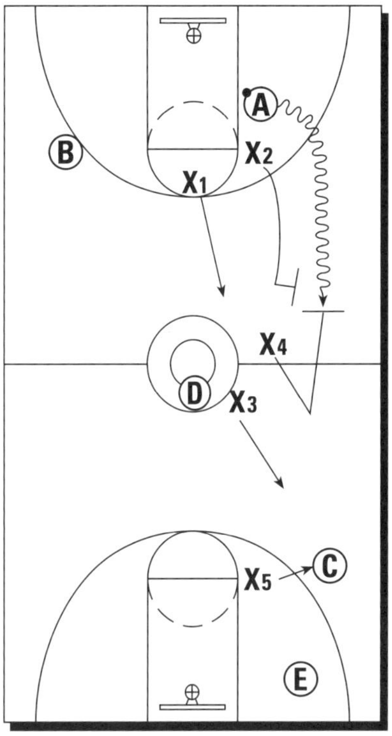

図8

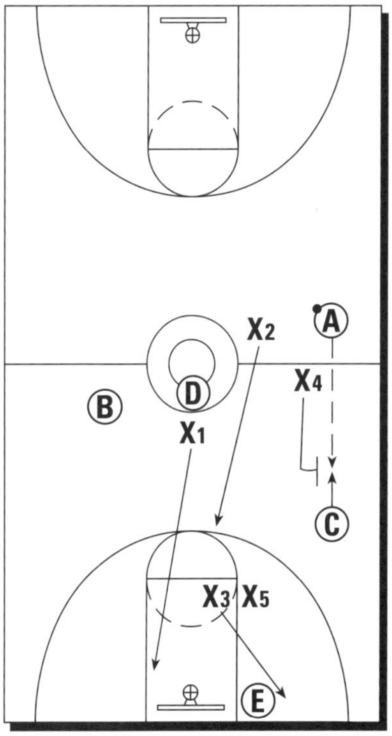

図9

図9　トラップからCにパスが出た場合X4はボールがAを離れた瞬間に走る。X4はフェイントでないことをしっかり確認する。それから動く。X4とX5はCをトラップ。X3はローテーション。X2はスプリントバックしてエルボー

へ。X1はウィークサイドへ。相手に中央をやられない限り大丈夫である。

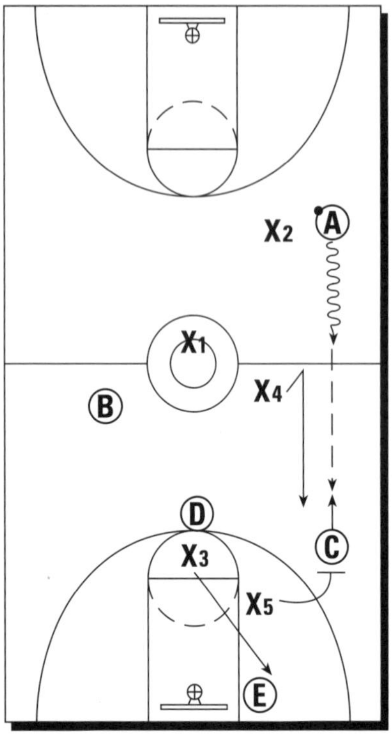

図10

図10　X4がトラップに行こうとした瞬間に、AがCへパスしたとする。それでも、X4とX5でトラップをする。

図11　CがEへトラップからパスを出したらX5はボールが空中にある間に動いてX3とトラップをかける。X1はボールサイドローポストに動く。X2はウィークサイドポストへ、X4はエルボーのエリアを守る。パスが戻った場合はマンツーマンまたはゾーンに切りかえる。

コートをレーンによって分ける。サイドレーンはサイドラインからペイントのラインの間。ペイントラインの延長線上のレーンはミドルレーンとする。サイドレーンからのミドルレーンへのパスを守る方法は2通りある。

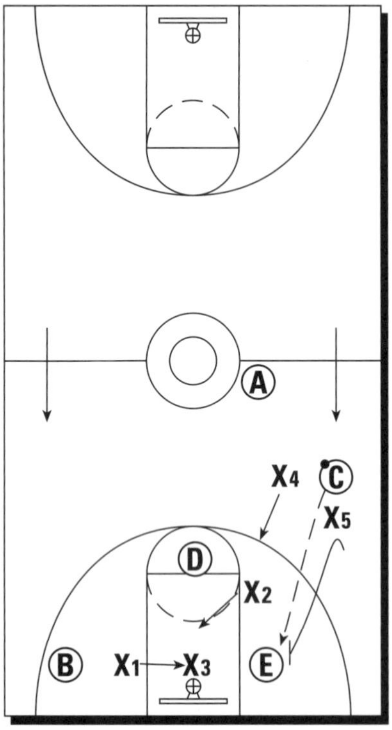

図11

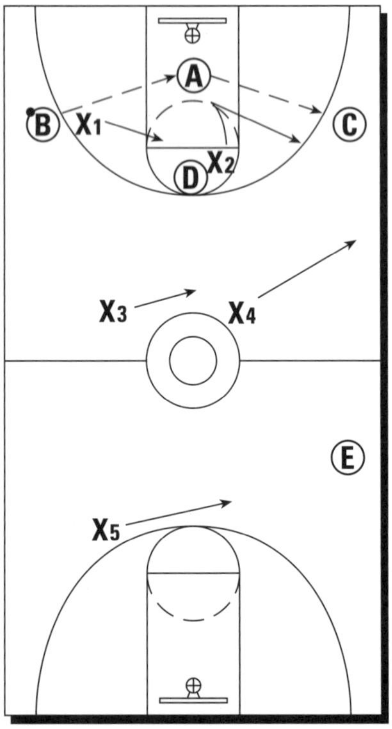

図12

図12　一つはX2をミドルからボールへローテーションさせる。しかし、X2はX1がミドルにカバーに来るまで待たなければならない。それで、AからDへのパスは止められる。AからCへボールがいったら、X2は次のパスまではステイする。

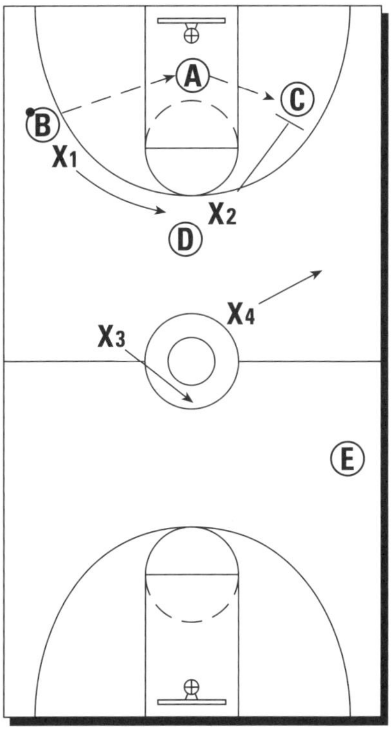

図13

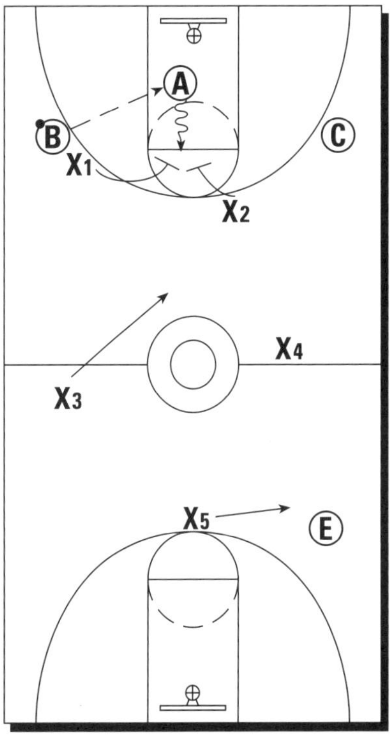

図14

➔図13　相手が中央にポジションをとったら、ミドルにX2を長めにおいておく。X1はミドルにドロップ、X3はミドルへのパスをケアする。X2はCへボールプレッシャーをかける。X4はボールサイド。Aがドリブルでミドルを突破してきたらスプリントバックする。後ろからボールを狙う。

➔図14　ミドルレーンへのドリブルに対し、X1とX2でトラップする。X3とX4はそれぞれマッチアップする。

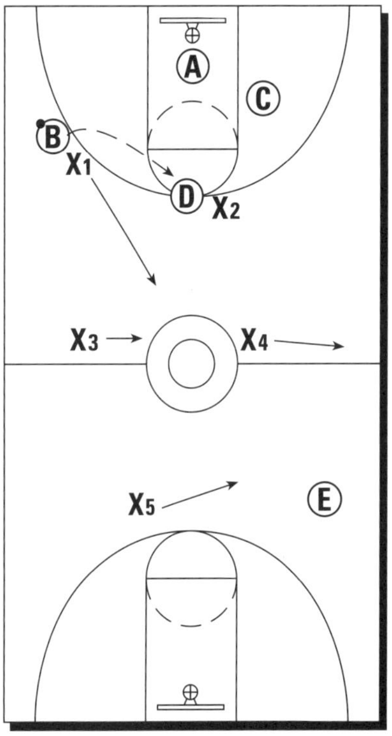

図15

➔図15　浅いミドルへパスが入った場合、プレスは崩さない。ミドルのプレーヤーはドリブルはうまくないはずである。

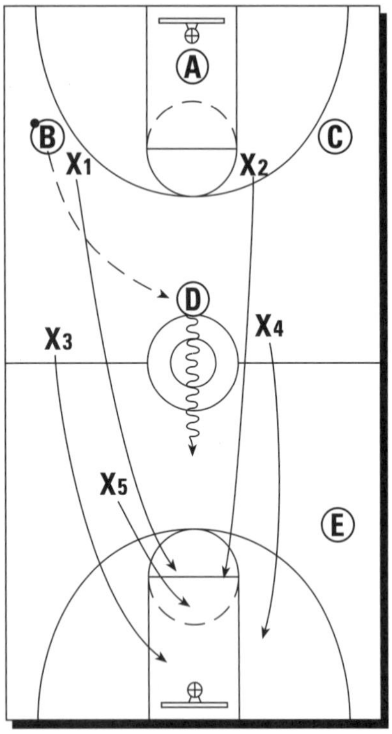

図16

図16　ミドルの深い位置にパスが入った場合、プレスをとく。ゾーンに変わる。

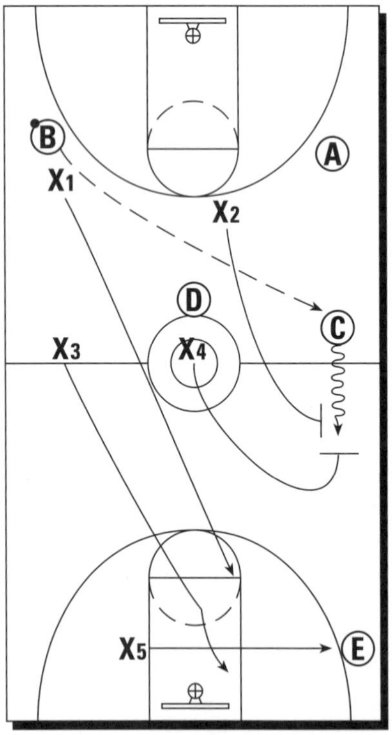

図17

図17　BがCにパスしたときX2はボールが空中にある間にCを追いかけてX4とトラップする。X4は一瞬下がると見せかけてからトラップへ上がる。X5はボールサイド、X3はボールサイドブロックへスプリントし、X1はエルボーへ。

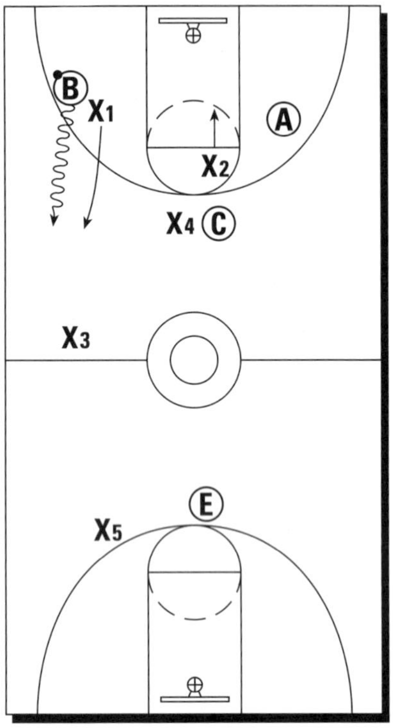

図18

図18　「ブルー」。これは横パスをさせないプレスである。X2はAにオーバープレーする。X2はミドルの浅い位置は気にしない。X4がウィークサイドからミドルの浅い位置を守りに上がる。X3はボールサイドのまま。Bがドリブルを始めたら、X2は下がりつつも横へのパスは阻止する。

図19　「レッド」。X1とX2はBとCをフロントする。これを「フェイスガード」と呼ぶ。X3とX4はマンツーマンのようにマッチアップする。ディナイをはる。X5はセンターフィルダー。Bが上がってDがリプレイスする。X1とX3はスイッチする。このときコミュニケーションが必要。インバウンドパスはディナイする。X5はセーフティー。

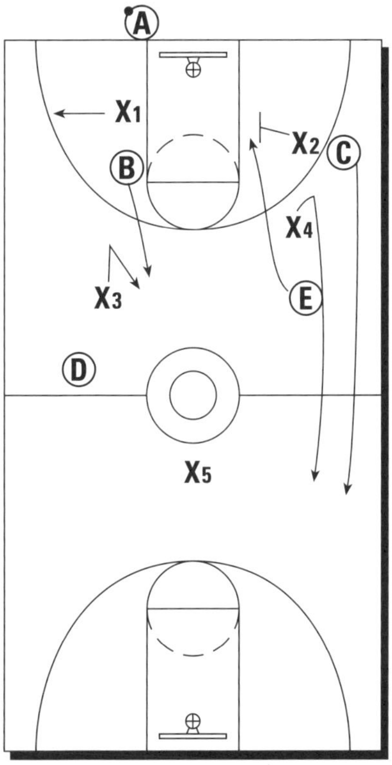

図19

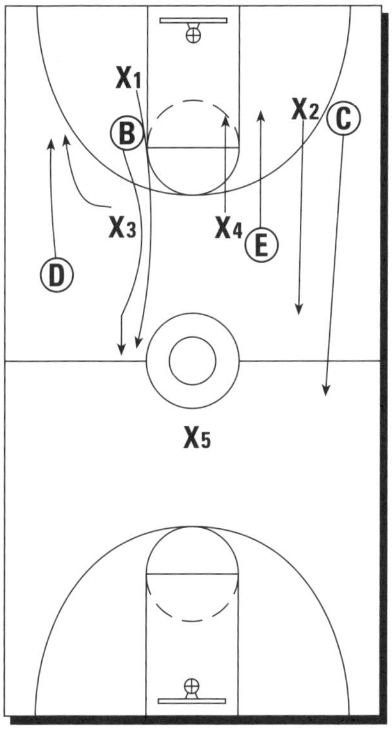

図20

図20 バリエーション。マンツーマンにしてもいい。Bが切れてしまうとき、Dが上がってきたら、X3がDをマーク。このときX3とX4がフロントに、X1とX2が2列目に。

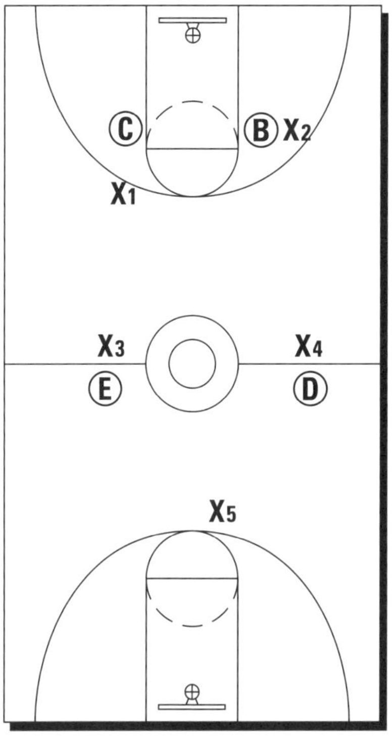

図21

図21 バックコートのアウトオブバウンズのときはプレスを崩さない。AからBへのパスは許す。ディナイをX1とX2で行ない、X3とX4はマッチアップしてもよい。インバウンズプレーをするチームの中には、ゴール下にパスを投げる時に効果的な選手の配置をするチームはあまりない。

図22 フリースロー。この場面でフリースローが外れたとき、X3とX4が1列目をやる。X5とX2は下がっておく。X1とX2がプレスの2列目である。フリースローが決まった場合は、X1とX2を前にもっていくこともできるが、いつでもX3、X4を前にもっていってもよい。フリースローが外れたときには、ボールプレッシャーを与えることができればよい。X1がフリースローを外し、Aがリバウンドを取ったとすると、X3がプレッシャーをかければよい。

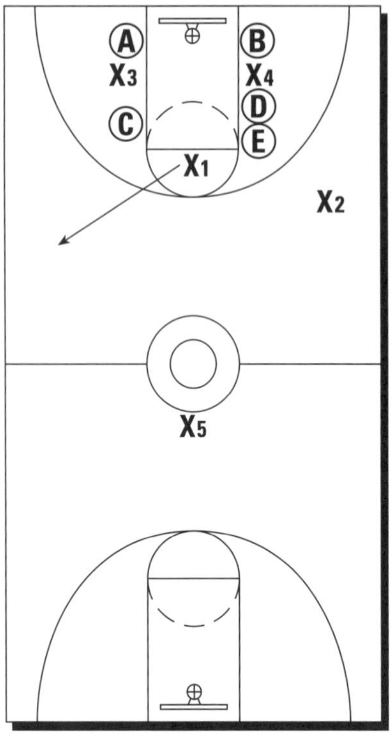

図22

Question：プレスをかけるタイミングは、相手に何回スコアされてから？

Answer：プレスをかけるのは、3つ目と4つ目のバスケットのあと。3クォータープレスからゾーンディフェンスへ。プレスをかけるときは2、3回続けてかける。プレスが効いているときはずっと続けるが、普通はプレスをかけたりやめたりしながら使う。プレスが効かないとき前半はもう使わないで、ハーフタイムで観客席から試合を見ているコーチに修正してもらい、後半にまた使う。9人または10人がプレスをできるとしたら相手チームは疲れてしまうだろう。

Question：練習のうちどれくらいの時間をプレスに当てているか？

Answer：週に4日ほど20分から25分かけてやる。スクリメージでは必ずプレスをやったりやめたりさせながら使う。

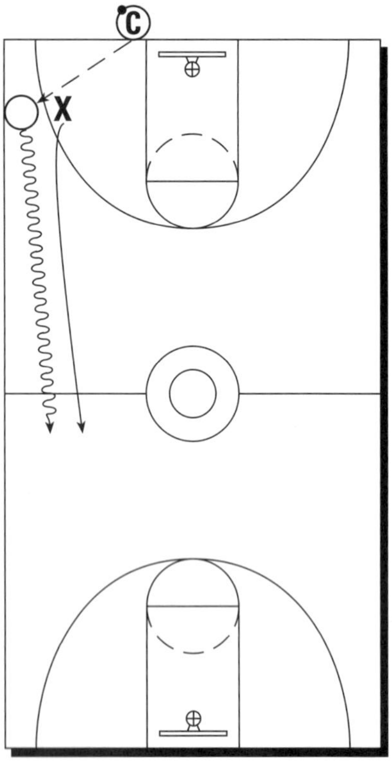

図23

➡図23　ドリル：コーチがボール出しをし、サイドを使って1対1をフルコートでやる。ずっとサイドで方向づけする。トップまできたら、1対1でバスケットを攻める。ディフェンスは抜かれた場合、ダッシュしてつかまえる。

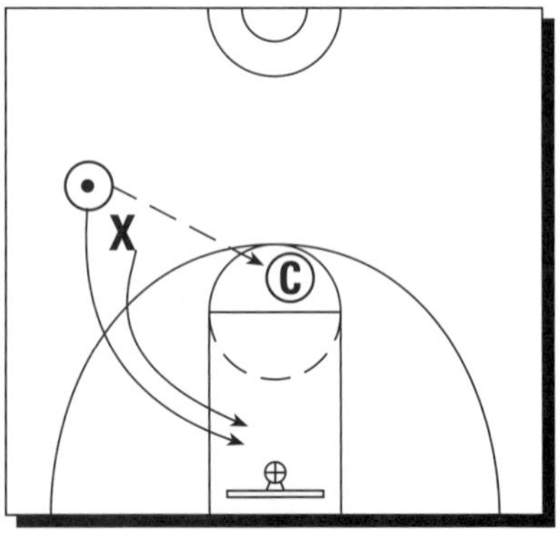

図24

➡図24　コーチを中央に置く。ディフェンスはオフェンスを止める。オフェンスはコーチにパスを出し、バスケットカットする。このときディフェンスは頭を素早く動かさなければならない。ディフェンスはボールと反対のほうに顔を向けながらターンしてバックドアを止める。

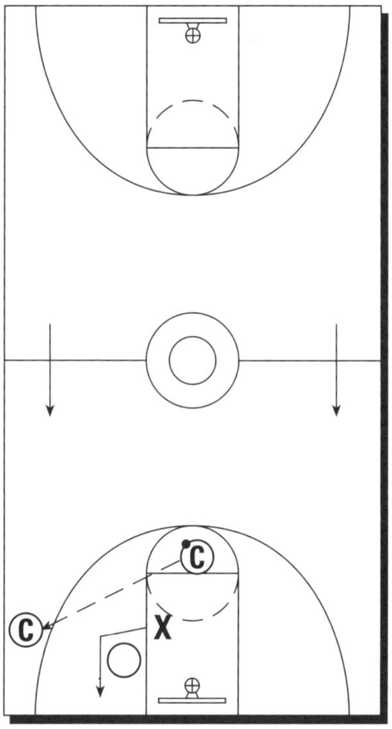

図25

➔図25　プレーヤーはローポストにいる。コーチがボールを持ってウイングにいる。もう1人のコーチにパスを出す。ボールがハイポストにある場合は、ディフェンスは高い位置で守る。コーナーへのパスでディフェンスはオフェンスの前に出てからベースライン側で守る。つまり、このドリルでは、ディフェンスはフルコート1対1からフリースロー付近まで行き、ドリブルを止める。バックドアの後、ポストディフェンスをするということである。

➔図26　3対2。ガードの練習。Aにボールを入れる。X1はボールプレッシャーをかける。X2はショートミドル（中央の浅い位置）へ動く。Aは1、2回ドリブルをつく。

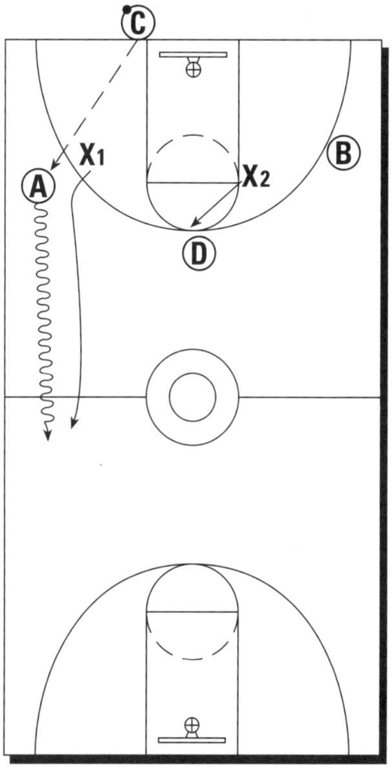

図26

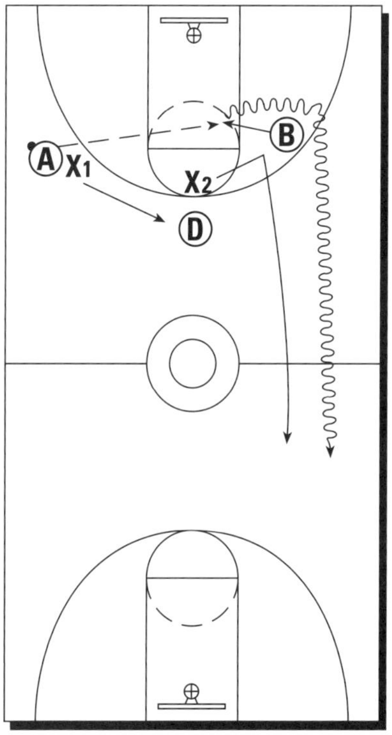

図27

➔図27　AからBへのラテラルパス（横へのパス）に対して、X1がショートミドルを、X2がボールをピックアップする。X2はドリブラーをぴったりとマークする。そうすればAにパスが出る。

X1とX2はボールプレッシャーをかけつづけ、ショートミドルへのパスをディナイする。

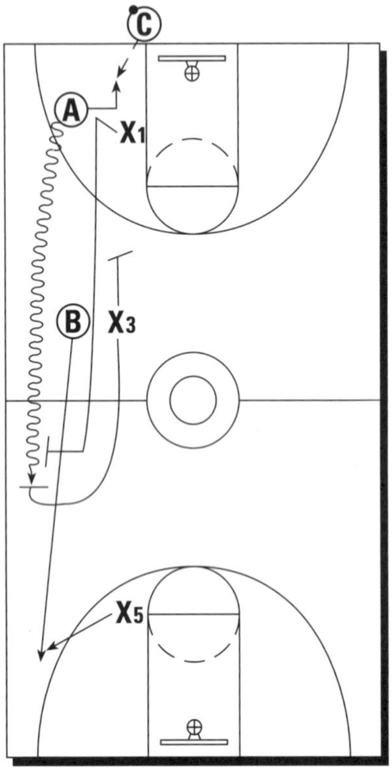

図28

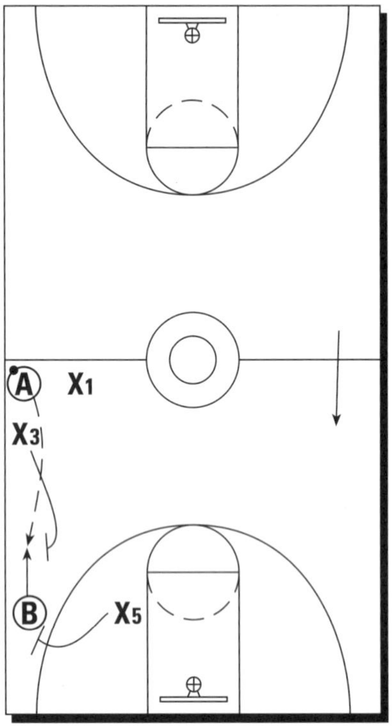

図29

図28　X1、X3、X5は左サイドに。反対側のサイドでも同じことをする。コーチがAにボールを入れる。X1はボールプレッシャーをかける。Bはサイドを上がる。X3はBを追う。AからB方向に2／3ほど寄ったところでディフェンスする。X5は深い位置を守る。X1はAのドリブルをサイドライン際以外にはさせない。そのままX1とX3がAをトラップし、X5はBをガードする。

図29　AがBへパスを出せた場合、X3はスプリントしてX5とBをトラップする。X1はエルボーを守る。

MIKE MONTGOMERY

マイク・モンゴメリー

Practice Planning
練習プラン

クリニックに参加した際、多くのコーチは他のコーチのアイデアを選んで盗み、それを自分のチームに合ったようにアレンジしていることと思う。コーチをするということは試合中だけでなく、その前から始まっている。プレシーズンを含めてコーチは一年中コーチをしているのである。試合終了間際のタイムアウトの時、選手はこれからの戦略を聞くために集まる。このときにコーチは、選手がこれまでにやったことのないような新しいことをやらせないようにする。これまでコーチが何度も、500回も教えたようなことを前面に押し出したプレーをさせる。

練習プランの立て方について紹介する。我々は皆違ったタイムフレーム（時間枠）を持っている。我々のチームのプレシーズンは6週間である。コーチは計画を立て、きちんと準備をしておかなくてはならない。コーチが練習のための準備をしていないようなときには、選手は必ずそれに気づく。私はシーズンが始まる前に、遠征試合の予定、成功のピラミッド、名言、スケジュール、選手全員の住所、コーチ哲学など、シーズンを迎えるに当たって重要な事柄をすべてノートに書き出している。

ここまでが最初の段階。次に、アウトオブバウンズプレー、プレスに対するオフェンス、セットオフェンス、そしてディフェンスのシステムを組み立てる。また、ミーティングのときは必ず選手にノートを持ってこさせる。選手たちは、プレーする前に図に示されたものを見なければならないと思う。私はまず選手にイメージを与え、それからプレーに取りかかるのだ。だから整理されているということは非常に重要だ。チェックリストを作って自分たちがこれからやることをまとめる。リストには、シーズン前に終わらせておかねばならないものを書き出す。順序よくこなし、最初の試合までにすべてを終えているようにする。そして毎日の練習プランには、その日に何をするのかを細かく記入する。私たちのチームでは練習前に集合させ、今日やることについてあらかじめ説明しておく。

3:00－3:20　ミーティング。ビデオやスカウティング報告も行なう。

3:20－3:30　ストレッチ。ストレッチをする前に5分間走っておく（スライディング、後ろ向き走行など）。その後、体の主要パートのストレッチをする。

3:30－3:45　ウォームアップドリル。基本的なフルコートパスやドリブルドリル。

3:45－4:05　速攻の練習。5対0から始め、2対1や3対2もやる。また、ファストブレイクディフェンスについてもカバーする。

4:05－4:40　ディフェンス。1対1、2対2、3対3、5対4、カット、スクリーンなど。シーズンが進むにつれて費やす時間の長さを変える。

4:40－4:55　シュート。自分たちのオフェンスで用いるものを行なう。

4:55－5:00　休憩（フリースローを特定の数入

れた後に)。

5:00－5:15　プレスとプレスブレイカー。我々のチームはプレスに弱いため、この練習を毎日行なっている。

5:15－5:30　オフェンス。スクリーンのかけ方、使い方など。ディフェンスなしでやり、その後にディフェンスを立てて行なう。

5:30－5:55　フルコート練習。今までやってきたことを総合的に行なう。徐々に時間やスコアなど様々な状況を想定して行なう。

5:55－6:10　試合形式でのコンディショニングとフリースロー。ただのコンディショニングではなく、バスケットボールのためのコンディショニングをする。ウェイトルームで短時間のサーキットを行なうこともある。

これらのドリルはすべてオフェンスとファストブレイクの力を伸ばすのためのものであるが、必ず基本の練習から始めるようにしている。そのため総合的に練習するときには時間やスペース、コーチの数などを考慮しないといけない。そしてシーズンが進むにつれ練習時間を短縮すると同時に、シーズン中は多くのことを変更しないようにしている。しかしアウトオブバウンズなどのプレーはシーズン途中で変更することもある。数試合もスカウティングされれば手の内が見破られてしまうので作戦変更は必要であるが、それはもともと予定されている変更でなければならないのだ。つまり、プレシーズンやシーズン序盤に使わず、後半までとっておくのだ。

Offense
オフェンス

私のチームでは、ハーフコートでのセットオフェンスを行なう。モーションオフェンスのチームではない。セットをモーション、あるいはコンティニュティーとして行なう。私は単純にモーションだけ、またはコンティニュイティーだけを行なうコーチではない。皆さんも良いセットオフェンスやモーションオフェンスのコーチになる必要はない。フィロソフィーという点から見ると、これはまったく反対のことだ。

オフェンスでは何が必要か。

1 ファストブレイク。速攻はディフェンス、リバウンド、アウトレットがしっかりできないと出ない。すべてのミスショット、ターンオーバーで走るが、確率の低いシュートは絶対に打たないこと。コーチの役目は確率の高いシュートを打たせることである。

2 ファストブレイクとアーリーオフェンスの違いは数だ。ファストブレイクは2対1、3対1、3対2、4対2のときだけで、ディフェンスが3人戻った時点でファストブレイクではなくなる。その場合はアーリーオフェンスである。アーリーは4対3、5対3、5対4である。

3 セットオフェンス。相手に得点された後に行なうオフェンスだ。またはアウトオブバウンズから行なう。セットしてシュートクロックが7、8秒になるまでつなぐ。

4 マンツーマンオフェンス、ゾーンオフェンス、ボックスワンやトライアングルツーに対するオフェンスが必要だ。ボックスワンにはゾーンオフェンス、トライアングルツーにはマンツーマンオフェンスを行なう。

5 サイドとエンドでのアウトオブバウンズプレー。またスペシャルプレー。例えば残り時間が少ないときのプレーなどである。ハーフコートとフルコートともに。これらすべてを教えなければならない。2対1で攻められないプレーヤーもいるが、彼らにそれを教えなければいけない。

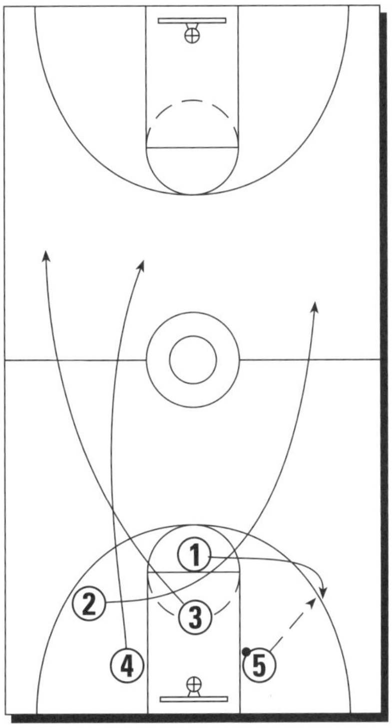

図1

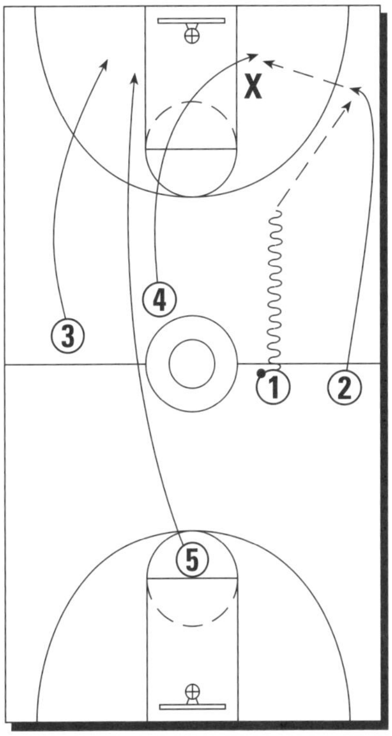

図2

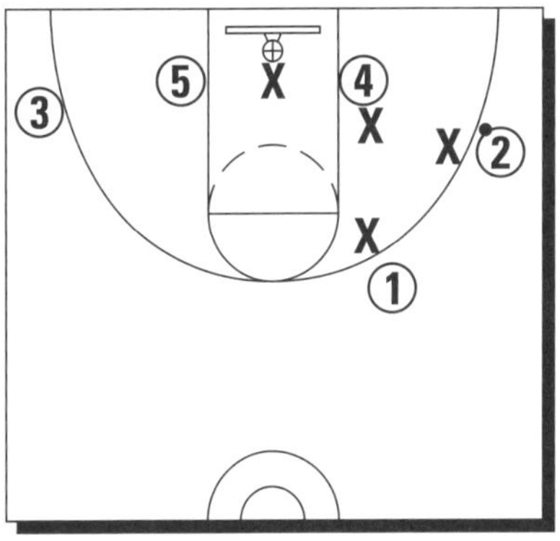

図3

図1　アーリーオフェンス。ディフェンスリバウンドには必ず3人が入る。ポイントガードはコートの真ん中にいなければならない。リバウンドを取ったサイドに＃1が行きアウトレットパスを受ける。＃2と＃3が近いサイドをできるだけ速く走る。リバウンドを取らなかったビッグマンが(＃1のサイドの)ポストに入る。

図2　＃1がファストブレイクではないと判断したらサイドに行き、＃2は＃1のパスからジャンプショットを狙う。また＃2はブロックに入る＃4へのパスを狙い、＃5は反対側のブロックに入る。

図3　ディフェンスが＃4にフロントでついてきた。ウィークサイドのディフェンスが＃4の後ろでヘルプする。

図4　＃3がサイドチェンジのためトップに上がる。これはオプションである。まず＃2がシュートする。できなければ＃2は＃4に入れる。それもだめなら、＃2から＃1、＃1から＃3にパスを返し、サイドチェンジする。＃5ができるだけローポストでダックインし、ディフェンスの前に出る。

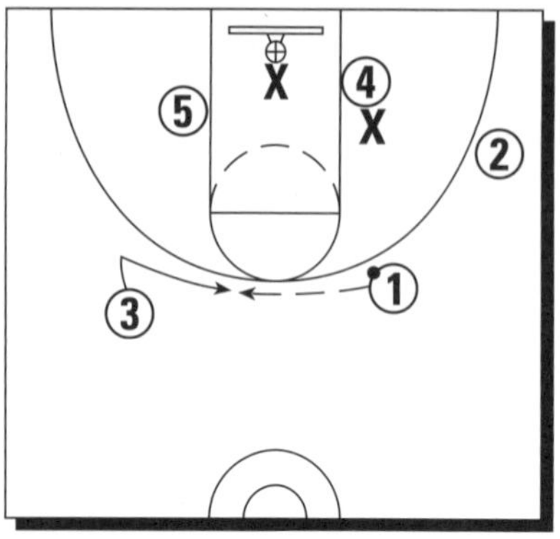

図4

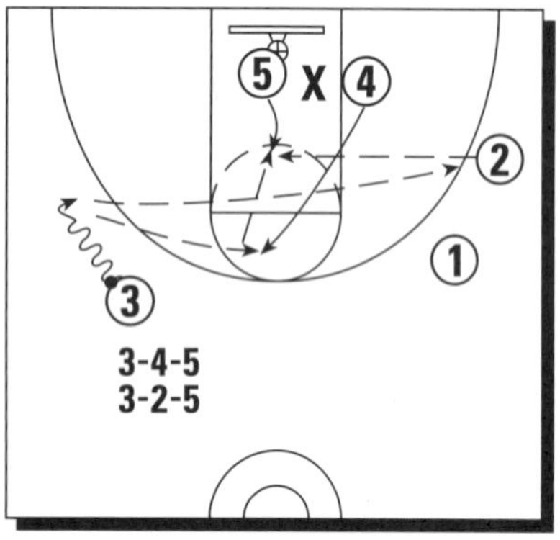

図5

図5　＃3は＃5へのパスを狙う。2回ドリブルすれば、＃3から＃5への角度が良くなる。そのとき、＃4は上がる。＃3は＃4にパスを出し＃4から＃5でハイローを狙うか、＃3から＃2へスキップパスして＃5に入れてもよい。

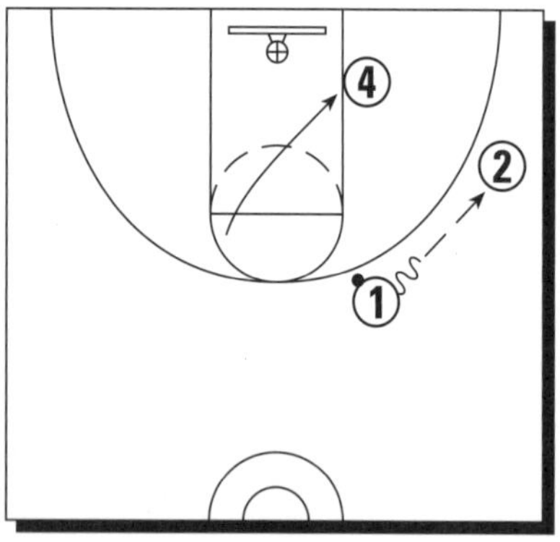

図6

図6　ボールをもっていくときには＃1が判断する。このとき＃1が＃2にパスを出したら＃4がブロックに入る。

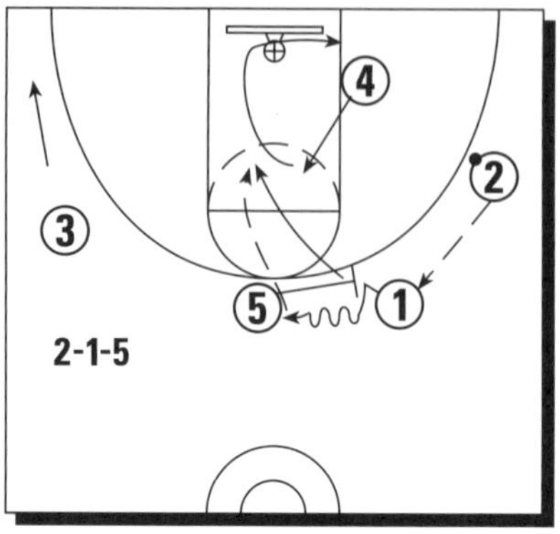

図7

図7　ボールが＃1に戻った場合、＃5がボールスクリーンをかけ、＃1と＃5でピックアンドロールをする。

図8

図8　＃1がスクリーンを使っている間に＃4が＃5にバックスクリーンをし、＃5はゴールに向かいロブパスを受ける。＃1はそのままレイアップに行ってもよい。＃4のディフェンスがスイッチして＃5を守らなくてはいけなくなるので、＃4はローポストにロールする。

図9　これでもシュートが打てなければ、＃2が上がって＃1からパスを受け、シュートまたは＃5へのパスを入れる。

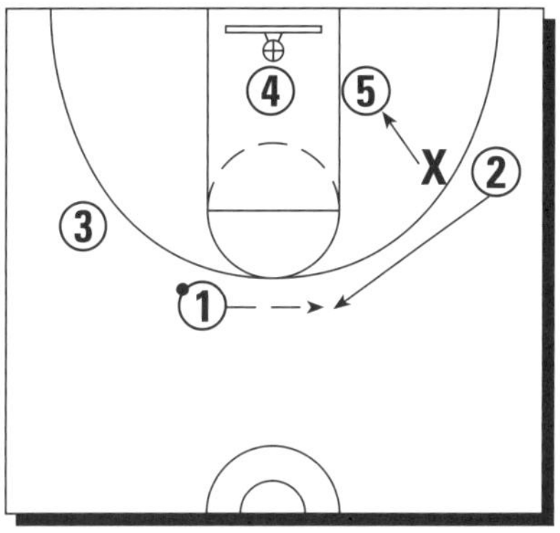

図9

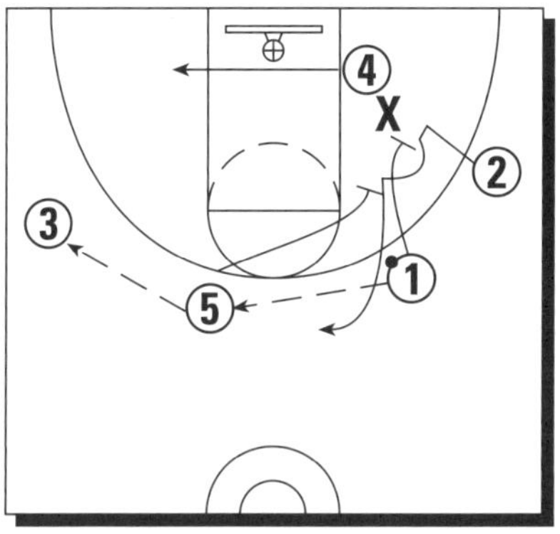

図10

図10　＃1がボールをもらい、＃5へリバースし、＃5から＃3へサイドチェンジする。＃4がボールサイドポストに入り、＃1と＃5で＃2にスタガースクリーンをかける。＃2はシュートを打つ。

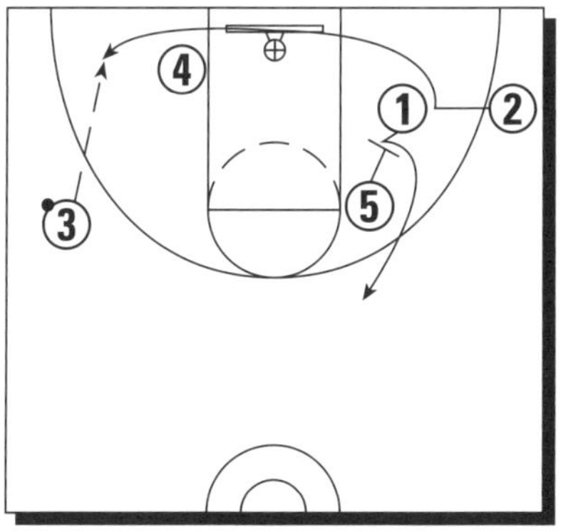

図11

図11　スイッチしてきた場合、＃2はVカットし、ベースラインカットをして＃4のスクリーンを使う。

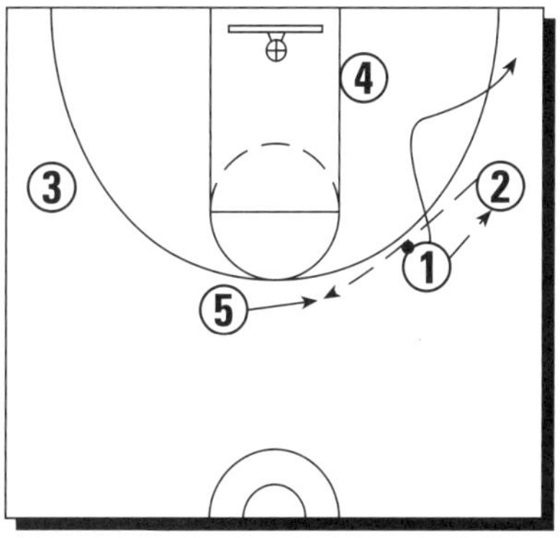

図12

図12　＃1が＃2にパスをしてコーナーに行った場合、＃2は＃4を見て＃5にパスをする。

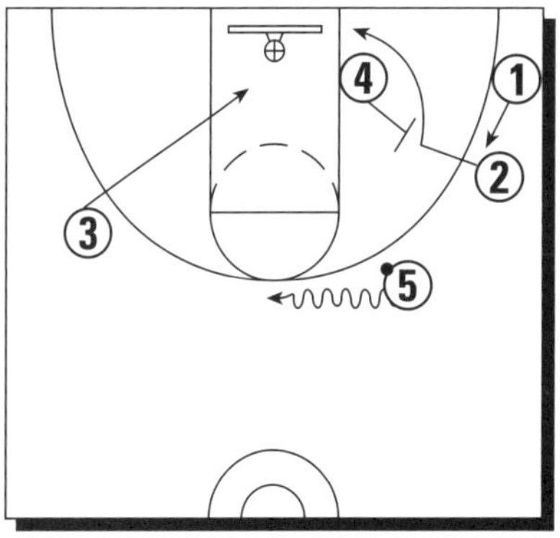

図13

図13　＃5がトップを逆サイドにドリブルし、＃4が＃2にスクリーンをかける。＃1は＃2へリプレイスする。＃3はバックドアを狙う。＃4は＃2にスクリーンをかけた後、＃1にもスクリーンをかける。

図14　＃1がドリブルでサイドチェンジしたら、4メンアウトサイドのモーションになる。＃5はドリブラーである＃1の後ろから行く。すべてのオフェンスはポイントガードの行動によって左右される。これ(アーリー)をやるのは相手のミスショットからだけだ。相手に得点されてから走るのはさほど有効ではないだろう。ディフェンスはオフェンスほど重要ではないという考え方は間違っている。

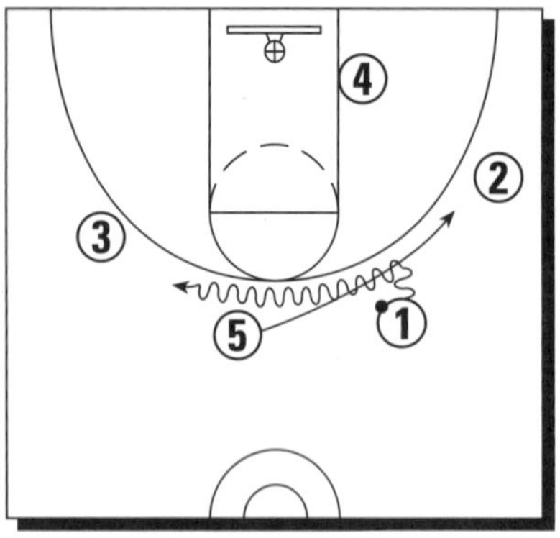

図14

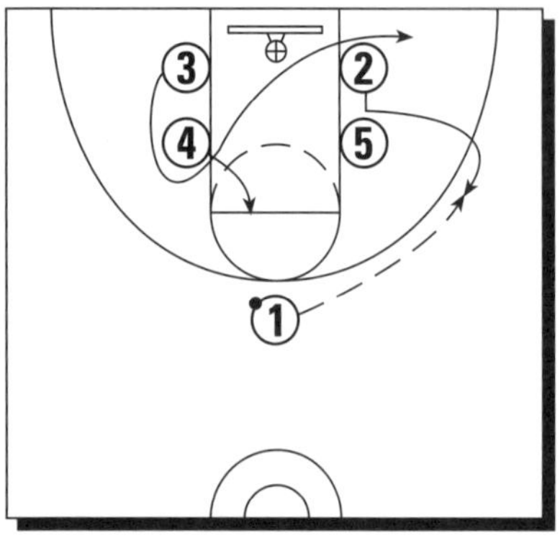

図15

図15　セットオフェンス、「ベーシック」。＃2がサイドに出て＃1からボールを受ける。＃3は＃4の上を回って＃2と同じサイドのショートコーナーに出る。＃1は逆サイドにきれて＃4がハイポストに出る。

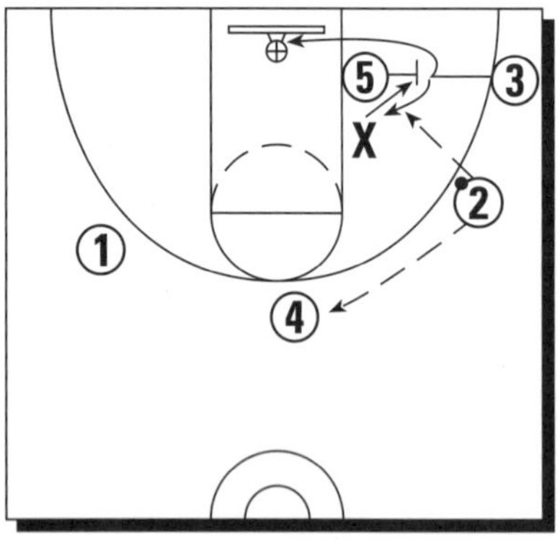

図16

図16　＃4はハイ。＃2がボールを持ってウイング。＃3はコーナー。＃1はウィークサイド。＃2はまず＃5を見る。＃5はディナイされている。少し高い位置に上がらせても入らない場合、＃5が＃3にスクリーンをかけ、＃3が＃5の上か下をカットする。

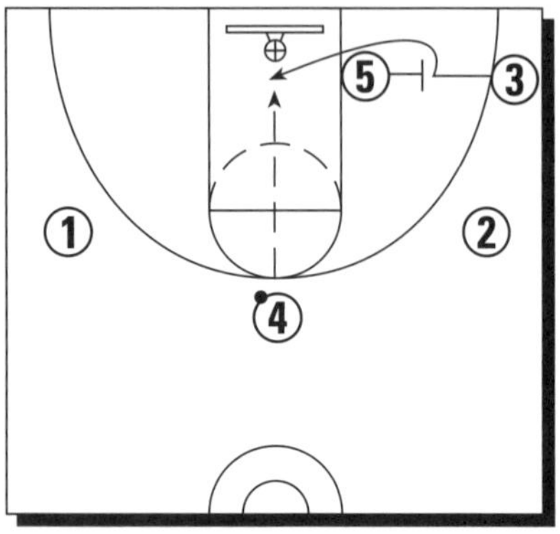

図17

図17　＃2が＃4にパスをする。＃4は＃3へのパスを狙う。

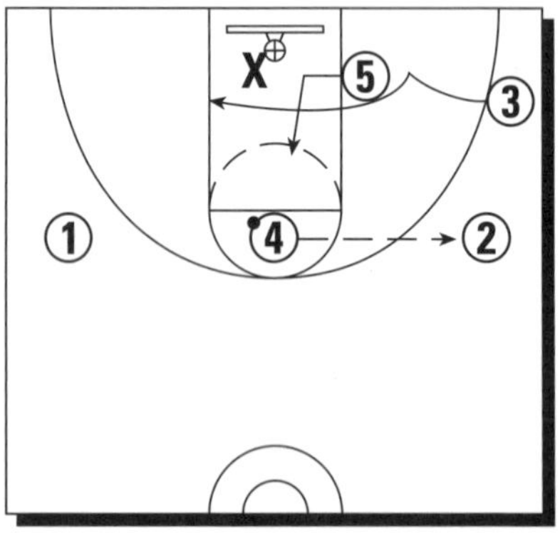

図18

図18　＃5のディフェンスは＃3のカットに対応するので、＃5は＃3が切れた瞬間に＃4からのパスを受けようとする。＃4が＃5へ入れられない場合、＃4は＃2へパスし、＃2がまた＃5を見る。

図19　このとき＃1と＃4で＃3にスタガースクリーンをかける。＃1はそのまま＃5のスクリーンを使い、＃2は同時にトップへ向かってドリブルする。＃2は＃3または＃1にパスを出す。＃2から＃1へ出した場合、そこから＃5を狙うこともできる。

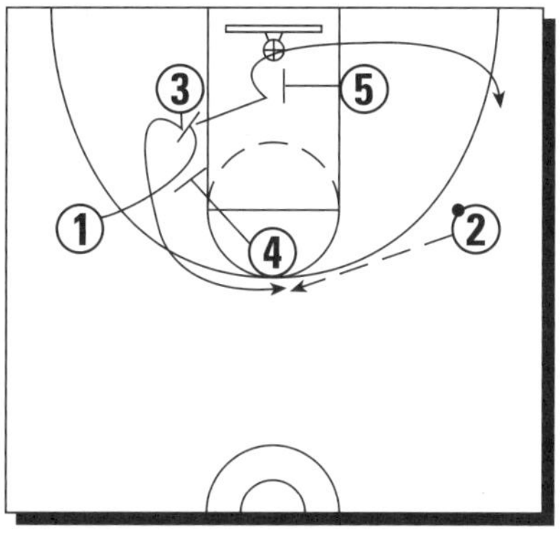

図19

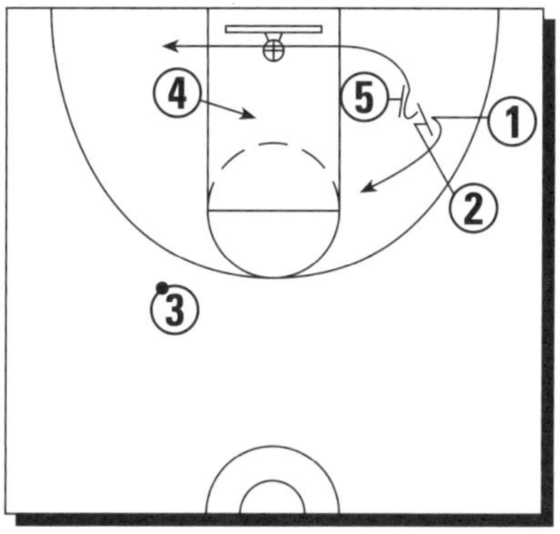

図20

図20　＃3がトップでボールを持っている。＃4がレーンに入る。＃2は＃1にダウンスクリーンをかける。その後、＃2は＃5のスクリーンを使ってゴール下を切れる。

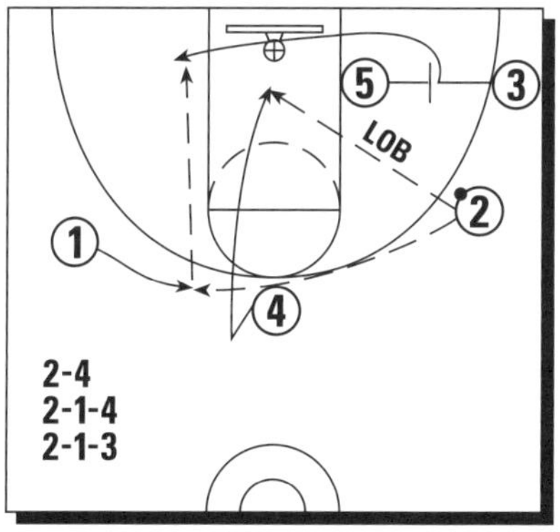

図21

図21　＃2がハイポストに入れられない場合、＃4がロブパスを狙ってゴールへ向かう。＃1が＃4へリプレイスする。ロブパスが入らない時、＃2は＃1へパスをし、＃1は＃4へパスを狙うか、＃5と＃4のスタガースクリーンを使って上がってくる＃3を狙う。

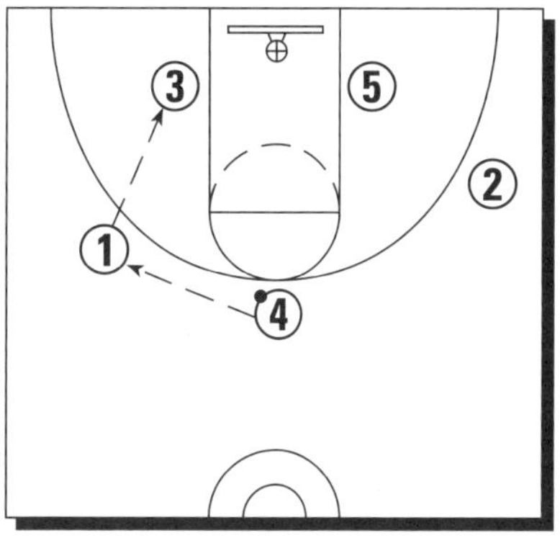

図22

図22　＃4がゴールへ向かわない場合、＃4がつないで＃1へパスを出す。＃1は＃3を狙う。

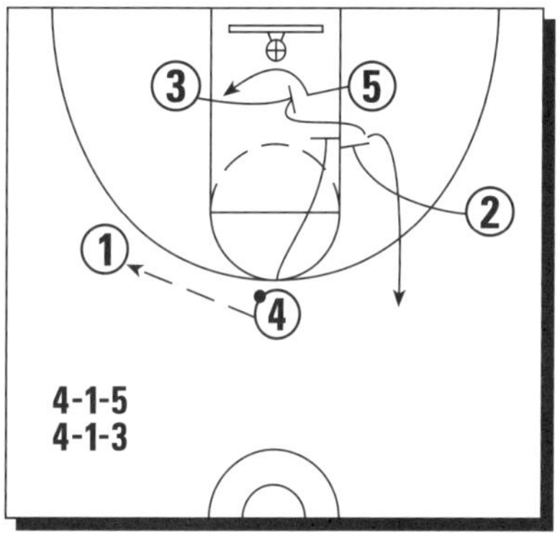

図23

図23　＃3が開いていない場合、＃5がレーンに入り、＃4と＃2で＃3にダブルスクリーンをかける。

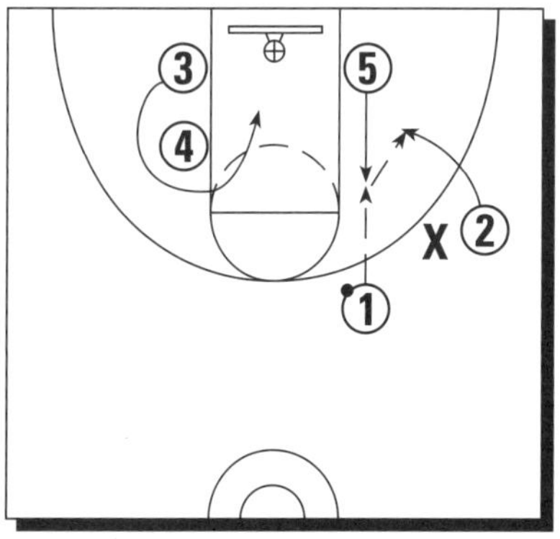

図24

図24　スタックで始める。＃2は厳しくディナイされている。＃1がボールを持っている。＃1はボールフェイクする。

＃3は＃4の上に上がってカールする。＃5がハイポストに上がる。そして＃2が同時にバックドアを狙う（パスは＃1から＃5、＃5から＃2）。すべてのプレーは「ベーシック」セットからの発展である。

KEVIN O'NEILL

ケビン・オニール

Special Situations
スペシャルシチュエーション

練習の最後の10分間に、スペシャルシチュエーションの練習をする。勝つためにはそれが必要だ。スペシャルシチュエーションによってチームを信頼することができるようになる。プレーヤーがどんな状態にもすべて対応できると思えば、あなたを良いコーチと認めるだろう。

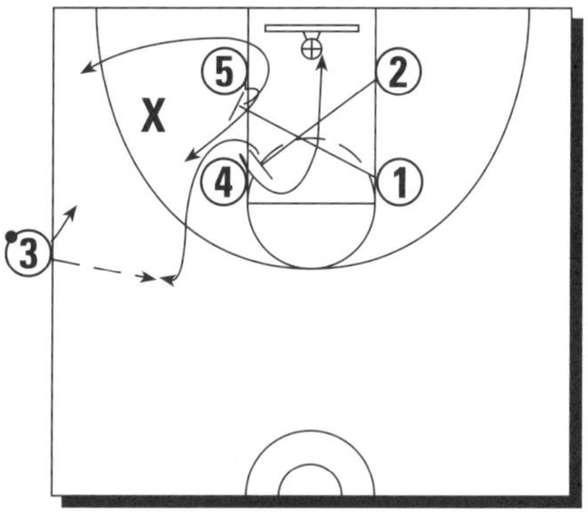

図1

図1　前半終わり、あるいはゲーム終わりの残り3秒での、サイドのアウトオブバウンズプレー。今年は16回使った。#5はフロントでディフェンスにつかれ、#1は#5のフロントについているディフェンスに対してスクリーンに行く。#3は#5にオーバーヘッドのロブパスを狙う。#1はコーナーへ止まる。#2は#4にバックスクリーンをし、#4はゴール下を狙う。#2は3ポイントシュートを狙うためにステップアウトする。#3はパスした逆へ。#3が#2にパスした場合、#3はコーナーにいく。#2は#4へロブパスを狙う。

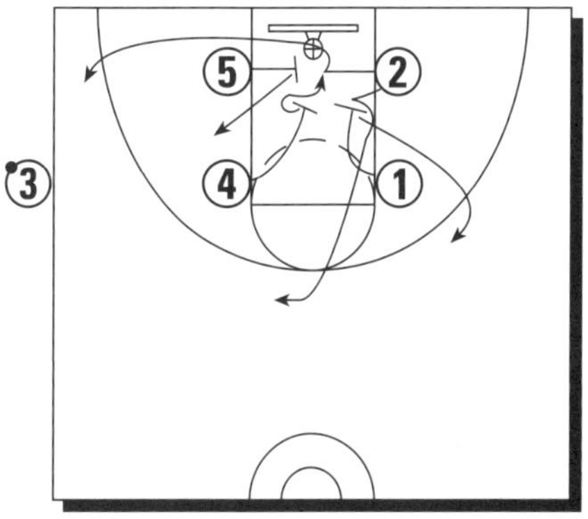

図2

図2　ボックスダブル。#2がシュートする。#2へ#1と#4がダブルスクリーンを、#5もスクリーンをセット。#2はどちらへ行くのかを決める。#5はロールバックしてボールへ行く。#2がフレアした場合、#4がボールへ行く。

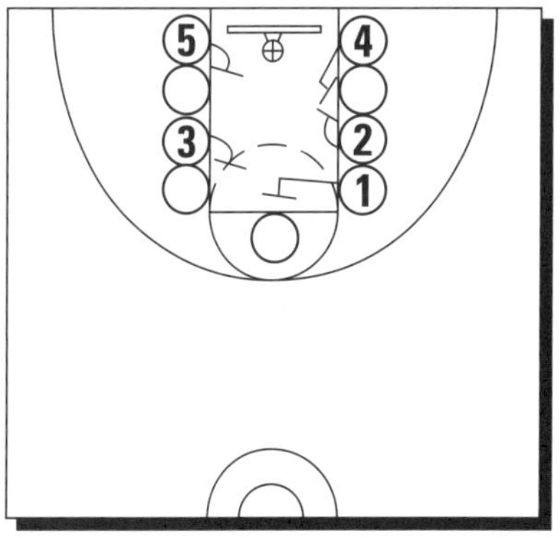

図3

図3　普通のフリースローのブロックアウト。#4と#2はダブルチーム、#5と#3はマンツーマン、#1はシューターへ。

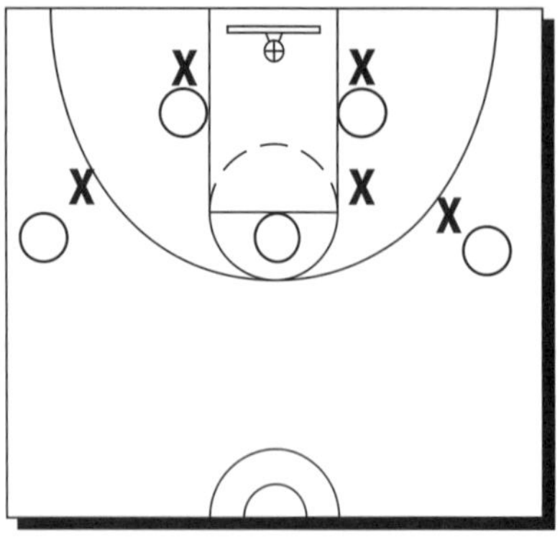

図4

図4　相手が3ポイントシュートを必要としている時、フリースローシューターはシュートをわざと落とし、ボールがチップされてアウトサイドに出るようにする。その時、ウイングに出て構え、3ポイントを打たせないよう意識づけする練習をしている。

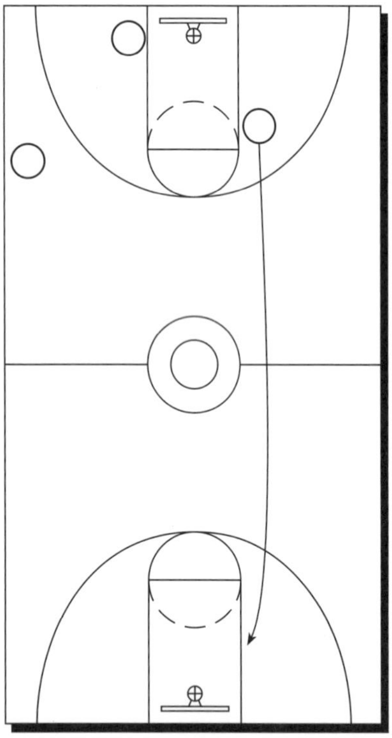

図5

図5　フリースローからのファストブレイク。リーグ中のいくつかのチームはサイドからファストブレイクをしかける。逆のサイドをもう1人が走る。私たちはこのセットに対抗する。パデュー大学とペンシルバニア州立大学はこのように走る。

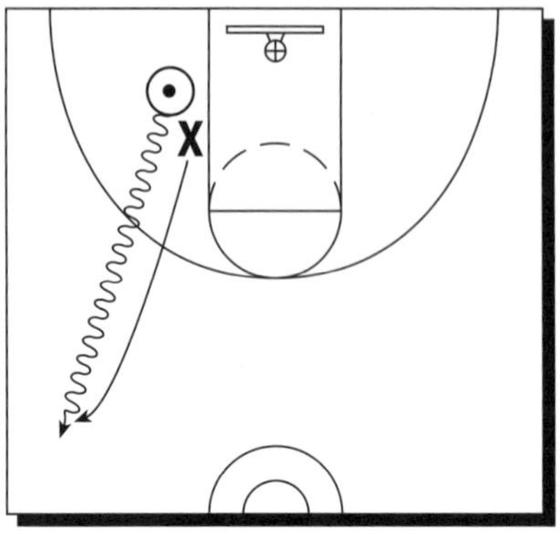

図6

図6　ゲームの終盤で3点勝っており、相手がフルコートで攻めなければならない場合、ファウルする。これも練習する。コーチはこのことについて考えておかなければならない。サイドへドライブし、コート中盤でファウルすること。

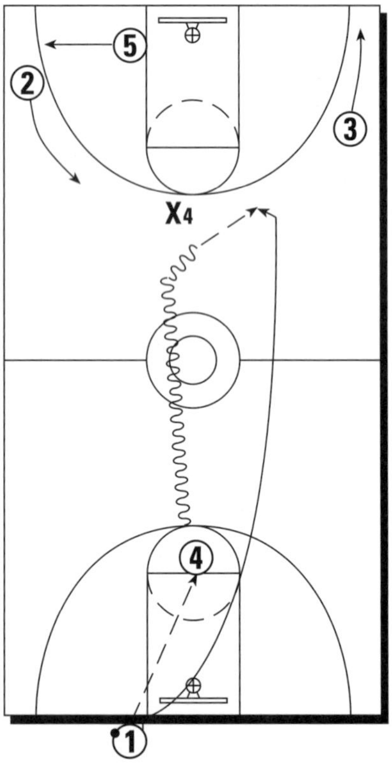

図7

図7　これは残り数秒のフルコートプレーである。＃4のディフェンスは普通、彼につくために上がってくることはないので、＃1は＃4にパスインする。＃4はドリブルして行きマークマンの所へ来たら、右側へ行く。＃1はシューティングポジションへ走り、ボールをもらう。

別のオプションは#2のためのもので、3ポイントシュートを狙って#2がトップへ上がる。#5がコーナーへスライド。5人が3ポイントシュートの打てるポジションにいることになる。

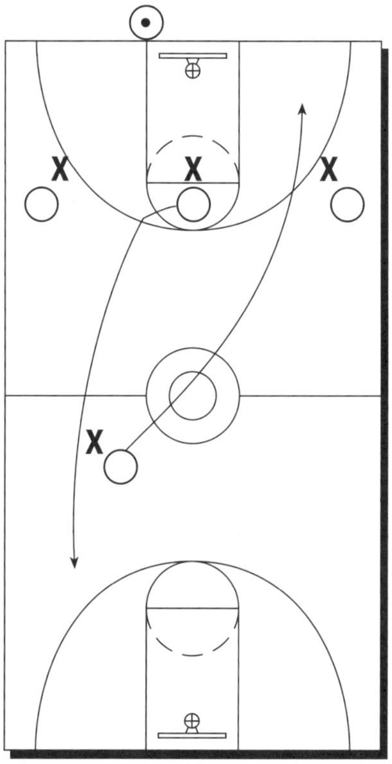

図8

図8　1-4フラット。フルコートを全部使う。インバウンダーにディフェンスして来ない場合、フロントコートにいる選手がフラッシュで上がり、中央の選手がフロントコートへ走る。センターフィルダーが後を追っていくだろう。

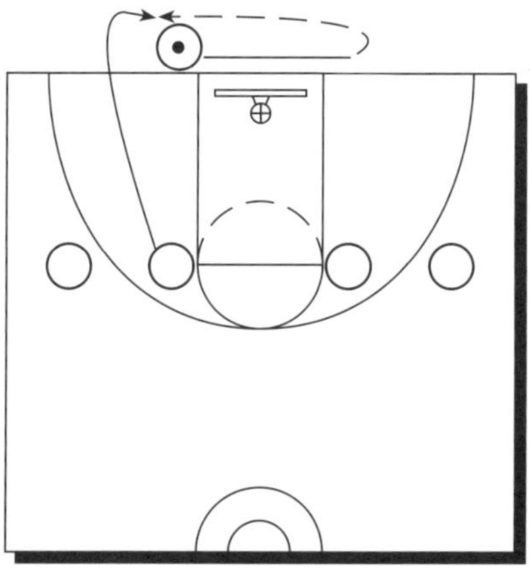

図9

図9　違うオプションとして、ベースラインを走りながらコート外でパッサーを変える。しかしこれは練習が必要だ。

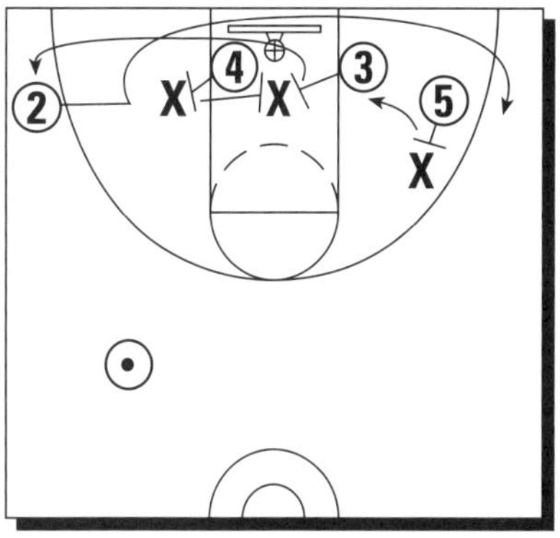

図10

図10　ゾーンに対して。#2がベストシューターで#3が2番目。#3、#4、#5はスクリーンをゾーンのベースラインで行なう。#2はコーナーへ。#3はスクリーンの後、逆コーナーへ。#4は#2へスクリーンし、その後#3へスクリーン。スクリーンの後#4と#5はリバウンド。

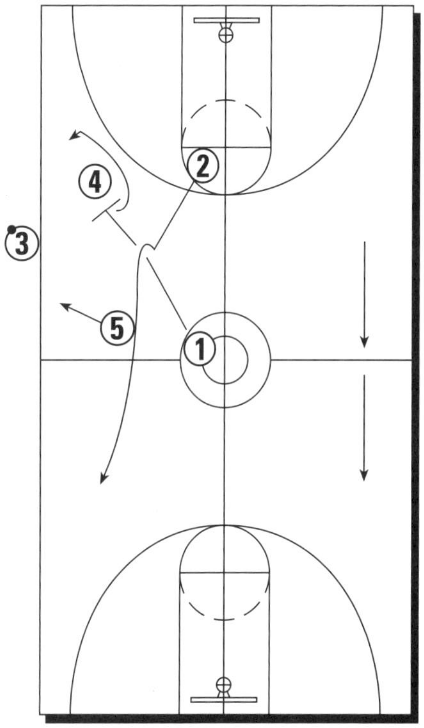

図11

図11　試合終了間際のサイドプレー。バックコートからのパスイン。ラインを越えるような前への縦パスは決してしてはいけない。#1は#4にスクリーンし、バ

ックコートにフレア。#2は#1とクロスして、前へ深く走る。#5はボールに向かう。

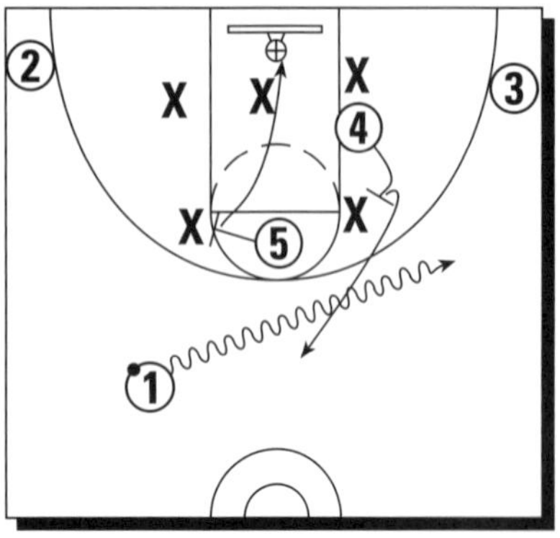

図12

図12　ゾーンに対しては、ボールへのスクリーンが良いと思う。#2と#3はコーナーにいる。#4と#5はゾーンのトップのディフェンスにスクリーン。#5はスクリーンした後に、ゴール下へ。#4はスクリーンした後、外に開く。#2と#3はシュートの準備をする。

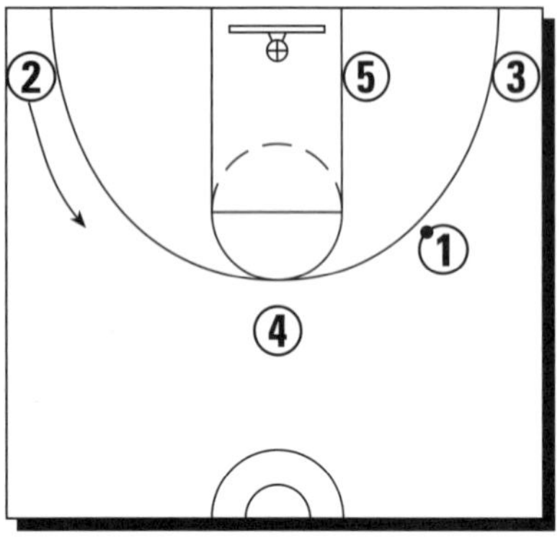

図13

図13　最終的なポジション。

図14　リバウンド。シュートが打たれたら、ボールに向かい、取る。私はウィークサイドボックスアウトを教えている。プレーヤーはオフェンスを探し、ペイントエリアの外でつかまえてほしい。しかし、こちらからは押さえに行かず、相手が来るのを止めるように。腕を張って抑え、相手を突っ立たせる。ポイントガードはすべてのリバウンドに対して、ファウルラインに立たせる。彼の相手はドロップバックしている。ロングリバウンドの場合、ガードと一緒にダブルチームする。

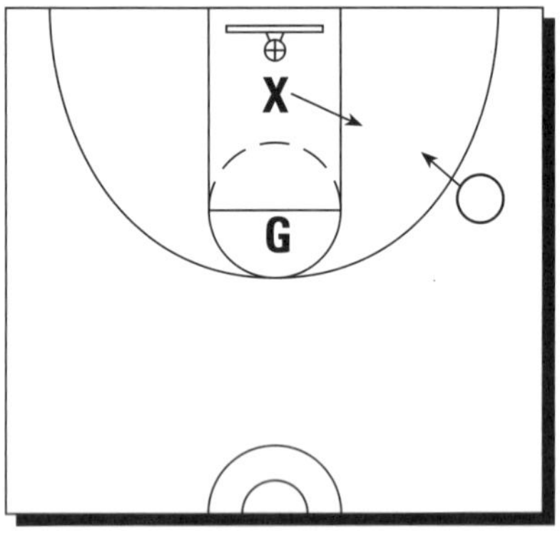

図14

Man Defense
マンディフェンス

最初の年にあまり良くないプログラムを継承して行なうと、オフェンスは良くならないだろう。リーグ内で屈指のプレーヤーがチームにいないのなら、他のチームにいる屈指のプレーヤーを止める方法を考えたほうがよい。良いプレーヤーを擁さず、さらに守り方を学ばないでディフェンス面で十分なチームに仕上がらないと、10試合中4回は負けることになる。マンツーマンディフェンス、ゾーンプレース、トライアングルツー。どのディフェンスを選択するにせよ、一つを取り上げ、それに精通することだ。私はマンツーマンを選んでおり、一年中それをやっている。チームは全米一のフィールドゴールの確率を出してはいるが、体力的、能力的にはそれほど良いとは言えない。3人の1年生と2年生1人、4年生1人がスタートだ。そんな中、練習では多くの時間をディフェンス面に費やす。3時間の練習では2時間以上をディフェンスに費やすだろう。

コーチは、何を上達させたいのか決めなくてはならない。マンツーマンディフェンスでは、唯一ケアすべきものはボールで、マークマンではない。相手にディフェンスを負かされても気にしない。1人の選手がボールをガードし、他の4人はボールをガードするのを手伝う。ここ10年、タイムアウトの時などで「そいつは誰のマークだ？」とは言っていない。誰のマークマンかは分かっている。最も教えにくいのは、ディフェンスが自分勝手になってはいけないということだ。

オフェンスで選手に自分勝手なプレーをさせないことはたやすい。そういうベンチワークは可能だ。しかし、選手が自分勝手にならず、チームでディフェンスすることは大変だ。選手はマークマンを気にしてしまう。私はボールを常に守るように言う。選手がマークしているオフェンスに点を取られても気にしない。相手に勝てるかどうかを気にしているのだ。

もしディフェンスがうまくなりたければ、バックコートゲームに持ち込むようにすること。トランジションバスケットをあきらめることはできない。トランジションディフェンスに時間を使い、簡単なバスケットをあきらめなければ、毎試合でしかるべきチャンスを得られる。私たちのトランジションディフェンスはかなり簡単である。3人の選手をオフェンスコートに置く（今年は2人しか使わなかった）。

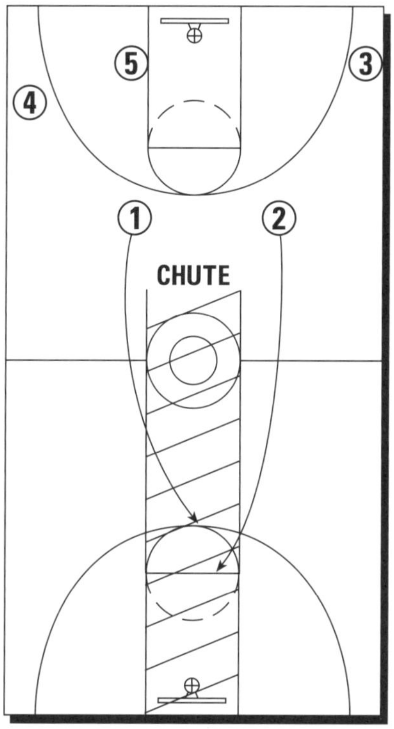

図1

図1　2人のガードは常に戻る。1人はトップの3ポイントラインに、1人はフリースローラインに。他の3人のプレーヤーはいつもオフェンシブコートにいる。コートの中央を“Chute Area”とし、トップのディフェンスは3ポイントラインのトップまで戻り、Chute Areaからボールをどちらかのサイドに押し出す。ストロングサイドとウィークサイドをつくりたい。戻った選手は必ず、あきらめずにレイアップを阻止するようにする。

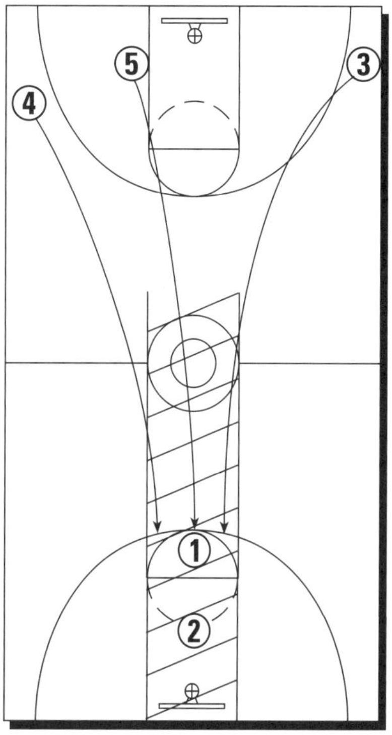

図2

図2　オフェンシブコートの3人のプレーヤーはマークマンを守っているため、素早く戻らなければいけない。コートの中央を下がり、スプリントして戻ってくることを臨む。フリースローラインの下まで行く。コートの中央を走るブレイクはコートの中央で始まるか、もしくはそこを通るからである。より多くのプレーヤーが中央にいれば、よりオフェンスの混乱を得るチャンスが来る。ペイントの外に押し出したい。一度サイドに押し出したら、その状態を保ちたい。その時マッチアップを始める。

図3　レーンを戻ってリカバーするとき、コートの中央を下がってヘルプラインをリカバーする。マークマンへリカバーしないこと。

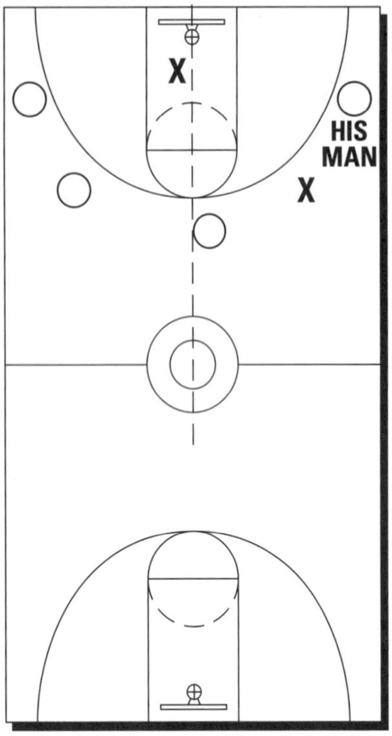

図3

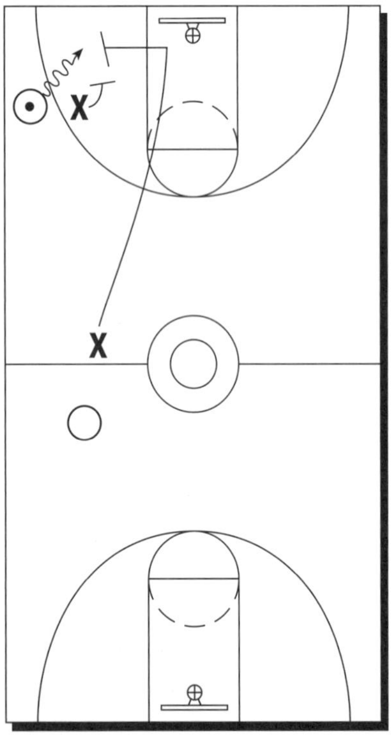

図4

図4　自分のマークマンがトレイルしようとしているなら、ミドルエリアに早く戻り、ペネトレーションしてくるボールマンに対してダブルチームにいく用意をする。その際、ボールストップとそのエリアに来るプレーヤーを阻止する役割と、トランジションリバウンドをする。その際、必ずハーフコートディフェンスになっていることを確認せねばならない。もしできなければ勝つチャンスはないと言っていいだろう。

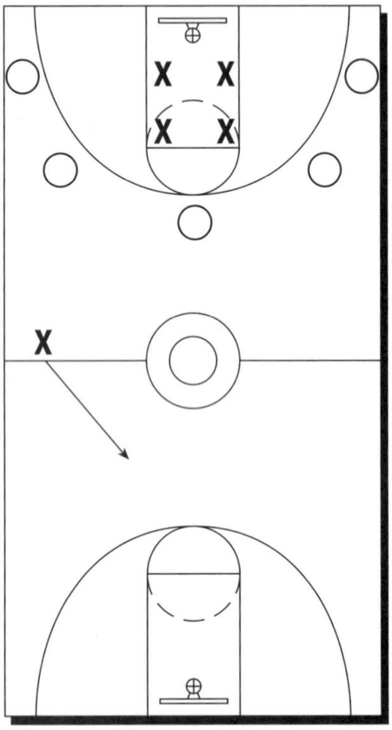

図5

図5　トランジションのためにこの「5対4スクランブル」ドリルを行なっている。私たちはこれを試合の日ですら毎日やっている。5人オフェンス、4人ディフェンス、そして（普通はビッグマン）1人が5人目としてミドルコートにいる。ビデオでチェックすると60%の割合で1人が少し遅れて返ってくる。その際、誰かがアドバンテージを使い攻めている。5対4でシュートを打つとすぐに、5人目の選手がミッドコートから出る。成功するかミスするか、最後までライブでこれをやり、それからトランジションディフェンスで戻る。オフェンスではガードを戻らせているので、トランジションでのミスマッチをさせたい。1日5～7分やる。勝てば休めるし、負ければ走らなければならない。

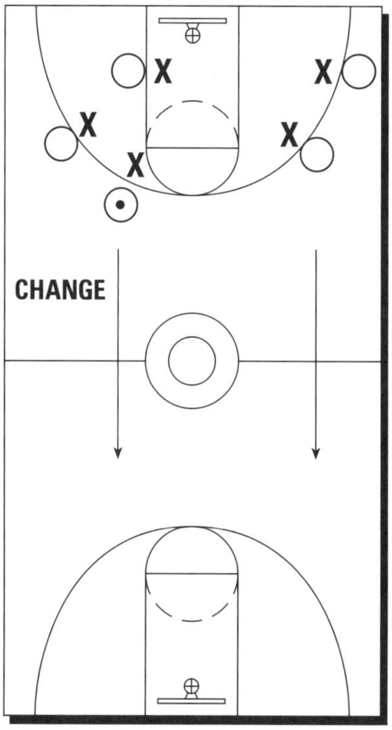

図6

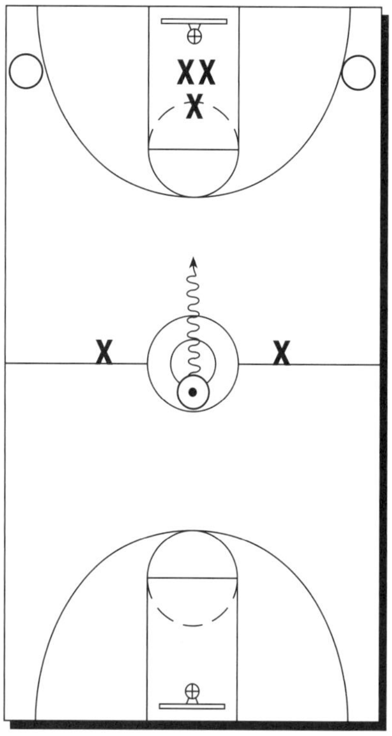

図7

➡図6　「スイッチ＆チェンジ」。私が「スイッチ」と叫べば、オフェンスはボールを捨ててディフェンスチームはオフェンスチームになる。そして逆にオフェンスはディフェンスをする。スイッチのときは、自分をガードしていた選手をガードしてはいけない。ディフェンスはそれぞれ誰かをマークしなくてはならない。オフェンスチームは、同じゴールへ向かう。だから「スイッチ」と叫んだら同じ方向へオフェンスする。「チェンジ」と叫んだときも概念はまったく同じであるが、今度は逆のゴールへフルコートで攻める。これが私の行なう中で最も良いドリルである。というのは、最初に彼らはボールを止めなくてはならず、次に新しい相手をピックアップしなくてはならないからだ。もし、ディフェンスの1人が抜かれたら一番近くのプレーヤーがどこにいようともボールに向かう。全員ペイントに向かってスプリントする。パスアウトを起こさせたい。ワンパスから得点されたくない。レイアップをさせたくない。

➡図7　また、5対3をハーフコートでプレーする。ドリブルでボールがハーフコートの2人の間を過ぎれば、すぐに5対5になる。誰かがボールにピックアップし止めなくてはならない。

➡図8　スタートのボールが、ハーフコートのディフェンスプレーヤーとともにウイングから始められること以外は同じである。

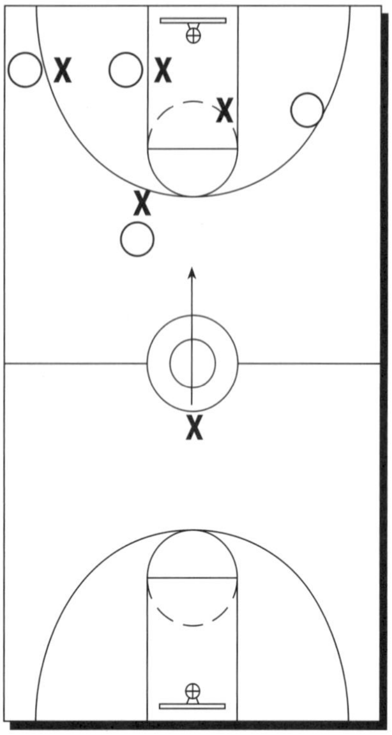

図8

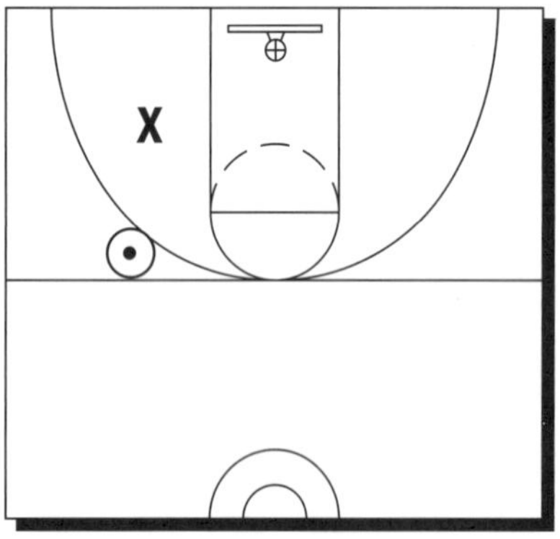

図9

図9　ピックアップポイントがどこになるかを決めなくてはならない。味方の選手が相手チームの選手より優れていれば、プレスはとてもスリルがある。今年、チームにはコートの3/4からピックアップできる選手が1人いた。3/4で抜かれてしまったら、5対4で守らなくてはならない場所を見てみよう。チームのピックアップポイントは3ポイントライン付近である。相手が3ポイントシュートをあまり打たないのなら、片足のつま先が3ポイントラインを踏む程度でディフェンスする。3ポイントを打ってくる場合には、踵がラインを踏む程度。どちらをあなたのプレーヤーが行なえるか、決めなくてはならない。シュートはディフェンス越しに打ってもらいたい（ノーマークはダメということ）。ゴールから遠く離れたところでピックアップしないこと。さもないと抜かれてしまう。プレスをかける能力がなく、得点で負けていたら、最も良いプレスはファウルかもしれない。

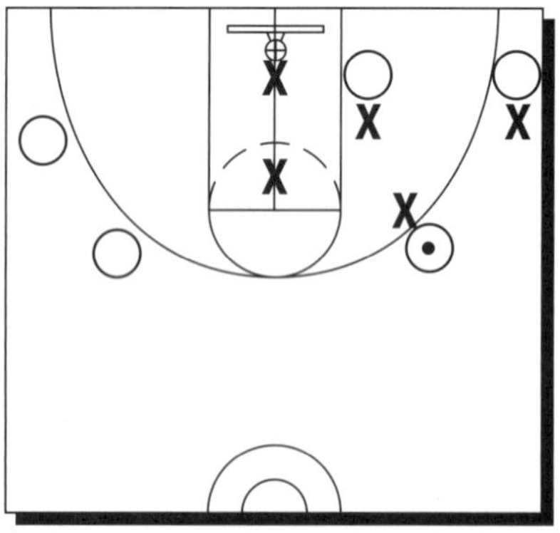

図10

図10　ポジショニング。私たちのディフェンスには3つのスポットがある。ボールをチェック（ストップする）、3ポイントライン上のパスを防ぐディナイ、そしてヘルプラインを守る。コーチはベンチにいることしかできないのだから、しっかりとしたコーチングをしなければいけない。ヘルプラインにいるときは背中をエンドラインに向けていなければならない。ラインを選手にまたいでもらいたい。そしてヘルプを言うこと（考えていることを口に出す）。頭を動かすことを望んでいる。周囲のビジョンについては問題にしない。ボールを見て、相手も見る。そして動きを見つける。それは動きの中の部分でなくてはならない。それらが役立つはずだ。

図11　与えてはいけない場所にボールがある場合。今年の初めは、ボールがファウルラインより下のウイングにあるときには、ベースラインへそれを押しやっていた。マークマンに必要以上にプレーさせたい。そして、足を大きく開かせ、ベースラインに追いやる。ベースラインに追い込むと、相手はプレーす

ることができなくなると思う。角度が悪くなり、カバーしなくてはならないコートの範囲が狭くなる。そうするためにいくつかのことをする必要がある。それを「ボールアップ、ボールダウン」と呼ぶ。ボールをチェックしていて、オフェンスマンがボールを頭の上に持っていた場合（ボールアップ）、できるだけ激しくプレッシャーをかける。相手がボールを下げたら、1歩下がる。コートを上がったり、下がったりはしないこと。相手の肩から離れるだけである。相手の胸をチェックするのだ。相手の胸に目線を合わせる。どんなフェイクにもかかってはいけない。ずっとベースラインへ追い込む。

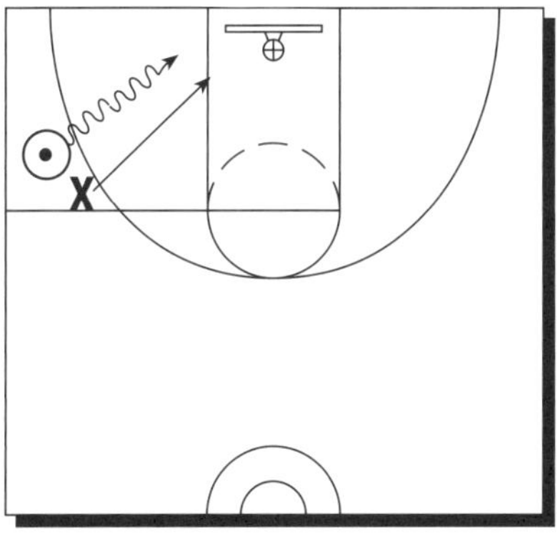

図11

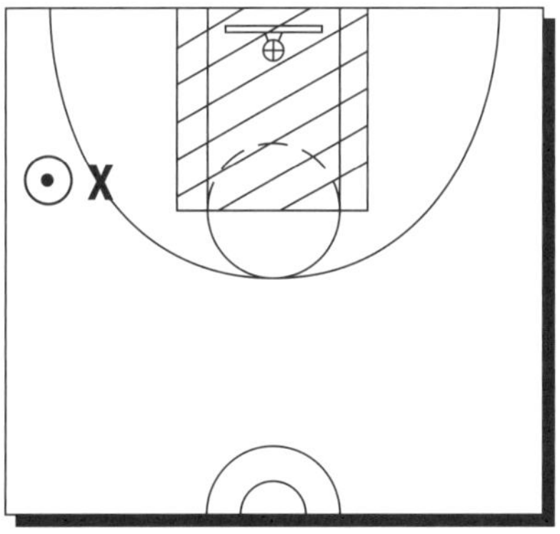

図12

図12　このエリアを守れ。このエリアを支配すれば相手を止めることができる。

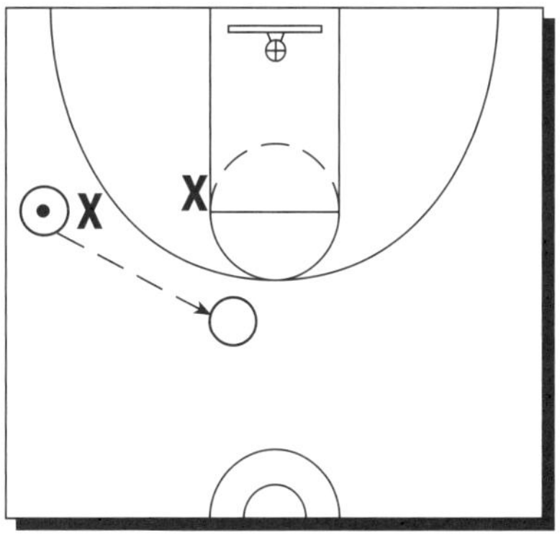

図13

図13　ノンペネトレーティングパス。相手をガードしない。ボールがウイングにあればガードはエルボーでディフェンスする。ペネトレートを許すな。

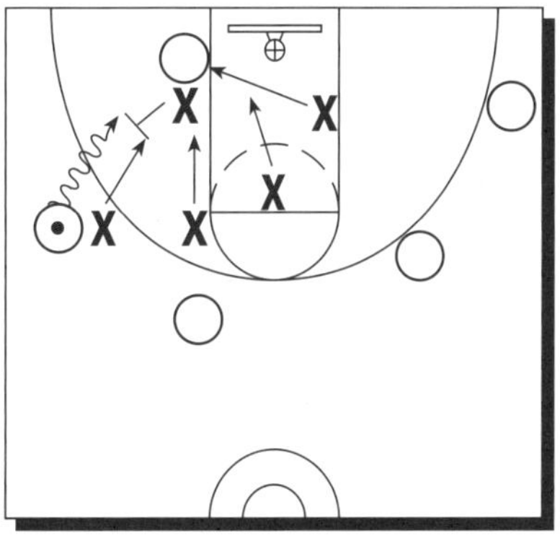

図14

図14　ウイングにあるときのチームのディフェンス。ポストの前に立つ。ウイングのディフェンスはトップからのドリブルをあきらめないように。ベースラインドリブルをしたとき、ポストのディフェンスは最初のヘルプになる。最も近いプレーヤーがヘルプに行く。ベースラインドリブルを見るとすぐにゾーンの概念を持つ。とにかく、それがヘルプというものだ。ヘルプはゾーンである。

図15　もしポストのディフェンスが（ドリブラーに対して）ダブルチームにいけるなら、そうすること。他のプレーヤーはその穴を埋める。下がっていた選手はゴールを守る。逆サイドの選手はミドルを詰める。皆ハンズアップをする

こと。方向づけすることを非常に重視している。ボールへ寄るのだ。

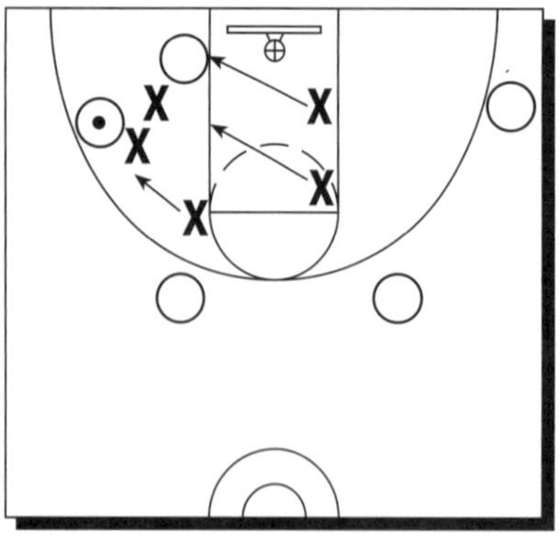

図15

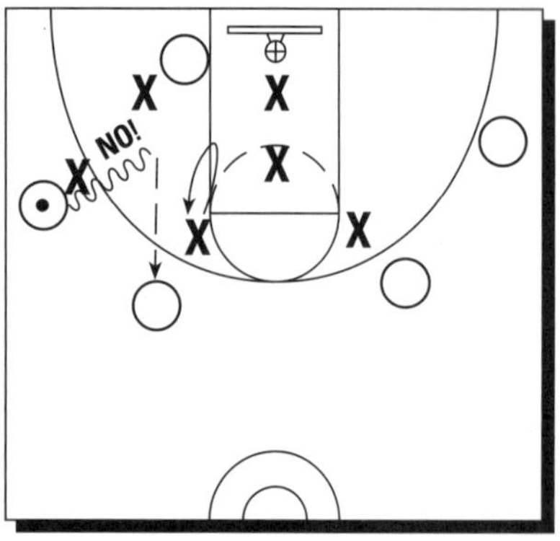

図16

図16　シュートをあきらめさせたら、ワンパスしかさせないようにヘルプしなければならない。ツーパスされてしまうヘルプをしてはいけない。トップでディフェンスを破られたくない。トップのガードのヘルプが必要。

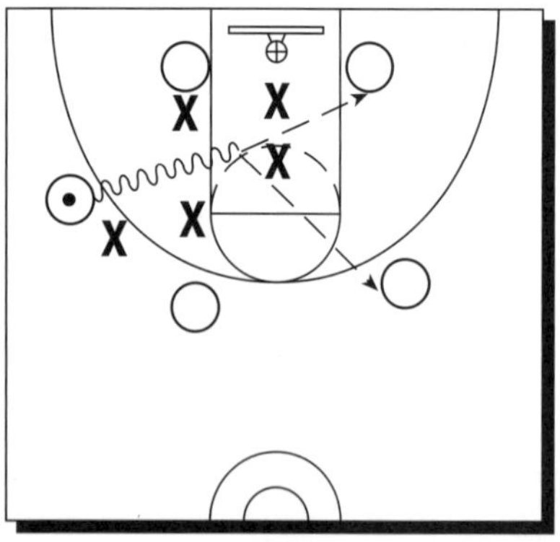

図17

図17　ディフェンスが破られ、ツーパスペネトレーションになった場合、オープンの3ポイントか、ダンクをあきらめなくてはならない。ヘルプラインにいるプレーヤーがリカバーするには遠すぎる。

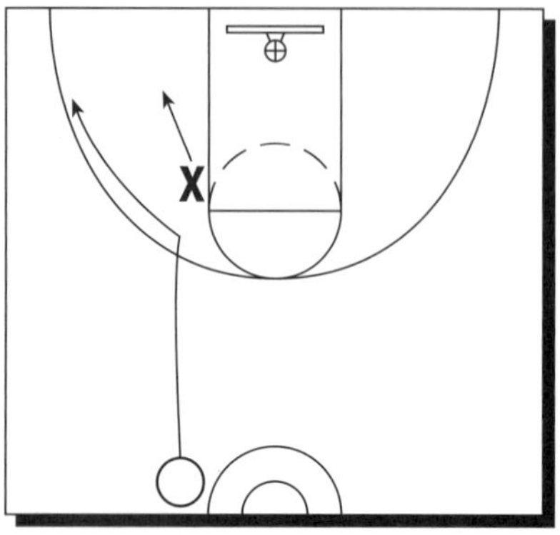

図18

図18　ポストプレーヤーが下がってきたら、高い位置から腕で押さえつけて外に押し出す。ポストプレーヤーをレギュラー選手にしたい。

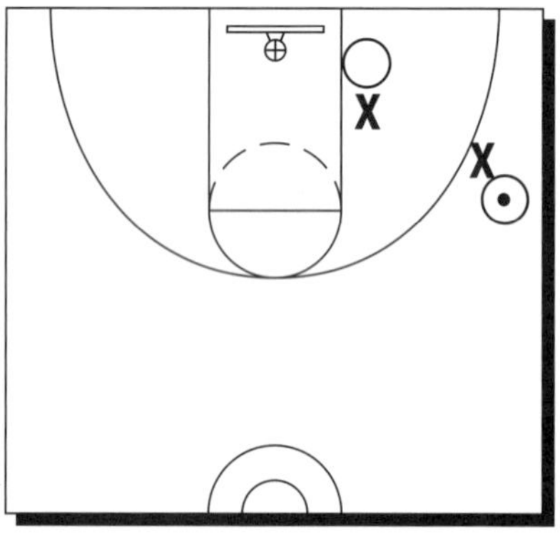

図19

図19　ボールがウイングにあり、その位置がフリースローラインより下にある場合は、完全にフロントにつく。フロントでつく時、相手の脚の上に座る感じで臀部を相手の脚に置く。ハンズアップしてボールをもらわせない。相手が上がったり下がったりするのに合わせて足を動かせ。

図20　前を取られたらそうさせておく。再度フロントを取り合うことはしない。

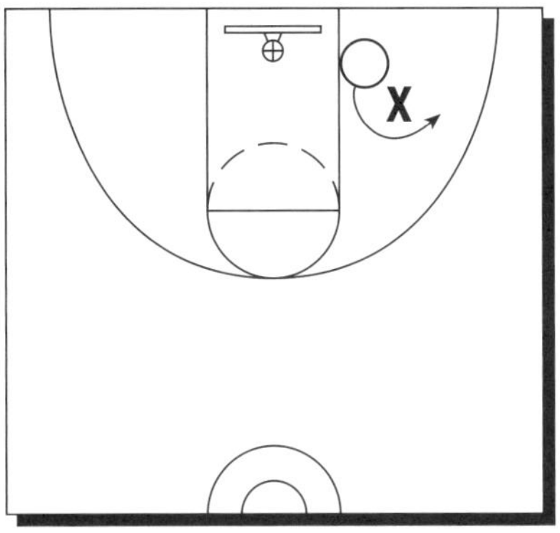

図20

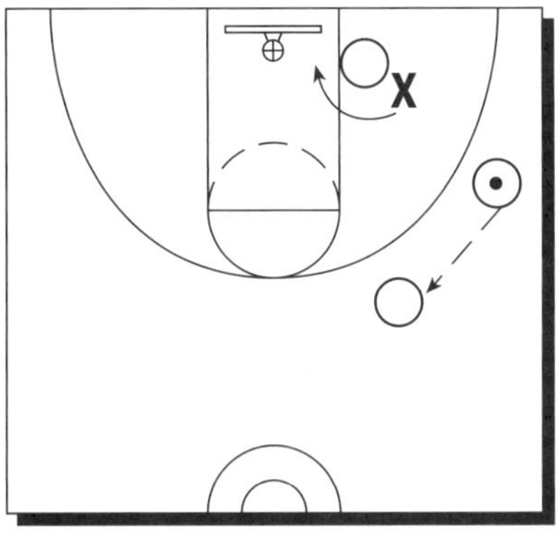

図21

図21　ボールがトップへ行ったら、トップ側を通ってオフェンスの前でプレーする。ボールがウイングへ戻ったら完全に前に出る。

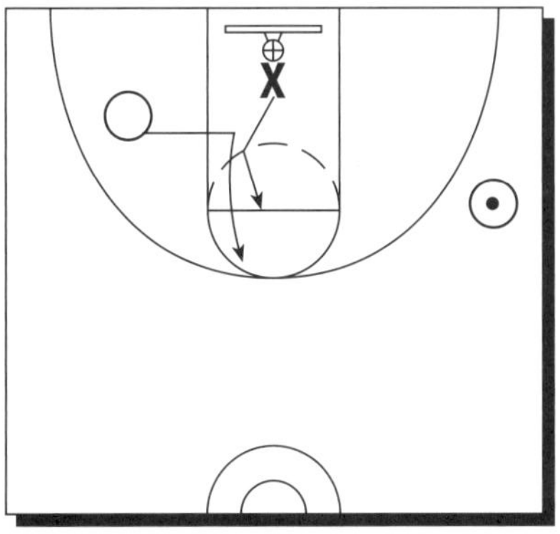

図22

図22　ハイポストフラッシュ。オフェンスの行きたい位置よりも高い位置に追いやる。シュートできない位置まで押し出せ。もし4～5mのシュートができるなら、それより遠くへ行かせる。腕で押さえる。オフェンスが今いる所から得点できないなら、オフェンスから離れてポストエリアでプレーする。

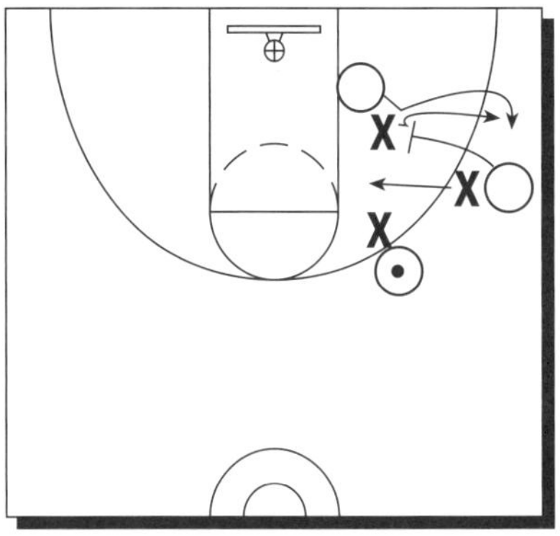

図23

図23　ボールサイドスクリーン。このスクリーンはボールマンからワンパスの所で起こるスクリーンだ。すべてのボールサイドスクリーンに対し、同じようにプレーする。選択を与えない。どのボールサイドスクリーンに対してもフットステップでフォローする。トレイル、シャローとも言うが、私たちはフットステップと言う。スクリーンしたらスクリナーはゴールへスリップしてしまう。ゴール下へスリップできないように腕で抑える。そうしておけば、相手がスリップし始めたら、それを察知することができる。どのスリップに対しても、それを感じたらボールに対してオープンになる。

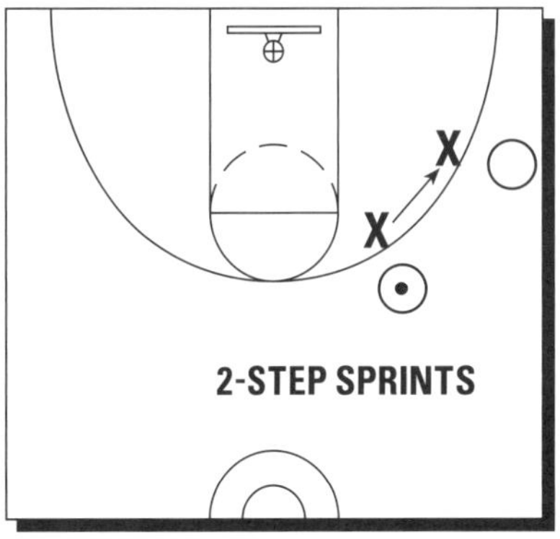

図24

図24　パスに対してはターンし、ツーステップでボールにスプリントする。

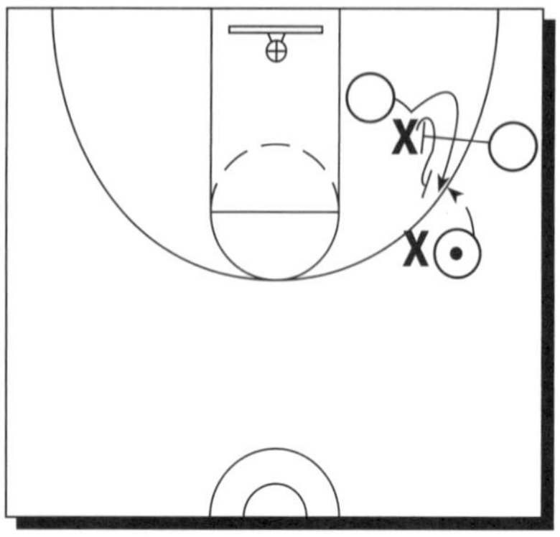

図25

図25　なぜパスをするのだろうか？　それはシュートを打つためだ。だからスクリーンで相手がカールしてきた場合は、フットステップで後追いし、プレッシャーをかける。そして、スクリナーのディフェンスはカールした選手を高い位置でバンプする。これによってボールについているディフェンスが反転してスプリントすれば、ボールに対して1人以上で守ることになる。

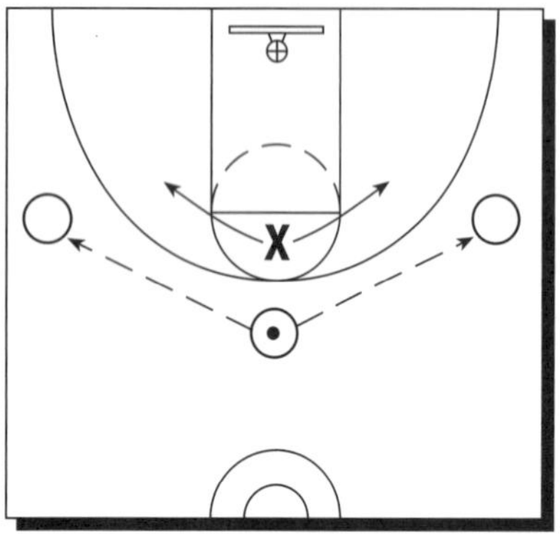

図26

図26　ドリル。ミドルから始める。ターンしてスプリントする。ボールが返され再びターンしてスプリントする。

図27　同じようなドリル。ポジションを変える。

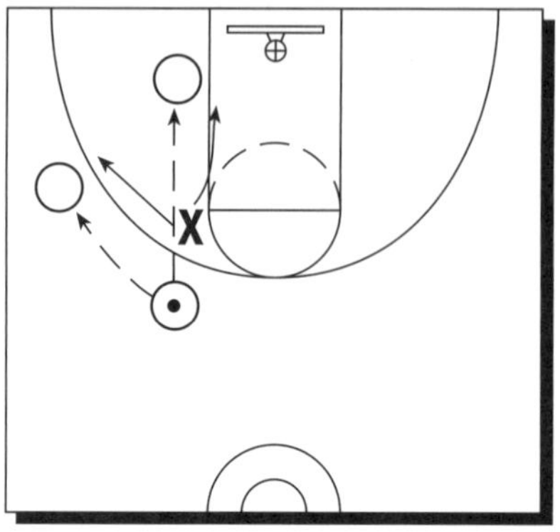

図27

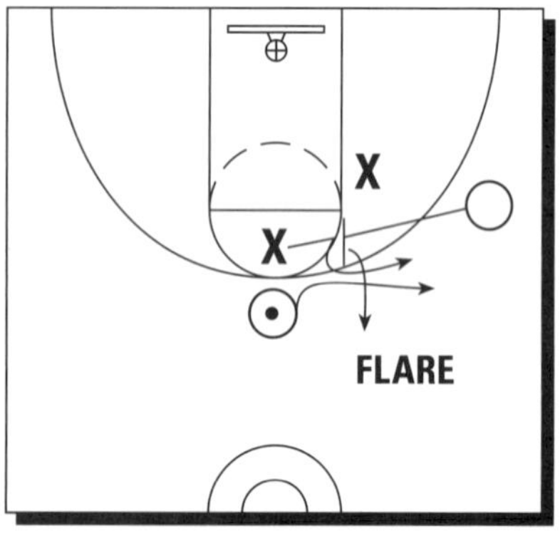

図28

図28　フレアスクリーン。これはボールサイドスクリーンと同じように行なう。ガードが横断パスを行なう。トップを通って追っていく。スクリーンのディフェンスはレーンラインへ行き、2ステップ下がる。スクリナーがスリップした場合は前に出て、これを止めるために2ステップ下がるのだ。フレアスクリーンよりも後ろに行ったら抜かれてしまう。

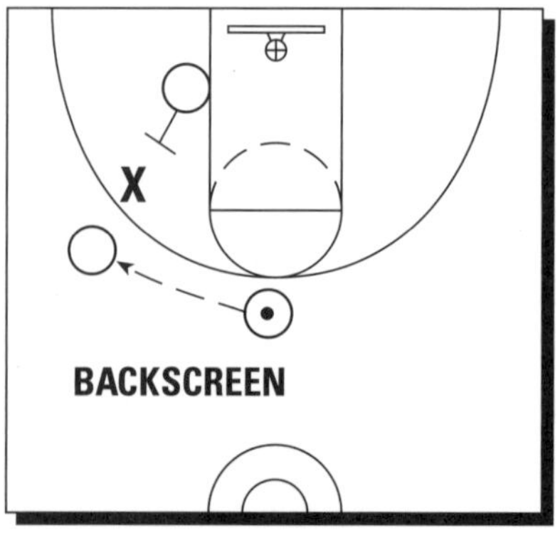

図29

図29　バックスクリーン。スクリーンに激し

くぶつかる。スクリーンに対して、できるだけ激しくドロップバックする。どちらのサイドに相手が行こうと、ターンしてフットステップで追う。相手がスクリーンを使わなければ、クローズアウトする。

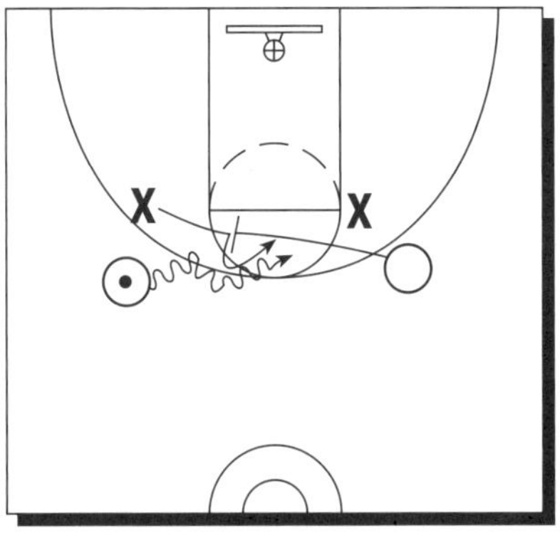

図30

図30　ボールスクリーン。これに対しては、選手によって違うつき方をする。このボールスクリーンの展開がうまいチームには、ドリブラーに覆いかぶさるようにし、次にスクリーンのディフェンダーが示した瞬間に自動的にダブルチームする。良いシューターに対してはトップを通って追う。

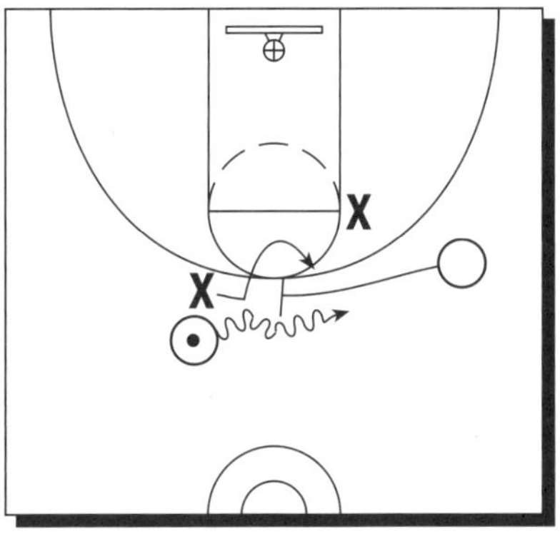

図31

図31　悪いシューターに対してはスクリナーの裏を通る。

図32　時には上や下へ行く。スクリナーのディフェンスは相手を押し合っているので、2ステップ下がる。ウイングのディフェンスからヘルプを得られる。

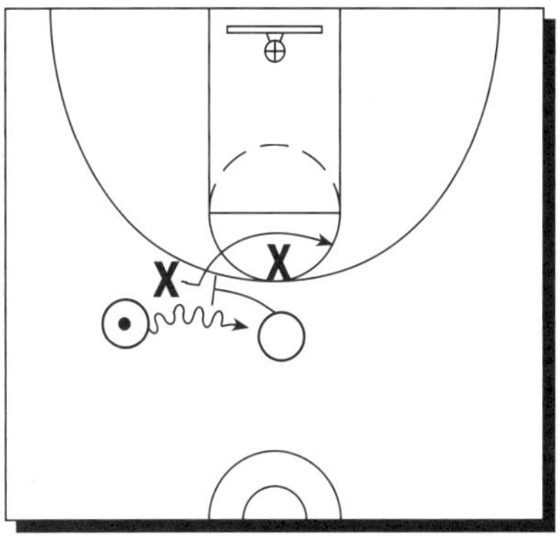

図32

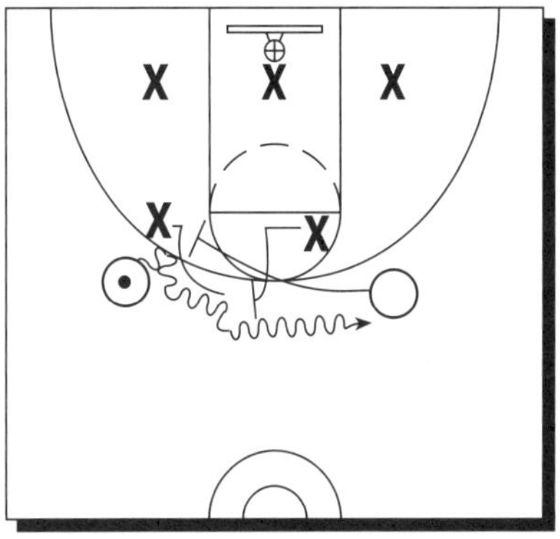

図33

図33　ダブルチーム。これは時々行なう。ダブルチームを行ったときは全員レーンへ下がる。ゴールへのパスに飛び込まれたくないからだ。ダブルチームに行ったプレーヤーは、パスが出たらターンしてスプリントでレーンに行く。ヘルプに戻る。

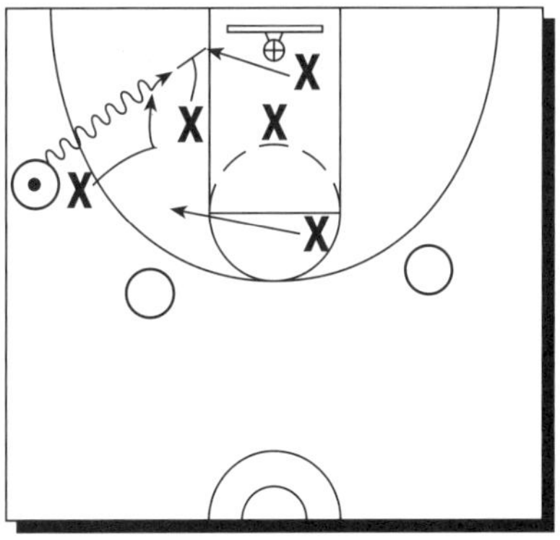

図34

図34　「ブルー」。ベースラインへドライブされているとき、ベースラインでダブルチームを行なう。

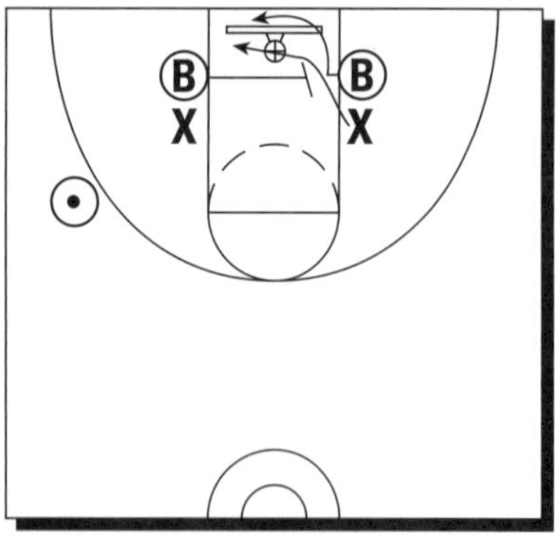

図35

図35　大きい者同士スクリーンしていてボールがウイングにある場合、スクリーンの下へ相手を行かせ、フットステップでフォローする。レイアップさせない。

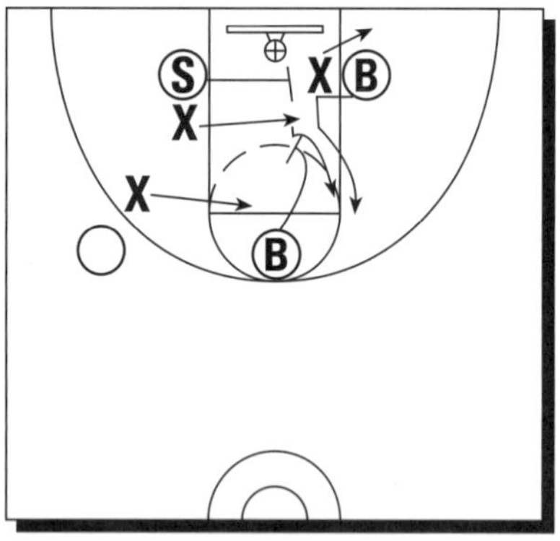

図36

図36　小さいプレーヤーが大きいプレーヤーへスクリーンする。変わらず下を通ったり、上にかぶったりする。小さいプレーヤーが「フェイス」とコールする。大きいプレーヤーはそれを聞いたら下へ下がる。相手の大きいプレーヤーが出て来たら、小さいほうのディフェンスは彼に向かう。スクリーンに対してフットステップで追う。ゲーム終盤で3ポイントを打たれたくないときは、すべてのスクリーンに対してサイズに関係なくスイッチする。

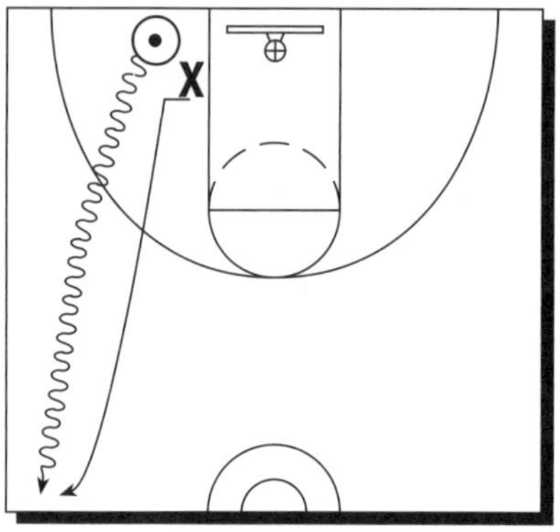

図37

図37　あなたはチームにファウルの仕方を教えなくてはならない。相手チームが残り10秒以下で3点負けており、ボールをフロントコートへ運んで来たら、プレッシャーを与え、サイドラインへ追い込む。相手がコート中央に入ってきたらファウルをする。

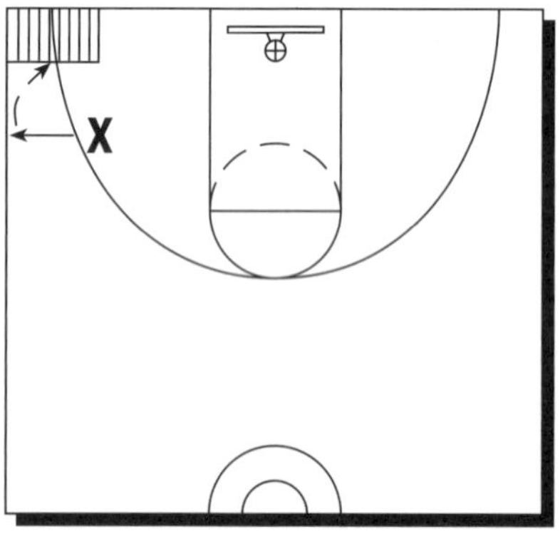

図38

図38　ボールがアウトオブバウンズになりそうだったら、ルーズボールは一番近いコーナーへチップする。ボールが出るのを防いで、コートに戻す時に相手に取られてはいけない。一番近いコーナーへすくい投げるのだ。プレーヤーはこれを知っているので敏感に対応すべきだ。他にはルーズボールを追えということ。ボールには、床に飛び込んでも行くこと。ハーフタイムでチェックする数字は、相手チームのフィールドゴールパーセンテージ、自分たちのフィールドゴールパーセンテージ、イージーなシュートとディフェンスされている中でのシュートの数、ルーズボー

ル、オフェンスリバウンドだ。他に挙げると17ぐらいの様々なプレーがリーグで展開されている。毎日3つスカウトしてディフェンスの用意をしている。そしてゲームにどう生かすか考える。毎日、そして4対4のシェルディフェンスをする。次のことをする。ポジショニング、ボールへのスプリント、ペネトレーションのカバー、そしてスクリーン。

Zone Offense
ゾーンオフェンス

良いオフェンスをするには2つのことが必要である。一つ目はスペーシング。選手たちは、これを理解することができない。15フィートが何なのか理解できていない。2人の選手を選び15フィート（約4.5m）離れるように指示すると、1人は9フィート（約2.7m）で止まるかもしれない。もう1人は30フィート（約9m）で止まるかもしれない。二つ目はシュートセレクションである。打ちたい所で打つがままにしてはならない。そして、誰がポイントゲッターであるのか理解させなくてはならない。私のチームは3人の1年生とともに、スタートで良いポストマンがいた。彼は1試合平均で53回ボールを保持した。これはすごいことである。あるゲームでは71回もボールを保持した。チームの選手はシュートを打つ前に彼がボールを持つべきであることを知っていた。チームはリーグで3ポイントパーセンテージがトップだった。長所を引き出してプレーすることだ。打つべきシュートをプレーヤーに決めさせてしまうと、あなたはクビになってしまうだろう。

以下にゾーンオフェンスを教える際に私が行なうことを挙げる。

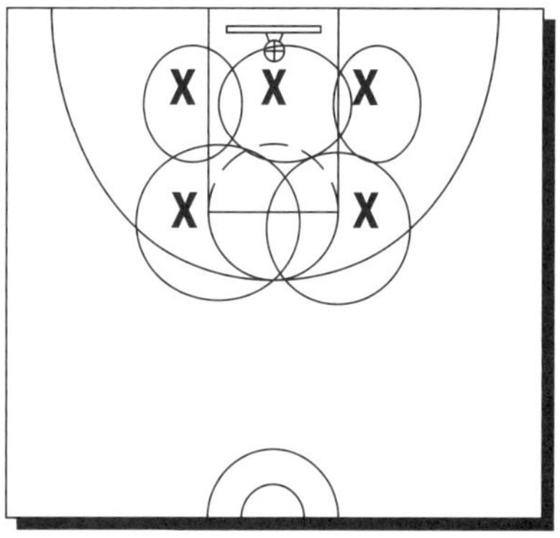

図1

→図1　円はそれぞれがカバーすべきエリアを示す。ゾーンにおいてはすべてのプレーヤーが全員ボール側を向く。目的はサークルの重なるエリアを守ることだ。カットする時やドリブルするときはどちらの場合でも、内側の肩を当てて割り込んでいってほしい。

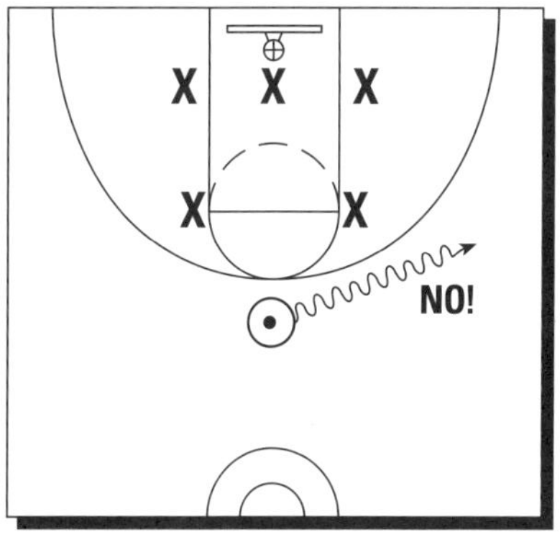

図2

→図2　トップからドリブルオフする場合、2人の選手に挟まれて止められるようなことはしない。2人の選手がボールに寄るようにし、相手をどっちでもない状況にする。ジョン・チェイニーのチーム練習を毎年見るが、これは私にとってまさにハイライトであった。彼は歴史の中で最も偉大なコーチの1人だと思う。彼らのやろうとすることはすべて、オフェンスの内側の肩をガードする、オフェンスを外に追い出す、そして、1対1でオフェンスを守ることに基づいている。パス＆カット、ドリブル＆カットで、ディフェンスの内側の肩に寄ることができればディフェンスに2対1の状況を強いることができ、シュートにもっていくことが可能だ。

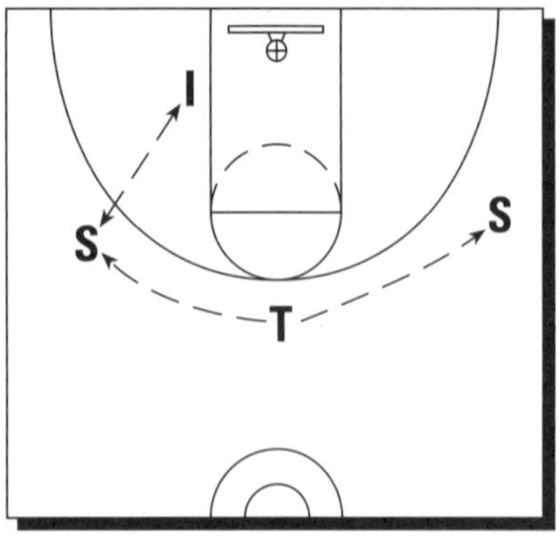

図3

図3　どんなゾーンに対しても2つの動きが必要になる。サイドからトップ、トップからサイドへの動きと、インサイドからアウトサイドへの動きである。ゾーンに対してインサイドへパスすることにたいていの選手はしり込みする。私はゾーンをしかれた時こそ、インサイドへボールを入れなくてはならないときだと主張している。相手は全員ボールのほうを向くのである。

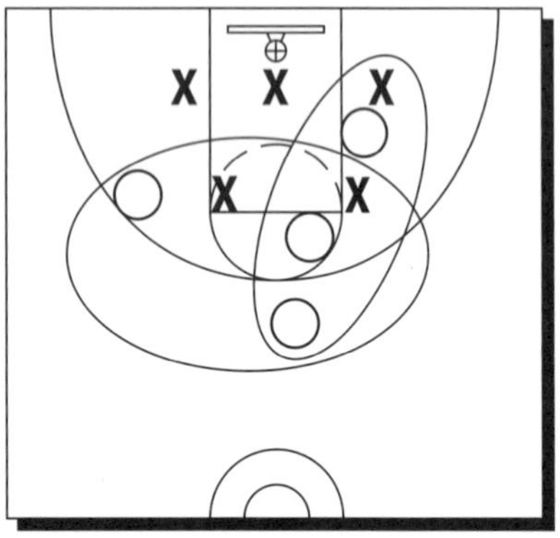

図4

図4　3対2の状況をつくりたい。楕円はそれぞれ3対2の状況である。ゾーンに対して分解練習を行なうとき、3対2でシュートさせるようにする。シュートクロックがあるので、効率よくゾーンを攻めなくてはならない。大学のプレーヤーは時間がないとき、うまくシュートができないのだ。

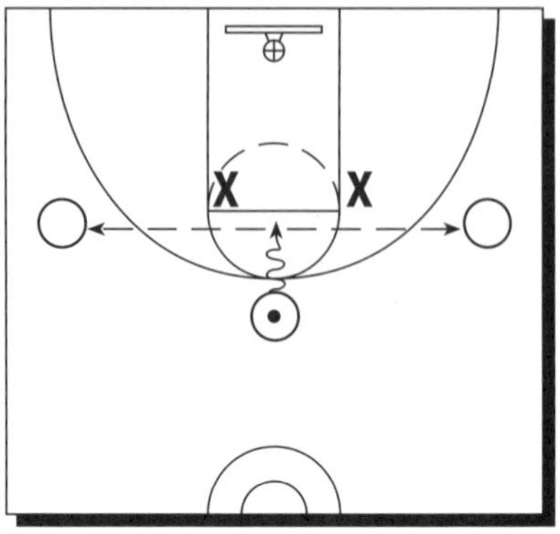

図5

図5　3対2で得点できることを知らねばならない。ペネトレーションを行ない、ゾーンディフェンスの誰かを自分の守るべきエリアから引き出すことだ。そうすればシュートが打てる。

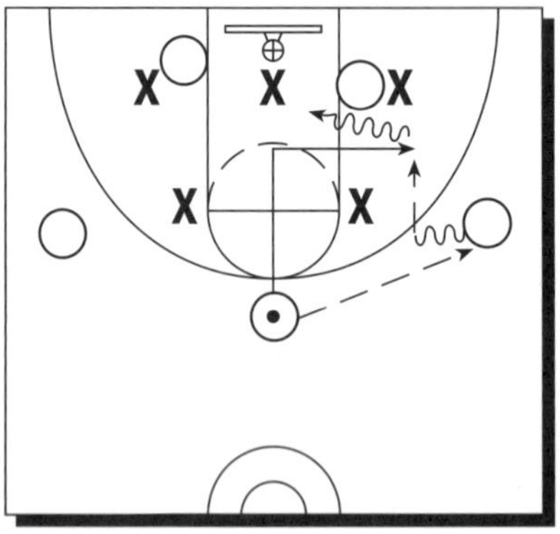

図6

図6　2-3ゾーンを攻めるのに骨を折った。ある年のゲームでハーフタイムの際、問題を抱えていたポイントガードが次のように提案した（個人的にはプレーヤーの考えを採用している）。パスをウイングにさばき、ウイングのプレーヤーがドリブルでトップに戻っていくのに対し、ウイングへカットする。そして、ボールが彼に戻されたら、相手チームの2人の素早いプレーヤーにではなく、バックラインの1人のガードで、動きのより遅い相手にペネトレーションを仕掛ける。これが機能した。ゾーンにおいてプレーヤーを他のプレーヤーに対して配置することは、どのオフェンスよりも良いものである。チームで最も素早いプレーヤーを相手の

チームの遅いプレーヤーにつけることができれば、ディフェンスは誰かがヘルプに出て来なくてはならず、シュートを打つことができるだろう。

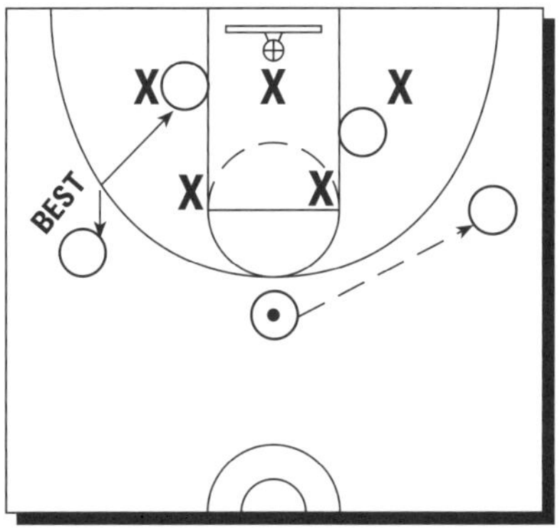

図7

図7　ベストシューターが左のウイングにいる。初めはいつも彼の逆サイドからオフェンスを展開する。そして、トップに戻し、一番良いポストプレーヤーをベストシューターと同じサイドに置く。ゾーンを攻めるとき、相手を揺さぶりシューターに的を絞らせないためである。2人の最も良いプレーヤーを相手の最もできの悪いディフェンスのサイドに置く。コーチはオフェンスで自分のルールを持っている。選手の能力を測り、ディフェンスがどうプレーしたいのかも考えなくてはならない。能力が劣っていれば、それだけルールが重要になる。

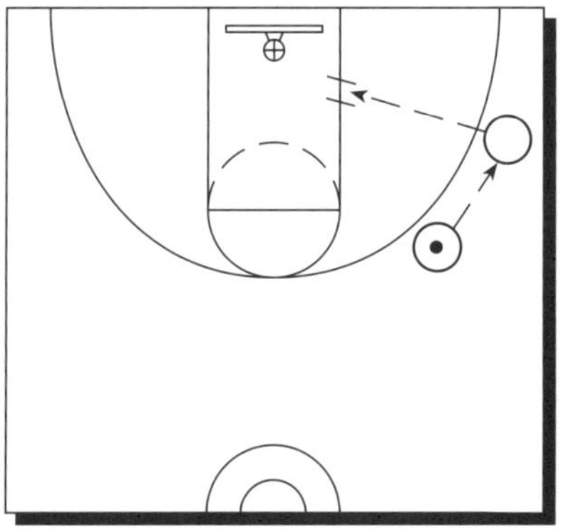

図8

図8　ポストプレーヤーのルール。ストロングサイドのポストでは、初めにボールが入った際に、私たちが言うところの「ダブルバリッドシュート」でない限りシュートはしない。というのは、両足がレーンに入ってボールを受けたときにチャンスが生まれたのなら、得点を取ろうとすべきだということ。

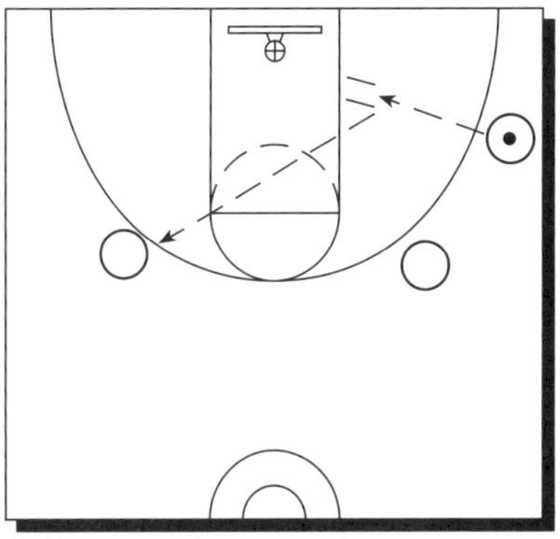

図9

図9　この場所の外にポストマンがいれば、シュートすべきでない。同じサイドにボールを返すべきでもない。逆サイドのウイングにリバーサルパスをする。

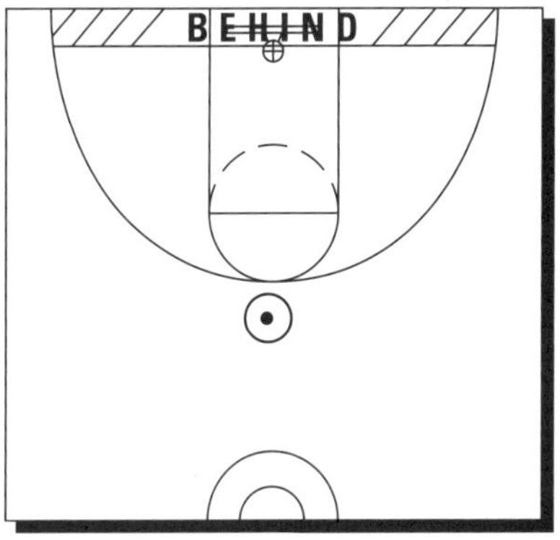

図10

図10　「ゾーンの裏」の概念を理解するのに苦労するプレーヤーもいる。ボールがトップにあるとき、図の場所がゾーンの裏である。あまり得点することはできない。得点するなら、ゾーンの裏からのフラッシュが効果的だ。

図11　ボールがウイングにあるとき、図の部分がゾーンの裏である。

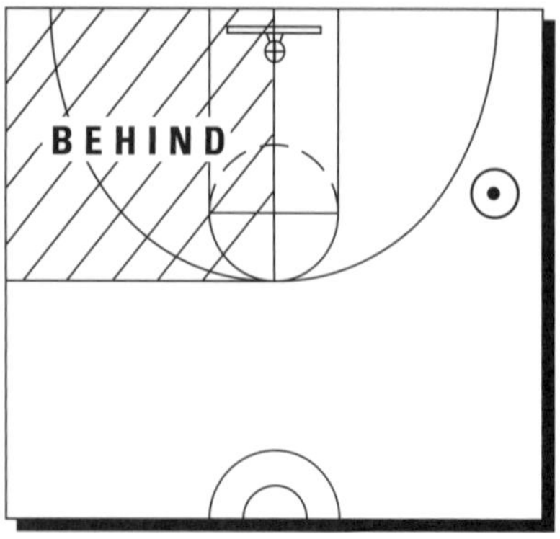

図11

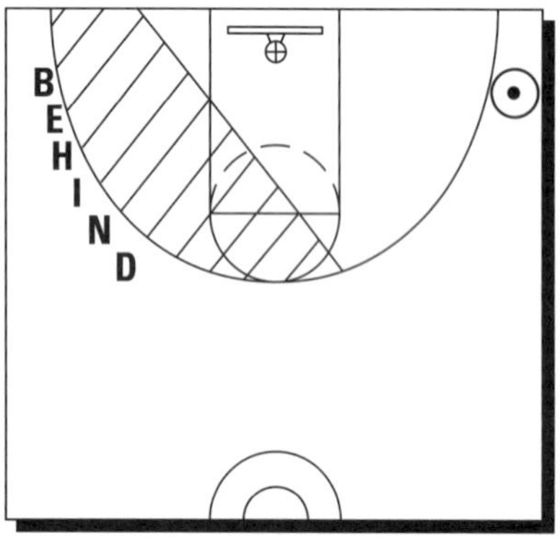

図12

図12　ボールがベースラインにあるとき、図の部分がゾーンの裏である。ゾーンを通ってドリブルしレイアップする方法では、あまり得点できない。

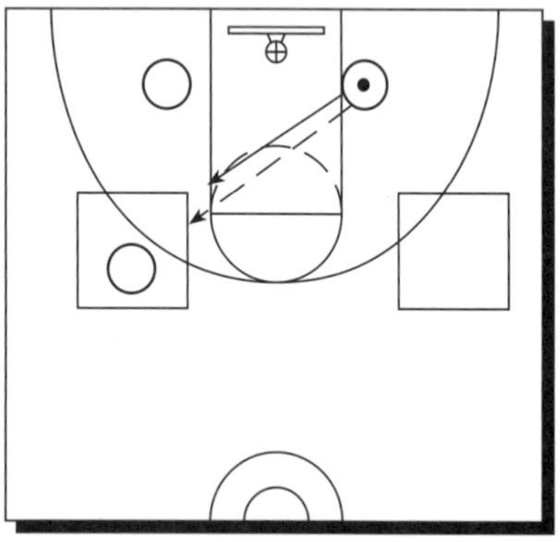

図13

図13　インサイドから外へのパスをした場合、パスに続くようにすること。チームではこれを「フレア＆フォロー」と呼んでいる。ウィークサイドのポストは最も重要である。彼は以下三つのうち、一つをしなくてはならない。

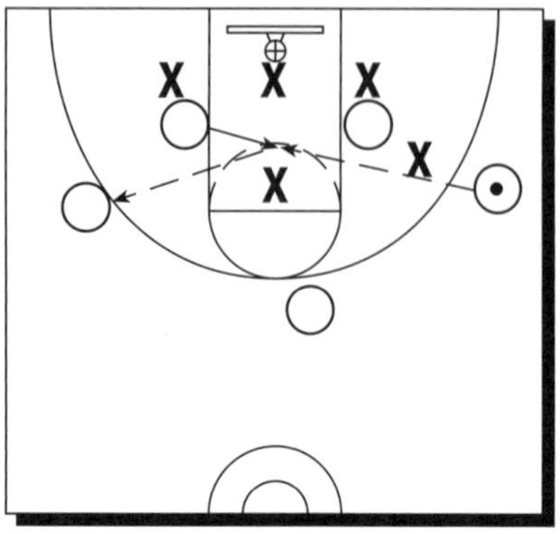

図14

図14　得点するためにフラッシュし、もしくは、逆サイドにパスをする。

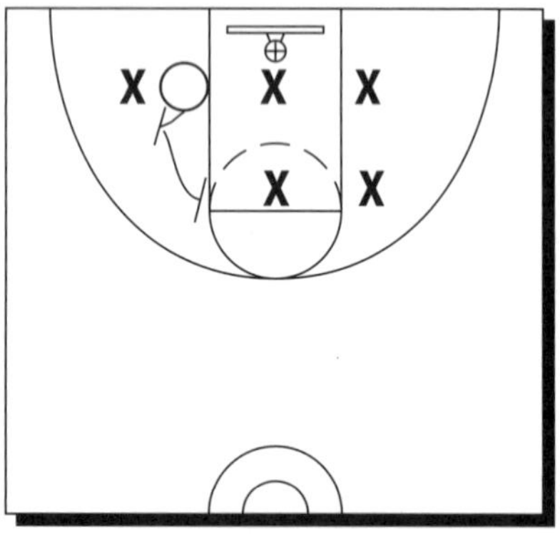

図15

図15　レーンラインでアップスクリーンかバックスクリーンをする。

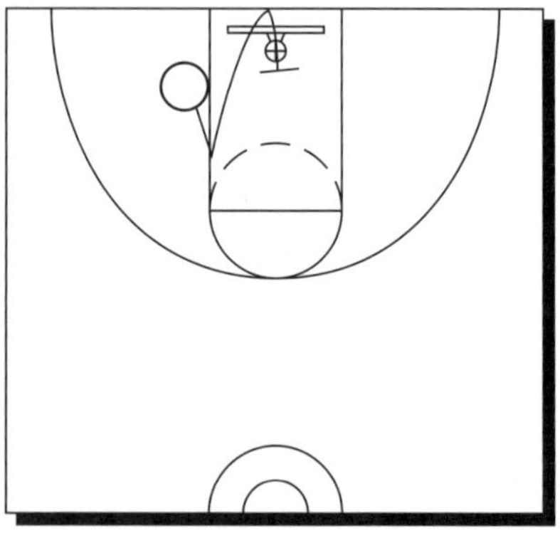

図16

図16　ベースラインへ行き、リバウンドをするために相手を押し出す。特にゾーンに対してインサイドプレーヤーがターンオーバーをしないことにしている。ボールがポストにあるとき、ディフェンスはフェイスダウンしてヘルプする

からである。

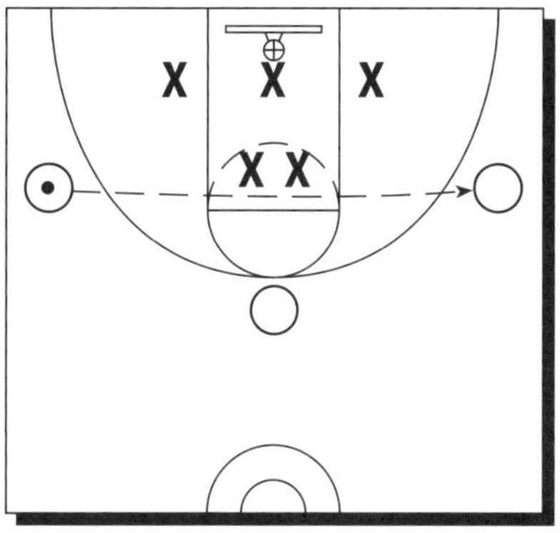

図17

図17 アウトサイドプレーヤー。得点できる所で常にプレーしたい。プレーヤーは遠くに出すぎる傾向がある。1回の保持につき、1つのスキップパスをしたい。スキップパスはゾーンを破ることができる。これはツーパスヘルプを相手に強いることになる。

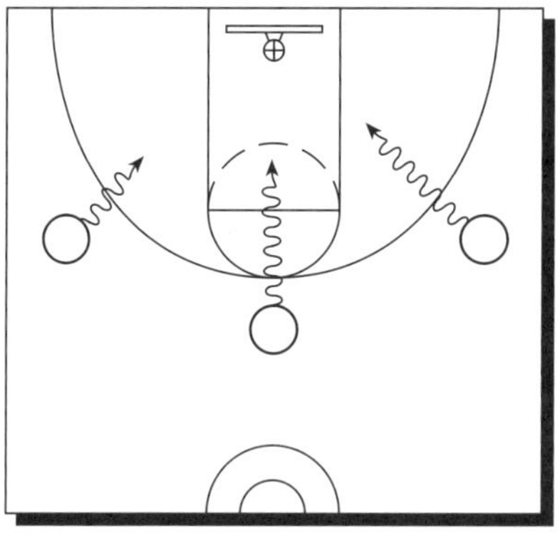

図18

図18 フェイクしてパスをするか、フェイクしてペネトレーションすること。ボールをキャッチし、そこに立つことはなるべくやりたくない。最初の状態に戻ってしまうからだ。アウトサイドでボールをキャッチしたら攻撃したい。最も悪いのは、ワンドリブルでボールを止めてしまうことである。少なくともギャップに向かって2度ドリブルして欲しい。できる限り遠くへ動くことだ。ペネトレーションによってゾーンを変形させる。ペネトレーションした後は、3ポイントラインまで戻るように。

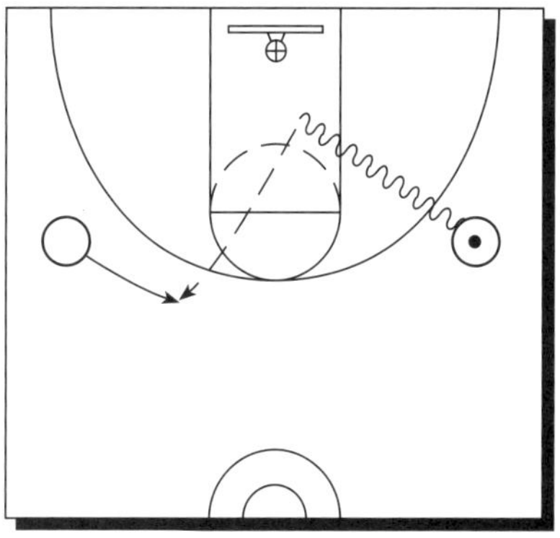

図19

図19 自分がウイングにいて、逆サイドでペネトレーションが起きていることが分かったら、それに合わせることで自分のシュートチャンスが生まれる。シュートを打つ場所まで全力で走ること。シュートを打つためにスライドしながら迎えに行くことはしない。スポットアップをして、シュートを打つ足を前に出し、肩を下ろしてボールをキャッチする。それからシュート。もし動きながらボールをキャッチするのであれば、インサイドの足でキャッチするように教えている。シュートの姿勢を作るためである。

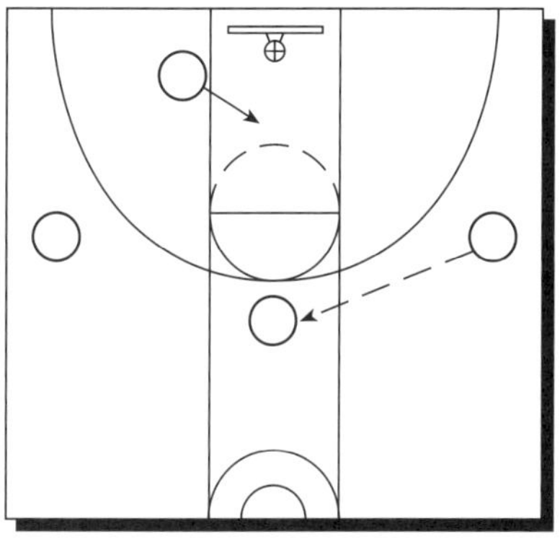

図20

図20 ボールをコート中央でキャッチしたら、絶対にインサイドを見なければならない。このコート中央というのは、ボールをインサイドに入れるのに最高の場所であると思う。

　ゾーンに対してはアーリーオフェンスが有効である。アーリーオフェンスをしないのであれば、しっかりと作られたゾーンの中に立ち向かうことになる。ディフェンスリバウンドを取った後は、ゾーンに対して何をすべきだろうか。ゾーンに対しては、セットされる前に攻めるべきだということを忘れてはいけない。中にはゾーンに対して恐れを持ってプレーしているチームもある。

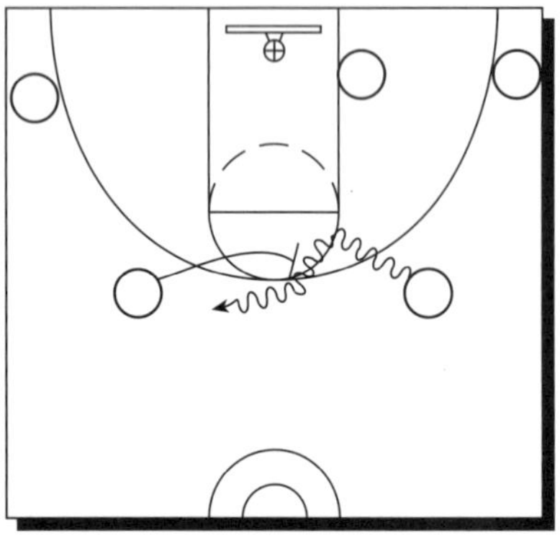

図21

図21　ゾーンが組まれたらすぐに、レーンのトップへスクリーンをかける。ゾーンに対して、ポストマンがボールスクリーンをかけるのである。

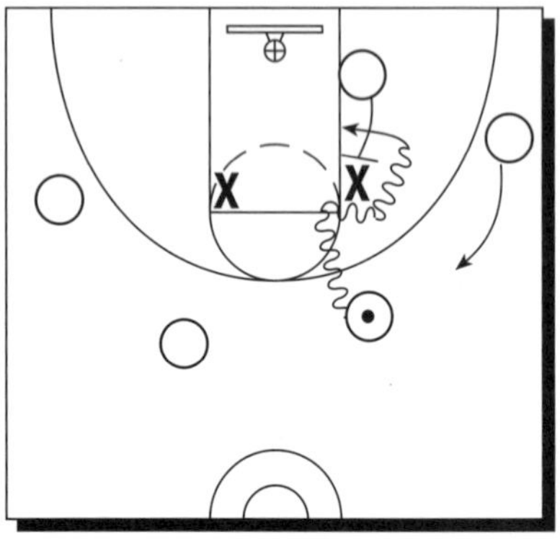

図22

図22　縦のスクリーン。これもまたゾーンのトップにかけるスクリーンであるが、これはバックスクリーンとなる。スクリーンをかけると同時にウイングがトップへ上がる。ゾーンに対しては、できるだけ多くのボールスクリーンをかけること。NBAのチームが頻繁にボールスクリーンを使っていることに気づいているだろうか。早めにボールスクリーンをかけることだ。

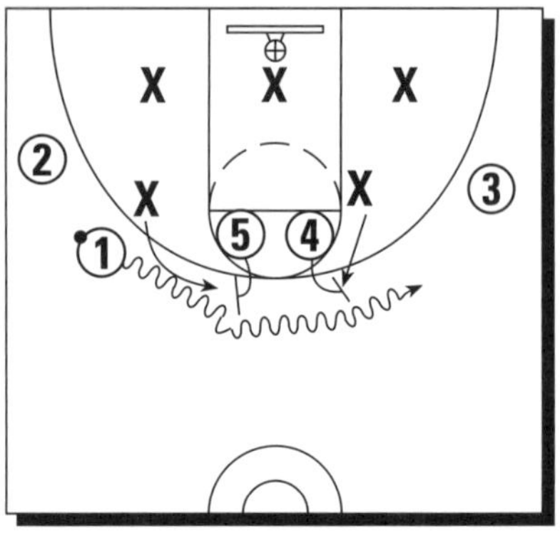

図23

図23　ゾーンに対してのダブルハイ。これは私のチームで最高のプレーである。#4と#5がゾーンのトップにスクリーンをする。ボールが#5のスクリーンを過ぎたら、#5はインサイドに飛び込む。そして、#4は外に出る。

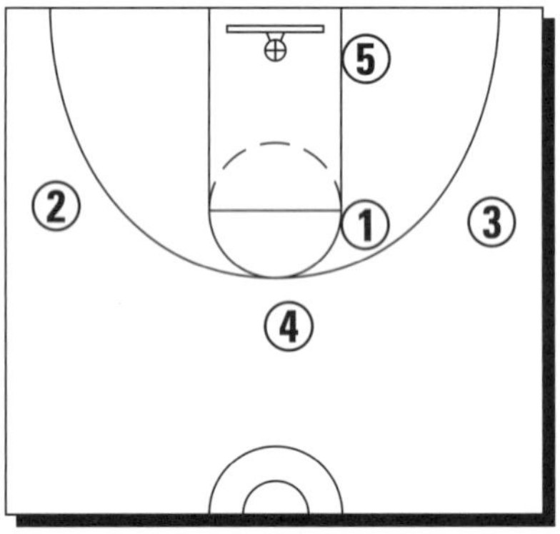

図24

図24　4メンアウトで1人がインサイドの状態。インサイドにボールを入れるようにする。

図25　チームは今年、マンツーマンに対しても、ゾーンに対してもこれを行なってきた。#1がコーナーの#2にパスする。#2はドリブルで外に開くが、そのとき#5と#2がピックアンドロールをする。#1は#4のスクリーンを使って切れ、#4は外にフレアする。ゾーンに対していつでも#4はボールスクリーンをしたら外に出る。逆に#5がゾーンに対してボールスクリーンをしたら、ロールしてインサイドへ向かう。

図25

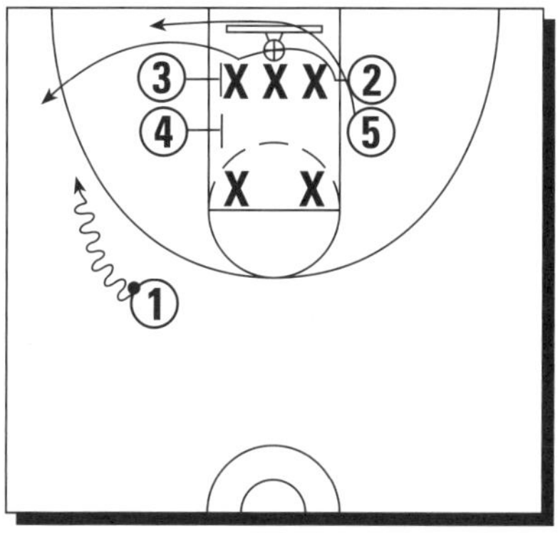

図26

図26　チームに良いポストプレーヤーがいるのなら、それはすごく助かることである。＃2がベストシューターであれば、、＃3と＃4が＃2のためにダブルスクリーンをセットする。

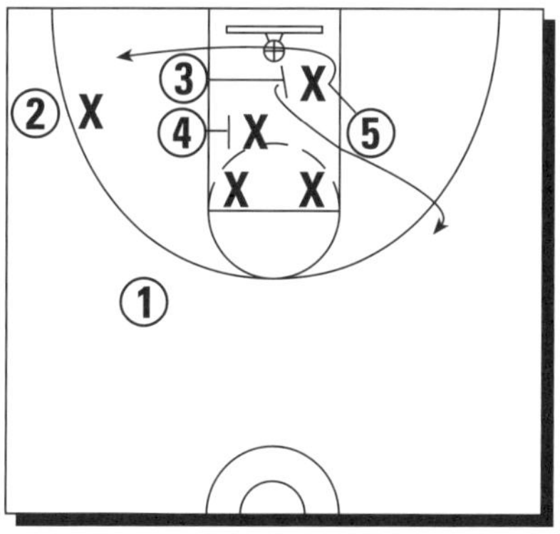

図27

図27　もし＃2が良いシューターであるならば、ゾーンのバックマンの1人はコーナーで＃2をチェックする。＃3、＃4は他の2人のディフェンスにスクリーンし、＃5はベースラインへ行く。そして＃3が逆サイドのコーナーへ、スキップパスを受ける。＃4はボールに対しロールバックする。

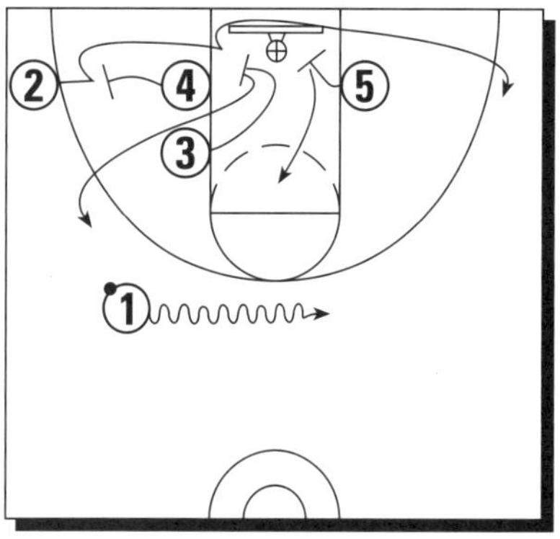

図28

図28　スリースクリーン。ベストシューターがコーナーでスタートする。＃1がトップを越えてドリブルし、＃4が第1のスクリーンをセット。＃3も第2のスクリーンをセット。＃5が第3のスクリーンをセット。＃3は、その後逆サイドに出る。そして＃2が逆サイドへスクリーンを使って行く。＃4はステップアップし外に出て、＃5はスリップアップして近くでゴールを狙う。

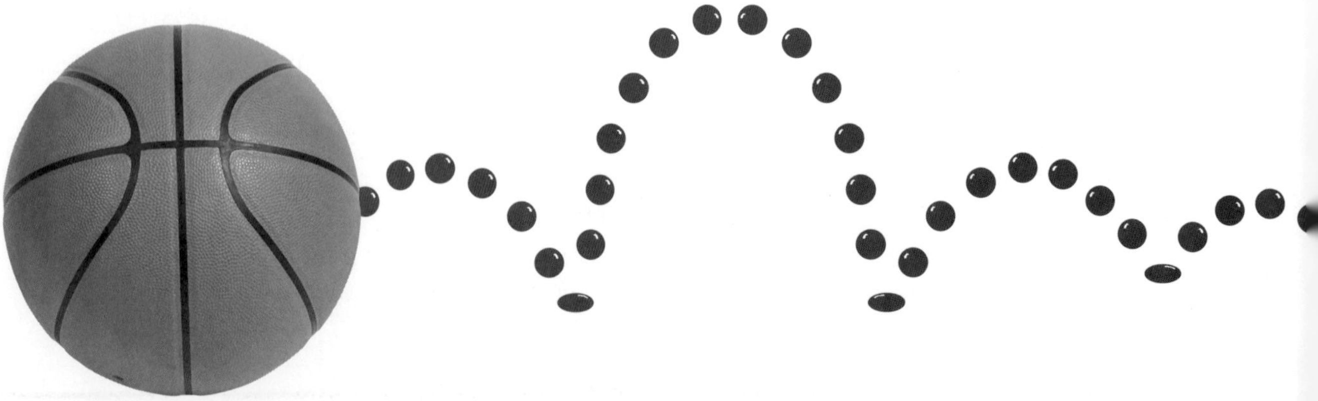

TOM PENDERS

トム・ペンダーズ

Ttchniques for Successful Pressure Defense

プレッシャーディフェンスを成功させるための技術

今年、チームには8人の外国人選手がいて、私が教えた中で最も多彩な色を持ったチームだった。レッド・アワバッハという人はボストン・セルティックスの元コーチでありゼネラルマネージャーなのだが（彼がいた11年間で同チームは10回の優勝をしている）、今だにとても元気で私たちのチームの練習や試合に来てくれる。私はよく彼と食事をしたりもする。彼は私にいろいろな考え方を与えてくれて、非常に影響力のある人である。

私の持つ哲学のほとんどは彼に由来するものだ。それは70年代初め、若かった私がタフツ大学でコーチをしていた時に培ったものである。レッドは私にセルティックスの練習を見せてくれた。私はレッドの下でどのようにコーチすべきかを学んだのである。彼はNBAにおいて、速攻とプレッシャーディフェンスを考え出した人だ。彼の哲学は私の哲学であり、私は速い展開の試合が好きである。コーチになろうとするのであれば、まずは哲学を持たねばならない。しかし、その哲学はプレーヤーたちの能力や知能に基づいていなければならない。

私のチームはオフェンスが有名である。すべての選手が試合を速い展開に持ち込みたがる。しかし、彼らは練習を始めて3週間目に次のことに気がついた。どの程度走ればいいのか、どのようなスタイルでプレーしているのか、ディフェンスは何をやらなければいけないのか、などだ。これらはそれほど簡単に答えの出るものではなかった。速い展開のプレーをしたければハーフコートゲームをするよりも、もっと私たちのスタイルを貫くことが必要になる。私はハーフコートゲームを「機械的なバスケット（Rote Basketball）」と呼んでいる。同じことを繰り返し繰り返しやらなければいけないからだ。私がプレーヤーに教えようとしているのは反応すること、読みとること、そして基本をしっかりこなすことである。

今年は、私がジョージ・ワシントン大学で初めて教えた年だった。前年に相手チームよりも10以上もターンオーバーが多いチームを受け持つことになったのである。今年は1試合平均で11以上のターンオーバーこそあるものの、昨年よりも172個も少なくすることができた。私たちはファンダメンタルを強調してやってきた。トラベリングをしない、ジャンプストップをする、両手でボールをキャッチする。それらについてはプレーヤーがやりたいものとは別の方法がたくさんあり、プレーヤーの能力によって指示を変えることも必要である。

能力があるのならそれを見せてもらいたい。何もいいものがなければ、チームにいて欲しくはない。私は信頼のおけるプレーヤーが欲しいのだ。コーチとして、彼らがどのようにいいものを持っているのかを教えることだ。最近の子供たちは面白いものである。その場その場で喜ばせることに尽きる。

コーチはプレーヤーに問いただせねばならない。もしもナイト・コーチがまだオリンピックでコーチをしていれば、アメリカはプロ選手抜き、すなわち学生のみでオリンピックを勝ち抜けていたであろう。私は、ボブ・ナイトが大学バスケット界における最高のコーチであると思う。彼は別格である。皆が彼の下でプレーできるわけではない。今日、多くのプレーヤーが親やAAUのコーチたちによって駄目にされている。彼らは好きなことをやらせてもらえないのだ。これが現代における問題点である。多くの子供が駄目にされているのだ。

プレッシャーディフェンスのための技術、これは哲学である。ポイントガードにはフロアの左サイドに来て欲しい。ディフェンスのときは、今、自分たちは何をやるのが最も良いことなのかを考えて、その上で行動して欲しい。今年、チームはこのことに多くを費やさねばならなかった。1990年から、優勝しているチームは背が高くてパワーがあるというのではなく、速い展開を得意とするチームなのである。UNLV、デューク、アーカーソー、そしてアリゾナ。これらが勝ったチームである。走ることができ、イージーシュートのチャンスを作る。相手にはイージーシュートを打たせない。特に3ポイントシュートである。3ポイントシュートは必ず守らなければならないのだ。

最初に、ディフェンスのコンディショニングを行なわなければならない。私たちのチームは本当に走れなかった。良いディフェンスをするためには筋肉を鍛えなければならない。トレーニングの中にこれを組み入れること。プレー中は常に膝を曲げなければならない。膝を曲げないでエンドラインからエンドラインまでを3回走らせてみる。膝を曲げなければバスケットはできないのである。

➔図1　毎日行なっている練習がある。それはジグザグドリルと呼ばれているもので、1対1の練習である。ディフェンスはタオルを握ってスタートする。彼は足を動かさなければならない。ペアになってコートの中央の方向へ向かっていき、図のようにコースを切り返しながら前へ進み得点を取りにいく。ディフェンスはタオルを持っている。自由のきかない手を進んで行くドリブラーに対して外側に出す。これと同じことを逆サイドでも同時に行なう。シュートを打たれたら、タオルを捨ててボールを取りに行く。タオルを持ちながらディフェンスすることで、オフェンスに近づくのを防ぐことができる。足を動かしてディフェンスしなければならない。1日に少なくとも3回は行なう。

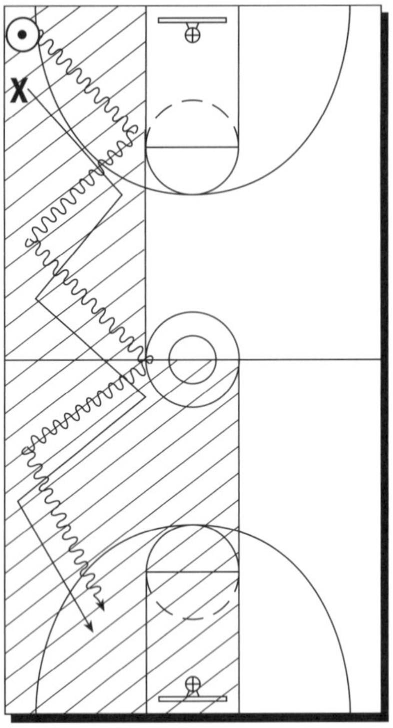

図1

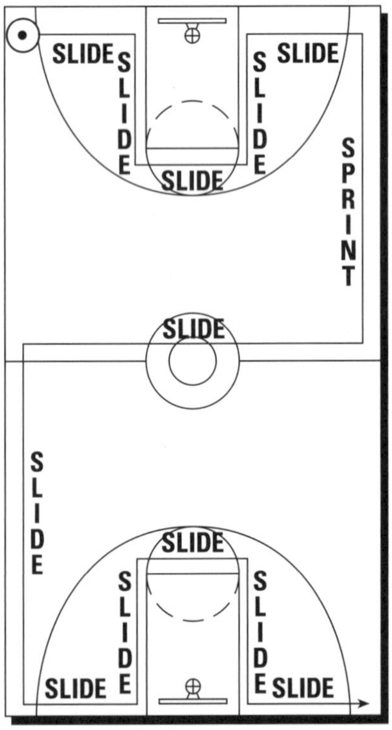

図2

➔図2　コーナーからスタートし、ディフェンススライドを使ってベースラインに沿ってペイントエリアまで行く。ピボットをして方向を変えてフリースローラインまで行き、またピボットして方向を変える。これを繰り返して逆サイドのコーナーまで行く。そこまで行ったらそこからセンターラインまで全力で走りきる。その後センターライン上をスライドし、再びピボットをして方向を変え、スライドステップでベースライン、それから逆サイドのコーナーまで行く。

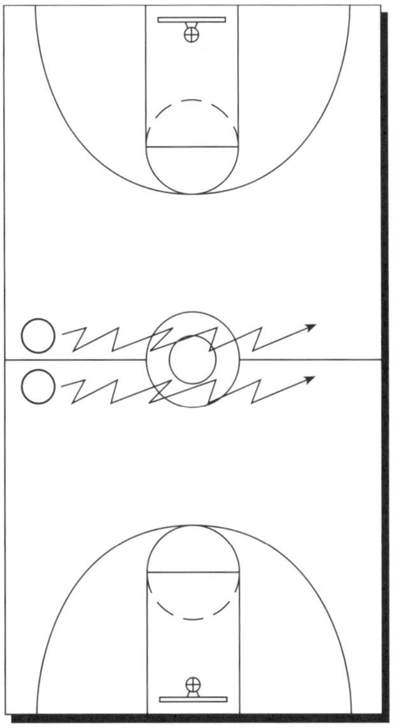

図3

図3　週に何度かミラードリルを行なう。お互い向き合って列になり、コートの長さだけ行なう。オフェンス側が何をやろうともディフェンスはそれに対して鏡のように反応する。スクリメージをやるときに、何も話し合わないチームがあるとしたら私はそれを許さない。そういうチームは必ず負けるからである。チームに話し合うことの重要性を教えることだ。私はこのことを週に一度は教えている。コミュニケーションは非常に重要である。また、チームにチャージングの取り方を教えるといいと思う。これはチャージングされたときにプレーヤーをケガから守ることにもなるし、ぶつかったときの演技力向上にもなる。チャージングは肩より下、つまり胸のラインで受けとめるように教えている。初めのうちはダミーを使って練習する。チャージングを取ることは賞賛されるべきプレーであるが、まずはそのやり方を知らねばならない。すべてのレフリーは、チャージングをコールするのが大好きなのである。

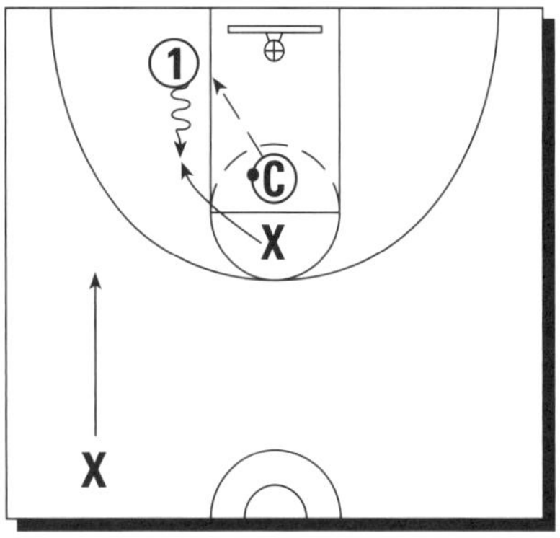

図4

図4　トラップすることは重要である。いつもトラップを狙うつもりはないが、時には行なう。コーチはこれを教えておかねばならない。これは1対2でやる練習である。コーチは＃1にパスをする。1人のディフェンスはフリースローラインの中央に位置する。もう1人はハーフライン辺りにいる。ボールを取って得点するぐらいの気持ちでディフェンスする。どちらのディフェンダーがボールを取ったとしてもオフェンスに切り替わる。トラップをするときは、手を使わずに体で止める。ボールを持っているプレーヤーがドリブルを始めて、ボールが彼の胸よりも下に下がるまではボールを取りに行かない。そのかわり、相手のバランスを崩すこと。これが重要なことである。コーチは重要性を示さなければならない。メディアがそれをやってくれないからだ。私たちは毎日プレーヤーのデータをとっている。チームでビデオを持っているのならば、練習でもそれを使うとよい。うちのチームでは使っている。すべてのスクリメージをビデオに撮り、データを取るのだ。たとえばシュート率など。

相手のやりたいことをやらせないのが最高のディフェンスだと言える。そしてそれは練習によって確実に向上していくものである。個人のフットワーク練習をゼロから続けざまに10分間行ない、自分のできるすべてのことをやる。学生たちにはアグレッシブなディフェンスをするように教えている。ボールを守っていて、抜かれそうになったらヘルプに来てもらうこと。しかし、ファウルはしないように。私はどこでもサイドに追い込むようにしている。そしてベースラインへ行かせて、ヘルプと一緒に挟み撃ちにしたい。最近の選手はとても優れているので、ミドルラインに行かれたら必ずやディフェンスのバランスは崩されてしまう。私たちは5人のオフェンスに対して4人のディフェンスで守るという練習をしている。

5対4での10分間ゲーム。4人のチームには10点を初めから与えておく。4人のチームのディフェンスはすべてのパスに対して必ず動かなければならない。反応してポジションを変え、ヘルプに行き、ローテーションする。誰が誰をマークしているのかは気にしなくてよい。5人のチームがシュートを決めたら、それは1点とするが、再度5人チームのスローインから始める。4人チームがボールを奪いシュートを決めたら、通常通り2点もしくは3ポイントを与える。この練習をすることで、声で連絡し、ローテーションができるようになる。

あなたのチームがディフェンスで、相手のシューターを押さえなければならない場合がある。試合においてこのような状況になった場合、するべきことはリバウンドを取って速攻を出すことである。練習では10秒間でこの練習を行なう。私はこの状況をコーチすることが大好きなのだ。なぜなら、ディフェンスを変えていくことで、ディフェンスのレベルアップが期待できるからである。特別な状況のための練習をいくつかやっておくこと。何をするべきかを知り、どんな時でも自分の哲学を変えないこと。

Transition Basketball
トランジション バスケットボール

どんなときでもシュートが入れば得点になる。簡単なシュートを打てそうなプレーヤーがいるなら、ハーフコートで攻めるのではなく、速攻を出すチャンスなのである。これがトランジションゲームの大原則となる。最初に狙った速攻がうまくいかなかったら、そこで初めてセカンダリーブレイクに入る。プレーヤーがどのポジションについたら最もうまくいくのかを考えて、コーチが速攻を作り出すべきだ。

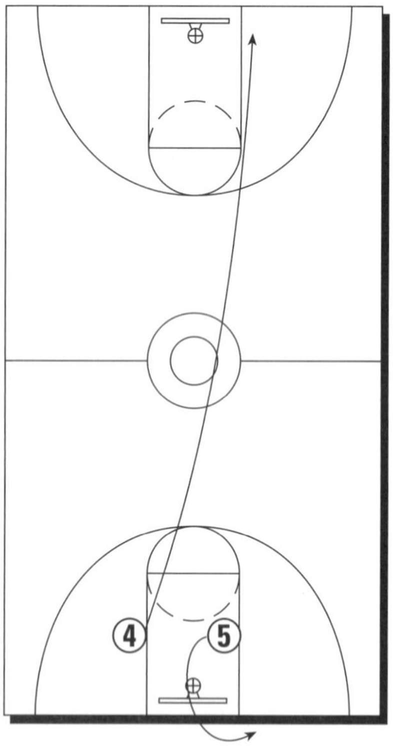

図1

→図1　#4か#5はどちらでもよい。ボールに近いほうがスローインをする。#4は走ることによってディフェンスを広げ、ディフェンスの裏まで行き、できるのであれば、ほとんどのスローインプレーにおいてベースラインまで走ってもらいたい。

→図2　もしチームに左利きでパスのうまい選手がいたら、彼にはスローインの時はチェストパスをするように教えよう。私はベースボールパスが大好きである。ボールを取ったらすぐに踏み込んでベースボールパスを送る。そして、サイドライン沿いでガードがボールをキャッチする。素早くスローインすることを教えよう。

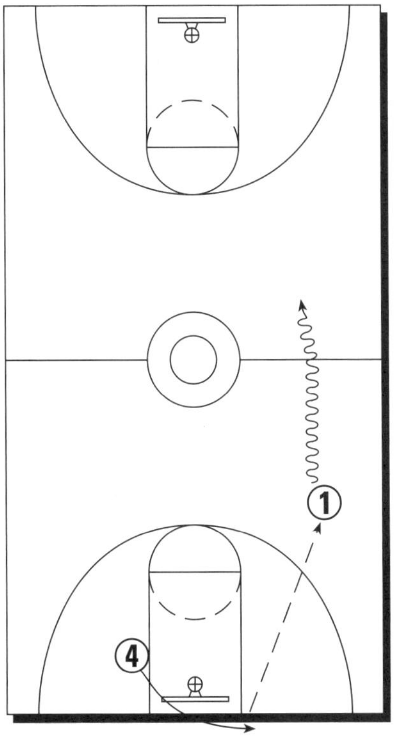

図2

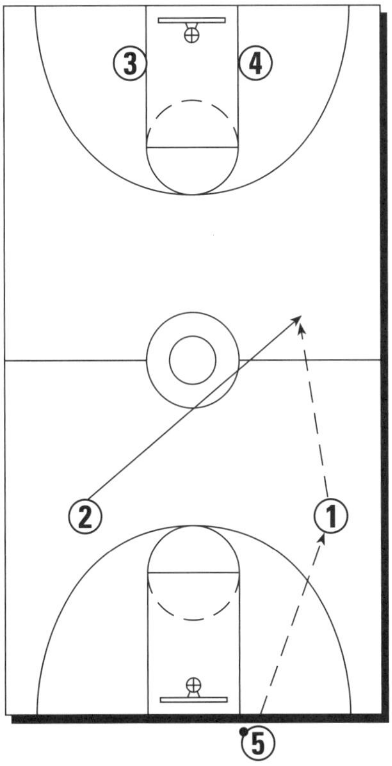

図3

図3　＃1があまりドリブルのうまくないプレーヤーであれば、＃2がコートを横切って＃1からのパスを受ける。その際に＃3はベースライン沿いに位置し、しばらくポストにポジションをとる。

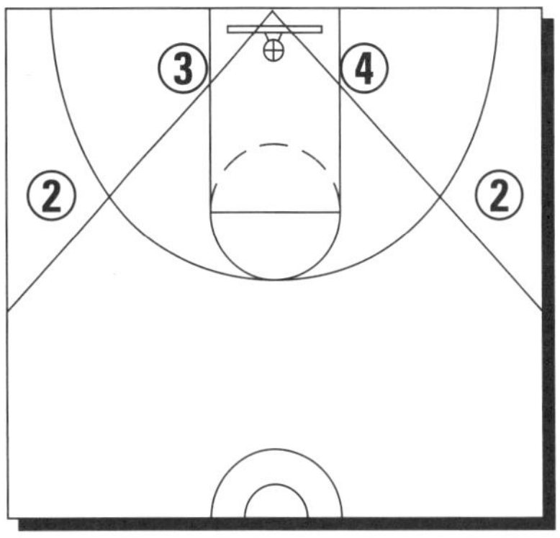

図4

図4　左右どちらのサイドでもいいが、＃2はベースラインに対して約45度の所まで行く。こうすることで、コートの中央に大きな穴を作る。

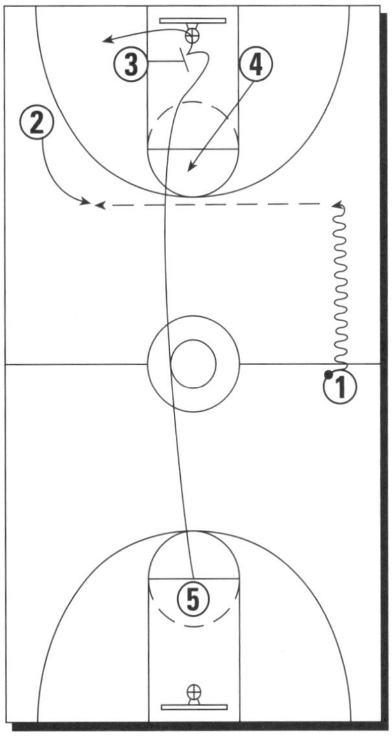

図5

図5　＃2が左サイドにいるとすると、＃1は右の45度までボールを運ぶことになる。＃5は後ろから全体を追いかける。＃1は＃5にパスし、＃2へとつなぐ。＃5は＃4と入れ替わる。このとき、＃5は＃3のスクリーンを使い、ボールサイドに行く。

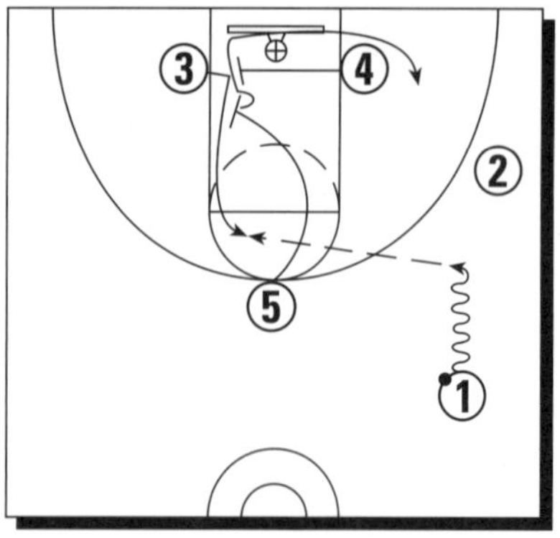

図6

図6　次は＃2がボールと同じサイドにいる場合。＃1は＃2にパスをしない。＃5は＃3にダウンスクリーンをし、＃3はフラッシュしてハイポストに上がる。＃4は＃5にクロススクリーンをする。＃1は＃3にパスをする。もしくは、＃2にパスをしてから＃3につないでもよい。

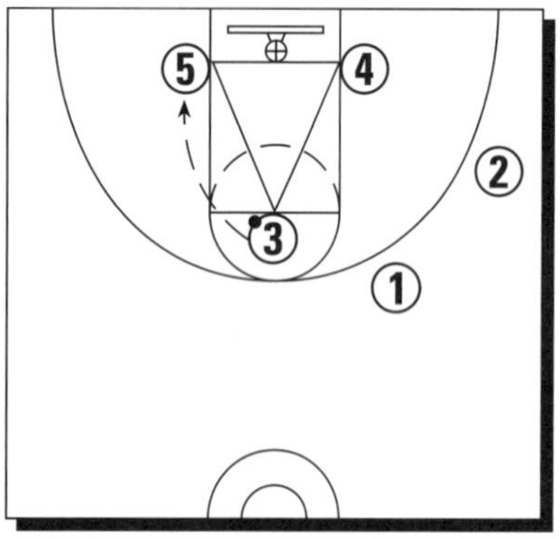

図7

図7　＃3、＃4、＃5でこのようなトライアングルをセットする。

図8　＃3は＃5にパスする。＃5はシュートが可能ならしてもよい。＃4はバックスクリーンをセットし、それを使って＃3はゴールのほうに向かう。

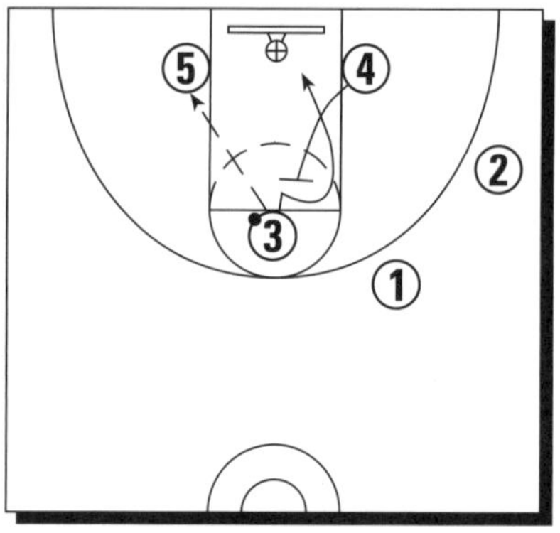

図8

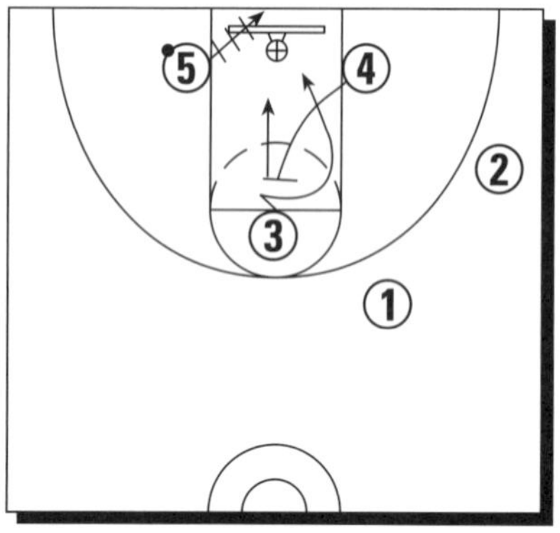

図9

図9　＃5がバックボードを使ってシュートを打つ。このとき、＃3はリバウンドに入ることができる。

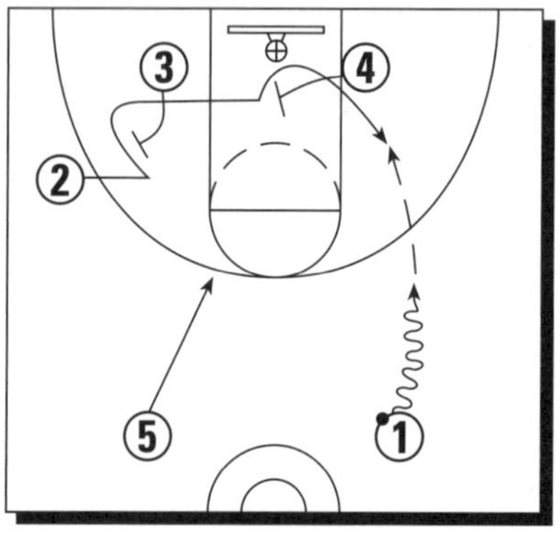

図10

図10　＃2が左サイドで、＃1がボールを持って右サイドにいるとき、＃2は＃4と＃5のバックスクリーンを使って逆サイドに行く。そして＃1からのパスを受ける。

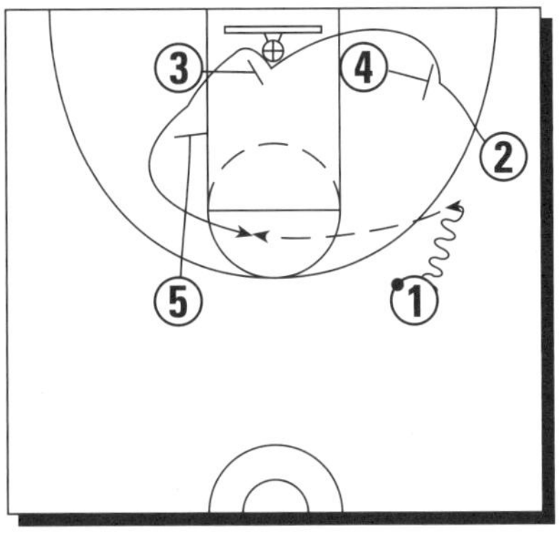

図11

図11　もし＃2がボールと同じサイドにいたら、＃2のためにスタガースクリーンをセットする。そこに＃1はパスをして、＃2はシュートを狙う。

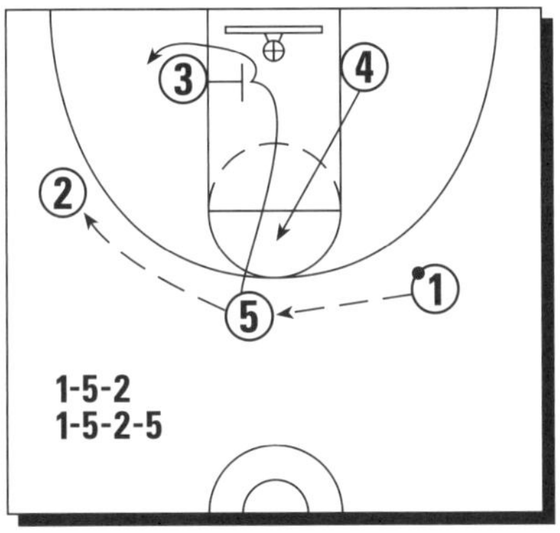

図12

図12　これはボールが＃1、＃5、＃2とつながった場合のオプションである。＃5と＃4は入れ替わるのだが、この際に＃3がスクリーンをして＃5はボールサイドに行く。そして＃4はハイポストにフラッシュする。

図13　もし＃2が＃5にパスできなかったら、トップにいる＃4が＃2にボールスクリーンをするか、もしくは＃1にスクリーンをする。ボールスクリーンならば、＃4と＃2でのピックアンドロールということになる。

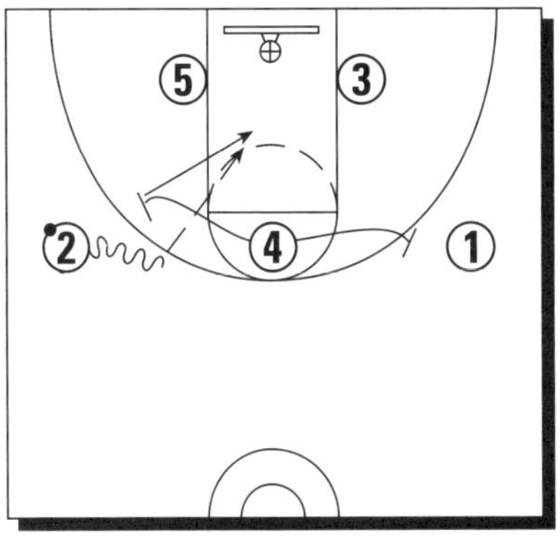

図13

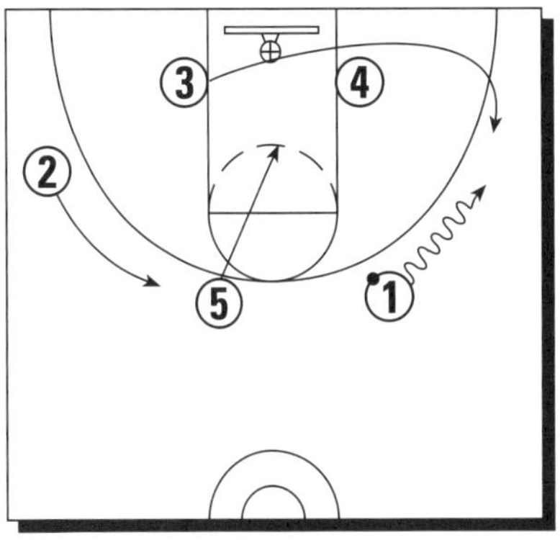

図14

図14　ゾーンに対してのオフェンス。とは言っても、普通のポジションに並べる。＃3が＃2の逆サイドに行く。＃5はトレイル。もし＃1が＃4にパスをしたら、＃5はミドルに飛び込んでくる。＃1が＃4にパスできなければ、＃4の後に来る＃2にパスをする。私はゾーンに対するオフェンスが好きである。早くポジションにつかせるようにして、ゾーンの裏へと動くようにする。そうすればリバウンドを取るチャンスが生まれてくる。

図15　これはプレスに対するトランジションである。＃1はフリースローラインに位置し、＃5がボール出しをする。＃3は前に向かって走り、＃1はサイドライン沿いをドリブルする。＃4がボールに向かった場合は、＃2がミドルに入るように走るコースを変える。＃5が＃1にパスをしたら、＃2は曲がってミドルに行くことなく、ひたすら前へ走る。

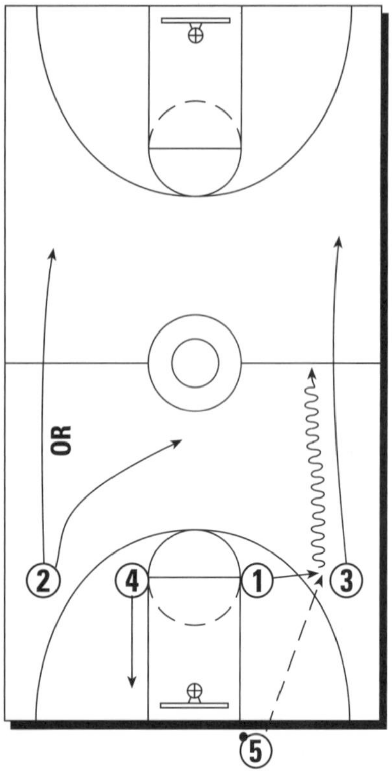

図15

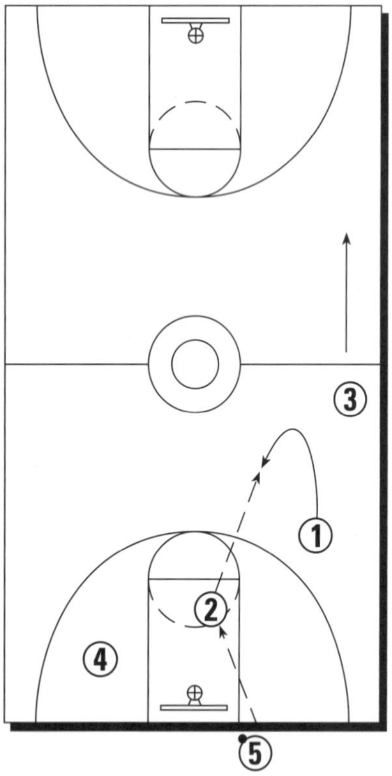

図16

図16　もし#1がガードされていたら、#5は#2にパスをする。#1は前に走ってから、ボールを受けに戻って来る。このとき、#3は走る。プレスに対しては、走ってその場を去り、再び戻って来ることである。私は、プレスに対して最悪の攻め方はボールをもらおうとして、駄目でもそのまま走り切ってしまうことだと思う。

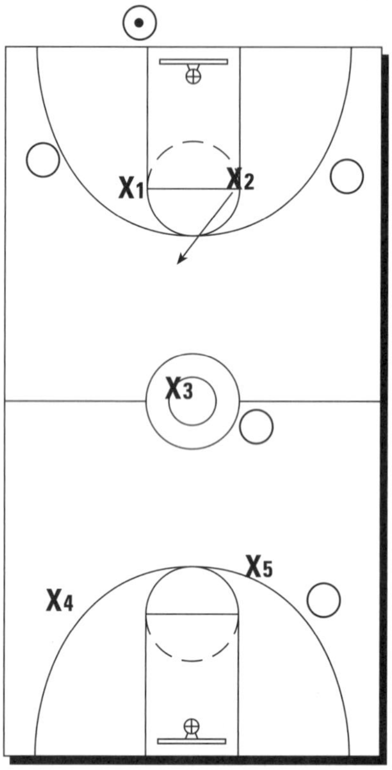

図17

図17　私たちはプレスをやる際、いくつかのポイントを置いている。このことはマンツーマンでもマッチアップゾーンでも同じである。私が最も好きなものは2-1-2のマッチアップである。X1、X2、X3は誰がどこをやってもよい。もし相手チームがドリブルを得意とするのであれば、パスをさせるように仕向ける。パスが得意であれば、ドリブルをさせるのである。相手がスローインする前にマッチアップを済ませる。ボールが入って来たと同時にマンツーマンを始める。ボールがセンターラインを越えるまでにトラップを仕掛けたい。

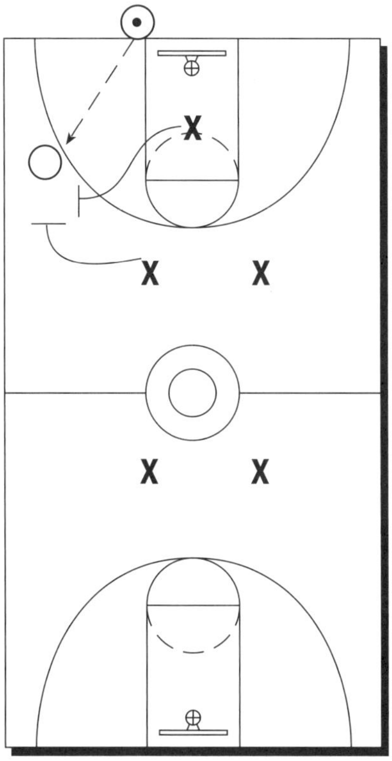

図18

図18　もし相手チームがドリブルを得意とするのであれば、直ちにトラップにいきたい。そのため2-1-2をセットする代わりに、1-2-2をセットする。私たちの狙いはドリブルの得意なプレーヤーにボールを持たせないことである。相手の嫌がるプレーをしたいのだ。

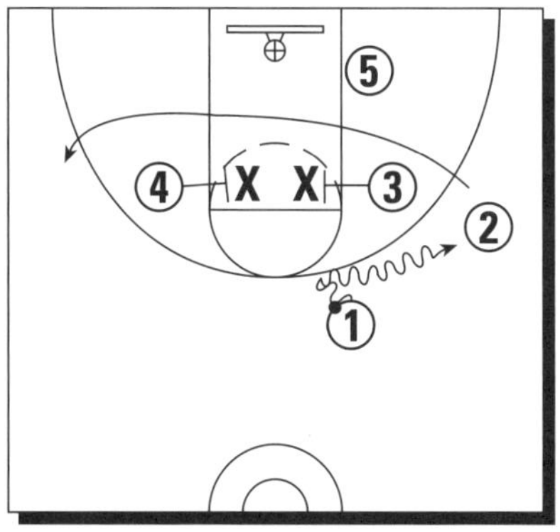

図19

図19　チームではこれをゾーンオフェンスとして使っている。＃5がゾーンの裏にいる。＃3と＃4がエルボーにいて、＃2がカットをするプレーヤーとなる。＃1はトップとウイングの真ん中辺りに位置する。＃3か＃4でボールスクリーンをかけたい。＃1が＃3か＃4のスクリーンを使ってドリブルをする。＃1が＃4から遠いほうへドリブルしたら、＃4は外に出る。

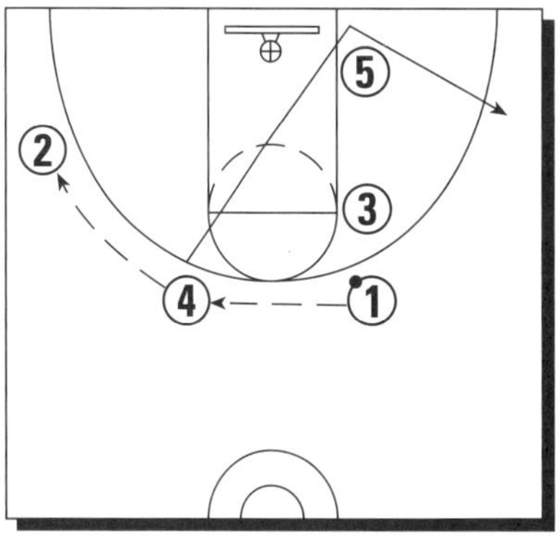

図20

図20　＃1が＃4にパスし、＃4は＃2につなぐ。もし＃3か＃4が外に出てボールをつないだら、パッサーはゾーンの中に飛び込んで行き、逆サイドに行く。こうするとミドルには1人しかいなくなる。もし＃3が出てパスを受けるのなら、彼がいるミドルエリアは空いていることになるし、それから＃5も入って来られる。ゾーンを広げること。そして、誰かがゾーンの裏を取ること。

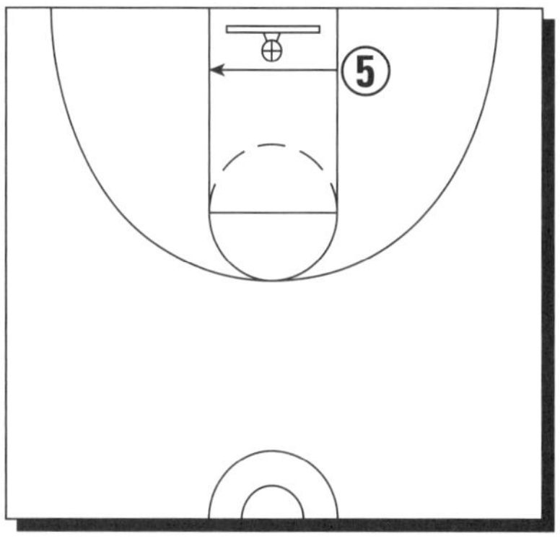

図21

図21　＃5は必ずサイドからサイドへと動かねばならない。パターンとしてではないが、オフェンスのルールの1つなのである。この動きはゾーンにとって、とてもよいスクリーンになる。

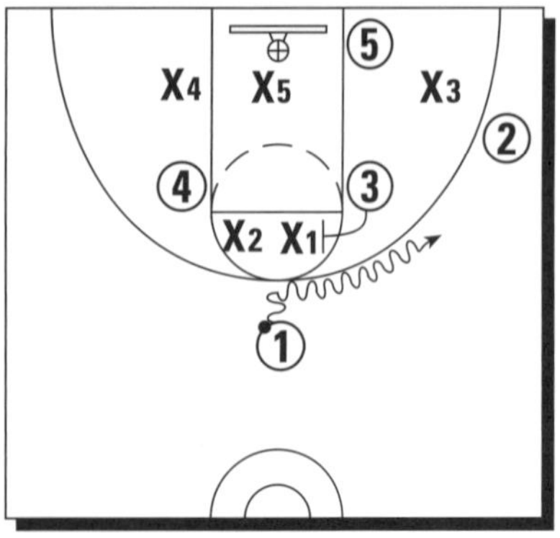

図22

図22　2-3のゾーンに対するオフェンス。＃1がボールを持っている。ディフェンス2人に対して、＃1、＃3、＃4と3人をトップに並べる。＃3がボールスクリーンをして＃1が広がる。こうすると、X3に負担がかかる。彼はボールを守るために＃1へと向かうか、それとも＃2を守るためにそのままでいるかの選択を迫られるわけだ。ボールスクリーンはゾーンに対して、とても有効なのだ。

リバウンドについて。練習でよく行なうのだが、普通のゴールは1点として、オフェンスリバウンドを取ってのシュートは2点とする5対5がある。プレーヤーにリバウンドとはどういうものかを教えよう。

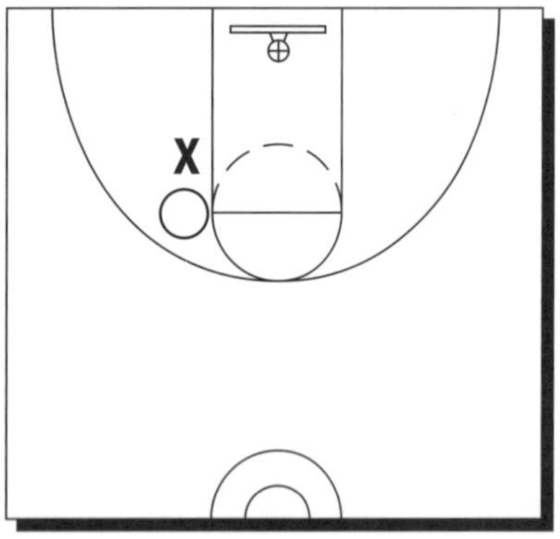

図23

図23　もし相手チームにオフェンスリバウンドをよく取るプレーヤーがいるのであれば、彼にはべったりとフェイスガードをしてブロックアウトをするようにせよ。大切なことはディフェンスリバウンドを取ることではなくて、相手にオフェンスリバウンドを取られないことである。私はプレーヤーにそう教えている。

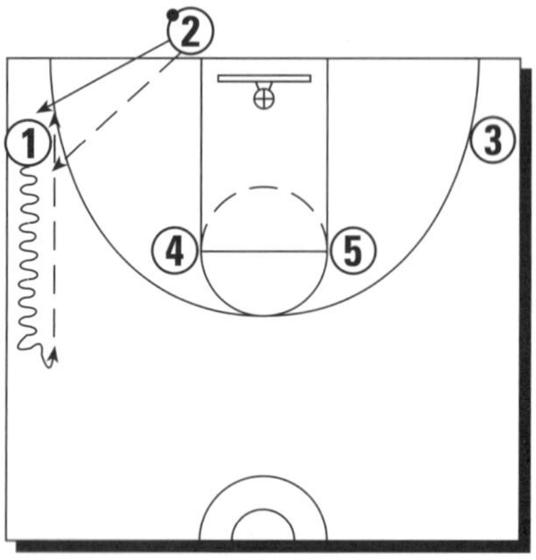

図24

図24　ゾーンに対するスローインプレー。私が好きなのは、シューターにスローインをさせることだ。ポイントガードをコーナーに置く。＃2は＃1にパスをして、＃1は強いドリブルでサイドライン際を上がる。そうして空いたコーナーに＃2が行く。＃1は＃2にパスをしてシュートさせる。

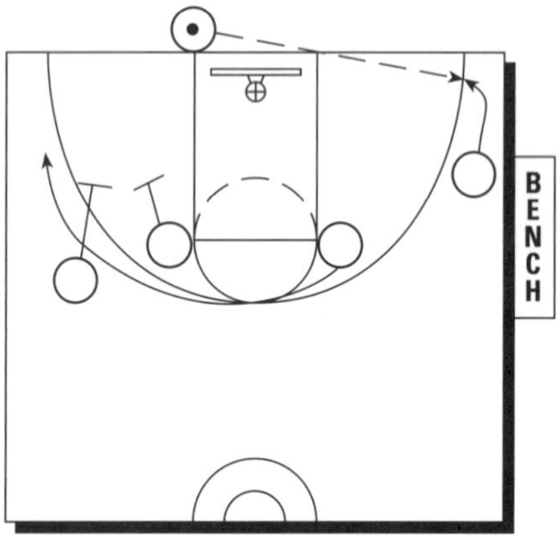

図25

図25　タイムアウト後の攻め方。プレーヤーがフロアに戻ったら、シューターはベンチのそばにいる。ボールが手渡されたら、シューターはコーナーに行きシュートを打つ。

DAWSON PIKEY

ドーソン・ピキー

Philosophy of Rebounding
リバウンドの哲学

一般的なリバウンドについて本に書いてあるような事柄を述べるつもりはないが、必ずあなたたちにとって役に立つことを伝えていくつもりである。

私のチームには大きなプレーヤーや、背の高いプレーヤーはいなかった。一度だけ195cmのプレーヤーを教えたことがあったが、私がコーチをしてきた20年間の中で、私たちよりも小さかったチームはおそらく4、5チームしかなかったと思う。だから、大きな相手をどのようにしてボックスアウトするかが問題であった。そこで私はゲームを分析し、研究を始めた。皆さんは、どのようにリバウンドを教えているだろうか。私はこれまで、リバウンドに対する態度を教えることや、リバウンドを体に染み込ませることに多くの時間を費やさなかった。しかし、これらのことが重要だったのである。

NCAAの調査によると、リバウンドを多く取ったチームの80%がゲームに勝っているらしい。これは、フリースローの確率や、シュート確率が良いチームよりも高い勝率をあげていることになる。プレーヤーにリバウンドを覚えこませて、その考え方を身につけさせたかったら、コーチがリバウンドについて非常に強調することである。

ディフェンス、オフェンス、速攻、ファンダメンタルなどの練習に対して、リバウンドの練習にはどのくらいの時間を割くべきであろうか。おそらく、ほとんどのコーチがこのような視点から練習時間については考えていないが、練習をしなければ当然良いリバウンダーを育てることはできない。リバウンドに関する練習はたった3つか4つしか持っていないのではないだろうか。常日頃の練習でリバウンドを体に染み込ませて、試合になったら相手が大きいからボックスアウトすることが大切だとプレーヤーに伝えているだろうか。つまり、リバウンドの重要性を覚えさせることに時間をほとんど割いていないコーチが実に多いのだ。リバウンドを覚えこませようではないか。

私が高校生だった頃、私のコーチは私に得点するチャンスを与えてくれなかった。けれども私はプレーした。大学の時は、チームメートは私に決してパスをくれなかったが、私はリバウンドのためにプレーした。決勝戦の試合がビデオに残っていて、私は最後の10分間プレーしていたのだが、一度もパスは回ってこなかった。でも私は6得点をあげた。つまり、オフェンスリバウンドをとってシュートを決めたのである。高校時代や大学時代に私が取った得点は、ほとんどがオフェンスリバウンドによるものである。

ではこれからリバウンドについての、コーチに役立つ事柄を述べていこうと思う。

Attitude
態度・心構え

リバウンドの準備をするという心構えを養うことは、良いリバウンダーになるためにとても大切な要素である。体の大きさも重要なことは確かだが、それがすべてではない。相手をボックスアウトする、または身体的に接触するには、それに対する心構えを持って行なわなければならない。リバウンドとは、取ることが大事なのではなく、相手に取らせないことが大事なのである。優れたリバウンダーになるには、リバウンドに対して精神的にも身体的にも準備ができていなければならない。体が小さいプレーヤーであればなおさらである。

Assume All Shots Will Be Missed
すべてのシュートは落ちると思え

この言葉はプレーヤーの心の中に在り続けてほしい。とても重要であり、コーチング以前のものである。このことは毎日練習のたびに強調し続けるべきである。ディフェンスリバウンドに限らず、オフェンスリバウンドに関してもこのことが言える。早めに、そして常に強調し続けること。練習において習慣づけをさせよう。

Size Up Your Opponents
相手のプレーヤーのほうが大きい場合

あるプレーヤーが体の大きさ、クイックネス、ジャンプ力などで劣っているのならば、コーチは彼にいろいろな策を与えて、助けなければならない。自分たちと相手チームとをお互い分析して、相手はどのような方法でリバウンドを取りに来るのかを予測しよう。相手チームは5人全員がリバウンドに飛ぶのか。いろいろな方法を持っているのか、それともただ向かうだけなのか。ジャンプはどのくらいできるのか。彼らのシュートはどこに落ちるのか。オフェンスリバウンドをとってからはどれくらい得点しているのか。ボックスアウトは上手なのか。これらの事柄が結局はチームのプレーヤーを助けることになる。

Teach Angles, Distance, And Height of Each Shot
シュートの角度、距離、高さを教える

良いリバウンダーになるためには、シュートされたボールがどこに落ちるのかを予測できるようにならなければならない。シュートが打たれた距離やそのボールの軌道、そしてリングに対しての角度などに気づかなければならない。リングから遠ければ遠いほど、リバウンドは遠くに跳ね返り、近ければ近いほど、近くに落ちてくる。

低い弧を描くシュートはたいてい同じサイドに返ってくる。高い弧であれば普通は逆サイドに落ちるものである。また、シュートの角度もボールがどこに落ちるかを予測するのに大切な要素となる。約45度の角度から放ったシュートはだいたい逆サイドの同じぐらいの角度（つまり約45度）の所に落ちてくる。ベースライン沿いからのシュートは逆サイドのベースライン沿いに落ちる。これらのことはシュート練習によって調べていかねばならない。覚えておいてほしいのは、シュートの弧の高さやリングからの距離が重要だということである。この考え方はプレーヤーがリバウンドボールを予測するために大いに役立つであろう。

Teach Positioning
ポジションどりを教える

シュートが打たれたら、ディフェンスリバウンダーはビジュアルコンタクト（視覚による接触）で自分のマークする相手がどこにいるのかを見つけなければいけない。一度ビジュアルコンタクトをしたら、次の段階はフィジカルコンタクト（身体的な接触）である。リバウンドに関する本はたくさんあり、それぞれいろいろなボックスアウトの方法が書かれている。テクニック以前の問題として、自分の相手にリバウンドを取らせないことを心がけてほしい。コンタクトをして、それを続ける。このことが大事であり、忘れてはいけないのだ。あなた自身がリバウンドを取ることはそれほど重要ではなく、あなたの相手にリバウンドを取らせないことのほうが重要だ。ピボットの使い方は、リバースターンでもフロントターンでもよい。しかし、相手が自分よりも大きく力強いプレーヤーで、どちらのピボットを使ってもうまくいかない場合は、彼の正面に向かってボックスアウトするととても有効である。

Develop Drills That Are Competitive
質の高い練習は競争的に

リバウンドを教えるときは、質の高い練習を競争的にやらせて、リバウンドに関する様々なテクニックを教えていくとよい。このことはオフェンスリバウンドでもディフェンスリバウンドでも同じである。基本的にはピボットを使ってボックスアウトをするのだが、違ったことを教えようとするのであれば、タップなどがあげられる。タップするためには高くジャンプしつつ、相手のビッグマンからボールを遠ざけるようにする。質の高い練習をするためには、プレーヤーのサイズにこだわらず、色々な体の大きさの中で練習させることである。

When Developing Drills, Include Strongside And Weakside Techniques
ストロングサイドとウィークサイドの違いに関する練習

　多くの練習方法は1対1で行なわれる。重要なことは、すべてのエリアが含まれているかどうかである。ボックスアウトをするのに最も厳しい状況は、ディフェンスすべきポジションと自分のマークマンが離れている時だ。ビジュアルコンタクトを強調するのは大切であるが、シュートが打たれたらディフェンスリバウンダーはボディコンタクトをするために自分のマークマンの所へ向かわなければならない。多くのプレーヤーはただ走ってボールを追いかけるだけである。そうではなくて、コンタクトによって相手をペイントエリアの外に締め出さなければならない。ペイントエリアの中に入られると、自分が相手よりも小さい場合は特に、リバウンドを取られないようにすることはとても難しくなってくるのだ。

Teach The Power-Out Dribble
パワードリブルを教えよ

　リバウンドを取ったプレーヤーは次に何をしたらよいのか。多くのコーチはピボットを踏んで、アウトレットパスをさばけと教えるだろう。これは重要なことなのだが、小さなプレーヤーにとってはパワードリブルを教えると、密集の中をうまく抜け出せるということが分かった。テクニックを教えるときに、力強くラインに沿って抜け出すように強調すること。このドリブルの狙いとしては、ボールを密集の中から外に出して、速攻のチャンスを生み出すことである。相手にオフェンスリバウンドをやられないための一つの方法として、早くボールを出し速攻につなげるというものがある。

Don't Overlook Offensive Rebounding
オフェンスリバウンドを軽視するな

「リバウンドを教える際に、オフェンスリバウンドはしばしば軽視されることがある」。この言葉は必ずあなたに影響力をもたらすだろう。これはシュートを外した後のリバウンドのことであり、2回目もしくは3回目のシュートチャンスを得ることになる。多くの状況において、リバウンドというのは1回で結果が出るものではない。流れによってまたリバウンドを取れるかもしれない。このような能力はタップの練習や、繰り返しジャンプの練習をすることによって得られるものである。オフェンスリバウンドを教えるときには、ディフェンスを見てどこが空いているのか、またどのようにその空間に飛びこむかを教えよう。ゴールに向かうときは、フェイクをして方向を変えるようにさせよう。コンタクトをされたら、方向を変えたりロールしたりしてディフェンスプレーヤーの周りを360度回転すること。もしも動けるようであれば、ベースラインには行かずにミドルへ入るようにすること。リバウンドをしっかりと取るまでは、ディフェンスの後ろで良いポジションを取り続けなければならない。ベースラインの方向に行くことによって、オフェンスのプレーヤーはディフェンスから遠ざかることになってしまい、不利な状況に陥る。

以下のことを常に強調しつづけよ。

1. リバウンドを多く取ったチームがゲームに勝つ。
2. シュートを多く打ったほうがゲームに勝つ。
3. セカンドチャンスのシュートが多いほうがゲームに勝つ。
4. フリースローの確率が高いほうがゲームに勝つ。
5. フィールドでのシュート確率が高いほうがゲームに勝つ。

　もし、この中で一つだけ成し遂げようとするならば、最初のものを確実にすることだ。

→図1　リバウンドをしっかりとつかむことは教えていない。外側へチップするように教えている。後ろにチップするのではなく、ゴールの外側へチップするのである。コートの上のほうにいる2人のガードにボールを受けるように言ってきた。ガードは私たちが何をやりたいのかを知っているからである。1人がチップされたボールを受けたら、もう1人はディフェンスのバランスをとるために後ろへ下がる。

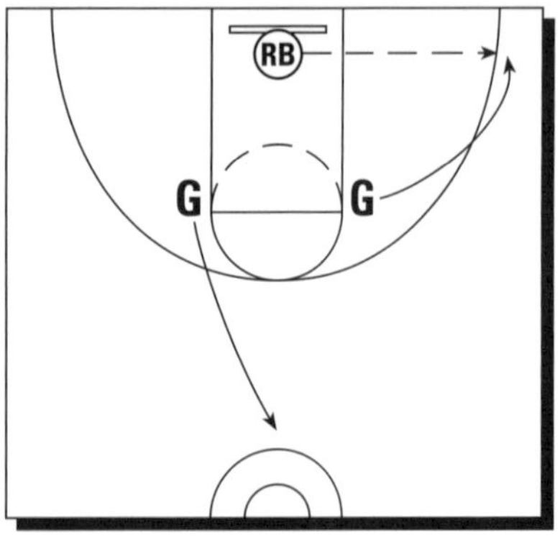

図1

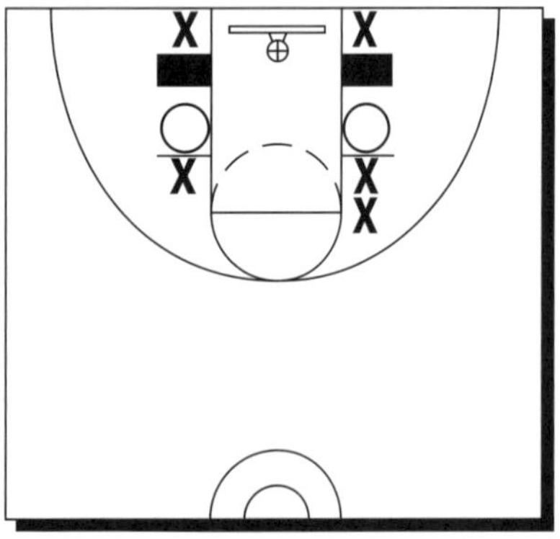

図2

図2　フリースローにおけるオフェンスリバウンド。これをどのように教えているだろうか。ほとんどの場合が、リバウンドを取るようにとは言わずに、ただプレーヤーをレーンに並べているだけではないだろうか。彼らはどこに並べばいいのか。私はプレーヤーにできる限りレーンから離れて、また許す限りバスケットから離れた位置にいてほしい。それからスタンスについても教えているし、オフェンスリバウンドを取るためにできる限りのことをしろと言っている。

これらはディフェンスを避けるということである。遠く離れることにより、ディフェンスはレーン上で良いボディコンタクトができなくなるのだ。それに、ディフェンスプレーヤーとレーンとの間にディフェンスを交わすだけの距離が設けられるのである。そこで、2人のサークルの外にいるオフェンスプレーヤーがフィールドシュートの時と同じ様に動く。すなわち、1人がサイドでチップされたボールを受け、もう1人はディフェンスのバランスを取るために上へ上がるのだ。おそらくゲーム中に2、3回はこのやり方でボールを取ることができるだろう。やってみる価値はあると思う。

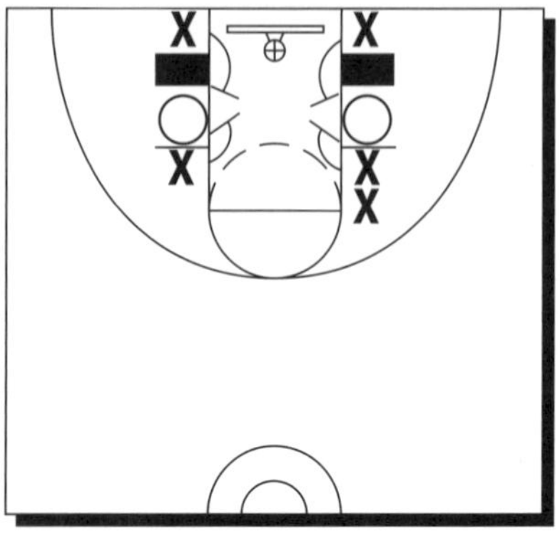

図3

図3　フリースローからのディフェンスリバウンド。リバウンドのときに、ただ単にジャンプしてボールを取るのではなく、さまざまなことができるインサイドのポジション取りについて教えているだろうか。つまりテクニックを教えているか。まず、5人の選手をライン上に配置する。最初の選手は両足をついた状態でボックスにできるだけ近く踏ん張り、ブロックの隣に位置する。シュートが放たれたら、ブロックをまたいで短いチョップステップを行なう。ステップを踏んだときに、必ず相手より前に踏み出すことを教えること。レーンの中に行くのではなく、相手が3秒エリアに入らないように邪魔をするのである。3番目の選手も同様。足が揃った状態で、線のぎりぎりのところまで近づく。彼がすべきことも、リムに近い足でチョップステップを踏むことだ。そして相手選手が前に踏み出せないように邪魔をする。

相手選手の前に一歩踏み出すことで、その選手がレーンの中に入ろうとしても身動きできない場面を何度もビデオで捉えている。ときには相手選手が足を引っ掛けて、顔から倒れこんでいきそうになることもある。別にわざと足を引っ掛けているわけではないのだ。ただ相手より早く、前に踏み出すだけなのである。もし、あなたがこのテクニックを教えていなくて強いチームに負けてばかりであったら、初心に戻ってこのテクニックを試してみることを薦める。ただ練習するのみである。あるコーチは「とにかくボールを取りに行け」とだけ言うが、175cmの選手が190cmの選手を相手にしていたら、これはとても難しいことだ。私のチームの選手には、100%ボールを取れないと分かったら、自分がガードしている選手の前に立ちはだかってブロックをすべきだ、と教えている。ハンズアップをしてオフェンスの選手の前に踏み出すのである。私は、リバウンドを取ろうが取るまいが関係ない、と選手たちに言う。自分がガードしている選手にリバウンドを取らせないことが必要なのだ。相手選手の正面に立ち、ハンズアップをし、膝を曲げる。そして自分たちのポイントガードがリバウンドを取れるようにする。センターとフォワードが相手の正面に立ってブロックをし、ポイントガードがリバウンドを取る。格好よくはないが、とにかくリバウンドを多く取ったチームが勝つのだ。練習することでこれを身につけるべきである。

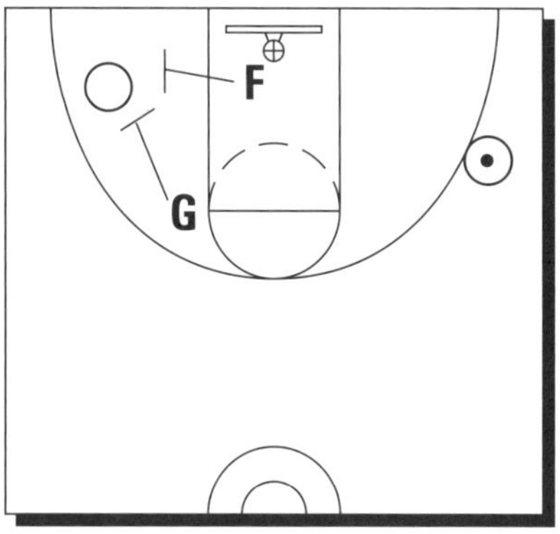

図4

図4　大きい選手に対し、ダブルチームも多用する。ポイントガードを下げて、ウィークサイドでフォワードと一緒にダブルチームをさせる。シュートが反対から放たれたときに、確率から言えば、リバウンドはウィークサイドに来ることが多いだろう。そこでガードとフォワードの選手がダブルチームを組んで、ボールを取りに行くのである。

練習の最初の日から、いくつかのことを強調すべきだ。私が感嘆していることの一つに、オフェンスに取られるようなロングリバウンドがどれだけ多いかということがある。リバウンドを教えるとき、必ずどこからシュートが来るのかを確認させることだ。スカウティングに際しても、どこからシュートが放たれるのかを考慮に入れるべきである。

図5

図5　シュートがサイドから放たれたのなら、ボールはどこにリバウンドするだろうか。どんなことがリバウンドの方向を左右するだろうか。そのシュートは高い軌跡でシュートされるのか、まっすぐに低く飛んでいくのか。もしシュートが高く上がったら、リバウンドは反対方向に行くことが多いだろう。まっすぐ低いシュートならば、リバウンドは元の場所に戻ってくるだろう。リバウンドの角度はシュートの角度と同じである。もしベースラインからシュートが放たれたら、反対側のベースライン近くに落ちるのだ。

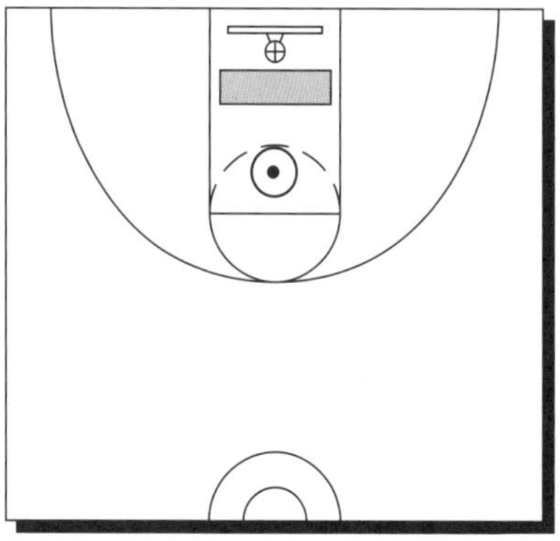

図6

図6　シュートが正前から放たれたら、リバウンドも正面に帰ってくる。

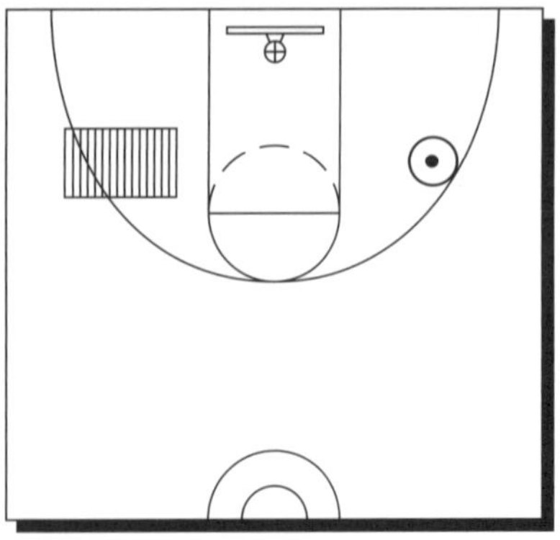

図7

図7　シュートに角度がついていたら、反対側の同じ角度の付近にリバウンドは飛ぶ。だから選手にはシュートがどこから来るのかを見て、リバウンドがどの方向に行くのかを判断させることを教えなければならない。高い軌跡を描くのか、まっすぐに低いシュートなのか、どのくらいの距離からボールが放たれたのか。シュートが遠くから打たれるほど、軌跡の角度にかかわらずリバウンドも遠くに飛ぶ。このことを強調する必要がある。

チップインをどのように教えるか。上達させるためにどんなことをしたらよいだろうか。ときには175cmの選手が190cmの選手に対してチップインをすることもできる。なぜなら両手を挙げてジャンプするよりも、片手でジャンプするほうが高く飛べるからだ。ステーションドリルを行なう際、そのうちの一つとしてチップインのドリルを行なう。重いボールを使って、壁を相手に1分間チップインを行なうのである。右手と左手をそれぞれ30秒づつ行なうこともできる。

図8　次にバックボードを利用したステーションもある。2人の選手がお互いチップをしながらボールをバックボードに跳ね返し合うのである。

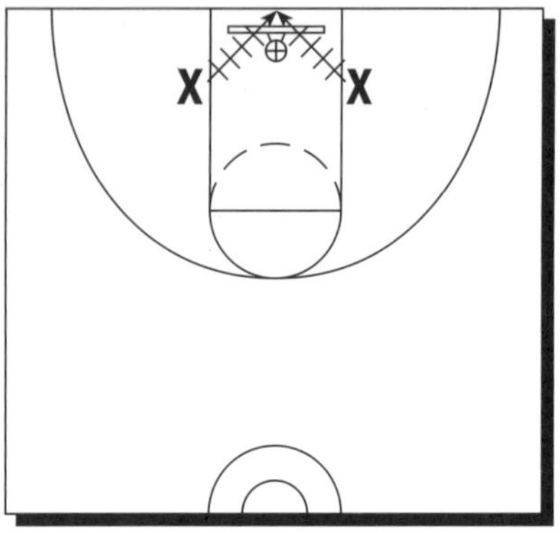

図8

図9

図9　背の高さがそれぞれ違う3人の選手をレーンの中に配置する。コーチはシュートを外して、2対1を行わせる。オフェンスのチップとリバウンドの練習である。チップしてボールを入れてもよいし、リバウンドを取ってもよい。ただし、リバウンドを取ったら、1回戻ってシュートを打つ。ケガをしないようにいくつかのルールを作る。ポジションはローテーションさせる。選手は3回点を取ったら交代する。たとえ、リバウンドを取った選手がガードされていても、一旦戻ってくるように指示しよう。このドリルは、チップとリバウンド、そしてコンタクトしながらのシュートの効果的な練習法だ。

図10　このドリルには有無を言わさぬ力がある。選手たちに攻撃性の重要さを教えるものだ。オフェンスの選手は、1回づつフリースローラインの近くからシュートを打つ。ディフェンスの選手は、3回連続リバウンドを取るまでディフ

ェンスを続ける。ボールがリバウンドしようが、完璧に外れようが、またはシュートが成功してもボールは生きているとみなし、取らなければならない。選手を大きさで分けるようなことはしないので、小さい選手が大きい選手と渡り合うこともある。練習時間を考えるならば、ディフェンスの選手は4～5人までに抑えたほうがよい。

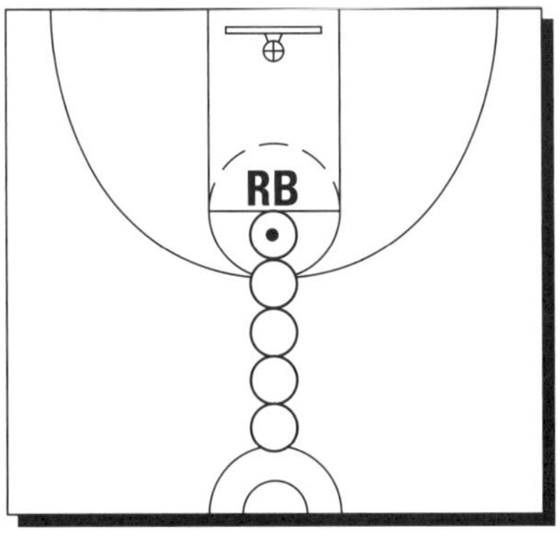

図10

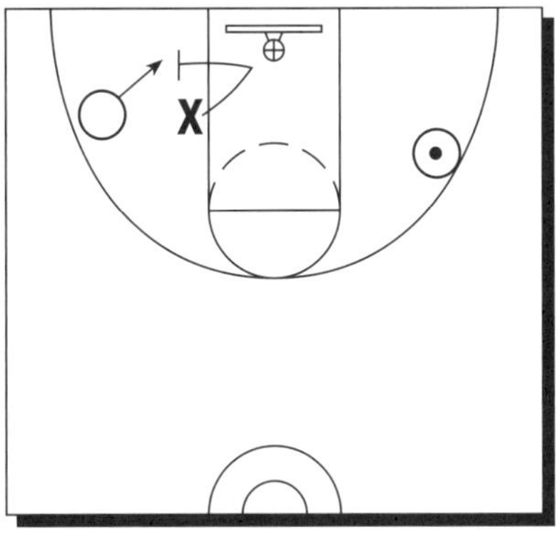

図11

図11　3か所の違う場所からのリバウンドを教えなければならない。ウィークサイドでのブロックアウトが最も難しいだろう。もしボールが反対側にあって、ヘルプサイドでディフェンスをしているなら、シュートが放たれたときに、まず自分のガードする選手を探さねばならない。

このブロックアウトはポストブロックアウトと何か違うだろうか。そう、違う。それではどのように教えればいいだろうか。その違いを教えたほうがいいだろうか。私はプレーヤーに、重要なことは相手をレーンの中に入らせないことだ、と教えている。従って、シュートが放たれたら、必ず戻って自分のガードする選手をブロックしなければならない。フロントもしくはリバースブロックアウトのどちらも使うことができる。通常、オフェンスの選手はまっすぐバスケットに進んで行く。しかし、ディフェンスはその邪魔をするのだ。ほとんどの場合はリバースピボットを使うが、ときにはフロントピボットも使う。重要なのは、リバウンドを取ることではなくて、自分の相手にリバウンドを取らせないことである。

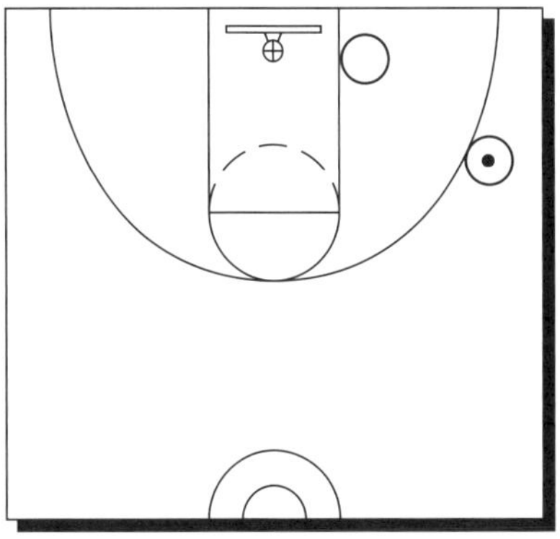

図12

図12　どのようにしてポストをブロックアウトするか。正面に立つのか。もしそうなら、どうやって相手の周りを回ればよいだろうか。3クォーターの間ずっと後ろでプレーするのか。

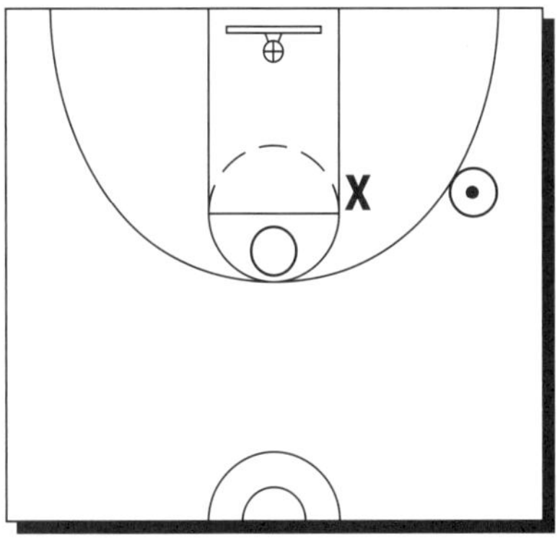

図13

図13　ボールを持っているウイングに対して膝を曲げてガードをしている時、どのようにブロックアウトをしたらよいだろうか。教える側として、コーチはプレーヤーがどのようにブロックアウトをするのかを考えさせるようにし、常にポイントガードがリバウンドを取り

に行くことを教えるべきである。リバウンディングの際に多くの選手は、相手の選手を3秒エリアに入らせてしまうという間違いをおかす。そうなったら問題だ。

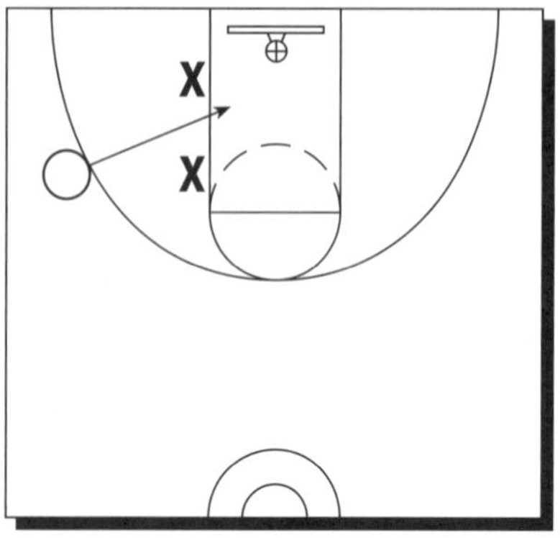

図14

図14 オフェンスでは、ディフェンスをばらばらにして、リバウンドをしようとするディフェンスの選手の間に入ることを教える。また、ベースライン側では決してリバウンドをしない。なぜなら、もしディフェンスがボールを取ったら、ディフェンス側は2人がそこに残ることになり、反対側では5対3の状況が生まれるからだ。

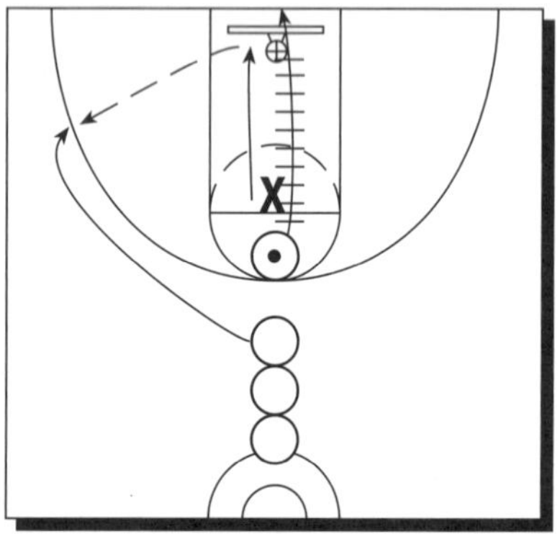

図15

図15 もう一つのドリルを紹介する。シュートが放たれ、リバウンドを取り、その後にアウトレットパスを加える。

図16 シェルドリル4対4。選手たちは4つリバウンドを取るまでディフェンスを続ける。一つミスをしたら1ポイント加えられ、ポイントがゼロになるまで続ける。

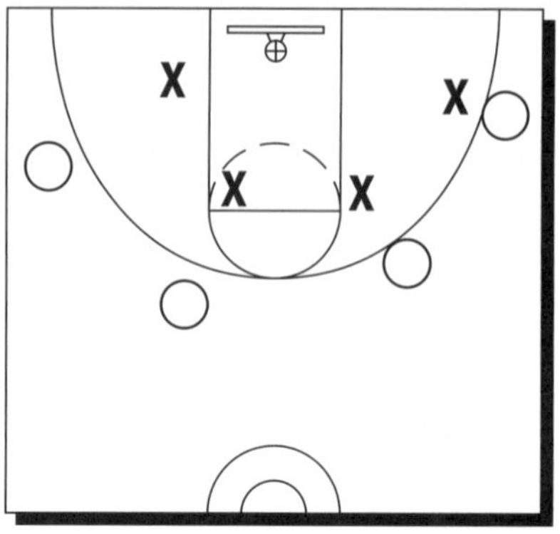

図16

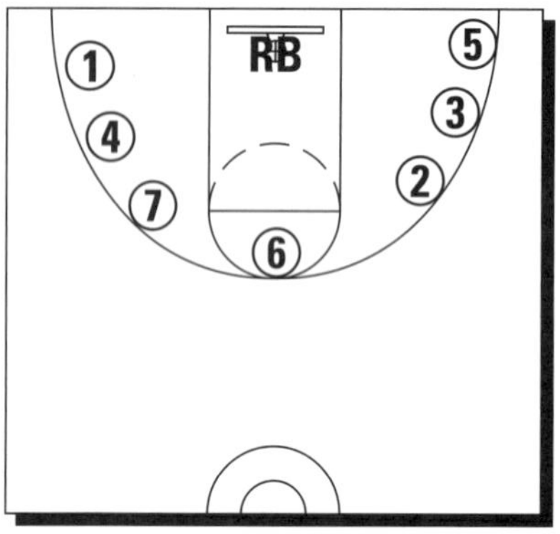

図17

図17 ディフェンスを1人置き、他の選手は3ポイントシュートライン周辺に並び、それぞれに番号をつける。リバウンドする選手は各選手の番号を知らない。しかも番号はランダムにつけられている。コーチが番号を呼び、その番号の選手がバスケットに向かう。ディフェンスの選手は素早くその選手を見つけてブロックするのだ。このドリルのさらに効果的なバリエーションは、2人のディフェンスをおいて、2つの番号を呼ぶこと。同じ側からオフェンスの選手が来ることもあれば、反対側から1人ずつ来ることもある。楽しいドリルだが、ブロックするべき選手を認識して素早く向かうための効果的なドリルでもある。このドリルはボールなしでも、コーチがボールをシュートして行なうこともできる。

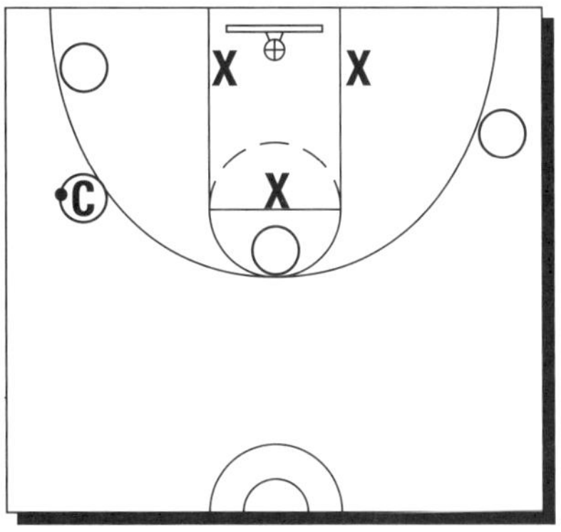

図18

図18　3対3。まずコーチがシュートする。ディフェンスのリバウンドには1点、オフェンスのリバウンドには2点を与える。オフェンスのリバウンドを取ったらシュートが打てる。入ったらまた加点する。

ドリルの本を買うこともできるが、これまで私は、オフェンスもディフェンスもほんの少しのドリルを義理で使ったにすぎない。チームのオフェンスにマッチして、2人か3人でできるドリルをそういった本から使ったにすぎないのだ。それがオフェンスの基本である。リバウンドのドリルにおいても同様。どのようにブロックオフをするか、どのようにボードへ向かっていくか、が身につけられるドリルを指導しなければならない。リバースピボットなどの基本に戻ることもできるが、現実問題として、実際に必要なのは相手にリバウンドを取らせないようにする方法を教えることだ。3秒エリアに相手を絶対に入れさせないことをここで強調したい。大きな選手のリバウンドに対してどのようにダブルチームを組むかを考えること。

図19　シュートが放たれたときに、多くのリバウンドを取るための手助けとなったのが、反対側のガードの選手をゴールまで一気に向かわせることだ。リバウンドを取れる取れないにかかわらず、これを指導している。もし相手チームが同じことをしたらどうしたらよいだろうか。まずは、5人すべてがゴールに向かって行かないようにすることだ。シュートが入ったら、すぐさま1人がオーバーヘッドのパスでレイアップにつなげる。だからリバウンディングで負けていたら、速攻について考えるべきである。

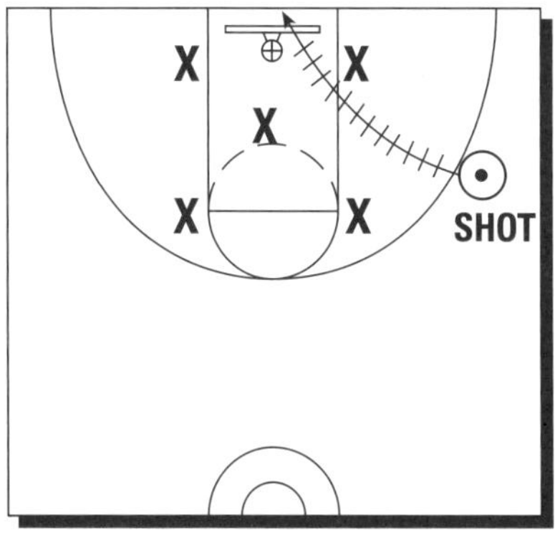

図19

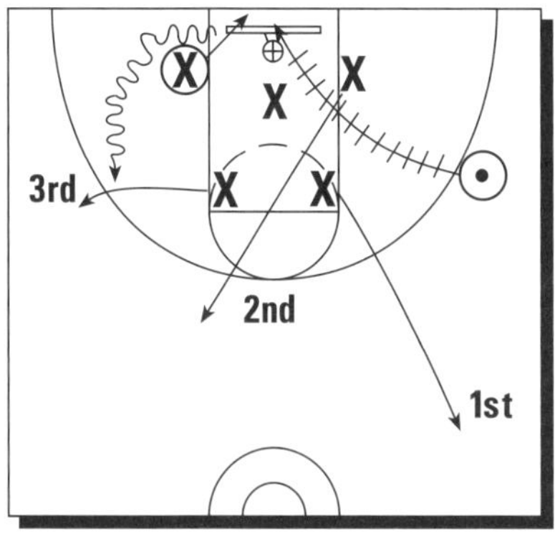

図20

図20　例えば、シュートが右のウイングから来たら、左側でリバウンドを取る。ドリブルは3つ以内に。反対側のガードが前に出て、彼がベースボールパスか両手のオーバーヘッドパスを受け取る最初のオプションになる。反対側のリバウンドを取る選手が真ん中に出て、彼が2番目のオプションになる。もう1人のガードはファウルラインの延長上に当たるサイドラインまで移動する。

図21　3番目のオプションの選手がパスを受けたら、彼はドリブルで進む。ミドルラインからの速攻はしない。私はサイドラインからの速攻が好みだが、それは別の機会に説明することにする。

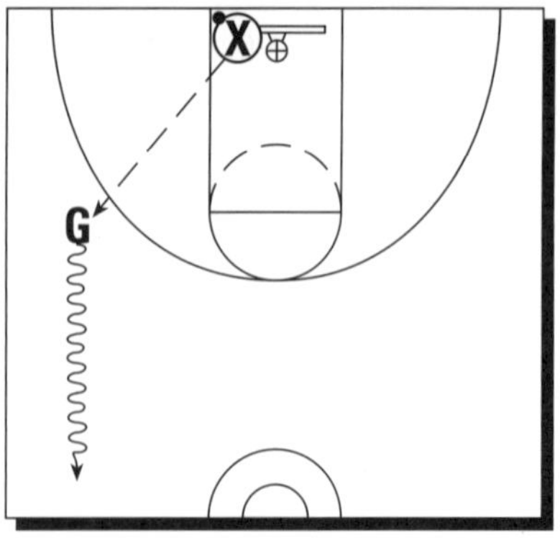

図21

LARRY SHYATT

ラリー・シアット

Defense Wins Games- with Drills- Individual Development
ディフェンスでゲームに勝てる—ディフェンスドリルによる個人の上達

Clichés
きまり文句

ディフェンス：

・壁を作れ
・手は線（ストリング）の上
・手を高く挙げ、トレースしてクローズアウト
・前へ出てスクウィーク、下がってスクウィーク
・ボールをペイントの中に入れるな
・離されるな
・当たって行ってスクリーンを崩せ

ディフェンス/オフェンス：

・すばらしい選手はディフェンスもオフェンスも最高の選手だ
・足先をラインへ向ける
・腰より下へコンタクトする
・相手の根幹を攻撃
・やるべきことは早めにしろ
・自分の番号を見せろ
・時間は戻せない
・銃を取っておまえを撃ちたい

オフェンス：

・スクウィーク、掃くように、そしてすべるように
・パスを通すためにフェイクしろ
・ボールが空中にあったら、ジャンプして追え
・下手なシュートでもターンオーバーよりはまし
・洗練されたシュートは良いシュートである
・パスの方向へVカットして2ステップ…スクウィーク
・スクリーンを使ってボールを受けに行く…ディフェンスをかわせ
・肩を相手の腰より低く
・どんなに強くても強すぎるパスはない。親指は下に、他の指は広げて
・シュートする振りをしてパスをまわせ
・スクリーンでは右手を左側へかぶせる…最後のステップに勝つ
・よく動いて、シュートフェイクをし、スペースを作り出せ
・ボールは速く、力強く、ダイナミックに
・「こっちに回せ」、「ヘルプに入ってくれ」
・カール、フェイド、バック、スリップ
・ペイントの一部分
・引っ張りだしてから攻撃
・一番効率の良い道を取れ
・ボールを高く受け取って、そのまま高く保つ

Defensive Habits
ディフェンスの習慣

いつも、毎日練習する習慣

ディフェンス：

1 トランジションディフェンス
2 オールコートあるいはハーフコートでボールに対して嫌がられるディフェンスをせよ
3 クローズアウト
4 ヘルプサイド…方向づけ…リカバー（抑え込む）

5 ポストディフェンス
6 シュートする選手の邪魔をする（再度ポジションをとる）
7 ブロックアウト

Defensive Emphasis
ディフェンスにおいて強調されるべき事柄

「ディフェンスして相手を止まらせ、相手より激しくプレーして時間をかけさせたい」

ディフェンス：

話し、叫んで、声をあげてコミュニケーションを図る（絶え間なく）

・フロアの両方の端で常に行なわれるべき
・このことを遂行することでより良いディフェンスのチームができる
・インサイドやヘルプサイドにいる選手は有利な位置におり、アウトサイドでボールマンをディフェンスしている選手に声をかけて助ける

「すべきことは早くし、ポストの選手はアウトサイドの選手になる」（トランジション）

・早めにボディアップを使い、攻守が交代したら動きに角度をつける
・すぐにボールを見る
・ボールサイドに行き、壁を作れ
・ボールをペイントの中に入れるな

「ディフェンスでは常に手を大きく、激しく動かせ。ボールを持っていても持っていなくても」（絶え間なく）

・常に方向づけしようとし、手はひもの上にのった状態で
・自分のポジションから押し出されるな
・ヘルプし、方向づけし、そしてリカバーに入る
・自分がマークしている選手からスティールしようと思うな。ただ手でプレーッシャーをかけて、パスをさせろ。方向づけしたらチームメイトがボールを取ってくれる

「離されるな」（ディフェンスでのヘルプ）

・ディフェンスで最悪なのは2人の選手の間が離れてしまうこと
・オフェンス選手をペイントの中に入れない
・ベースラインに押し込んで、プレーッシャーのかかったジャンプシュートを打たせろ

「ノーペイント、ノーペイント、ノーペイント…」（ミドルラインに行かせないように）

・パスでもドリブルでもボールをペイントの中に入れさせない
・簡単にミドルラインへ突入されないようにクローズアウトを常にする。ペイントゲームの基本である
・外側へ押し出すことで、パスアングルが狭められる
・ボールにプレーッシャーをかけるが、常にボールを自分の前に置き（コンテイン）、ペイントの中に入らせないようにする

「オフェンスの選手に足並みをそろえさすな」（ボールから離れたところで）

・オープンだと見せないように、ボールを受け取るときはそこにいろ
・手はひもの上､ボールにプレーッシャーをかける。（以前のNBAの“3”）

「すべてのシュートの邪魔をする」（シュートする選手に攻撃）

・バランスよく、手を高く挙げてクローズアウト
・すべてのジャンプシュートは高くジャンプすることで必ず影響を受けている
・シュートを急がせる
・シュートする選手のリズムを変える

「ブロックアウト…まず最初に当たり…リバウンド、リバウンド、リバウンド」（絶え間なく）

・オフェンスの選手の中を縫って進む
・つまり我々には攻撃性がある
・コンタクトをして、そしてボールを見る
・ バスケットボールの中ではいつでもコンタクトがあるが、我々が最初のコンタクトをするよう心がける

Circle Trap Dril
サークルトラップドリル

このドリルは力強くダイナミックなボールの動きを作り出すためのものだ。プレーヤーにターンオーバーを減らすことを教える。ディフェンスはボールを追うことと方向づけの練習をする。

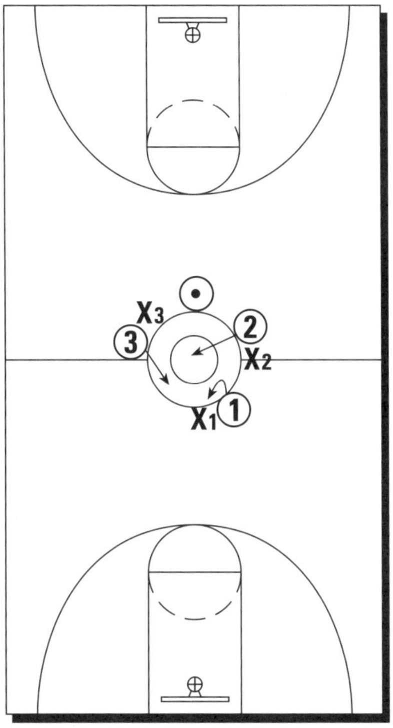

図1

➔図1　選手たちは常に片方の足をセンターサークルに置く。オフェンスがボールを取ったら、フロアを動いてスペースを作る。常にフェイクをしてパスを通す。ボールの動きを力強くそしてダイナミックに。ディフェンスはハードトラップで攻撃する。必要であればステップスルーする。

➔図2　シーズン終盤で、ワンバックドリブルを付け加えることもできる。このドリルは、ディフェンスが方向づけを成功させたり、ターンオーバーさせたら終了。もし長引いたら、コーチは頃合いを見計らって終了させる。

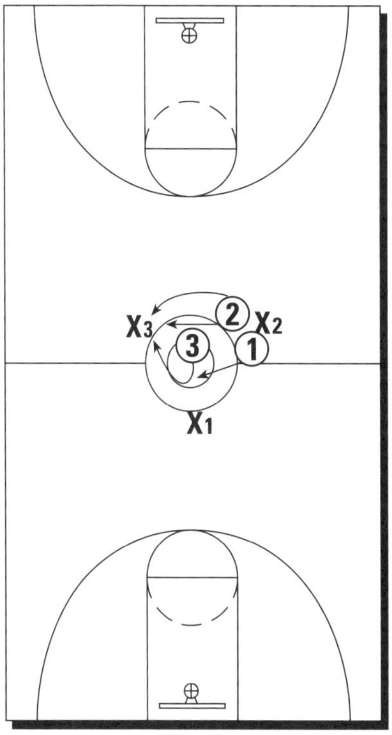

図2

Trap Drill
トラップドリル

力強いボールの動きとすばやい判断のためにとても効果的なドリルである。ディフェンスはデフレクションとチップビハインドの練習をする。ボールが生きていたら、通常スクランブルの状態になる。常にブロックアウトをして、このドリルを終らせる。このドリルは小さめの古いハーフコートで行なうこともできる。

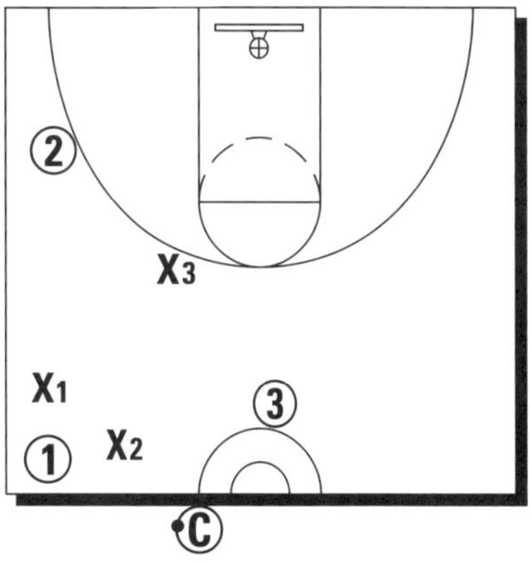

図1

➔図1　ハーフコートの後ろからスタートするか、コーチがオフェンスの選手にボールを投げて始める。ディフェンスはすぐに激しくトラップをかけ、デフレクションさせる。パスがトラップの外に通ったら、ディフェンスは全速力で戻り、スクランブル、そしてマークマンを見つける。

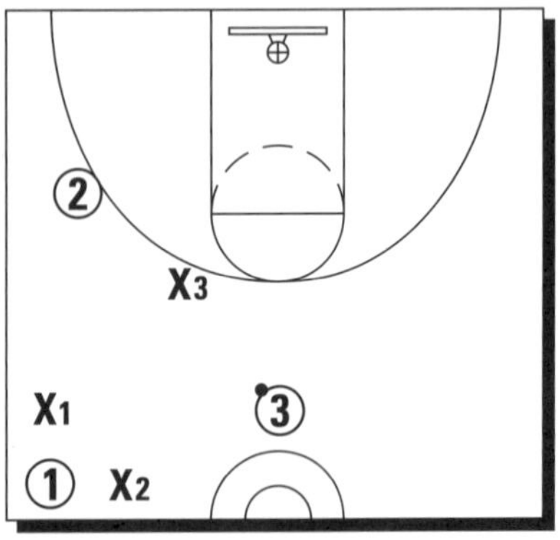

図2

図2　パニックになったらトラップから離れなければならない。オフェンスはシュートを狙って得点につなげる。チームメイトを助けるために全速力で動く。このドリルを終了するときはブロックアウトを忘れないように。

5on6-5on7 Press Offense
5対6—5対7 プレスオフェンス

このドリルは、オフェンスの人数を少なくし、ターンオーバーしないで通常以上のプレーッシャーの中でボールを運ぶ練習である。ボールがハーフラインを超えたらディフェンスのうち2人が抜けて、5対5で攻撃する。ディフェンスの人数は6人でも7人でもできる。激しくトラップをかけるようディフェンスの選手に指示すること。ブロックアウトでドリルを終わる。

図1　＃1は＃5のスクリーンを使ってオープンにならなければならない。＃2は＃1の動きをみて反対に移動する。＃3はベースラインを動いてインバウンドしなければならない。＃4と＃5はいつでも戻ってボールを受け取れるようにする。ボールがインバウンドされたら、ディフェンスはいつでもどこでもトラップを仕掛けてターンオーバーを誘う。ボールがハーフラインを超えたら、ディフェンスのうち2人が抜け、残りで5対5を続ける。

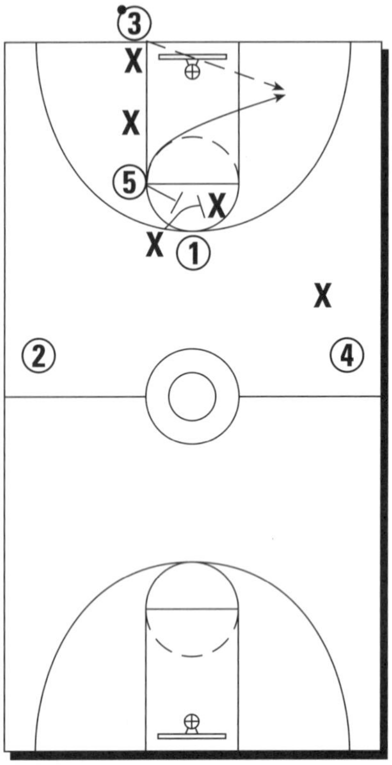

図1

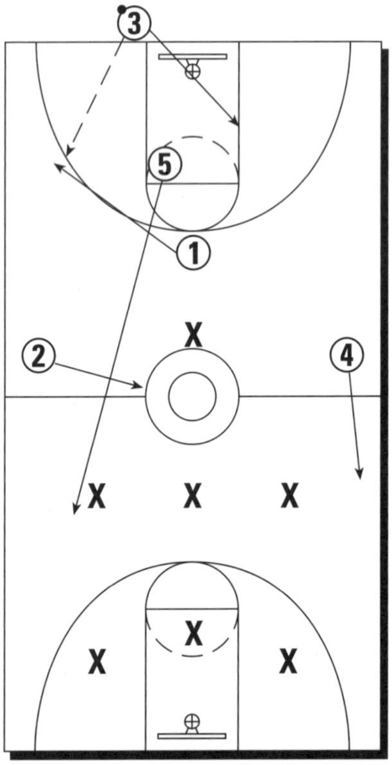

図2

図2　これはハーフコートのドリルである。

ここでも同じことが適用される。ディフェンスはオフェンスがハーフラインをドリブルで越える前に、またはパスで越える前に仕掛けることができる。最初か2番目のトラップを越えてきたら、ディフェンスの2人が抜けて、残りの選手で5対5を行なう。

Slides with Screeners
スクリーンに対するスライド

このドリルは毎日練習の初めに連続して行なう。両方のサイドを使って同時進行することもできる。

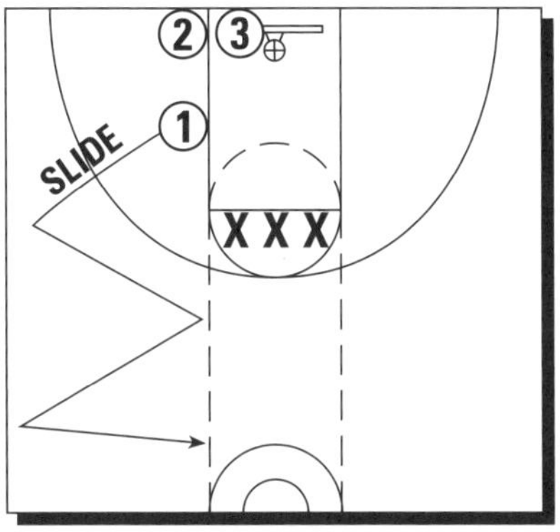

図1

図1　この最初のスライドドリルには2つのポイントがある。低く、そして広く。リード足はサイドラインのほうを向くように。まず30cmステップして、後ろ足をスライドさせる。ここでの目的は適切なテクニックを保つことだ。内側の腕をアームバーのポジションにおく。外側の腕はデフレクトのポジションにある。ドリルの間、胸は常にボールに向いている。

図2　同じドリルの繰り返し。この2番目のドリルでは、選手はできるだけすばやく動くようにし、足を動かす間も低い姿勢で広めのスタンスを維持する。腕の位置に注意する。

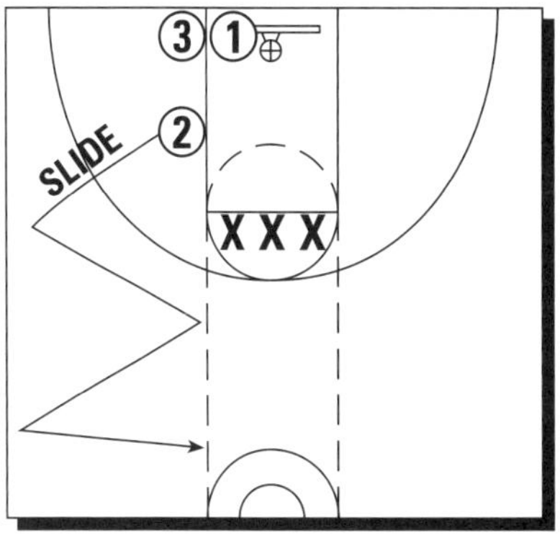

図2

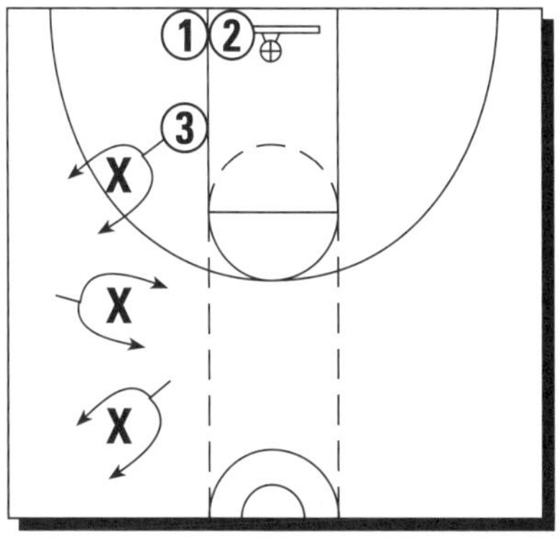

図3

図3　Xをスクリナーとする。コーチでもマネージャーでもよい。できるだけ正しいテクニックを維持した状態でスクリーンをかわすように要求する。胸は常にボールに向いていることに注意。

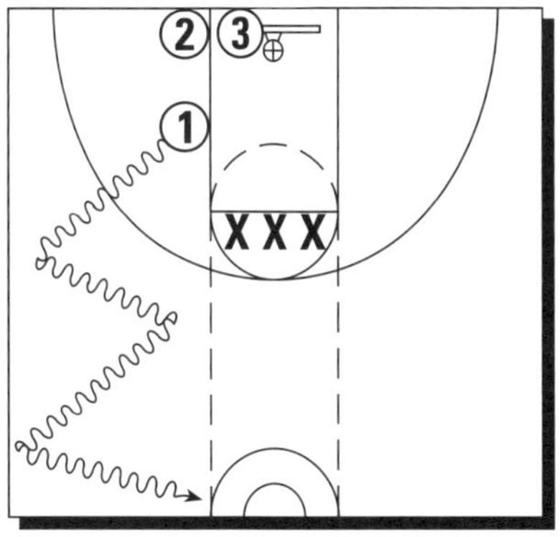

図4

図4　この最後のドリルは最も難しい。選手が低い姿勢で広いスタンスを取って立っていたら、短く素早いバウンスをするように指示する。そして決められたパターンで動くようにする。サイドラインとミドルラインの間でだいたい22回バウンスするようにする。

Two Lines with a Trace
2列でのドリル

このドリルはスクリーンをかわし、クローズアウトし、オフェンスをペイントエリアに入れず、そしてブロックアウトまでの効果的な練習である。

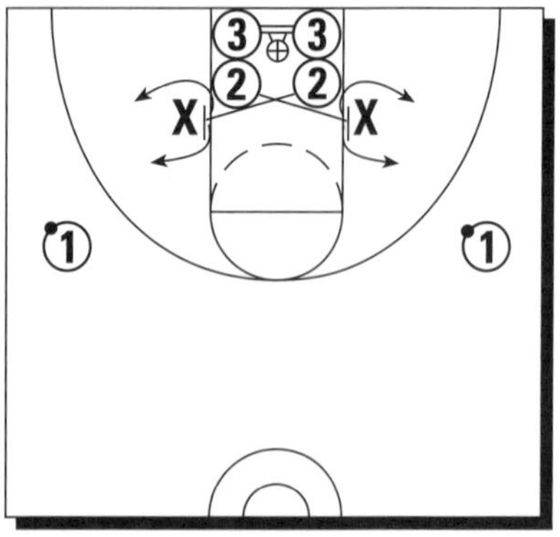

図1

図1　クロスしてスクリーンをかわすとき、選手同士のコミュニケーションが必要となる。短いステップでフェイクしスクリナーを惑わす。

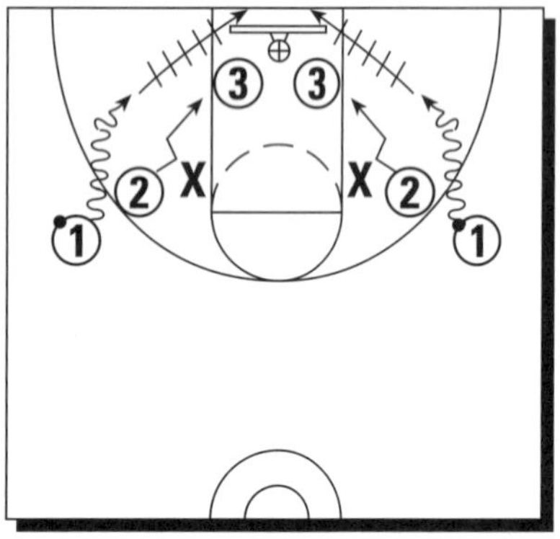

図2

図2　オフェンスをペイントエリアに入れさせない。オフェンスは3mから4.5m離れたベースラインからジャンプシュートを打つようにする。

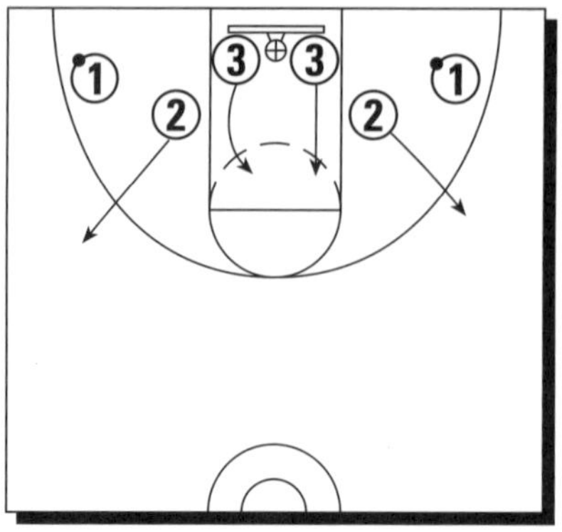

図3

図3　ディフェンスがオフェンスをする。オフェンスはラインに戻る。列の次の選手がディフェンスとなる。マネージャーが足りなかったら、スクリナーがオフェンスをする。そしてオフェンスの選手は列に戻り、ディフェンスがスクリナーになる。

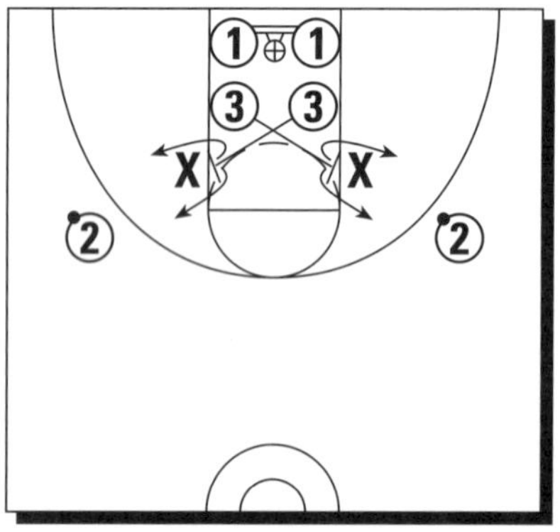

図4

図4　繰り返し。

4on3 Scramble-Screeners
4対3スクランブルスクリナー

このドリルはゲームを想定した状況を作り出している。オフェンスはまず、ゲームで打つようなシュートを放つ。このドリルによって、チームが互いに協力し合い、信頼し合うためにどのようにコミュニケーションを取る必要があるかを学ぶことができる。

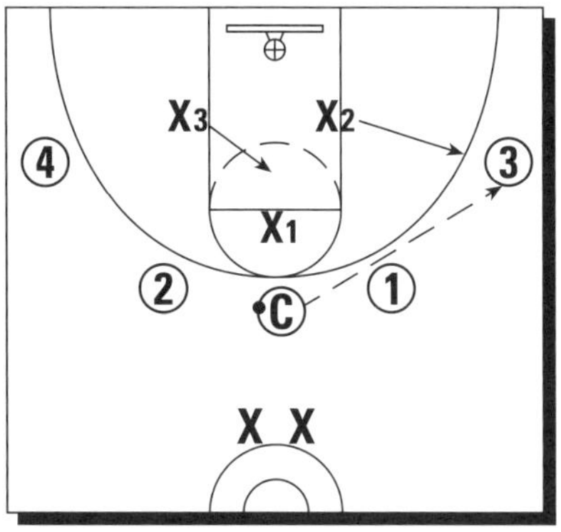

図1

➡図1 選手の1人にボールを投げる。ディフェンスはコミュニケーションを取って、シュートする選手をクローズアウトする。次に近い選手がストリングを探す。一番遠い選手は「ヘルプサイド」と声を出し、ヘルプラインを守って2人のオフェンス選手をガードする。

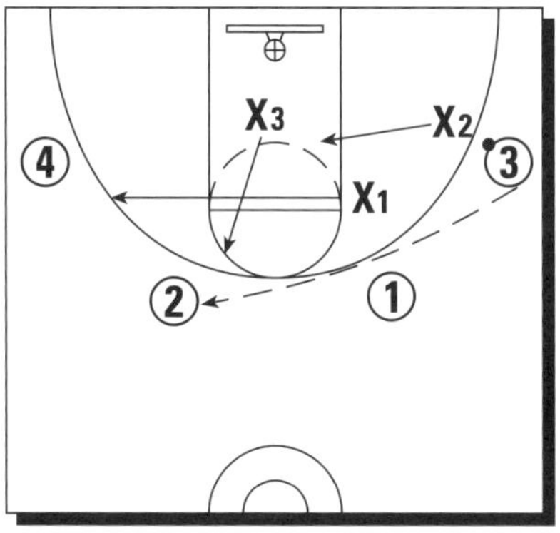

図2

➡図2 ヘルプサイドの選手をガードしているディフェンスは、どんなスキップパスにも対応する。ボールサイドの2人のディフェンスはコミュニケーションを取らねばならない。これは同じボールサイドにいる2人のオフェンスをガードするというドリルではなく、ボールサイドとヘルプサイドの両方のエリアにまたがって、お互いコミュニケーションし合うドリルだ。

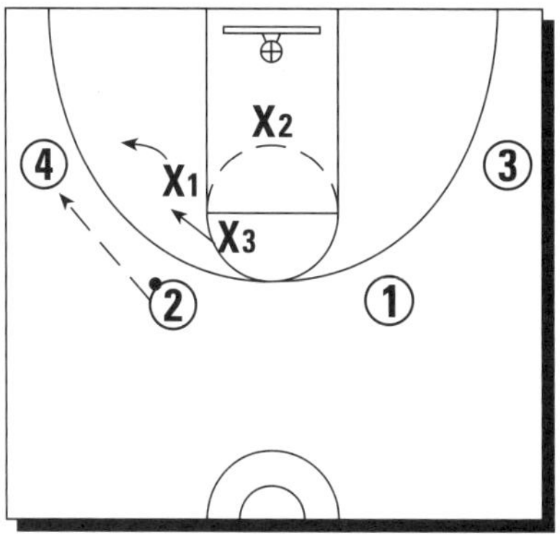

図3

➡図3 もう一度、オフェンスがシュートを入れるまでプレーする。タイムリミットを決めることもできる。または、12〜15秒の間にオフェンスが4回パスをしてからシュートを打つようにもできる。時計は最初のパスで始まり、時間切れになったらターンオーバーとみなす。

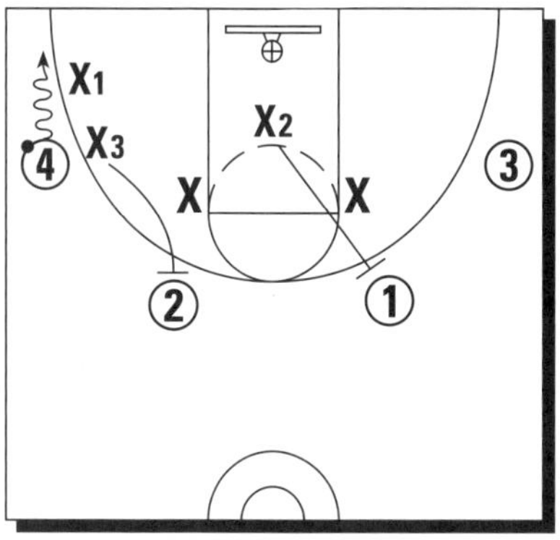

図4

➡図4 シュートが放たれたら、ディフェンスはそれぞれのオフェンスについてブロックアウトをする。オフェンスのうち1人がいつもノーマークになり、必ずリバウンドを取るようにする。スクリーンを加えてさらにゲームらしくすることもできる。さらに、カット&ドリブル、ドライブ、そしてプル&キックを加えてもよい。

4on3 Scramble with Movement
動きのある4対3スクランブル

　このドリルは試合時のような非常に質の高い状況を作り出す。オフェンスはシュートを決める前に必ずパスを4回まわす。時間を10～12秒に設定する。ブロックアウトでドリルを終わるように強調すること。プレーヤーは協力するためのコミュニケーションの仕方と信頼し合うことを学ぶ。

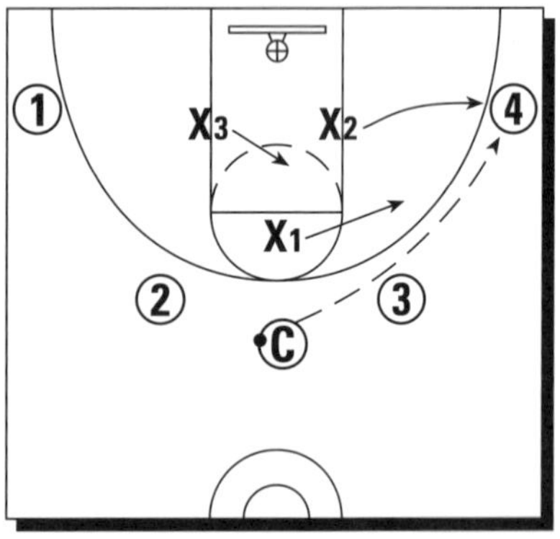

図1

図1　2人のディフェンスをボールサイドに、1人をウィークサイドに置く。重要なのはコミュニケーションだ。

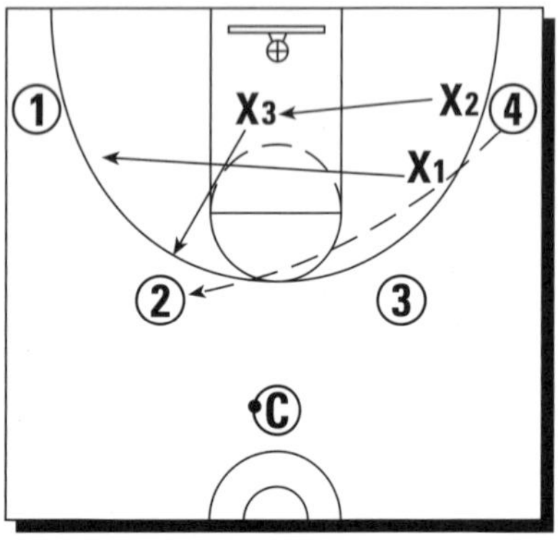

図2

図2　ディフェンスのX1とX2はヘルプサイドへのスキップパスが起こったら、どちらへでも行くようにする。誰がどこに行くかコミュニケーションを取り、ストリングまで全速力で行く。

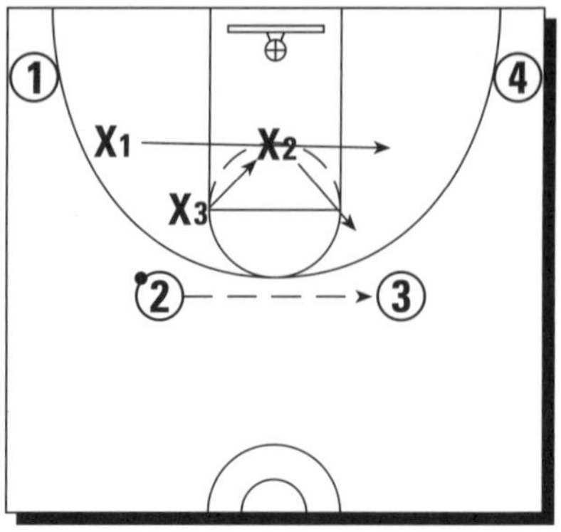

図3

図3　パスを戻したら、X1とX2はコミュニケーションを取って、お互いの場所へ全速力で行く。

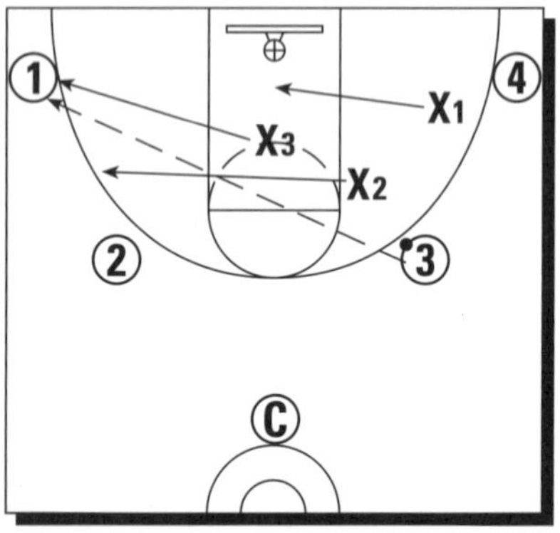

図4

図4　4回目のパスをした後、シュートクロックまでにオフェンスはシュートを決める。動いてパスをし、どんなことでもしてよい。ディフェンスは、オフェンスのうちの1人を見逃がしつつ、ブロックアウトをしてドリルを終わる。

Defeat The Screen
スクリーンに対して

　このドリルはディフェンスの技術を向上させる。ディフェンスはスクリーンをかわしてシュートする選手の邪魔をするためなら何をしてもいい。これはまた、オフェンスにとってもディフェンスを読み、スクリーンを使いボールを取っていつシュートが打てるか、そしていつシュートをあきらめるべきか、の練習にもなる。パスの技術向上にもなる。それぞれのグループが35秒間行なう。

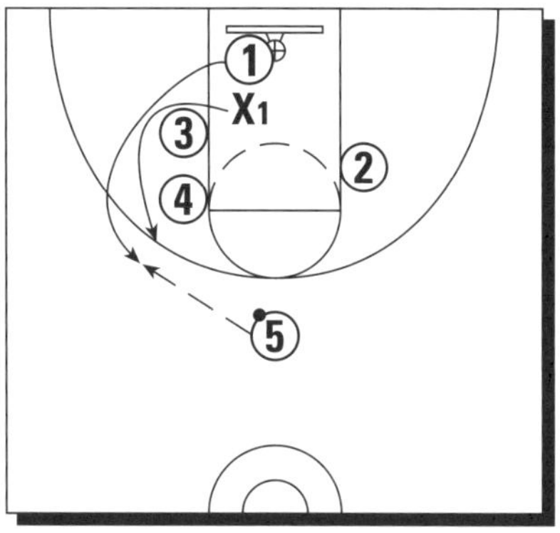

図1

図1　ダブルスクリーンに対して、X1は腰の外側についてダブルスクリーンの周りをついていく。ダブルスクリーンのトップのディフェンスはショーをするので、下のディフェンスがそれを助ける。下のディフェンスがスクリーンを破ることになる。

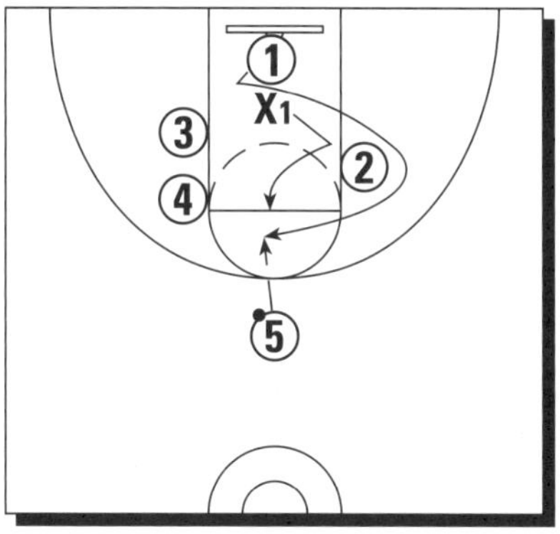

図2

図2　シングルスクリーンに対して、ボールサイドから行く。ここでも下のディフェンスがスクリーンを破ることになる。

Laker to Heat
レイカートゥーヒート（端から端）

　このドリルはラン＆キャッチの向上になる。このドリルを正しく終えるためにはコミュニケーションが大切となってくる。このドリルで3対2の状態の時、オフェンス選手はベースラインにドリブルするよう指示される。

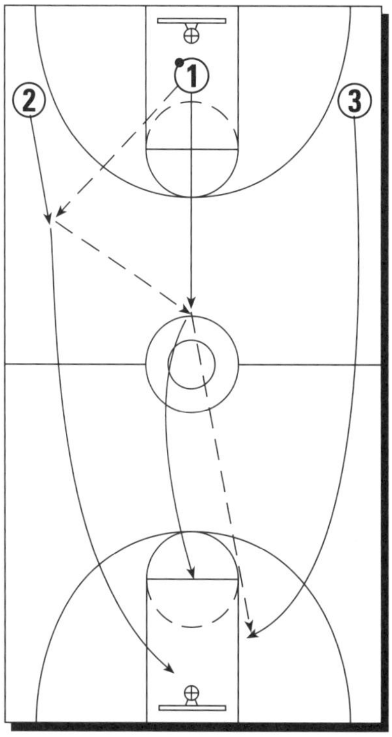

図1

図1　ミドルマンがリバウンドをしたら、ウイングはサイドラインへ行く。ミドルマンは右のウイングへパスし、すぐさまウイングはミドルマンにパスを戻す。そしてミドルマンは左のウイングへパスをしてレイアップ。すべてのパスは親指が下向きで、他の指は開き、弾丸のようなパスをすること。トラベリングもドリブルもしない。

図2　レイアップでシュートをした選手は全力で左のウイングになる。右ウイングはリバウンドを取ってミドルマンとなる。ミドルマンはベースラインのコーンの周りを走り、そして全速力で反対側まで走ってレイアップシュート。プレーヤーはドリルの間ずっとコミュニケーションを取るように。

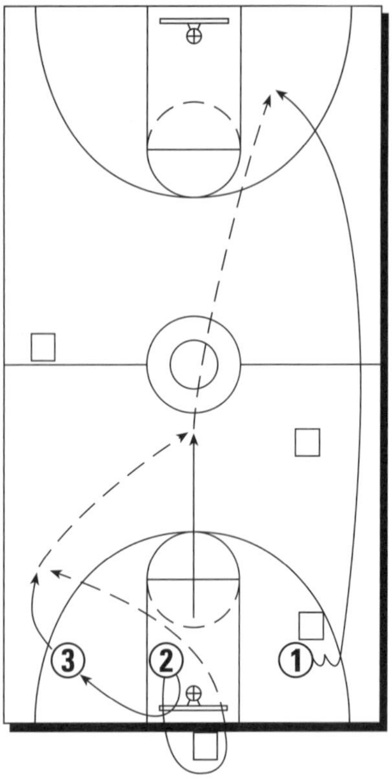

図2

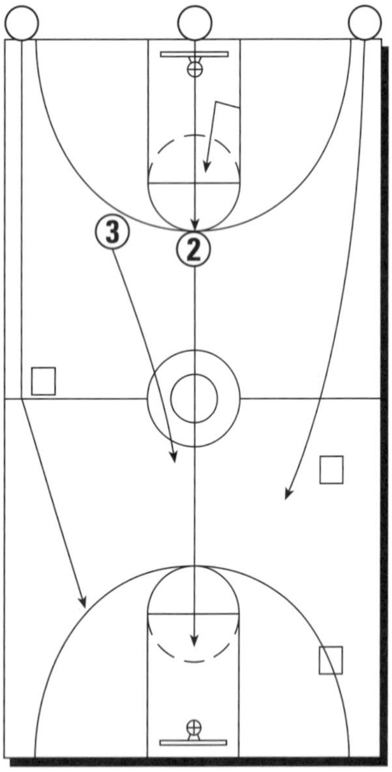

図3

図3　レイカーのレイアップシュートが決まったらすぐに、ミドルマンと左のウイングは3ポイントラインにタッチし、全速力で走って戻る。リバウンドを取った3人のオフェンスが出て、反対側で3対2を攻撃する。レイアップした選手は追いかける形となる。オフェンスは常にベースラインを攻めて、ドライビングレイアップのチャンスをうかがう。

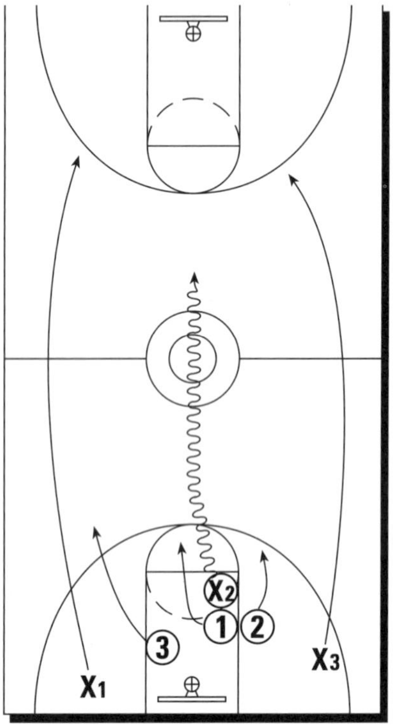

図4

図4　これが終わったら、ディフェンスはリバウンドを取って反対側に3対3で攻撃する。そして新しいグループが最初から始める。

Transition Drill
トランジションドリル

よく見て、コミュニケーションを取りながら自陣まで全速力で戻るトランジションの練習。オフェンスは常に得点を狙う。時間を12〜15秒に設定する。ディフェンスがリバウンドを取ったり、シュートが決まったら、今度はオフェンスとして全速力で走る。ここで5対5となる。常にブロックアウトで終わる。

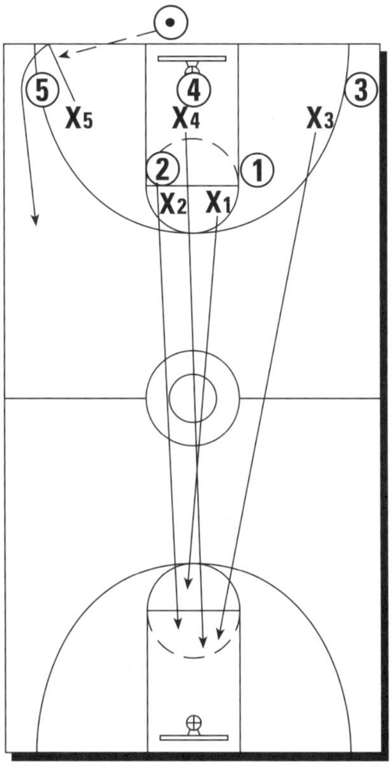

図1

図1　ガードしている選手がボールを取ったら、ディフェンスの選手は全速力で走ってベースラインにタッチをする。その他の4人のディフェンスはよく見てコミュニケーション取りながらペイントエリアへ戻る。誰かが「ボール」と叫びディフェンスするので、オフェンスがディフェンスされずにレーンを通り抜けることは許されない。ヘルプサイドの一番遠くのオフェンスをマークしないで残しておく。

図2　トップのディフェンスがコールをして、3ポイントエリアにボールが入るのを止めなければならない。ラインにタッチしている選手は全速力で戻り、ヘルプサイドにいることが多いオープンの選手を探す。誰をガードしているのかお互いコミュニケーションを取る。オフェンスは得点を狙い、ディフェンスはブロックアウトでドリルを終える。

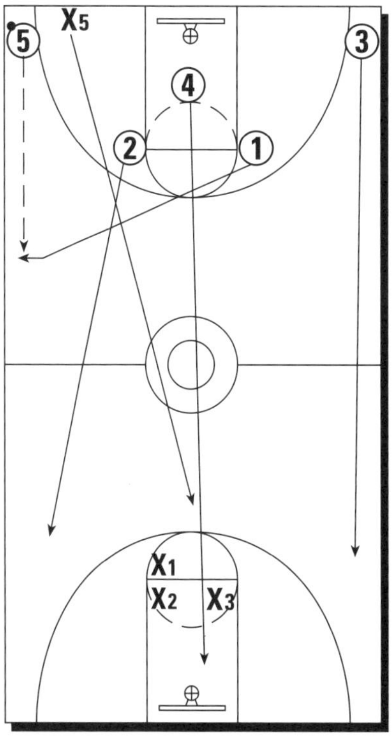

図2

Circle the Wagons
サークルザワゴン

ブロックアウトの向上と、相手のオフェンスリバウンドを減らすために効果的なドリル。試合時のように常に動いてコミュニケーションを取る。オフェンスがオフェンスリバウンドのスキルを身につける機会として、とても効果的である。オフェンスとディフェンスを交代させてもよいし、ディフェンスを3回続けてやらせてもよい。

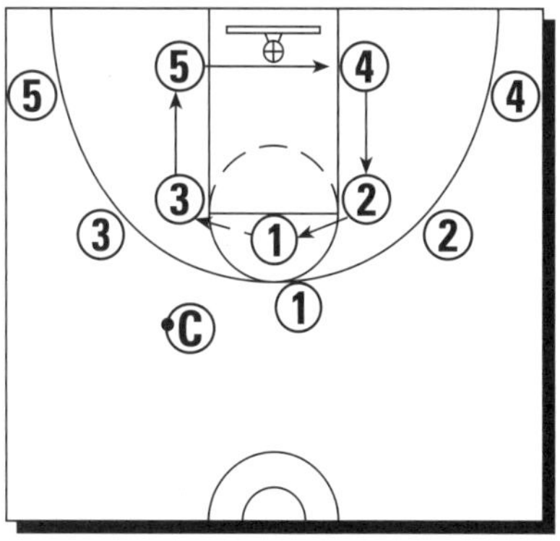

図1

図1　ボールを持ったコーチがスタートの合図をする。ディフェンスはそれぞれのマークマンにつくときに、それぞれの

選手の名前を声に出してコミュニケーションを取る。

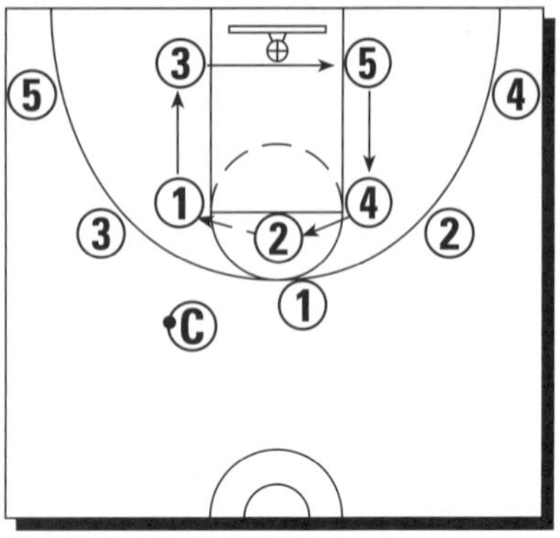

図2

図2　オフェンス側の一番のアドバンテージは、実際のゲーム時のようにミスマッチを作ることだ。絶え間なくコミュニケーションをとることがすべてのディフェンス選手に必要となる。

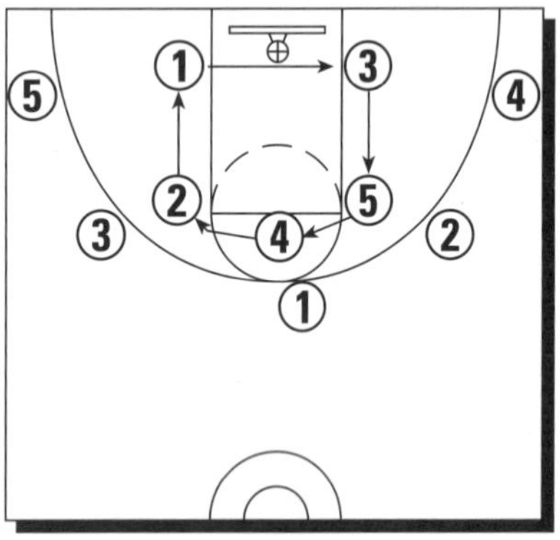

図3

図3　オフェンスには本気でやるように指示する。

図4　ブロックアウトでは、相手の邪魔をしてリバウンドを取る。もしボールが床に落ちたり、頭に当たったりしたら、それはディフェンス側が成功した証拠。

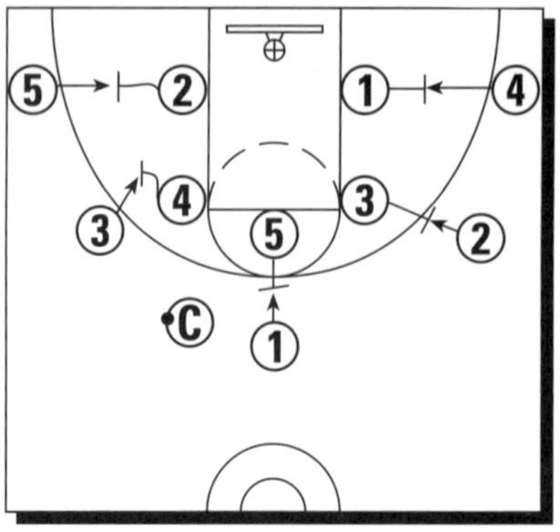

図4

3on3 Defensive Series
3対3ディフェンス

シーズンを通して用いる15個のセットディフェンス。スカウティングの中で相手チームの対策にはとても効果的である。

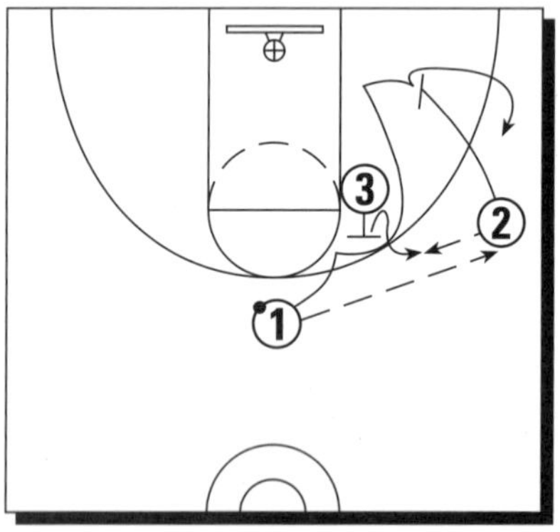

図1

図1　「UCLA」。ポストをカットオフしてダウンスクリーンを受ける。スクリナーはポストアップ。

図2　「フレックス」。バックスクリーンをしてから、ダウンスクリーンを受ける。

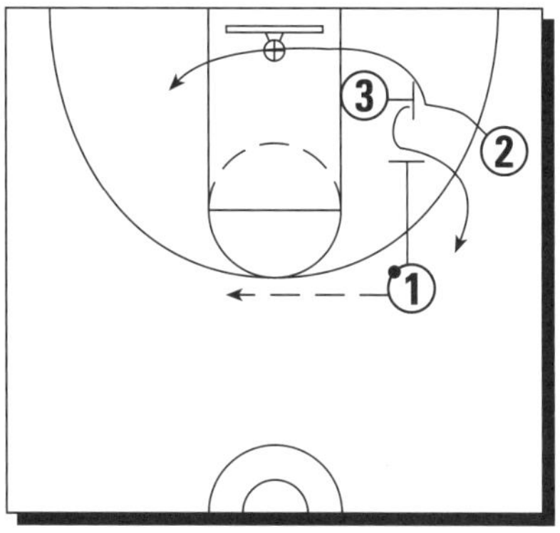

図2

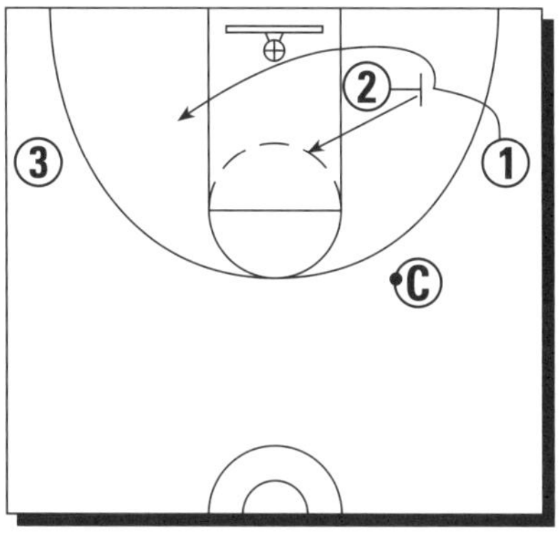

図3

図3　「ベースライン」。バックスクリーンをして、レーンでダックインする。もしパスを受けられなかったら、3ポイントラインまで出て、また続ける。

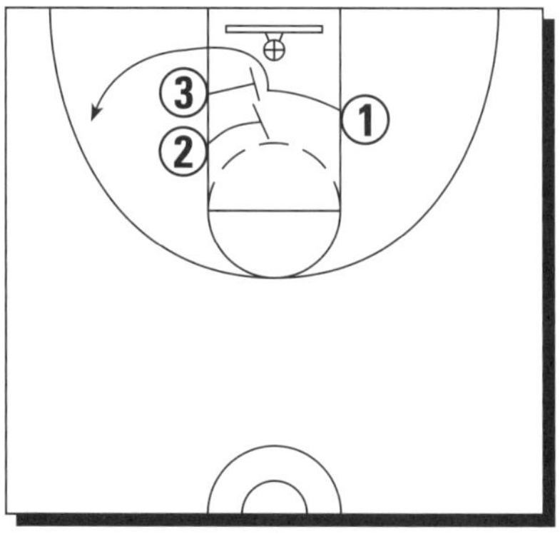

図4

図4　「ダブルスクリーン」。ベースラインに沿ってスクリーンをする。スクリナーはスリップする。

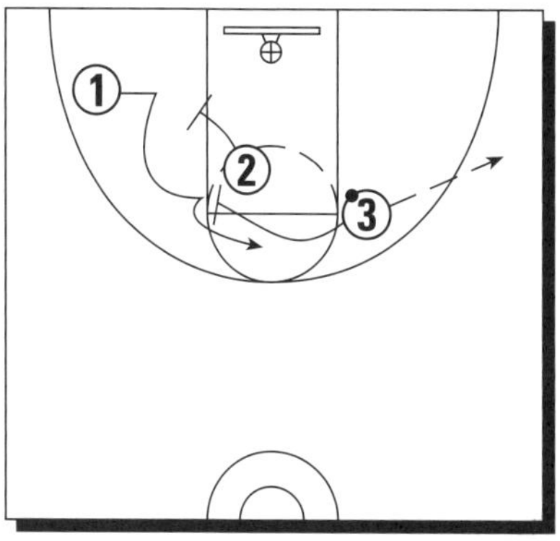

図5

図5　「スタガーダブル」。どこからでもスタガーできる。最初のスクリーンをかけられたディフェンスは強く1歩前へ出る。ディフェンスは外側の肩につき、オフェンス選手の邪魔をする。

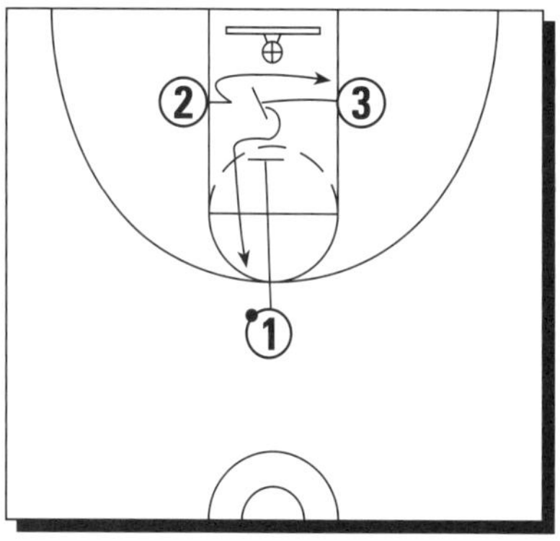

図6

図6　「トライアングルスクリーンザスクリナー」。どちらかのサイドへパスをし、クロススクリーンの後にダウンスクリーンをする。

図7　「スクリーン＆ロール」。ボールを持った選手はどちらのスクリーンを使ってもよい。スクリナーはロールし、他の選手はスポットへ移動する。

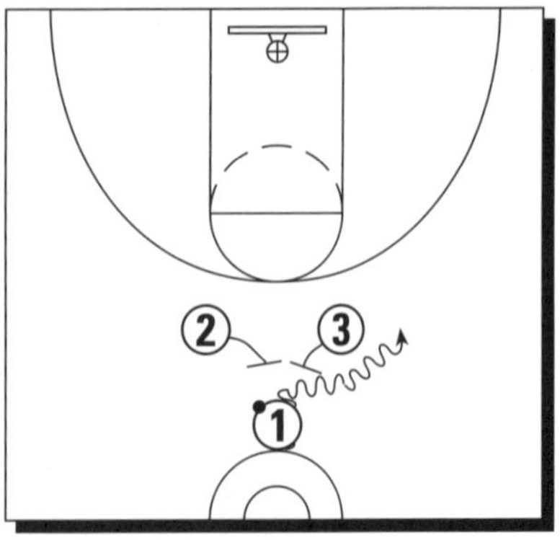

図7

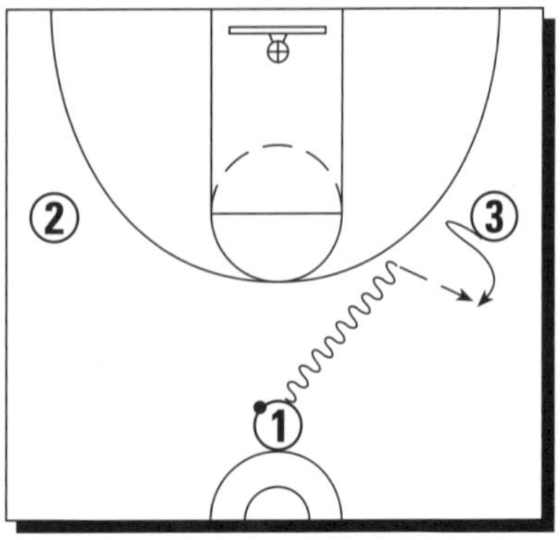

図8

図8　「ドリブルウィーブ」。ボールを持った選手はドリブルでどちら側にも行ける。いくつかのやり方でディフェンスをしてみて、自分のチームに合った方法を見つける。

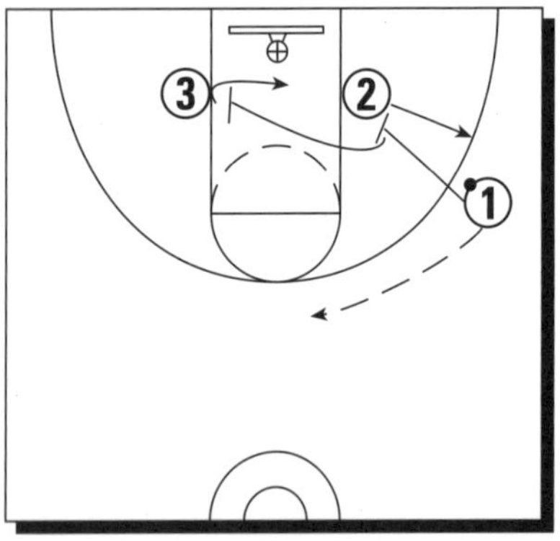

図9

図9　「デッドボールセット」。パスをしてダウンスクリーンし、クロススクリーンを行なう。

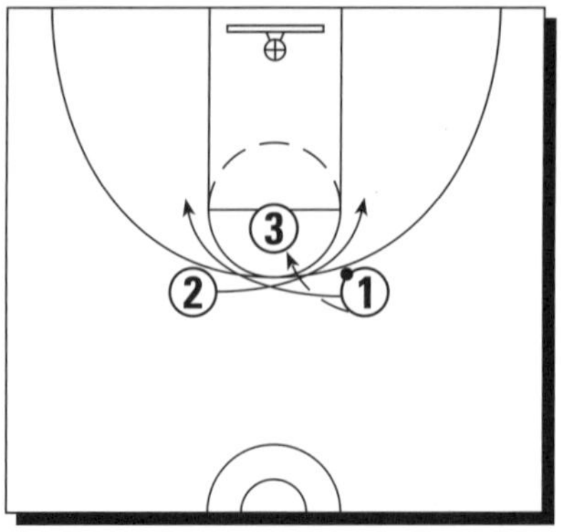

図10

図10　「シザーカット」。ハイポストへパスをし、ポストへカットオフする。

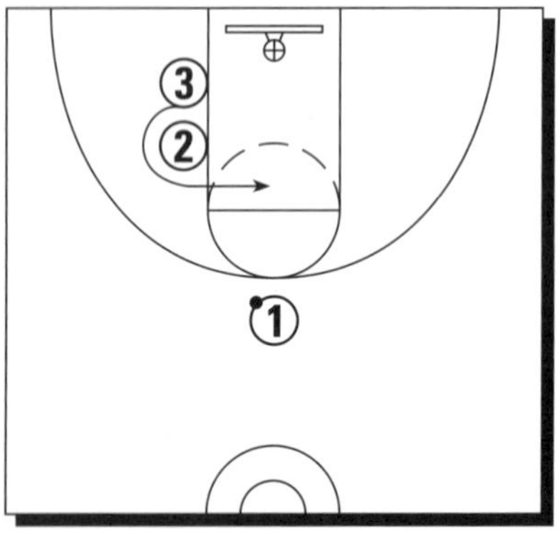

図11

図11　「リードザスタック（スタックを読む）」。スタックの下の選手がカールまたはフェイドをし、トップの選手はそれを読んでポップするかスリップする。

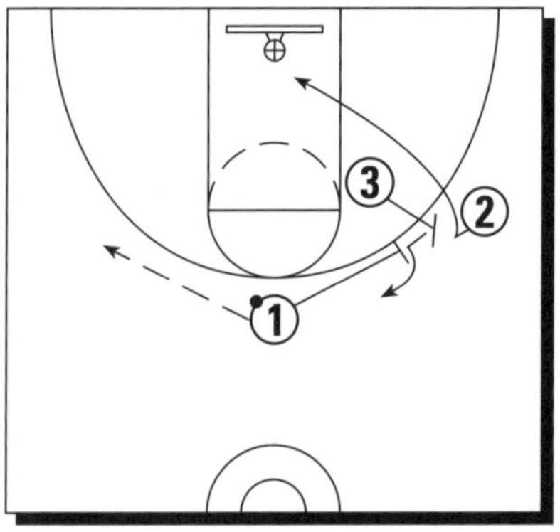

図12

図12　「シャフルカット」。パスして、ウイングへバックスクリーン、そのスクリナーへダウンスクリーンする。

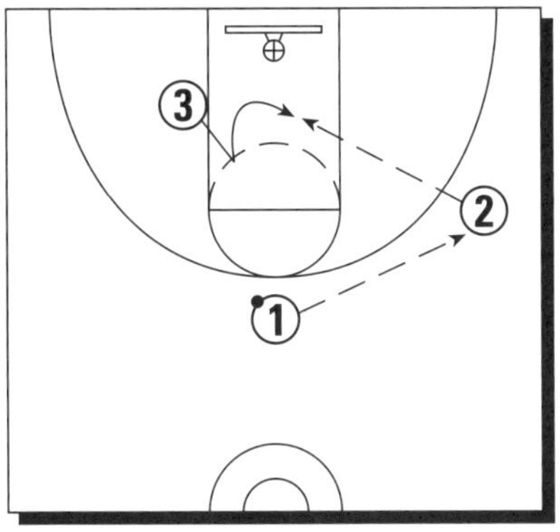

図13

図13 「ウイングからポストフィード」。ボールをリバースして、ハイあるいはローへフラッシュしたポストにフィードする。

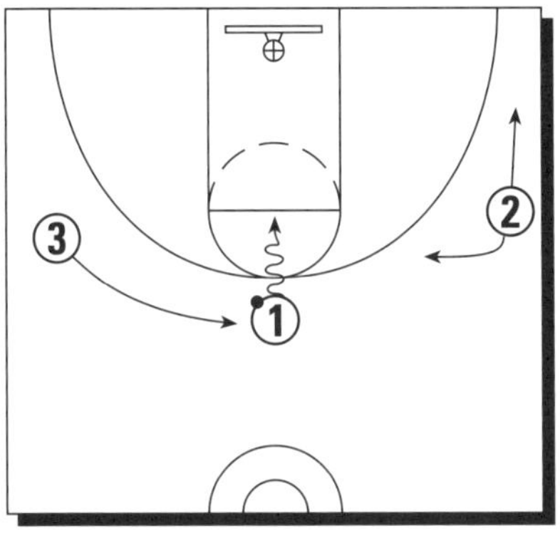

図14

図14 「プル＆キック」。ペイントへペネトレートする。スポットアップした選手もしくはリプレイスした選手へパスを出しシュートさせる。

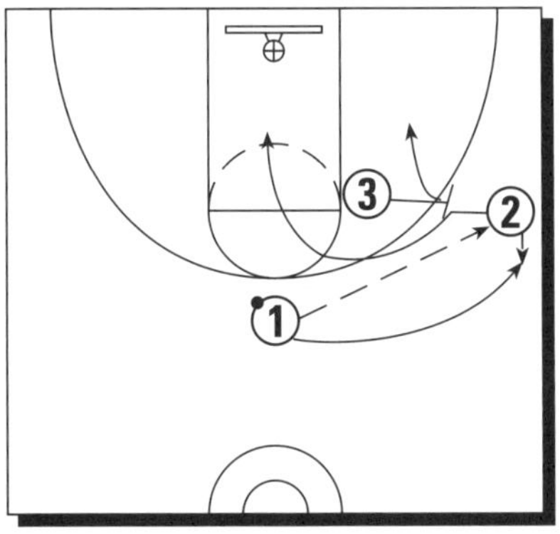

図15

図15 「パス＆ゴービハインド」。パスしてから、またパスを受け取りに行く。ウイングがロブパスを受けられるようにスクリーンをして、その後ボールスクリーンをする。スクリーンの後、スクリナーはロールをするかポップする。

4on4 Defensive Series
4対4ディフェンス

シーズンを通して用いる15個セットディフェンス。スカウティングの中で相手チームの対策にはとても効果的である。

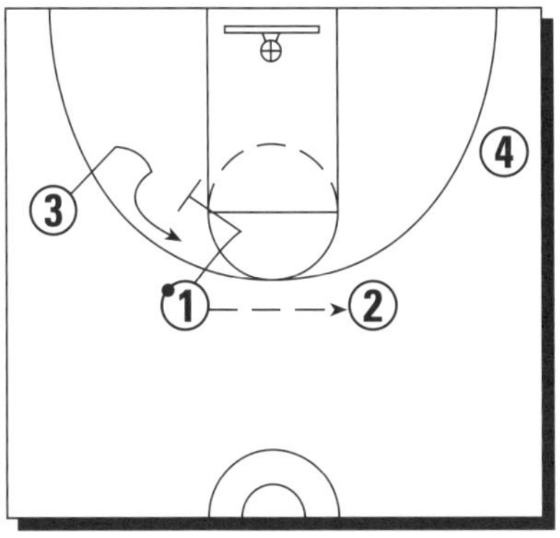

図1

図1 「スクリーンアウェイ」。

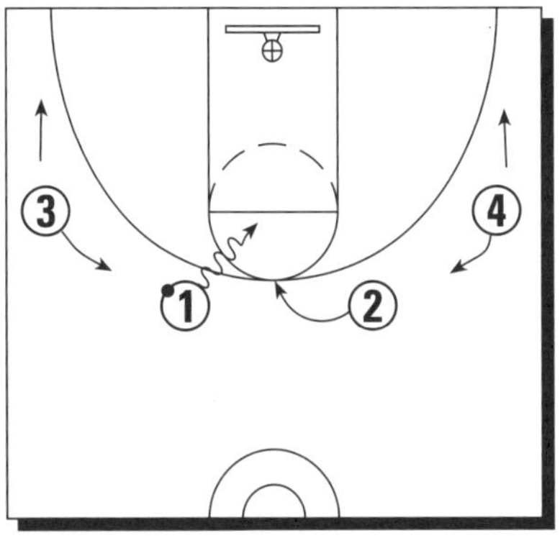

図2

図2 「ドリブルペネトレーション」。ボールを持った選手はペイントエリアまで行く。ウイングはスポットアップし、一番近いアウトサイドの選手がリプレイスする。

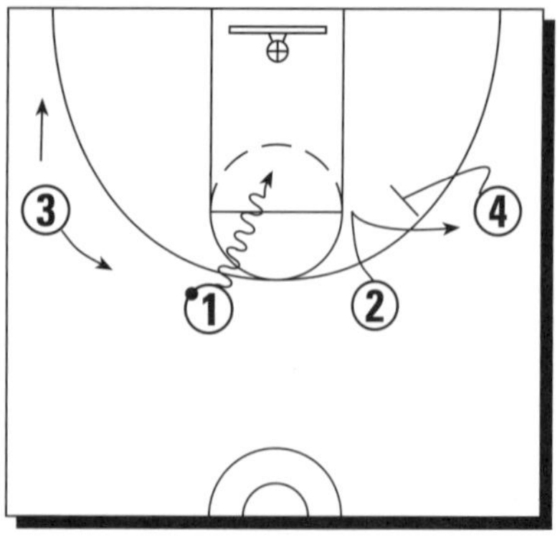

図3

図3 「スクリーンを用いたドリブルペネトレーション」。ボールを持った選手がペイントエリアに入る。ペネトレーションから離れて、フェイドスクリーンかダウンスクリーンをする。一番近いウイングがスポットアップする。

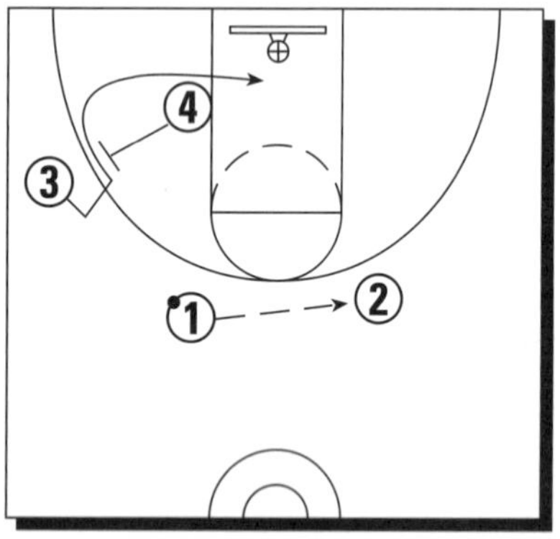

図4

図4 「バックスクリーン」。

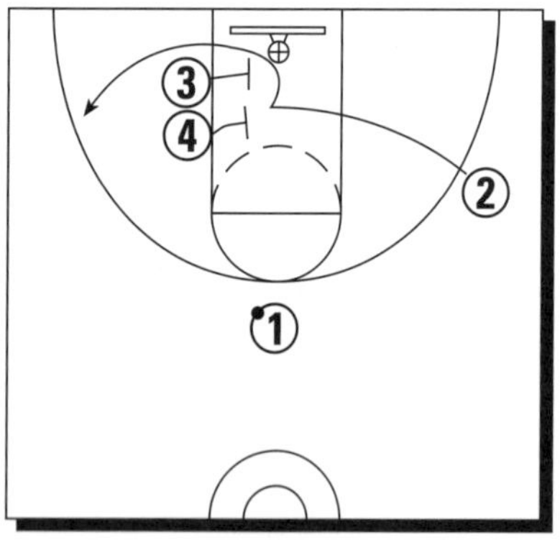

図5

図5 「ベースラインのダブルスクリーン」。

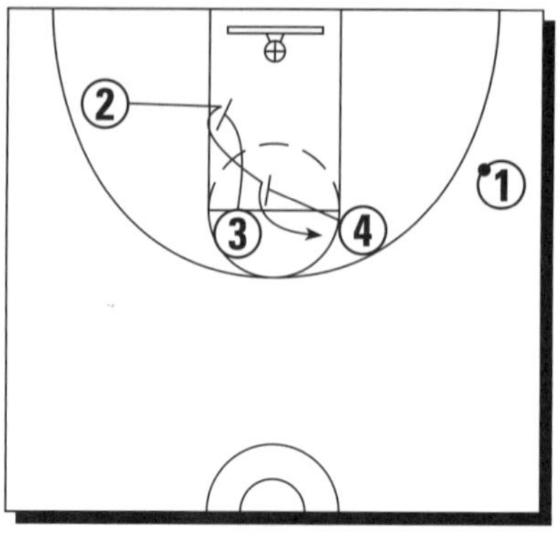

図6

図6 「ウイングのダブルスタガースクリーン」。

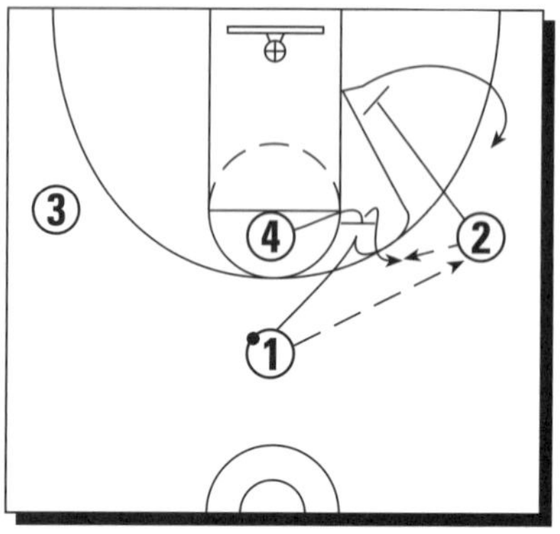

図7

図7 「UCLA」。いくつかのことができる。ダウンスクリーンしてから、あるいはボールスクリーンしてからのプレーがある。これを混ぜ合わせてもよい。

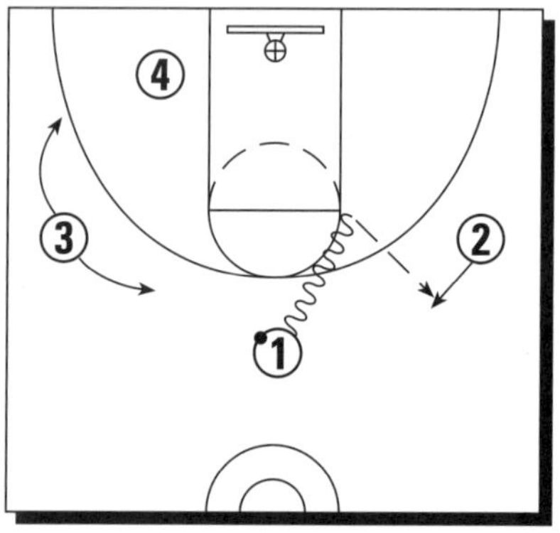

図8

図8 「スリーメンウィーブ」。

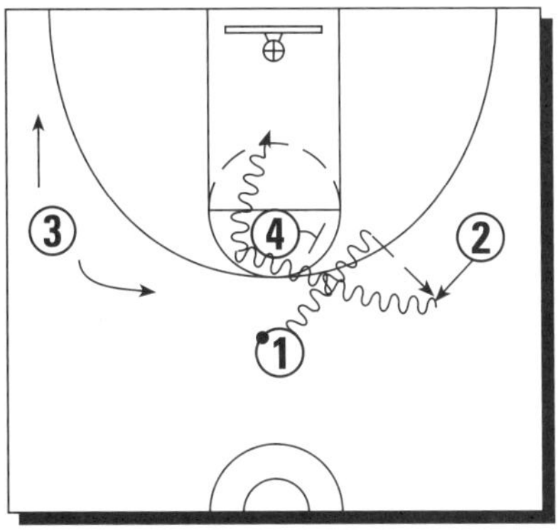

図9

図9　タイトルなし。

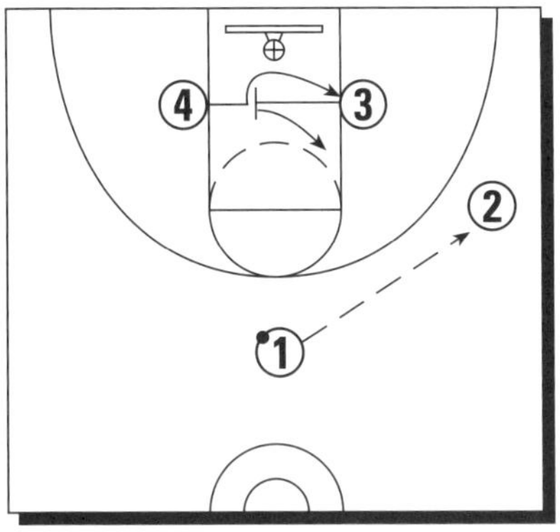

図10

図10「クロススクリーンからのフラッシュバック」。

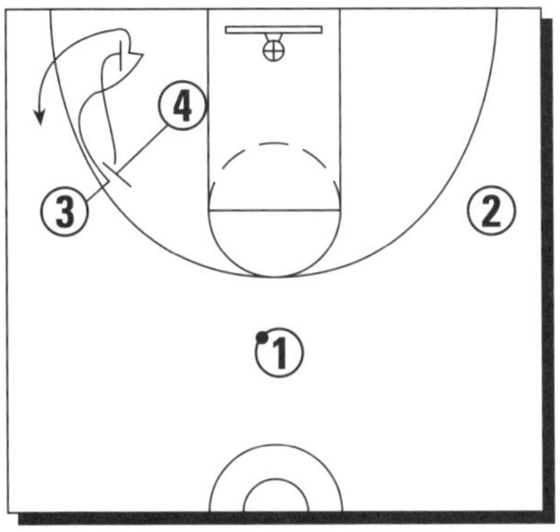

図11

図11「スクリーン＆リスクリーン」。

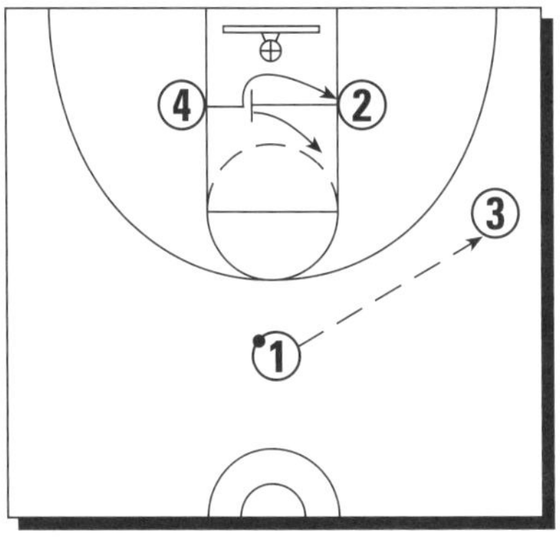

図12

図12「背の低い選手のビッグマンへのクロススクリーン」。

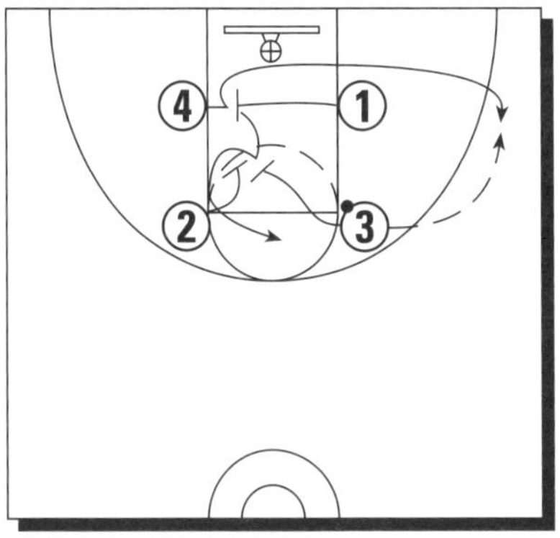

図13

図13「アメリカズプレー」。背の低い選手がビッグマンにスクリーン、もしくはその逆でスタート。ハイポストの2人はスタガースクリーンあるいは肩と肩を付けてダブルスクリーンを行なう。

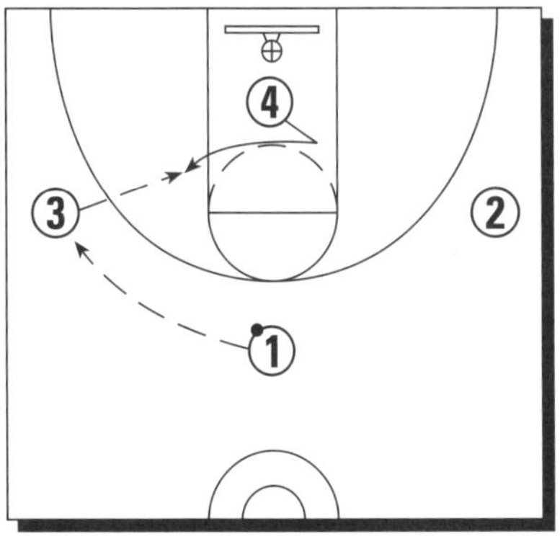

図14

図14「ポストへパス」。どちらのサイドでも。

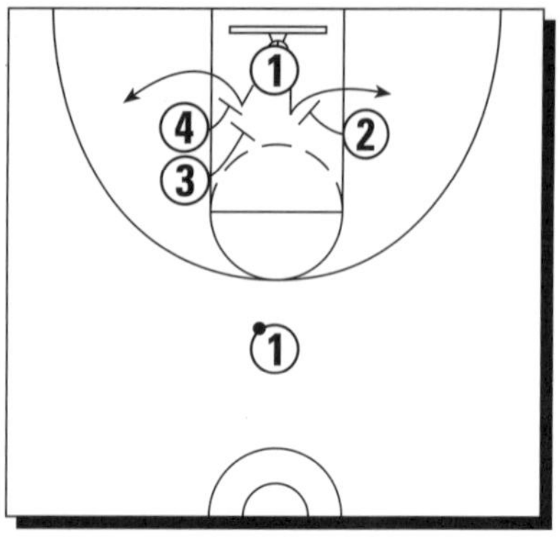

図15

図15　「シングルorダブルスクリーン」。

TIM WELSH

ティム・ウェルシュ

Offensive Concepts and Motion Attack
オフェンスの概念とモーションオフェンス

(注：ウェルシュ氏はプレーヤーに番号をつけること、たとえばポイントガードを1番などとするのは彼のやり方ではないのだが、図では分かりやすくするために番号化している)

自分のチームには何が一番適しているだろうか。大学のバスケットではコーチのスタイルに適したプレーヤーをリクルートすることが必要である。しかし、すべてのプレーヤーでうまくいくとは限らないので、コーチは考え方を柔軟にしなければならない。プレーヤーに適したシステムの中でも若干の違和感があるので、それを微調整する必要がある。自分自身の一貫した哲学を持っていなければならないが、それでも柔軟な考えを持たねばならないのだ。

私のチームは今年、ローポストを使った攻めをしなかった。ゴール下にプレーヤーを置かなかったのだ。チームには素早いプレーヤーがいたので、コートいっぱいに広がって5人によるモーションオフェンスを行なった。プレーヤーはゲームから感じ取る能力を持つ必要がある。というのは、時にはプレーヤー自身でゲームを組み立てる必要性が出てくるからである。状況を理解する能力がプレーヤーを向上させるのだ。我々のオフェンスでは、全員がパスし、カットして動き続けるものである。そのためプレーヤーに番号などはつけない。

今年はとてもいい年だった。私がコーチとなり、初めてこのチームのプレーヤーを見たとき、すぐにセンタープレーヤーがいないことに気づいた。私は彼らに心配ないと伝え、プレーヤーの番号化をしないことにした。そして、オフェンスになったらすぐに全員が広がってモーションに入るようにした。プレーヤーにスペーシング、動き、スクリーンを読むこと、スクリーンをセットすること、スクリーンを使うことをどのように教えたらいいか。それはとても難しい問題である。

初めに、コーチは我慢強くなければならない。プレーヤーはこれまでモーションオフェンスをやったことがなく、最初の2週間ぐらいの練習はひどいものだった。片方のサイドにプレーヤーが寄りすぎたり、ドリブルが多かったりしたのである。そこでまずモーションの概念を理解させてから分解練習をするようにした。まず、コーチと一緒にやる2対2から行なった。私はコーチとしてよく練習に参加し、プレーヤーたちにはパスとカットとスクリーンのみをさせるようにした。そして我々は3対0、4対0、5対0とこなしていった。私は特に4対0を好んだ。なぜならば、スペーシングがとれて、スクリーンの読み方、使い方を理解しやすいからである。

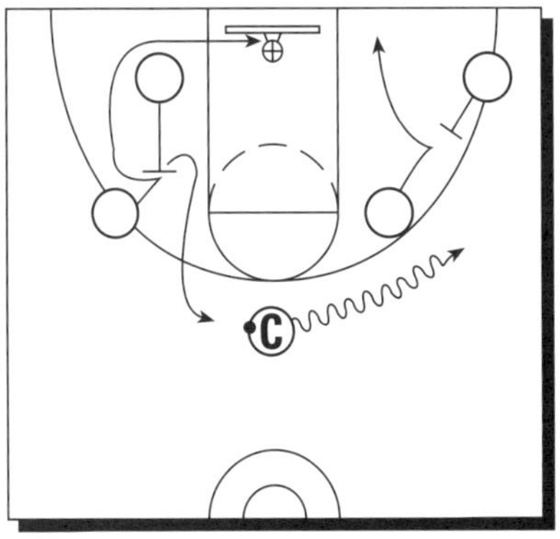

図1

図1　両サイドに2人ずつおく。コーチがドリブルを始めたら、ベースライン側の

プレーヤーがバックスクリーンをかける。この時、自動的にウィークサイドのプレーヤーがトップにリプレイスする。彼はボールリバーサルの役である。少なくとも一度ボールがリバースされるまではシュートを狙わない。チームではサイドチェンジの重要性を強調し続けてきた。

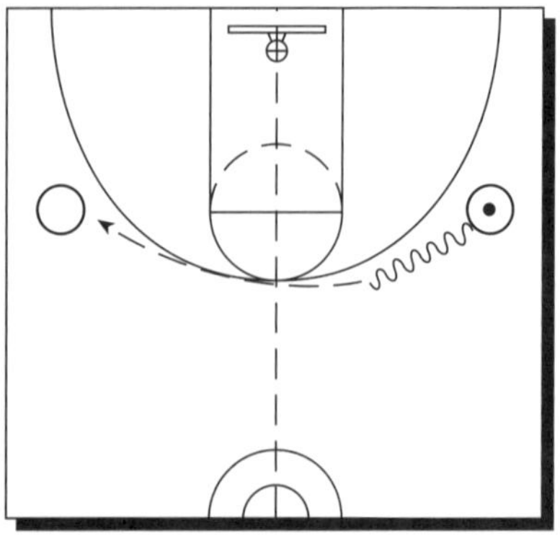

図2

図2　これは簡単に思えるが、多くのプレーヤーは行なっていない。ここからボールを返さずにインサイドを狙ってほしい。

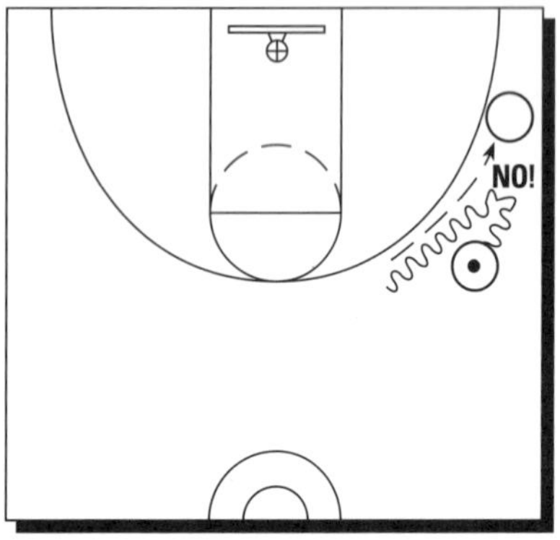

図3

図3　トップからウイングへ、その逆のとき、そして同じサイドに戻るときはドリブルをしてほしくない。ディフェンスが対応しやすいからである。やるべきことはスペーシングを保ち、ボールとプレーヤーが動き続けることである。チームはこれを遂行してきた。

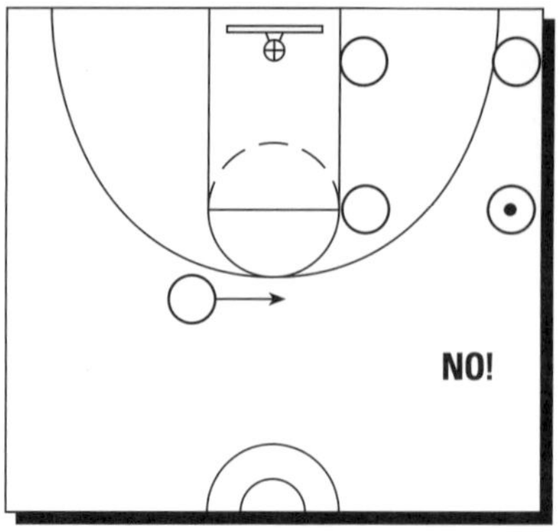

図4

図4　片側のサイドに3人以上いてほしくはない。しかしながら、今シーズンこの良くない状況がしばしば起こった。練習の中でストレッチをする前に4対0を行なってきた。こうすることでスクリーンをかける習慣を身につけ、スクリーンする人の名前を呼べるようになってくる。

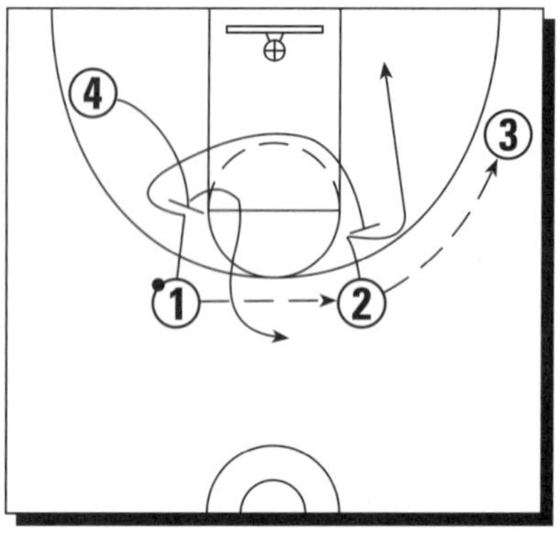

図5

図5　ボールを＃1-＃2-＃3とつないだら、＃4が＃1にバックスクリーンをかける。このとき＃4は＃1の名前を呼ばなければならない。その＃1が＃2にスクリーンをかけるときは、＃2の名前を呼ばねばならない。ここで大切なのは、パッサーにスクリーンをかけることである。

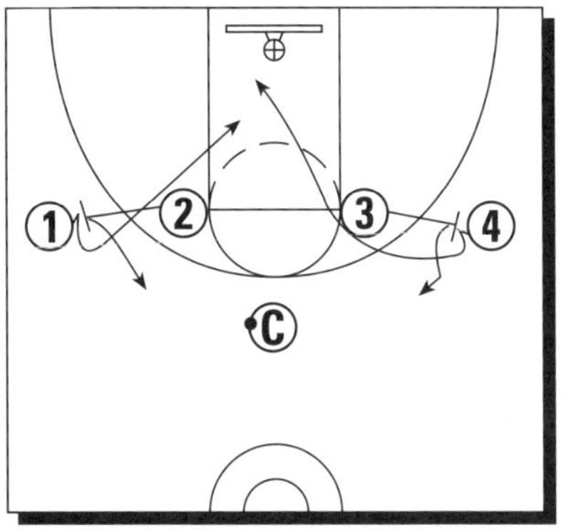

図6

図6　フラットスクリーン。これは少し異なるセットである。＃2と＃3が＃1と＃4のためにフラットスクリーンをかける。コーチがトップでボールを持っている。スクリーンをかけた後は常にボールに向かわなければならない。そしてゴールに対して正対すること。これをコーチは毎日教えなければいけないのだ。プレーヤーは悪い習慣を持っているものである。ボールを持ったらまずリングを見ること。すぐにドリブルをさせてはいけない。ドリブルはパスの角度を変えるとき、リングに向かうとき、そしてペネトレートからのパスアウトのときにのみ使うべきだ。

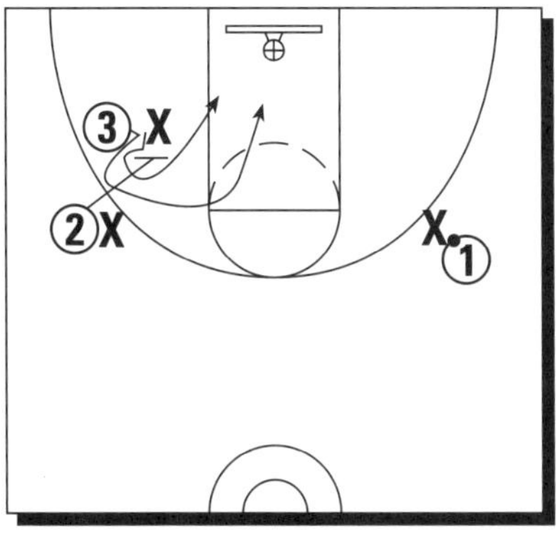

図7

図7　3対3。これを使ってディフェンスに対してどうすればよいのかを教える。ほとんどのプレーヤーはボールを見たがるが、私はディフェンダーを見ろと教えている。相手がどのように動くのかを見て、読んで、そしてどうしたらオープンになれるかを考えるのだ。ボールを見ていたら周りで何が起きているのかが分からない。たとえば自分をマークしているプレーヤーがどこにいるかや、ダブルチームされていることなどだ。スクリーンされたときにディフェンスができるのはたった3つしかなく、オフェンスはその裏をつかねばならない。もしディフェンダーが＃3の外側から回りこんで追ってきたら、＃3はカールすればよい。私はこの練習でディフェンスが何をすべきか教えている。時にはオフェンスに、ディフェンスが何をするのか伝えることもあるし、そうしないこともある。

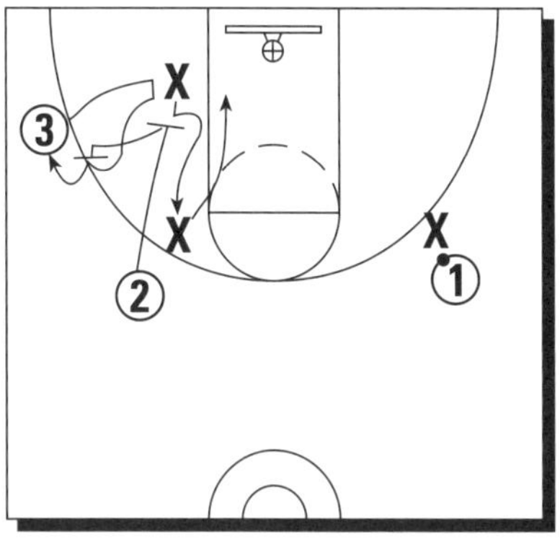

図8

図8　もしディフェンスが＃2の間を通ろうとしたら、＃3はフェイドすればよい。そして＃2は再びスクリーンをかける。スクリナーは必ずディフェンスのやりたいことの裏をかかねばならないのである。

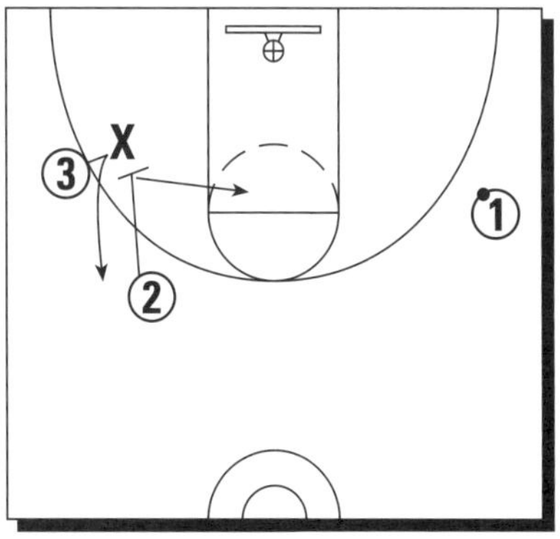

図9

図9　3つ目として、スクリーンをかけて＃3がストレートにカットするのと同様

に、ディフェンスが外に開いたら＃2はスクリーンの後、常にボールに向かうこと。

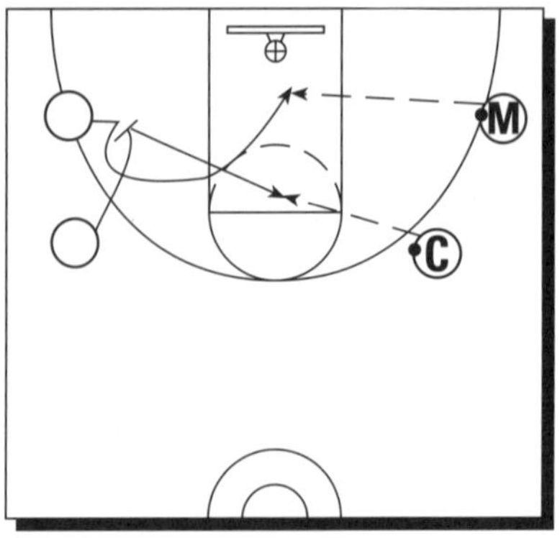

図10

図10 スクリーンからのシューティングドリル。ディフェンスはいらない。コーチとマネージャーがパスを出す。オフェンスの動きはカールとスクリーン後の動きである。

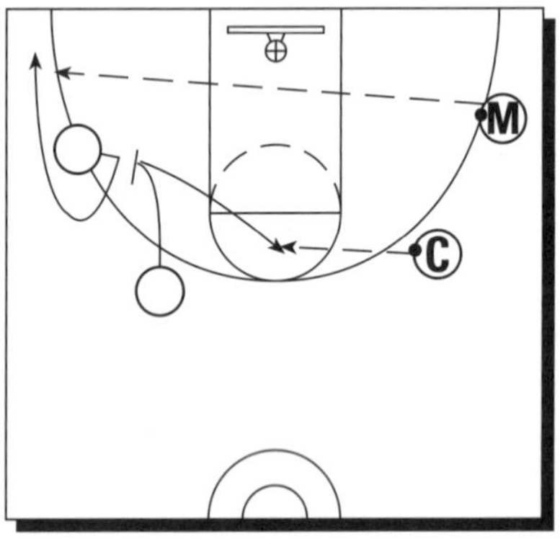

図11

図11 次はカッターがコーナーに下がり、スクリナーがボールに向かうパターンである。

図12 もう一度ストレートのスクリーンを行ない、それぞれがシュートを打つ。注意すべき点は、スクリナーとカッターの間にスペースを作らないこと。肩と肩をぶつけて、スクリーンを使わなければならない。

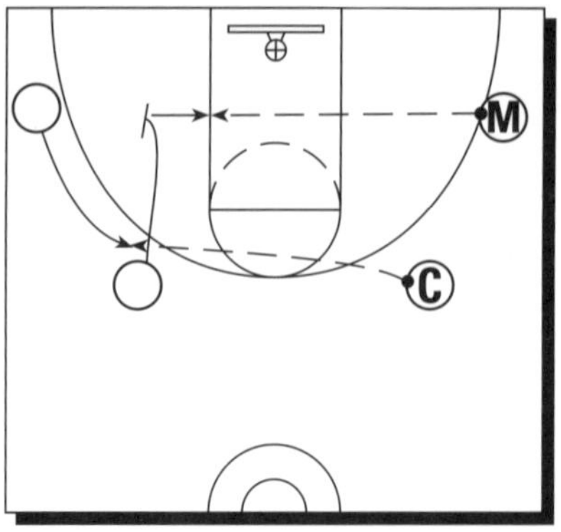

図12

スクリーンをセットすることをどのように教えればいいだろうか。私はゆっくりと行なう、お互いを探す、そしてスクリナーはカッターの名前を呼ぶということを教えている。4対0をやるときは4つのスクリーンをかけることにしている。これは練習前の適度なウォーミングアップにもなる。ボールを回し、75%のスピードで行なう。

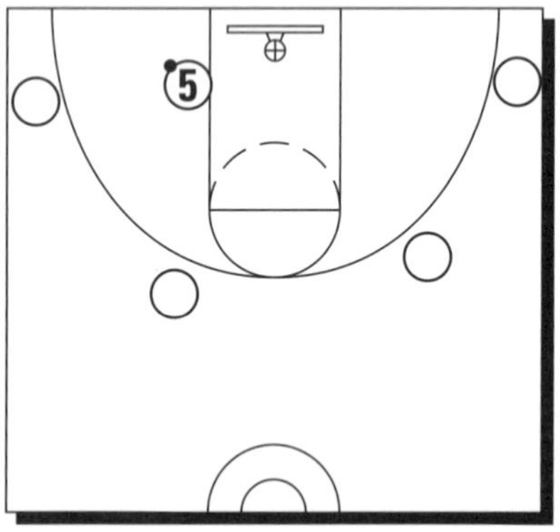

図13

図13 では、どのようにモーションオフェンスに入ったらよいか。チームにはおよそ15通りほどのエントリーの仕方がある。しかし、基本的には3つか4つのパターンしか使わず、それはゲームの流れ、つまり、誰が好調なのか、相手はどんなディフェンスをしているのか、大きなチームか、速いチームか、などによって変わってくる。

コートに入ったら、プレーヤーは次のようなポジションにつく。相手がオーバープレーをしてきているなら、あまりスクリーンを多用せずに動きを増やす。カットさえすればよい。これをモーションギャップと呼んでいる。良いスペーシングをとり、プレーヤーは動き、ボールを裏につく。多くのバックドアやドリブルペネトレートやドライブからのパスアウトが生まれるだろう。最も大きなプレーヤーには＃5の位置に常にいるように習慣づけさせる。ほとんどのプレーヤーは、プレーしやすく得点しやすい場所へと走る。しかし、忘れていけないのはスペーシングが最も大切だということだ。コートに入ったら3ポイントラインの外側に位置し、コーナーへと走る。

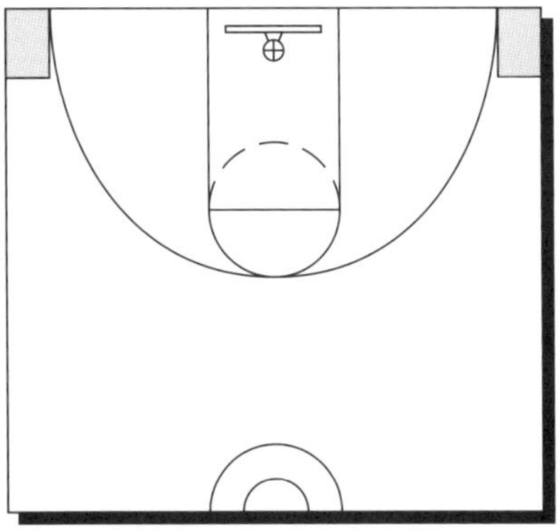

図14

図14 コーナーについて驚くべきことがある。私は過去数年のビデオを見て研究したのだが、最も影響のあるポジションはコーナーだということが分かった。このこと、つまりコートの使い方を練習中に強調してきた。ボールを欲しがり、インサイドにドライブしたがるプレーヤーは多いが、ボールを持たずにコーナーにいてディフェンスを広げたがるプレーヤーはいないものだ。しかし、コーナーには必ず誰かがいて欲しいのである。

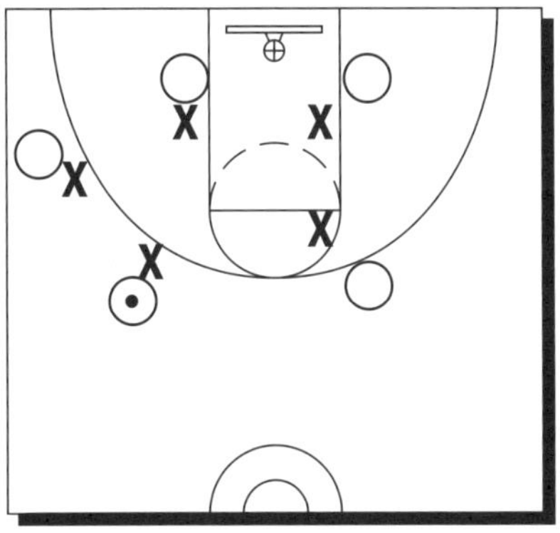

図15

図15 コーナーに誰もいなくなったとき、ディフェンスはどうなっているのか見て欲しい。とても狭くなっていて、オーバープレーをされているため中に入るのが難しくなっている。

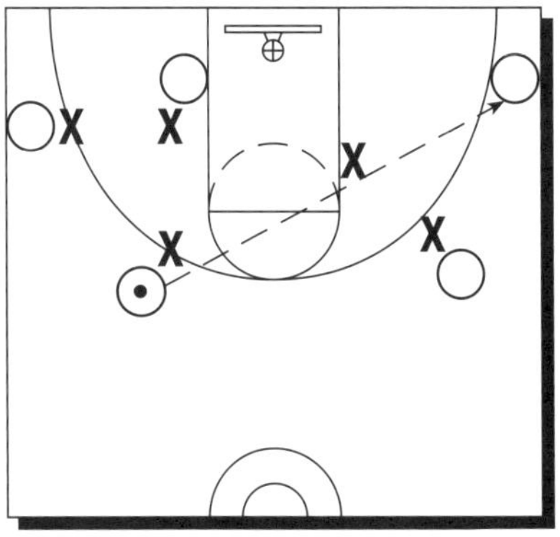

図16

図16 コーナーに立つとディフェンスが広がるのが分かるだろう。ペネトレートやスキップパスなどをするためにそうしなければいけない。ディフェンスを広げなければならないのだ。良いポストプレーヤーがいるなら、ミドルでオープンになる。

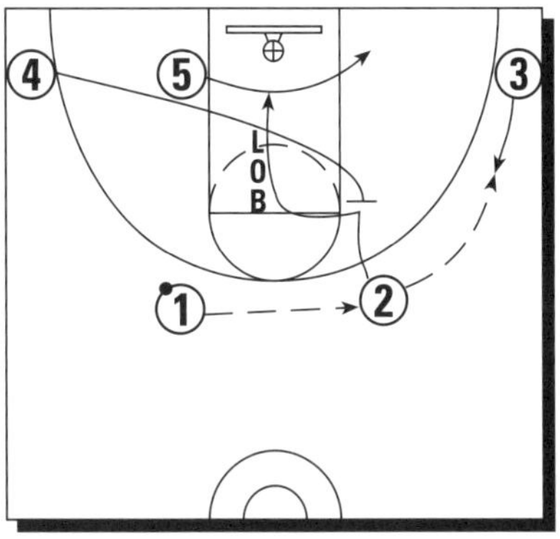

図17

図17 ＃1が＃2にパスをし、＃3につなぐ。＃5はボールに対応してシールする。＃4が＃2にバックスクリーンをして、＃3からロブパスができるかもしれない。

図18 ＃3がロブパスをしようとするならば、パスの角度を作るためにコーナーから離れるようなドリブルをすること。

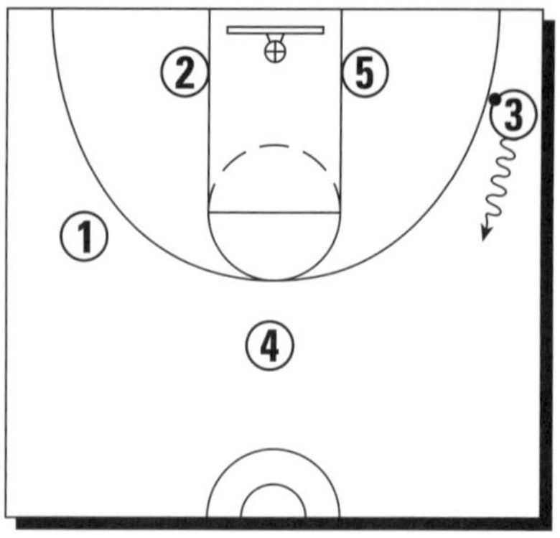

図18

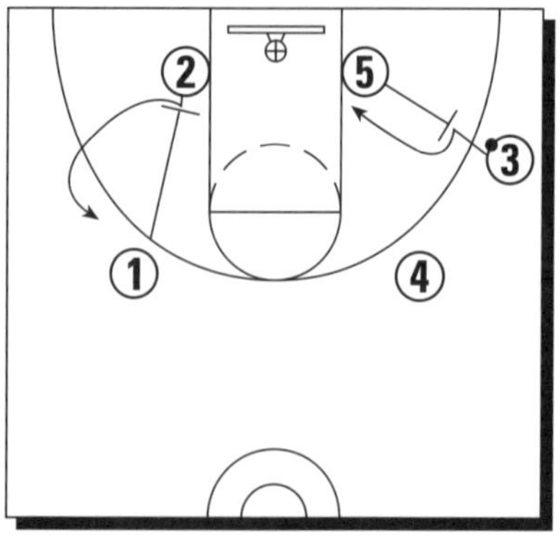

図19

図19　もしロブパスができなかったら、＃4にボールリバーサルする。＃5はバックスクリーンした後、ボールに向かう。＃1は＃2にダウンスクリーンする。

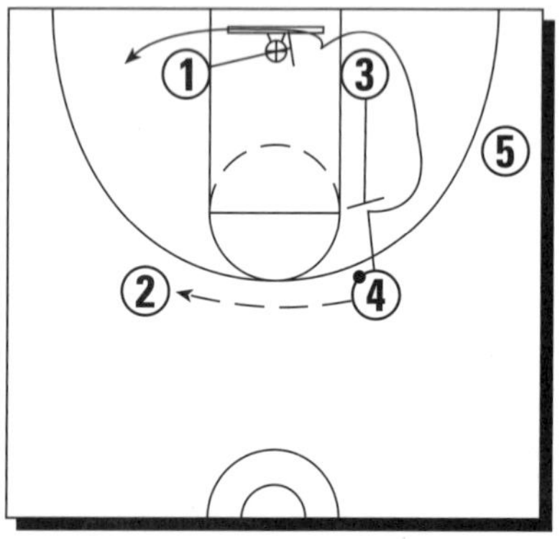

図20

図20　＃4は＃2へパスする。＃3は＃4へバックスクリーンをし、そして＃1は＃4にクロスコートスクリーンをする。

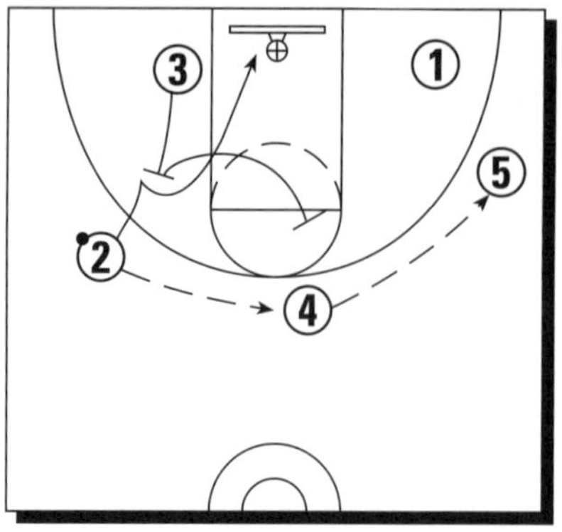

図21

図21　チームのルールはトップにボールをリバースしたら、パッサーにバックスクリーンをするということである。＃3は＃2へバックスクリーンをセットし、＃4がパスした後にもう1度、＃4のためにセットする。スペーシングを保ち、コートを広く使わなければならない。

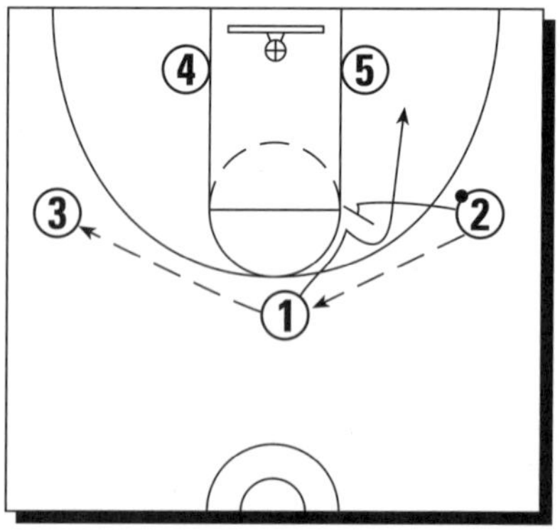

図22

図22　パスをした後は、3つのうち一つのことができる。バスケットに向かってカットする、アウェイまたはダウンスクリーンをする、バックスクリーンを受ける、である。ストロングサイドにカットしてはいけない。ボールが＃2、＃1、＃3と回ったら、＃2は＃1にバックスクリーンができる。ボールから遠ざかってカットすること。

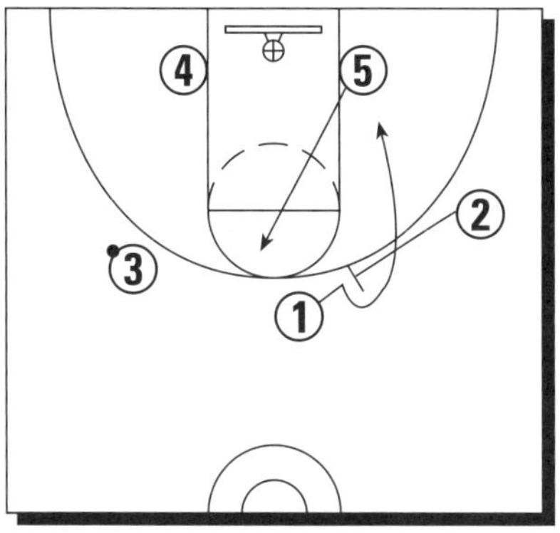

図23

図23　ローポストに2人いる場合、ウィークサイド側にいるポストプレーヤーはハイポストにフラッシュする。これは誰がやっても構わない。

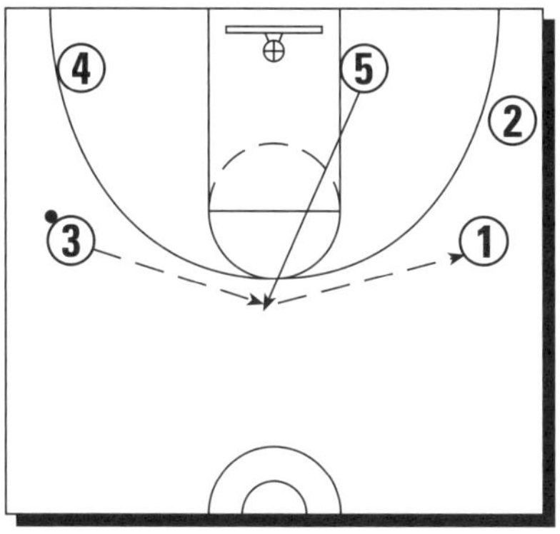

図24

図24　もう片方のローポストをアイソレートさせようとする。フロアバランスを取るのだ。しかし最も重要なのは、誰かがトップでボールをリバースできるようにすること。もし＃5が良いシューターならば、シュートを狙ってもよい。

図25　もし大きな良いプレーヤーがチームにいるのなら、ハイローを狙うことができる。これを3対3や4対4でやると、読んで反応できるようになる。

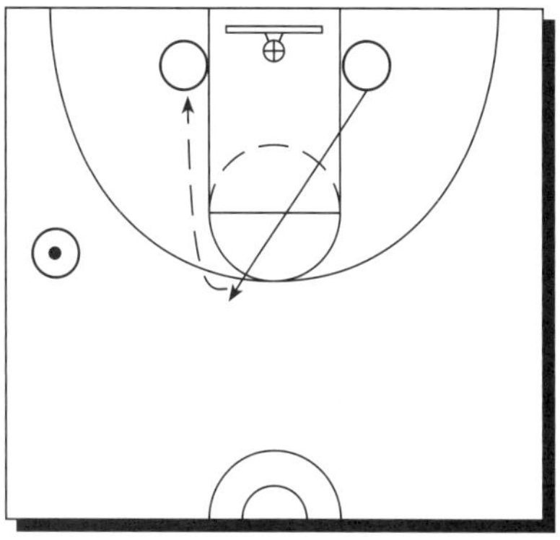

図25

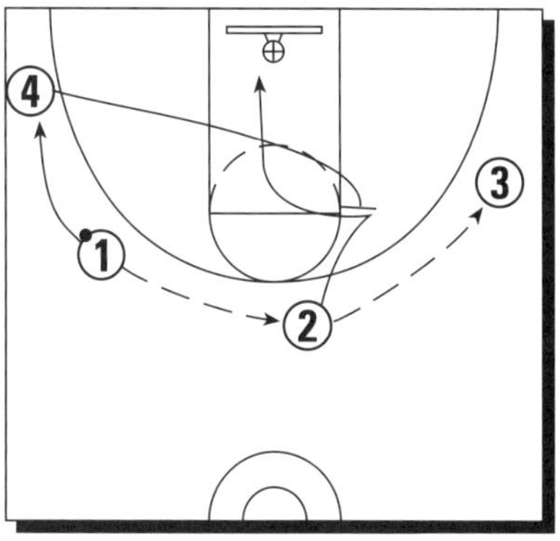

図26

図26　トランジションが終わったら、いくつかのスペシャルプレーがある。これは「ループ」である。＃1が＃2、＃3とボールをリバースする。＃4がウィークサイドから＃2にバックスクリーンをする。＃2と＃5の2人が遅れてフロントコートに入ってきた状況になっている。忘れてはならないが、これはスペシャルコールだ。

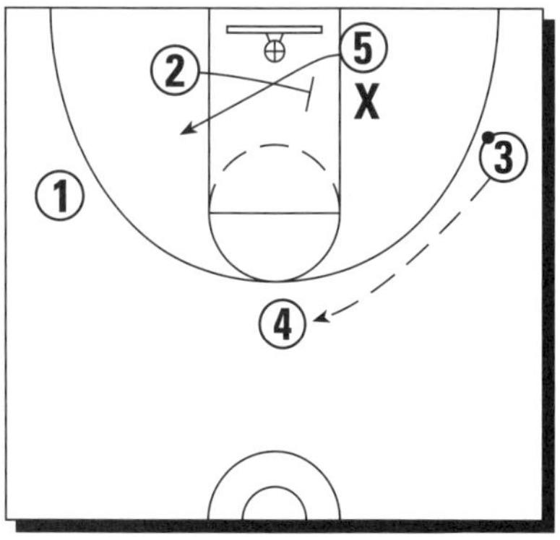

図27

図27　＃3は＃4にパスを返す。そのとき＃2は＃5にクロススクリーンをする。普

通なら、ディフェンスは横からついてディナイをしてくる。＃4は＃1にパスをするか、直接＃5にパスをすることができる。フロアバランスは広がっている。

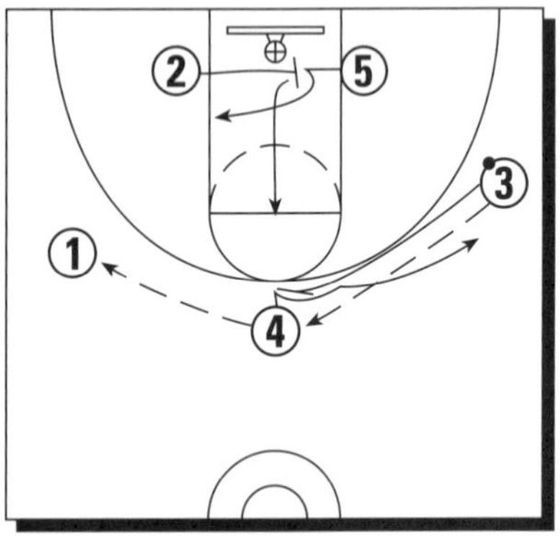

図28

図28　ボールが＃4から＃1へ回ったら、＃3は＃4にバックスクリーンをし、＃4はフェイドする。＃2は＃5にクロススクリーンをして＃5がハイポストに上がる。

図29

図29　バリエーションとして＃5はハイポストに上がり、＃1からリターンパスを受けて、＃2がレーンに入りハイローをする。ボールは＃1から＃5、＃2と回る。＃5は必ずトップまでしっかりと出る必要がある。フリースローラインまでではいけない。フロアを広げてからインサイドを見なければいけないのだ。

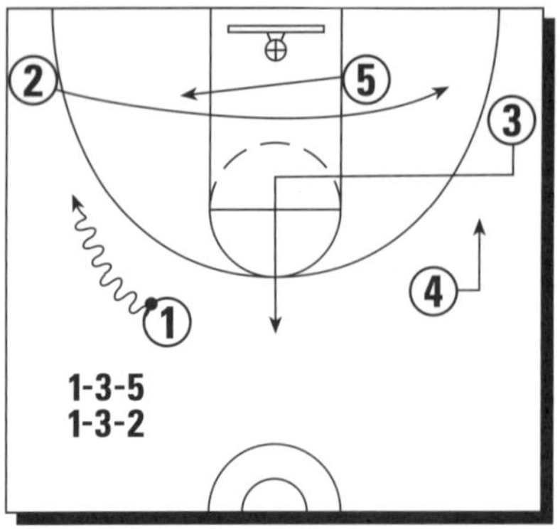

図30

図30　「スルー」。この動きから即シュートにつなげられる。＃1がドリブルしてウイングへ行く。こうなったら、＃4が下がる。＃5がボールに合わせてインサイドにポジションをとる。＃3が"L"カットしていき、ボールリバーサルのためにトップに出る。

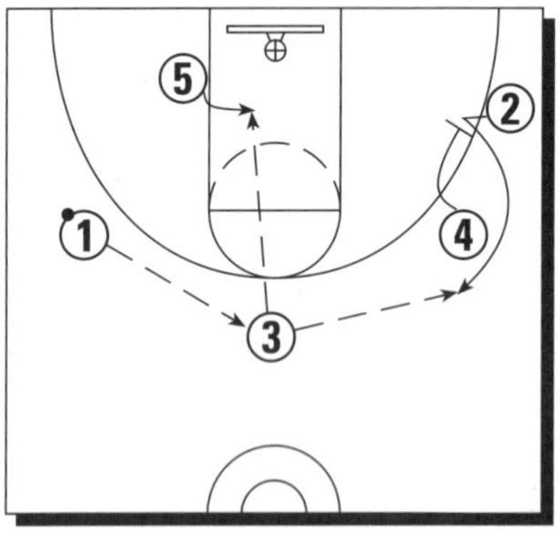

図31

図31　＃1は＃3にボールを返し、＃3は＃5へパスを狙う。＃5はミドルレーンの真ん中に位置する。この場合は＃4が＃2にダウンスクリーンをし、＃2はトップに上がり＃3からパスを受けてシュートを狙う。これらにより、クイックヒッティングのチャンスが生まれる。

図32　「ピック」。＃4が＃1にボールスクリーンをかける。＃2は＃4にバックスクリーンをかけ、＃4はゴールに向かって＃1からのロブパスを受ける。＃5がレーンを横切って、＃1とそのボールの動きを追う。＃3はコーナーに

い続ける。

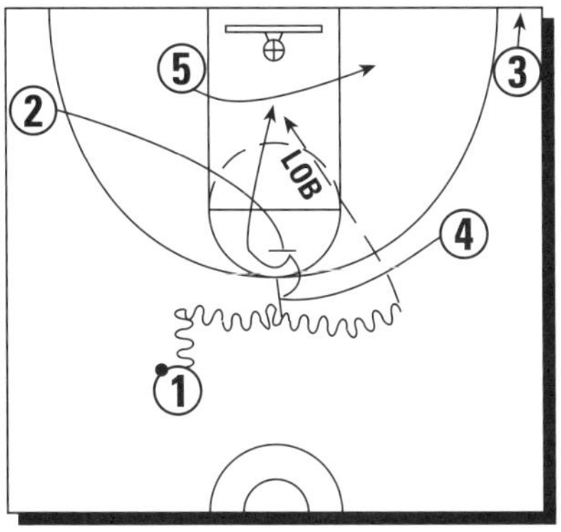

図32

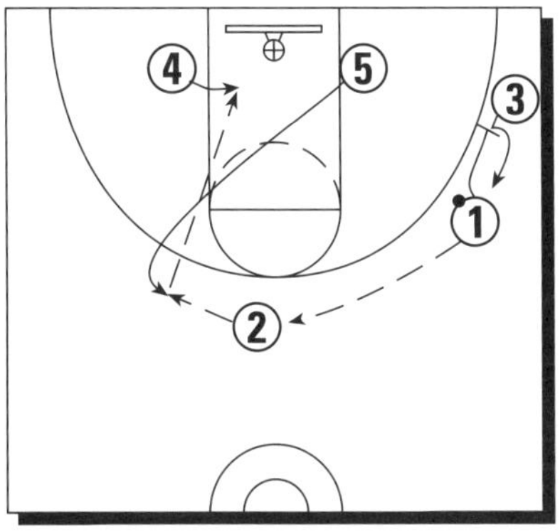

図33

図33　もしロブパスができなければ、＃1は＃2へボールを返し、＃2はドリブルでウイングに運ぶ。＃1は＃3にダウンスクリーンをし、＃3は上がる。＃5はトップにフラッシュする。＃2はボールを＃5にリバースし、＃5は＃4とハイローを狙う。私はボールのないウィークサイドでの動きを好む。

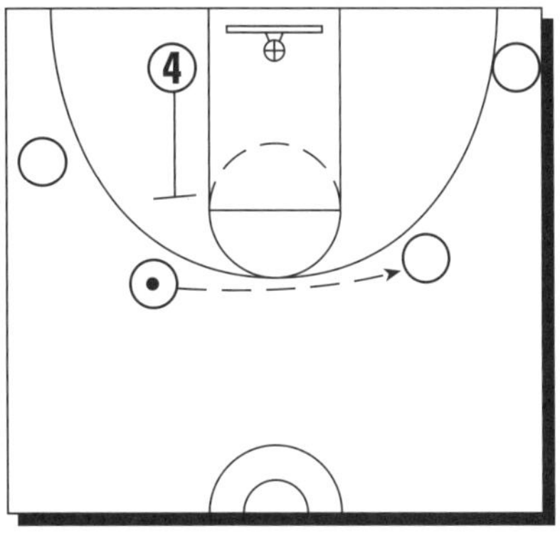

図34

図34　誰がパッサーにスクリーンをかけるか。一般的には、コートの中央にいるプレーヤーにかけさせたい。なぜなら、最も角度が良いからである。

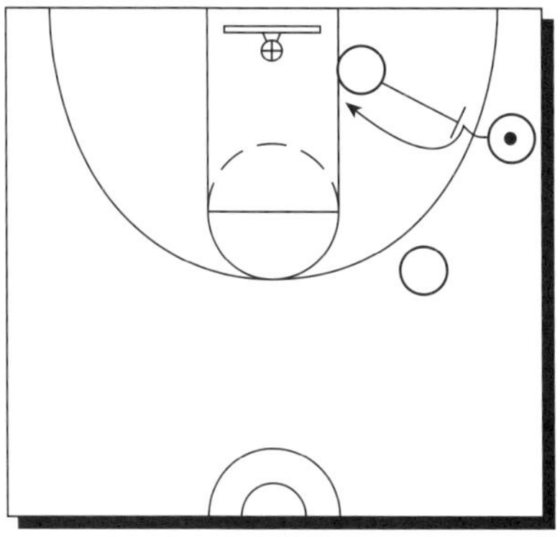

図35

図35　ボールがウイングにあるときは、最も良い角度はベースライン側からとなる。コーチは良い概念を築いていき、スペーシングのような単純なことをプレーヤーに理解させなければならない。誰もだましてはいけないし、誰よりも物事を遂行できる人であるべきなのだ。良い考え方を持ち、それを実行することによってプレーヤーたちに信じられなければならない。自分のすることに信念を持ち、プレーヤーに理解させよう。

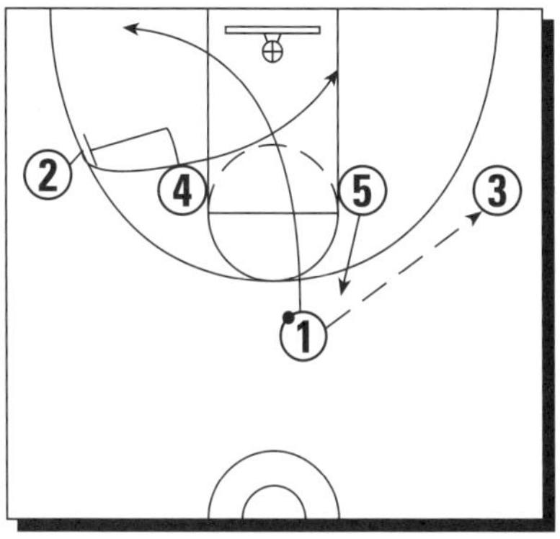

図36

図36　1-4から入る。＃1は＃3にパスをして、ウィークサイドのコーナーに切れる。＃4は＃2にフラットスクリーンをかける。＃2はゴールに向かう。＃5はボールリバーサルのためにトップへ出る。チームがやることは、プレーヤーの動きとカットとスペーシングである。モーションをやっているときに動

きが止まってしまうのならば、走るように促そう。

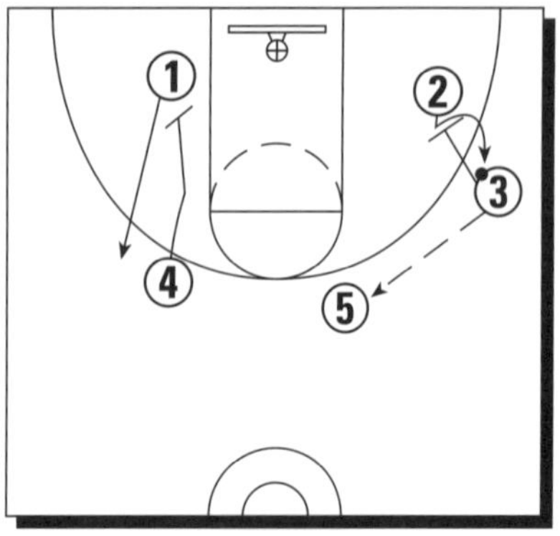

図37

図37　#3がパスを#5に返し、#3は#2にダウンスクリーンをする。#4は#1へダウンスクリーンをする。

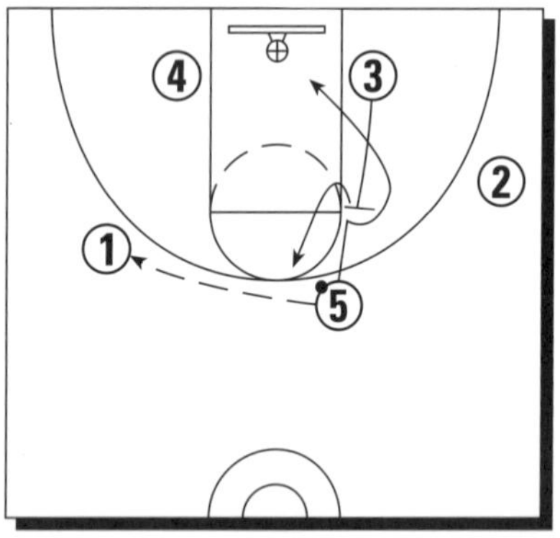

図38

図38　#5は#1へパスをし、#3は#5に、つまりパッサーにバックスクリーンをかける。#5はロブパスを受けるためにゴールへ向かう。するべきことはダウンスクリーンとボールリバーサルである。

図39　もう一つのセット。#2と#4がシューターである。2人とも同じサイドに置く。#4が外へ出てボールスクリーンを#1にかける。1-4から1人が外へ開くと、必ずミドルが空く。#2はバックドアを狙う。#4はゴールに向かってロールする。#5はステップアウトして#1からパスを受ける。#2は走り抜ける。#5はレーンを横切ってきた#2にパスを狙う。

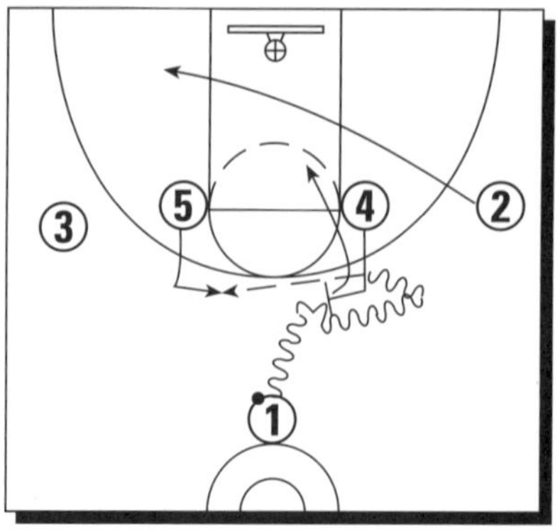

図39

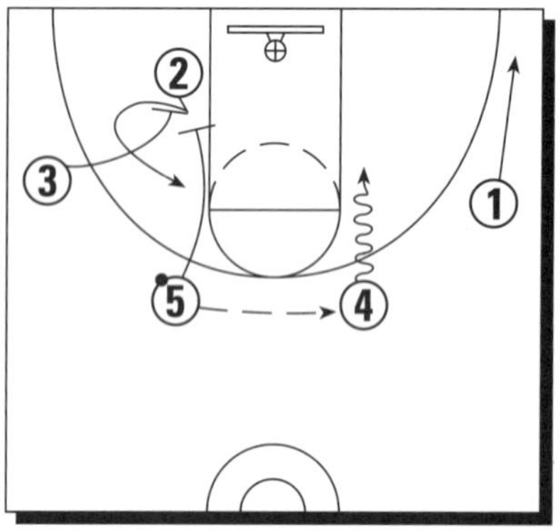

図40

図40　もし#2が空いていなければ、ボールを#4へ返す。#1はコーナーに深く入り、#4がドライブできるようにする。#3と#5で#2にダブルスクリーンをかける。#4は#1か#2にパスをするか、アイソレーションの状況からドライブする。

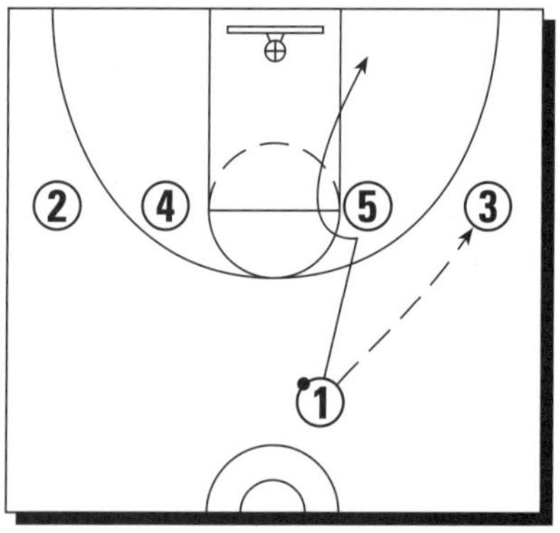

図41

図41　#1がシュートできるプレーヤーなら、彼には裏に走りこんで行って欲しい。#1は#5を使ってカットし、#3からパスを受ける。

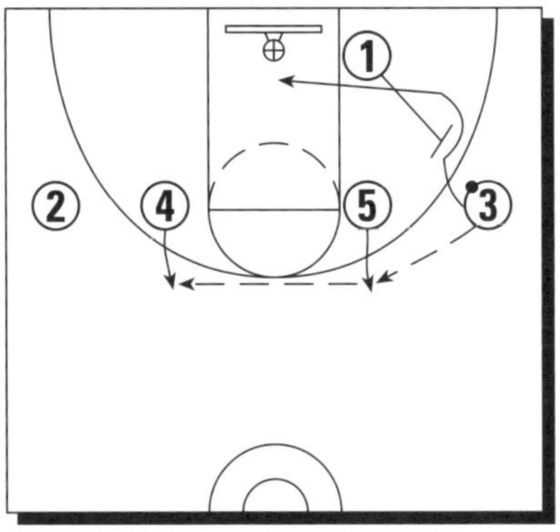

図42

図42　＃5と＃4がボールリバーサルのために外へ出て、＃3からのパスをつなぐ。＃1は＃3にバックスクリーンをかけ、＃3はゴールへ向かう。

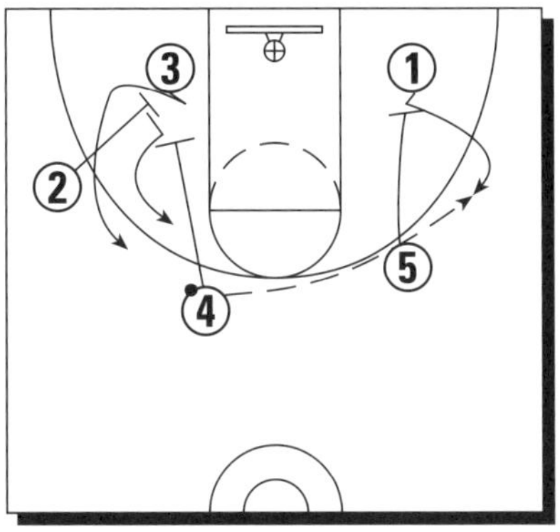

図43

図43　＃4がボールを持っている。＃2が＃3にダウンスクリーンをかける。＃4が＃1にパスした後、＃4も＃3にダウンスクリーンに行く。＃5が＃1にダウンスクリーンをして、＃1が外へ出る。＃4からのパスを受け、＃1がシュートを狙う。

図44　4スポットドリル。より良いパスができるようになるにはハンドリングを良くすることだ。4ヶ所からスタートする。ローポスト、ウイング、逆のローポストと逆のウイングである。全員がすべてのポジションをやること。片サイド2分ずつ行なう。＃1はリバウンダーの列。マネージャーがダミーを使ってリバウンダーをガードする。＃1はボールをボードにぶつけてリバウンドを取る。マネージャーはダミーでリバウンダーを押すこと。もう1人のマネージャーがリバウンダーのアウトレットパスを簡単にさせないようにする。もし彼がパスできず、ダブルチームされたらいくつかドリブルをして相手をかわすこと。＃1は＃2にパスをして、＃2もマネージャーやコーチのディフェンスを受ける。彼はそれをかわさなければならない。そして＃2はフロントコートにボールを進める。私のチームでは、プレーヤーは皆ハンドリングの向上を求めている。＃3にパスをするまでに3回から4回ドリブルをする。＃3もやはりマネージャーからのガードを受ける。それをドリブルでかわしてフリースローラインの延長線上まで行く。ここでファウルラインより上か下かでは大きな違いがある。ローポストに入れるにはラインより下に位置して欲しい。＃4はウィークサイドから出てきてボールを受ける。このとき＃4はマネージャーのダミーを受ける。それぞれのプレーヤーがローテーションして次の列に並ぶ。前のグループがハーフラインを超えたら次が出るようにする。学生たちは皆この練習を好んでいる。というのも、すべての動きができるからだ。この練習を通して多くのことを得ることができる。

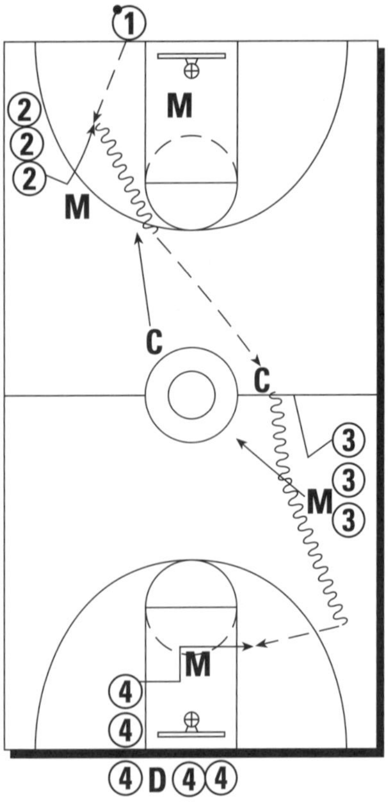

図44

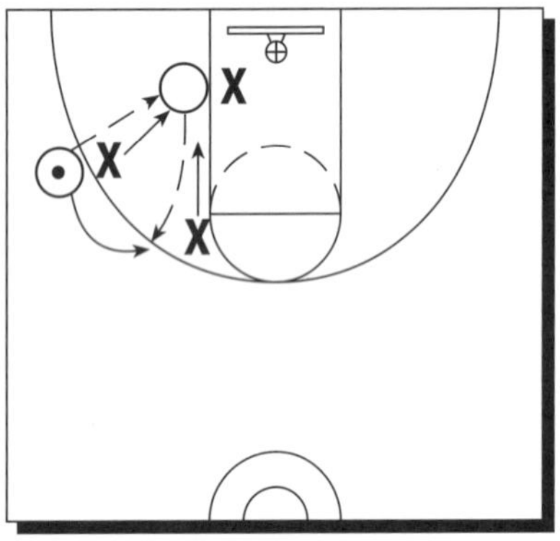

図45

図45　ドリルの最後、つまりボールがポストに入ったときには、2人もしくは3人で囲む。パッサーはリターンパスを受けるために動く。ポストマンはそれを読み、パスを返し、シュートさせること。

図46　「ゴールド」。これは1-2-2から入る。＃1がドリブルでウイングへ向かう。＃4と＃5はウィークサイドのベースラインにいる＃3にダブルスクリーンをセットする。＃3はスクリーンをカールして使う。＃3がカールしたら、＃4と＃5は＃2のためにスクリーンをセットする。

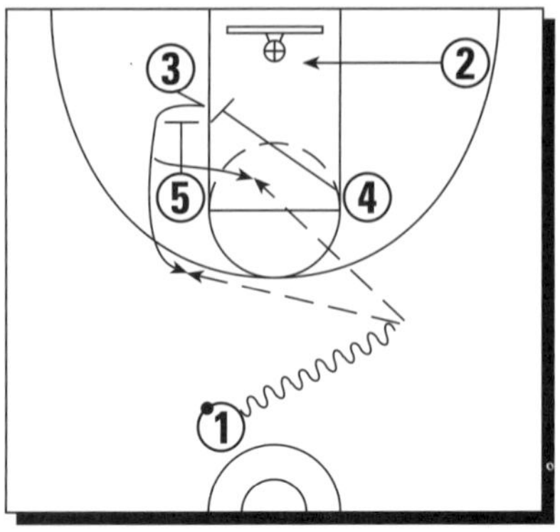

図46

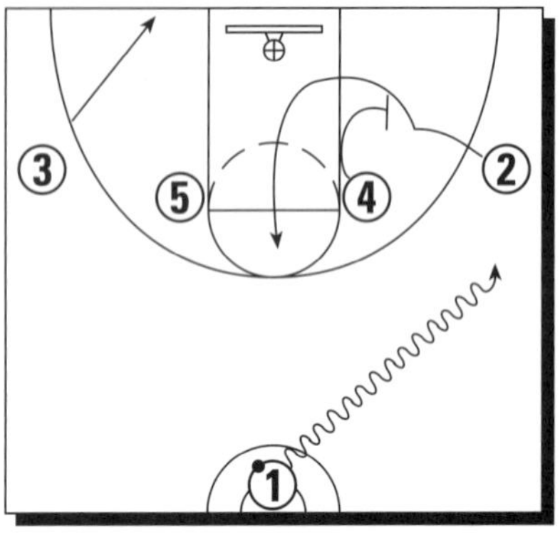

図47

図47　ドリブルから入る1-4。最初のパスはどんな強いディフェンスにも負けないよう、最も強いパスとする。＃1がドリブルしてウイングへ行き、＃2が走り抜ける。＃4が＃2にダウンスクリーンをかけて＃2は上がる。＃1はポストにいる＃4か、スクリーンを使ってカールしてくる＃2にパスを出す。このプレーはサイドラインからのスローインでも使える。

図48　＃1は＃2にボールを返し、＃4が＃1へバックスクリーンをする。＃5は＃3にダウンスクリーンをする。＃2は、＃1か＃5か＃3にパスができるはずである。

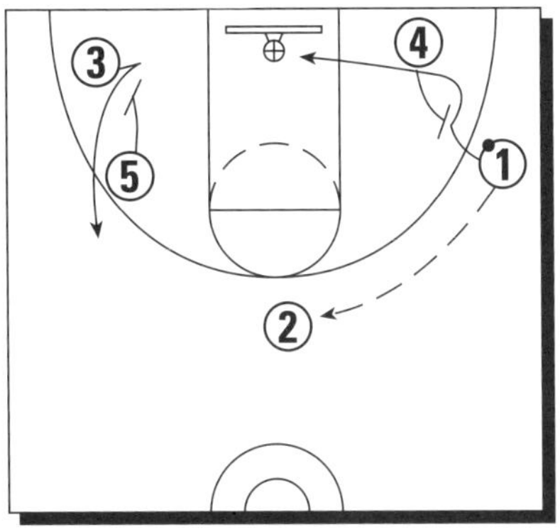

図48

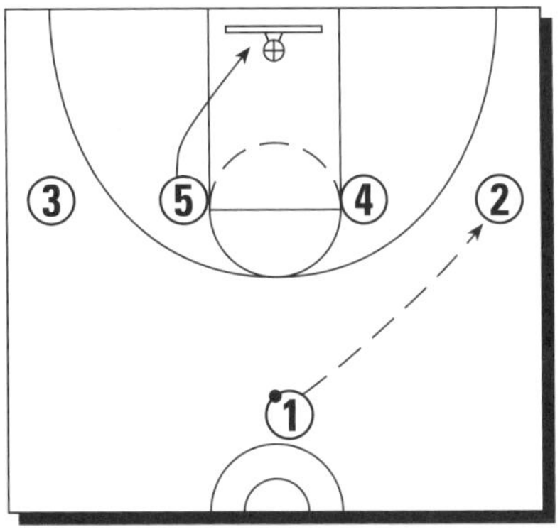

図49

図49　1-4から。＃5はローに下がり、1-3-1のセットになる。

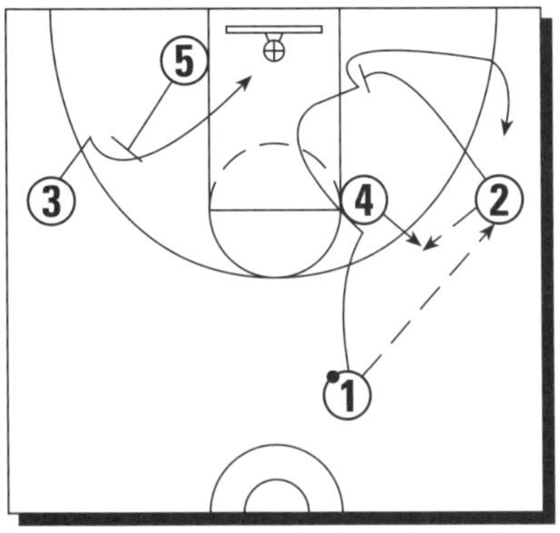

図50

図50　＃1が＃2にパスをして＃4の裏に切れる。＃4が＃2からのパスを受けるために外へ出る。このとき＃2は＃1へダウンスクリーンをする。＃5は＃3へバックスクリーンをする。

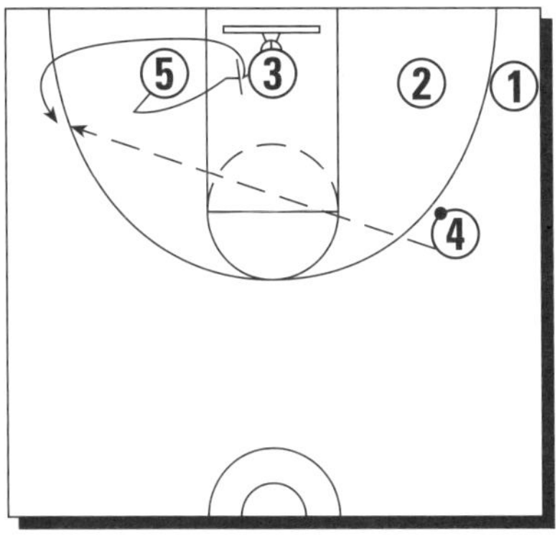

図51

図51　＃5は再度、＃3にスクリーンをかける。そして＃3は＃4からのスキップパスを受ける。

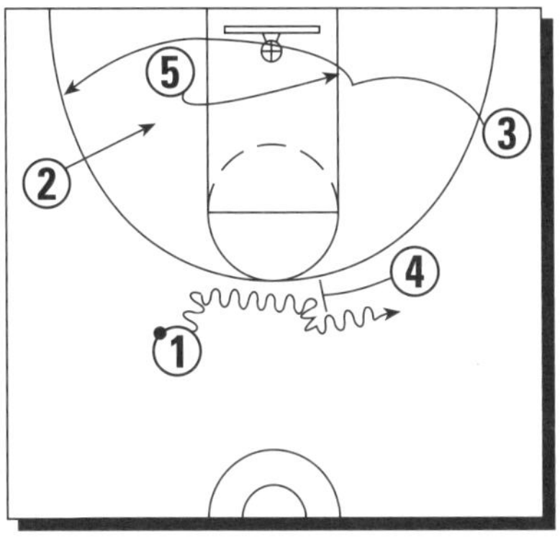

図52

図52　このプレーを「アメリカズプレー」と呼ぶ人もいる。少し変わったピックアンドロールから始まる。＃4が＃1にスクリーンをする。＃5はレーンを横切ってボールに合わせる。私は＃2にシュート（3ポイントシュート）を打たせたい。だから＃2はローポストに行く。というのは、シュートを打たせたいプレーヤーには逆サイドから入ってもらうとよいからだ。＃3は逆サイドに切れる。

図53　＃1は＃4にボールを返し、＃3へと回す。＃2は＃5へクロススクリーンをかける。そして＃4は＃1とともに＃2へダブルスクリーンをかけに行く。＃2はそれを使って＃3からのパスを受ける。しばしば＃5にもパスが入る。

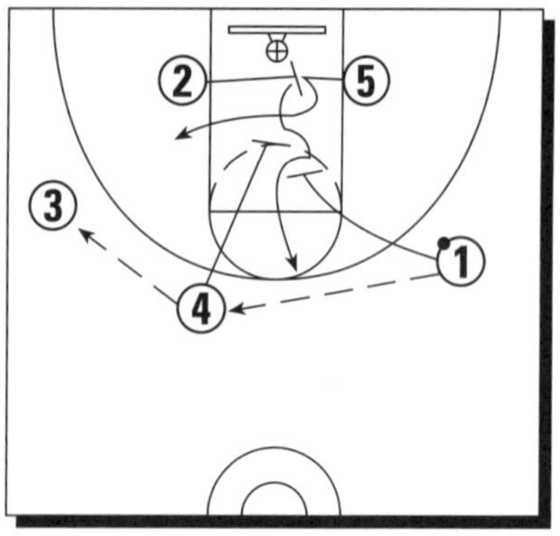

図53

基本はプレーヤーにチームの哲学を理解してもらうことにある。我々のチームは40分間プレスディフェンスを使う。ディフェンスでアップテンポに、オフェンスで我慢強くプレーさせることはとても大変だ。コーチはそれを成さねばならない。どんな時にたたみかけ、どんなときにゆっくりプレーするのか、コーチは理解する必要がある。

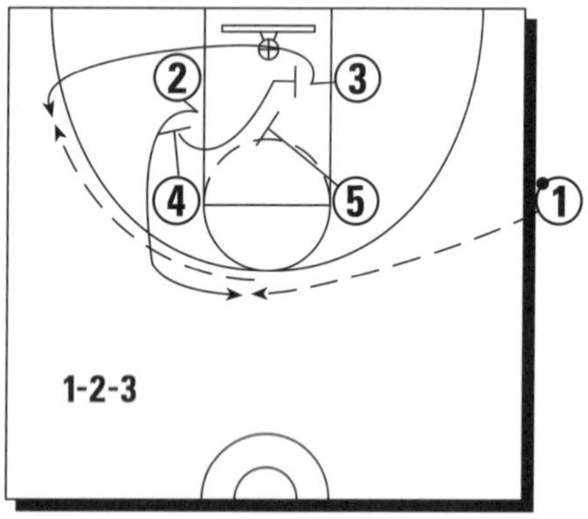

図54

➔図54 「ゴールド」をサイドからのスローインで行なう。＃4と＃5が＃2へダウンスクリーンをし、＃2が＃1からのパスを受ける。＃2がシュートできたらしてもよい。もしできなければ、＃4は下にそのまま残り＃3にスクリーンをする。＃2は＃3へのアシストパスができるだろう。

RALPH WILLARD

ラルフ・ウィラード

Transition and Secondery Offense
トランジションとセカンダリーオフェンス

どのタイプのトランジションオフェンスを実行したいか。サイドラインブレイクか？　このオフェンスはターンオーバーを減らすことができる。ディフェンスがボールをカットしてもアウトオブバウンズになるからである。コートの真ん中でカットされたら、ターンオーバーにつながっている。

フリーランスのブレイクをしてみたいか？　最初に飛びだしたプレーヤーが右側を走り、最初に出てきた大きなプレーヤーがブロックへと走り、2番目に大きなプレーヤーが追いかけていく。そのとき、コートの両側にプレーヤーがいることになる。フリーレーンブレイクに関して私が好まないのは、大きなプレーヤーたちがレーンの中に飛びだして行きがちなことだ。

最後のタイプのブレイクは、私の大好きなナンバーブレイク。全員が決められたポジションにつく。このブレイクはターンオーバーを減らし、コートの両側を使うチャンスが広がるために、私は好んで用いている。

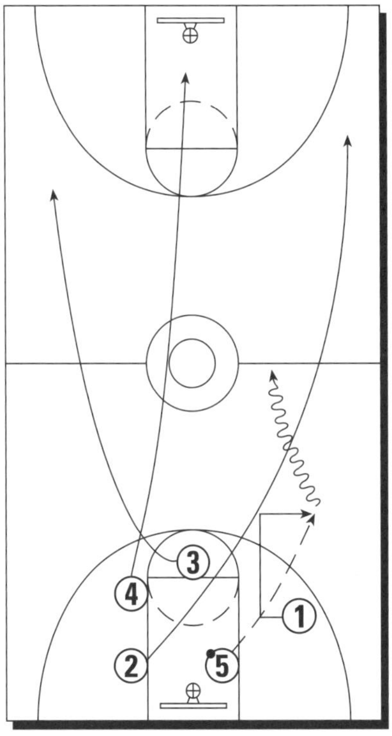

図1

➔図1　リバウンドがどこに行こうとも、またどこにプレーヤーがいようと、#3のプレーヤーはいつも左側を走り、#2はいつも右側を走る。そして#1が最初にアウトレットパスを受け、リバウンドをしないプレーヤー（この場合では#4）はまっすぐ真ん中のレーンを走っていく。なぜ私がナンバーブレイクを好むかというと、ボールを敵陣に押し上げ、ディフェンスにプレッシャーを与えたいからだ。ここでポイントガードはそれぞれのプレーヤーがいつもどこを走っていくかを理解して欲しいのだ。

トランジションの中であれこれ考えているプレーヤーが少ないほど、チームもより良いものになる。そしてトランジションオフェンスはプレッシャーディフェンスと対になるのである。もしプレッシャーをかけるチームになりたい、つまり、オフェンスでボールを持ち込み、ディフェンスでプレッシャーをかけるのであれば、注目すべき数字はターンオーバーの数だ。チームがしたターンオーバーと相手がしたターンオーバーはいくつか。プレッシャーをかければ、いくつかのレイアップを与えてしまうことになるのだ。オフェンスでボールを押し上げていくのなら、簡単なシュートで得点可能だ。しかしゆっくりと歩いてボールを持ち込むのと比べてターンオーバーは増える。

ターンオーバーは相手より少なくなければならない。チームではターンオーバーを5つ強に抑えようとしている。さらに相手には5つ以上、多くのターンオーバーを与えたいのだ。アウトレットパスのとき、＃1はフリースローラインの延長上より相手陣地側に位置する。＃1には、それより近くにいて欲しくないのだ。彼がフリースローラインより相手陣地側にいれば、ボールを取りやすくなる。動ける範囲が広がるのだ。＃5がリバウンドを取ったら、＃4は飛び出して真っ直ぐレーンを走っていく。ここで、ブロックへ走ると言っていないことに注意して欲しい。レーンの真ん中を走っていくのだ。しかし、ディフェンスにも真ん中のレーンにいて欲しいので、＃4がそこを進めば必ずディフェンスにガードされることになる。

➡図2　＃1がコートの真ん中にボールを持った。角度をつけて＃4へパスができるように、＃1には少し行くぞという雰囲気を保って欲しい。速攻においては決してまっすぐなパスを投げてはいけない。パスには常に角度をつけるべきだ。＃1はどちらで側でもいいのでエルボーレーンを進む。どちら側も使うことができるが、＃2や＃3のレーンに入ってはいけない。＃1のレーンはファウルレーンより1歩分だけ広げた部分だ。最初のオプションは＃4へパスを出して、真ん中のレーンを走っていく。＃2と＃3のすべきことは自分のレーンの中で広めに走ることだ。もし＃4が真ん中でディフェンスに阻まれたら、多くの場合＃1は先にいるウイング（＃2）へパスができる。そして＃4は＃2がゴールへ進めるようにドライビングレーンを作り出すことができる。＃4は真ん中にいるディフェンスを抑え込み、＃2はまた＃4へボールを回すこともできる。

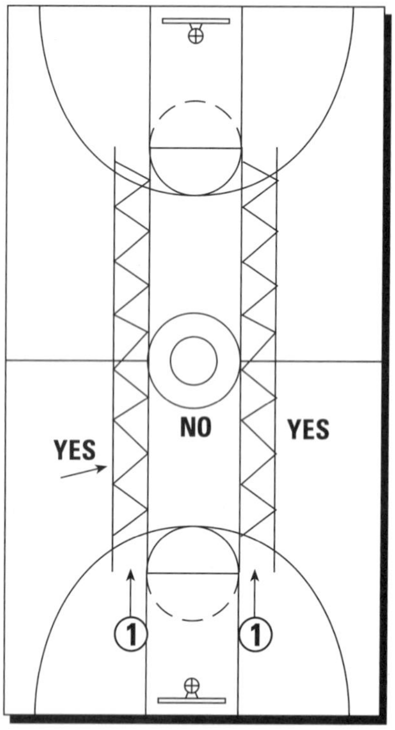

図2

ナンバーブレイクの中では、ボールを持ったプレーヤーがしなければならない判断が少なくなる。コートを走って攻めるときは、彼はいつも＃2が右側にいることを知っている。彼は自分の役割を知っており、すべてのプレーヤーの能力も知っている。ネガティブサイドとは何か？　＃2と＃3が自分のレーンを進むのに時間がかかることがよくある。なぜなら彼らがそうするための適当なポジションにいなかったためだ。起こりうることだ。しかし何か他のもので代用できると私は思っている。ロングリバウンドに対してはナンバーブレイクを使えない。フリースローラインより上でリバウンドが弾かれたときは、決してナンバーブレイクは使わない。ただボールを運んで、2対1か3対2の状態に持ち込む。

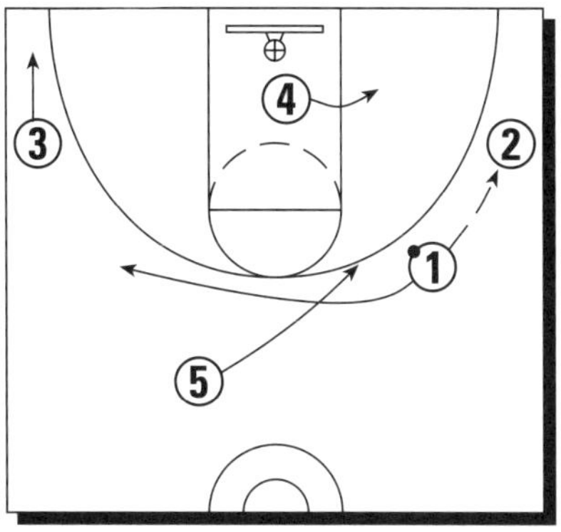

図3

図3　#4が真ん中のレーンを行き、#2と#3は外側のレーンを走り、そして#1がボールをキープする。ここで、チームはセカンダリーオフェンスにいく。#1が#2へパスをするとしよう。#2はまず、#4へ目をやる。このとき3秒コールが気になるが、私たちが3秒ルールを適用されたことはほとんどない。#2がボールを取ったあとにドライブしなかったら、#4はボールサイドにポストアップする。#1は離れて、#5が#1のポジションに移ってリバーサルに備える。

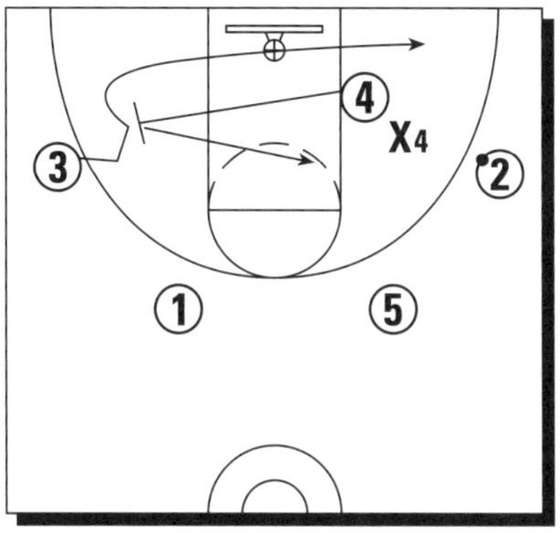

図4

図4　もし#4がガードされていたら、#4は#3へバックスクリーンをかける。#3はポストアップする。アウトサイドのプレーヤーをマークするプレーヤーが最も楽なポストディフェンスだ。自分のプレーヤーたちをローポストへ集める。#4はボールを受け取りに戻る。

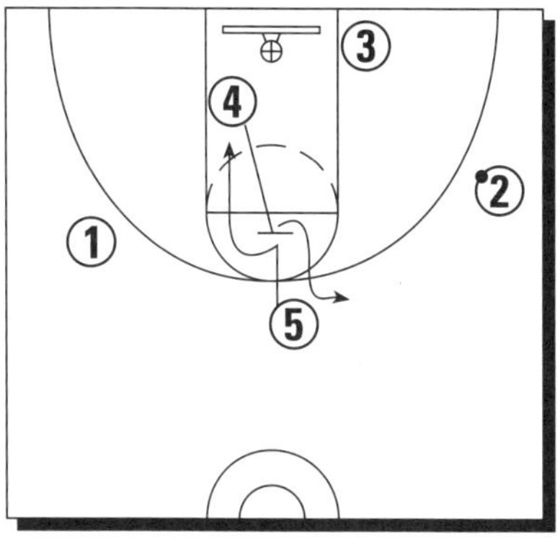

図5

図5　#4は次に#5へバックスクリーンをかけ、#5はゴールの方へ飛び込んで、反対側のブロックに進む。#4はボールリバーサルのためにステップアップする。

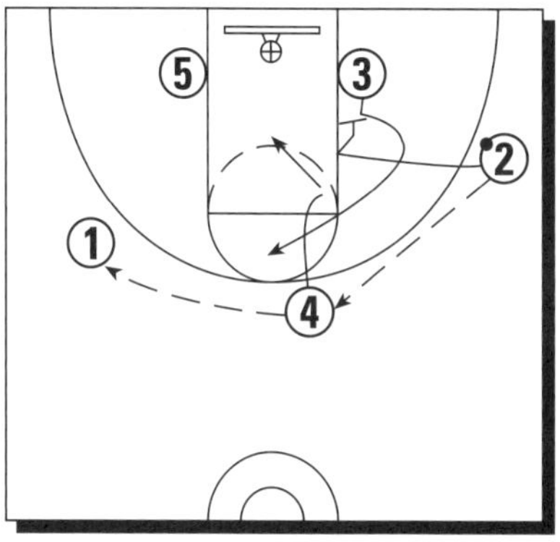

図6

図6　#2は次に#4へボールをリバース。そして#4から#1へボールを回す。#1がディナイされたときは必ず#5がバックスクリーンをする。しかしここでは彼がボールを受け取る。#2と#4は次に#3へスタガースクリーンをかけて、#3がシュートを打てるようにする。

図7　#1が3ポイントラインのトップで#3へパスをしたら、#4は#2へダウンスクリーンをかける。ここで#2はスクリーンを使って鋭くカールする。#3はスクリーンから出てくる#2を待つ。スクリーンの後、#4はレーンの中へダックインする。

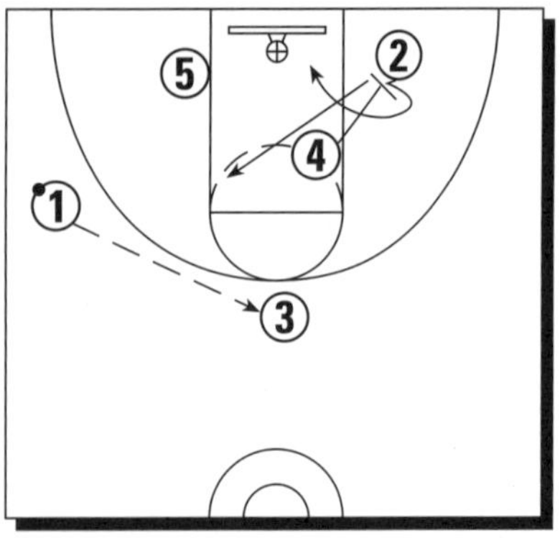

図7

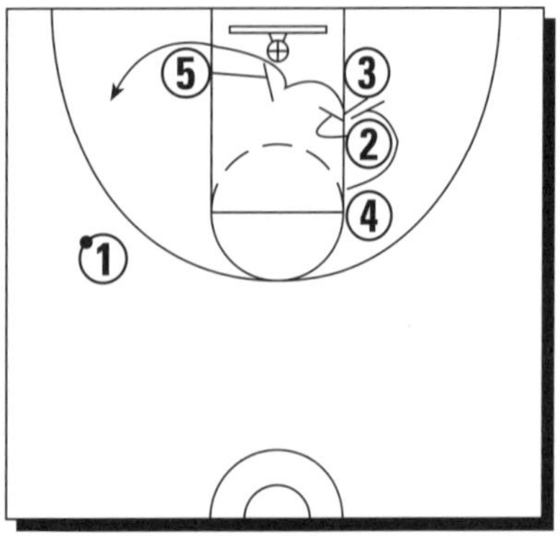

図8

図8　オプション。#2と#4が#3へスタガースクリーンをかけ、#3はそのスクリーンを使うふりをして、#3のクロススクリーン使う。

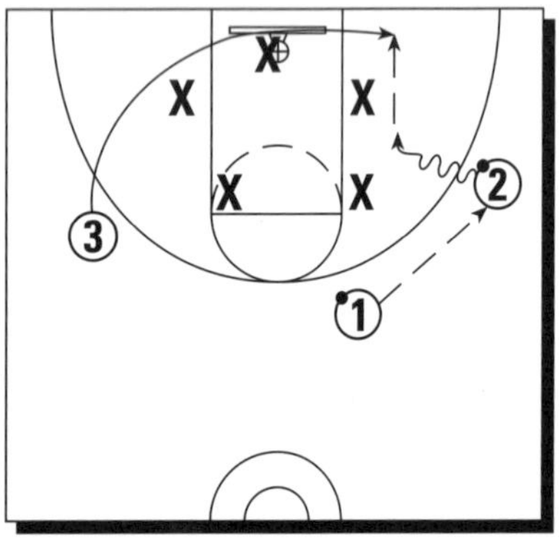

図9

図9　ゾーンに対して。最初の動きは同様だ。#2はペネトレートしてゾーンの中で下にいるディフェンスを引きつける。#3はゾーンの後ろを通過していく。#4はゾーンの真ん中のプレーヤーを引きつけ、#2は#3か#4へパスができる。

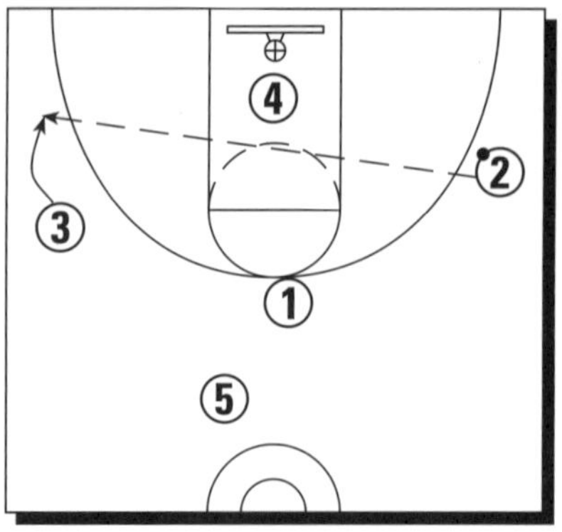

図10

図10　多くの場合、#3へのスキップパスはオープンになる。

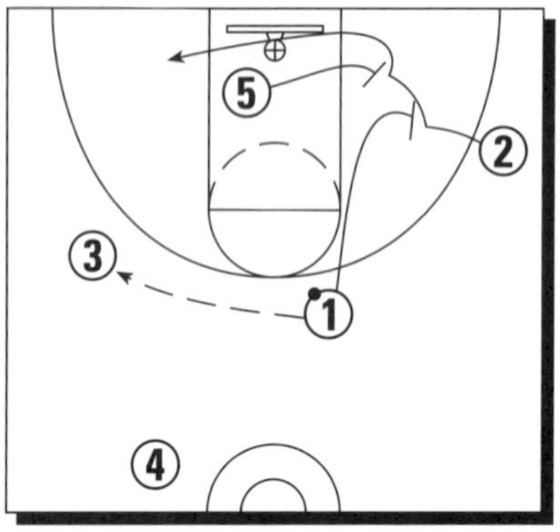

図11

図11　違った方法もいろいろあるが、プレーヤーたちは同じ場所に位置する。これを我々は「スルー」と呼ぶ。シュートの打てるポイントガードがいれば、これは効果的だ。#1は#3へパスをし、ウィークサイドのブロックへ進む。#5と#1は、#2へスタガースクリーンをかけ、#2はボールサイドへ行く。#4は後ろから来る。

図12　#4は次に#1にダウンスクリーンをかける。そして#1はトップに出る。ポイントを理解しよう。スクリーンが次々にかけられていくのだ。

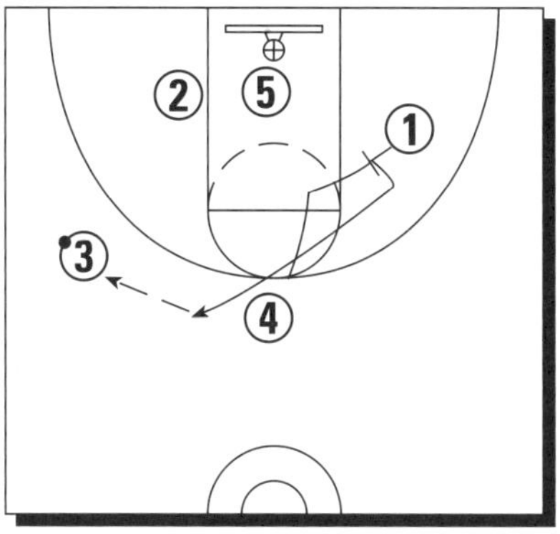

図12

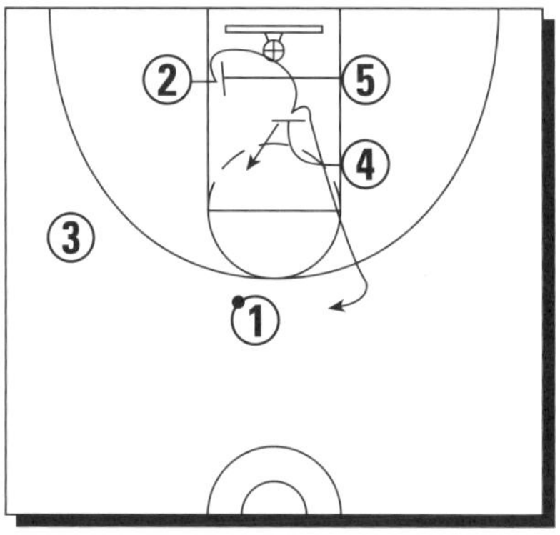

図13

図13　#1がボールを持ち、#2はブロックにいる。#5と#4は#2へスタガースクリーンをかける。#4はダックインする。これを練習しなければならない。スタガースクリーンで最後のスクリーンをかけるプレーヤーは、常にボールを受けに進み出る。

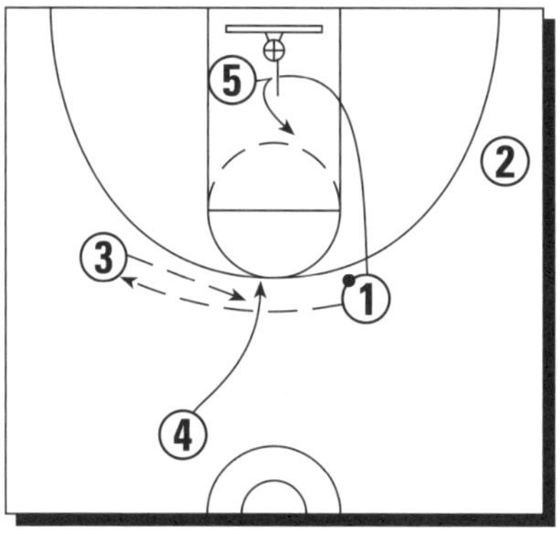

図14

図14　オプション。#1が#3にパスし、#4が後ろから来て、#5はレーンの真ん中にいる。#1がパスをした後、彼はバスケットへ向かう。#5は#2へスクリーンをかける代わりにブロック上でポストアップする。そして#3は#5にボールフェイクする。これが行なわれたとき、#1はレーンを通ってきて、#5へバックスクリーンをかける。今までどれだけボールサイド上のバックスクリーンを守る練習をしたことがあるか？　#3は#4へパスを戻す。

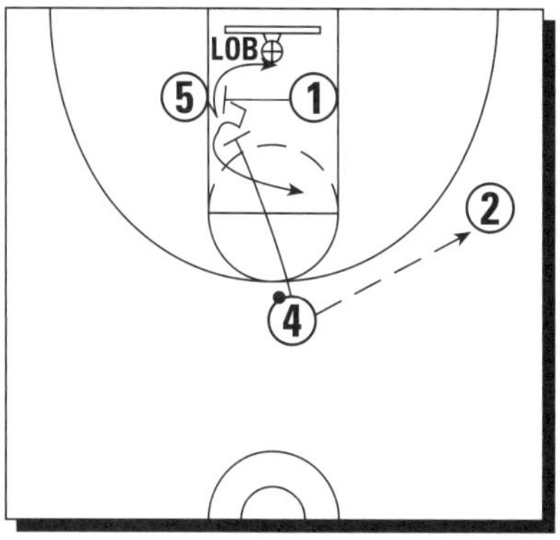

図15

図15　#4はすぐにボールをリバースしない。まず、#4はロブパスをもらいに来る#5を見つける。ここで#4は#2へパスして#1へダウンスクリーンをかけ、#1はレーンの中に入ってくる。#5はローポストに位置する。これらを成功、失敗に関わらず実施する。

重要なことは、毎日の練習の中で部分部分の練習をすることである。そうすれば、プレーヤーたちは自然に何をするか分かるようになる。オフェンスプレーヤーがスクリーンから抜け出たときに、コーチは何を伝えるべきか？　それは、彼が自分をマークするプレーヤーを見なければならないことである。これは自然なことではない。普通はボールを見たいだろう。ディフェンスプレーヤーを中に歩み入れ、パスを変え、ディフェンスプレーヤーを引っかけて、ディフェンスプレーヤーが何をするか読むことでスクリーンを使う。それでカールするか、フェイドするか、またはポップするかが分かる。自分をマークするディフェンスプレーヤーに集中しなければならない。

Pressure Defense
プレッシャーディフェンス

なぜプレッシャーをかけたいのか？　ターンオーバーにつなげるためにプレッシャーをかけるのだ。大きいプレーヤーがいないときには、プレッシャーをかけなければならない。負けているときでも、プレーヤーは決してゲームが終わったとは思わない。それがどれだけ重要なことか理解できるか。
フリースローの際に相手プレーヤーたちが膝の上に手をついているかどうか確認することがある。もしそうしていたら、その時点で試合をあきらめているようなものだ。プレッシャーをかけて相手に時間を使わせることができる。プレッシャーをかけているときに、ボールハンドリングの悪いプレーヤーがよくボールを持っている。これがターンオーバーのお膳立てとなる。ここでは、相手は普段練習でしないようなことをしなければならなくなるのだ。

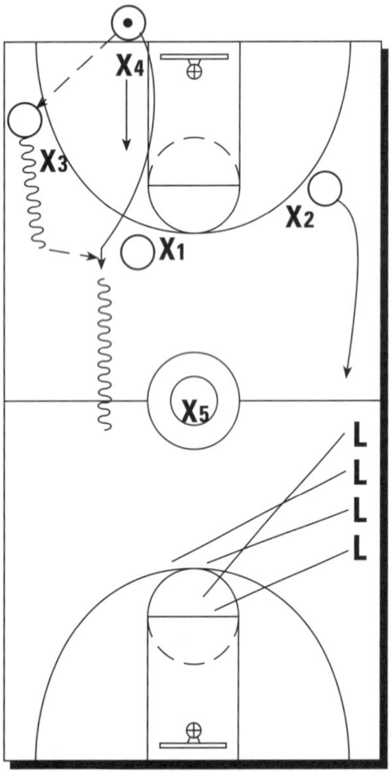

図1

→図1　コンビネーションドリル。これはコンディショニングの、プレッシャーの、そしてオフェンスのドリルでもある。4対4対4のドリルで、4人1組の3つのグループ、OとXとLがある。Xチームはディフェンス、Oはオフェンス、Lはハーフコートで待っている。Xチームはダイアモンドプレスを作る。X3が左、X2が右側にくるようにプレスを作る。この方法で、トランジションオフェンスのポジションに位置する。Xチームはコートの半分より向こうへは行けない。Oチームがボールをコートの中ほどに持っていったとすると、Xチームは止まり、Lチームがディフェンスとなって4対4になる。Xチームは外に出る。

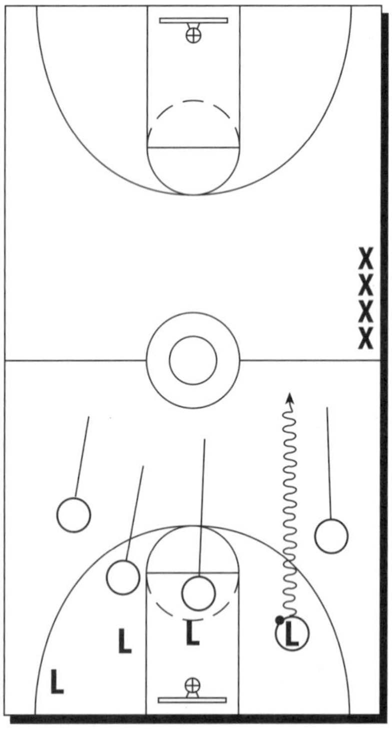

図2

→図2　パスが成功するか失敗した後、Oチームはディフェンスとなって、Lチームがボールを持って反対方向へコートの向こうまで持っていく。Oチームはミッドコートまで進み、Xチームがコートに戻って反対側のハーフコートでディフェンスをする。得点の方法はどんなディフレクションも1点とする。スティールは2点、スティールして得点したら4点とする。チャージングを取ったら2点、オフェンスリバウンドを取れば3点となる。ターンオーバーをしたら1点を引く。ターンオーバーさせたチームには2点が入る。そして負けたチームはフルコートのドリブルドリルを行なう。このドリルはコミュニケーションに効果的だ。攻撃的であることの重要性をプレーヤーに教える。インバウンドパスには素早く対応する。オフェンスでは顔を上げてコートを見ていなければならない。

Principal of The Press
プレスの原則

1. 5人でボールにプレーする。全員がボールを見る。

2. 常にボールにプレッシャーをかける。

3. ドリブルの苦手なプレーヤーにトラップをかける。それだけのことで、他には何のルールもない。

ボールがベースラインへ行って戻ってくるまでずっとプレスをし続ける。ハーフコートのゲームの際にボールがポストへ行ったら、パスに対しポストでダブルチームを作る。ターンオーバーを引き起こさせたい。そこでゲームごとにダブルチームの仕方を変えることもできる。時にはトップからダブルチームをし、または反対側のウイングから、ベースラインからもダブルチームを作れる。

→図3　ダイアモンドプレス、1-2-1-1。ボールがインバウンドされたとき、X5は振り向かないとボールを見ることができない。そこで彼はボールラインまで下がらなければいけない。全員でボールにプレーする。X3はボールにプレッシャーをかけなければならない。ここで我慢しなければならない。我慢できないのなら、あなたが本当にこのプレスを使いたいのかどうかは分からない。X3はドリブルで抜かれるだろう。しかしそれはまったく問題ない。我々の狙いはバランスを失ったドリブルを誘うことである。ドリブルするプレーヤーをサイドライン際まで追い込みたいが、多くの場合は成功しない。しかし、それでよいのである。ポイントは、彼をその場に立たせて簡単なパスをさせないことにある。彼にドリブルを続けさせることである。もし彼がサイドラインを進んだら、X1が回り込んでトラップをかけ、X5がコートの真ん中に行って、X1が担当していたプレーヤーにつく。X4はボールサイドを回り、X2はコートの真ん中へ出てくる。それがすべてである。5人全員でプレーする。そしてコントロールを失ったドリブルをしているプレーヤーにトラップをかけ、ボールにプレッシャーをかける。

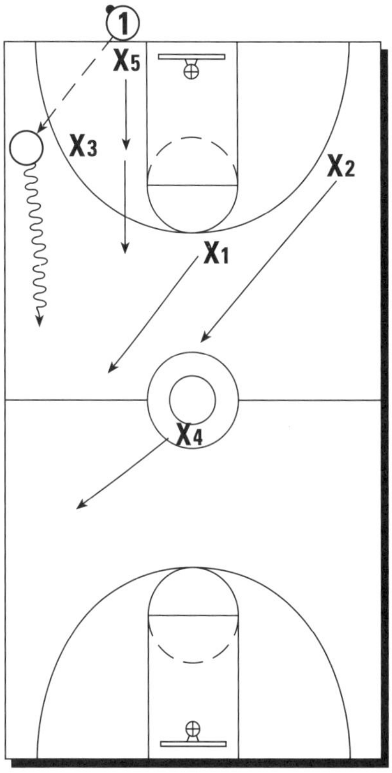

図3

もし、相手チームのアウトオブバウンズからのボールを受けるのが＃1だと分かっていたら、ボールにX1がつくように交代させる。なぜなら通常＃1はインバウンドをし、すぐさまパスを受け取るからである。このような場合は、X5はドリブルで抜かれていってしまう。ゲームが進むにつれて少しずつ調整することもできる。トラップをしかける場所も変化させることができる。このプレスではドリブルで抜かれてしまうだろう。しかしボールを追うのは前からだけでなく、後ろからもできる。

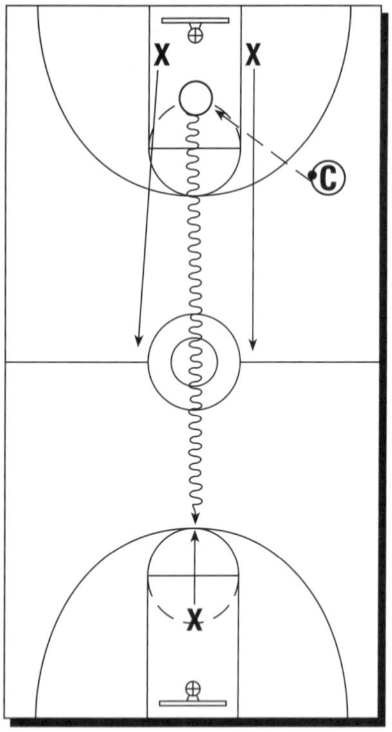

図4

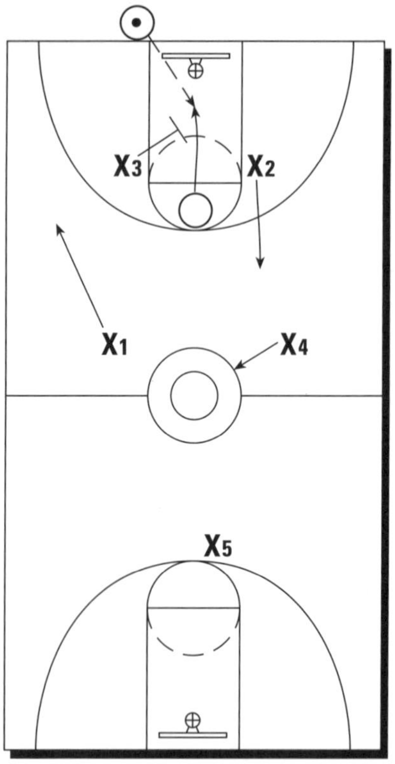

図5

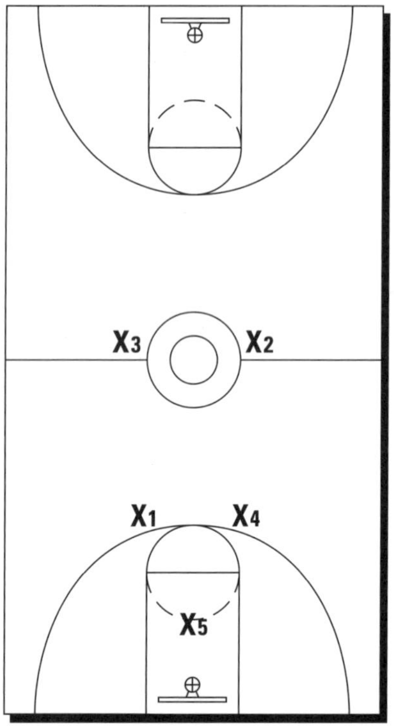

図6

➔図4　「バックチップドリル」。コーチがオフェンスにパスをする。そのオフェンスはフルコートをドリブルで進む。2人のディフェンスが彼を追い、後ろからボールをチップしようとする。反対側にはもう1人のディフェンスがいて、前から近づいてドリブルのスピードを遅くさせる。このプレスを使って、たくさんのバックチップをファウルラインエリアの近くで成功できることに驚くだろう。

➔図5　2-2-1。同じ考え方のマッチアッププレスだ。コートの中ほどへボールがパスされたら、ダイアモンドを形成する。ボックスからダイアモンドへ移り、またボックスへ移ることもできる。そこになんの違いもない。このフォーメーションはトップへのロングパスをさせないという点で少しソフトな、ディフェンス的なプレスである。3ポイントシュートを入れたら通常使うプレスだ。というのは、大きいプレーヤーはトランジションで3ポイントが決まったときにはボールまでたどり着けないからである。

➔図6　これをハーフコートで行なう。

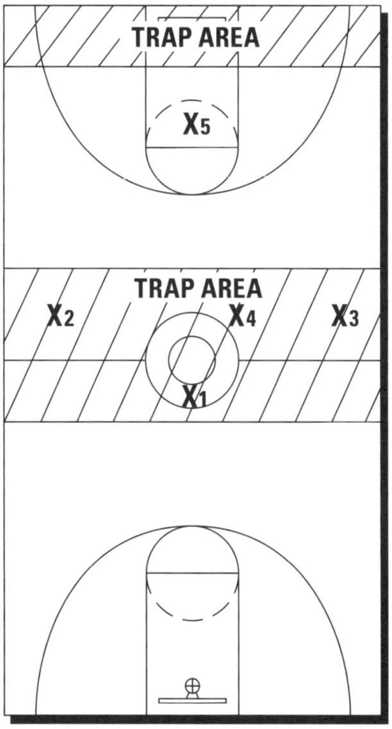

図7

図7　ハーフコートでの1-3-1プレス。いくつかの方法で行なうことができる。X1とX3のポジションを入れ替えてもできる。私はX1が前にいるほうが好みだ。斜線部分はトラップをかけるエリアである。

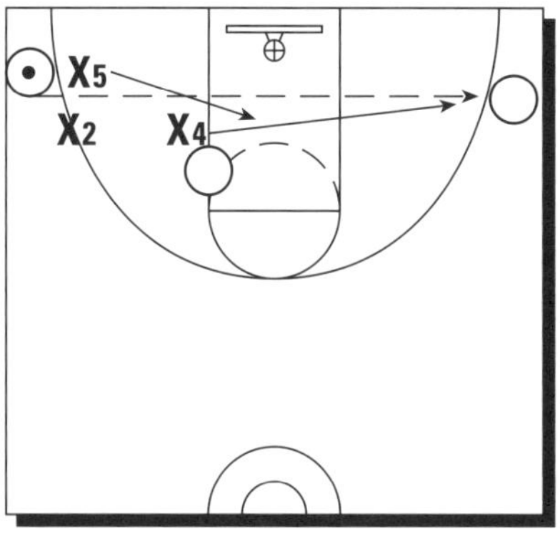

図8

図8　スキップパスでない限り、X5がコーナーのトラップへ出る。ボールがコーナーにあるときは、X2とX5がトラップをかける。コーナーにトラップがあるとき、真ん中にいるプレーヤーは相手と向き合っている。スキップパスをされると、X5はサイドからサイドへ走ることはできないので、X4がボールを追い、X5が真ん中で相手と向き合う。動きにバリエーションをつけて、相手が読んで準備できないようにせよ。

Basketball Coaching Series
USA バスケットボール コーチング クリニック Vol.1
2010年3月10日初版第1刷発行

著　者　Murray Bartow and many others （ムーリー・バートウほか）
監　修　倉石《くらいし》　平《おさむ》
翻　訳　東野《ひがしの》智弥《ともや》　他

企　画　ジャパンライム株式会社
〒141-0022 東京都品川区東五反田1-19-7
TEL.03-5789-2061
FAX.03-5789-2064
http://www.japanlaim.co.jp

発行人　松田健二
発行所　株式会社 社会評論社
〒113-0033 東京都文京区本郷2-3-10　お茶の水ビル
TEL.03-3814-3861
FAX.03-3818-2808